Annemarie und Wolfgang van Rinsum

Dichtung und Deutung
Eine Geschichte der deutschen
Literatur in Beispielen

Bayerischer Schulbuch-Verlag · München

Bildnachweis

Aero-Lux, Frankfurt/Main 67 – Archiv des Berliner Ensemble am Schiffbauerdamm, Berlin 278 – Archiv Gerstenberg, Frankfurt/Main 132, 136, 185, 213, 248 – Archiv für Kunst und Geschichte, Berlin 9, 17, 20, 47, 68, 70, 80, 174, 179, 197, 217 – Arntz, Haag 68, 145 – Association pour la Diffusion des Arts Graphiques et Plastiques, Paris 301 – Badisches Landesmuseum, Karlsruhe 10 – Bayerische Staatsgemäldesammlung, München 164, 189, 227 – Bilderdienst Süddeutscher Verlag, München 307, 333, 338 – Felix Bloch Verlag, Berlin (Fotograf Elfi Hess, Düsseldorf) 316 – Rosemarie Clausen, Hamburg 87, 121 – Cosmopress, Genf 297 – S. Fischer Verlag, Frankfurt/Main 255 – Foto Marburg, Marburg/Lahn 35 – Freies Deutsches Hochstift, Frankfurt/Main 101 – Giraudon, Paris 33 – Dr. R. Hirsch, Frankfurt 258 – Historia-Photo, Bad Sachsa 51, 83, 109, 246 – Internationale Schrifttumsbeschaffung, Heidelberg 29, 37 – Kammerspiele, München 337 – Helga Kneidl, Berlin 158 – Landesbildstelle, Berlin 273 – Luchterhand Verlag, Neuwied 308 – Lutherhalle, Wittenberg 61 – Renate von Mangold, Berlin 318 – Munch Museum, Oslo 265 – Österreichische Nationalbibliothek, Wien 165, 205, 268 – Schillergesellschaft, Marbach 131 – Schnell & Steiner Verlag, München 64 – Staatsbibliothek Preußischer Kulturbesitz, Bildarchiv Berlin 43, 45, 49, 62, 93, 97, 99, 128, 139, 151, 176, 180, 187, 200 – Staats- und Universitätsbibliothek, Hamburg 260 – Städel, Frankfurt/Main 119 – Oda Sternberg, München 124 – Stiftsbibliothek, St. Gallen 15 – Theodor-Storm-Gesellschaft, Husum 231 – Suhrkamp Verlag, Frankfurt/Main 312, 322 – Theatermuseum, München 79 – Wolf Vostell, Köln 343 – Württembergische Landesbibliothek, Stuttgart 29, 146 – Zentralbibliothek, Zürich 225.

1987
11., überarbeitete Auflage
© Bayerischer Schulbuch-Verlag
Hubertusstraße 4, 8000 München 19
Satz und Druck: Hanns Lindner, München
ISBN 3-7627-2111-4

Vorwort

„Dichtung und Deutung" hat das Ziel, einen ersten Überblick über die Strömungen und wichtigen Gestalten der deutschsprachigen Literatur zu geben. Es verfolgt dabei die Methode, einzelne Werke, die für ihre Zeit oder eine Textgattung als typisch gelten dürfen, in den Mittelpunkt der Betrachtung und kritischen Würdigung zu stellen.

Der Anhang „Abriß der deutschen Literatur" enthält eine Liste von Autoren und Werken. Diese sind unter Teilüberschriften zusammengefaßt, die als Orientierungshilfen, nicht zur Etikettierung dienen sollen.

„Dichtung" und „Deutung" sind problematische Begriffe: nicht jeder der vorgestellten Texte muß von jedem als „Dichtung" akzeptiert werden, und „Deutung" wäre als „einzig richtige" mißverstanden. Die Verfasser sind vielmehr von der Mehrdeutigkeit literarischer Texte überzeugt und wollen mit der Interpretation, für die sie sich entschlossen haben, die Eigendeutung der Leser unterstützen; diese erfordert in der Regel die Lektüre des ganzen in Frage stehenden Werkes. Eine Literaturgeschichte kann die Lektüre der Werke nicht ersetzen, sondern nur begleiten.

Für die elfte Auflage wurden die Beispiele zur Literatur der Gegenwart vermehrt; der Abriß im Anhang ist fortgeführt.

München, im Frühjahr 1987   Annemarie und Wolfgang van Rinsum

Inhalt

Zaubersprüche

Merseburger Zauberspruch

Phol ende Uuodan   vuorun zi holza.
dû uuart demo Balderes volon   sîn vuoȝ birenkit.
thû biguolen Sinthgunt,   Sunna era suister.
thû biguolen Frîja,   Volla era suister,
thû biguolen Uuodan,   sô hê uuola conda:
sôse bênrenkî,   sôse bluotrenkî,   sôse lidirenkî:
bên zi bêna,   bluot zi bluoda;
lid zi geliden,   sôse gelîmida sîn!

Phol und Wodan ritten in den Wald. Da ward dem Fohlen Balders sein Fuß verrenkt. Da besprach ihn Sinthgunt, (und) Sonne, ihre Schwester, da besprach ihn Frija, (und) Volla, ihre Schwester, da besprach ihn Wodan, der es wohl konnte, wie die Beinrenke, so die Blutrenke, so die Gliedrenke: Bein zu Bein, Blut zu Blut, Glied zu Glied, als ob sie geleimt seien!

Sprich im Althochdeutschen uu als englisches w, ȝ als ß, î usw. als langen Selbstlaut!

Elefant mit eingemaltem Herz (Malerei in Rot. Pindahl-Höhle, Asturien)

Wenn die steinzeitlichen Höhlenmaler Tiere an die Felsenwände zeichneten, so wollten sie das Jagdwild bannen. Mit feierlicher Beschwörung zwang der Magier (Zauberer) des Stammes die Seele des Tieres in die nachgebildete Form; und indem er mit der Spitze des Speeres die verwundbarste Stelle berührte, erlegte er das Tier sinnbildlich. War die Beschwörung in allen Einzelheiten richtig vollzogen, so war das Wild gebannt und mußte auch in Wirklichkeit das Opfer des Jägers werden.

Aus den Höhlenbildern können wir auf solche Vorgänge schließen; was der Magier dabei sprach, wissen wir nicht. Sicher ist aber, daß die Frühmenschen hier und in vielen anderen Lebensbereichen Zauberformeln und Bannsprüche anwandten. Die Welt war für sie erfüllt von vielfältigen geisterhaften Kräften, die mit ihnen und über ihnen lebten und unerkennbar waren; die Menschen fühlten sie und suchten sie sich durch Zauberkräfte gewogen oder untertan zu machen.

Der *Merseburger Zauberspruch* ist ein solcher Versuch. Die erhaltene Form ist freilich 10000—30000 Jahre jünger als die Bilder; der Spruch stammt aus germanischer Zeit und wurde im 10. Jahrhundert nach Christus aufgezeichnet.

> bên zi bêna,   bluot zi bluoda;
> lid zi geliden,   sôse gelîmida sîn.

Das ist die Bannformel („*galstar*" von gallen = singen, vgl. Nachtigall), wie sie der Kundige anwendete, um die Verletzung eines Tieres zu heilen; während er den Spruch flüsterte, mag er die verletzte Stelle verbunden haben. Um des Erfolges sicher zu sein, schickte der Beschwörende voraus, für welche Arten der Verletzung der Zauber gelten sollte: für einen Bruch, einen Erguß oder eine Verstauchung.

In ähnlicher Form kann der Spruch schon dem steinzeitlichen Magier bekannt gewesen sein. Die Germanen aber setzten noch eine Erzählung voraus, die von einem verwandten Vorgang berichtet. Die Götter selbst handeln darin. Wodan heilt ein verletztes Fohlen, nachdem andere, niedere Gottheiten es vergeblich versucht haben. Mit dieser Erzählung („*spell*", vgl. Beispiel) verstärkte der Bannende seine eigenen Zauberkräfte durch die des Gottes. Ein Zauber ist ein Zwiegespräch mit Wesen, denen man nicht mit alltäglichem Benehmen gegenübertritt. Der Mensch macht sie sich durch feierliches Verhalten gewogen. Darum wird der Zauberspruch geflüstert oder gesungen. Je stärker die Sprache ins Feierliche gehoben ist, um so mehr kann sie den Bereich des Übermenschlichen durchdringen und die angesprochenen Wesen zur Hilfe geneigt machen.

In einfachster Form geschieht das, wenn ich die entscheidenen Wörter besonders stark betone und so einen Rhythmus erzeuge, worin gemurmelte und laute Wörter einander abwechseln; dazu kann ich die sinntragenden Wörter wiederholen (bên zi bêna . . .). Das Germanische entwickelt eine weitere Art, indem es die zwei oder drei wichtigsten Wörter der Zeile mit dem gleichen Laut beginnen läßt (dabei gelten Vokale als gleiche Laute). So entsteht die Verskunst der althochdeutschen Zeit: der *Stabreim.* Wie die germanischen Sprachen selbst mit ihrem Reichtum an Konsonanten und ihrer Betonung am Wortanfang ist diese Kunst nicht melodisch-glatt, sondern hart, kraftvoll und ausdrucksfähig.

Die Merseburger Zaubersprüche: eine vierzeilige Befreiungsformel für Gefesselte und ein Spruch zur Heilung eines Pferdes (Aus einer Mischhandschrift. 10. Jahrhundert). – Übertragungen: 1. Spruch: Einstmal setzten sich Idise, setzten sich hierhin, dorthin und dahin, manche Hafte hefteten, manche lähmten das Heer (der Feinde), manche klaubten um heilige Fesseln: Entspring den Haftbanden, entfahr den Feinden! (Übertragen von Fr. von der Leyen). 2. Spruch: siehe S. 7.

Dieser Zauberspruch und ein zweiter fanden sich 1841 in einer Handschrift der Dombibliothek Merseburg. Viel mehr ist nicht erhalten. Als das Christentum über die heidnisch-germanische Welt gesiegt hatte, unterdrückte es die magischen Formeln der alten Zeit. In verwandelter Form sind ähnliche Sprüche aber bis in die Neuzeit bewahrt worden; doch haben die heiligen Gestalten des Christentums die heidnischen Götter im „spell" ersetzt, und der Sprecher verläßt sich allein auf ihre Gewogenheit, sie sind nicht mehr diesseitige Kräfte, mit denen ein vorsichtig einfühlendes magisches Gespräch nötig wäre. Aus dem Zauberspruch ist ein Segensspruch geworden, wie er noch in dem Kindervers: „Heile, heile Segen, drei Tage Regen . . ." zu erkennen ist.

Reiterscheibe aus Bräunlingen (Um 700). Vermutlich der Gott Wotan (Odin). Die Lanze ist auch Königssymbol und Hauptwaffe der Reiterei der Germanen während der Völkerwanderungszeit. Ein Fußkampf mit Speer und Schwert war untypisch; ein Schwert besaßen nur Anführer wie Hildebrand und Hadubrand.

Heldenlieder

Das Hildebrandslied

Hildebrand, der Gefolgsmann und Waffenmeister Dietrichs von Bern, muß aus seiner Heimat fliehen und kehrt nach 30 Jahren an der Spitze eines Hunnenheeres zurück. Der Führer der Streitmacht, die sich ihm entgegenstellt, ist sein Sohn Hadubrand, den er bei seiner Flucht hatte zurücklassen müssen. Hildebrand gibt sich ihm zu erkennen und bietet ihm seine goldenen Armringe als Geschenk. Hadubrand sieht darin aber nur eine Falle:

Hadubrant gimahalta,   Hiltibrantes sunu:
„mit gêru scal man   geba infâhan,
ort widar orte. . . . .
dû bist dir, altêr Hûn,   unmet spâhêr,
spenis mih mit dînêm wortun,   wili mih dînu speru werpan.
pist alsô gialtêt man,   sô dû êwin inwit fuôrtôs.
dat sagêtun mî   sêolîdante
westar ubar wentilsêo,   dat inan wîc furnam:
tôt ist Hiltibrant,   Heribrantes suno.“
Hiltibrant gimahalta,   Heribrantes suno:
„wela gisihu ih in dînêm hrustim,
dat dû hab habês hême   hêrron gôten,
dat dû noh bi desemo rîche   reccheo ni wurti.“

„welaga nû, waltant got (quad Hiltibrant),   wêwurt skihit.
ih wallôta sumaro enti wintro   sehstic ur lante,
dâr man mih eo scerita   in folc sceotantero:
sô man mir at burc ênîgeru   banun ni gifasta,
nû scal mih suâsat chind   suertu hauwan,
bretôn mit sînu billiu,   eddo ih imo ti banin werdan.

Hadubrand erhob das Wort, Hildebrands Sohn:
„Mit dem Gere soll man Gaben empfangen,
Spitze wider Spitze.
Du scheinst mir, alter Hunne, doch allzu listig,
Lockest mich mit deinen Worten, willst mich mit deinem Speere werfen,
Bist ein so alter Mann und warst immer voll Untreu.
Das sagten mir Seefahrende
Westlich übern Wendelsee, hinweg nahm ihn der Krieg.
Tot ist Hildebrand, Heribrands Sohn . . .
Wohl aber seh ich an deinem Harnisch,
Du habest daheim einen guten Herrn,
Mußtest nicht entrinnen aus diesem Reiche."
Hildebrand erhob das Wort, Heribrands Sohn:
„Weh nun, waltender Gott, Wehgeschick wird!
Ich wallte der Sommer und Winter sechzig außer Lande,
Daß man stets mich reihte zur Schar der Kämpfer:
An keiner Statt kam ich je zu sterben.
Nun soll mit dem Schwert das eigne Kind mich erschlagen,
Mit der Waffe mich treffen, oder ich ihn töten.

(Ins Neuhochdeutsche übertragen von Felix Genzmer)

Es kommt zum Kampf; Hildebrand tötet seinen eigenen Sohn.

Das Verhängnis, daß sich zwei Verwandte im Kampfe gegenüberstehen, ohne sich zu erkennen, wird noch furchtbarer dadurch, daß der Vater weiß, wen er erschlägt; und doch bleibt ihm keine Wahl: dem germanischen Helden ist der höchste Wert des Lebens die Ehre. Der Vater verliert sie, wenn er den Sohn schont; denn dieser hat ihm im Angesicht der Heere Verschlagenheit und Feigheit vorgeworfen. So geraten in Hildebrand das Sippengefühl und die Kriegerehre in Zwiespalt, und aus diesem *Konflikt* ergibt sich, was wir *Tragik* nennen: Zwei Lebensgüter stehen im Widerstreit miteinander; wenn sich Hildebrand für einen der beiden Werte entscheidet, zerstört er durch die Preisgabe des anderen seine Lebensgrundlage. In diesem tragischen Konflikt gipfelt das Hildebrandslied. Es zeugt zugleich vom Leben der Germanen in der Völkerwanderungszeit: von der Ruhelosigkeit, der Kampfeslust der Recken, aber auch von ihrem Mißtrauen und ihrer Überheblichkeit: wenn Hadubrand die Friedenshand zurückstößt, allzu bereit, im anderen einen Feind zu sehen, mit dem Schwert zuzuschlagen und Beute zu machen.
Die beiden Gestalten sind trotz ihrer gleichartigen Reckenhaftigkeit wesensverschieden: der weise Alte steht einem vorschnellen, stolzen Jungen gegenüber.
Zaubersprüche entstehen in einfacher Urform; sie gehen von Mund zu Mund, verändern sich, und der eine und der andere mag mit unbewußt künstlerischem

Gefühl die Form verbessern; ein *Heldenlied,* das ein dramatisches Geschehen erzählt, muß einen anderen Ursprung haben: es ist das Werk eines bestimmten Dichters.

Der Fürst der Völkerwanderungszeit sammelt an seinem Hofe eine Schar auserwählter Krieger; sie bilden seine engste Gefolgschaft. In ihr müssen wir den Dichter suchen. Abends in der Herrenhalle, nach dem Mahl und während des Gelages, tritt der *skop,* der Sänger, auf; er weiß Lieder zum Preis seines Herrn und berichtet in kunstvollen Stabreimversen von den Taten früherer Recken.

So ist es beim Hildebrandslied: Im abgewogenen Aufbau erkennen wir die gestaltende Kraft des Dichters; steigende Spannung führt zum Kernsatz des Heldenliedes:

>„welaga nû, waltant got,   wêwurt skihit",

der schon auf die tragische Lösung hindeutet. Dann beschleunigt sich der Ablauf und stürzt der Katastrophe entgegen.

Der Abschluß fehlt im Urtext, doch ist in der *Edda* eine Klage Hildebrands erhalten: er hat seinen Sohn erschlagen und damit seine Sippe ausgelöscht.

Die Form ist im kräftigen Stabreim der *Langzeile* gestaltet; es sind je zwei Kurzzeilen in einer Art Viervierteltakt; mindestens zwei der vier Haupthebungen sind stabreimbetont:

>„Hádubrànt gimáhaltà, Híltibràntes súnu"

Das ist kein glattes, geschmeidiges „Singen", aber Härte und Wucht des Rhythmus entsprechen der Gewalt des tragischen Geschehens.

Das Hildebrandslied ist das einzige Heldenlied der althochdeutschen Zeit, das in ursprünglicher Form fast vollständig erhalten ist, und auch das verdanken wir nur einem glücklichen Zufall: Zwei Mönche aus Fulda haben es nach 800 auf den Innenseiten der Deckel einer religiösen Handschrift aufgezeichnet, soweit es Platz hatte.

Szenen aus der Jungsiegfriedsage: der enthauptete Schmid und seine Werkzeuge; Kampf mit dem Drachen Fafnir; Siegfried brät das Herz und trinkt das Blut des Drachen; jetzt versteht er die zwei Meisen in dem Baum, an den das Roß Grani gebunden ist. (In Stein geritzte Zeichnung auf dem Ramsundfelsen in Södermanland, Schweden. 11. Jahrhundert.)

Daß vieles ganz verloren ist, liegt im Wesen dieser Dichtungsart: sie war ja für den mündlichen Vortrag bestimmt und wurde mündlich weitergegeben. Schreiben aber konnten im frühen Mittelalter fast nur die Geistlichen, und für sie waren die Zeugnisse aus der heidnischen Zeit des Germanentums ein Teil dessen, was die christliche Kirche eben erst überwunden hatte.

Trotzdem kennen wir den Inhalt von vielen der alten Heldenlieder. In immer wieder abgewandelten Formen haben die fahrenden Sänger und Spielleute des christlichen Mittelalters die Heldensagen dem Volke erzählt, vor allem den Sagenkreis um *Dietrich von Bern* – den Ostgotenkönig Theoderich – oder den um *Siegfried* und den Schatz der Nibelungen.

Viel getreuer aber, in der heidnischen Urform und sogar noch in der alten Stabreimweise, sind uns fünf Sagenkerne der germanischen Heldenlieder in Island erhalten geblieben, darunter das *Sigurdlied* und das *Atlilied*.

Die Heldenlieder hatten sich über den ganzen germanischen Raum verbreitet und waren mit den Wikingern bis nach Island gekommen. Als dort um das Jahr 1000 das Christentum Einzug hielt, waren die Lieder im Volk so fest verwurzelt, daß sie erhalten blieben und schließlich im 13. Jahrhundert in der *Edda* aufgezeichnet wurden.

Das Sigurdlied *berichtet von dem Drachentöter, der Gudrun zum Weibe nimmt, die Schwester der Könige Gunnar und Högni. Dafür wirbt er in der Gestalt Gunnars um Brynhild, da Gunnar selbst zu schwach ist, um die Gefahren zu bestehen, die mit der Werbung verbunden sind. Als der Betrug aufkommt, veranlaßt Brynhild ihren Schwager Högni, sie an Sigurd zu rächen.*

Im Atlilied hat Gudrun, Sigurds Witwe, Atli (Etzel) zum Gemahl. Atli versucht ihre Brüder zu zwingen, den Schatz Sigurds, den dieser von dem Zwergenvolk der Nibelungen erkämpft hat, herauszugeben. Als sie sich weigern, tötet er sie. Die eigene Gattin, Schwester der Ermordeten, führt grausig die Blutrache aus, wie es ihre Pflicht als Mitglied der Sippe ist.

Neben den Heldenliedern enthält die Edda eine Reihe *Göttersagen*, die einzige umfangreiche Quelle, aus der wir unser Wissen von der germanischen Götterwelt schöpfen.

Frühe christliche Dichtung

Der Heliand

                            Thô gibolgan ward
    snel swerd-thegan   Sîmon Pêtrus,
    wêl imu innan hugi,   that he ni mahte ênig word sprekan;
    sô harm ward imu an is herton,   that man is hêrron thâr
    bindan welda: thô he gibolgan gêng,
    swîdo thrîst-môd thegan   for is thiodan standan,

hard for is hêrron.   Ni was imu is hugi twîfli,
blôdi an is breostun,   ak he es bil atôh
swerd bi sîdu,   stôp imu tegegnes
an thena furiston fîund   folmô kraftu,
that thô Malchus ward   mâkeas eggiun
an thena swîdaron half   swerdu gimâlôd,
thiu hlust ward imu far-hawan,   he ward an that hôbid wund,
that imu hero-drôrag   hleor endi ôra
beni-wundun brast,   blôd aftar sprang,
wêll fan wundun. Tho was an is wangun skard
the furisto therô fîundô;   thô stôd folk an rûm,
andrêdun im thes billes biti.

                                        Da erboste sich
Der schnelle Schwertdegen   Simon Petrus:
Ihm wallte wild der Mut,   kein Wort mocht' er sprechen,
So härmt' es ihn im Herzen,   als sie den Herrn ihm da
Zu greifen begehrten.   Ingrimmig ging
Der dreiste Degen   vor den Dienstherrn stehn,
Hart vor seinen Herren.   Sein Herz war entschieden,
Nicht blöd in der Brust.   Blitzschnell zog er
Das Schwert von der Seite   und schlug und traf
Den vordersten Feind   mit voller Kraft,
Davon Malchus ward   durch des Messers Schärfe
An der rechten Seite   mit dem Schwert gezeichnet,
Am Gehör verhauen;   das Haupt war ihm wund,
Daß ihm waffenblutig   Backe und Ohr
Barst im Gebein   und das Blut nachsprang
Aus der Wunde wallend.   Als die Wange schartig war
Dem vordersten Feinde,   wich das Volk zurück,
Den Schwertbiß scheuend.

                    (Ins Neuhochdeutsche übertragen von Karl Simrock)

In der heidnischen Form, mit Langzeile und Stabreim, stellt der Dichter des
Heliand dar, was dem Heidnisch-Germanischen gänzlich wesensfremd ist: das
Evangelium der Liebe. Das Christentum hat im Karolingerreich Fuß gefaßt, aber
die alten Vorstellungen sind deswegen noch nicht verlorengegangen. Deutlich
spüren wir den Versuch des Dichters, den neuen Glauben den Laien schmack-
haft zu machen, für die das Werk bestimmt ist. Er wirbt um ihr Verständnis,
indem er den Bericht vom Leben Jesu der Gedankenwelt der Germanen an-
nähert.

*Als Vorlage verwendet der Dichter einen Text, in dem Teile der vier Evangelien so in-
einandergefügt sind, daß ein geschlossener Handlungsablauf entsteht, die „Evangelienharmonie" des Syrers TATIAN, um 180. Die zitierte Stelle lautet in der Bibel (Johannes 18,
10): „Da hatte Simon Petrus ein Schwert und zog es aus und schlug nach des Hohe-
priesters Knecht und hieb ihm sein rechtes Ohr ab. Und der Knecht hieß Malchus."*

Im Heliand erscheint Petrus als der tapfere Gefolgsmann; in reckenhafter,
blutiger Tat kann er sich bewähren. So kommt die Stelle der Kampfeslust
des Hildebrandsliedes sehr nahe. Christus selbst, in der Bibel der sanfte Lehrer

und Meister im Kreise der durch Gnade auserwählten Jünger, ist verwandelt in den Fürsten, den Dienstherrn, dem sich die Edlen in freiem Herrendienste zuordnen:

> ,Tadeln wir sein Tun nicht', sprach der teure Degen,
> ,Oder wehren seinem Willen, sondern weilen bei ihm,
> Dulden mit dem Dienstherrn: das ist des Degens Ruhm,
> Daß er seinem Fürsten fest zur Seite stehe
> Und standhaft mit ihm sterbe. Stehn wir all ihm bei,
> Folgen seiner Fahrt, lassen Freiheit und Leben
> Uns wenig wert sein, wenn wir im Volk mit ihm
> Erliegen, dem lieben Herrn: dann bleibt uns noch lange
> Bei den Guten guter Nachruhm –

Germanische Reiter im Goldenen Psalter (Illustration zum 60. Psalm, „Gebet in Kriegszeiten". 9. Jahrhundert). Die Ausrüstung besteht aus römischen (Kettenhemd, Helm) und germanischen Teilen (lange Hose, Wollmantel, Holzschild und Lanze). Der vorderste Reiter trägt als Feldzeichen einen Drachen in Schlauchform, der sich durch den Luftzug aufbläht.

Aber auch das unerhört Neue der Lehre Jesu predigt das Epos in voller Strenge: das Gesetz von der Barmherzigkeit und der Nächstenliebe. Christus wehrt Petrus den Kampf: „Wir sollen alles dulden, was dieses Volk uns Bitteres bringt . . . Unser Tun soll dem Waltenden nicht wehren." Nicht mehr die Ehre ist das höchste erreichbare Gut in dieser Welt; die Lehre vom Dulden und vom Verzicht ist die christliche Antwort auf den tragischen Konflikt im heidnischen Hildebrandslied: die Liebe ist der höhere Wert, sie muß das Ziel sein, auch wenn sie mit der Schande erkauft wird.

Der Heliand ist das Werk eines niedersächsischen Geistlichen, der es in fast 6000 Versen um 830 im Auftrag Ludwigs des Frommen auf altniederdeutsch verfaßte. Es ist das erste Werk, das uns nicht die zufällige Liebhaberei mönchischer Schreiber erhalten hat, sondern in mehreren Handschriften in Klosterbibliotheken aufbewahrt wurde. Der Heliand ist das einzige bekannte Epos in altdeutscher Form und Sprache. (Ein Epos ist eine längere Verserzählung, die im Gegensatz zum kürzeren Heldenlied nicht mündlich überliefert und vorgetragen, sondern aufgezeichnet und vorgelesen wird.)

Neben dem Heliand kennen wir unvollständige Proben kleinerer christlicher Werke, so das *Wessobrunner Gebet,* den wuchtigen Anfang eines Gedichtes von der Schöpfung der Welt:

> Das erfuhr ich in der Welt   als der Wunder größtes,
> daß die Erde nicht war,   noch oben der Himmel
> noch Baum nicht wuchs,   noch Berg nicht war,
> noch irgendein Stern   noch die Sonne nicht schien,
> noch der Mond nicht leuchtete,   noch die mächtige See.
> Als da kein Wesen nicht war an Enden und Wenden,
> da war doch der eine   allmächtige Gott . . .

Das Christentum beseitigte bald die germanische Form. Die *Evangelienharmonie* des Abtes OTFRIED VON WEISSENBURG um 870 verwendete nicht mehr den Stabreim, sondern den Endreim, wie ihn die Mönche aus der spätlateinischen Dichtung gelernt hatten.

In der folgenden Zeit entstanden keine Werke mehr in althochdeutscher Sprache. In stolzer Gelehrsamkeit dichteten die Geistlichen lateinisch; in dieser Sprache ist im *Waltharius* (Ende des 9. Jahrh.?) die Umdichtung des germanischen Heldenliedes von Walther und Hildegunde erhalten.

Was im Volke weitererzählt und gesungen wird, zeichnet lange Zeit niemand mehr auf.

Das Heldenepos

Das Nibelungenlied

Siegfried wirbt um Kriemhild, die Schwester der Burgundenkönige Gunther, Gernot und Giselher, und verdient sie sich damit, daß er durch Betrug die Königin Brunhild für Gunther gewinnt: Brunhild will nur den zum Manne nehmen, der stärker ist als sie. Durch eine Tarnkappe unsichtbar, unterstützt Siegfried Gunther im Wettkampf mit der Königin. Nach Jahren kommt der Betrug auf, als sich die beiden Königinnen darum streiten, welche die ranghöhere sei. Brunhild sinnt auf Rache, und Hagen, der erste Gefolgsmann der Burgundenkönige, muß sie ausführen, wie es die Gefolgschaftstreue befiehlt; er tötet Siegfried hinterrücks auf der Jagd.
Kriemhilds weiteres Leben gehört der Trauer und dem Gedanken an die Rache für den Mord an ihrem Gemahl. Als der Hunnenkönig Etzel um ihre Hand wirbt, sagt sie zu, weil sie hofft, dadurch die Möglichkeit zur Vergeltung zu erhalten. Sie lädt die Burgunden an den Hunnenhof ein, wo sie das Opfer von Kriemhilds Racherausch werden. In den furchtbaren Kämpfen gehen aber auch Etzels Gefolgsleute zugrunde. Als letzte stirbt Kriemhild durch die Hand Hildebrands, nachdem sie mit eigener Hand ihren Todfeind Hagen ermordet hat. Nur Etzel selbst und Dietrich von Bern mit seinem Waffenmeister Hildebrand überleben das Blutbad.

Federzeichnung aus dem Rolandslied des Pfaffen (Geistlichen) Konrad, einer Übersetzung aus dem Französischen (Heidelberger Handschrift. Ende des 12. Jahrhunderts)

XXIX. âventiure
Wie er (Hagene) niht gên ir (Kriemhilde) ûf stuont

. . . Dô sach der videlære,   ein küene spileman,
die edelen küniginne   ab einer stiegen gân
nider abeme hûse.   als er daz gesach,
Volkêr der vil küene   zuo sîme hergesellen sprach:

„Nu schouwet, vriunt Hagene,   wâ siu dort here gât,
diu uns âne triuwe   inz lant geladet hât.
in gesach mit küneges wîbe   nie sô manegen man,
die swert enhende trüegen,   alsô strîtlîchen gân . . ."

„Nu stê wir von dem sedele",   sprach der spileman:
„si ist ein küniginne;   und lât si füre gân,
bieten ir die êre: si ist ein edel wîp.
dâ mite ist ouch getiuret   unser iewéders lîp."

„Nein durch mîne liebe",   sprach Hágene:
„sô wolden sich versinnen   dise degene
daz ih'z durch vorhte tæte,   und solde ich hine gên.
ich enwil durch ir deheinen   nimmer von dem sedele stên.

Jâ zimet ez uns beiden   zewâre lâzen baz.
zwiu solde ich dén êren,   der mir ist gehaz?
daz engetuon ich nimmer,   die wîle ich hân den lîp.
ouch enruoche ich waz mich nîdet   des künec Etzelen wîp."

Der übermüete Hagene   leit' über sîniu bein
ein vil liehtez wâfen,   ûz des knopfe scein
ein vil liehter jaspes,   grüener danne ein gras.
wol erkande'z Kriemhilt,   daz ez Sîfrides was . . .

Si sprach: „nu saget mir, Hagene,   wer hât nâch iu gesant,
daz ir getorstet rîten   her in ditze lant,
und ir daz wol erkandet   waz ir mir habet getân?
hetet ir guote sinne,   ir solt ez pillîche lân."

„Nâch mir ensande niemen",   sprach dô Hagene.
„man ladete her ze lande   drîe degene:
die heizent mîne herren,   sô bin ich ir man.
deheiner hovereise   bin ich sélden hinder in bestân."

Si sprach: „nu saget mir mêre,   zwiu tâtét ir daz,
daz ir daz habet verdienet,   daz ich iu bin gehaz?
ir sluoget Sîfrîden,   den mînen lieben man:
des ich unz an mîn ende   immer gnuoc ze weinen hân."

Er sprach: „waz sol des mêre?   der rede ist nun genuoc.
ich pin'z et aber Hagene,   der Sîfriden sluoc,
den helt ze sînen handen.   wie sêre er des engalt
daz diu vrouwe Kriemhilt   die schœnen Prünhilde scalt!

Ez ist et âne lougen,   küneginne rîch,
ich hân es alles sculde,   des schaden scedelîch.
nu reche'z swer der welle,   ez sî wîp óder man.
ih'n wolde iu danne liegen,   ich hân iu leides vil getân. "

Sprich im Mittelhochdeutschen einfache Selbstlaute und Umlaute (ä, ö, ü,) kurz; solche mit ˆ lang; iu wie langes ü
(vriunt = frünt); æ wie langes ä; ie wie i-e; üe wie ü-e; h wie ch vor t und s und am Wortende (niht = nicht); v wie f;
ph wie pf; sp und st wie s-p und s-t (stuont = s-tuont); z meist wie ß; e am Wortende wird nicht gesprochen, wenn
ein Selbstlaut folgt (dâ mite ist = dâ mit ist).

Wie Hagen nicht vor Kriemhild aufstand

Da sah der Fiedelspieler, / ein kühner Spielmann,
Die edle Königstochter / von der Stiege nahn,
Die aus dem Hause führte. / Als er das ersah,
Zu seinem Heergesellen / sprach der kühne Volker da:

„Nun schauet, Freund Hagen, / wie sie dorther naht,
Die uns ohne Treue / ins Land geladen hat.
Ich sah mit einer Königin / nie so manchen Mann
Die Schwerter in den Händen / also streitlustig nahn."
. . .

„Stehn wir auf vom Sitze", / sprach der Fiedelmann,
„Vor der Königstochter, / so sie nun kommt heran.
Bieten wir die Ehre / der edeln Königin!
Das bringt uns auch beiden / an eignen Ehren Gewinn."

„Nein, wenn ihr mich lieb habt", / sprach dawider Hagen.
„Es möchten diese Degen / mit dem Wahn sich tragen,
Daß ich aus Furcht es täte / und ich dächte wegzugehn:
Von dem Sitze mein ich / vor ihrer keinem aufzustehn.

Daß wir es bleiben lassen, / das ziemt uns ganz allein.
Soll ich dem Ehre bieten, / der mir feind will sein?
Nein, ich tu es nimmer, / solang ich leben soll:
In aller Welt, was kümmmr' ich / mich um Kriemhildens Groll?"

Der vermess'ne Hagen legte / über die Schenkel hin
Eine lichte Waffe, / aus deren Knaufe schien
Mit hellem Glanz ein Jaspis, / grüner noch als Gras.
Wohl erkannte Kriemhild, / daß Siegfried einst sie besaß.
. . .

Sie sprach: „Nun sagt, Herr Hagen, / wer hat nach euch gesandt,
Daß ihr zu reiten wagtet / her in dieses Land,
Da ihr doch wohl wußtet, / was ihr mir habt getan?
Wart ihr bei guten Sinnen, / ihr durftet's euch nicht unterfahn."

„Nach mir gesandt hat niemand", / sprach er entgegen;
„Her zu diesem Lande / lud man drei Degen,
Die heißen meine Herren: / ich steh in ihrem Lehn;
Bei keiner Hofreise / pfleg ich daheim zu bestehn."

Sie sprach: „Nun sagt mir ferner, / was tatet ihr das,
Daß ihr es verdientet, / wenn ich euch trage Haß?
Ihr erschlugt Siegfrieden, / meinen lieben Mann,
Den ich bis an mein Ende / nicht genug beweinen kann."

„Wozu der Rede weiter?" / sprach er, „es ist genug:
Ich bin halt der Hagen, / der Siegfrieden schlug,
Den behenden Degen: / wie schwer er das entgalt,
Daß die Frau Kriemhild / die schöne Brunhilde schalt!

Es wird auch nicht geleugnet, / reiche Königin,
Daß ich an all dem Schaden, / dem schlimmen, schuldig bin.
Nun räch es, wer da wolle, / Weib oder Mann,
Ich müßt wahrlich lügen, / ich hab euch viel zuleid getan."

(Ins Neuhochdeutsche übertragen von Karl Simrock)

Die Szene „Wie er niht gên ir ûf stuont" aus dem Nibelungenlied ist über
600 Jahre jünger als das Hildebrandslied, doch erinnert die Form noch an die
volltönende, getragene Weise des alten Heldenliedes: Das klingt fast wie die
germanische Langzeile:

Uns íst in álten mærèn wúnders víl geséit
von héleden lóbebærèn, von grôzer árebéit
von fröuden, hôchgezîtèn, von wéinen únd von klágen,
von küener récken strîtèn muget ír nu wúnder hœren ságen.

árebéit = Mühsal

Nibelungenlied (Seite aus der Handschrift C, der ältesten erhaltenen Handschrift. Beginn des 13. Jahrhunderts)

Der Stabreim ist gefallen; dem Geschmack der verfeinerten Kultur entspricht
der Endreim. Die ersten Halbzeilen schließen mit rhythmisch verbindenden
gedehnten Endsilben *(= Halbton)*; manchmal, wie hier, reimen sie sich *(= Bin-*

nenreim). Das Epos ist in vierzeilige Strophen gegliedert. In der Schlußzeile rundet eine zusätzliche betonte Silbe *(= Hebung)* die Strophe klanglich ab. Diese Änderungen machen die Form geschmeidiger, nehmen ihr aber die Wucht der althochdeutschen Stabreim-Langzeile.

So vermischt sich Altes mit Neuem. Wie in der Form wird das am Inhalt deutlich. Vieles von dem Geist der altgermanischen Reckenzeit ist darin noch lebendig: der ungezügelte Haß, mit dem sich die Todfeinde begegnen, der herausfordernde Trotz, der auch den Anschein von Furcht zu vermeiden sucht, und eine Kampfeslust, wie sie den Recken Hadubrand und Petrus in der althochdeutschen Dichtung eigen war.

Hagen gebraucht den Begriff Ehre anders als der Spielmann Volker. Für Hagen hat er noch den gleichen Sinn wie für den Waffenmeister Hildebrand; für ihn ist die Ehre noch das gleiche Ideal des kämpferischen Helden, das Hildebrand zu seiner tragischen Tat gezwungen hat. Der Spielmann jedoch gibt dem Wort einen neuen Sinn, der nicht mit Kampf, sondern mit dem gesellschaftlichen Leben am Hofe des Adligen zusammenhängt. Diese Ehre wahrt er nicht durch Heldenmut, sondern durch gesittetes, ritterliches Benehmen.

Germanisches Reckentum gewinnt in der Dichtung am stärksten Gestalt in Hagen, der schon die Einladung durchschaut und doch in echt heidnischer Würde in den Tod geht; ebenso lebt es in dem Blut- und Racherausch des Endkampfes am Hunnenhof.

Aber auch den Geist des ritterlichen Hochmittelalters weiß der Dichter zu verkörpern. Der Markgraf Rüdeger von Bechelaren hat die Einladung an die Burgunden überbracht, sie auf ihrer Reise freundlich bei sich empfangen und mit ihnen enge Freundschaft geschlossen. Als es zum Kampf kommt, geht er an dem Konflikt zwischen Treue zum Lehensherrn und Freundestreue zugrunde; er entwickelt dabei Edelmut und Menschlichkeit, christliche Tugenden, die dem heidnisch-germanischen Wesen fremd sind.

Das Musterbild eines Ritters ist aber Dietrich von Bern. Er warnt, mahnt zum Frieden, schlichtet, setzt ohne Zögern sein eigenes Leben aufs Spiel, um die Burgunden vor der Wut Kriemhilds zu retten. So tritt er dem Untergangsrausch des Vorzeitlichen mit Maß und besonnener Weisheit entgegen; er bleibt aber im Aufruhr urtümlicher Kräfte erfolglos.

In der Mitte zwischen beiden Mächten steht Kriemhild. Aus der Liebenden, von Siegfried ritterlich Umworbenen wird erst allmählich, durch den Schmerz um den erschlagenen Gemahl, die starre, willensstarke Rächerin. In unserer Szene, in der doch die Gegensätze schon hart aufeinanderprallen, ist der Durst nach Vergeltung noch mit dem Schmerz der liebenden Frau gepaart.

Die Zweischichtigkeit des Nibelungenlieds, das Zusammentreffen von heidnischem und christlichem Gedankengut, entstand dadurch, daß um 1200 ein bayerisch-österreichischer Dichter – vielleicht am Hofe des Bischofs von Passau – zwei Heldenlieder aus der Völkerwanderungszeit zusammenfügte. Es handelte sich bei den Sagen um die von Siegfrieds Tod und die vom Untergang der Burgunden. Beide haben eine Reihe von Hauptpersonen gemeinsam und fußen auf historischem Grund, wenn auch die wirklichen Ereignisse anders zusammenhängen und um Jahrhunderte auseinanderliegen: Gundahari (Gunther) stirbt 436, Theoderich (Dietrich von Bern) 526, Brunichildis (vielleicht Brunhild) 613.

Die beiden „Urfabeln" erfuhren mit der Zeit manchen Wandel; in einer frühen Form sind sie im *Sigurdlied* und im *Atlilied* der Edda erhalten: dort rächt die Heldin noch ihre Sippe am eigenen Gemahl, die Sippe ist also höher bewertet als die Ehe. Im deutschen Raum haben fahrende Sänger die Sagen ausgeschmückt und verändert, aber auch der letzte Gestalter ist, wie wir gesehen haben, noch dem alten Heldenlied verpflichtet.

Das Nibelungenlied erhebt sich durch seinen Aufbau und durch seinen Gehalt über andere Heldenepen, die gleich ihm aus den alten Sagenstoffen schöpfen und sich durch die Jahrhunderte mündlich von Spielmann zu Spielmann weitervererbt haben.

Ein einziges Heldenepos kommt in seiner Gestalt dem Nibelungenlied nahe: das *Kudrunlied* (um 1240).

Kudrun ist mit Herwig verlobt, wird aber von einem anderen Bewerber, Hartmut, gewaltsam entführt. Doch Kudrun ist dem Verlobten treu; keine Gewalt, auch nicht die Erniedrigung zur Magd, vermag ihren Widerstand zu brechen. Als sie schließlich befreit wird, enden die Kämpfe in einer allgemeinen Versöhnung.

Schweres Leid wird Kudrun ebenso wie Kriemhild zugefügt, aber dreizehn Jahre der Knechtung und des seelischen Druckes machen sie nicht hart. Sie ist trotz allem zur Versöhnung bereit und tritt nach der Rückkehr mit Hartmuts Schwester vor ihre Mutter hin, deren Gemahl bei der Verfolgung der Entführer erschlagen worden ist:

> Ir tohter unde Ortrûn / giengen dâ si saz.
> si sprach: „vil liebe muoter, / gedenket ane daz,
> daz niemen sol mit übele / deheines hazzes lônen.
> ir sult iuwer tugende / án dem kúnege Hártmuóte schónen."

dâ = wo; dehein = kein; schônen = Rücksicht nehmen auf

Die Mutter, die Rache üben wollte, wird von der sittlichen Stärke der Tochter überwunden; die ritterliche Tugend der Mäßigung siegt über die alten Vorstellungen. So lebt das Kudrunlied viel stärker in der milderen Luft des christlichen Mittelalters, ist es die Antwort einer neuen Generation auf das Nibelungenlied: Kriemhild kämpft den Widerstreit zwischen Liebe und Haß in ihrer Seele aus und verhärtet sich zusehends; Kudrun dagegen bewahrt ihr versöhnliches Wesen und gewinnt die Oberhand über die Rachegedanken der Mutter. – Ein solches Ende ist in der Vorzeit ganz undenkbar.

Das Kudrunlied steht stark unter dem Einfluß des Nibelungenliedes und verwendet eine ähnliche Form. Es hat im zweiten Reimpaar der Strophen zweisilbige, „klingende" Reime, während das Nibelungenlied durchweg einsilbig, „stumpf", reimt; die letze Halbzeile ist um eine Hebung länger. An die klare Komposition des Vorbilds reicht es nicht heran.

Das Ritterepos

... lât iuch gezemen,
ir sult niemer iuch verschemen ...
ist hôch und hœcht sich iuwer art,
lât iuwern willen des bewart,
iuch sol erbarmen nôtic her:
gein des kumber sît ze wer
mit milte und mit güete.
vlîzet iuch diemüete ...
ir sult bescheidenlîche
sîn arm unde rîche,
wan swâ der herre gar vertuot,
daz ist niht herrenlîcher muot:
sament er aber schaz ze sêre,
daz sint ouch unêre.
gebet rehter mâze ir orden ...
ir ensult niht vil gevrâgen:
ouch ensol iuch niht betrâgen
bedâhter gegenrede, diu gê
rehte als jenes vrâgen stê,
der iuch wil mit worten spehen.
ir kunnet hœren unde sehen,
entseben unde dræhen:
daz solde iuch witzen næhen.
lât die erberme bî der vrevel sîn.
sus tuot mir râtes volge schîn:
an swem ir strîtes sicherheit
bezalt, er enhabe iu solhiu leit
getân die herzen kumber wesen,
die nemet und lâzet in genesen ...
sit manlîch und wol gemuot
(daz ist ze werdem prîse iu guot)
und lât iu liep sîn diu wîp:
daz tiuret junges mannes lîp.
gewenket nimmer tac an in:
dast rehte manlîcher sin.

Wolfram von Eschenbach, Parzival
(Ins Neuhochdeutsche übertragen von Manfred Brauneck)

Achtet darauf,
daß ihr nie eure Scham verliert! ...
Ist eure Art auch hoch und höht
sie sich noch, bewahrt euch dabei immer dies, daß euch das
Heer der Notleidenden erbarme.
Gegen deren Kummer geht mit
Milde und Güte an. Seid immer demütig! ...
Ihr sollt mit Weisheit arm und
reich zugleich sein, denn wo der
Herr alles vertut, fehlt der rechte
Herrensinn; rafft er aber zu sehr
nur Schätze zusammen, bringt ihm
auch das Unehre. Nehmt euch das
rechte Maß zur Richtschnur! ...
Ihr sollt nicht viel fragen! Laßt
euch eine wohlbedachte Antwort
nicht leid sein; sie soll so recht
passen auf die Frage dessen, der
euch mit Worten auskundschaften
will. Ihr könnt hören und sehen,
schmecken und riechen: das soll
euch zu Verstande bringen. Laßt
die Barmherzigkeit stets der Kühn-
heit folgen! So folgt ihr meinem
Rat wirklich: wenn euch im Kampf
einer Sicherheit bietet – es sei
denn, er habe euch ein Leid zugefügt,
das euch im Herzen tief verletzt –
die nehmt und laßt ihn leben! ...
Seid mannhaft und wohlgemut,
dann werdet ihr hohen Preis erringen! Laßt euch die Frauen lieb
sein, das erhöht eines jungen
Mannes Leben. Seid nie leichtfertig
mit ihnen, nur das ist rechten
Mannes Sinn! ...

In diesem Text lehrt Gurnemanz den jungen Parzival, was ein rechter Ritter sei: Edelmut, Barmherzigkeit und Milde zu üben, sind seine Aufgabe; bei allem Kampfesmut soll er doch den Besiegten schonen, nicht ihn töten. In jedem Augenblick muß der Ritter Selbstbeherrschung üben, Maß halten. Mâʒe (Maß-halten), stæte (Beständigkeit), hôher muot (Edelmut) und triuwe (Treue) sind die Grundbegriffe, die in der Dichtung dieser Zeit ständig wiederkehren. Wer

Reiterstandbild eines Königs aus dem Dom zu Bamberg, sog. Bamberger Reiter (Um 1230)

nach diesen Tugenden lebt, weiß sich in Gottes Huld, ist des christlichen Heils sicher.

Diese ritterliche Haltung ist aber nur die eine Seite des neuen Ideals. Daneben steht der Begriff des Höfischen. Das Wahren des Besitzes (des „varnden guotes") gewährleistet den äußeren Glanz des Lebens; seinen Adel gewinnt der Ritter in den Formen des Anstandes, in der höfischen „zuht" (Zucht). In diesem Rahmen erhält die „frouwe", die adelige Herrin, einen neuen hohen Wert. Sie ist das reinere, erhabenere Geschöpf, ist Mittelpunkt und Stern der Gesellschaft; erst in ihrem Dienst wird das ehrenhafte Leben vollkommen. Auch in Abenteuer und Kampf wirbt der Ritter um die Gunst der hohen Frau. Sie ist somit die Erzieherin zu höfischer Vollkommenheit.

Zucht und Maß sind auch in der dichterischen Form wirksam. Jetzt ist nicht mehr die starke Betonung der sinntragenden Wörter von Wichtigkeit, sondern eine geschmeidige, glatte Sprache; das Bewegte, das Ausdrucksreiche wird abgelöst vom feinen, maßvollen Unterhaltungston. Das Mittel hierzu ist der möglichst gleichmäßige Wechsel von betonter und unbetonter Silbe in vierhebigen Zeilen, von denen sich je zwei aufeinanderfolgende reimen *(vierhebige Reimpaare)*.

Ritterdichtung war erst möglich, nachdem der Adel den Kulturvorsprung der Geistlichen des frühen Mittelalters aufgeholt hatte, nachdem auch Weltliche schreiben und lesen gelernt und einen eigenen, selbstbewußten Stand gebildet hatten. Das geschah im elften Jahrhundert zuerst in der Provence in Südfrankreich, wo die Bildung von den Klöstern auf die Höfe der Fürsten überging. In den folgenden Jahrzehnten wird das Rittertum über alle politischen Grenzen hinweg zu einer Lebensform, die sogar den arabisch-islamischen Adel als gleichberechtigt einbezieht.

Auf demselben Wege, wie das Rittertum sich von Frankreich über Westeuropa und schließlich bis Skandinavien und in die slawischen Gebiete östlich des Deutschen Reiches ausbreitet, wandert die ritterliche Dichtung von Südwest nach Nordost. Das Muster auch der deutschen Dichtung ist daher die französische, die in der Sage von *König Artus* und seiner Tafelrunde einen weitläufigen Stoff gefunden hat. Mitglied der Tafelrunde kann nur der vollkommene Ritter werden, der sich in Abenteuer, Kampf und Minnedienst bewährt hat. Der *Minnedienst* ist die Verehrung einer hohen Herrin (frouwe), meist der Gemahlin des Dienstherren, der zu Ehren der Held seine Taten vollbringt und sich um ritterliches Verhalten bemüht.

Meister des Artusromans ist der Nordfranzose CHRETIEN VON TROYES (um 1200); kein Dichter des Mittelalters kommt ihm an Wirkung auf die gesamte Dichtung des Abendlandes gleich. Auch die deutschen Meister der mittelhochdeutschen Blütezeit greifen nach dem Artusroman, übernehmen seine Namen und Gestalten, seine Stoffe und Probleme und formen sie mit ihren sprachlichen Mitteln und nach ihrer Auffassung um. Neues zu erfinden gilt sogar als unschicklich.

Vorgänger der ritterlichen Epik in Deutschland finden wir in *Spielmannsliedern*, die ihre Themen nicht aus der Heldensage, sondern aus Ereignissen der jüngeren Vergangenheit nehmen. Davon haben zwei – wahrscheinlich durch Geistliche – feste Gestalt gewonnen, aber die Lust am Erzählen hat die künstlerische Form überspielt:

König Rother (um 1150) erzählt von einer Brautwerbung und den Abenteuern, die damit verknüpft sind, daß der Vater der Braut alle Bewerber in den Kerker wirft. Mit Hilfe von List und Verkleidung gewinnt Rother glücklich die Prinzessin.

Herzog Ernst (um 1170) erlebt die wunderbarsten Abenteuer, nachdem er seine Heimat hat verlassen müssen. Er und seine Gefährten treffen auf Zwerge und Riesen, Greifen und Menschen mit Kranichköpfen. In vielen seiner Erlebnisse erkennen wir Märchen der arabischen Welt wieder, so wie sie in „Tausendundeine Nacht" stehen.

Seine Blüte erreicht das Rittertum zur Zeit der großen Stauferkaiser Friedrich I. Barbarossa (1152–1190), Heinrich VI. (1190–1197) und Friedrich II. (1215–1250). Sie bahnt sich an im Jahre 1184, als Friedrich Barbarossa zu Pfingsten in Mainz ein glanzvolles Fest feiert, auf dem er seine beiden Söhne zu Rittern schlägt. Zur selben Zeit tritt der Ritter als Dichter hervor. Innerhalb eines Menschenalters gelangt die mittelhochdeutsche Dichtung auf ihren Höhepunkt in den Epikern HARTMANN VON AUE, WOLFRAM VON ESCHENBACH und GOTTFRIED VON STRASSBURG und in dem Lyriker WALTHER VON DER VOGELWEIDE.

HARTMANN VON AUE

Der arme Heinrich

Mitten in einem glanzvollen, aber oberflächlichen Leben befällt den Ritter Heinrich der Aussatz. Er läßt sein weltliches Gut fahren und zieht sich auf einen Meierhof zurück. Nur das Blut eines reinen, unschuldigen Kindes könnte ihn heilen. Die Tochter des Bauern pflegt ihn liebevoll und ist bereit, ihr Leben hinzugeben, um ihn zu retten. Der Ritter nimmt das Opfer an; doch in dem Augenblick, als der Arzt zur Operation ansetzt, überkommt Heinrich die „erberde", Erbarmen und Mitgefühl mit dem Mädchen, das für ihn sterben will, und er verhindert das Opfer. Gerade dadurch geschieht das Wunder der Heilung: Die Gnade Gottes belohnt den maßvollen Verzicht.

Die Legende schließt wie ein Märchen: das einfache Bauernmädchen wird die Gemahlin des adligen Herren.

Dô der herre Heinrich
alsus geniete sich
êren unde guotes
und vrœlîches muotes
und werltlîcher wünne . . .
sîn hochmuot wart verkêret
in ein leben gar geneiget.
an im wart erzeiget,
als ouch an Absalône,
daz diu üppige krône
werltlîcher süeze
vellet under vüeze

ab ir besten werdekeit,
als uns diu schrift hât geseit.
ez sprichet an einer stat dâ:
'mêdiâ vîtâ
in morte sûmus'.
daz diutet sich alsus,
daz wir in dem tôde sweben
sô wir aller beste wænen leben.

Dirre werlde veste,
ir stæte und ir beste
und ir grœste magenkraft,

diu stât âne meisterschaft.
des muge wir an der kerzen sehen
ein wârez bilde geschehen,
daz si zeiner aschen wirt
enmitten daz si lieht birt.
wir sîn von brœden sachen.
nû sehet wie unser lachen
mit weinen erlischet.
unser süeze ist gemischet
mit bitterer gallen.
unser bluome der muoz vallen
sô er aller grüenist wænet sîn.
an hern Heinrîche wart wol schîn:
der in dem hœhsten werde
lebet ûf dirre erde,
derst der versmâhte vor gote.
er viel von sînem gebote
ab sîner besten werdekeit
in ein versmæhelîchez leit:
in ergreif diu miselsuht.
dô man die swæren gotes zuht
gesach an sînem lîbe,
manne unde wîbe
wart er dô widerzæme.
nû sehet wie genæme
er ê der werlde wære,
und wart nû als unmære

daz in nieman gerne ane sach:
als ouch Jôbe geschach,
dem edeln und dem rîchen,
der vil jæmerlîchen
dem miste wart ze teile
mitten in sînem heile.
Dô der arme Heinrich
von êrste verstuont sich
daz er der werlde widerstuont,
als alle sîne gelîchen tuont,
dô schiet in sîn bitter leit
von Jôbes geduldikeit.
wan ez leit Jôb der guote
mit geduldigem muote,
dôz im ze lîdenne geschach,
durch der sêle gemach . . .
dô tete der arme Heinrich
leider niender alsô:
er was trûric und unvrô.
sîn swebendez herze daz verswanc,
sîn swimmendiu vreude ertranc,
sîn hôchvart muose vallen,
sîn honec wart ze gallen.
ein swinde vinster donerslac
zerbrach im sînen mitten tac,
ein trüebez wolken unde dic
bedahte im sîner sunnen blic.

geniete	genoß	von sînem gebote	durch sein Gebot
geneiget	erniedrigt	miselsucht	Aussatz
werdekeit	Herrlichkeit	swæren gotes zuht	die schwere Strafe Gottes
media vita	Mitten wir im Leben sind	widerzæme	widerwärtig
in morte sumus	von dem Tod umfangen	unmære	unangenehm
	(Übs. v. Martin Luther)	von êrste	das erstemal
magenkraft	Macht	widerstuont	widerlich war
birt	gebiert, ausstrahlt	gemach	Ruhe
brœden	gebrechlich	verswanc	Schwungkraft verlieren
bluome	Blüte	swinde	gewaltig
werde	Wert		

„Der arme Heinrich" ist eine *Verslegende,* d. h. eine Erzählung, in der Gottes
Wirken auf der Welt in einem wunderbaren Ereignis offenbar wird.
Thema ist aber auch hier das rechte Ritterleben. Die Legende bietet sogar
Anlaß, es erst richtig in seiner Wesensart zu fassen: Wenn der Ritter Heinrich
von Aue (ein legendärer Vorfahre von Hartmanns Dienstherrn) mit weltlichen
Gütern und Ehren überhäuft ist und ganz im Glanze seines höfischen Lebens
aufgeht – gerade dann besteht die Gefahr, daß er das echte Rittertum verliert.
Der Ritter vergißt, daß ihm die Fülle durch „gotes hulde" gewährt ist und nicht
gedankenlos hingenommen werden darf.
Der „hôchmuot" Heinrichs wird auf die Probe gestellt – und der Ritter versagt,
weil er nicht die Kraft hat, „mâʒe" und „stæte" auch im Elend zu bewahren.

Aufzuzeigen, daß der echte Ritter auch und gerade bei einem plötzlichen Glückswechsel seine Tugenden bewahren muß, ist Hartmanns Absicht. Daher die Eindringlichkeit, mit der er den Ritter Heinrich an Gestalten der Bibel mißt, sein Schicksal mit Gleichnissen wie dem der Kerze umschreibt, die sich verzehrt, während sie leuchtet.

Eine Stelle wie diese kann nicht, zumindest nicht vollständig, auf eine Vorlage zurückgehen. Daß Hartmann eine (heute verschollene) Quelle benutzt hat, sagt er zwar schon in den Anfangszeilen:

Ein ritter sô gelêret was,	der was Hartman genant . . .
daʒ er an den buochen las,	nu beginnet er iu diuten
swaʒ er dar an geschriben vant.	eine rede, die er geschriben vant.

Wir können jedoch als sicher annehmen, daß Hartmann von Aue die Legende deswegen nachgestaltet, weil ihn erschütternde Erlebnisse selbst am Wesen und Wert seines Rittertums haben zweifeln lassen und er sich gedrängt fühlt, seine eigenen Konflikte in der Legende zum Beispiel zu erheben. Der Tod seines Dienstherrn und die Teilnahme an einem Kreuzzug haben seine Einsicht in das Wesen des ritterlichen Daseins geläutert und vertieft.

HARTMANN VON AUE (etwa 1165–1220) stammt aus Alemannien und ist Ministeriale, das heißt, daß seine Familie aus dem unfreien Herrendienst in die Ritterschicht aufgestiegen ist. Grundproblem seines Dichtens ist die Frage, wie sich ritterliches Leben und Minnedienst so vereinen lassen, daß die Ehre und die Huld Gottes gewahrt werden. Den Weg dahin sieht er im Maßhalten: Wer seine Leidenschaften und Triebe nicht beherrschen kann, ist außerstande, die Aufgaben, die ihm das Leben stellt, richtig zu erfüllen; er gibt die „mâʒe" preis, verliert die Ehre und damit auch Gottes Huld. In zwei großen Epen greift Hartmann die Geschichte der beiden Artusritter *Erek* und *Iwein* aus dem Werk CHRETIENS VON TROYES auf. Wie ein Spiegelbild stellen die beiden Ritter die zwei Möglichkeiten dar, wie der Weg des sinnvollen und ehrenhaften ritterlichen Lebens in Maßlosigkeit verlassen werden kann: Erek entfremdet sich in übersteigertem Minnedienst den Pflichten der ritterlichen Gesellschaft, Iwein vernachlässigt in seiner leidenschaftlichen Sucht nach Abenteuern die Liebe zur Gattin. So verstoßen beide gegen die Ritterehre; in schwierigen Abenteuern büßen sie ihre Schuld. Sie erstreiten sich in Kämpfen mit übermächtigen Gegnern als Retter der Bedrängten wieder die wahre Ritterehre und werden schließlich als echte Ritter erneut in die Artusrunde aufgenommen.

WOLFRAM VON ESCHENBACH

Parzival

eins tages gienc er den weideganc	Einst ging er seinen Weidegang
an einer halden, diu was lanc.	An einem breiten Bergeshang
er brach durch blates stimme ein zwîc.	Und brach zum Blatteln einen Zweig.
dâ nâhen bî im gienc ein stîc,	Ganz in der Nähe lief ein Steig.
dâ hôrte er schal von huofslegen;	Da schallte Hufschlag ferneher;
sîn gabilôt begunde er wegen.	Er wiegte seinen kurzen Speer
dô sprach er: „waz hân ich vernomen?	Und sprach: „Was hab' ich da vernommen?
wan wolde et nû der tiuwel komen	Ha, möchte doch der Teufel kommen!

mit grimme zorneclîche!	Ließ' er sich noch so grimmig sehn,
den bestüende ich sicherlîche.	Ich wollt' ihn sicherlich bestehn.
mîn muoter vreisen von im saget:	Viel Graus von ihm die Mutter sagt;
ich wæne ir ellen sî verzaget."	Mich dünkt, ihr Herz ist zu verzagt."
alsus stuont er in strîtes ger.	So stand der Knabe kampfbereit.
nû seht, dort kom geschûftet her	Da sprengten durch die Einsamkeit
ritter nâch wunsche var,	Drei stolze Ritter, farbig ganz,
von vuoze ûf gewâpent gar.	Vom Kopf zu Fuß im Waffenglanz.
der knappe wânde sunder spot,	Und er in Einfalt ohne Spott
daz ieslîcher wære ein got.	Hielt jeden da für einen Gott,
dô stuont ouch er niht langer hie,	Rief kniend mit erhobnen Händen:
in den phat viel er ûf sîniu knie.	„Hilf, Gott! Du kannst wohl Hilfe spenden."
lûte rief der knappe sân:	
„hilf, got! dû maht wol helfe hân!"	

Weidegang = Jagdgang; Blatteln = mit einem Blatt den Ruf der Ricke nachahmen und so den Bock anlocken

Dieser Ausschnitt zeigt uns einen Knaben, der wohl ritterliche Tugenden als Anlagen in sich hat, ritterlichem Wesen aber fremd gegenübersteht. Er ist in

Hartmann von Aue (Weingartner Liederhandschrift. 14. Jahrhundert) und Gottfried von Straßburg (Heidelberger Manesse-Liederhandschrift. 13. Jahrhundert). Hartmann erscheint als Ritter in voller Rüstung. Auf dem Schild, der Roßdecke und dem Helm ist sein Wappentier, der Adler, abgebildet. Aue ist ein häufiger geographischer Name, Hartmanns Herkunft unklar; er könnte von Eglisau in der Schweiz stammen, wo ein Wappen mit Adlerkopf belegt ist. Gottfried hat einen Text entworfen, auf eine Wachstafel notiert und vorgelesen; er debattiert darüber mit einem Fürstenpaar (mit Krone und Diadem) und Gelehrten. Da Gottfried nicht adelig war, fehlt ein Wappen auf der Miniatur.

natürlicher, kindlicher Einfalt aufgewachsen, als reiner Tor, ohne Wissen um Art und Sitten der Gesellschaft. Seine Mutter hat ihn so erzogen, weil der Vater im Kampf gefallen ist und sie den Sohn vor dem gleichen Schicksal bewahren will. Da trifft er auf Ritter, die ihm herrlich wie göttliche Wesen erscheinen.

Nach dieser Begegnung bricht die adelige Anlage durch. Parzival verläßt die Mutter, um am glanzvollen Leben der Ritter teilzuhaben. Aber er kennt ritterliches Wesen nicht, ist ohne höfische Zucht. So wird er schuldig: In tölpelhafter Weise verstößt er gegen die Gesetze der Minne, und er tötet in einem Zweikampf ohne Regel und Maß einen Verwandten.

In Gurnemanz findet er den Lehrer, der ihm die Bildung der ritterlichen Gesellschaft vermittelt. Jetzt stehen ihm alle Wege zu weltlichem Glanz offen: Er bewährt sich im Kampf und im Minnedienst und erstreitet sich ein Königreich. Als Artus ihn in seine Tafelrunde aufnimmt, scheint er sein Lebensziel erreicht zu haben.

Aber er muß erkennen, daß aller äußere Glanz und alle äußere Ehre nur eine Wand sind, hinter der Verzweiflung auf ihn lauert.

Parzival war auf die Burg Munsalvæsche – Berg des Heils – gekommen. Dort lebte mit seinem Gefolge der König Anfortas; er siechte an einer Wunde, die sich nicht schloß. Er konnte nicht sterben, denn er war Hüter des Grals, eines von Gott geschenkten wunderbaren Edelsteins, dessen Anblick am Leben erhielt und dessen Wunderkraft die Gralsritter speiste. Parzival sah das Leiden des Königs, aber er fragte ihn nicht darum, denn Gurnemanz hatte ihn gelehrt, daß ritterliche Zucht das Fragen verbietet.

Am selben Tage, an dem er in die Artusrunde aufgenommen wird, erscheint eine Botin des Grals, Kundrie, und verflucht ihn, weil er kein Erbarmen gekannt habe: mit einer mitleidigen Frage wäre der sieche Anfortas erlöst worden.

der Wâleis sprach: ‚wê waz ist got?	Der Waleis sprach: „Weh, was ist Gott?
wære der gewaldic, solhen spot	Er hätte wahrlich solchen Spott
hete er uns beiden niht gegeben.	Abgewehrt von unsrem Haupt,
kunde got mit kreften leben,	Wär' er so mächtig, wie man glaubt.
ich was im dienstes undertan,	Ich war im Dienst ihm untertan,
sît ich genâden mich versan:	Auf Gnade hoffend, ach, im Wahn!
nû wil ich im dienest widersagen.	Nun gilt's, den Dienst ihm aufzusagen,
hât er haz, den wil ich tragen.'	Und hat er Haß, den will ich tragen."

Waleis = der Mann aus Wales, da Parzival in Wales geboren ist

Parzival ist vom Fluch der Gralsbotin so tief getroffen, daß er an Gott zweifelt. Er erkennt seine Schuld nicht. Sie liegt darin, daß er die Sitte der adeligen Gesellschaft als ein starres Gesetz versteht. Indem er dieses buchstabengetreu erfüllt und die mitleidige Frage unterläßt, unterdrückt er die natürliche Regung des Herzens. Ebenso ist es mit seinem Glauben an Gott: er trägt ihn wie eine Rüstung, statt ihn wahrhaftig zu empfinden. Darum sieht er in seiner Schmach eine Kampfansage Gottes, gegen die er aufbegehrt.

Die Verzweiflung macht Parzival zum Ausgestoßenen. Was ihm Gott versagt hat, will er im Trotz erstreiten: er irrt umher, um die Gralsburg wiederzufinden; aber dem Unreinen bleibt sie unsichtbar.

Der Einsiedler Trevrizent öffnet ihm die Augen darüber, wie er sein Leben in Äußerlichkeit und Glanz vertan hat, statt die Liebe Gottes in die Mitte seines ritterlichen Lebens zu stellen. Mit dieser Erkenntnis erst kann sich Parzivals Lebensbahn vollenden: Er kehrt auf

die Burg Munsalvæsche zurück, erlöst Anfortas durch die mitleidige Frage und wird an seiner Stelle Gralskönig.

swes leben sich sô verendet,	Wes Leben so sich endet,
daz got niht wirt gephendet	Daß er Gott nicht entwendet
der sêle durch slîbes schulde,	Die Seele durch des Leibes Schuld
und der doch der werlde hulde	Und wer daneben noch die Huld
behalden kan mit werdekeit,	Der Welt mit Ehren sich erhält,
daz ist ein nütziu arbeit.	Der hat sein Leben wohlbestellt.

(Ins Neuhochdeutsche übertragen von Wilhelm Hertz)

Das Epos *Parzival* ist mehr als eine Abfolge von Abenteuern. An einem beispielhaften Menschen stellt Wolfram die verschiedenen Bereiche des Daseins dar – christlichen Glauben und ritterliche Tat, Minnedienst und eheliche Liebe, Abenteuerglanz und heimische Wirklichkeit. Für HARTMANN VON AUE gibt es im Leben zwei Stufen: den Irrweg der Leidenschaft und Maßlosigkeit und die Vollendung im Maßhalten, das Ritterehre und Gottes Huld gewährleistet. Wolfram sieht das Problem tiefer. Auch Parzival durchlebt die beiden Stufen: vom „reinen Toren" ohne Kenntnis der Grenzen, die Rittersitte setzt, schreitet er fort zum weltlichen Ritter, der die Gesetze der adeligen Welt erfüllt. Vollendung bedeutet für ihn erst eine dritte Stufe: nur wer weltlichen Glanz mit tiefster Gläubigkeit vereint, ist der wahre Ritter, das Idealbild des hohen Mittelalters.
Ein Werk, in dem das Lebensideal einer Zeit in der Entwicklung eines Menschen beispielhaft gestaltet ist, nennen wir einen *Entwicklungsroman*. Der „Parzival" ist das erste große Werk dieser Art in der deutschen Dichtung.

Vom Leben WOLFRAMS VON ESCHENBACH (etwa 1170–1220) wissen wir fast nur, was er davon in seinen Werken andeutet. Sein Geschlecht hat den Namen von dem fränkischen Ort Eschenbach bei Ansbach. Er stand im Dienste der Grafen von Wertheim, war aber viel auf Wanderschaft. Wir hören von einem Zusammentreffen mit Walther von der Vogelweide auf der Wartburg. Reichtümer erwarb er nicht; er scherzt im Parzival, „daheim in meinem eignen Haus erlabt sich selten eine Maus".
Auch Wolfram knüpft an den Franzosen CHRETIEN VON TROYES an, doch behandelt er die Vorlage so frei, daß ihn sein Zeitgenosse GOTTFRIED VON STRASSBURG verächtlich einen „Erfinder wilder Märe" nennt. Nach dem Parzival entstanden noch zwei weitere Epen, *Willehalm* und *Titurel*, die aber nur unvollendet erhalten sind; auch als Dichter von Minneliedern ist Wolfram hervorgetreten.

GOTTFRIED VON STRASSBURG

Tristan und Isolde

Tristan wirbt für seinen Oheim, König Marke von Cornwall, um die Hand Isoldes. Die Mutter der Braut bereitet einen Liebeszaubertrank, und durch einen Zufall trinken Tristan und Isolde davon. So werden sie wider ihren Willen von gegenseitiger Liebe erfaßt. Die Gewalt dieser Leidenschaft ist so groß, daß die Liebenden trotz aller Kräfte, die sich ihnen entgegenstellen, in ihrer Zuneigung fest bleiben; sie scheuen auch Unrecht und Betrug nicht, um sie zu erhalten.

Der edele senedære	Wer sehnend liebt mit edlem Sinne,
der minnet senediu mære.	minnt Sang von Sehnen und von Minne.
von diu, swer seneder mære ger,	Wer solcher Mären trägt Begier,
dern var niht verrer danne her;	der fahr' nicht weiter als her zu mir,
ich wil in wol bemæren	da ich ihm zu berichten weiß
von edelen senedæren	eines edlen Paares Liebespreis,
die reine sene wol tâten schîn:	dem reine Minn' erfüllt den Sinn:
ein senedær unde ein senedærîn,	ein Minner, eine Minnerin,
ein man ein wîp, ein wîp ein man,	ein Mann ein Weib, ein Weib ein Mann,
Tristan Isolt, Isolt Tristan.	Tristan Isold, Isold Tristan.

Gottfried schlägt im Eingang seines Epos von Tristan und Isolde das Thema an. Ähnlich hat auch WOLFRAM an den Anfang seines Parzival sein Programm gesetzt. „Ist zwîvel herzen nâchgebûr (Nachbar), daz muoz der sêle werden sûr": Zweifel muß für die Seele bitter werden. Vergleicht man die beiden Einführungen, wird sogleich deutlich, daß Gottfrieds Werk auf einer anderen Ebene liegt. Er will nicht ein Lebensideal gestalten, sondern die Macht und Zauberkraft der Minne verherrlichen. Sein Werk soll kein Vorbild aufstellen, sondern es wendet sich an den, der Lust verspürt, die Geschichte einer Liebe zu hören.

Der Tristan entspringt der Freude am Erzählen, und diese Schaffensfreude ist verbunden mit dem Ehrgeiz, die Geschichte so kunstvoll und eindringlich wie möglich darzustellen. Auf diese Weise entsteht ein Bild der verfeinerten Kultur. Gottfried versteht es, die Gefühle und Empfindungen seiner Gestalten bis in die feinsten Verästelungen zu verfolgen.

Dabei ist sein Werk von geschliffener Form, oft überhäuft mit Wortspielen, wie es schon in den Einleitungszeilen zutage tritt oder auch in dem Leitsatz des Epos:

»Swem nie von liebe leit geschah, dem geschah auch liep (Freude) von liebe nie.«

Der Stabreim und die Wortwiederholung dienen zwar wie im Althochdeutschen dazu, die Bedeutung des Gesagten zu unterstreichen, mehr noch sollen sie aber die Sprache zierlicher, kunstvoller machen, den Stil verfeinern; – so sehr, daß der Dichter mitunter über Seiten hinweg mit einzelnen Worten spielt.

Die Kunstfertigkeit der Sprache ist verbunden mit einer Kunst des Aufbaus, die das Grundproblem fest und sicher in die Mitte stellt. Bei Gottfried gibt es kein Abschweifen, kein Verlieren in Nebenpfade wie bei Wolfram, wo die Hauptgestalt über weite Strecken ganz in den Hintergrund tritt.

GOTTFRIED VON STRASSBURG dichtete etwa von 1205 bis 1220. Von seinem Leben wissen wir nur, daß er nicht ritterlicher, sondern bürgerlicher Herkunft war – der erste nach lauter adeligen Herren – und vielleicht als Geistlicher in der elsässischen Bischofsstadt tätig war. Sein Epos „Tristan und Isolde" bricht nach fast 20 000 Versen ab.

Die Minnelyrik

WALTHER VON DER VOGELWEIDE

›Nemt, frouwe, disen kranz!‹
alsô sprach ich zeiner wol getânen maget.
›Sô zieret ir den tanz,
mit den schœnen bluomen, als irs ûffe
Het ich vil edele gesteine,   [traget.
daz müest ûf iur houbet,
obe ir mirs geloubet.
seht mîne triuwe, daz ichz meine.‹

»Nehmt, Herrin, diesen Kranz!«
So sagte ich zu einem schönen Mädchen.
»Dann schmückt ihr den Tanz
mit den schönen Blumen in Euerm Haar.
Hätt ich Gold und Edelstein,
dann müßten sie auf Euer Haupt –
wie Ihr mir glauben werdet.
Wirklich, ich meine es ehrlich!«

Liebespaar mit Falken auf einer Waldwiese (Gobelin aus Tournai. Um 1430)

II Si nam daz ich ir bôt
einem kinde vil gelîch daz êre hât.
Ir wangen wurden rôt
same diu rôse, dâ si bî der liljen stât.
Do erschampten sich ir liehten ougen:
doch neic si mir schône.
daz wart mir ze lône.
wirt mirs iht mêr, daz trage ich tougen.

Und sie nahm das Gebotene an
wie ein junges Mädchen annimmt, das
Sie errötete,   [wohlerzogen ist.
und die Farbe der Rose kam zu der der Lilie.
Schüchternheit ließ sie die Augen niederschlagen.
Doch dankte sie und neigte zart den Kopf.
Das war mein Lohn.
Schenkt sie mir noch mehr dafür, dann werde
ich das heimlich für mich behalten.

III ›Ir sît sô wol getân,
daz ich iu mîn schapel gerne geben wil,
So ichz aller beste hân.
wîzer unde rôter bluomen weiz ich vil.
Die stênt sô verre in jener heide.
dâ si schône entspringent
und die vogele singent,
dâ suln wir si brechen beide.‹

»Ihr seid so schön,
daß ich Euch meinen Kranz schenken muß –
den schönsten den ich hab.
Ich weiß, wo viel weiße und rote Blumen
Die stehn da fern auf jener Heide.   [stehn,
Da wo sie blühen
und die Vögel singen,
da wollen wir sie brechen.«

IV Mich dûhte daz mir nie
lieber wurde, danne mir ze muote was.
Die bluomen vielen ie
von dem boume bî uns nider an daz gras.
Seht, dô muost ich von fröiden lachen,
do ich sô wünneclîche
was in troume rîche,
dô taget ez und muos ich wachen.

Mir schien daß ich nie
glücklicher war als da.
Und immerfort rieselten die Blüten
der Bäume zu uns nieder aufs Gras.
Ja seht – da mußte ich lachen in all meinem
als ich so wunderbar   [Glück,
im Traum beschenkt wurde,
da kam der Tag und weckte mich.

V Mir ist von ir geschehen,
daz ich disen sumer allen meiden muoz
Vast under d'ougen sehen:
lîhte wirt mir einiu: so ist mir sorgen buoz.
Waz obe si gêt an disem tanze?
frouwe, dur iur güete
rucket ûf die hüete:
owê gesæhe ichs under kranze!

Nun hat sie mich soweit gebracht,
daß ich diesen Sommer allen Mädchen
tief in die Augen sehen muß: [Kummer los.
Vielleicht finde ich sie – dann bin ich allen
Wie, wenn sie diesen Tanz mitmachte?
Meine Damen, bitte,
rückt den Kopfschmuck ein wenig aus der Stirn!
Ach, erblickte ich sie doch unter dem Kranz!

(Ins Neuhochdeutsche übertragen von Peter Wapnewski)

Über die Reihenfolge der Strophen gibt es verschiedene Theorien (auch I, II, IV, V, III; I, III, II, IV, V u.a.); daher ist auch umstritten, ob es sich um einen Dialog handelt, oder ob nur der Ritter spricht.

Beim Tanz bietet ein Ritter einem Mädchen einen Blumenkranz, und es nimmt ihn errötend, sich verneigend an. Er erhofft sich noch mehr Gunstbeweise, nimmt sich aber vor, davon nichts zu verraten. Das Mädchen antwortet freundlich und fordert ihn auf, gemeinsam einen noch schöneren Kranz zu pflücken. Das Glück, das die Zuneigung in dem Ritter weckt, wird jäh unterbrochen: Der Ritter erwacht; er hat das alles nur geträumt, und jetzt treibt es ihn den ganzen Sommer umher auf der Suche nach seinem Mädchen.

Die Strophen sprechen, so scheint es, von einem ganz persönlichen Liebeserlebnis des Dichters. – Doch warum redet er dann das Mädchen mit „frouwe" an? Das Wort hat im Mittelhochdeutschen die Bedeutung „Herrin", ist der adeligen, verheirateten Dame vorbehalten. Das führt uns in die Situation ein, in der der Dichter das Lied vorträgt: am Hofe eines Vornehmen zur Kurzweil. Es gehört zu den Spielregeln seiner Kunst, daß er der Herrin des Hauses, der Gastgeberin, huldigt, indem er eine Frau besingt.

Thema des Liedes ist die *Minne,* die sehnsuchtsvolle Verehrung einer mit allen Vorzügen ausgestatteten Herrin, in der der Dichter das Idealbild der Frau sieht,

Uta (Gemahlin des Markgrafen Ekkehard von Wettin, Stifterfigur im Naumburger Dom. Nach 1249)

die ihm immer unerreichbar bleibt. Der Sänger zeigt sich beglückt, wenn er auch nur einen freundlichen Gruß, ein Lächeln als Dank erhält.

Die Gesellschaft, vor der der Dichter singt, besteht aus adeligen Herren mit ihren Frauen; die unverheirateten Töchter hatten zur Geselligkeit des Hofes keinen Zutritt. Die Dichter selbst sind ausschließlich Mitglieder des Ritterstandes; die Kunst, ein Lied zu dichten, es in Musik zu setzen und es vorzusingen, war ein Teil höfischer Erziehung; „singen" war der Ausdruck für eine getragene Sprechweise in wechselnder Tonhöhe, begleitet von Akkorden auf der Fiedel.

„Nemt, frouwe, disen kranz" als Lied im Rahmen höfischen Festgebarens zu erkennen, fällt schwer; das liegt daran, daß Walther diesen Dichtungstyp, der durch zwei Generationen gepflegt worden war, mit neuartigen Inhalten füllt. Die Loslösung von festen und starren Regeln wird daran besonders deutlich, daß der Dichter die Szene in die Natur verlegt und eine „maget" anspricht, also ein Mädchen niederen Standes, und ihr verehrungsvoll den Titel „frouwe" gibt. Walther drückt zudem stärker als seine Vorgänger ein persönliches Empfinden aus und sprengt so die überkommene, eingespielte Thematik.

Vor Walthers Auftreten war der Inhalt der Lyrik auf ein Thema eingeschränkt – auf die Verehrung der *Herrin,* auf die *Hohe Minne.* Es war, als blickten die Dichter von ferne auf ein schemenhaftes Wesen. Die Frauen aus Walthers reifsten Liedern aber sind nicht mehr blasse, unwirkliche Gestalten, es sind Menschen aus Fleisch und Blut. In einer Reihe von Gedichten spricht er statt von der „frouwe" vom „frouwelîn" oder von der „maget", die nicht mehr so fern und abgewandt stehen wie in der hohen Minne, sondern dem Dichter in Liebe zugetan sind. Man nennt solche Werke *Mädchenlieder* (oder Lieder der Niederen Minne). Mit ihnen beginnt die starre Begrenzung der ritterlichen Minnelyrik abzubröckeln. Unter dem Einfluß von lateinischen Liebesliedern fahrender Studenten und Geistlichen, der sog. *Vaganten,* denen Walther auf seiner Wanderschaft begegnete, gibt er einem freieren, natürlicheren Verhältnis zwischen den Geschlechtern Raum.

Ebenso wie der Inhalt lag auch der Aufbau der Minnelieder fest. Jede Strophe bestand aus Aufgesang und Abgesang. Der *Aufgesang* enthielt zwei im Versmaß und in der Melodie gleiche *Stollen* – in unserem Gedicht eine Doppelzeile mit drei und sechs Hebungen; dabei machte der Vortragende nach der kurzen Zeile eine Pause, um ein rhythmisches Ebenmaß herzustellen. – Dem Aufgesang folgte der reicher gegliederte *Abgesang* mit verändertem Versmaß. In diesem engen Rahmen stand es dem Minnesänger frei, seine Fertigkeit zu beweisen. Das tat er, indem er Versfolge, Versmaß und Melodie beständig neu und feiner in den vorgegebenen Rahmen fügte. Walther selbst hat jedes seiner erhaltenen 72 Minnelieder in einem anderen *Ton* gesungen.

Wie das Ritterepos kommt auch die Minnelyrik aus dem romanischen Westen. Die ersten Minnesänger waren die *Troubadours* in der Provence. Diese waren durch ähnliche Lieder angeregt worden, die an den spanischen Höfen der Araber gesungen wurden, und – weiter zurück – durch die römische Liebeslyrik. In der Verehrung der erhabenen Würde der Frau, die unerreichbar blieb, schimmert auch die Verehrung der Mutter Gottes durch, Thema der lateinischen Lyrik der Geistlichen.

Gleichzeitig mit den ersten Epen kam im bayerisch-österreichischen Raum die Sitte auf, die höfische Gesellschaft, deren Umgangsformen die frouwe bestimmte, mit Liebesliedern zu unterhalten. Hier finden wir als den ersten namentlich bekannten ritterlichen Sänger DEN VON KÜRENBERG.

Den Höhepunkt erreichte die Minnelyrik in WALTHER VON DER VOGELWEIDE (etwa 1165–1230). Man vermutet, daß er aus dem niedrigen Dienstadel stammte. Er war mittellos und mußte von seiner Dichtkunst leben. Das bedeutete Werben um Fürstengunst und

Walther von der Vogelweide (Heidelberger Manesse-
Liederhandschrift). Nachdenken wird in der bildenden
Kunst des Mittelalters in dieser Haltung dargestellt. Dar-
an knüpft Walther selbst in seinem Spruch an, und der
Miniaturmaler übernimmt die symbolische Gebärde.

Wandern von Ort zu Ort. Bei den Babenbergern zu Wien trat er als Minnesänger hervor.
Durch den Tod des Herzogs, der sein Gönner war, verlor er dort seinen Rückhalt und war
fortan heimatlos. An den Höfen und Hoflagern des Landgrafen von Thüringen, des
Bischofs von Passau, der Könige Philipp und Otto, des Kaisers Friedrich II. tauchte er auf.
Der Kaiser erfüllte dem alternden Dichter endlich seinen Wunsch nach einem gesicherten
Dasein; er verlieh ihm ein Lehen, wohl in der Nähe Würzburgs:

> „Ich hân mîn lêhen, al diu werlt, ich hân mîn lêhen!
> nû enfürhte ich niht den hornunc an die zêhen . . ."

Was wir von der Minnelyrik kennen, verdanken wir vor allem der Sammelfreude
der Züricher Ratsherrenfamilie MANESSE, die kurz vor 1300 die ihnen zugäng-
lichen Lieder zusammenstellte. Die *Manessische Liederhandschrift* (Große
Heidelberger Liederhandschrift) ist mit farbigen Bildern der Dichter und ihrer
Wappen ausgeschmückt. Die meisten Lieder aber sind verloren, da sie für den
Vortrag geschaffen wurden, nicht zum Lesen.

Die politische Spruchdichtung

WALTHER VON DER VOGELWEIDE

Ich hôrte ein wazzer diezen	Ich hörte die wasser rinnen
und sach die vische fliezen;	Und sah die fische drinnen,
ich sach, swaz in der werlte was,	Die welt ich rings im blicke maß,
velt, walt, loup, rôr unde gras,	Feld, wald, laub, rohr und gras,
swaz kriuchet unde fliuget	Was kriechet und was flieget,
und bein zer erde biuget.	Was bein zur erde bieget,
daz sach ich, unde sage iu daz:	Das sah ich, und ich sag euch das:
der deheinez lebet âne haz.	Keins lebt von ihnen ohne haß,
daz wilt und das gewürme	Das wild und das gewürme,
die strîtent starke stürme,	Die streiten starke stürme,
sam tuont die vogel under in;	So halten es die vögel auch,
wan daz si habent einen sin:	Doch alle haben einen brauch:
si dûhten sich ze nihte,	Sie deuchten sich verloren,
si enschüefen starc gerihte.	Eh sie nicht richter koren,
si kiesent künege unde reht.	Sie wählen könige und recht,
si setzent herren unde kneht.	Sie setzen herren sich und knecht,
sô wê dir, tiuschiu zunge,	Drum weh dir deutschem lande
wie stêt dîn ordenunge,	In ordnungsloser schande!
daz nu diu mugge ir künec hât,	Die mücke unterm könig steht,
und daz dîn êre alsô zergât!	Und deine ehre so zergeht,
bekêrâ dich, bekêre,	Bekehre dich, bekehre,
die cirkel sint ze hêre,	Die kronen sind zu hehre,
die armen künege dringent dich	Die armen könige drängen dich,
Philippe setze en weisen ûf,	Setz Philipp deine Krone auf
und heiz si treten hinder sich.	und heiß sie treten hinter sich.

(Ins Neuhochdeutsche übertragen von Friedrich Wolters)

Über das deutsche Volk (tiuschiu zunge) herrscht kein Oberhaupt, während doch sogar in der Tierwelt bei allem Haß und Streit eine feste Ordnung besteht. Daher der Aufruf an den Staufer Philipp von Schwaben, den „weisen" aufzusetzen: die Kaiserkrone, deren kostbarster Edelstein wegen seiner Einmaligkeit der Waise hieß. Mit der Herrschaft im Reich wäre die Weltordnung wieder aufgerichtet; gilt doch der Kaiser als Herr der Christenheit, vor dem alle Fürsten, auch die „armen künege" Englands oder Frankreichs, zurückstehen müssen.

Das Gedicht stammt aus den Jahren des Streits zwischen dem Staufer Philipp von Schwaben und dem Welfen Otto (IV.) um die Kaiserkrone nach dem Tod Heinrichs VI. Walther sang es 1198 im Hoflager Philipps, kurz bevor sich dieser als Gegenkönig Ottos krönen ließ.

Das Lied zählt zur *Spruchdichtung*, einer Gattung, in der schon vorher fahrende Sänger, also Nichtadelige, allgemeine Lebensweisheit und Lebensregeln verkündet hatten. Auch die Sprüche wurden unter Musikbegleitung gesungen.

Durch Walther bekamen sie einen neuen, gegenwartsbezogenen Inhalt: er bildete sie zum politischen Kampfmittel aus. Es ist sogar anzunehmen, daß die Beamten der Kaiserlichen Hofkanzlei die Wirksamkeit der „Wahlpropaganda" kannten und Walther in ihrem Auftrag sang, gewissermaßen als sprechende Zeitung. Im Gegensatz zu anderen Fahrenden hatte er (wohl wegen seiner Abkunft) Zugang zur politisch führenden Schicht, und es ist bezeugt, daß seine Stimme gefürchtet war. Walther wechselte mehrmals die Partei, schwenkte vom Staufer Philipp zum Welfen Otto um und wieder zu Friedrich II., vertrat aber immer die Reichsseite, also die Seite, die im Primatsstreit für das Kaisertum eintrat gegen den weltlichen Machtanspruch des Papstes.

Die *Sprüche* sind einstrophige kurze Gedichte, die in möglichst einfachen Worten und Vergleichen die Zuhörer unmittelbar packen und beeinflussen sollen. Sie sind oft zusammengefaßt zu inhaltlich und formal geschlossenen Reihen *(Zyklen)*. Unser Gedicht ist das mittlere von drei Sprüchen im sog. „Reichston". Der erste beginnt mit den Zeilen, die das Bild Walthers in der Manessischen Handschrift angeregt haben:

> Ich saz ûf eime steine dar ûf satzt ich den ellenbogen:
> und dahte bein mit beine: ich hete in mîne hant gesmogen
> daz kinne und ein mîn wange.

Der sinnende Dichter betrachtet bedrückt die Unordnung der Welt, in der man die drei wesentlichen Dinge nicht mehr zugleich erwerben könne: êre, varnde guot und gotes hulde.
Nach dem Aufruf an Philipp im zweiten Spruch folgt ein dritter mit einem scharfen Angriff auf den Papst wegen dessen weltlichen Interessen:

> »owê der bâbest ist ze junc! hilf, hêrre, dîner kristenheit!«

Die bäuerliche Verserzählung

WERNHER DER GÄRTNER

Meier Helmbrecht

Helmbrecht, der verwöhnte Sohn eines ehrbaren Bauern, lehnt die bäuerliche Arbeit ab und zieht in die Welt hinaus, um das glanzvolle Leben eines Ritters zu führen. Er gerät in die Hände von wegelagernden Raubrittern und lernt saufen, stehlen und rauben. Helmbrecht verlockt auch seine Schwester zu dem bequemen Luderleben und gibt sie einem Spießgesellen zur Frau. Aber das Räubernest wird ausgehoben und Helmbrecht, der einzige Überlebende, wird geblendet und verstümmelt. Als blinder Bettler kommt er auf den elterlichen Hof, aber der Vater jagt ihn fort, obwohl ihm das Herz fast dabei bricht. Bauern greifen ihn auf und knüpfen ihn aus Rache für seine Schandtaten an einem Baume auf.

„Daz sint nû hovelîchiu dinc:
,trinkâ, herre, trinkâ trinc!
trinc daz ûz, sô trink ich daz!
wie möhte uns immer werden baz?'

„So geht es heute am Hof zu:
,Trink, Herr, trink, trink!
Trink das aus, dann zieh ich nach!
So gut geht es uns nie wieder.'

Aus dem Leben der Bauern im Mittelalter (Nach einem Holzschnitt. Um 1500)

vernim waz ich bediute:
ê vant man werde liute
bî den schœnen frouwen,
nû muoz man si schouwen
bî dem veilen wîne.
daz sint die hœhsten pîne
den âbent und den morgen,
wie si daz besorgen,
ob des wînes zerinne,
wie der wirt gewinne
einen der sî alsô guot,
dâ von si haben hôhen muot.
daz sint nû ir brieve von minne:
,vil süeziu lîtgebinne,
ir sult füllen uns den maser!'
ein affe und ein narre was er,
der ie gesente sînen lîp
für guoten wîn umbe ein wîp.
swer liegen kan der ist gemeit,
triegen daz ist hövescheit.
er ist gefüege, swer den man
mit guoter rede versnîden kan.
swer schiltet schalclîche,
der ist nû tugentrîche.
der alten leben, geloubet mir,
die dâ lebent alsam ir,
die sint nû in dem banne
und sint wîbe und manne
ze genôze alsô mære
als ein hâhære.
âht und ban daz ist ein spot."
Der alte spach: „daz erbarme got
und sî im immer gekleit,
daz diu unreht sint so breit."
Die alten turnei sint verslagen
und sint die niuwen für getragen.
wîlen hôrt man kroyieren sô:
,heyâ ritter, wis et frô!'
nû kroyiert man durch den tac:
,jagâ ritter, jagâ jac!
stichâ stich! slahâ slach!
stümbel den der ê gesach!
slach mir disem abe den fuoz!
tuo mir dem der hende buoz!
dû solt mir disen hâhen
und enen rîchen vâhen:
der gît uns wol hundert phunt.'"

Höre, was ich erzähle:
Früher fand man die angesehenen Leute
in der Gesellschaft schöner Frauen,
heute sieht man sie,
wo man Wein verkauft.
Es ist die größte Sorge
von morgens bis abends,
wie sie es schaffen,
daß, wenn der Wein ausgeht,
der Wirt
einen gleich guten beschafft,
der sie in gehobene Stimmung versetzt.
Das sind heute ihre zärtlichen Wendungen:
,Süße Weinspenderin,
Ihr sollt uns den Becher füllen.'
Ein Affe und ein Dummkopf war,
wer jemals sich quälte
um eine Frau, anstatt guten Wein vorzuziehen.
Wer lügen kann, der ist obenauf.
Betrügen, das gilt nun etwas am Hof,
der gilt als geschickt, der einen anderen
mit glatten Worten übers Ohr hauen kann.
Wer flucht wie ein gemeiner Knecht,
von dem heißt es jetzt, daß er etwas taugt.
Die Sitte der Alten, glaubt mir,
die, die leben wie Ihr,
die sind heute geächtet,
deren Gesellschaft wird von allen
so wenig geschätzt
wie die eines Henkers.
Über Acht und Bann spottet man nur noch."
Der Alte sagte: „Da möge Gott helfen,
und es sei ihm immer geklagt,
daß das Unrecht so verbreitet ist."
„Die alten Turniere sind abgeschafft
und die neuen dafür eingeführt.
Früher hörte sich der Schlachtruf so an:
,Held Ritter, seid froh'.
Heute ruft man den ganzen Tag:
,Jage Ritter, jage, jag!
Stich, schlag zu!
Blende den, der früher sehen konnte!
Haue mir dem den Fuß ab!
Schlag diesem zur Strafe die Hände ab!
Du sollst mir diesen aufhängen
und einen Reichen einfangen,
der zahlt uns bestimmt hundert Pfund.'"

(Ins Neuhochdeutsche übertragen von Helmut Brackert, Winfried Frey, Dieter Seitz)

Es ist noch kein halbes Jahrhundert vergangen, seit die Dichter das vorbildliche Leben des Ritters dargestellt haben, in dem sich höfische Zucht und christliche Sittlichkeit vereinigen. Für den Vater Helmbrecht ist das alles nur noch eine wehmütige Erinnerung. Die gottgewollte Ordnung, in der jeder Stand seinen Platz hatte, ist zerbrochen. Was der Sohn darstellt und was der Vater zum Schluß aufgreift, ist die Umkehr einer erhabenen Welt in ihr Gegenteil, in Niedrigkeit und Schande. Sittlichkeit und Rechtsgefühl, das Wissen um eine göttliche Ordnung vertritt nicht mehr der Ritter, sondern der Bauer, der seinem entarteten, zuchtlosen Sohn zuruft: „Dîn ordenunge ist der pfluoc!"

Die Umkehr der Werte hat ihre Ursache in der geschichtlichen Entwicklung. Der Kampf zwischen Kaisertum und Papsttum, der Walther zum politischen Dichter gemacht hatte, ist entschieden. Mit dem Tode des letzten Stauferkaisers ist die Macht des Kaisertums versunken. Mit ihr verliert das Rittertum seine Bedeutung, die es als Kriegerstand in einem kraftvollen Staat hatte. Wirtschaftliche Nöte sind die Folge, und viele der Ritter sinken aus Geldmangel und Geldgier zu Raubrittern herab. Die alte Lebensform ist nur noch Fassade.

Die Dichtung spiegelt diese Zustände wider. WERNHER DER GÄRTNER, wohl ein fahrender Sänger aus Oberösterreich, schildert die Welt, wie er sie nach 1250 sah, und sein Werk wird dabei zu einer bitteren *Zeitsatire,* einem Spott- und Strafgedicht gegen den Verfall des Rittertums und das unsinnige Streben der jungen Bauern, es einem Stande gleichzutun, der doch schon innerlich morsch geworden ist.

An die Stelle der großen epischen Romane, die ein festgegründetes Lebensideal verherrlicht haben, tritt somit die kleine *Verserzählung,* die die alltägliche Wirklichkeit schildert. Der „Meier Helmbrecht" ist die bedeutendste dieser Art; neben und nach ihm entstehen andere. Ihre gemeinsamen Merkmale sind, daß sie die höfische Form bewahren, daß aber Bauern und Bürger zu den Trägern der Handlung werden. Das Leben bietet kein hochgestecktes Ziel mehr; in Satiren und Schwänken *(Schwank =* Erzählung einer komischen Begebenheit in Vers oder Prosa, oft derbe Verspottung eines Dummkopfs, später auch in dramatischer Form) stellen die Dichter dar, wie das Leben wirklich ist.

Das ritterliche Ideal ist verblaßt, andere Kräfte prägen ein neues Lebensbild. In der Gestalt des Vaters Helmbrecht sind sie vorgezeichnet. Er ist der einzige, der noch eine Ordnung kennt. Seine Welt, die der Bauern und Bürger, schafft die neue Kultur.

Die Volksbücher

Hug Schapler

»Hie reit Hug Schapler gen Pariß zu sinem Vettern Symon, als er dan sin Gut verthon hett und wolt Rath by im nemen.

Hug hat synen Weg gen Pariß zu genummen, als er von siner Muter wegen vil Fründe do hett, und die was von dannen geborn. So was sin Vatter Gernier uß dem Land Lanoy bürtig und zu Pariß inn Künig Ludwigs Hoffe löblicher Gedechtnüß wolbekant und des

Till Eulenspiegel (Titelseite der ersten noch erhaltenen Ausgabe. 16. Jahrhundert)

Rath und liebster Diener, als vor gesagt ist. Der selbe Ritter gewann eyn schöne Junckfrow lieb, die was zu Pariß eins Metzlers Dochter, eyns richen Mans, als mocht in allem Franckrich sin. Die ward im so gantz lieb, als noch offt beschicht, und nam sie zu der Ee. Von den zweyen ward Hug geboren als hie nach geschriben stot. Hug reyt also lang, biß er kam gen Pariß und fragt nach sins Vetter Symontz Huß, der ein richer Burger do selbs was. Do er darfür kam, do stund er von synem Pferd ab. So bald er synen Vettern gesach, do zoch er synen Hut ab und grüßte in tugentlich. Lieber Neue, sprach Symon, ich sich wol, das ir nit halten üwers Vatters Stadt. Dan wan er her zu mir kam in myn Huß, so hett er alwegen X oder zwölff wol gerüster Pferd und Knecht, die uff in wartent, und nympt mich frömbd an üch, was das bedütt. Lieber Vetter, sprach Hug, ich meyn, ich hab im genug gethon. Myn Vatter ist todt, Got sy im barmhertzig; ich hab mich sither so herlich und so köstlich gehalten, daz ich das Myn und das Sin als verthon hab und dennocht me darzu, daz ich Schuld hab gemacht, daz ich nit im Land bliben mag oder kan und hab Mut, yergan einem Fürstenn zu dienen und bin darumb her geritten, üch zu gesehen. Nun wolan lieber Neue, sprach Symon, sin Vetter, ir sint ein iung frisch Mann und sollent by mir hie bliben, so will ich üch lernen metzlen und üch wisen, wie ir ein Ochsen und ein Schwyn oder ander Vyhe abthun sollen, und do by ouch Kouffmanschatz triben. Und legen ir üch wol an, alles, das ich hab, mag üch nach mynem Tod werden, wan ich kein nehern Erben hab, wan üch. Lieber Vetter, sprach Hug, ich hab wol ein ander, besser Meynung vor mir. Metzlen oder Kouffmanschatz zu triben, hab ich keynen Mut, oder ouch Ochsen oder Schwyn ab zu thun. Ich hab vil ein hübscher Hantwerck gelernet. Ich kan ein Fürsten oder Herren wol gewapnen, die Glene ouch selber in der Handt füren und mich dar mit behelffen. So hett ich gern ein yeglichen Monat ein nüwes Cleidt, und hielt gern vier Wind, ein Hasen zu fahen, und ein par Falcken zu beissen. Und wer mir wol, das ich dry Pfyffer und Luten-schlaher hett; das hort ich lieber, dann ein Ochsen oder ein Kalp blerren.

Do der Burger hort synen Vetter also sprechen, alles sin Geblüt begunde im zu gruseln und gedacht wider sich selbs: Was saget diser Jüngling? Ya, blibe er in mynem Huse ein halb Jar, er verthete mir alle myn Barschafft. Ich soll anders vor handt nemen und gieng still schwigen in sin Huß und holt dry hundert Güldin und gab sie Hugen. Der was sin vast fro und danckte sinem Vettern sere. Hug saß uff sin pferdt und schiede von Pariß.«

Neue = Vetter; yergan = nunmehr; Glene = Klinge; Wind = Windhunde.

Unser Ausschnitt zeigt die gewaltige gesellschaftliche Umschichtung, die sich seit langem fast unbemerkt vollzieht. Für FREIDANK (um 1230) gab es nur drei Stände: die Bauern, die Ritter und die Geistlichen.

> Got hât driu leben geschaffen
> gebûre, ritter unde pfaffen.

Jetzt aber tritt ein vierter Stand dazu, und unserem Text ist zu entnehmen, wie selbstbewußt er geworden ist: die Bürger nehmen einen festen Platz in der Gesellschaft ein. Der Edelmann Gernier heiratet eine Metzgerstochter, und die Familie der Frau ist so reich wie nur irgendwer in Frankreich. Das Aufblühen der Städte läßt das wirtschaftliche und kulturelle Schwergewicht auf die Bürger übergehen, und das Bürgertum schafft sich seine eigene Dichtung. In welch zweifelhaftem Licht aber erscheint der Ritter! Der Sohn Gerniers, Hug Schapler, vertut sein Vermögen und macht Schulden; schließlich kommt er nach Paris, und der reiche bürgerliche Vetter hilft ihm aus seinen Geldnöten. Der Ritter steht geradezu außerhalb der festen Ordnung, deren Mittelpunkt er in der Stauferzeit gewesen ist. Selbstbewußt will Symon seinen Vetter sein Handwerk lehren und ihn in den Kaufmannsstand einführen. Nüchterne, tüchtige Arbeit tritt an die Stelle der ritterlichen Lebensfreude.

Die glanzvolle Zeit des Adels ist aber nicht ganz vergessen. Noch ist der ritter-liche Lebensstil das Traumbild auch des Bürgers, mag er auch seinen Wirklich-keitssinn und seine sachliche Lebenserfahrung betonen. So überheblich Symon tut, so sehr er befürchtet, daß sein Reichtum in Hugs Händen zerrinnen würde: so sehr achtet er doch auch den ritterlichen Glanz des adeligen Verwandten. Was davon in der Textprobe nicht deutlich wird, zeigt der Inhalt des Volks-buches: Hug Schapler ist Hugues Capet, der Stammvater des französischen Königshauses. Das Volksbuch erzählt, im Gegensatz zur historischen Wahrheit, wie der Sohn einer Bürgerstochter nach vielen Abenteuern der Gatte der letzten Karolingertochter des Westfrankenreiches und damit König wird.

Im ganzen 16. Jahrhundert war der *Hug Schapler* eines der beliebtesten Volksbücher, denn die Bürger genossen mit Befriedigung, daß einer der Ihren zum Thron aufstieg.

Auch die Form der Volksbücher macht den kulturellen Wandel sichtbar. Erst im späten Mittelalter gibt es umfangreiche Dichtungen, die nicht in gebundener Rede abgefaßt sind. Bis dahin hatten der Reim und der Rhythmus den Werken Gestalt gegeben; jetzt schreibt der Bürger, wie er spricht: er verwendet Prosa. Das erklärt sich daraus, daß sich das Verhältnis zwischen Dichter und Publikum gewandelt hat: die Gesellschaft lauscht nicht mehr dem Vortrag des Sängers, sondern jemand liest im kleinen Kreis vor, oder auch still für sich.

Die *Volksbücher* entstanden im 15. Jahrhundert; sie hatten ihren Ursprung in Frankreich; dort wurden seit dem 13. Jahrhundert Ritterepen in Prosa übertragen. Die Fürstin ELISABETH VON NASSAU-SAARBRÜCKEN (gest. 1456) griff solche Prosafassungen auf und übertrug sie ins Deutsche, „der Leute wegen, die solche gereimte Bücher nicht mögen, auch etlicher, die die Kunst der Reime

Buchdruckerei (Um 1500). Links im Bild die Setzer, die den Setzkästen mit einem Zängchen einzelne Metallbuchstaben entnehmen, um sie nach der handschriftlichen Vorlage zu Zeilen zu fügen, die dann zur Druckseite zusammengesetzt werden. Die erhaben stehenden Elemente der Druckform werden mit Hilfe von Stempeln eingefärbt (Bildhintergrund Mitte), dann wird ein Blatt Papier mit der Schraubenspindel auf den Druckstock gepreßt (rechts: Buchdruckerpresse).

nicht verstehen können". Es war ein Versuch, eine standesgemäße Kunst zu schaffen, die das Ritterepos ersetzen sollte, dessen die Zeit müde geworden war. Der „Hug Schapler" ist eine der Übersetzungen. Was wir von seinem Inhalt kennen, beweist, daß der Versuch zum Scheitern verurteilt war: zu sehr hatte der Geist des Bürgertums bereits das Werk durchdrungen.

Zunächst wurde das Volksbuch von gebildeten Kreisen gepflegt, und nach der Erfindung des Buchdrucks entstanden Prachtausgaben, die nur einem reichen und verständigen Publikum zugänglich waren. Später stellte sich der Buchdruck auf die neuen Käuferschichten ein: er machte die Werke zu wirklichen „Volksbüchern", indem er sie in kleinerem Format herausbrachte und mit schlichten Holzschnitten ausstattete. So kamen u. a. die *Heymonskinder, Melusine, Magelone, Genoveva* und *Fortunat* nach Deutschland.

Die bürgerlichen Schichten veränderten die Bücher ihrem Geschmack entsprechend. Heldensagen und Ritterepen gerieten in den Schmelztiegel der Volksliteratur, und es entstanden neue Gestalten: Unter dem Namen der *Schildbürger* wurden allerlei Märchen und Schwänke zusammengefaßt, die spöttisch abbildeten, wie schnell die Bewohner neuentstandener Städte ihr früheres bäuerliches Dasein vergaßen (Begraben des Maulwurfs, Salzsäen) und wie ungeschickt sie sich als Ratsbürger anstellten (Rathausbau). *Till Eulenspiegel* ist nichts anderes als der ins Bäuerlich-Derbe verwandelte Abenteurer, der die Ehrenhaftigkeit durch Mutterwitz und Bosheit ersetzt. Er, der Bauernjunge, zieht aus, um sich mit den überheblichen Städtern zu messen wie vorher der Ritter mit Riesen und Ungeheuern. Seine Waffe ist es, sich so dumm zu stellen, wie ihn die Bürger einschätzen. Da er ihre Aufträge getreu nach der Wortbedeutung ausführt, ist er juristisch unangreifbar – eine symbolische Rache dafür, daß die Bauern in Rechtssachen häufig den kürzeren zogen.

Eine bedeutende deutsche Neuschöpfung ist das *Faustbuch*. Es nimmt seine Hauptgestalt aus dem wirklichen Leben: ein Dr. Faust tritt zwischen 1506 und 1539 als Zauberer und Schwindler auf, und die Phantasie dichtet ihm einen Pakt mit dem Teufel an. Der Faust des Volksbuches will „alle Gründ am Himmel und Erden erforschen"; der Teufel verhilft ihm dazu, aber Faust muß ihm dafür seine Seele verschreiben. So wird Faust zum Sinnbild des Suchers, der über die Grenzen hinausdringen will, die dem Menschen gesteckt sind. Dieses Volksbuch steht an der Schwelle zum Kunstroman, da offenbar ein Autor aus bis dahin verstreuten Teufels- und Magiergeschichten für den Druck ein zusammenhängendes Ganzes formte, die Romanhandlung also erst eigentlich erfand. Das Faustbuch wurde in wenigen Jahren zu einem Erfolg weit über die deutschen Grenzen hinaus.

Sobald sich die Volksbücher in den unteren Schichten ausgebreitet und sich ihnen angepaßt hatten, verschwanden die Namen ihrer Verfasser, denn die gebildeten Schichten verachteten sie als minderwertig und bekämpften sie schließlich als Schundliteratur. Erst die Romantiker erkannten, welche Kraft, Lebendigkeit und Anschaulichkeit in diesen Werken steckte. Sie druckten sie neu und gaben ihnen den Namen „Volksbücher".

AVff heutiger SingSchul geben etliche
Liebhaber der Kunst den Meistersingern etliche Gaben zuversingen.

Hanns Sachs seines Alters 81. Jahr.

Darumb soll erstlich in dem Frey-
singen gesungen: Römische/und andere warhafftige Historien.

Soll das gemeß seyn/von 12 biß auff 13
Zu dem gleichen aber von 11 biß auff 12.

In dem Hauptsingen soll gesungen werden auß dem alten
vnd newen Testament.

Soll das gemeß seyn von 20 biß auff 30
Zu dem gleichen aber von 30 biß auff 100

Man wird auch vorher ein schön
new Lied auff vnser Art vnd Weiß
zusammen singen.

Jhr Singer singt zu Gottes Lob/
Beweist der Kunst heut eine prob/
Wer das best thut/dem wird man preisen/
Soll auch die best Gab davon reissen/
Drumb jhr Singer thut euch befleissen.

Wer solches hören will/der komm nach gehaltener Mittags-Predigt zu S. Catha-
rina/so wird man anfangen.

Einladungszettel zur Abhaltung einer Singschule der Nürnberger Meistersinger. Der Holzschnitt (von Jost Amman) zeigt ein Altersbild von Hans Sachs.

Der Meistersang

HANS SACHS

Der fuchs mit dem han

In der kleweis Balth. Wencken.

Ein hungriger fuchs thet außgon
Vnd fand bei einem dorf ein hon
Auf einem zaun, den ret er on:
„Ein gut stim dein vater het;
Drum kum ich her an dise stet,
Ob im dein stim auch gleichen thet."
Die hoffart trang
Den hon, der schwang
Sein flügel, hub laut an vnd sang
Mit pschlossnen augen, das es klang.
Der fuchs ergrif den han im sprung
Vnd sich mit im gen holze schwung,
Im liefen nach alt vnde jung,
Schrien: „Der fuchs tregt vnsern han."
Der han ret den fuchs also an:
„Hör, wie die bauren schreien thon.

47

Sprich: Ich trag mein
Han hie alein
Vnd nicht der bauren gros vnd klein."
Den fuchs rit auch die hoffart sein,
    Ließ aus dem maul den gfangnen han
Vnd wolt die bauren schreien an,
Der han im auf ein baum entran
Vnd schri: „Mein fuchs, vernim den sin!
Der bauren han ich wider bin,
Lauff nur dein stras vngessen hin."
    Der fuchs der schlug
Sein maul genug,
Sprach: „Dein gschwecz mich vmb den han drug.
Wer schweigen kan, ist weiß vnd klug."

So wenig, wie das Epos die Zeit des Rittertums überleben konnte, hielt auch die Minnelyrik stand. Der Erbe der adeligen Bildung ist das Bürgertum; es verwandelt die Dichtung nach seiner Lebensvorstellung. Sie ist jetzt auf das Praktische, das Nützliche gerichtet, hat keinen Raum für hohe Idealbilder. „Der Fuchs mit dem Hahn" ist ein Beispiel dafür.

Dieses *Meisterlied* gibt eine einfache gutbürgerliche Sittenlehre wieder. Die Dichtung ist ein Handwerkszeug, das man zu einem eindeutigen, klaren Zweck benutzt: Hans Sachs will die Menschen über ihre Schwächen aufklären und sie bessern. Das Gedicht predigt die Zufriedenheit mit seinem Stand und seinen Gaben und warnt vor dem Höherhinauswollen; Verschwiegenheit wird anempfohlen. Der Dichter steht — gleichsam mit erhobenem Zeigefinger — vor seinen Zuhörern und erzieht sie zu gesundem Menschenverstand.

Die dankbarste Gattung hierfür ist die *Fabel*, wie sie schon die griechische Dichtung kennt (ÄSOP im 6. Jahrhundert vor Chr.): an einem Beispiel, das meist aus dem Tierreich genommen ist, veranschaulicht der Verfasser eine menschliche Schwäche mit der Absicht, den Zuhörer oder Leser eines Besseren zu belehren. Die Nutzanwendung, die Moral, geht aus der Geschichte selbst hervor, doch wird sie gerne in einem Nachwort noch einmal lehrhaft wiederholt.

Der Inhalt der „Meistergesänge" hat mit Minnelyrik nichts mehr zu tun; an der Form jedoch sieht man, wie sehr sich das Bürgertum in seinem künstlerischen Bemühen an ritterliches Vorbild anschließt. Die Strophe – das *Gesätz* – baut sich immer noch aus dem Aufgesang (zwei Stollen) und dem Abgesang auf. In manchem sind die Grenzen sogar noch enger gezogen: Das Lied muß aus drei Strophen bestehen, größere können nur aus solchen Dreiergruppen zusammengesetzt sein.

Wie das Minnelied ist der Meistersang nicht zum Lesen oder Sprechen gedacht; er ist für den Gesang bestimmt. Deshalb ist für den Meistersänger nur die Zahl der Silben in einer Zeile von Bedeutung, nicht die Betonung. Die Folge ist, daß der Leser leicht stolpert, weil oft das sinntragende Wort in der Senkung steht:

„Ein húngrigér fuchs thét außgón" oder „Sprach: ‚Déin gschwecz mích um dén han drúg.'" Die Versform mit ihrem vierfachen Wechsel von Hebung und Senkung ist der mittelalterlichen Epik entnommen, doch fehlt ihr deren rhythmisches Feingefühl. Ihre schwerfällige Holprigkeit brachte ihr den verächtlichen Namen *Knittelvers* ein.

Der Meistersang entstand dadurch, daß sich im 14. Jahrhundert bürgerliche Laien zu Singbruderschaften zusammentaten, um zur Verschönerung des Gottesdienstes beizutragen. Die Bürger hielten an der höfischen Form fest und verehrten zwölf alte Meister der Epik und Lyrik als Stifter. Wer in einer solchen „Singschule" gelernt hatte, durfte sich „Meister" nennen, doch lange Zeit nur dann, wenn er in den „Tönen" der zwölf Vorbilder sang. Erst allmählich setzten sich neue Töne durch, bis endlich nur der etwas galt, der einen eigenen erfunden hatte. Jeder neue Ton wurde peinlichst verwahrt und mit den sonderbarsten Namen gekennzeichnet: kurze Affenweise, schreckliche Donnerweise, gebleichte Zwillichweise, traurige Semmelweise.

Wie bei der *Disputation,* dem Streitgespräch, auf der mittelalterlichen Universität ging es in der *Singschule* zu: Der Singer thronte auf dem *Stuhl* (Katheder) und trug sein Lied vor. Ihm gegenüber saßen die *Merker,* ringsherum die Zuhörer. Die Merker mußten darauf achten, daß die *Tabulatur,* die festen Vorschriften für *Wort* und *Weise,* eingehalten waren. Lange herrschten religiöse Lieder vor, doch dann drangen immer stärker weltliche Stoffe ein, vor allem aus der Schwankliteratur.

Aufführung eines Fastnachtspiels von Hans Sachs im Heilbronner Hof zu Nürnberg im 16. Jahrhundert

Es war verboten, Meisterlieder zu veröffentlichen; so blieb ihnen eine Wirkung in die Breite versperrt. Die Einengung durch starre Regeln, die handwerksmäßige Handhabung und die verschraubten, erkünstelten Töne verhinderten, daß sich künstlerische Persönlichkeiten entfalteten. Nur Hans Sachs ist über seine Zunftgenossen hinausgewachsen.

HANS SACHS (1494–1576) wurde zu Nürnberg geboren, besuchte die Lateinschule und kam mit 15 Jahren zu einem Schuster in die Lehre. Drei Jahre wanderte er nach dem Brauch als Geselle umher bis nach Österreich und an den Rhein, dann ließ er sich als Schuhmacher in seiner Vaterstadt nieder. Im Laufe seines Lebens hat er eine kaum übersehbare Fülle von Dichtungen verfaßt: rund 4200 Meistergesänge, 18000 Sprüche, 208 Schauspiele, 1558 Schwänke, Fabeln und andere Verserzählungen. Er war von einer ungeheuren Belesenheit und griff seine Stoffe wahllos zusammen, wo er sie fand: aus der Bibel, aus Legenden, Sagen und der Geschichte, aus dem Altertum, dem Mittelalter und seiner Gegenwart, und alles das verarbeitete er in seiner spießbürgerlichen, lehrhaften Art mit gemütlichem Humor und in volksnaher, kräftiger Sprache in seine Dichtung.

Am lebendigsten geblieben sind seine *Fastnachtsspiele,* kurze komische Schauspiele, meist in Dialogform (Dialog = Zwiegespräch), etwa *Der Fahrende Schüler im Paradeis,* der einer einfältigen Bäuerin Geld und Lebensmittel abluchst, um sie dem verstorbenen Gemahl ins Jenseits zu bringen. Als ihm der zweite Mann der Betrogenen nachsetzt, schwindelt er diesem auch noch das Pferd ab. Auch solchen Stücken fehlt nicht der lehrhafte Zweck; sie zeigen, wie Einfältigkeit und Unverstand, Trägheit und Vorteilssucht schaden. Zugleich zeichnen sie ein getreues Bild von den Bürgern und Bauern des 16. Jahrhunderts und von deren Leben und Gebräuchen.

Das Volkslied

Frau Nachtigall

Es steht ein Lind in jenem Tal
Ist oben breit und unten schmal.

Ist oben breit und unten schmal,
Darauf da sitzt Frau Nachtigall.

„Du bist ein kleines Waldvögelein,
Du fleugst den grünen Wald aus und ein.

Frau Nachtigall, du kleines Waldvögelein!
Ich wollt, du soll'st mein Bote sein.

Ich wollt, du soll'st mein Bote sein
Und fahren zu der Herzallerliebsten mein."

Ein new lied/in dem thon.
Zart schöne fraw gedenck vnd schaw
Mer eyn ander lied/Ach Jupiter.

Laute spielender Geselle (Titel zum
Druck des Liedes: „O Venus dein
art". Um 1520)

Frau Nachtigall schwang ihr Gefieder aus,
Sie schwang sich vor eins Goldschmieds Haus.

Da sie kam vor des Goldschmieds Haus,
Da bot man ihr zu trinken heraus.

„Ich trink kein Bier und auch kein Wein,
Dann nur bei guten Gesellen frisch und fröhlich sein.

Ach Goldschmied, lieber Goldschmied mein,
Mach mir von Gold ein Ringelein!

Mach mir von Gold ein Ringelein!
Es gehört der Herzallerliebsten mein."

Und da das Ringelein war bereit,
Groß Arbeit war daran geleit.

Frau Nachtigall schwang ihr Gefieder aus,
Sie schwang sich vor eins Bürgers Haus.

Da sie kam vor des Bürgers Haus,
Da lugt das braun Maidlein zum Fenster aus.

„Gott grüß euch, Jungfrau, hübsch und fein!
Da schenk ich euch ein Ringelein."

Was schenkt sie denn dem Knaben wieder?
Ein Busch mit Kranichsfedern.

Die Federn waren wohl bereit.
Es soll sie tragen ein stolzer Leib.

dann nur = will nichts als (8. Strophe); geleit = gelegt (11. Strophe).

In dem Volkslied von der „Frau Nachtigall" wird der Vogel zum Liebesboten.
Über das persönliche Empfinden der Liebenden sagt das Gedicht nichts unmittelbar aus; vielmehr zieht sich das Gefühl in formelhafte Wendungen und
sinnbildliche Vorgänge zurück. Eine ähnliche Lyrik haben wir schon im Minne-
sang kennengelernt, und tatsächlich finden wir seine Motive im Volkslied
wieder: die Linde, die Nachtigall, der grüne Wald gehören dazu. Das Volkslied
hat die höfische Überlieferung aufgenommen, wie es auch im Meisterlied und
im Volksbuch geschah; und es hat diese Überlieferung ebenso verändert: der
Inhalt bezieht sich auf die niederen Gesellschaftsschichten. An die Stelle des
Ritters tritt der Knabe, der Schreiber, der Gesell, an die der „frouwe" die Bürgerstochter, das Maidlein, die Jungfrau. Die überkommenen Motive werden
durch solche erweitert, die aus dem Gemeinschaftsleben des Volkes stammen:
das Vöglein als Schicksalswalter, der Goldschmied als Helfer oder der Rechts-
brauch des Ringansteckens.
In eigentümlicher Art hat sich die Form verändert, da Menschen diese Lieder
singen, die keine Kenntnis schwieriger Dichtformen haben. Die Lieder greifen
die einfachen „Töne" auf und gebrauchen sie in leicht eingängiger Weise. Die
Reime sind so alltäglich wie nur denkbar: sein – mein; Haus – heraus; sie
wiederholen sich immer wieder; manchmal beschränken sie sich auf Anklänge
der Selbstlaute, sogenannte *Assonanzen*: bereit – Leib. Damit man sich die
Abfolge des Liedes leichter merken kann, wiederholt es oft die letzte Zeile der
vorhergehenden in der folgenden Strophe; zugleich decken sich fast durchweg
die Sätze und die Verszeilen, und so gut wie nie greift ein Satz auf eine neue
Strophe über; entsprechend einfach ist der Satzbau: Nebensätze sind selten,
die Satzreihe herrscht vor.
Bei solchen *Volksliedern* kann man wie beim Volksbuch von „gesunkener
Kunstliteratur" reden. Sie sind oft nachweisbar aus Kunstliedern entwickelt
und den Vorstellungen der bürgerlichen und bäuerlichen Schichten angegli-
chen worden. Die Verfasser lassen sich nicht mehr feststellen; der Name des
einzelnen tritt zurück, und kaum eines der Lieder wird in der ersten Gestaltung
überliefert sein. Sie sind „zersungen", der Umgebung und der Gelegenheit
angepaßt worden; oft schieben sich Strophen ineinander, die keinen eindeutigen Zusammenhang ergeben, und bald werden sie wieder auseinandergerissen.
Es sind ja keine Einzelerlebnisse, vielmehr Formeln, Bilder, Sinnbilder, die für
das Gefühl, das Wesen der Zeit typisch sind. Der Sänger muß singen, was alle
Herzen bewegt; das Einmalige bleibt im Hintergrund. – Man könnte die Volks-

lieder mit den heutigen Schlagern vergleichen. Es besteht aber ein wesentlicher Unterschied: Volkslieder erwachsen aus dem Bedürfnis, das gemeinsame Empfinden und den eigenen Lebensbereich künstlerisch zu überhöhen; Schlager sind bewußt und fabrikmäßig hergestellt, weil man dieses Bedürfnis kennt und daraus Gewinn ziehen kann.

Dank dem Buchdruck sind besonders zahlreiche Volkslieder des 16. Jahrhunderts erhalten, doch waren sie lange vorher verbreitet. Heute vergessene Frühformen bildeten eine der Grundlagen des Minnesangs, und Walther von der Vogelweide nahm volksliedhafte Töne auf; umgekehrt sind Minnelieder als Vorbilder zu erkennen. In allen Schichten des Volkes ist das Lied heimisch gewesen; es gibt Gesellenlieder, Reiterlieder, Schlemmerlieder und so weiter, je nach der Umwelt, für die sie bestimmt sind.

Typisch für viele Volkslieder ist, daß sie nicht allein Gefühle ausdrücken, sondern diese wie in unserem Beispiel in ein Geschehen einbetten. Wenn daraus eine gereimte Kurzgeschichte wird, in der sich das Schicksal eines Menschen in einer bedeutsamen Tat oder einem auffallenden Ereignis entscheidet, spricht man von einer *Volksballade;* oft stellt sie einen dramatischen Vorgang in Rede und Wechselrede dar.

Bekannt ist die niederdeutsche Volksballade von den *Zwei Königskindern:*

> Et wasen twei kunnigeskinner,
> de hadden enander so leef,
> se kunden bisammen nicht komen;
> dat water was vel to deef.

Es ist die griechische Sage von *Hero und Leander,* die hier dem mittelalterlich-höfischen Bereich angepaßt ist. Der Königssohn ertrinkt, als er zu seiner Geliebten schwimmen will; die Königstochter findet den Ertrunkenen und stürzt sich mit ihm in die Fluten:

> Se nahm in ere arme
> den kunnigessohn, un – o weh! –
> se sprang mit em in de wellen;
> „o vader, o moder, ade!"

JOHANN VON TEPL

Der Ackermann aus Böhmen

»Der Tod: (...) Laß dir eingehen und vernimm: das Leben ist um des Sterbens willen geschaffen; gäbe es kein Leben, Wir wären nicht, Unser Amt hätte keinen Sinn; damit aber gäbe es auch keine Weltordnung (...)

Du erbittest Rat, wie du dein Leid aus dem Herzen reißen sollst: Aristoteles hat es dich längst gelehrt, daß Freude, Leid, Furcht und Hoffnung, diese vier, alle Welt in Kummer bringen, und vornehmlich jene, die sich nicht vor ihnen zu hüten vermögen. Freude und Furcht kürzen, Leid und Hoffnung verlängern die Zeit. Wer diese vier nicht ganz aus dem Herzen treibt, der muß allezeit in Sorgen stecken. Nach Freude Trübsal, nach Liebe Leid muß hier auf Erden folgen (...)

Der Kläger: (...) Eure Weisheitssprüche sind süß und lustig, wovon ich nun genug empfinde. Aber – sollte Freude, Liebe, Wonne und Kurzweil aus der Welt vertrieben werden, übel müßte es mit der Welt stehen. In der Sache will ich mich auf die Römer berufen. Die haben es selbst geübt und haben das ihre Kinder gelehrt, daß sie die Freude hochhalten sollten, Turniere, Stechen, Tanzen, Wettlauf und Springen und allerlei artige Unterhaltung treiben sollten in müßiger Zeit, in der Absicht, daß sie inzwischen bösen

Der Tod und das Liebespaar (Holzschnitt von Peter Flötner)

Tuns enthoben wären. Denn die Gedanken eines Menschenkopfes können nicht müßig bleiben: entweder Gutes oder Böses muß der Kopf allezeit sinnen. Im Schlafe sogar will er nicht müßig sein. Würden also dem Kopfe gute Gedanken genommen, so würden ihm böse eingehen. Gute aus, böse ein; böse aus, gute ein; dieser Tausch muß bis an das Ende der Welt währen. Seitdem Freude, Zucht, Scham und andere gute Sitte aus der Welt vertrieben sind, seit dem ist sie ganz voll Bosheit, Schande, Untreue, Gespött und Verrat geworden, das sehet Ihr alle Tage.

Sollte ich demnach das Gedächtnis meiner allerliebsten Frau aus dem Sinne tilgen, böse Gedanken würden mir in den Sinn einziehen; um so mehr also will ich meiner allerliebsten Frau allezeit gedenken. Wenn große Herzeliebe in großes Herzeleid verwandelt wird – wer mag das schnell vergessen? Nur böse Menschen können das. Gute Freunde denken stets aneinander; weite Wege, lange Jahre können liebe Freunde nicht scheiden. Ist mir mein Weib körperlich tot, in meinen Gedanken lebt sie mir doch immer fort . . .«

(Ins Neuhochdeutsche übertragen von Alois Bernt)

Der Tod hat dem Ackermann die Frau im Kindbett geraubt; der Witwer ruft ihn vor Gottes Gericht und fordert die Vernichtung des Mörders. In einem Streitgespräch vertreten die Gegner ihren Standpunkt, und am Schluß spricht Gott das Urteil: „. . .Kläger, habe Ehre, du Tod aber, habe den Sieg! Jeder Mensch ist dem Tode sein Leben, den Leib der Erde, die Seele Uns zu geben verpflichtet.“

Für den Tod hat das Leben in der verderbten Welt keinen Wert in sich selbst; es ist um des Sterbens willen da, es ist ausgerichtet auf das, was auf den Tod folgt: das Jenseits. Der Geist des mittelalterlichen Menschen spricht aus dieser Anschauung. Für diesen gibt es eine feste Weltordnung, in der alles menschliche Tun darauf gerichtet sein muß, in Gottes Huld zu stehen und die ewige Seligkeit zu erringen (Parzival!). Wer in äußerlicher Weltlichkeit lebt, erfüllt den Sinn des Lebens nicht. Darum kann der Tod sagen, daß der Mensch Freude und Leid, Furcht und Hoffnung meiden solle, denn sie lenken ihn ab von seinem eigentlichen Ziel.

Für den Ackermann sieht die Welt ganz anders aus. Er wagt es, die göttliche Ordnung gerade da anzuzweifeln, wo für den christlich-mittelalterlichen Menschen das Tor zum wahren Leben geöffnet wird: er stellt die Berechtigung des Todes in Frage. Das Leben im Diesseits ist ihm nicht eine harte Prüfung in einem Jammertal, in der sich der Mensch das Jenseits in Askese verdienen muß, also dadurch, daß er seine Wünsche nach weltlichen Freuden in harter Selbstzucht überwindet. – Der Ackermann fordert das Recht auf Freude, Glück und Schönheit des Lebens, ja, für ihn ist die Welt zum Jammertal geworden, gerade weil die Lust am Leben nicht gültig sein soll.

Auch die Liebe ist für ihn ein Teil dessen, was das Leben lebenswert macht, und die einzig mögliche Antwort auf das Rätsel vom Sterben ist für den verlassenen Gatten, daß die geliebte Frau in seinem Herzen weiterleben wird, daß die Liebe mächtiger ist als der Tod.

So durchbricht in dieser Dichtung der Mensch eine festgefügte Ordnung, stellt sich auf die eigenen Füße und will ein eigenes Leben führen, will nach eigener Erkenntnis denken und handeln. Das Urteil Gottes bestätigt ihm die Ehre dieser

Haltung, wenn Gott auch den Tod als unvermeidbar feststellt und Herr über die Seele bleibt. Aber der Weg der Seele zu Gott führt nicht mehr über die Kirche, sondern allein über das eigene Herz.

Auch in der Form zeigt sich ein neues Selbstbewußtsein des Menschen. Der Dichter schreibt kein verschnörkeltes Buchdeutsch, sondern findet Wucht und Fülle in der volkstümlichen Kraft der Rede; er läßt jede poetische Regel der mittelalterlichen Dichtung hinter sich. Daß er Prosa schreibt, soll nicht wie beim Volksbuch den Weg zum Werk erleichtern und ebnen; die neue Sprachform entspringt dem Willen, dichterische Gesetze zu schaffen, die dem neuen Lebensgefühl entsprechen, und diese Gesetze sind keinem allgemeingültigen Maß verpflichtet, sondern hängen von der einzelnen Persönlichkeit ab.

Am Ende des *Streitgesprächs* steht ein Gebet des Witwers um das Seelenheil der Verstorbenen, in dem er sich in sein Schicksal ergeben hat. So ist die Lösung noch mittelalterlich; aber das Werk atmet ein Vertrauen auf die eigene Kraft, das deutlich einen Wandel im Denken der Menschen offenbart.

Dieser Wandel ging zuerst in Italien vor sich und trägt den Namen *Renaissance* (= Wiedergeburt). Wiedergeboren wurde die römische und griechische Antike. Freilich kannte auch das Mittelalter antike Dichter und Philosophen, aber sie galten nur, soweit sie sich in das mittelalterliche Welt- und Glaubensgebäude fugenlos einbauen ließen. In diesem Sinne verwendet der Tod die Gedanken des griechischen Philosophen ARISTOTELES, um zu beweisen, daß das Heil nicht im Irdischen zu suchen sei. Der Ackermann beruft sich dagegen auf die Römer, um seinen Standpunkt zu stützen.

Vor allem seit dem 13. Jahrhundert entdeckten die Italiener, daß ihre Vorfahren in einer Gedankenwelt gelebt hatten, nach der man auch sein eigenes Leben gestalten konnte. Das war kein gottgewolltes abgestuftes System, in dem jeder seinen vorbestimmten Platz hatte. Vielmehr hatten die römischen Philosophen den einzelnen auf sich selbst gestellt; er mußte in selbständiger Überlegung erkennen, welche Aufgabe er sich im Leben geben wolle, kein allmächtiger Gott nahm ihm diese Entscheidung ab.

Die Folge war, daß sich der Mensch als Einzelwesen, als Individuum, zu fühlen begann. Er fing an, die Welt zu betrachten, wie er sie selbst wahrnahm, und nicht, wie es ihm der Glaube vorschrieb. Aus dieser Haltung heraus wagt der Ackermann, den Sinn des Todes zu prüfen und sich nicht mit überkommenen Glaubenssätzen zufriedenzugeben.

Die Begeisterung für die neuentdeckte Antike griff über die Grenzen Italiens hinaus und fand an der Kanzlei des Kaisers Karl IV. (1347–1378) in Prag eine erste Heimstätte im Deutschen Reich. Die Anhänger der neuen Richtung nannten sich *Humanisten* (von lat. humanum = menschlich), weil sie in den Werken der Griechen und Römer das Vorbild menschlicher Vollkommenheit sahen und diese Vollkommenheit nachahmten.

Im Gefolge dieser Haltung versuchten sie zunächst, die ungepflegte deutsche Sprache so weit umzuformen und zu verbessern, daß sie der bewunderten lateinischen Sprache ebenbürtig wäre.

ALBRECHT VON EYBE DOCTOR

Schreibender Mönch (15. Jahrhundert) und Albrecht von Eyb (Holzschnitt. 1511). Ein Mönch und ein humanistischer Gelehrter in der konventionellen Gebärde des Schreibenden (vgl. Bild S. 37).

JOHANN VON TEPL (früher, nach dem Ort seines Wirkens, Johannes von Saaz, um 1350–1414/15) gehörte den böhmischen Humanistenkreisen an. Er war Rektor der Lateinschule, Notar und Stadtschreiber in Saaz. Seine Dichtung entstand aus tiefer Erschütterung, als im Jahre 1400 seine junge Frau Margarete im Kindbett gestorben war.

Der *Ackermann aus Böhmen* blieb ein Werk, das für ein ganzes Jahrhundert auf einsamer künstlerischer Höhe stand, denn in der Folgezeit trat die Mühe der Humanisten um die deutsche Sprache zurück hinter dem Bestreben, die lateinische, später auch die griechische und hebräische Sprache genau zu erforschen; Latein wurde sogar zur Schriftsprache der Humanisten. So blickten sie bald auf Deutsch als eine barbarische, unwürdige Sprache herab. In gleicher Weise verachteten sie alle volkstümliche Literatur, wie das Volkslied oder das Volksbuch. Sie sonderten sich ab als ein eigener Gelehrtenstand, der, mit dem Blick auf die Antike, ein selbständiges Reich der Wissenschaft neben und sogar über der Kirche und weitab von den übrigen deutschen Ständen ausbildete. Die deutsche Sprache nahmen sie erst unter ganz anderen Voraussetzungen wieder auf: als sie sich im Gefolge der Reformation in den Streit der Bekenntnisse einschalteten; da mußten sie deutsch schreiben, wenn sie in die Breite wirken wollten, da erst traten sie aus ihrer stolzen Abgeschiedenheit wieder heraus.

Aus einer Predigt

»Das Blümlein steht da um unsertwillen, daß wir es sehen sollen, pocht und trotzt uns und sagt: Wenn du gleich den Schmuck der ganzen Welt an dir hättest, so bist du mir doch noch nicht gleich, so ich dastehe und sorge nicht, von wannen mir der Schmuck herkomme, und tu nichts dazu; und ob du gleich schön geschmückt bist, so bist du doch ein ungläubiger Mensch und dienst dem ohnmächtigen Mammon und bist dazu ein armer, stinkender Madensack. Ich aber bin frisch und hübsch und diene dem rechten wahren Gott.«

Der vorliegende Text gehört nicht zur eigentlichen Dichtung; er ist aus einer Predigt Martin Luthers genommen und steht hier, weil er ein Beispiel gibt für die Sprache Luthers, die auf seine Zeitgenossen und bis in die Gegenwart hinein von größtem Einfluß war. Luthers Predigten sind mit saftigen Schimpfreden gewürzt und bringen in polterndem Ton Weisheiten, die jeder versteht. Er steigt ins Volk herab, um dessen Sprache zu reden und dadurch auf weiteste Kreise zu wirken. Das erreicht er durch Ausdrücke, die bis dahin als roh und eines Gebildeten unwürdig erschienen, durch anschauliche Vergleiche aus der Natur und dem Menschenleben, durch einen klaren und übersichtlichen Satzbau. Einer seiner Freunde, Bugenhagen, kennzeichnet die Lebensnähe dieser Sprache: „Wenn Luther predigt, habt ihr etwas Gebratenes und Gesottenes; wenn ich predige, Wasser und Brot."
Eine ähnliche Sprachgewalt hatte hundert Jahre vorher Johann von Tepl entwickelt; sein Werk war zwar in einer ganzen Reihe von Handschriften und Drucken verbreitet, aber letztlich lasen es doch nur die gebildeten Liebhaber. Die von den Humanisten in Böhmen geformte Kanzleisprache blieb ebenfalls auf verhältnismäßig enge Kreise beschränkt: Die Schreiber an den Fürstenhöfen, vor allem in Sachsen, übernahmen sie, und manche Drucker hielten sich daran, weil sie ihre Erzeugnisse in möglichst vielen deutschen Ländern verkaufen wollten. Im allgemeinen aber gab es keine einheitliche deutsche Sprache. Der Hamburger redete plattdeutsch, der Sachse sächsisch, der Bayer bayrisch. Wenn sich heute ein Wiener und ein Hamburger in ihren Dialekten unterhalten wollten, würden sie sich so wenig verstehen wie damals; aber heute gibt es eine allgemein gültige hochdeutsche Sprache, die sich in den einzelnen Landschaften nur durch eine geringe Färbung unterscheidet. Daß es sie gibt, ist vor allem Luthers Tat.
Aus dichterischem Bemühen allein wäre sie nicht erwachsen. Dazu bedurfte es des gewaltigen Anstoßes der Reformation. Der mittelalterliche Christ ruhte im sicheren Schoß der Kirche. Gelenkt durch den Priester, erhielt er durch sie im Gottesdienst, in den Sakramenten und Gnadenmitteln die Hilfe, die ihm den Weg zum Heil öffnete. Für Luther trat Gott unmittelbar an jeden einzelnen Menschen heran. Kein äußeres Mittel, keine gute Tat und kein Gebet brachten ihn Gott näher, sondern der Mensch mußte sich in tiefem Glauben dem Willen Gottes unterwerfen. So erlebte Luther als Christ, was die Renaissance im Stu-

dium der Antike fand: daß der Mensch auf sich selbst gestellt sei und aus sich selbst den Weg finden müsse.

Für den protestantischen Christen ging dieser Weg über die *Bibel.*

Vierte vorlutherische Bibel
(um 1475)

Hütet euch, daß ihr euere Gerechtigkeit etwa tut vor den Menschen, daß ihr werdt gesehen von ihnen, oder ihr habt nit Lohns bei euerm Vater, der in den Himmeln ist. Darumb so du tust ein Almosen, nit wollst singen vor dir mit dem Horn, als die Gleißner tun in den Synagogen und in den Gassen, daß sie werden geehrt von den Menschen. Fürwahr sag ich euch: Sie haben empfangen ihren Lohn. Wann so du gibst ein Almosen, es soll nit wissen deine linke Hand, wes Dings tu dein rechte, daß deine Almosen seien im Verborgenen. Und dein Vater, der es sieht im Verborgenen, der vergilt dir's.

Lutherbibel
(1546)

Habt acht auf euer' Almosen, daß ihr die nicht gebt vor den Leuten, daß ihr von ihnen gesehen werdet, ihr habt anders keinen Lohn bei euerm Vater im Himmel. Wenn du nun Almosen gibst, sollst du nicht lassen vor dir posaunen, wie die Heuchler tun in den Schulen und auf den Gassen, auf daß sie von den Leuten gepriesen werden. Wahrlich, ich sage euch: Sie haben ihren Lohn dahin. Wenn du aber Almosen gibst, so laß deine linke Hand nicht wissen, was die rechte tut, auf daß dein Almosen verborgen sei; und dein Vater, der in das Verborgene siehet, wird dir's vergelten öffentlich.

Wer dem lutherischen Glauben anhing, war aufgerufen, selbst den Willen Gottes aus der Bibel zu erkennen. „Wir gehen in großem Hunger des göttlichen Worts", steht in einer Flugschrift des Jahres 1521. Es gab schon seit langem deutsche Bibeln, sie wirkten aber nicht in die Breite, weil vor der Reformation der Priester dem Laien das Wort Gottes vermittelte und so das Bedürfnis fehlte, sie zu lesen. Zudem waren es holprige Verdeutschungen aus einer Übersetzung ins Lateinische, der *Vulgata,* und überdies waren sie für den einfachen Mann unerschwinglich. Der Koberger Druck von 1483 kostete z. B. sechs Gulden, das sind Hunderte von Mark. Luther übertrug die Bibel neu, und zwar nach den hebräischen und griechischen Urtexten. Das war nur möglich, weil die Humanisten diese Sprachen seit einem Jahrhundert eingehend studiert hatten. Einer ihrer bedeutendsten Vertreter, Philipp Melanchthon, Freund und Mitkämpfer des Reformators, stand Luther zur Seite.

Was ihm aber keiner der Humanisten abnehmen konnte, war die Aufgabe, die deutsche Sprache für das große Werk zurechtzuschmieden. Darin besteht Luthers Leistung. Dabei kam ihm sein feines Sprachgefühl ebenso zu Hilfe wie seine naturhafte, genußfrohe Art, die ihn befähigte, gegenständlich zu sehen, wo die Übersetzer vor ihm auf den Stelzen einer mühsamen Begriffssprache einhergingen. So setzt Luther Almosengeben für Gerechtigkeit tun, posaunen für mit dem Horn singen; er vereinfacht den Satzaufbau und beseitigt vermeidbare Hauptwörter: „laß deine linke Hand nicht wissen, was die rechte tut" statt „... wes Dings tu deine rechte".

Luther sprach thüringisch und kannte die böhmisch-sächsische Kanzleisprache und ebenso deutsche Predigten und Erbauungsschriften. Aus diesen Grundlagen erwuchs sein Werk. In einem beständigen Ringen um den klarsten Ausdruck entstand 1521/22 auf der Wartburg das Neue Testament und bis 1532 das Alte. Im *Sendbrief vom Dolmetschen* hat er seine Arbeitsweise dargestellt: „Man muß die Mutter im Hause, die Kinder auf der Gassen, den gemeinen Mann auf dem Markt drum fragen und denselbigen auf das Maul sehen, wie sie reden, und darnach dolmetschen, so verstehen sie es denn und merken, daß man deutsch mit ihnen redet." Gegen eine wörtliche Übersetzung von Matthäus 12,34: „Aus dem Überfluß des Herzens redet der Mund." wendet Luther ein: „Sage ich, ist das deutsch geredet? Welcher Deutsche versteht solches? Überfluß des Herzens ist kein Deutsch . . . sondern so redet die Mutter im Haus und der gemeine Mann: Wes das Herz voll ist, des gehet der Mund über. Das heißt gut deutsch geredt."

Als Luthers Bibel erschien, griffen alle Schichten des deutschen Volkes mit Heißhunger danach. Ein riesiger Absatz verbilligte das neue Übersetzungswerk, so daß es sich über den ganzen deutschen Sprachbereich verbreitete und zu einem Volksbuch wurde, wie es nie vorher eines gegeben hatte. Schon die Kinder lernten daraus buchstabieren, und da der evangelische Glaube auf Bibellektüre und Bibelkenntnis gründete und das Vorlesen aus der Bibel den Mittelpunkt des Gottesdienstes und der häuslichen Andacht ausmachte, konnten die Gläubigen bald weite Teile auswendig. So wurde die Bibel zum Maßstab für eine einheitliche Sprache.

Aus tiefer not schrei ich zu dir.
HERR Gott erhör mein rüfen.
Dein gnedig oren ker zu mir
und meiner pit sie öffen;
denn so du das wilt sehen an,
wie manche sünd ich hab gethan,
wer kan, HERR, für dir bleiben.

Es steet bei deiner macht allein
die sünden zu vergeben,
das dich fürcht beide groß und klein
auch in dem besten leben.
Darum auf Gott will hoffen ich.
Mein herz auf in sol lassen sich.
Ich wil seins worts erharren.

Und ob es wert biß in die nacht
und wider an den morgen,
doch sol mein herz an Gottes macht
verzweifeln nit noch sorgen.
So thu Israel rechter art,
der aus dem geist erzeuget ward
und seines Gots erharre.

Ob bei uns ist der sünden vil,
bei Gott ist vil mer gnaden.
Sein hand zu helfen hat kein zil,
wie groß auch sei der schaden.
Er ist allein der gute hirt,
der Israel erlösen wirt
aus seinen sünden allen.

Das ist Luthers freie Umdichtung des *130. Psalms*. Der Reformator fühlte sich nicht als Dichter. In seinen Kirchenliedern gestaltete er Psalmen und lateinische Lieder des Mittelalters um; sein Ziel war es, Texte zu bereiten, die für den gemeinsamen Gesang der Gemeinde dienen konnten, denn im protestantischen Gottesdienst trat die deutsche Sprache in Liturgie, Predigt und Gesang an die Stelle der lateinischen, die in der katholischen Kirche die Hauptrolle spielte.

Martin Luther mit Persönlichkeiten der Reformationszeit (Gemälde von Lukas Cranach d. J.)

Obwohl die Lieder für den gottesdienstlichen Zweck geschaffen wurden, verwandelten sich viele unter der Hand Luthers zu Dichtungen; besonders dann, wenn Luther, wie im 130. Psalm, eine Vorlage auswertete, in der er eigenen Gewissensnöten begegnete. So waren manche Lieder persönliche Bekenntnisse; und gerade darum gewannen sie rhythmische und sprachliche Kraft. Luther gestaltete das Kirchenlied nach denselben Grundsätzen neu, die auch sein Bibelwerk bestimmten: „. . . es muß beides, Text und Noten, Akzent, Weise und Gebärde aus rechter Muttersprache und Stimme kommen, sonst ist alles ein Nachahmen, wie die Affen tun." Da der Gemeindegesang ein wesentliches Element des evangelischen Gottesdienstes war, leitete Luther eine Tradition der *Kirchenlieddichtung* ein, die ein Jahrhundert später in PAUL GERHARDT (1607– 1676) ihren Höhepunkt erreichte.

Diese Zeit des religiösen Aufruhrs scheint kein günstiger Boden für große Werke der Dichtung. Die geistigen Kräfte erschöpften sich in den folgenden Jahrzehnten im Glaubenskampf. Gestalten wie HANS SACHS bleiben Ausnahmen; nur das *Volkslied* und das *Volksbuch* erleben ihre Blüte. Soweit sich die Humanisten der deutschen Sprache zuwenden, mischen auch sie sich vorwiegend mit Streitschriften in die religiösen Kämpfe ein und schreiben Satiren auf die Lutherischen oder die Päpstlichen, je nach ihrer eigenen Einstellung. Erst die zweite Hälfte des Jahrhunderts bringt neue Ansätze, die aber bereits in eine andere Zeit überleiten.

Barock

ANDREAS GRYPHIUS

Tränen in schwerer Krankheit (Anno 1640)

Mir ist, ich weiß nicht wie, ich seufze für und für.
Ich weine Tag und Nacht; ich sitz' in tausend Schmerzen;
Und tausend fürcht' ich noch; die Kraft in meinem Herzen
Verschwindt, der Geist verschmacht', die Hände sinken mir.

Die Wangen werden bleich, der muntern Augen Zier
Vergeht gleich als der Schein der schon verbrannten Kerzen.
Die Seele wird bestürmt gleich wie die See im Märzen.
Was ist dies Leben doch, was sind wir, ich und ihr?

Was bilden wir uns ein, was wünschen wir zu haben?
Itzt sind wir hoch und groß, und morgen schon vergraben;
Itzt Blumen, morgen Kot. Wir sind ein Wind, ein Schaum,

Ein Nebel und ein Bach, ein Reif, ein Tau, ein Schatten;
Itzt was und morgen nichts. Und was sind unsre Taten
Als ein mit herber Angst durchaus vermischter Traum.

Plünderung eines Dorfes im 30jährigen Krieg (Radierung von Jacques Callot)

In schwerer Krankheit empfindet der Dichter, wie ihm Körper, Geist und Seele ermatten; und da wird ihm bewußt, wie sehr das ganze Leben diesem Zustand entspricht: alles Irdische ist vergänglich. Mitten im Glück und in der Größe müssen wir gewärtig sein, daß uns der nächste Augenblick das Unglück, den Fall, das Ende bringen kann. Das Verhängnis bricht unerbittlich und unabweisbar über uns herein.

Der Dichter spricht von sich selbst; er fügt der Überschrift sogar das Jahr hinzu, in dem er erlebt hat, was er darstellt. Aber was ihm selbst zustößt, was er im ersten Teil als eigenes Geschick wiedergibt, weitet sich im zweiten Teil aus zu einem Weltgefühl, das über den persönlichen Bereich hinausgeht. Nicht nur dieser eine Mensch erlebt die Welt so; er drückt aus, was seine Zeit empfindet. Die Jahreszahl 1640 weist uns auf die Ursache hin: Seit über zwei Jahrzehnten wütet der Dreißigjährige Krieg; der Glaubensstreit gipfelt in einem furchtbaren, mörderischen Kampf, in den alle hineingezogen sind. Gut und Leben sind im wörtlichsten Sinne jeden Tag gefährdet – die Bevölkerungsverluste lagen in Teilen Schlesiens bei 70 %, und es ist erlebte Wirklichkeit, wenn Gryphius in dem Gedicht *Über den Untergang der Stadt Freystadt* schildert, wie eine Stadt in einer einzigen Nacht bei einem feindlichen Überfall in Schutt und Asche fällt.

Angst und Vergänglichkeit sind die Kennworte für ein Lebensgefühl, in dem der Mensch von der Unsicherheit und Last seines Daseins erdrückt wird. So kann dieses Leben keine Rettung bringen, und die Seele wendet sich einer Hoffnung zu, die über dieses Leben hinausgeht. Das bleibt in unserem Gedicht unausgesprochen, findet aber in anderen Ausdruck: *Vanitas, vanitatum vanitas* (Eitelkeit, aller Eitelkeiten Eitelkeit) heißt ein Gryphiusgedicht, das heute noch als evangelisches Kirchenlied gesungen wird. Es beginnt mit einem Blick auf die Welt:

> Die Herrlichkeit der Erden   Was uns hier kann ergötzen,
> Muß Rauch und Asche werden,   Was wir für ewig schätzen,
> Nicht Stein noch Erz bestehn.   Wird als ein leichter Traum vergehn.

Alles auf der Welt ist „eitel" im biblischen Sinn: falsch, nutzlos, vergeblich. Aber am Schluß eröffnet sich eine Zuversicht, die dem Menschen im Jenseits verspricht, was ihm im Diesseits verwehrt ist:

> Verlache Welt und Ehre   Wohl dem, der auf ihn trauet!
> Samt ihrer Kunst und Lehre   Er hat recht fest gebauet;
> Und geh den Herren an,   Und ob er hier gleich fällt,
> Der immer König bleibet,   Wird er doch dort bestehen
> Den keine Zeit vertreibet,   Und nimmermehr vergehen,
> Der einzig selig machen kann!   Weil ihn die Allmacht selbst erhält.

Daß alles „eitel" ist, daß neben dem Glück das Leid, neben dem Leben der Tod lauert, ist das Grundgefühl der Zeit, das auch der Stil ausdrückt. Barockgedichte erkennt man am leichtesten daran, daß in ihnen immer wieder die Stilform der *Antithese* auftritt. Einem Satz (These) folgt der Gegensatz (Antithese): „Itzt sind

Inneres der Kirche in Dießen/Ammersee (Johann Michael Fischer. 1737–1739). Licht-
führung, weite Wölbungen und Deckengemälde, die Ausblicke ins Unendliche vortäuschen,
lassen den Kirchenraum nahezu grenzenlos erscheinen, während in klaren Säulen- und
Bogengliederungen das strenge Bauprinzip sichtbar wird. Mittelpunkt der höfischen Pracht-
entfaltung ist der Hauptaltar, dem alles symmetrisch zugeordnet wird.

wir hoch und groß, und morgen schon vergraben,/ Itzt Blumen, morgen Kot . . ."
Ein zweites Merkmal ist die *Häufung:* „Wir sind ein Wind, ein Schaum, ein
Nebel und ein Bach, ein Reif, ein Tau, ein Schatten . . ." Das sind sieben „Übertragungen" einer Vorstellung in Bilder (griech. *Metaphern*). Die Metaphern
sagen alle dasselbe: Das Vergängliche, Unwiederbringliche der Menschen-
existenz ist dem Vorübergehenden der Naturerscheinungen vergleichbar, dem
Verwehen, Fließen, Schmelzen.

Die Reihung von gleichartigen Metaphern gibt der Aussage einen Nachdruck, der bei einem weniger gewichtigen Thema zu einem unangemessenen Wuchern der Bilder werden kann, dem sogenannten *Schwulst*. Wenn wir die Baukunst der Zeit betrachten, etwa das Innere einer barocken Kirche, entdecken wir ähnliche Stilprinzipien: Der Raum hat eine feste Mittelachse, die den Blick von selbst auf das Zentrum des Gottesdienstes, den Altar, richtet. Jedes Element der linken Hälfte kehrt auf der rechten, wie in der Antithetik als Gegensatz, so hier als Spiegelbild wieder. In den beiden symmetrischen Hälften aber schäumen die Formen über; nichts ist eindeutig und einfach gestaltet, Verzierung häuft sich auf Verzierung. Von solcher Baukunst kommt auch der Begriff *Barock:* „barocco" = unregelmäßige, schiefe Perle. Das Wort wertet ursprünglich die im Vergleich zur Renaissance überladenen, bizarren Formen ab.

Gryphius folgt im Stil festen Regeln. Ein Blick auf „Tränen in schwerer Krankheit" zeigt, daß das auch für die Form zutrifft. Jede Zeile ist gleich lang, hat sechs betonte Silben und in der Mitte eine Pause *(Zäsur)*. Die beiden vierzeiligen Strophen *(Quartette)* haben die gleichen Reime *(abba, abba)*, und die dreizeiligen *(Terzette)* sind durch die Reime der Endzeilen zusammengeschlossen. Die Quartette stellen eine Situation, einen Zustand dar, der in den Terzetten einer Lösung, einer Zusammenschau zugeführt wird. Ein solches vierzehnzeiliges Gedicht heißt *Sonett*. Diese Gedichtform wird bis heute mit geringen Abwandlungen in Versmaß und Reimschema gebraucht.

Gryphius steht nicht am Anfang der Literatur des Barock; sein Werk enthält aber die wesentlichen zeittypischen Elemente. Seine Mittel fand er bereits ausgebildet vor; er verdankt sie dem um fast zwanzig Jahre älteren MARTIN OPITZ, dem theoretischen und praktischen Begründer der deutschen Barockdichtung.

ANDREAS GRYPHIUS (1616–1664) war als Sohn protestantischer Bürger in Glogau geboren und erlebte im Laufe seiner Jugendzeit, wie die Protestanten in dem vorwiegend katholischen Schlesien in die alte Kirche zurückgezwungen werden sollten. Der Dreißigjährige Krieg mit seinen Zerstörungen und der Verrohung der Menschen traf den feinfühligen Dichter stärker als andere. Sein weiteres Leben hat äußerlich vieles mit dem von Martin Opitz (vgl. S. 68) gemeinsam: Studium, weite Reisen bis Paris und Rom, Universitätslehrer, Dichterkrönung. Nach dem Krieg schlug er ehrenvolle Angebote von Universitäten aus, weil er sich dem Wiederaufbau der Heimat widmen wollte. Als Syndikus der Landstände von Glogau, der angesehensten Stellung, die ein Bürgerlicher erreichen konnte, starb er mitten im tätigen Leben.

Das Zeitalter des Barock bietet für uns in vielem ein leuchtenderes Bild, als es Gryphius zeichnet; er spricht aus, worüber andere leichten Herzens hinweggehen. Der Dichter wendet sich gerade an die, die in Glanz und Herrlichkeit leben, die „hoch und groß" sind, denen nur selten bewußt ist, auf welch dünner Kruste sie stehen: er dichtet für die obere Schicht, die „Gesellschaft".

An der Wende zur Neuzeit war das Bürgertum stark gewesen; im 17. Jahrhundert verlor es die kulturelle Führung an die Fürsten und ihre Höfe. Die Reformation hatte ihren Teil dazu beigetragen, denn da Luther jedes weltliche Regiment der Kirche abgelehnt hatte, war den protestantischen Landesherren als

Schutzherren des neuen Glaubens viel Macht zugewachsen. In der Gegenreformation stärkte sich die Herrschaft auch der katholischen weltlichen und geistlichen Herrn in der Durchsetzung des alten Glaubens bei ihren Untertanen. Die Fürstenhöfe waren die Sammelpunkte des kulturellen Lebens, auch im Kriege. Sie wurden am wenigsten davon berührt, während die Bauern und Bürger ausbluteten.

Man kann sich vorstellen, daß nicht jeder aus diesen herrschenden Kreisen von Gryphius' Sprache getroffen wurde. Die meisten reagierten anders auf die andrängenden Nöte des Lebens.

MARTIN OPITZ

Ach Liebste laß uns eilen . . .

> Ach Liebste laß uns eilen   Wir haben Zeit:
> Es schadet das Verweilen   Uns beiderseit.
>
> Der schönsten Schönheit Gaben   Fliehn Fuß für Fuß,
> Daß alles was wir haben   Verschwinden muß.
>
> Der Wangen Zier verbleichet   Das Haar wird greis,
> Der Äuglein Feuer weichet   Die Flamm wird Eis.
>
> Das Mündlein von Korallen   Wird ungestalt.
> Die Händ als Schnee verfallen   Und du wirst alt.
>
> Drum laß uns jetzt genießen   Der Jugend Frucht,
> Eh denn wir folgen müssen   Der Jahre Flucht,
>
> Wo du dich selber liebest   So liebe mich,
> Gib mir daß wann du gibest   Verlier auch ich.

Ein zierlicher Rhythmus, eine gezierte Sprache, ein antithetischer Stil, eine Häufung gleichartiger Bilder wie bei Gryphius; auch das Grundgefühl der beiden Dichter deckt sich: es ist das Bewußtsein der Vergänglichkeit alles Irdischen. Aber Opitz vertieft dies Grundgefühl nicht zu einer religiösen Schau, er findet eine andere, oberflächlichere Lösung. Das liegt nicht nur daran, daß er um zwei Jahrzehnte früher als Gryphius zur Welt kam, sondern es ist ein Unterschied der Stellung zur Welt: Opitz und Gryphius verkörpern die beiden Grundhaltungen, wie sich der Mensch der barocken höfischen Welt dem Leben stellen kann.

Wenn für Gryphius das Leben heillos ist und nur der Gedanke an die Erlösung Hoffnung bietet, so zieht Opitz die entgegengesetzte Folgerung aus dem Wissen um den Verfall: es gilt den Augenblick zu genießen, solange es noch Zeit ist.

Es geht in dem Gedicht nicht um Liebe; die Geliebte ist nur Sinnbild, *Symbol*, für alles, was den Glanz des Daseins, die Lust an der Gegenwart ausmacht, sie ist Symbol für den Lebensstil an den Fürstenhöfen der Barockzeit. Äußerer Glanz, Prunk, das Ansehen stehen im Mittelpunkt, und wer nicht teilhat am

Leben der Höfe, ist kein „gentil homme", kein Höfling, kein Mann von Welt, und damit ein Mensch zweiter Klasse, der keine Beachtung verdient. Indem der Höfling ein Gedicht schreibt, schafft er ein kunstvolles Gebilde, das zum Glanz des Hofes beiträgt. Es ist ein Teil des großen Rahmens, in dem die Gesellschaft lebt, eines Rahmens, der in jedem Barockschloß sichtbar ist: in Flügeln breit ausladend, empfängt es mit großartiger Szenerie den Besucher; im prunkvollen Treppenhaus, in überladen ausgeschmückten Empfangssälen zeigt es die Macht des Fürsten. Nach außen hin zu wirken, zu repräsentieren, ist die Absicht der höfischen Schicht, und der Höfling gilt nur, wenn er den Glanz der Gesellschaft erhöht. Darum braucht er die Anerkennung seiner Standesgenossen, und sein ganzes Verhalten zielt darauf hin: seine prunkvolle Kleidung, sein höfliches Benehmen, seine Sprech- und Schreibweise, die durchsetzt ist von Fremdwörtern. Jeder Rang hat seinen Titel, es wimmelt von hochedlen, wohlweisen, hochehrwürdigen, wohlehrwürdigen Herren, und das sind nur die Anreden der Bürger. Man grüßt ganz gehorsamst, aufwartsamst, ist dero untertäniger Diener. Und der Höfling schreibt kunstvollst gedrechselte Gedichte zu jeder Gelegenheit; vor allem darf kein Geburtstag, keine Hochzeit, kein Todesfall in der Fürstenfamilie stattfinden, ohne daß sie von wohlgesetzten Gedichten begleitet werden. Es sind *Gelegenheitsgedichte.*

Schloß Nymphenburg in München (erbaut 1663–1728, das Rondell vor 1770). Hier stellt sich der Repräsentationswille des barocken Fürstentums dar. Die Flügel greifen über 600 m aus und öffnen sich auf ein Rondell mit sogenannten Kavaliershäusern. Das Schloß war als Kern einer fächerförmigen Stadtanlage gedacht, deren Straßen radial auf den Sitz des Fürsten gerichtet sein sollten.

67

Andreas Gryphius Ictus, Philosoph. Et Stat:
Equeſt: Ducat. Glogou: Syndicus

Quem ſtupuit Tragicum ...felix Germania Vatem.
Fulmine qui feryt Saxea corda hominum.
Talis erat Vultu. Cum alata ſcientia rerum,
Et quicquid uaſti circulus orbis habet.
Emicat ex ſcriptis, quæ mens diuina religat,
Gryphius Elyſiis altera Pallas erit.
Philip Kilian ſculpſit.   F. Henricus Mühlpfort

Martin Opitz (Kupferstich nach einem Gemälde von Bartholomäus Strobell. 1638) und Andreas
Gryphius (Kupferstich von Philipp Kilian). Aus den Porträts lassen sich Anzeichen für die gegensätzliche
Grundhaltung der beiden Dichter erkennen: Opitz der geadelte „Mann von Welt" und Gryphius der
ernste Bürger und Gelehrte.

MARTIN OPITZ (1597–1639) steht am Anfang der Barockdichtung, ist aber in seinem Leben
bereits der typische Vertreter der höfischen Schicht. Als Sohn einer wohlhabenden evangelischen Bürgerfamilie im schlesischen Bunzlau geboren, gehört er nicht ursprünglich
zu den bei Hofe zugelassenen Kreisen. Aber durch das Universitätsstudium, durch umfangreiche Bildungsreisen und durch seine Dichtung verschafft er sich Zutritt in die Gesellschaft, denn neben dem Adeligen gilt der Gelehrte als ihr würdiges Mitglied. Er wird zum
Hofdichter gekrönt und als Martin Opitz von Boberfeld in den Adelsstand erhoben. Seinen
Platz in der Literaturgeschichte hat er sich nicht so sehr mit seinen dichterischen Werken
verdient als mit seiner Theorie. Was er über die Regeln der Poesie schreibt, das bleibt ein
Jahrhundert lang das Lehrbuch für rechte Dichtweise.
In der Zeit des Humanismus hatte die deutsche Sprache als barbarisch gegolten. Man
hatte sie benützt, wenn man auf die sonst mißachtete und verachtete Menge wirken
wollte (z. B. im Streit zwischen Katholiken und Protestanten). Für die gebildete Schicht
schrieb man lateinisch.

Opitz wendet sich gegen die lateinische Sprache der Gelehrten und Dichter; er
betont, daß man „die Reinigkeit und Zier der unseren erkennen" müsse. In dem
Buch von der deutschen Poeterei des Jahres 1624 faßt er zusammen, was er an
Regeln der humanistischen Dichtkunst kennt, und überträgt sie auf die deutsche
Sprache: Er macht diese „gesellschaftsfähig".

Die größte Wirkung hatte seine *Verslehre.* Hans Sachs hatte im Knittelvers die deutsche Sprache der Melodie unterworfen und war so zu einer unnatürlichen Betonung gekommen. Als Opitz die antiken Regeln anwenden wollte, stieß er auf eine andere Schwierigkeit: Der lateinische Sprachrhythmus ist anders geartet als der deutsche; in ihm kommt es nicht auf die Betonung, den Akzent, an, sondern auf die Länge der Silben. So war eine gründliche Erneuerung nötig. Opitz übernahm die lateinischen Begriffe, schrieb aber eine neue Bewertung der Silben vor: Ein *Jambus* besteht im Deutschen nicht aus einer kurzen und einer langen Silbe, sondern aus einer unbetonten und einer betonten (◡ –), umgekehrt ein *Trochäus* aus einer Hebung und einer Senkung (– ◡).

„Ein Jambus ist dieser: ‚Erhält uns, Hérr, bei déinem Wórt‘; der folgende ein Trochäus: ‚Mítten wír im Lében sínd‘." Das war eine Regelung, die der deutschen Sprache gemäß war. Opitz glaubte allerdings, daß er mit diesen beiden Versfüßen auskommen könnte und lehnte jeden ab, in dem nicht Hebung und Senkung regelmäßig wechselten. Das zwang zu einer Eintönigkeit, gegen die sich bald andere Versfüße durchsetzten, vor allem der *Daktylus* (– ◡ ◡).

Für den besten Vers hielt Opitz den *Alexandriner* (nach einem französischen *Alexanderepos* von 1180). Das ist der sechsfüßige Jambus mit einer Zäsur in der Mitte, wie ihn Gryphius in *Tränen in schwerer Krankheit* gebraucht. Bis LESSING, also bis über die Mitte des 18. Jahrhunderts, behielt der Alexandriner den ersten Platz in Lyrik, Epos und Drama.

Opitz befaßte sich auch mit den Aufgaben des Romans und vor allem des Dramas, und dabei zwängte er das Schauspiel in eine Regel, die sinnfälliger Ausdruck für den Geist der barocken Zeit ist: Im Trauerspiel, der *Tragödie,* durften nur Standespersonen auftreten, denn nur sie waren tiefer Empfindungen und erhabener Gefühle fähig. Das Lustspiel, die *Komödie,* spielte nur unter „schlechten Personen", also in den unteren Schichten, denn eine komische Standesperson widersprach der Würde der Oberschicht, sie war undenkbar.

So gab Opitz der Dichtkunst feste Regeln. Die meisten davon stammten nicht von ihm selbst. Er griff auf, was von antiker, italienischer und westeuropäischer Theorie seinen Zwecken entsprach. Antithetik und Häufung sind z. B. Stilmittel, die bereits die antike *Rhetorik* (Redekunst) entwickelt hatte, das Sonett und die Ständeklausel im Drama stammten aus der italienischen Renaissance. Indem er die Gesetze in eine knappe, allgemeinverständliche, verbindliche Form brachte, wurde er zum Lehrmeister eines Jahrhunderts.

Mit seiner Bemühung um die deutsche Sprache stand er nicht allein. In der Renaissance hatten sich die italienischen Höfe um eine reine italienische Sprache bemüht, und die deutschen Fürstenhöfe folgten diesem Beispiel: Es entstanden *Sprachgesellschaften,* die es sich zur Aufgabe machten, eine edle deutsche Gebildetensprache zu schaffen. Diese Gesellschaften wollten die Sprache von Fehlern reinigen, Mundartausdrücke beseitigen und Fremdwörter ausmerzen. Vielfach setzten sie sich durch, oft gingen sie aber zu weit: Nach ihrem Willen sollte es heißen: Tagleuchter statt Fenster, Zitterweh statt Fieber, Reitpuffer statt Pistole, Löschhorn statt Nase.

Epigramme

Das größte Wunderding ist doch der Mensch allein:
Er kann, nachdem er's macht, Gott oder Teufel sein.

*

Mensch werde wesentlich: denn wenn die Welt vergeht,
So fällt der Zufall weg, das Wesen, das besteht.

*

Ich sage, weil der Tod allein mich machet frei;
Daß er das beste Ding aus allen Dingen sei.

Angelus Silesius. Karikatur aus „Wohlverdientes Kapitel" (Kupferstich. 1664). In einem protestantischen Pamphlet (Schmähschrift) wird Doktor Johannes Scheffler (D. J. S.) als Bauchladenhausierer karikiert, der auch seine eigenen Pamphlete, die „Türken Schrifft" und die „Christenschrifft" (hier verdreht zu „Christengifft") verkauft.

Ein solches zweizeiliges Alexandrinergedicht nennt man *Sinngedicht (Epigramm)*. Es war ursprünglich eine Inschrift auf einem Grab oder auf einem Gebäude, dann in der Dichtung eine Form, mit der man erkannte Wahrheiten in einer scharf geschliffenen und zugespitzten Sprache aussagte. Stärker als andere Lyrik ist das Epigramm verstandesbestimmt und hat eine lehrhafte Absicht.

Angelus Silesius, der „Schlesische Bote", spricht in seinen Epigrammen das Zeitgefühl aus, wie wir es von Gryphius kennen: er schreibt von den Gegensätzen des Lebens und ruft den Menschen auf, wesentlich zu werden, das heißt, den eigentlichen Sinn des Lebens zu gewinnen. Dieser Sinn liegt für ihn in der Gläubigkeit, darum ist ihm wie Gryphius der Tod das Tor zum wahren Leben, denn im Jenseits ist der Mensch frei, im Glauben erlöst, nicht bedrängt von den Begierden und der Verderblichkeit der Welt.

> Gott ist in mir das Feu'r, und ich in ihm der Schein:
> Sind wir einander nicht ganz inniglich gemein?
>
> *
>
> Ich selbst bin Ewigkeit, wenn ich die Zeit verlasse
> Und mich in Gott und Gott in mich zusammenfasse.

Was in den ersten Sinngedichten allgemein gehaltener Anruf an den Menschen ist, wird in den beiden letzten zu einer eigentümlichen Art des Glaubens ausgeweitet und vertieft: Der Mensch vermag mehr als sich nur in Frömmigkeit dem Willen Gottes zu unterwerfen, er hat etwas Gemeinsames mit Gott: Gott hat den Menschen zu seinem Ebenbild geschaffen, ihm einen Teil seines Wesens gegeben, ihm sein Feuer mitgeteilt, und im Widerschein ist der Mensch ihm nahe. Wenn sich darum der Sterbliche in Gott versenkt, sich dem Wesen Gottes zu nähern, ihm zu gleichen versucht, wird er ihm in der Versenkung immer ähnlicher und kann endlich ganz in Gott eingehen.

Das Streben, durch Einkehr in sich selbst, durch eine innere Schau zu Gott aufzusteigen und noch im Diesseits die Seele mit Gott zu vereinen, bezeichnet man als *Mystik*. Sie versucht den Gegensatz zwischen Mensch und Gott, Diesseits und Jenseits aufzuheben. In religiöser Begeisterung, in Ekstase, kann sich der Fromme bereits im Diesseits zum Himmel aufschwingen und so die Seligkeit des Aufstiegs nach dem Tode vorauskosten. Aber die *unio mystica*, die Vereinigung mit Gott, bleibt auf Augenblicke der höchsten Verzückung beschränkt; der Fromme sieht sich immer wieder auf die Erde zurückgeworfen; dann versucht er, in Worten auszudrücken, was seine Seele erlebt hat.

Eine erste Blüte erlebte die deutsche Mystik im 14. Jahrhundert. MEISTER ECKART (1260–1327) und seine Schüler erlebten an sich die Heimkehr der Seele in Gott und stellten sie dar. Aus ihren Schriften schöpfte auch Luther, ihre Sprache wirkte auf die Gestaltung der neuhochdeutschen Schriftsprache ein.

Der Wunsch, über die Formen und Riten des Glaubens hinauszukommen, verstärkt sich in Zeiten großer Daseinsnot wie im Spätmittelalter, das von politischer Unsicherheit, Hunger und Pest heimgesucht war; die religiösen Wirren in der Gegenreformation und der Dreißigjährige Krieg rufen erneut das Bedürfnis hervor, jenseits der Konfessionsstreitigkeiten einen Weg zu Gott zu finden.

Der bekannteste Vertreter der barocken Mystik ist JAKOB BÖHME (1575–1624), ein Bauernsohn und Schuster im schlesischen Görlitz. Immer wieder versucht er, seine Gesichte und Offenbarungen in einer Sprache darzustellen, die für solche Erfahrungen nicht reich genug ist. So sind seine Schriften schwer verständlich, ein Gestammel, überladen mit Bildern, und sie kreisen alle um das Erlebnis, daß Gott dem Menschen innewohne und daß der Mensch in der mystischen Vereinigung mit Gott die Gegensätze der Welt: Gut und Böse, Licht und Finsternis, versöhnen könne. So wenig die höfische Gesellschaft Böhme beachtet, so sehr wirkt er auf Menschen, die die Oberflächlichkeit des weltmännischen Lebens durchschauen. Gryphius steht unter Böhmes Einfluß, und eine ganze Gruppe schlesischer Dichter zeichnet die Erfahrungen des Görlitzer Schusters nach.

JOHANNES SCHEFFLER (1624–1677) drückt schon in dem Namen, den er sich als Dichter gibt, die Absicht aus, als „Schlesischer Bote" weiterzugeben, was den Menschen nach Böhmes Erkenntnis zu seinem eigenen Wesen zurückführen kann. Sein Leben ist ein religiöses Suchen. Als Protestant geboren, tritt er zum Katholizismus über, weil sich die lutherische Kirche seinen religiösen Schriften widersetzt, wird aber auch von den neuen Glaubensgenossen angegriffen und zieht sich schließlich ins Kloster zurück.

FRIEDRICH VON LOGAU

Epigramme

Alamode-Kleider, Alamode-Sinnen:
Wie sich's wandelt außen, wandelt sich's auch innen..

*

Anders sein   und anders scheinen,
Anders reden,   anders meinen,
Alles loben,   alles tragen,
Allen heucheln,   stets behagen,
Allem Winde   Segel geben,

Bös' und Guten   dienstbar leben,
Alles Tun   und alles Dichten
Bloß auf eignen   Nutzen richten:
Wer sich dessen   will befleißen,
Kann politisch heuer heißen.

*

Wer nicht Französisch kann,
Ist kein gerühmter Mann;
Drum müssen wir verdammen,

Von denen wir entstammen,
Bei denen Herz und Mund
Alleine Deutsch gekunnt.

Nicht nur religiöse Ergriffenheit ließ sich im Epigramm ausdrücken; es war auch geeignet zu Wortspiel und Wortwitz, mit denen der Dichter die Mißstände der Zeit geißelte. In dieser Form hatte Opitz das Epigramm schon empfohlen.

Die Zuspitzung des Gedankens und die geschliffene Kürze kamen der Vorliebe der Zeit für vielsagenden Ausdruck entgegen. Mit den Sinngedichten des Adligen FRIEDRICH VON LOGAU (1604–1655) kehren wir in die Welt der höfischen Gesellschaft zurück. Wir erkennen in ihnen das antithetische Grundgefühl des Barock wieder, wie es dem „gentil homme", dem Mann von Welt, eignete. Logau kennzeichnet, wie verlogen die Menschen sein können, wenn sie dem äußeren Glanz des Lebens huldigen. Alamode ist das Schlagwort, unter dem sich der Höfling dem Gesetz der Mode unterwirft; „politisch" verhält sich der Emporkömmling, der heuchlerisch und liebedienerisch seine Fahne nach dem Wind richtet, dem Mächtigen nach dem Mund redet und nur seinen eigenen Vorteil im Auge hat.

Durch den Krieg und die Bildungsreisen ins Ausland waren fremde Vorbilder von überallher nach Deutschland gekommen. Die Vorliebe für ausländische Sitte und Kleidung, die Nachahmung vor allem der Franzosen in Gang, Gebärde, Haarputz, Tracht, Sprache und Sitte griff Logau an, ganz im Sinne der Sprachgesellschaften, aber mit innigeren, wirksameren Tönen, so daß viele seiner Sinngedichte zu volkstümlichen *Sprichwörtern* wurden. Er machte das Nachäffen des Fremden lächerlich, zeigte, daß es den Charakter verdirbt. Dagegen rühmte er die rauhe, aber ehrliche Art der Vorfahren, die alte Einfachheit der Sitten.

HANS JAKOB CHRISTOFFEL VON GRIMMELSHAUSEN

Der abenteuerliche Simplizissimus

»Mein Knän (denn also nennet man die Väter im Spessart) vertrauete mir zuletzt seine ganze Herde Schafe, daß ich selbige hüten, weiden und vermittelst meiner Sackpfeifen (...) vor dem Wolf beschützen sollte.

Aber wisset, daß ich den Wolf ebensowenig kannte als meine eigene Unwissenheit selbsten; derowegen war mein Knän mit seiner Instruction desto fleißiger. Er sagte:: „Bub, bis flißig, loß die Schof nit ze weit unananger lafen und spil wacker uf der Sackpfifa, daß der Wolf nit kom und Schada dau, dann he is a solcher veierboiniger Schelm und Dieb, der Menscha und Vieha frißt, un wann dau awer fahrlässi bist, so wil eich dir da Buckel arauma."

Ich antwortete mit gleicher Holdseligkeit: „Knäno, sag mir a, wei der Wolf seihet? Eich hun noch kan Wolf gesihn."

„Ah, dau grober Eselkopp", repliziert er hinwieder, „dau bleiwest dein Lewelang a Narr; geit meich Wunner, was aus dir wera wird; bist schun su a grußer Dölpel un weist noch neit, was der Wolf für a veierfeußiger Schelm is."

Da fing ich an, mit meiner Sackpfeife so gut Geschirr zu machen, daß man den Kröten im Krautgarten damit hätte vergeben mögen, also daß ich vor dem Wolf, welcher mir stetig im Sinn lag, mich sicher genug zu sein bedünkte; und weil ich mich meiner Meuder erinnere (also heißen die Mütter im Spessart und am Vogelsberg), daß sie oft gesagt, sie besorge, die Hühner würden dermaleins von meinem Gesang sterben, als beliebte mir

auch zu singen, damit das Remedium wider den Wolf desto kräftiger wäre, und zwar ein
solch Lied, das ich von meiner Mutter selbst gelernt hatte:

Du sehr verachter Bauernstand	Ja, der Soldaten böser Brauch
Bist doch der beste in dem Land;	Dient gleichwohl dir zum besten auch;
Kein Mann dich gnugsam preisen kann,	Daß Hochmut dich nicht nehme ein
Wann er dich nur recht siehet an . . .	Sagt er: Dein Hab und Gut ist mein.

Bis hierher und nicht weiter kam ich mit meinem Gesang, dann ich ward gleichsam in
einem Augenblick von einem Trupp Kürassierer samt meiner Herd Schafe umgeben,
welche im großen Wald verirret gewesen und durch meine Musik und Hirtengeschrei
wieder waren zurecht gebracht worden.
Hoho, gedacht ich, dies seind die rechten Käuz, dies seind die vierbeinigen Schelme und
Diebe, davon dir dein Knän sagte! Denn ich sah anfänglich Roß und Mann (wie hiebevor
die Amerikaner die spanische Kavallerie) vor ein einzige Kreatur an und vermeinete nicht
anders, als es müßten Wölfe sein, wollte derowegen diesen schröcklichen Centauris den
Hundssprung weisen und sie wieder abschaffen. Ich hatte aber zu solchem Ende meine
Sackpfeife kaum aufgeblasen, da ertappte mich einer aus ihnen beim Flügel und schleu-
derte mich so ungestüm auf ein leer Baurenpferd, so sie neben andern mehr auch
erbeutet hatten, daß ich auf der andern Seite wieder herab auf meine liebe Sackpfeife
fallen mußte, welche so erbärmlich anfing zu schreien, als wenn sie alle Welt zur Barmherzigkeit bewegen hätte wollen; aber es half nichts, wiewohl sie den letzten Atem nicht
sparete, mein Ungefäll zu beklagen. Ich mußte einmal wieder zu Pferd, Gott gab, was
meine Sackpfeife sang und sagte; und was mich zum meisten verdroß, war dieses, daß
die Reuter vorgaben, ich hätte der Sackpfeife im Fallen wehe getan, darum sie dann so
ketzerlich geschrien hätte. Also ging meine Mähre mit mir dahin, in einem stetigen Trab
bis in meines Knäns Hof. Wunderseltsame Tauben stiegen mir damals ins Hirn; denn ich
bildete mir ein, weil ich auf einem solchen Tier säße, dergleichen ich niemals gesehen
hatte, so würde ich auch in einen eisernen Kerl verändert werden. Weil aber solche Verwandlung nicht folgte, kamen mir andere Grillen in Kopf; ich gedachte, diese fremde
Dinger wären nur zu dem Ende da, mir die Schafe helfen heimzutreiben, sintemal keiner
von ihnen keines hinwegfraß, sondern alle so einhellig, und zwar des geraden Wegs,
meines Knäns Hof zueilten. Derowegen sah ich mich fleißig nach meinem Knän um, ob
er und meine Meuder uns nicht bald entgegengehen und uns willkommen sein heißen
wollten; aber vergebens, er und meine Meuder samt unserm Ursele, welches meins Knäns
einzige Tochter war, hatten die Hintertür getroffen und wollten dieser Gäste nicht
erwarten.«

Arauma – abräumen, durchprügeln; replizieren – erwidern; geit – gibt; vergeben – vergiften; Remedium – Heilmittel;
Kürassiere – Panzerreiter; Kentauren – griechische Sagengestalten, halb Mensch, halb Pferd.

Simplizius Simplizissimus heißt der Held in Grimmelshausens Roman, also
der Einfältige, der Allereinfältigste, und die Szene zeigt, wie er sich diesen
Namen verdient. Er ist ein unwissender Bauernjunge, dessen Weltverständnis
nicht über den einfachsten natürlichen Bereich seines einsamen väterlichen
Hofes hinausgeht. Ein Vergleich mit Parzival drängt sich auf, der sein Leben
ebenso in Abgeschiedenheit als „reiner Tor" beginnt. Aber die erste Begegnung
der beiden Knaben mit der eigentlichen Welt steht unter entgegengesetzten

Plündernde Soldaten im 30jährigen Krieg (Kupferstich aus dem Simplizissimus von 1684)

Vorzeichen. Die Welt offenbart sich Parzival in einem Glanz, der ihm die Ritter als göttliche Wesen erscheinen läßt; Simplizius sieht Wölfe in den Kürassieren, die ärgsten Feinde, die er bis dahin kennt. Tatsächlich erweist sich bei beiden der erste Eindruck als richtig. Echtes Rittertum ist die höchste Stufe, die der Mensch in der Zeit Parzivals erreichen kann. Auf Simplizius dringt eine Welt ein, in der die Menschen schlimmer hausen als die Wölfe. Das stellt sich heraus, als es den Kürassieren gelingt, die Bauernfamilie zu fassen: Sie martern den Vater, bis er verrät, wo sein Geld steckt, quälen die übrigen grausam, plündern und rauben, schlagen alles in blinder Zerstörungslust kurz und klein.

So steht die Szene aus dem Anfang des Romans sinnbildlich für das, was den einzelnen in der Welt erwartet: Die Wirklichkeit ist furchtbar; Leid und Lebensangst sind das Los, das die Menschen einander bereiten.

Simplizius selbst ist noch nicht im Innersten getroffen, ihm erscheinen die Vorgänge absonderlich; über die Qualen seines Vaters kann er sogar lachen, denn er sieht eine Scheinwirklichkeit, sieht äußere Vorgänge und Handlungen, ohne ihre Ursachen und Folgen zu durchschauen; daher bleibt es ihm erspart, die leidvolle Wahrheit zu erkennen.

Indem der Dichter den Narren erzählen läßt, macht er es möglich, über das zu sprechen, was sonst in seinem furchtbaren Ernst kaum sagbar wäre. Das ist die Methode der *Satire.* Simplizius sieht das Komische, das Sonderbare, das Groteske, aber in seinem unbefangenen Bericht ist die Wirklichkeit enthalten, die der Dichter kennzeichnen möchte.

Aus der Einfalt des Narren erwächst auch der Stil. Seine Grundlage ist die lutherische Volkssprache mit ihrer Lust am anschaulichen Vergleich, ihrer klaren Bildhaftigkeit (Hühner, Krautacker, wunderseltsame Tauben). Zugleich umfaßt die Sprache des Simplizius den ganzen Bereich vom Dialekt der Spessartbauern bis zum gelehrten höfischen Redestil und dessen Vorliebe für hochtrabende Ausdrücke und Fremdwörter, die Simplizius in der Art der Halbgebildeten immer wieder in die einfacheren Formen einstreut. So soll der Stil wie ein Vergrößerungsglas wirken, das den Blick schärft für das rechte Bild des Lebens. Das nennt man *Groteskstil:* der Stil ist seltsam verzerrt, übertreibt, um die Wahrheit satirisch zu beleuchten.

Der Überfall der Soldaten vernichtet Simplizius die Heimat, und er flieht verstört in den Wald, voller Angst vor den vermeintlichen Wölfen. Ein frommer Einsiedler nimmt sich seiner an. Jetzt erst erhält der Junge eine wirkliche Erziehung, die ihn über das einfache, tierisch-unbewußte Dasein hinaushebt. Er wird „aus einer Bestia zu einem Christenmenschen". Wieder ist ein Vergleich mit Parzival aufschlußreich: Der Einsiedler Trevrizent öffnet dem Ritter das Tor zur höchsten Vollendung des Menschen in der Welt; Simplizius lernt, daß sich das Leben fernab vom Getriebe der Welt in Einsamkeit vollendet.

Nach dem Tod seines Erziehers zwingen ihn die einfachsten Bedürfnisse, Essen und Unterkunft, sich der Welt auszusetzen, und er gerät immer mehr in ihren Sog. So kommt er in die Stadt Hanau. Was er dort erlebt, ist ihm gänzlich unverständlich.

An tausend Einzelzügen wird die satirische Absicht deutlich. Zu einem Verzeichnis von Titeln und Anreden sagt Simplizius:

»(...) alles sind ja Adamskinder und eines Gemächts miteinander, und zwar nur von Staub und Asche! Wo kommt dann ein so großer Unterschied her? Allerheiligst, Unüberwindlichst, Durchleuchtigst! Sind das nicht göttliche Eigenschaften? Hier ist einer Gnädig, dort ist der ander Gestreng; und was muß allzeit das Geboren dabei tun? Man weiß ja wohl, daß keiner vom Himmel fällt, auch keiner aus dem Wasser entsteht und daß keiner aus der Erde wächst wie ein Krautskopf (...) «

Dem Einfältigen erscheint die höfische Sitte verrückt, denn er kennt nur ein unverzerrtes Dasein; der Dichter will damit sagen, daß die Gesellschaft wirklich unnatürlich und widersinnig ist. Nicht anders ist es mit dem echten Christentum bestellt. Der Abschiedsbrief des Einsiedlers kostet seinem Pflegesohn fast Kopf und Kragen. Die Sprache schlichter, reiner Frömmigkeit erscheint verdächtig; man hält den Jungen für einen Spion: „Dies ist ohne Zweifel eine abgeredte Sprach, die sonst niemand versteht als derjenige, mit dem sie abgeredt worden."

Vor Hanau wird Simplizius durch Kroaten entführt und nimmt von nun an teil an den Kämpfen des Dreißigjährigen Krieges, erst im Troß, dann als Soldat. Er bringt es sogar als „Jäger von Soest" zu hohem Kriegsruhm und lernt die Welt immer besser kennen, paßt sich ihr an und ist schließlich kein einfältiger Tor mehr, sondern ein Mann, der die Sitten und Gebräuche beherrscht und zu seinem Vorteil benutzt. Reichtum, Ansehen und Ruhm sind seine Ziele. Sein Leben nähert sich der Erfüllung, wie sie sich der Mensch der barocken Gesellschaft vorstellt. Da überfällt ihn mitten im Glanz das Elend: Er erkrankt an den Blattern, und im Siechtum wird ihm sein Besitz geraubt.
So hoch Simplizius gestiegen, so tief sinkt er herab, bis er zum Genossen eines Strauch- diebs und Raubmörders wird. Auch als er sich wieder aus der Schande befreien kann, kommt er nicht zur Ruhe, und in den Wechselfällen des Schicksals wächst ihm die Gewiß- heit, daß alles Irdische eitel und nichtig ist, daß er sein Leben verfehlt hat. Er zieht sich als Einsiedler in den Schwarzwald zurück. Zuvor hat er erfahren, daß sein wirklicher Vater nicht der Knän, sondern der fromme Mann gewesen ist, der ihn erzogen hat, ein Adeliger und ehemaliger Offizier.

»Da sagte ich zu mir selber: Dein Leben ist kein Leben gewesen, sondern ein Tod, deine Tage ein schwerer Schatten, deine Jahre ein schwerer Traum, deine Wollüste schwere Sünden, deine Jugend eine Phantasei und deine Wohlfahrt ein Alchimistenschatz, der zum Schornstein hinausfährt und dich verläßt, ehe du dich dessen versiehst. Du bist durch viel Gefährlichkeiten dem Krieg nachgezogen und hast in demselbigen viel Glück und Unglück eingenommen, bist bald hoch, bald nieder, bald groß, bald klein, bald reich, bald arm, bald fröhlich, bald betrübt, bald beliebt, bald verhaßt, bald geehrt und bald verachtet gewesen. Aber nun, du o meine arme Seele, was hast du von dieser ganzen Reise zuwegen gebracht? (...) Als ich nach meines Vaters seligem Tod in diese Welt kam, da war ich einfältig und rein, aufrecht und redlich, wahrhaftig, demütig, eingezogen, mäßig, keusch, schamhaftig, fromm und andächtig, bin aber bald boshaftig, falsch, ver- logen, hoffärtig, unruhig und überall ganz gottlos worden, welche Laster ich alle ohne einen Lehrmeister gelernet. Ich nahm meine Ehre in acht, nicht ihrer selbst, sondern meiner Erhöhung wegen. Ich beobachtete die Zeit, nicht solche zu meiner Seligkeit wohl anzulegen, sondern meinem Leib zunutze zu machen. Ich habe mich doch niemals be- flissen, solches zu bessern, damit ich auch getrost und selig sterben könnte. Ich sah nur auf das Gegenwärtige und meinen zeitlichen Nutzen und dachte nicht einmal an das Künftige, viel weniger, daß ich dermaleinst vor Gottes Angesicht müßte Rechenschaft geben.«

Je höher Simplizius in der Gesellschaft gestiegen war, um so mehr waren die frommen Lehren des Einsiedlers in Vergessenheit geraten. Simplizius war nicht mehr der reine, einfältige Tor, aber nicht weniger ein Narr: er war ein Narr der Gewinnsucht und des Ehrgeizes geworden. Die Sätze aus dem Schlußkapitel vergegenwärtigen uns nochmals das Lebensgefühl der Zeit. Simplizius zieht die Summe in einer Sprache, die die Elemente des barocken Stils in sich ver- einigt. Antithetik und Häufung sind dem Thema angemessen, sie vertiefen den Eindruck, verzerren nicht den Sinn, wie es bei den meisten Werken der Zeit geschieht, bei denen Häufung zu Schwulst, Antithetik zu leerer Wiederholung wird.
Der *abenteuerliche Simplizissimus* hat viele Züge eines Entwicklungsromans, stellt jedoch ein ganz anderes Lebensideal auf als sein Vorgänger, Wolframs Parzival. Parzival steigt in der Welt der Gesellschaft von Stufe zu Stufe empor

bis zur Erfüllung des Daseins, in der er Gläubigkeit mit weltlichem Glanz vereint. Das ist für Simplizius unmöglich. Er verlernt, wo Parzival lernt. Alle gesellschaftliche Bildung ist für ihn Verbildung, macht den Menschen närrisch, eigensüchtig und böse. Nur die Flucht aus der verderbten und verderblichen Welt rettet den Menschen für den tiefsten Sinn des Daseins: für das Leben in Gott. Grimmelshausens Roman ist der einzige der Barockzeit, der auch heute noch unmittelbar beeindrucken kann. Um so erstaunlicher ist es, daß er in seiner Zeit zwar vom Volke viel gelesen wurde, aber keine Anerkennung durch die Träger der Kultur fand. Die höfische Gesellschaft liebte dickleibige Romane, in denen sich ihre Lebensform widerspiegelte, Romane voller blutiger Schlachten und höfischer Feste, aus denen man lernen konnte, wie sich der „gentil homme" benahm und bewährte.

Der *Simplizissimus* war kein Werk dieser Art; er war voller unbequemer Wahrheiten und entlarvte als Scheinwelt, was dem Vornehmen Lebensinhalt war. Die Gelehrten und Höflinge schauten verächtlich auf ihn herab; er galt als Schund. Das lag nicht nur an seiner satirischen Absicht. Grimmelshausen holte seine Anregungen viel stärker als die Hofdichter aus der Volksliteratur; vor allem waren es spanische *Schelmenromane,* die Abenteuer und Streiche von Dienern und anderen Leuten von dunkler und niedriger Abkunft berichteten. Der bekannteste dieser Schelme ist Sancho Pansa aus *Der scharfsinnige Ritter Don Quichote von der Mancha* des MIGUEL DE CERVANTES (1547–1616). Auch aus deutschen Schwankbüchern und aus den Volksbüchern schöpft Grimmelshausen. Was den Roman heute besonders spannend und wertvoll macht, ist, daß er das Leben einer ganzen Epoche vor uns aufrollt.

HANS JAKOB CHRISTOFFEL VON GRIMMELSHAUSEN (1621/22–1676) wurde als Enkel eines Gastwirts von Gelnhausen in Hessen in den Dreißigjährigen Krieg hineingeboren. Die Familie verlor Heimat und Vermögen, als die Stadt zerstört wurde. Als Knabe noch wurde Grimmelshausen vor Hanau von Kroaten entführt. Als Reiterjunge, Soldat, Regimentsschreiber tauchte er tief in die Wirrnisse des Krieges ein, erlebte am eigenen Leibe, was er an Simplizius darstellt. Spät erst fand er Ruhe als Gastwirt und Schultheiß (Gemeindevorsteher) in Renchen im Schwarzwald. Hier schrieb er – zwanzig Jahre nach Kriegsende – den Simplizissimus und eine Reihe anderer Erzählungen und Romane.

JOHANN CHRISTOPH GOTTSCHED

Versuch einer kritischen Dichtkunst

»Der Poet wählet sich einen moralischen Lehrsatz, den er seinen Zuschauern auf eine sinnliche Art einprägen will. Dazu ersinnt er sich eine allgemeine Fabel (hier = Geschichte), daraus die Wahrheit seines Satzes erhellet. Hiernächst sucht er in der Historie solche berühmte Leute, denen etwas Ähnliches begegnet ist, und von diesen entlehnet er die Namen vor die Personen seiner Fabel, um derselben also ein Ansehen zu geben. (...)
Die Fabel nun zu erdichten, sie recht wahrscheinlich einzurichten und wohl auszuführen, das ist das Allerschwerste in einer Tragödie (...) Das macht, daß dieselbe eine dreifache Einheit haben muß, wenn ich so reden darf: die Einheit der Handlung, der Zeit und des Ortes.
Die ganze Fabel hat nur eine Hauptabsicht: nämlich einen moralischen Satz; also muß sie auch nur eine Haupthandlung haben, um deretwegen alles übrige vorgeht. (...)
Die Einheit der Zeit ist das andre, so in der Tragödie unentbehrlich ist. Die Fabel eines Heldengedichtes kann viele Monate dauern: das macht, sie wird nur gelesen; aber die Fabel eines Schauspiels, die mit lebendigen Personen in etlichen Stunden lebendig vorgestellt wird, kann nur einen Umlauf der Sonnen, wie Aristoteles spricht, das ist einen Tag

Neubersche Wanderbühne im Hof des Fechthauses zu Nürnberg (Kupferstich. 1730). Die Bühne der Neuberschen Truppe hat statt einer bemalten Leinwand einen perspektivischen Kulissenbau. Dieser blieb bei jedem Stück gleich. Die Zuschauer stehen. In Bild und Begleittext ist deutlich das Ineinanderspiel von Dramenhandlung und Hanswurstiade hervorgehoben.

dauern. Denn was hat es vor eine Wahrscheinlichkeit, wenn man in dem ersten Auftritte den Helden in der Wiege, weiter hin als einen Knaben, hernach als einen Jüngling, Mann, Greis und zuletzt gar im Sarge vorstellen wollte. Oder wie ist es wahrscheinlich, daß man es auf der Schaubühne etlichemal Abend werden sieht, und doch selbst ohne zu essen oder zu trinken oder zu schlafen immer auf einer Stelle sitzenbleibt? Die besten Fabeln sind also diejenigen, die nicht mehr Zeit nötig gehabt, wirklich zu geschehen, als sie zur Vorstellung brauchen, das ist etwa drei oder vier Stunden (...) Es müssen aber diese Stunden bei Tage und nicht bei Nacht sein, weil diese zum Schlafen bestimmt ist.

Zum dritten gehört zur Tragödie die Einigkeit des Ortes. Die Zuschauer bleiben auf einer Stelle sitzen, folglich müssen auch die spielenden Personen alle auf einem Platze bleiben, den jene übersehen können, ohne ihren Ort zu ändern (...) Wo man ist, da muß man bleiben, und daher auch nicht in der ersten Handlung im Walde, in der andern in der Stadt, in der dritten im Kriege und in der vierten in einem Garten oder gar auf der See sein. Das sind lauter Fehler wider die Wahrscheinlichkeit; eine Fabel aber, die nicht wahrscheinlich ist, taugt nichts, weil dieses ihre vornehmste Eigenschaft ist.«

Der Anfang dieser Textstelle aus dem „Versuch einer kritischen Dichtkunst" von Gottsched klingt wie eine Gebrauchsanweisung, und tatsächlich hat der

Jahrmarkt (Kupferstich von Jacques Callot). Die Pantalone (Vordergrund) sind komische Gestalten der italienischen Stegreifkomödie (Commedia dell'arte). Im Hintergrund des Bildes sieht man eine Wanderbühne in Aktion; der Hanswurst (Arlecchino, Harlekin) sitzt links, zum Eingreifen bereit.

Verfasser auch die Absicht, ein Rezept zum rechten Dichten zu geben. Der Dichter muß seine Mittel kennen, und er muß lernen, das richtig ineinanderzufügen, was in Form, Sprache und beabsichtigter Aussage als Rohmaterial vorhanden ist.

Dichten ist also erlernbar. Das war es auch schon für Opitz; für ihn sollte ein Dichtkunstwerk aber dazu dienen, das Dasein zu verschönen, das Leben der höfischen Gesellschaft zu verzieren, es war ein spielerischer Zeitvertreib. Gottsched sieht eine andere Aufgabe: Dichtung hat einen *moralischen Zweck,* das heißt, sie soll den Menschen lehren, wie er sich zu verhalten habe, wenn er glücklich und sittlich leben will. Daher steht am Anfang jedes Dichtens der „moralische Lehrsatz"; zum Beispiel: Geld macht nicht glücklich, aber Zufriedenheit, oder: Der einzelne ist hilflos; wenn er sich aber mit anderen zusammentut, so kann er das Leben meistern. Solche Lehrsätze zu verdeutlichen, ist nach Gottsched die Hauptabsicht der Dichtung, und ihr muß sich der Schaffensprozeß unterordnen. Die „Seele der Dichtkunst" ist darum die *Fabel,* d. h. die Erfindung, der Stoff, der Inhalt, die eine nützliche moralische Wahrheit näher erläutern.

Damit erhält die Dichtung eine erzieherische Aufgabe und wird eine nützliche Macht. Mehr als alle anderen dichterischen Formen kann das Drama dem Menschen vor Augen führen, wie er leben soll und was aus seinen Handlungen folgt. Deshalb wendet Gottsched dem Drama seine besondere Aufmerksamkeit zu.

Wenn der Zuschauer die Lehre klar erkennen soll, so muß die Form straff sein. Das war in der Zeit Gottscheds nicht der Fall. Es gab noch keine festen Bühnen für das Drama. An den Fürstenhöfen blühten die italienische Oper und das Singspiel, Kunstarten also, in denen das Spielerische und die Belustigung von besonderer Bedeutung waren. Das Schauspiel war in Jahrmarktsbuden verbannt; wandernde Schauspieltruppen spielten darin für die einfachen Stände und boten diesen, was sie sich wünschten, sogenannte *Haupt- und Staatsaktionen:* großartige, blutrünstige Ereignisse, dick aufgetragenen Prunk und unwahrscheinliche Heldentaten. Der Text trat dagegen zurück. Das Stück mußte die Sensationsgier befriedigen, darum waren Mord und Totschlag die wichtigsten Reizmittel; dabei verwendeten die Schauspieler z. B. mit Ochsenblut gefüllte Schweinsblasen, so daß das Blut wirklich und sichtbar floß. Die wichtigste Gestalt der Bühne aber war der Hanswurst; er mußte in jedem Stück auftreten, auch in der Tragödie, denn die Zuschauer wollten zur Sensation auch die Belustigung: mitten in eine Liebes- oder Mordszene konnte der Hanswurst springen und mit einem derben, unanständigen Spaß die gerührten Zuschauer in eine tobende, vor Vergnügen kreischende Masse verwandeln.

In den Haupt- und Staatsaktionen kam es auch oft vor, daß ganz verschiedene Ereignisse, Zeiten und Orte zusammengezogen wurden, etwa die Flucht des Äneas aus dem brennenden Troja und Luthers Reformation.

Diese Zustände muß man kennen, um zu verstehen, was Gottsched wollte, als er die *Einheit von Ort, Zeit und Handlung* verlangte. Die Einzelheiten erscheinen uns heute lächerlich: daß das Stück am Tage stattfinden müsse, daß die dargestellte Zeit sich mit der wirklichen Zeit decken solle, daß es keinen Szenenwechsel geben dürfe, – solche Regeln sind längst nicht mehr üblich. Damals aber waren die kleinlichen Vorschriften Gottscheds bedeutungsvoll, weil sie eine formgetreue, sinnvolle dramatische Kunst ermöglichten, die das kulturell hochstehende Bürgertum für das Schauspiel gewann.

Gottsched begründet seine Forderung nach den drei Einheiten damit, daß ein Drama wie jede Dichtung zwar keine wirkliche, aber eine mögliche Begebenheit darstellen müsse. Daher wiederholt er so oft den Begriff Wahrscheinlichkeit. Alles muß wahrscheinlich sein, denn sonst würde der Leser oder Zuhörer die Lust am Dichtwerk verlieren: er will ja immer seinen Lebensstil, seine Lebensform im Dichtwerk wiederfinden, und in der Zeit Gottscheds war der europäische Mensch nüchtern und sachlich; er wollte nichts von Wundern, Offenbarungen, unwahrscheinlichen Ereignissen wissen, denn er dachte, man könne die Welt und alles, was in ihr vorgeht, messen, erkennen, jedes Rätsel bei genauem Studium auf irgendeine errechenbare Gesetzmäßigkeit zurückführen.

Was Gottsched als Absicht der Dichtung bezeichnet, nämlich den Menschen eines Besseren zu belehren, ihn über seine Fehler und über die Art aufzuklären, wie sie zu überwinden sind, ist die Grundabsicht seiner Zeit; damit überträgt Gottsched der Dichtung die edelste Aufgabe, die er sich vorstellen kann.

Auch die Sprache reinigte Gottsched. Er verdammte den barocken Schwulst und strebte einen übersichtlichen, klaren Stil an: „Dein Ausdruck sei so schlicht wie möglich. Je einfacher und knapper der Ausdruck ist, mit dem du gerade noch etwas greifen kannst, desto echter, richtiger, reiner, desto natürlicher und desto vernunftsgemäßer ist er."

Lehrhafte Absicht, Wahrscheinlichkeit, vernunftsgemäß: das sind Stichworte, in denen sich die Weltsicht Gottscheds ausdrückt. Wir befinden uns im Zeitalter der *Aufklärung*. Der Aufklärer prüft alles, was er wahrnimmt, auf seine Wirklichkeit und Wahrheit hin, er läßt gelten, was sein Verstand als richtig festgestellt hat. Maßstab ist die Vernunft (lat. ratio); deswegen spricht man auch vom Zeitalter des *Rationalismus*. „Habe den Mut, dich deines eigenen Verstandes zu bedienen", sagt IMMANUEL KANT (1724–1804).

Sobald der Mensch die Erscheinungen der Welt mit seinem Verstand prüft und seine Schlüsse zieht, wird ihm bewußt, daß in ihnen allgemeingültige Gesetze wirksam sind, und wo er diese Gesetze nicht erkennen kann, meint er, seinen Verstand und seine Prüfungsmittel noch nicht genügend ausgebildet zu haben. Darum ist die Zeit ungemein optimistisch: je mehr der Mensch seine Methoden verbessert, um so mehr lösen sich die Rätsel der Welt.

Die Vorstellung von Religion wird diesem Denken angepaßt. Der *Deismus* (von lat. deus = Gott) vertritt die Ansicht, daß der Schöpfer die Welt entworfen, eingerichtet und in Gang gesetzt hat, aber in diesen Gang nicht mehr eingreift. Die Welt wird regiert durch die physikalischen Gesetze und die menschliche Vernunft. Diese erhalten sie in einer zuverlässigen Ordnung, so daß Wunder und göttliche Offenbarungen nicht mehr nötig sind – es gibt nur das eine große Wunder: den Schöpfungsakt.

Nicht nur die Natur, sondern auch der Mensch ist Teil dieser Schöpfung, und somit kann er sinngemäß leben, wenn er seine Aufgaben erkennt: Wenn er weiß, was gut ist, tut er auch das Gute. Deshalb ist es die edelste Aufgabe des Menschen, Aufklärung zu verbreiten, den Mitmenschen zu lehren, was „moralisch", was sittlich gut ist. Wer so lebt, ist glücklich. Das neue Lebensgefühl

Der sterbende Vater,
Für Görgen ist mir gar nicht bange,
Der kömmt gewiß
durch seine Dummheit fort.

Die Bauern und der Amtmann.
Hört zu!
Ihr Ochsen, die ihr alle seyd!
Euch Flegeln geb ich den Bescheid
Ihr sollt den Herrn zu eurem Pfarrn behalten.
Sagts; wollt ihr, oder nicht? denn itzt sind wir noch da.

Illustrationen zu Gellert, Fabeln (Kupferstiche von Daniel Chodowiecki. 1777)

befreit den Menschen aus der Gewissensangst und Daseinsnot, die ihn im 17. Jahrhundert, in der Zeit der Glaubenskämpfe, bedrückt haben. Gott, die Welt und der Mensch vereinigen sich in „Harmonie", in zweckmäßiger Ordnung, und zwischen Glauben und Wissen gibt es keine Widersprüche mehr.

Diese Weltsicht auf die Dichtung zu übertragen war das Bestreben JOHANN CHRISTOPH GOTTSCHEDS (1700–1766). Es gelang ihm so vollständig, daß er als Professor der Philosophie und Poesie in Leipzig über ein Jahrzehnt lang der unbestrittene Meister und Richter der Dichtkunst war. Das erreichte er mit viel Willenskraft und persönlichem Mut, denn als er sich der verachteten Schaubühne annahm, setzt er sich zunächst der Lächerlichkeit aus: das gehörte sich nicht für einen würdevollen Professor, daß er in die Jahrmarktsbuden ging und sich mit der Schauspieltruppe einließ, die von KAROLINE NEUBER, der „Neuberin", geführt wurde. Die Gebildeten spotteten, die meisten Zuschauer wandten sich verständnislos ab, als er den Hanswurst feierlich von der Bühne vertrieb und die Schauspieler in Zucht nahm, so daß sie nicht mehr *extemporierten*, also nicht mehr frei sprachen, sondern sich an den vorgegebenen Text halten mußten, und als er die Texte selbst und die Anlage der Stücke unter seine strengen Gesetze zwang. Aber erst durch sein Wirken war es möglich, daß die deutsche dramatische Kunst innerhalb weniger Jahrzehnte zu klassischer Höhe aufstieg.
Die Muster für seine Reform des Dramas nahm Gottsched aus Frankreich. Unter Ludwig XIV., dem Sonnenkönig, hatte Paris im ausgehenden 17. Jahrhundert den glanzvollen

Höhepunkt seiner Dichtung erlebt. PIERRE CORNEILLE (1606–1684) und JEAN BAPTISTE RACINE (1639–1699), die französischen Tragödiendichter, lehnten sich in Inhalt und Form an die Antike an und stellten, meist in antiken Stoffen, den Menschen dar, der seine Leidenschaften und Gefühle mit der ordnenden und läuternden Vernunft mäßigt und bändigt. Der bedeutendste Literaturkritiker der Zeit war NICOLAS BOILEAU (1636–1711); er wirkte auch auf Gottsched ein.

CHRISTIAN FÜRCHTEGOTT GELLERT
Der Blinde und der Lahme

Von ohngefähr muß einen Blinden
Ein Lahmer auf der Straße finden,
Und jener hofft schon freudevoll,
Daß ihn der andre leiten soll.

Dir, spricht der Lahme, beizustehen?
Ich armer Mann kann selbst nicht gehen;
Doch scheint's, daß du zu einer Last
Noch sehr gesunde Schultern hast.

Entschließe dich, mich fortzutragen,
So will ich dir die Stege sagen:
So wird dein starker Fuß mein Bein,
Mein helles Auge deines sein.

Der Lahme hängt mit seinen Krücken
Sich auf des Blinden breiten Rücken.
Vereint wirkt also dieses Paar,
Was einzeln keinem möglich war.

Du hast das nicht, was andre haben,
Und andern mangeln deine Gaben;
Aus dieser Unvollkommenheit
Entspringet die Geselligkeit.

Wenn jenem nicht die Gabe fehlte,
Die die Natur für mich erwählte:
So wird er nur für sich allein,
Und nicht für mich bekümmert sein.

Beschwer die Götter nicht mit Klagen!
Der Vorteil, den sie dir versagen
Und jenem schenken, wird gemein,
Wir dürfen nur gesellig sein.

„Der Poet wählet sich einen moralischen Lehrsatz . . ." So beginnt die Gebrauchsanweisung Gottscheds. Nach dieser Regel geht Gellert in seinem Gedicht vor. Der Satz lautet hier: „Der Mensch in seiner Unvollkommenheit ist auf die Hilfe der anderen angewiesen." Dieser Lehrsatz ist in eine Geschichte gekleidet, in eine Fabel, um „dem, der nicht viel Verstand besitzt, die Wahrheit durch ein Bild zu sagen". Nichts könnte die echt aufklärerische, lehrhafte Absicht deutlicher machen. Am Schluß steht als Empfehlung die Nutzanwendung, die man aus der Fabel ziehen soll.

Die Tugend der Hilfsbereitschaft, die Gellert predigt, kommt aus dem Gemeinschaftsgefühl, das allen Menschen nach der Vorstellung der Aufklärung innewohnt. Der Mensch fühlt sich mit dem Nächsten verbunden und für ihn verantwortlich. Die Zeit hat dafür den Begriff „Menschenliebe" geprägt.

> Mensch! mache dich verdient um andrer Wohlergehen,
> Denn was ist göttlicher, als wenn du liebreich bist!
> Und mit Vergnügen eilst, dem Nächsten beizustehen . . .

beginnt Gellert ein anderes Gedicht.

Ein zweiter Gedanke, ein zweiter Lehrsatz, steckt weniger deutlich in der Nutzanwendung des Gedichts: „Beschwer die Götter nicht mit Klagen!" Es ist sündhaft, dem Schicksal klagend und fordernd entgegenzutreten, denn die Güte der Vorsehung hat alles weise eingerichtet und unsere Welt ist die beste aller denkbaren Welten. Das muß der Mensch erkennen; er muß mit Gelassenheit hinnehmen, was ihm beschieden ist. „Im Glück nicht jubeln, im Leid nicht klagen", heißt die praktische Lebensregel. In ihrem Sinne endet das Gedicht „Der Selbstmord", in dem sich ein Jüngling aus enttäuschter Liebe das Leben nehmen will:

> Er reißt den Degen aus der Scheide,
> Und — — o was kann verwegner sein!
> Kurz, er besieht die Spitz und Schneide,
> Und steckt ihn langsam wieder ein.

CHRISTIAN FÜRCHTEGOTT GELLERT (1715–1769) fand Gemeinschaftsgefühl und gelassene Beschränkung vorwiegend bei Menschen niederen Standes und stellte sie als Muster dar. Gellerts Sprache war schlicht und einfach, der behagliche Plauderton der Umgangssprache. Er stand darin im deutlichen Gegensatz zu Gottsched: Dieser war ein Gelehrter, dem es in erster Linie um die Würde der Poesie ging, die er aus den Niederungen der Volksbelustigung emporheben wollte. Gellert dagegen suchte die Wirkung auf alle Stände und wurde zum anerkannten Volksschriftsteller. Er war um die Mitte des Jahrhunderts der meistgenannte und meistgelesene deutsche Dichter. Fürsten beschenkten ihn, aber auch der einfache Bauer bedachte ihn dankbar mit einer Fuhre Brennholz. Ratlose wandten sich in Fragen der Erziehung, der Heirat oder der Ehe an ihn, und in vielen Briefen gab er Ratschläge.

Gottsched wie Gellert waren in ihrer Haltung den höfischen Kreisen gegenüber ergeben. Deshalb hielt der eine z. B. an der Forderung von Martin Opitz fest, daß in der Tragödie nur Standespersonen auftreten durften (vgl. S. 69), und der andere pries die Bescheidung in den angeborenen sozialen Stand. Erst Lessing drückte bürgerliches Selbstbewußtsein und Kritik am Absolutismus aus.

Der Fuchs und der Storch

» „Erzähle mir doch etwas von den fremden Ländern, die du alle gesehen hast", sagte der Fuchs zu dem weitgereisten Storche. Hierauf fing der Storch an, ihm jede Lache und jede feuchte Wiese zu nennen, wo er die schmackhaftesten Würmer und die fettesten Frösche geschmauset.

„Sie sind lange in Paris gewesen, mein Herr. Wo speiset man da am besten? Was für Weine haben Sie da am meisten nach Ihrem Geschmacke gefunden?"«

Diese Fabel ist ungewöhnlich. Der schlaue Fuchs übertölpelt keinen Arglosen, um sich einen Vorteil zu verschaffen; er stellt lediglich eine Frage, und in der Antwort entlarvt der Storch seine weiten Reisen als ein primitives Unternehmen, das nur dazu dient, den Magen zu füllen. Der moralische Lehrsatz ist in eine unvermittelt an das Tiergespräch angeschlossene Frage gekleidet. Der Fragesteller tut so, als interessiere er sich nur für die materiellen Genüsse, um dem Parisreisenden – oder aber dem „vernünftigen" Leser – bewußt zu machen, worum er sich in der damaligen Welthauptstadt der Kunst und Kultur hätte kümmern sollen. Die Fragestellung ist also ironisch: Sie unterstellt dem Gegenüber eine Ansicht, die falsch ist, damit ihm ein Licht aufgeht.

Von Handlung und von Vorgängen ist wenig übriggeblieben. HANS SACHS hatte seine Fabeln breit ausgemalt und mit erhobenem Zeigefinger die Lehre daraus gezogen; GELLERT verband Lehrhaftigkeit mit einem Plauderton, um den einfachen Leser anzusprechen. Daneben wollte er die Phantasie anregen und auf das Gemüt wirken; die Gedichtform sollte den Schönheitssinn wachrufen. So gehen seine Fabeln über die bloß verstandesmäßige Belehrung hinaus.

Lessing will mit der knappen, geistreich-zugespitzten Art seiner Fabel zunächst und vor allem im Leser einen Denkvorgang auslösen. Er verwendet sie für eine Zeitkritik, hält seinen Landsleuten einen Spiegel vor. Die „Moral" ist nicht unmittelbar formuliert, sondern besteht aus spöttischen Fragen oder steckt in der Fabel selbst, in der letzten Antwort des Esels, des Fuchses usw. Wer denken kann, findet den unausgesprochenen Zusammenhang.

Die Prosafabel Lessings verzichtet auf alle Nebenwirkung, um das Hauptziel rein und klar hervortreten zu lassen: sie soll vollkommen der Erkenntnis dienen. „Ihr einziger Schmuck ist, keinen Schmuck zu tragen." Sie ist um der „Moral", um der Lebenslehre willen da, und darum muß jede Ausschmückung unterbleiben. An den Fabeln bildete Lessing seinen glasklaren Stil. Er sagte selbst: „Meine Prosa hat mir von jeher mehr Zeit gekostet als Verse." Aus demselben Grund wie die Fabel schätzte er das Sinngedicht, das ebenfalls vom Dichter fordert, seine Gedanken so auszusprechen, daß auch nicht ein Wort zuviel gesagt wird. Sein Vorbild war FRIEDRICH VON LOGAU, dessen Epigramme er neu herausgab.

Emilia Galotti

In dem Trauerspiel „Emilia Galotti" wird eine bürgerliche Familie das Opfer fürstlicher Will-
kür. Der Fürst von Guastalla, „Prinz" Hettore (nach ital.: principe = Fürst) liebt Emilia Galotti
leidenschaftlich. Das Mädchen aber ist verlobt und soll am nächsten Tag heiraten. Der schur-
kische Kammerherr Marinelli erbietet sich, die Ehe zu verhindern und das Mädchen dem Für-
sten zuzuführen. Als andere Mittel versagen, läßt Marinelli den Wagen überfallen, in dem
das Brautpaar zur Vermählung fährt. Der Verlobte wird getötet, die „Räuber" aber werden
von anderen Leuten Marinellis, die zu diesem Zweck bereitstehen, ihrerseits angegriffen und
Emilia auf das Lustschloß des Fürsten „gerettet".
Nun hat der Prinz das Mädchen in seiner Gewalt, aber da geschieht, was Hettore in seiner
blinden Liebe, Marinelli in seiner kalten, berechnenden Bosheit nicht vorhergesehen
haben: Emilia widersetzt sich, und als sie die betrügerischen Machenschaften durch-
schaut, bittet sie ihren Vater, Odoardo Galotti, sie zu töten.

Emilia Galotti. Emilia und Prinz von Guastalla (Szenenphoto der Aufführung des Schauspielhauses Hamburg. 1972)

Odoardo.	. . . Auch du hast nur *ein* Leben zu verlieren.
Emilia.	Und nur eine Unschuld!
Odoardo.	Die über alle Gewalt erhaben ist. –
Emilia.	Aber nicht über alle Verführung. – Gewalt! Gewalt! wer kann der Gewalt nicht trotzen? Was Gewalt heißt, ist nichts! Verführung ist die wahre Gewalt! – Ich habe Blut, mein Vater; so jugendliches, so warmes Blut als eine. Auch meine Sinne sind Sinne. Ich stehe für nichts . . .

Galotti erfüllt den Wunsch seiner Tochter, weil auch er keinen anderen Ausweg weiß.

Der Prinz.	Grausamer Vater, was haben Sie getan!
Odoardo.	Eine Rose gebrochen, ehe der Sturm sie entblättert. – War es nicht so, meine Tochter?
Emilia.	Nicht Sie, mein Vater – Ich selbst – ich selbst –
Odoardo.	Nicht du, meine Tochter; – nicht du! – Gehe mit keiner Unwahrheit aus der Welt. Nicht du, meine Tochter! Dein Vater, dein unglücklicher Vater!
Emilia.	Ah – mein Vater – *(Sie stirbt, und er legt sie sanft auf den Boden.)*
Odoardo.	Zieh hin! – Nun da, Prinz! Gefällt sie Ihnen noch? Reizt sie noch Ihre Lüste? Noch, in diesem Blute, das wider Sie um Rache schreit? *(Nach einer Pause.)* Aber Sie erwarten, wo das alles hinaus soll? Sie erwarten vielleicht, daß ich den Stahl wider mich selbst kehren werde, um meine Tat wie eine schale Tragödie zu beschließen? – Sie irren sich. Hier! *(Indem er ihm den Dolch vor die Füße wirft.)* Hier liegt er, der blutige Zeuge meines Verbrechens! Ich gehe und liefere mich selbst in das Gefängnis. Ich gehe und erwarte Sie als Richter. – Und dann dort – erwarte ich Sie vor dem Richter unser aller!

Die Aufklärung hat sich viel mit der Frage der rechten Lebensweise, mit dem Tugendideal, beschäftigt. Im ersten Szenenausschnitt ist dieses Problem auf die Spitze getrieben. Emilia ist bereit, ihr Leben zu opfern, um sich ihre Tugend zu bewahren, nicht aber, weil sie die Gewalt fürchtet. Sie geht in den Tod, weil sie Angst vor ihrem „jugendlichen, warmen Blut" hat, vor ihrer eigenen Leidenschaft. Mit anderen Worten: der aufklärerische Mensch ist sich bewußt, daß sich seinem Bemühen, das Leben nach der Vernunft auszurichten, Kräfte entgegenstellen, die sich von dieser Vernunft nicht mehr beherrschen lassen; siegen sie aber, so ist das Leben nicht mehr lebenswert.

Neben Emilia sammelt sich in der Gestalt des Prinzen der Problemkreis der Tugend wie in einem Brennpunkt.

Der Prinz Hettore ist kein Schurke, aber in einer Zeit, in der der Fürst absolut regiert, keine anderen Gesetze kennt als den eigenen Willen, besteht die Gefahr, daß er jedes Maß verliert. Das will Lessing zeigen. Im ersten Aufzug steht eine Szene, in der dem Prinzen ein Todesurteil zur Unterschrift vorgelegt wird:

Der Prinz.	Was ist sonst? Etwas zu unterschreiben.
Camillo Rota.	Ein Todesurteil wäre zu unterschreiben.
Der Prinz.	Recht gern. – Nur her geschwind.

Der Fürst geht gedankenlos über ein Menschenleben hinweg, nicht weil er böse ist, sondern weil er nur sich selbst verantwortlich ist und nicht gelernt hat, wie furchtbar diese Verantwortung sein kann. Darum läßt er sich von dem Schurken Marinelli lenken, der die Oberflächlichkeit seines Herrn kennt und sie für seine eigensüchtigen Zwecke ausnützt. In Odoardo Galotti aber tritt dem Herrscher ein Mann entgegen, der ihn eindringlich auf seine verbrecherische Gedankenlosigkeit hinweist: der Fürst ist schuldig am Tode von zwei Menschen, und er selbst ist kraft seiner absoluten Gewalt der Richter über diese Tat. Damit ist das Drama ein ernster Aufruf an die regierenden Fürsten, ihr Amt nicht nach eigener Lust und Willkür zu führen, sondern zu erkennen, daß es eine schwere, verantwortungsvolle Pflicht ist.

Das Motiv des Dramas nahm Lessing von dem römischen Geschichtsschreiber LIVIUS: Dieser berichtet von Virginia, die von ihrem Vater getötet wird, weil er sie vor den Nachstellungen eines Mächtigen bewahren will. Lessing übertrug den Vorgang in die Zeit Ludwigs XIV. und auf einen italienischen Fürstenhof; aber kein Leser oder Zuschauer ließ sich auch nur einen Augenblick darüber täuschen, daß hier ein Dichter mutig die Mißstände an den Höfen der deutschen Kleinstaaten geißelte. Das wurde dadurch noch deutlicher, daß in dem Drama ein Bürgerlicher, Odoardo Galotti, einem Fürsten bittere Lehren erteilte, also die „erhabenen Gefühle" nicht auf seiten des Standesherrn und der Höflinge zu finden waren, sondern bei der bürgerlichen Familie. Trotzdem ist die Tragödie kein revolutionäres Werk im politischen Sinn, denn sie endet nicht mit dem Fürstenmord; vielmehr kommt es dem Dichter auf die läuternde Wirkung an: Der Prinz Hettore ist zutiefst erschüttert; er erkennt, „daß Fürsten Menschen sind", und verstößt den teuflischen Ratgeber.

Revolutionär ist die Tragödie im literarischen Sinn: Sie ist ein *bürgerliches Trauerspiel,* das die Regel durchbricht, wonach nur Standespersonen erhabener Gefühle fähig sind. So kommt in ihm das Selbstbewußtsein des aufgeklärten Bürgertums zum Ausdruck, das sich in seiner strengen Tugendvorstellung auf einer sittlich höheren Stufe stehend fand als die leichtlebigen und oberflächlichen Höfe. Damit bahnt sich an, was auch bei Gellert in anderer Weise angedeutet ist: Die Höfe verlieren immer mehr den Anspruch, Mittelpunkt der Bildung und der Kultur zu sein. An ihre Stelle tritt bis ins zwanzigste Jahrhundert hinein das gebildete Bürgertum als die entscheidende geistige Macht. Lessing beseitigt nicht nur die Regel über die Standespersonen; er gibt auch die starre Einheit des Ortes preis: die Szene wechselt zwischen den fürstlichen Schlössern und der bürgerlichen Wohnung. Er verzichtet auf den Alexandriner und schreibt in Prosa. Darin und in seinem zwingenden, lückenlosen Aufbau hält sich das Drama an Gesetze, die der Verfasser in seinem theoretischen Werk entwickelt hat, so daß es ein dichterisches Musterbeispiel seiner Kunstansichten darstellt.

Dem ersten bürgerlichen Trauerspiel war das Lustspiel *Minna von Barnhelm* vorausgegangen.

Der baltische Major von Tellheim hat mit eigenen Mitteln eine Truppe zusammengestellt und sie an den preußischen König vermietet. Am Ende des Siebenjährigen Krieges ist er verabschiedet worden und steht unter dem Verdacht der Bestechung. In Wirklichkeit hat er aus Menschenliebe während des Krieges im besetzten Sachsen die Kriegssteuer, die er einzuziehen hatte, zum Teil aus eigenem Vermögen vorgeschossen. Das sächsische Edelfräulein Minna von Barnhelm hat ihn um dieser edlen Tat willen liebgewonnen. Sie findet ihren Verlobten in verzweifelter Lage wieder: „Ich bin Tellheim, der verabschiedete, der an seiner Ehre gekränkte, der Krüppel, der Bettler." Tellheim löst die Verlobung; er will seiner Braut die Verbindung mit einem Entehrten nicht zumuten.

Der Konflikt zwischen Liebe und Ehre ist das Grundthema dieses Schauspiels. Er wird in lustspielhafter Weise gelöst, indem Minna ihren Tellheim mit weiblicher List lehrt, daß die Ehre nicht vom Urteil der Welt abhängt, sondern von „der Stimme des Gewissens".

Bis Lessing waren in der Komödie komische Situationen und Typen die Hauptsache gewesen. Da setzte sich der „Held" in ein gefülltes Wasserfaß oder er war ein maßloser Aufschneider, der sich in der Minute der Gefahr als ein kläglicher Feigling erwies. Wir kennen das heute noch aus Lustspielfilmen. Auch Lessing kann die komischen Typen nicht entbehren. Doch sie sind Nebengestalten: ein grober, aber treuherziger Bedensteter, eine schnippische Kammerzofe oder ein kriecherischer, geldgieriger Wirt; sie bilden den lustigen Rahmen für einen Konflikt, der nicht mehr komisch ist. Wie Minna ihren Tellheim von seinen starren Ansichten befreit, das kann kein tobendes Gelächter auslösen, denn es ist ein heiteres und anmutiges Spiel mit Worten und Problemen, das nicht das Zwerchfell erschüttert, sondern mit Geist und Witz den Verstand anspricht. Die Hauptgestalten sind keine Lustspieltypen, sondern lebendige Menschen, voll Herzenswärme und edler Gesinnung; sie sind adlige Standespersonen, und doch vergeben sie nichts von ihrer Würde, wenn sie in der Komödie auftreten. Das Stück ist von einer für die Zeit geradezu erschreckenden Gegenwartsbezogenheit, denn das Schicksal Tellheims teilten nach dem Siebenjährigen Krieg ungezählte Soldaten, und eine Liebesgeschichte zwischen einem Offizier der preußischen Armee und einer Sächsin war, vier Jahre nach einem blutigen Krieg zwischen beiden Ländern, ein Aufruf, Gegnerschaft und Haßgefühle zu vergessen.

Sprache, Aufbau, Realitätsnähe, die Charaktere, der Konflikt und seine Lösung machen aus der „Minna von Barnhelm" eines der wenigen bedeutenden Lustspiele in deutscher Sprache. Es ist das älteste deutsche Drama, das noch regelmäßig auf den Spielplänen steht.

►

sich nicht entbrechen können = nicht anders können als

Nathan der Weise

Tempelherr. Ich muß gestehn,
Ihr wißt, wie Tempelherren denken sollten.

Nathan. Nur Tempelherren? sollten bloß? und bloß,
Weil es die Ordensregeln so gebieten?
Ich weiß, wie gute Menschen denken; weiß
Daß alle Länder gute Menschen tragen.

Tempelherr. Mit Unterschied doch hoffentlich?

Nathan. Ja wohl;
An Farb', an Kleidung, an Gestalt verschieden.

Tempelherr. Auch hier bald mehr, bald weniger als dort.

Nathan. Mit diesem Unterschied ist's nicht weit her.
Der große Mann braucht überall viel Boden;
Und mehrere, zu nah' gepflanzt, zerschlagen
Sich nur die Äste. Mittelgut, wie wir,
Find't sich hingegen überall in Menge.
Nur muß der eine nicht den andern mäkeln.
Nur muß der Knorr den Knubbe hübsch vertragen.
Nur muß ein Gipfelchen sich nicht vermessen,
Daß es allein der Erde nicht entschossen.

Tempelherr. Sehr wohl gesagt! – Doch kennt Ihr auch das Volk,
Das diese Menschenmäkelei zuerst
Getrieben? Wißt Ihr, Nathan, welches Volk
Zuerst das auserwählte Volk sich nannte?
Wie? wenn ich dieses Volk nun, zwar nicht haßte,
Doch wegen seines Stolzes zu verachten,
Mich nicht entbrechen könnte? Seines Stolzes,
Den es auf Christ und Muselmann vererbte,
Nur sein Gott sei der rechte Gott! – Ihr stutzt,
Daß ich, ein Christ, ein Tempelherr, so rede?
Wann hat, und wo die fromme Raserei,
Den bessern Gott zu haben, diesen bessern
Der ganzen Welt als besten aufzudringen,
In ihrer schwärzesten Gestalt sich mehr
Gezeigt, als hier, als jetzt? Wem hier, wem jetzt
Die Schuppen nicht vom Auge fallen . . . Doch
Sei blind, wer will! – Vergeßt, was ich gesagt,
und laßt mich! *(Will gehen.)*

Nathan. Ha! Ihr wißt nicht, wie viel fester
Ich mich nun an Euch drängen werde. – Kommt,
Wir müssen, müssen Freunde sein! – Verachtet
Mein Volk so sehr Ihr wollt. Wir haben beide
Uns unser Volk nicht auserlesen. Sind
Wir unser Volk? Was heißt denn Volk?
Sind Christ und Jude eher Christ und Jude
Als Mensch? Ah! wenn ich einen mehr in Euch
Gefunden hätte, dem es g'nügt, ein Mensch
Zu heißen!

Das „dramatische Gedicht" „Nathan der Weise" führt uns nach Jerusalem zur Zeit der Kreuzzüge, als dort die christliche, die jüdische und die islamische Religion hart aufeinanderprallen. Nathan hat in einer Judenverfolgung durch Kreuzritter seine Frau und seine sieben Söhne verloren, und doch sehen wir ihn in unserer Szene im bedächtigen, ja werbenden Gespräch mit einem Tempelherrn, also einem christlichen Ritter aus der Schar derer, die die Mörder seiner Familie sind. Sein schweres Schicksal hat ihn nicht mit Haß erfüllt, sondern mit Erkenntnis. Er hat sich überwunden, bewährt seine Menschenliebe, indem er ein christliches Waisenkind aufzieht, und hat sich zu einer Haltung durchgerungen, in der er auch die christliche und die islamische Religion gelten läßt: er hat die höchste Stufe der *Toleranz,* der Duldsamkeit, erreicht; denn er sieht in jedem nur den Menschen, und es ist sein Ziel, jeden Mitmenschen zur Selbstbesinnung zu bringen und ihm die eigentliche Aufgabe zu zeigen, die Menschliebe, die keine Unterschiede der Farbe, Gestalt und Herkunft, keine der Religion kennt. Er predigt das Ideal der *Humanität.*

Der Anspruch der einzelnen Religionen, den besseren Gott zu haben, hat zu Verachtung und Ausrottung Andersgläubiger geführt; darum stellt Nathan die Humanität höher als das Glaubensbekenntnis. Als ihn der Sultan Saladin fragt, welche Religion die wahre sei, begründet er seine Ansicht mit der berühmten *Parabel* (Gleichnis) von den drei Ringen.

Ein Mann besitzt einen Ring, der die Kraft hat, vor Gott und den Menschen angenehm zu machen. Bisher war der Ring immer dem Lieblingssohn weitervererbt worden. Der letzte Besitzer aber hat drei Söhne, die ihm alle gleich wert sind. Er läßt zwei weitere Ringe herstellen, die so täuschend ähnlich sind, daß er selbst den echten Ring nicht mehr herausfinden kann. Nach seinem Tode erheben alle drei Söhne den Anspruch, den echten Ring zu besitzen. Sie bringen den Streit vor Gericht, aber auch der Richter kann den rechten Ring nicht weisen. Darum erteilt er den Rat:

> (...) Ich höre ja, der rechte Ring
> Besitzt die Wunderkraft, beliebt zu machen;
> Vor Gott und Menschen angenehm. (...) Wohlan!
> Es eifre jeder seiner unbestochnen,
> Von Vorurteilen freien Liebe nach!
> Es strebe von euch jeder um die Wette,
> Die Kraft des Steins in seinem Ring an Tag
> Zu legen! komme dieser Kraft mit Sanftmut,
> Mit herzlicher Verträglichkeit, mit Wohltun,
> Mit innigster Ergebenheit in Gott,
> Zu Hilf'!

So wenig der Richter den echten Ring ermitteln kann, lehrt Nathan der Weise, so wenig vermag der Mensch zu erkennen, welche der drei Religionen die wahre sei. Aber im Glauben liegt wie im Ring die beseligende innere Kraft, „beliebt zu machen, vor Gott und Mensch angenehm". Jeder der drei Ringbesitzer soll sein Kleinod für echt halten und diese Echtheit durch vorbildlichen Lebenswandel bestätigen.

Gotthold Ephraim Lessing (Gemälde von Johann Heinrich Tischbein d. Ä. Um 1760). Der dreißigjährige Dichter gibt sich unbefangen und unkonventionell. Sein schulterlanges Haar ist weder gepudert noch zum Zopf gebunden, der Hemdkragen steht offen, der Dreispitz ist verwegen in den Nacken geschoben.

Nathan der Weise ist nicht mehr wie die anderen Dramen Lessings in Prosa geschrieben. Der Dichter wählt die Versform, weil er sie dem erhabenen Gegenstand angemessener findet. Dabei ist ihm der gebräuchliche Alexandriner zu starr und zu eintönig, denn seine Länge und die Zäsur in der Mitte führen zu einem langatmigen, stets gleichbleibenden Rhythmus, der auf die Dauer ermüdet. Lessing greift den Vers Shakespeares auf, den *Blankvers,* einen fünffüßigen Jambus:

> Sind Chríst und Júde éher Chríst und Júde
> Als Ménsch? Ah! wénn ich éinen méhr in éuch
> Gefúnden hä'tte . . .

Der Blankvers kennt keine starre Zäsur. In der ersten Zeile liegt die Sprechpause z. B. nach der zweiten Hebung, in der zweiten nach der ersten. So vermag der Dichter den Rhythmus stärker abzuwandeln und seiner Sprache trotz der gebundenen Rede einen natürlichen Fluß zu geben. Der Blankvers wurde, nach dem Vorbild des Nathan, der gebräuchliche Vers der klassischen Tragödien.

GOTTHOLD EPHRAIM LESSING (1729–1781) trat mit so viel Mut und Offenheit für das ein, was er für richtig hielt, daß er in zahlreiche literarische und theologische Fehden verwickelt wurde und wiederholt seine Existenz gefährdete. Er lebte nach dem Prinzip, das er in einem Streit um die Wahrheit der Offenbarung so aussprach: »Wenn Gott in seiner Rechten alle Wahrheit und in seiner Linken den einzig immer regen Trieb nach Wahrheit, obschon mit dem Zusatze, mich immer und ewig zu irren, verschlossen hielte und spräche zu mir: wähle!, ich fiele ihm mit Demut in seine Linke und sagte: Vater, gib, die reine Wahrheit ist ja doch nur für dich allein.«

Als Sohn eines Pastors in Kamenz in der Lausitz geboren, studierte Lessing in Leipzig Theologie und später Medizin. Er betätigte sich daneben als Journalist, schrieb Gedichte und war ein Freund der Neuberschen Schauspieltruppe, die ein erstes Lustspiel des Neunzehnjährigen, *Der junge Gelehrte,* aufführte. Seine Versuche, als Schriftsteller vom Ertrag seiner Feder zu leben, zerschlugen sich immer wieder. Im Siebenjährigen Krieg ging er 1760 als Sekretär des Festungskommandanten nach Breslau. Er freute sich, eine Zeit „mehr unter Menschen als unter Büchern zu leben". Das Zusammenleben mit Offizieren regte den Konflikt in *Minna von Barnhelm* an. 1764 nach Berlin zurückgekehrt, machte er sich vergeblich Hoffnung, Bibliothekar des Königs von Preußen zu werden. Dieser beachtete ihn nicht, und Gegner Lessings sträubten sich gegen den Plan. Da bot sich ihm eine Gelegenheit, die ganz seinem Wesen entsprach. In Hamburg entstand die erste feste Schauspielbühne Deutschlands, das *Nationaltheater.* Das Ziel der Gründer war es, eine Musterbühne zu errichten, die das Drama endgültig aus den Niederungen der Zeit vor Gottscheds Reformen herausheben sollte. An dieses Theater wurde Lessing als Dramaturg (Spielplanberater) berufen; doch nach kurzer Zeit brach das Unternehmen zusammen.

Kurz vor seinem fünfzigsten Lebensjahr erst erreichte er als Leiter der herzoglichen Bibliothek von Wolfenbüttel eine halbwegs gesicherte Stellung, doch weitere Schicksalsschläge blieben ihm nicht erspart. Nach einem Jahr glücklicher Ehe verlor er seine Frau bei der Geburt eines Sohnes, der auch nur einen Tag lebte. „Ich wollte es auch einmal so gut haben wie andere Menschen, aber es ist mir schlecht bekommen." Auch beruflich standen ihm noch schwere Prüfungen bevor. Er beteiligte sich an den religiösen Auseinandersetzungen der Zeit. Seine Gegner setzten schließlich durch, daß ihm der Herzog jede weitere religiöse Schrift verbot. Da wich er auf die Dichtung aus, da man ihn doch wohl „auf seiner alten Kanzel, dem Theater, wenigstens noch ungestört will predigen lassen". *Nathan der Weise* war die dichterische Antwort an seine Gegner.

Lessing war der bedeutendste Geist in der Literatur der deutschen Aufklärung. Er führte die Dichtung des Rationalismus bis an die Grenzen ihrer künstlerischen Möglichkeiten und griff in manchen Zügen bereits weit über sie hinaus.

Sturm und Drang und Klassik

JOHANN GOTTFRIED HERDER

Von deutscher Art und Kunst

»Wir sehen und fühlen kaum mehr, sondern denken und grübeln nur; wir dichten nicht über und in lebendiger Welt, im Sturm und im Zusammenströmen solcher Gegenstände, solcher Empfindungen, sondern erkünsteln uns entweder Thema oder Art, das Thema zu behandeln, oder gar beides, und haben uns so lange, so oft, so von früh auf erkünstelt, daß uns freilich jetzt kaum eine freie Ausbildung mehr glücken würde; denn wie kann ein Lahmer gehen?«

Die Aufklärer waren von dem hoffnungsfrohen Bewußtsein erfüllt, daß sich die Leistung ihrer Dichtkunst um so mehr verbessern würde, je genauer sie über die Aufgabe und die Regeln der Poesie nachdachten.
Herders Worte nehmen dieser optimistischen Auffassung jede Grundlage. Daß wir den Verstand anwenden, daß wir überlegen, welchem lehrhaften Zweck das Dichtwerk dienen solle, und daß wir es nach diesem Zweck „erkünsteln", so sagt er, macht uns zur wahren Kunst unfähig.
Was aber ist Ursprung wahrer Dichtung, wenn es der Verstand nicht ist? Die Antwort lautet: Wir müssen sehen, fühlen, wir müssen im Sturm der Empfindungen schaffen, aus lebendigem Erleben heraus. So wendet sich Herder gegen den Rationalismus, weil dieser einseitig den Verstand bevorzugt und das Gefühl und die Leidenschaften mißachtet.
Ein französischer Philosoph hatte diesen Gedanken zuerst ausgedrückt. Die Akademie von Dijon hatte einen Preis ausgesetzt für die beste Antwort auf die Frage, ob die Wissenschaften und Künste zum Verderb oder zur Hebung der Sittlichkeit gewirkt hätten. Natürlich erwartete man bei der selbstgefälligen Fortschrittsgläubigkeit der Zeit, daß die Einsender den Sieg der rationalistischen Kultur feiern würden. JEAN JAQUES ROUSSEAU (1712–1778) aber reichte eine Schrift ein, in der er zur Überraschung der Preisrichter ein vernichtendes Urteil über die Kultur fällt: Sie hat dem Menschen seine Natürlichkeit geraubt, und nur wer natürlich ist, ist in Wahrheit gut. Die Einflüsse der Kultur haben den Menschen fehlgeleitet, ihn selbstsüchtig und böse gemacht, denn seit er gebildet ist, handelt er nicht mehr nach seinem kraftvollen Gefühl, nicht mehr aus dem Herzen heraus. Diese Gedanken brachten Rousseau den Preis der Akademie ein. Zurück zur Natur! ist die Forderung, die er in einer Reihe weiterer Schriften stellt. Damit meint er nicht, daß der Mensch wieder das primitive Leben eines Wilden führen solle, sondern daß er nur dann richtig lebt, wenn er den natürlichen Regungen des Herzens nachgibt. Instinkt, Gefühl und Leidenschaft stehen ihm höher als Gelehrsamkeit; „das Gefühl ist mehr als die Vernunft".

Diese Gedanken kehren in Herders Sätzen wieder. Die Welt läßt sich nicht mit dem Verstand erkennen, sondern nur mit dem Herzen erfahren, erleben. Alles, was aus dem Gefühl kommt, ist Natur des Menschen und darf nicht unterdrückt werden. Die Leidenschaften bedeuten Kraft und Reichtum; die Sinne helfen, die Welt zu verstehen. Daher ist das neue Ideal nicht der vernünftige, sondern der natürliche, unverbildete, lebens- und kraftvolle Mensch. Herder überträgt der Dichtung eine ganz andere Aufgabe, als sie sich ein Gottsched oder Gellert stellte: Man kann sie nicht nach ihrem Zweck bewerten, nicht nach ihrer erzieherischen Wirkung, sondern nur nach ihrem Ursprung aus dem Herzen des Dichters. Was dieser aus eigener Erlebnisfülle zu Papier bringt, kann allein wahre Kunst sein, denn es ist frei von angelernten Regeln, angelernter Verbildung. Darum ist nichts so falsch, wie sich einzubilden, man könne sich dichterisches Können durch Studium und Fleiß aneignen; es muß aus der Tiefe des Unbewußten hervordringen.

Von diesem Standpunkt aus genügte Herder keiner der aufklärerischen Dichter mehr. Wahre Dichtung konnte nur zu finden sein, wo nicht Regeln und angelerntes Können sie verfälschten: in der „Naturdichtung", z. B. in den *Volksliedern.* Sie waren ihm Offenbarungen eines unverbildeten, lebendigen, unbewußten Dranges nach Ausdruck. Seit langem schon standen die Volkslieder im Schatten, nur im kulturfernen ländlichen Bereich gingen sie noch von Mund zu Mund. Der Aufklärung waren sie keiner Beachtung wert, denn ihre Sprache und ihr Inhalt liefen oft der Logik zuwider, waren dunkel und unverständlich, der Ausdruck einfachster Menschen und Zustände. Was die Aufklärung als Mängel ansah, verwandelte sich nun in Vorteile; denn die Mängel waren Beweis für Ursprünglichkeit. Die neue Generation horchte auf den Naturlaut der Volkssprache und bildete ihn nach; daß sie oft dunkel und unverständlich blieb, galt als Beweis dafür, daß sie im Unbewußten wurzelte und aus dem Drang des Herzens emporquoll: Die Seele des Volkes offenbarte sich in solchen Liedern. Um den Menschen seiner Zeit Beispiele solcher Dichtung zu bieten, sammelte Herder in den *Stimmen der Völker in Liedern* Volkslieder aus aller Welt und übertrug sie mit Verständnis für die Eigenheiten fremder Sprachen ins Deutsche. Die größte Dichterpersönlichkeit, die dem neuen Ideal entsprach, war der englische Dramatiker WILLIAM SHAKESPEARE (1564–1616). Er verkörperte für Herder das Urbild des *Genies,* das nicht nur keine Regeln kennt, sondern auch keiner Regeln bedarf; denn es schafft aus dem Drang des Gefühls, und was daraus hervorquillt, ist echt und wahr, es ist das Leben selbst, das alle Äußerlichkeiten vergessen läßt: „Mir ist, wenn ich ihn lese, Theater, Akteur, Kulisse verschwunden! Lauter einzelne im Sturm der Zeiten wehende Blätter aus dem Buche der Begebenheiten, der Vorsehung, der Welt!" Und Goethe ruft aus: „Natur! Natur! Nichts so Natur wie Shakespeares Menschen!"

Noch nie in der Geschichte der Dichtung war so mit einem Schlage das Unterste zuoberst gekehrt worden. JOHANN GOTTFRIED HERDER (1744–1803) befruchtete mit seiner Theorie die Zeitgenossen. Aber nicht nur das; eine Fülle seiner Ideen wirkt bis heute fort. Als seine persönliche Tragik empfand er es, daß er selbst die neuen Ideen nur aufzeigen, aber

Johann Gottfried Herder (Gemälde von Anton Graff)

nicht verwirklichen konnte. Das Wesen der Dichtung hatte er erkannt, war aber selbst nicht Dichter, sondern Denker; er predigte den Wert des ursprünglichen, leidenschaftlichen Lebens. Was Herder gern sein und leben wollte, das verwirklichte der junge GOETHE.

Den ersten mächtigen, weithin wirkenden Anstoß gaben die Ideen Herders einem Kreis von jungen Dichtern, die sich 1770 mit ihm in Straßburg zusammenfanden. Es entstand eine ganze Reihe von Dramen, die Shakespeares Werke zum Vorbild nahmen und den von Leidenschaft und überschäumendem Gefühl getriebenen Ausnahmemenschen zum Helden hatten: das Kraftgenie, den „Kerl", der mit rücksichtsloser, urtümlicher Kraft seinen Weg nimmt, sich in Haß und Liebe austobt und jedes Gesetz mit unbändigem Willen beiseite stößt. Eines dieser Dramen, geschrieben von FRIEDRICH MAXIMILIAN KLINGER (1752–1831), gab der ganzen Bewegung ihren Namen: *Sturm und Drang.*

JOHANN WOLFGANG VON GOETHE

Willkommen und Abschied

Es schlug mein Herz, geschwind zu Pferde!
Es war getan, fast eh gedacht.
Der Abend wiegte schon die Erde,
Und an den Bergen hing die Nacht;
Schon stand im Nebelkleid die Eiche,
Ein aufgetürmter Riese, da,
Wo Finsternis aus dem Gesträuche
Mit hundert schwarzen Augen sah.

Der Mond von einem Wolkenhügel
Sah kläglich aus dem Duft hervor,
Die Winde schwangen leise Flügel,
Umsausten schauerlich mein Ohr;
Die Nacht schuf tausend Ungeheuer;
Doch frisch und fröhlich war mein Mut:
In meinen Adern welches Feuer!
In meinem Herzen welche Glut!

Dich sah ich, und die milde Freude
Floß von dem süßen Blick auf mich;
Ganz war mein Herz an deiner Seite
Und jeder Atemzug für dich.
Ein rosenfarbnes Frühlingswetter
Umgab das liebliche Gesicht,
Und Zärtlichkeit für mich – ihr Götter!
Ich hofft es, ich verdient es nicht!

Doch ach, schon mit der Morgensonne
Verengt der Abschied mir das Herz:
In deinen Küssen welche Wonne!
In deinem Auge welcher Schmerz!
Ich ging, du standst und sahst zur Erden
Und sahst mir nach mit nassem Blick:
Und doch, welch Glück, geliebt zu werden!
Und lieben, Götter, welch ein Glück!

Goethe, der in Straßburg studiert, wird von plötzlichem Verlangen nach der
Gegenwart des geliebten Mädchens Friederike überfallen, die in der Nähe, in
Sesenheim, wohnt. Seine Sehnsucht treibt ihn zu ihr, und in lebhafter, freudiger
Stimmung schwingt er sich auf sein Pferd, denn seinem drängenden Lebens-
gefühl entspricht der Wunsch zur lebendigsten, schnellsten Bewegung: dem
Ritt zu Pferde. Voll Ungeduld gibt der Reiter seinem Herzen nach, noch ehe ihm
sein Verlangen recht bewußt wird. Diese Ungeduld ist der natürliche Drang des
jungen Menschen nach der Fülle des Daseins, die sich am stärksten in der Liebe

Johann Wolfgang von Goethe (Gemälde
von Angelika Kauffmann)

ausdrückt. Aber zunächst erlebt er sie auf dem Ritt in der Natur. Die Natur ist
nicht Kulisse, sie ist kein schönes Bild, das der Reiter betrachtend genießt,
sondern sie ist ein Teil seines Erlebens, so sehr, daß sie sich in eine Fülle leben-
digster Erscheinungen verwandelt, auf die sich die drängende seelische Bewegung des Reiters überträgt. Aber das ist noch zuwenig gesagt, denn die
Natur personifiziert sich nicht nur für den Reiter, sondern sie lebt aus sich selbst
heraus; es läßt sich sogar umdrehen: die Empfindungen des Reiters sind so
mächtig und überschäumend, weil er ein Teil dieser dämonischen Natur ist.
Sie ist es, die ihm seine Gefühle und Stimmungen eingibt; in Lebensfluten und
Tatendrang prägt sich der Mensch als ein Wesen der Natur aus, gehört er zum
großen Ganzen der Schöpfung.
Mensch und Natur können zwar voll unheimlicher Kräfte, sie können gefährlich
und gefährdet sein, aber der Gedanke an die Geliebte gibt Mut und Lebensfreude; der Dichter fühlt sich allen Gefahren gewachsen.
Der Gefühlssturm wird gebändigt von dem Anblick des geliebten Mädchens,
und ihre innere Ausgeglichenheit und stille Lieblichkeit verwandeln Glut und
Feuer in milde Freude und Zärtlichkeit.
Doch das Glück ist begrenzt, die Wonne muß mit Schmerz bezahlt werden. Das
Wissen um die Vergänglichkeit aber vergiftet Goethes Lebensfreude nicht wie
etwa die von Gryphius; tiefstes Leid und Übermaß der Freude gehören notwendig zum Ganzen der Lebenserfahrung. Der Stürmer und Dränger haßt die
Bedachtsamkeit, die Beschränkung, das schale Mittelmaß. Nur wer alle Empfindungen auskostet, die schrecklichsten und die zartesten, kann den Anspruch
erheben, ein wahrer Mensch zu sein:

Alles geben die Götter, die unendlichen,
ihren Lieblingen ganz:
alle Freuden, die unendlichen,
alle Schmerzen, die unendlichen, ganz. (1780)

Goethe hat wie wenige vermocht, den Versen den Rhythmus seines inneren Erlebens mitzuteilen. Äußerlich betrachtet ist „Willkommen und Abschied" durchweg im vierfüßigen jambischen Versmaß geschrieben. Dabei kreuzen sich die Reime und *weibliche* (Pferde ∠∪) und *männliche Reime* (gedacht ∪∠) wechseln in gleichmäßiger Folge ab. Doch in dieser starren Ordnung kann man es unmöglich lesen. Jede Zeile hat ihr eigenes Zeitmaß, das sich dem Leser unwillkürlich mitteilt; man kann sie nicht beliebig schnell oder langsam lesen. Zugleich gleitet die Betonung entsprechend dem Empfindungsgehalt hin und her. In den ersten beiden Zeilen etwa drückt sich das Drängen des Aufbruchs darin aus, daß die sinntragenden Wörter am Ende der Halbzeilen stehen; die folgende Zeile wiegt sich in einem gleichmäßigen Auf und Ab; die sechste Zeile türmt eine Hebung auf die andere, bis sie in dem Wort Riese gipfelt. Dieser Betonungswandel geht so weit, daß in der dritten Strophe das erste Wort, weil es einen hohen Gefühlswert besitzt, den stärksten Akzent bekommt, obwohl es nach dem Versmaß in einer Senkung steht.

So ist im Auf- und Abschwellen, im Hin und Her des Rhythmus eine eigenwillige Melodie entstanden, die sich keinem starren Schema unterordnet, sondern aus dem impulsiven Schwung erwächst; denn die seelische Bewegung läßt sich nicht durch verstandesmäßige Formen einengen.

Auch die Sprache ist durch die Gefühlsregungen bestimmt. Sie kehrt zu ihrer natürlichen Form zurück: zum gesprochenen Wort, das aus dem übervollen Herzen quillt und deswegen nicht künstlich fein gedrechselt ist. Ausrufe und abgebrochene Sätze sind ein Kennzeichen dafür. Goethes Bilder und Vergleiche entspringen dem Augenblick, er greift sie aus dem Gesehenen und Gefühlten.

Alles, was wir an Liebeslyrik bis zu diesem Zeitpunkt kennengelernt haben, entsprang in erster Linie einer bestimmten Konvention, einer Übereinkunft der Gesellschaft. Wie sich der Dichter ausdrücken sollte, welche Vergleiche und Bilder er gebrauchen durfte, das schrieb diese Gesellschaft vor, und wer sich nicht an die Regeln hielt, war Außenseiter und verfiel der Mißachtung. So war es in der Minnelyrik und im Barock; auch dann, wenn wir in einem Gedicht das persönliche Anliegen des Dichters erspüren können, sprach er sich noch in den festen Formen aus, die ihm seine Zeit setzte.

In Goethes Gedicht ist das anders. Es läßt uns Empfindungen erleben, die einer ganz eigenen, persönlichen Situation entspringen. Goethe sieht und fühlt „in lebendiger Welt, im Sturm und im Zusammenströmen" der Empfindungen. Bewußt sind Worte Herders gebraucht; denn ihm verdankt Goethe den Durchbruch zu der Kunst, die ein Jahrhundert lang der Inbegriff der wahren Poesie geblieben ist: die Lyrik, die aus dem Drang des übervollen Herzens den eigenen schmerzhaften und freudigen Gefühlen Ausdruck verleiht, die *Erlebnisdichtung*. Die moderne Lyrik hat andere Ziele (vgl. S. 166 ff., 235 f. u. a.).

»Und so begann diejenige Richtung, vor der ich mein ganzes Leben über nicht abweichen konnte, nämlich dasjenige, was mich erfreute oder quälte oder sonst beschäftigte, in ein Bild, ein Gedicht zu verwandeln und darüber mit mir selbst abzuschließen, um sowohl meine Begriffe von den äußeren Dingen zu berichtigen als mich im Innern deshalb zu beruhigen.«

(Dichtung und Wahrheit)

Goethe hat in seiner Selbstbiographie *Dichtung und Wahrheit* rückblickend den Ursprung seiner Erlebnisdichtung schon vor dem Straßburger Umbruch angesetzt, denn diese Sätze beziehen sich auf seine Zeit als Student in Leipzig. Er tut es insofern mit Recht, als er seiner Anlage gemäß danach drängte, auszusagen, was ihn persönlich bewegte. „Alles, was daher von mir bekannt geworden, sind Bruchstücke einer großen Konfession." Das vermindert jedoch nicht die Bedeutung Herders, denn dieser hat Goethes Anlage zum Durchbruch verholfen. Das Leben Goethes bis zur Straßburger Zeit bewegte sich in den Bahnen, die damals einem begabten jungen Mann angemessen waren.

Der Monat April (Johann Conrad Seekatz). Das Jugendbildnis der Geschwister Wolfgang und Cornelia Goethe ist ein typisches Rokokobild: Stilisierte Natur und eine Schloßparkperspektive in einem unsymmetrischen, gefälligeleganten Rahmenwerk von Zweigen, Blättern und Muschelornamenten. Die kunstfertigen Verzierungen entsprechen dem Zeitgeist ebenso wie die Kavaliersgeste des knienden Kindes und das Schäferkostüm des Mädchens.

101

JOHANN WOLFGANG VON GOETHE wurde am 28. August 1749 in der Reichsstadt Frankfurt am Main geboren. Seine Mutter war erst achtzehn Jahre alt, lebhaft, fröhlich, phantasiebegabt, sein Vater schon neununddreißig, „ein zwar liebevoller und wohlgesinnter, aber ernster Vater", wie Goethe später schreibt. Der „Kaiserliche Rat" lebte von seinem Vermögen und konnte sich ganz seinen Liebhabereien – Naturwissenschaften, Mineralien, Kupferstichen – und der Erziehung seiner Kinder Wolfgang und Cornelia widmen. Obwohl die Erziehung durch den Vater und durch Privatlehrer unsystematisch und spielerisch war, lernte Goethe Latein, Griechisch, Hebräisch, Französisch, Englisch, Italienisch, Naturwissenschaften und etwas Mathematik, Zeichnen, aber auch Tanzen, Fechten, Reiten.

Als Sechzehnjähriger zog Goethe auf die Universität nach Leipzig, das wegen seiner Eleganz „Klein-Paris" genannt wurde, um die Rechte zu studieren. Aus dem Studium wurde nicht viel, aber Goethe lernte das Leben kennen, sah Theater, spielte Theater, zeichnete, hatte Liebschaften und schrieb darüber im Rokoko-Stil. Nach drei Jahren kehrte er wegen einer Erkrankung der Lungen und der Lymphdrüsen nach Frankfurt zurück, wo er zwei Jahre bis zur völligen Genesung blieb. 1770 ging Goethe nach Straßburg, um das Rechtsstudium zu einem Abschluß zu bringen.

Dort erfolgte die Begegnung, die Goethe zu seinem eigenen Wesen und selbständigem Schaffen verhalf:

„Und so hatte ich von Glück zu sagen, daß durch eine unerwartete Bekanntschaft alles, was in mir von Selbstgefälligkeit, Bespiegelungslust, Eitelkeit, Stolz und Hochmut ruhen oder wirken mochte, einer sehr harten Prüfung ausgesetzt ward, die in ihrer Art einzig, der Zeit keineswegs gemäß und nur desto eindringender und empfindlicher war.

Denn das bedeutendste Ereignis, was die wichtigsten Folgen für mich haben sollte, war die Bekanntschaft und die daran knüpfende nähere Verbindung mit Herder."

Dem ersten, zufälligen Zusammentreffen auf einer Gasthaustreppe folgten Wochen und Monate des regsten geistigen Austausches, in denen Herder dem um fünf Jahre Jüngeren eine ganz neue Welt erschloß, seine Welt des Gefühls und der Volksseele.

Volksliedhafte Gedichte entstanden, wie das *Heideröslein,* und gaben Zeugnis davon, wie Goethe den ungekünstelten, anschaulichen Sprachstil natürlichen Empfindens meisterte. Durch Rousseaus Ruf „Zurück zur Natur" angeregt, wanderte und ritt er mit Freunden durch die elsässische Landschaft; jetzt sah er die Natur mit anderen Augen. In dem Dorfe Sesenheim wurde er mit Friederike Brion bekannt, der Tochter des Pfarrers. Ihr natürlicher Frohsinn und ihr schlichtes Wesen ließen sie ihm zu einer zum Leben erwachten Gestalt aus einem Volkslied werden. *Willkommen und Abschied* ist eines der Liebeslieder, die aus diesem Erlebnis entsprangen.

Wie ein Volkslied endete diese Liebe auch: mit Treulosigkeit und Scheiden. Goethe kehrte nach einem Jahr zurück nach Frankfurt, wo er eine Rechtsanwaltskanzlei eröffnete, die aber bald sein Vater führte, während der Sohn reiste und an *Götz von Berlichingen* schrieb. Als letzten Versuch, aus Goethe einen Juristen zu machen, schickte der Vater ihn ans Reichskammergericht nach Wetzlar. Dort verliebte sich Goethe in Charlotte Buff, die verlobt war, und entfloh schon nach vier Monaten aus dieser Verstrickung wieder zurück nach Frankfurt. Die dichterische Verarbeitung dieses Erlebnisses sind *Die Leiden des jungen Werthers,* die den Dichter mit einem Schlag berühmt machten. Die Arbeit am Werther war begleitet von vielen dramatischen Plänen, die sich mit „Kraftgenies" befaßten: Cäsar, Sokrates, Mahomet und Prometheus.

Prometheus

Bedecke deinen Himmel, Zeus,
Mit Wolkendunst
Und übe, dem Knaben gleich,
Der Disteln köpft,
An Eichen dich und Bergeshöhn:
Mußt mir meine Erde
Doch lassen stehn
Und meine Hütte, die du nicht gebaut,
Und meinen Herd,
Um dessen Glut
Du mich beneidest.

Ich kenne nichts Ärmeres
Unter der Sonn als euch, Götter!
Ihr nähret kümmerlich
Von Opfersteuern
Und Gebetshauch
Eure Majestät
Und darbtet, wären
Nicht Kinder und Bettler
Hoffnungsvolle Toren.

Da ich ein Kind war,
Nicht wußte, wo aus noch ein,
Kehrt ich mein verirrtes Auge
Zur Sonne, als wenn drüber wär
Ein Ohr, zu hören meine Klage,
Ein Herz wie meins,
Sich des Bedrängten zu erbarmen.

Wer half mir
Wider der Titanen Übermut?
Wer rettete vom Tode mich,
Von Sklaverei?
Hast du nicht alles selbst vollendet,
Heilig glühend Herz?
Und glühtest, jung und gut,
Betrogen, Rettungsdank
Dem Schlafenden da droben?

Ich dich ehren? Wofür?
Hast du die Schmerzen gelindert
Je des Beladenen?
Hast du die Tränen gestillet
Je des Geängsteten?
Hat nicht mich zum Manne geschmiedet
Die allmächtige Zeit
Und das ewige Schicksal,
Meine Herrn und deine?

Wähnest du etwa,
Ich sollte das Leben hassen,
In Wüsten fliehen,
Weil nicht alle
Blütenträume reiften?

Hier sitze ich, forme Menschen
Nach meinem Bilde,
Ein Geschlecht, das mir gleich sei:
Zu leiden, zu weinen,
Zu genießen und zu freuen sich
Und dein nicht zu achten,
Wie ich!

Nach der griechischen Sage brachte Prometheus den Menschen gegen den Willen der Götter das Feuer und befähigte sie damit zu höherer Kultur. Zeus schmiedete ihn zur Strafe an einen Felsen des Kaukasus.
Prometheus lehnt sich auf gegen Zeus, den höchsten aller Götter. Als einzige Mächte, die über ihm stehen, läßt er „Die allmächtige Zeit und das ewige Schicksal" gelten, nicht aber einen Gott, der unfähig ist, eine Tat ungeschehen zu machen: „Mußt mir meine Erde doch lassen stehn . . ." Das ist ihm der Beweis für die Ohnmacht der Gottheit, und darum verwirft er es als Torheit von Kindern und Narren, wenn man die Götter verehrt. Das Rad der Zeit vermögen sie nicht zurückzudrehen, sie können auch nicht in die Geschicke eingreifen; der Mensch

vollendet sich aus aus dem eigenen glühenden Herzen heraus. Seine Schmerzen, seine Tränen muß er ohne die Hilfe eines höheren Wesens ertragen, sein Leiden schmiedet ihn zum Manne.

Der Wille zum Leben ist es allein, der die Entfaltung des Menschen ermöglicht, darum darf er das Dasein auch dann nicht hassen, wenn es nicht volle Erfüllung bedeutet. Daß er zwischen Glück und Verzweiflung hin und her gerissen wird, ist seine Tragik, der er sein trotziges „und doch!" entgegensetzt und die er so überwindet.

Dem revolutionären Gehalt entspricht die Form. Es gibt keine Vers- und Reimbindung, nichts hält die Form zusammen als der Rhythmus, der seine Gewichte verteilt, wie sie liegen müssen, um den Sinn zu unterstreichen. Jedes Messen nach Versfüßen wird sinnlos; es handelt sich um *freie Rhythmen*. Die gewagten Bilder, die Zerstörung des Satzablaufs sind ungehemmter Ausdruck der wilden Empörung; die Worte ballen sich zusammen zu wuchtiger Kraft.

Im „Prometheus" drückt sich aus, was den Stürmern und Drängern höchste Erfüllung des Daseins bedeutet: der Mensch, der aus eigener genialer Kraft schöpferisch tätig ist, der jede Fessel des Gesetzes und der Überlieferung sprengt, um ganz er selbst zu sein, und der sich vor keinem Schicksalsschlag duckt, sondern an ihm erstarkt. Er ist der „Kerl", das Genie, wie sie ihn beispielhaft in Shakespeare verkörpert sehen. „Shakespeare wetteifert mit dem Prometheus in kolossalischer Größe", sagt Goethe.

Der Aufruhr gegen die Götter hat seine Ursache darin, daß sich in dieser Zeit eine vollkommen veränderte religiöse Vorstellung Bahn bricht. Das ist schon in *Willkommen und Abschied* spürbar, wenn die Natur lebendig wird und das Wesen des Menschen erfaßt und gestaltet. Im Deismus der Aufklärung (vgl. S. 82) hatte ein Gott der Welt den Stoß gegeben, aufgrund dessen sie sich drehte; er griff nicht mehr ein. Der Mensch sollte sich fortan durch die ihm vom Schöpfer verliehene Vernunft leiten lassen. Dieser Gott existierte also als ein von der Welt abgetrenntes Wesen. Falls aber nicht die Vernunft den Menschen lenkte, sondern sein wahres Wesen aus dem unbewußten Drang des Herzens kam, dann mußte auch das Göttliche aus dem Inneren hervorquellen. Gott war jetzt nicht mehr außerhalb der Welt, sondern wirkte in ihr. Die Stürmer und Dränger fühlten sich als Teil des Weltganzen, als eine Wirkkraft der Natur, und für sie verbanden sich Mensch, Natur, Welt und All zu einer untrennbaren Einheit. Das Göttliche drückte sich in dieser Einheit aus, es war in jeder Gestalt, in jedem Vorgang wirksam, Gott war in die Welt eingegangen und beseelte sie. Der philosophische Begriff für diese religiöse Vorstellung heißt *Pantheismus:* All und Gott sind eins.

Götz von Berlichingen

Am Anfang des 16. Jahrhunderts ist das Deutsche Reich zerrissen durch vielfältige Kräfte. Die zahlreichen Landesfürsten nützen die geringe Macht des Kaisers aus, um ihre eigene zu vergrößern; vor allem wollen sie die unabhängigen Reichsritter unter ihre Herrschaft pressen. Ein solcher freier Reichsritter ist Götz von Berlichingen. Der Bischof von Bamberg sucht ihn zu bezwingen und benützt dazu als Werkzeug Weislingen, einen Jugendfreund Berlichingens. Götz gelingt es zwar, Weislingen gefangenzunehmen und erneut Freundschaft mit ihm zu schließen, aber kaum ist Weislingen frei, verfällt er wieder dem Einfluß des Bischofs und einer Hofdame, Adelheid, so daß er das Götz gegebene Wort bricht.

Als sich Berlichingen in eine Fehde mit der Stadt Nürnberg verwickelt, erreicht Weislingen vom Kaiser, daß der Ritter in die Reichsacht erklärt wird und in Gefangenschaft gerät. Er muß Urfehde schwören, d. h. sich verpflichten, keinen Kampf mehr zu führen.

Da bricht der Bauernaufstand los, und die Bauern verlangen von Götz, daß er sich an ihre Spitze stelle. Die Forderung der Bauern nach Freiheit von Leibeigenschaft und Unterdrückung hält Berlichingen für berechtigt; zudem hofft er, aus den wilden sengenden und mordenden Bauernhaufen ein ordentliches Heer zu machen, das in einem ehrlichen Krieg sein Recht erkämpft. Daher bricht er seinen Schwur. Das gibt Weislingen die Handhabe, um ihn endgültig zu vernichten. Bevor aber Götz im Gefängnis stirbt, ist Weislingen, immer getrieben von dem Bewußtsein seines niederträchtigen Verrates, an der Welt der Fürstenhöfe zugrunde gegangen, der er sich verschrieben hatte: Adelheid läßt ihn vergiften, weil er ihr hinderlich ist bei ihren ehrgeizigen Plänen.

Adelheid.	Ihr kommt, um Abschied zu nehmen.
Weislingen.	Erlaubt mir, Eure Hand zu küssen, und ich will sagen: Lebt wohl. Ihr erinnert mich! Ich bedachte nicht – Ich bin beschwerlich, gnädige Frau.
Adelheid.	Ihr legt's falsch aus; ich wollte Euch forthelfen. Denn Ihr wollt fort.
Weislingen.	O sagt: ich muß. Zöge mich nicht die Ritterpflicht, der heilige Handschlag –
Adelheid.	Geht! Geht! Erzählt das Mädchen, die den Theuerdank lesen und sich so einen Mann wünschen. Ritterpflicht! Kinderspiel!
Weislingen.	Ihr denkt nicht so.
Adelheid.	Bei meinem Eid, Ihr verstellt Euch! Was habt Ihr versprochen? Und wem? Einem Mann, der seine Pflicht gegen den Kaiser und das Reich verkennt, in eben dem Augenblick Pflicht zu leisten, da er durch Eure Gefangennehmung in die Strafe der Acht verfällt. Pflicht zu leisten! die nicht gültiger sein kann als ein ungerechter gezwungener Eid. Entbinden nicht unsre Gesetze von solchen Schwüren? Macht das Kindern weis, die den Rübezahl glauben. Es stecken andere Sachen dahinter. Ein Feind des Reichs zu werden, ein Feind der bürgerlichen Ruh und Glückseligkeit! Ein Feind des Kaisers! Geselle eines Räubers! du, Weislingen, mit deiner sanften Seele!
Weislingen.	Wenn Ihr ihn kenntet –
Adelheid.	Ich wollt ihm Gerechtigkeit widerfahren lassen. Er hat eine hohe unbändige Seele. Eben darum wehe dir, Weislingen! Geh und bilde dir ein, Geselle von ihm zu sein. Geh! und laß dich beherrschen. Du bist freundlich, gefällig. –
Weislingen.	Er ist's auch.
Adelheid.	Aber du bist nachgebend und er nicht! Unversehens wird er dich wegreißen, du wirst ein Sklave eines Edelmanns werden, da du Herr von Fürsten sein könntest. – Doch es ist Unbarmherzigkeit, dir deinen zukünftigen Stand zu verleiden.

Theuerdank = ein Epos Kaiser Maximilians, das das Rittertum verherrlicht.

Weislingen ist nach seinem Freundschaftsbund mit Götz noch einmal an den Bamberger Hof zurückgekehrt. Die vorliegende Szene gibt ein Beispiel für die Art, wie er dort dazu verleitet wird, sein Wort zu brechen. Weislingen ist gebunden durch den „heiligen Handschlag", durch eine von Herzen kommende Zuneigung zu Götz; doch Adelheid vermag diese Bindung zu lösen, indem sie mit Hilfe des Verstandes, mit „vernünftiger" Zergliederung deutlich macht, daß alles, was Weislingen fesselt, Gefühlskräfte sind, Kräfte also, die im Leben bei Hofe nichts gelten. Die Gesetze entbinden Weislingen von seinen Schwüren: das ist, auf den Einzelfall angewandt, die These Rousseaus von der Zerstörung der natürlichen Güte des Menschen durch die Kultur. Die Menschen haben falsche und verlogene Gesetze geschaffen, denn sie machen es möglich, daß eine aus dem Empfinden entsprungene Bindung hinfällig wird, wenn an sie ein von Zweckmäßigkeit bestimmter Maßstab gelegt wird.

Ein Mensch, der seine Gesetze aus sich selbst heraus schafft, dürfte sich nicht den Forderungen der verderbten Kultur unterwerfen. Aber Weislingen hat eine „sanfte Seele", er ist schwach und ohne Kraft; daher erliegt er dem Einfluß Adelheids.

Ein dritter ist in diesem Gespräch unsichtbar zugegen: Götz von Berlichingen. Er hat eine „hohe unbändige Seele", eine kraftvolle Persönlichkeit, die Schwächlinge wie Weislingen beherrscht; nicht weil er das will, sondern weil er ein „Kerl" ist, ein Mensch, der aus eigener Mitte lebt und seine Gesetze aus der unverbildeten, naturhaften Kraft seines Inneren schöpft.

Zwei Wortbrüche sind die Angelpunkte des Dramas, und an den zwei Wortbrüchigen läßt sich ermessen, welche Welten einander gegenüber stehen. Weislingen beruft sich für seinen Verrat auf die blutleeren, der Selbstsucht und Verbildung entsprungenen Gesetze der Gesellschaft. Götz kann sich so nicht entschuldigen, denn er hat nicht aus Überlegung gehandelt, sondern aus innerem Zwang. Sein Herz befiehlt ihm, zu tun, was richtig ist. Er verhält sich menschlich, indem er dem Drang des Inneren nachgibt, auch wenn er vor den Augen der Welt ein Verbrechen verübt. Weislingen geht an seinem Wortbruch zugrunde, weil seine Seele als Schuld fühlt, was sein Verstand als rechtmäßig deutet. Adelheids Gift verkürzt nur ein Leben, das bereits sinnlos und ausgehöhlt ist, weil es sich von seinem Wesenskern entfernt hat.

Bei Götz ist der Wortbruch nur äußerer Anlaß für sein Ende. Gewissenqualen kann er nicht erleiden, weil er im Sinne einer höheren Gerechtigkeit gut gehandelt hat. Er ist aber mit einer Welt in Konflikt geraten, die das nicht gelten läßt. Der starke einzelne, das Genie, zerbricht an dieser Welt einer erdachten und darum unwirklichen, erkünstelten Ordnung. „Und jetzt ist's nicht Weislingen allein, nicht die Bauern allein, nicht der Tod des Kaisers und meine Wunden. — Es ist alles zusammen. Meine Stunde ist gekommen", sagt Götz in seiner Sterbestunde, und „meine Wurzeln sind abgehauen!" Denn die Welt ist eigensüchtig geworden, die Edlen, die Echten sterben aus. Die Tragödie Götz von Berlichingens ist somit die Tragödie der Freiheit, der Freiheit des reinen, starken Menschen in der verderbten Gesellschaft. Das Drama veranschaulicht damit einen Kerngedanken des Sturm und Drang.

Der Konflikt ist eingebettet in eine Schilderung der Zeit von 1500, die so farbig und breit angelegt ist, daß sie oft die eigentliche Handlung in den Hintergrund drängt. Dabei ließ sich Goethe von Herders Vorstellung tragen, daß das Volkstum und das Volksganze in seiner Unmittelbarkeit der eigentliche Urgrund des Künstlerischen sei, dem wahre dichterische Kraft viel stärker entwächst als einem angestrengten Bemühen. Die überkommenen dramatischen Regeln können in diesem Falle nicht gültig sein. Gerade das war es ja, was Goethe und Herder an Shakespeare bewunderten: daß seine Werke aus ursprünglichen Kräften hervorgetrieben und in diesem Sinne „Natur" waren. Ein deutscher Shakespeare wollte Goethe sein, der die „kerkermäßigen" Regeln mißachtete und sich auf die urtümliche Schöpferkraft verließ.

Das Drama hat nicht weniger als 59, nach einer ersten Umarbeitung 56 Szenen; im dritten Akt allein sind es 22 verschiedene Schauplätze. Für die technischen Möglichkeiten der zeitgenössischen Theater war daher eine Aufführung nahezu unmöglich; sie war auch nicht beabsichtigt, denn eine Rücksicht auf die Aufführbarkeit hätte bedeutet, daß die Schöpferkraft in Fesseln gelegt worden wäre. Als Herder das Drama gelesen hatte, schrieb er an seine Braut: „Es ist ungemein viel deutsche Stärke, Tiefe und Wahrheit drin, obgleich hin und wieder es auch nur gedacht ist." Wie das gemeint ist, läßt sich an der Art erkennen, wie Goethe das Werk auf Herders Kritik hin ausfeilte. Im dritten Akt versinkt ein feiger Reichsknecht im Moor. Sein Kamerad ruft: „Michel! er hört mich nicht, er ist erstickt. So lauert der Tod auf die Feigen und reißt ihn in ein unrühmliches Grab." So spricht kein einfacher Soldat. Hier hat ein gebildeter Autor einen Feigling in hochtönender Rede verurteilt, er selbst spricht durch den Mund seiner Gestalt. Das ist nicht wahr, nicht lebensecht, nicht „Natur", und darum ändert es Goethe so ab, daß der letzte Satz wirklich aus dem Munde eines Reichsknechts kommen kann: „Bist doch krepiert, du Memme." Das ist ein Beispiel dafür, wie die Gedanken von der Volksnähe und der Ursprünglichkeit auf die Dichtung gewirkt haben; denn hier ersetzt das Unmittelbare das Gekünstelte der Literatursprache.

Die Leiden des jungen Werthers

Am 18. August

»Mußte denn das so sein, daß das, was des Menschen Glückseligkeit macht, wieder die Quelle seines Elendes würde?

Das volle, warme Gefühl meines Herzens an der lebendigen Natur, das mich mit so vieler Wonne überströmte, das ringsumher die Welt mir zu einem Paradiese schuf, wird mir jetzt zu einem unerträglichen Peiniger, zu einem quälenden Geist, der mich auf allen Wegen verfolgt. Wenn ich sonst vom Felsen schaute, und alles um mich her keimen und quellen sah; wenn ich jene Berge, vom Fuße bis auf zum Gipfel, mit hohen dichten Bäumen bekleidet, jene Täler in ihren mannigfaltigen Krümmungen von den lieblichsten Wäldern beschattet sah, und der sanfte Fluß zwischen den lispelnden Rohren dahingleitete und die lieben Wolken abspiegelte, die der sanfte Abendwind am Himmel herüberwiegte; wenn ich dann die Vögel um mich den Wald beleben hörte, und die Millionen Mückenschwärme im letzten roten Strahle der Sonne mutig tanzten, und ihr letzter zuckender Blick den summenden Käfer aus seinem Grase befreite, und das Schwirren und Weben um mich her mich auf den Boden aufmerksam machte, und das Moos, das meinem harten Felsen seine Nahrung abzwingt, und das Geniste, das den dürren Sandhügel hinunterwächst, mir das innere, glühende, heilige Leben der Natur eröffnete: wie faßte ich das alles in mein warmes Herz, fühlte mich in der überfließenden Fülle wie vergöttert, und die herrlichen Gestalten der unendlichen Welt bewegten sich allbelebend in meiner Seele (...)

Bruder, nur die Erinnerung jener Stunden macht mir wohl. Selbst diese Anstrengung, jene unsäglichen Gefühle zurückzurufen, wieder auszusprechen, hebt meine Seele über sich selbst, und läßt mich dann das Bange des Zustands doppelt empfinden, der mich jetzt umgibt.

Es hat sich vor meiner Seele wie ein Vorhang weggezogen, und der Schauplatz des unendlichen Lebens verwandelt sich vor mir in den Abgrund des ewig offenen Grabs. Kannst du sagen: *Das ist!* da alles vorüber geht? da alles mit der Wetterschnelle vorüberrollt, so selten die ganze Kraft seines Daseins ausdauert, ach! in den Strom fortgerissen, untergetaucht und an Felsen geschmettert wird? Da ist kein Augenblick, der nicht dich verzehrte und die Deinigen um dich her, kein Augenblick, da du nicht ein Zerstörer bist, sein mußt; der harmloseste Spaziergang kostet tausend armen Würmchen das Leben, es zerrüttet ein Fußtritt die mühseligen Gebäude der Ameisen, und stampft eine kleine Welt in ein schmähliches Grab. Ha! nicht die große seltene Not der Welt, diese Fluten, die eure Dörfer wegspülen, diese Erdbeben, die eure Städte verschlingen, rühren mich; mir untergräbt das Herz die verzehrende Kraft, die in dem All der Natur verborgen liegt; die nichts gebildet hat, das nicht seinen Nachbar, nicht sich selbst zerstörte. Und so taumle ich beängstigt, Himmel und Erde und ihre webenden Kräfte um mich her: Ich sehe nichts, als ein ewig verschlingendes, ewig wiederkäuendes Ungeheuer.«

Der lebensvolle, selbstherrliche Kraftmensch geht in Götz von Berlichingen an der Gesellschaft zugrunde, die anders geartet ist als er. Er kann aber auch an sich selbst zerbrechen. Das ist eine Erkenntnis, die der Stürmer und Dränger erst dann gewinnen kann, wenn er sein neues Lebensgefühl bis zum Letzten auslebt. Der Reiter in „Willkommen und Abschied" fühlt sich eins mit der Natur, getragen von den ewigen Kräften des Alls; sie beleben ihn, sie lassen ihn fühlen, daß er Teil des Göttlichen ist. Diese Empfindung drückt sich im ersten Teil des Textes aus dem „Werther" aus: es ist das selbstbewußte All-Einheitsgefühl der pantheistischen Weltsicht. Wer das erlebt, muß glücklich sein, und Werther ist es auch, solange das Erleben andauert. Er erfaßt die Schönheit der Natur im Frühling und den Zauber des naturnahen Menschenlebens der Kinder und einfachen Leute und ahnt die Einheit aller Wesen. So schafft sich seine Seele eine eigene Welt, eine Welt der Vorstellung, der Phantasie, und lebt im Einklang mit ihr. Die Vereinigung aller Seligkeit und der Mittelpunkt der erfühlten Welt ist ihm ein verklärt gesehenes Mädchen in einem schlichten weißen Kleid mit blaßroten Schleifen. Sie ist einfach und klar wie die Natur, findet ihre Befriedigung in den häuslichen Pflichten und lebt in Harmonie mit der Welt.

Charlotte Brot verteilend (Titelvignette von Daniel Chodowiecki; frz. vignette = Weinranke, ursprünglich Randverzierung von Buchseiten, dann allgemein Zeichnungen vor wichtigen Textabschnitten).

Es kommt aber der Augenblick, in dem das ganze glückhafte Gebäude seiner Vorstellungen zusammenbricht. Werther ist blind für das Alltägliche; das Leben enttäuscht die unendlichen Erwartungen, Phantasien und Ideale. Das Mädchen, das seine Welt ausmacht, ist schon gebunden. Die Flucht in einen bürgerlichen Beruf mißglückt, denn Werther vermag den Schritt von seinen Idealvorstellungen in die Wirklichkeit nicht zu tun. „Ich leide viel, denn ich habe verloren, was meines Lebens einzige Wonne war, die heilige, belebende Kraft, mit der ich Welten um mich schuf; sie ist dahin! —" Die Enttäuschung verwandelt sein Naturgefühl. Aus der beseelten und beseligenden Gotteswelt, die früher Paradiese schuf und Quelle höchsten Glückes war, wird nun eine Quelle höchster Qual. Noch am niedersten Lebewesen, an der Ameise und am Würmchen, offenbart sich die Welt als verzehrende Macht, die zwecklos zerstört und mordet. „Die Natur findet keinen Ausweg aus dem Labyrinth der verworrenen und widersprechenden Kräfte, und der Mensch muß sterben."
So wählt Werther den Tod, der ihn der Hölle des entleerten Daseins entzieht und ihn mit Gott wiedervereint. Die von den Fesseln des Vergänglichen befreite Seele wird „im Angesicht des Unendlichen" die All-Einheit erfahren, die im Leben nicht mehr zu gewinnen ist.
Nach der äußeren Handlung betrachtet, sind *Die Leiden des jungen Werthers* ein Liebesroman in Briefen mit tragischem Ausgang. Goethe hatte selbst ähnliches erlebt, als er an das Reichskammergericht nach Wetzlar ging. Seine Leidenschaft zu Charlotte stellte sein Lebensgefühl auf eine schwere Probe. Daß er sie bestand, ohne wie Werther das Opfer seiner eigenen Weltsicht zu

werden, ebnete den Weg zu einem neuen Lebensabschnitt des Dichters. Jeder der Stürmer und Dränger mußte über kurz oder lang vor derselben Frage stehen, sofern er sich seinen Vorstellungen wahrhaftig hingegeben hatte. Das Leben war für sie ein Traum, ein Wahn, aus dem es ein fürchterliches Erwachen gab. „Gott im Himmel! Hast du das zum Schicksal der Menschen gemacht, daß sie nicht glücklich sind, als ehe sie zu ihrem Verstand kommen und wenn sie ihn wieder verlieren!"

Daß Goethe den Menschentyp schildert, den alle in sich fühlen, zeigt der ungeheuere Widerhall, den das Buch fand. Die Verzweiflung am Leben, der *Weltschmerz*, wurde ebenso Mode wie die Kleidung Werthers: gelbe Weste, blauer Frack und Stulpenstiefel.

Die Form des *Briefromans* ermöglicht es, die persönlichsten Empfindungen, das unmittelbare Glück und Leid mitzuteilen. Briefe hatten in der damaligen Zeit eine für uns heute unvorstellbare Bedeutung. Die Zeit sah im Brief eine Möglichkeit zur Lebensbeichte; in ihm tauschten die Menschen nicht nur Erfahrungen aus und schrieben von ihren Plänen und Gedanken, sondern sie offenbarten auch die kleinsten Seelenregungen und Empfindungen. Daher konnten sie in einem Briefroman sich selbst wiederfinden; Werther wurde ihnen wie ein Freund, ein lebendiger Briefpartner.

Wandrers Nachtlied

> Der du von dem Himmel bist,
> Alles Leid und Schmerzen stillest,
> Den, der doppelt elend ist,
> Doppelt mit Erquickung füllest,
> – Ach, ich bin des Treibens müde!
> Was soll all der Schmerz und Lust? –
> Süßer Friede,
> Komm, ach komm in meine Brust!

„Wandrers Nachtlied" ist ein Gebet um Frieden. Der Mensch ist müde vom Kampf des Lebens und sehnt sich nach Ruhe. An die Stelle der überschäumenden Leidenschaft, die den Schmerz und die Lust des Augenblicks ausgekostet hat, tritt eine gebändigte und milde Haltung. Der Stil ist jetzt ausgeglichen; die Zeilen senken sich zum Ende hin und laufen in nachdenkliche Pausen aus. Goethe ist anders geworden; er ist nicht mehr so unbeschwert wie zur Zeit der Straßburger Lieder, als ihm das Leben schwungvoll, überschäumend und leicht erschienen war. Auch die abgründige Verzweiflung Werthers dem Dasein gegenüber liegt hinter ihm. Aber die Sehnsucht nach Frieden, der Wunsch, sich aus dem Strom des Lebens zurückzuziehen, ist nur eine Atempause. Es ist eine Zeit der Besinnung, in der der Dichter erkennt, daß er das Leben nicht wahrhaft gestaltet, wenn er der Stimme des Gefühls, dem Drang des Augenblicks nachgibt. Er muß es anderen Gesetzen unterstellen als denen, die er in seiner Sturm-und-Drang-Zeit hat gelten lassen. Am deutlichsten wird das an dem Gegensatz zwischen dem Prometheustrotz des jungen Goethe und der Gebetshaltung in „Wandrers Nachtlied". Tatsächlich handelt es sich hierbei um einen Wandel in Goethes Leben, der besonders in dem Gedicht „Das Göttliche" deutlich zu fassen ist.

Das Göttliche

Edel sei der Mensch,
Hilfreich und gut.
Denn das allein
Unterscheidet ihn
Von allen Wesen,
Die wir kennen.

Heil den unbekannten
Höhern Wesen,
Die wir ahnen!
Ihnen gleiche der Mensch!
Sein Beispiel lehr' uns
Jene glauben.

Denn unfühlend
Ist die Natur:
Es leuchtet die Sonne
Über Bös' und Gute,
Und dem Verbrecher
Glänzen, wie dem Besten,
Der Mond und die Sterne.

Wind und Ströme,
Donner und Hagel
Rauschen ihren Weg
Und ergreifen,
Vorüber eilend,
Einen um den andern.

Auch so das Glück
Tappt unter die Menge,
Faßt bald des Knaben
Lockige Unschuld,
Bald auch den kahlen
Schuldigen Scheitel.

Nach ewigen, ehrnen,
Großen Gesetzen
Müssen wir alle
Unseres Daseins
Kreise vollenden.

Nur allein der Mensch
Vermag das Unmögliche:
Er unterscheidet,
Wählet und richtet;
Er kann dem Augenblick
Dauer verleihen.

Er allein darf
Den Guten lohnen,
Den Bösen strafen,
Heilen und retten,
Alles Irrende, Schweifende
Nützlich verbinden.

Und wir verehren
Die Unsterblichen,
Als wären sie Menschen,
Täten im großen,
Was der Beste im kleinen
Tut oder möchte.

Der edle Mensch
Sei hilfreich und gut!
Unermüdet schaff' er
Das Nützliche, Rechte,
Sei uns ein Vorbild
Jener geahneten Wesen!

Wenn „Wandrers Nachtlied" noch eine Resignation, einen Verzicht ausdrückt, ohne einen Weg darüber hinaus aufzuzeigen, so ist dieses Gedicht eine klare Absage an das Lebensgefühl des Sturm und Drang. Der Mensch ist nicht nur Teil des Naturganzen, sondern auch einer sittlichen Weltordnung; deshalb darf er sich nicht treiben lassen, nicht dem inneren Drang, den Impulsen des Augenblicks nachgeben, vielmehr muß er das Leben bewußt formen. Denn die Natur ist unfühlend, sie unterscheidet nicht Gut und Böse und hält den Weg offen zum Sittlichen wie zum Verbrecherischen. Das steht im Widerspruch zu der Vorstellung des jungen Goethe, wonach die Natur echt und gut war und das Böse erst dadurch erwachte, daß man sich von ihr entfernte.

Alle Naturwesen müssen sich zwar dem Zwang der ehernen Naturgesetze unterwerfen, und auch der Mensch wird somit von ihnen bestimmt, zum Beispiel im Drang seiner Leidenschaften, im Gefühlsüberschwang; aber er vermag sich über diesen Zwang zu erheben. Er kann unterscheiden, was gut und böse ist, und damit ist er in der Lage, zwischen zwei Möglichkeiten zu wählen. Mit Hilfe seiner Erkenntnis und seines Willens ist er fähig, das zu unterdrücken, wozu ihn die Leidenschaften, die Lust treiben, wenn es zum Schlechten führt. Dazu muß er wissen, was für ihn der rechte Weg ist: er muß sich Ideale setzen, nach denen er strebt. Das erhebt ihn über alle anderen Erscheinungen der Natur; es macht die Würde des Menschen aus.

Ihm ist es verwehrt, das wahre Sein des höchsten Wesens zu erfassen; aber das Göttliche ist trotzdem im Dasein gegenwärtig und erkennbar. Es erschließt sich dem Denkenden. Der Mensch versucht, sich Gott vorzustellen, und findet ihn in dem ausgedrückt, was für ihn den höchsten Wert des Daseins ausmacht: in den Idealen. Das Rechte zu tun, gut zu sein, Menschenliebe zu üben ist sein Ziel. Weil er aber den Naturgesetzen verhaftet ist, erreicht er nur unvollkommen, was er erstrebt. In den Göttern verehrt er die Vollkommenheit dieser Eigenschaften und Taten, und er muß nach diesem Vorbild leben; dann wird er selbst zum Vorbild für die Mitmenschen. In der Fähigkeit zum rechten Handeln hat er Anteil am Göttlichen und kann als sittlicher Mensch Abbild jener geahnten Wesen werden.

Das Gedicht ist in freien Rhythmen geschrieben, wie wir sie vom jungen Goethe kennen. An die Stelle des ungebärdigen Auf und Ab wie im „Prometheus" ist aber ein ebenmäßiger Verlauf sinntragender Wörter getreten. Der Inhalt gibt nicht unmittelbare Erlebnisse wieder, sondern Erkenntnisse. Wir sprechen daher bei solchen Werken von *Gedankenlyrik*. Die politische Spruchdichtung Walthers von der Vogelweide und die Epigramme der Barockzeit lassen sich ihr zuordnen. In der Aufklärung verflacht sie zu nüchterner Lehrhaftigkeit. Seit dem Goethe der klassischen Zeit und seit Schiller gewinnt sie einen festen Platz in der Dichtung. Ihr Wert liegt nicht nur in den ausgesprochenen Erkenntnissen – die lassen sich in nüchterner Prosa niederschreiben –, sondern wesentlich darin, daß das Grunderlebnis des Dichters, sein Ringen mit dem Problem, seine innere Beteiligung an der Auseinandersetzung auch in der Form zum Ausdruck kommt.

»Das Tagewerk, das mir aufgetragen ist, das mir täglich leichter und schwerer wird, erfordert wachend und träumend meine Gegenwart. Diese Pflicht wird mir täglich teurer, und darin wünsche ich's den größten Menschen gleichzutun, und in nichts Größerm. Diese Begierde, die Pyramide meines Daseins, deren Basis mir angegeben und gegründet ist, so hoch als möglich in die Luft zu spitzen, überwiegt alles andre und läßt kaum augenblickliches Vergessen zu. Ich darf mich nicht säumen, ich bin schon weit in Jahren vor, und vielleicht bricht mich das Schicksal in der Mitte, und der Babylonische Turm bleibt stumpf unvollendet. Wenigstens soll man sagen: er war kühn entworfen, und wenn ich lebe, sollen, will's Gott, die Kräfte bis hinauf reichen.«

(Brief Goethes an Lavater vom 20. September 1780)

Was Goethe in dem Gedicht „Das Göttliche" als eine allgemein gültige Grunderkenntnis ausdrückt, wendet er in dem Auszug aus einem Brief an seinen Freund LAVATER auf sich persönlich an. Ernste, strenge Begriffe kennzeichnen seine Aufgabe: das Tagwerk, die Pflicht, Wachsamkeit. Es wird jedoch aus seinen Sätzen deutlich genug, daß er damit nicht eine Beschränkung auf ein Spießbürgerleben umschreibt, sondern in beständiger Arbeit an sich selbst danach strebt, den Sinn seines Daseins bis zur höchstmöglichen Vollendung zu erfüllen; er wird zum „Baumeister" seines Lebens.

Die Vollendung sieht Goethe in einem sittlichen Leben. Er steht damit nicht allein; Lessing und Herder haben diese Gedanken in ähnlicher Weise geformt. Einige Jahre nach ihnen bildet sie der Königsberger Philosoph IMMANUEL KANT (1724–1804) zu einem geschlossenen philosophischen Gebäude aus.

Der Sturm und Drang wehrte sich gegen die Verstandeskultur der Aufklärung, gegen eine Lebensführung, die nur durch Zweckmäßigkeit und Vernunft bestimmt war. Statt dessen wollte man dem Gefühl vertrauen. Dieses hatte alle inneren und äußeren Beschränkungen, alle Gesetze, als Fesseln empfunden und war für die uneingeschränkte Freiheit eingetreten. Wahre Freiheit darf jedoch nach Kant nicht mit Willkür und Gesetzlosigkeit verwechselt werden. In seiner „Kritik der reinen Vernunft" stellt er vielmehr heraus, daß der menschliche Geist zwangsweise bestimmten Gesetzen gehorcht: er muß sich z. B. die Welt als Raum und das Leben als Zeitablauf vorstellen. Frei ist er nur in seinem Wollen. Der Wille aber sollte gelenkt werden durch die Vernunft. Sie läßt den Menschen erkennen, ob er Gutes oder Böses tut, und setzt ihm das Ziel, sich selbst das sittlich Richtige zu befehlen, also den „guten Willen". Er soll so handeln, daß nicht die Rücksicht auf mögliche Folgen oder die Meinung der Mitmenschen sein Tun bestimmt, sondern allein der Wille, gut zu sein. Es kommt also auf die Gesinnung an. Wer gut sein will, entscheidet nicht nach persönlicher Lust und Neigung, sondern stets nach dem Sittengesetz. Kant ruft den Menschen dazu auf, so zu handeln, wie er es selbst von den anderen erwartet. Wer sich dieser Forderung unterwirft, hat das Grundgesetz jedes sittlichen Handelns erkannt.

Der Wandel in Goethes Anschauung vollzog sich nicht so glatt, wie er sich in den dargestellten Entwicklungsstufen abzuspiegeln scheint, denn sie liegen um Jahre auseinander. Der „Götz" und der „Werther" hatten den Verfasser zum Führer des Sturm und Drang gemacht, er schrieb, reiste, wurde umschwärmt. In diese Zeit fällt seine Verlobung mit der Bankierstochter Lili Schönemann, doch das ungleiche Paar trennte sich bald. Am Ende des Jahres 1775 folgte Goethe einem Ruf nach Weimar. Er sollte dem achtzehnjährigen Herzog Karl August von Sachsen-Weimar als Erzieher, Berater und Gesellschafter zur Seite stehen. „Ich werde auch wohl dableiben und meine Rolle so gut spielen, als ich kann, und so lang, als mir's und dem Schicksal beliebt. Wär's auch nur auf ein paar Jahre, ist doch immer besser als das untätige Leben zu Hause, wo ich mit der größten Lust nichts tun kann. Hier hab ich doch ein paar Herzogtümer vor mir."

In kurzer Zeit verband die beiden Männer enge Freundschaft. Anfangs führten sie ein wildes, genialisches Leben voller übermütiger Streiche, mehr im Pferdesattel als bei Hofe, aber langsam, in dem Maße, wie der Herzog in seine Regierungsaufgabe hineinwuchs, geriet Goethe in den Bann einer neuartigen Tätigkeit. Er übernahm Hofämter, leitete Regierungskommissionen und ab 1782 schließlich die Staatsfinanzen, eine Aufgabe, die ihn erfüllte und der er sich mit Ernst und Gewissenhaftigkeit widmete.

Iphigenie

Auf dem Geschlecht des Tantalus lastet ein schwerer Fluch.

> Zwar die gewalt'ge Brust und der Titanen
> Kraftvolles Mark war seiner Söhn' und Enkel
> Gewisses Erbteil; doch es schmiedete
> Der Gott um ihre Stirn ein ehern Band.
> Rat, Mäßigung und Weisheit und Geduld
> Verbarg er ihrem scheuen, düstern Blick:
> Zur Wut ward ihnen jegliche Begier,
> Und grenzenlos drang ihre Wut umher.

Der Fluch, der die Tantaliden getroffen hat, ist nicht zufällige Laune der Götter, sondern liegt in der wilden, ungebändigten Natur der Menschen. Aus ungezügelten Leidenschaften entspringen Greuel über Greuel, die bei den Tantaliden in der eigenen Familie ihre Opfer suchen. Die letzten ihres Stammes sind Agamemnon und seine Kinder. Bei der Ausfahrt des Griechenheeres zum Krieg gegen Troja opfert Agamemnon seine älteste Tochter, Iphigenie, auf dem Altar, um günstige Winde für das Heer zu erflehen. Die unmenschliche Tat Agamemnons führt dazu, daß sich seine Frau von ihm abwendet und ihn bei seiner Rückkehr aus Troja ermordet. Der Sohn, Orest, vollzieht die Blutrache an seiner eigenen Mutter. Seitdem irrt er ruhelos umher, gehetzt von den Qualen des Gewissens, die sich in den Rachegöttinnen verkörpern.

Iphigenie ist jedoch nicht tot. Die Göttin Diana (Artemis) hat sie vom Opferaltar hinweg nach dem Barbarenland Tauris gerettet, wo sie seitdem als Priesterin im Tempel der Göttin lebt. Ihr mäßigender Einfluß mildert das wilde Volk der Taurier, bei denen es als Gesetz gegolten hat, jeden Fremden, der an ihre Küste verschlagen wird, der Göttin als Opfer darzubringen. Dieser Erfolg ist gefährdet, als sie sich wehrt, die Gemahlin des Königs Thoas zu werden. Von ihrer Weigerung verletzt, befiehlt er, die Menschenopfer wieder einzuführen.

In den ersten Fremden, die wieder sterben sollen, erkennt Iphigenie ihren Bruder Orest und dessen Freund Pylades. Sie soll zur Mörderin ihres Bruders werden. Es scheint, daß der Fluch, der auf dem Geschlecht ruht, erst mit dem Tode des letzten Tantaliden endet. Aber noch ist nicht alle Hoffnung verloren. Orest ist durch Iphigeniens sanfte Kraft von seinen Gewissensqualen befreit, und sein Freund ersinnt Mittel und Wege zur Flucht.

Iphigenie soll durch ein listiges Lügengebäude den König und die Taurier fernhalten, so daß sie zur Küste fliehen können, wo ein Schiff mit Gefährten der beiden Griechen versteckt liegt. Zugleich soll die Aufgabe vollendet werden, die Orest in das Land geführt hat: Apollo, der Bruder der Diana, hat geweissagt, daß Orest erlöst ist, wenn er die Schwester nach Griechenland zurückführt. Die Griechen verstehen darunter das Bild der Schwester Apollos, das sie daher rauben wollen.
Alles scheint zu glücken, da ergibt sich eine scheinbar geringfügige Schwierigkeit. Iphigenie bekommt Bedenken, nicht weil sie Angst hat, sondern weil sie es nicht übers Herz bringt, Thoas zu hintergehen.

Iphigenie.   Die Sorge nenn' ich edel, die mich warnt,
              Den König, der mein zweiter Vater ward,
              Nicht tückisch zu betrügen, zu berauben.
Pylades.   Der deinen Bruder schlachtet, dem entfliehst du.
Iphigenie.   Er ist derselbe, der mir Gutes tat.
Pylades.   Das ist nicht Undank, was die Not gebeut.
Iphigenie.   Es bleibt wohl Undank; nur die Not entschuldigt.
Pylades.   Vor Göttern und vor Menschen doch gewiß.
Iphigenie.   Allein mein eigen Herz ist nicht befriedigt.

Aus Pylades spricht Lebensklugheit; er sieht nur einen Ausweg: heimliche Flucht. Iphigenie schreckt davor zurück, da die Flucht nur mit unwürdigen Mitteln zu erreichen ist, mit Hinterlist und Betrug. Wenn sie den Verstand allein befragt, ist Pylades eindeutig im Recht, aber ihr Herz sagt ihr, daß sie einen Weg beschreitet, der ihrem innersten Wesen widerspricht, denn der Mensch hat die Aufgabe, seine Würde zu wahren: das ist der Sinn des Lebens.
Ihre innere Stimme siegt. Gegen alle Zweckmäßigkeit und Wahrscheinlichkeit des Erfolges gesteht sie dem König die Wahrheit.

Iphigenie.   (...) Ich werde großem Vorwurf nicht entgehn,
              Noch schwerem Übel, wenn es mir mißlingt;
              Allein *euch* leg ich's auf die Kniee! Wenn
              Ihr wahrhaft seid, wie ihr gepriesen werdet,
              So zeigt's durch euren Beistand und verherrlicht
              Durch mich die Wahrheit! – Ja, vernimm, o König.
              Es wird ein heimlicher Betrug geschmiedet:
              Vergebens fragst du den Gefangnen nach;
              Sie sind hinweg und suchen ihre Freunde,
              Die mit dem Schiff am Ufer warten, auf.
              Der älteste, den das Übel hier ergriffen
              Und nun verlassen hat – es ist Orest,
              Mein Bruder, und der andre sein Vertrauter,
              Sein Jugendfreund, mit Namen Pylades.
              Apoll schickt sie von Delphi diesem Ufer
              Mit göttlichen Befehlen zu, das Bild
              Dianens wegzurauben und zu ihm
              Die Schwester hinzubringen, und dafür
              Verspricht er dem von Furien Verfolgten,

Des Mutterblutes Schuldigen, Befreiung.
Uns beide hab' ich nun, die Überbliebnen
Von Tantals Haus, in deine Hand gelegt:
Verdirb uns – wenn du darfst.

Thoas.   Du glaubst, es höre
Der rohe Szythe, der Barbar, die Stimme
Der Wahrheit und der Menschlichkeit, die Atreus,
Der Grieche, nicht vernahm?

Iphigenie.   Es hört sie jeder,
Geboren unter jedem Himmel, dem
Des Lebens Quelle durch den Busen rein
Und ungehindert fließt. –

Furien (lat.) oder Erinnyen (griech.) – Gestalten der antiken Mythologie, in denen sich die Gewissensqual verkörpert. Szythe – Taurier. Atreus – Vater Agamemnons; er tötete aus Rache für eine Beleidigung die Kinder seines Bruders und setzte sie ihm als Speise vor.

Iphigenies Ausspruch *Verdirb uns – wenn du darfst* ist das Schlüsselwort des Dramas. Goethe hat Iphigenie als Verkörperung edler Menschlichkeit entworfen. Ihr Glaube an die Humanität, in der sich das Göttliche auf der Welt darstellt, war unter dem Eindruck des wirklichen Lebens ins Wanken geraten; sie hatte zu den Göttern gebetet: „Rettet mich und rettet euer Bild in meiner Seele!" Es ist ein Konflikt zwischen Lebenswillen und Sittlichkeit, zwischen der *Neigung,* persönlichen Wünschen zu folgen, und der *Pflicht,* nach moralischen Gesetzen zu handeln. Sie überwindet ihre menschliche Schwäche und ist bereit, ihr Leben und das ihres Bruders für die Wahrheit aufs Spiel zu setzen. Indem sie den Plan verrät, macht sie den Wert der Humanität offenbar und gibt ihren Konflikt an Thoas weiter. Wenn er seine Menschenwürde wahren will, muß er sich ebenfalls in Pflicht nehmen. Von Wut und Leidenschaft getrieben, kann er die Griechen vernichten, denn sie sind in seiner Gewalt, aber er *darf* es nicht, sofern er Anspruch darauf erhebt, ein wahrhafter Mensch zu sein. Dieser Anspruch aber ist jedem angeboren, und es ist seine Aufgabe, ihn zu verwirklichen. Das trifft auch für den Barbaren zu; die Stimme des Gewissens hört jeder, und das Beispiel edler Gesinnung weckt auch in dem anderen Edelmut. Es ist Goethes ureigenste Überzeugung, daß jedem Menschen das Streben nach Vollkommenheit innewohnt und daß das Niedere vom Höheren emporgezogen wird; so gelingt Iphigenie schließlich der doppelte Sieg: die niederen Leidenschaften, die dem Geschlecht der Tantaliden Verderben gebracht haben und die Thoas zu beherrschen drohen, überwindet sie durch ihr Beispiel. Dadurch befreit sie ihr Geschlecht von seinem Fluch und erlöst den König endgültig zu höherer Gesittung.

Auch der Orakelspruch Apollos klärt sich auf: Orest soll nicht die Schwester des Gottes, sondern die eigene heimführen. Am Ende des Dramas ziehen die Griechen fort. Thoas überwindet sich selbst so weit, daß er seine Pflicht zur Menschlichkeit nicht als eine Last auf sich nimmt, sondern daß er sie bejaht und den Scheidenden ein „Lebt wohl" zuruft.

Goethes „Iphigenie" gilt als das Werk, in dem die Idee der Humanität am reinsten und vollendetsten dargestellt wird. Ein Vergleich mit dem zweiten großen Drama über dieses Thema, Lessings *Nathan,* zeigt, wie sehr das Problem durch Goethe vertieft worden ist. Die Humanität Nathans ist ein glücklicher Besitz; wer sie erlangt hat, ist durch die Kraft dieser Idee gewappnet gegen alle Schicksalsschläge, auch wenn er unterliegt. Womit die Tugendhelden der Aufklärung leicht fertig werden, das bedeutet für die Gestalten Goethes einen beständigen harten Kampf, denn die Menschen sind „menschlich", ihre Neigungen sind stark, so daß die Pflicht eine Entsagung, ein immerwährendes Opfer bedeutet. Doch erst mit der Schwere seiner Aufgabe kann der Mensch emporwachsen zur Vollendung seines Daseins.

Die „Iphigenie" ist in fünffüßigen Jamben, dem Blankvers, geschrieben, der seit Lessings „Nathan" als Muster für die hohe Dramatik galt. Daß Goethe auch hierin über seinen Vorgänger hinausgewachsen ist, ist leicht zu erkennen, wenn man Auszüge der beiden Dramen nebeneinanderhält. Wo Lessing seine Gedanken noch in die feste Form zwingen muß, da bewahren Goethes Verse einen natürlichen Fluß, der Form und Inhalt zu einer Einheit werden läßt.

Nicht zufällig hat eine Frau in dem Drama die höchste Stufe der Humanität erreicht. Goethe selbst war in Weimar einer Frau begegnet, die mäßigend auf ihn gewirkt hat: Charlotte von Stein, Gemahlin eines hohen Hofbeamten, sieben Jahre älter als Goethe. Er sah sie als lebendige Verkörperung edler Menschlichkeit und übertrug entsprechende Züge auf die Dramengestalt Iphigenie.

Im ersten Weimarer Jahrzehnt bildete Goethe das neue, „klassische" Weltverständnis aus. Das Schwergewicht seiner Tätigkeit verlagerte sich jedoch auf das praktische Gebiet. Der Herzog übertrug ihm Staatsgeschäfte, und er versank in einer Fülle von Aufgaben. Zeitweise übernahm er, wenn auch nur für ein Herzogtum von knapp 100 000 Einwohnern, einen Teil der Aufgaben eines Finanz-, Kriegs-, Innen- und Wirtschaftsministers. In der Dichtung ging es nicht mehr voran: Die Dramen *Egmont* und *Torquato Tasso,* der Roman *Wilhelm Meister* lagen unvollendet. Was Goethe fehlte, waren Schaffensfreiheit und ein neues künstlerisches Erlebnis.

Im Jahre 1786 löste er in plötzlichem Entschluß alle Bindungen und reiste nach dem Süden. Es war eine Flucht, auf der er erst in Rom zur Ruhe kam. Was er sich erhofft hatte, erfüllte sich in Italien. „Ich zähle eine wahre Wiedergeburt von dem Tag, da ich Rom betrat." Eine ganz neue Welt tat sich ihm auf, eine Welt, die er bis dahin nur aus Erzählungen seines Vaters kannte. Auf zwei Gebieten, in Kunst und Natur, fand er im Süden zu klaren, festen Anschauungen.

Wilhelm Meisters Lehrjahre

»Nur alle Menschen machen die Menschheit aus, nur alle Kräfte zusammengenommen die Welt. Diese sind unter sich oft im Widerstreit, und indem sie sich zu zerstören suchen, hält sie die Natur zusammen und bringt sie wieder hervor. Von dem geringsten tierischen Handwerkstriebe bis zur höchsten Ausübung der geistigsten Kunst, vom Lallen und Jauchzen des Kindes bis zur trefflichsten Äußerung des Redners und Sängers, vom ersten Balgen des Knaben bis zu den ungeheuren Anstalten, wodurch Länder erhalten und erobert werden, vom leichtesten Wohlwollen und der flüchtigsten Liebe bis zur heftigsten Leidenschaft und zum ernstesten Bunde, von dem reinsten Gefühl der sinnlichen Gegenwart bis zu den leisesten Ahnungen und Hoffnungen der entferntesten geistigen Zukunft, alles das und weit mehr liegt im Menschen und muß ausgebildet werden; aber nicht in einem, sondern in vielen. Jede Anlage ist wichtig, und sie muß entwickelt werden. Wenn einer nur das Schöne, der andere nur das Nützliche befördert, so machen beide zusammen erst einen Menschen aus.«

In dem Bildungsroman *Wilhelm Meisters Lehrjahre* legt Goethe in breiter Erzählung dar, wie er die Welt und den Menschen sieht, seit ihm das Leben als ein Ganzes bewußt ist, das nur scheinbar in ungezählte Einzelheiten auseinanderfällt. Darum spricht er aus, daß nicht die Vollendung des einzelnen für sich allein entscheidend ist, sondern sein Einbeziehen in die menschliche Gesellschaft, denn erst in der Ergänzung und Durchdringung erfüllt sich der Sinn.

Wie der Mensch bis zu diesem Punkte, bis zur Erfüllung der Humanität in der Gemeinschaft gelangt, das soll Wilhelm Meister in seinem Bildungsgang beispielhaft vor Augen führen. Der Kaufmannssohn hat schon frühzeitig eine Vorliebe für das Theater und beschließt, Schauspieler zu werden. Er will sich selbst als Künstler verwirklichen ohne Rücksicht auf die Familie und die Freunde, weil er sich dazu berufen fühlt. Nach vielen Abenteuern, auch Erfolgen bei Schauspieltruppen, muß er aber erkennen, daß er so nicht zur Vollendung gelangt; die innere Befriedigung bleibt aus. „Der Mensch ist nicht eher glücklich, als bis sein bestimmtes Streben sich selbst seine Begrenzung setzt." Eine wirkliche Befriedigung kann Wilhelm Meister nur im praktischen Leben finden. Doch sein Irrweg ist nicht umsonst. „Daß ich dir's mit *einem* Worte sage: mich selbst, ganz wie ich da bin, auszubilden, das war dunkel von Jugend auf mein Wunsch und meine Absicht." Der Mensch ist aus innerem Drang heraus immer auf dem Weg zur Vollendung, denn in ihm ruht unbewußt das Streben nach Ganzheit; es macht seinen Bildungsweg aus, daß es ihm in wachsendem Maße bewußt wird. Das Lebensganze aber umschließt beides, das „Schöne" und das „Nützliche". Wer sein Leben von Anfang an der praktischen Tätigkeit widmet, vollendet sich ebensowenig wie der reine Künstler. Das künstlerische Streben Wilhelms ist also notwendig, um ihn zu einer ganzen Persönlichkeit auszubilden. Wenn er zuletzt in die Wirklichkeit zurückkehrt, zu einem tätigen Leben als Wundarzt und Erzieher seines Sohnes, verliert er damit nicht die innere Poesie; das Schöne und das Nützliche vereinen sich zu wahrhafter Humanität.

In seiner klassischen Zeit faßt Goethe zusammen und wertet, was er in den Stufen seiner Entwicklung erlebt und gedacht hat. Wilhelm Meister ist am Beginn seines Bildungsweges der typische Geniemensch, der in der Dunkelheit seines Lebensdranges mit den beengenden Formen des Daseins zusammenstößt. Was er an sich erlebt, ist der Weg des in sich eingeschlossenen, „subjektiven" Menschen zum aufgeschlossenen Glied der Gemeinschaft, von der Phantasie zur Wirklichkeit, von der Selbstverwirklichung zur Selbstüberwindung in der Humanität.

Das Werk ist für das 19. Jahrhundert von größter Bedeutung. Immer wieder versuchten Dichter, den inneren und äußeren Werdegang eines Menschen, die Ausbildung vorhandener Anlagen in der ständigen Auseinandersetzung mit den Umwelteinflüssen darzustellen. An der Art, wie das geschah, läßt sich der Wandel der Weltsicht seit Goethe ablesen (vgl. S. 147 ff., 202, 226, 238).

Goethe in der Campagne (Gemälde von J. H. W. Tischbein. 1788). „Ich soll in Lebensgröße als Reisender, in einen weißen Mantel gehüllt, in freier Luft auf einem umgestürzten Obelisken sitzend, vorgestellt werden, die tief im Hintergrund liegenden Ruinen der Campagna di Roma überschauend." (Italienische Reise, 29. Dezember 1786). Die Ruinenlandschaft symbolisiert die Entdeckung der Antike und deren Vergänglichkeit, das Relief die Wiederbelebung durch die „Iphigenie".

1788, nach Weimar zurückgekehrt, nahm Goethe seine Arbeit in der Staatsverwaltung nur in sehr beschränktem Umfang wieder auf. Er führte Werke, die er vor der Italienreise entworfen hatte, zu Ende, schrieb z. B. die „Iphigenie" aus Prosa in Blankverse um; sonst aber trat die Dichtung gegenüber naturwissenschaftlichen Studien zurück. Das veränderte sich mit einem Schlage, als er einen Mann näher kennenlernte, der auf gleicher geistiger Höhe wie er stand: FRIEDRICH SCHILLER. Seit 1794 verband die beiden Dichter eine enge Freundschaft. Im Zusammenwirken mit ihm, im geistigen Austausch und in gegenseitiger Anregung entstanden die Werke der eigentlichen Weimarer Klassik: die endgültige Fassung des *Wilhelm Meister,* das Epos *Hermann und Dorothea* und *Faust I* in seinen Hauptteilen. 1797 schufen die beiden Dichter im gegenseitigen Wettstreit eine Reihe von Balladen (Goethe u. a. den *Schatzgräber* und den *Zauberlehrling).* „Sie haben mir eine zweite Jugend geschafft und mich wieder zum Dichter gemacht (...) Für mich war es ein neuer Frühling", schrieb Goethe. Schillers früher Tod 1805 traf ihn schwer. „Ich verliere nun einen Freund und in demselben die Hälfte meines Daseins."
Goethe überlebte den Freund um 27 Jahre. In dieser Zeit zog er die Summe seines Lebens. In *Dichtung und Wahrheit* und in der *Italienischen Reise* beschrieb er seine eigene Entwicklung, und kurz vor seinem Tode vollendete er das Werk, das ihn seit seiner Sturm-und-Drang-Zeit beschäftigte und zu seinem Lebenswerk wurde: den *Faust.*

Faust

Faust. Habe nun, ach! Philosophie,
Juristerei und Medizin,
Und leider auch Theologie
Durchaus studiert, mit heißem Bemühn.
Da steh' ich nun, ich armer Tor!
Und bin so klug als wie zuvor;
Heiße Magister, heiße Doktor gar,
Und ziehe schon an die zehen Jahr
Herauf, herab und quer und krumm
Meine Schüler an der Nase herum —
Und sehe, daß wir nichts wissen können!
Das will mir schier das Herz verbrennen.
Zwar bin ich gescheiter als alle die Laffen,
Doktoren, Magister, Schreiber und Pfaffen;
Mich plagen keine Skrupel noch Zweifel,
Fürchte mich weder vor Hölle noch Teufel —
Dafür ist mir auch alle Freud' entrissen,
Bilde mir nicht ein, was Rechts zu wissen,
Bilde mir nicht ein, ich könnte was lehren,
Die Menschen zu bessern und zu bekehren.
Auch hab' ich weder Gut noch Geld,
Noch Ehr' und Herrlichkeit der Welt.
Es möchte kein Hund so länger leben!
Drum hab' ich mich der Magie ergeben,
Ob mir durch Geistes Kraft und Mund
Nicht manch Geheimnis würde kund;
Daß ich nicht mehr mit saurem Schweiß
Zu sagen brauche, was ich nicht weiß;
Daß ich erkenne, was die Welt
Im Innersten zusammenhält,
Schau' alle Wirkenskraft und Samen,
Und tu' nicht mehr in Worten kramen.

„Faust", der Tragödie erster Teil, beginnt mit einem *Monolog* (= Selbstge-spräch), dessen Anfang hier abgedruckt ist. Faust ist mit seiner Gelehrsamkeit unzufrieden, obwohl sie alle Bereiche umfaßt, die er an einer Universität seiner Zeit studieren kann, und obwohl sein Wissen das aller anderen übertrifft. Denn was er erlernt hat, ist nichts als ein Kramen in Worten, — „leider auch Theologie", weil auch sie als Wissenschaft nicht zu einer Gottesgewißheit führen kann: der Glaube ist nicht erklärbar und meßbar. Der Verstand ist kalt; die Angst vor der Hölle fehlt ihm ebenso wie innige Freude am Leben, denn beides hat keinen Bestand vor der alles zerlegenden und erklärenden Wissenschaft. Alles Ver-standeswissen bringt Faust nicht weiter in seinem Streben, zu erkennen, „was die Welt im Innersten zusammenhält". Es bleibt ihm nur eine Hoffnung, wenn er nicht ganz in Verzweiflung versinken will: Er muß einen Weg finden, der ihn befähigt, „was Rechts zu wissen", also tiefer zu schauen, als es mit dem Verstand möglich ist. Diesen Weg sieht er in der Magie, die mit Zauberzeichen und Formeln Geister beschwört. Aber auch dieser Versuch scheitert. Wohl kann er den Erdgeist herbeirufen; aber er erträgt seine Gegenwart nicht.

Geist. In Lebensfluten, im Tatensturm
        Wall' ich auf und ab,
        Webe hin und her!
        Geburt und Grab,
        Ein ewiges Meer,
        Ein wechselnd Weben,
        Ein glühend Leben,
        So schaff' ich am sausenden Webstuhl der Zeit
        Und wirke der Gottheit lebendiges Kleid.
Faust. Der du die weite Welt umschweifst,
        Geschäftiger Geist, wie nah fühl ich mich dir!
Geist. Du gleichst dem Geist, den du begreifst,
        Nicht mir! *(Verschwindet)*
Faust. *(zusammenstürzend).*
        Nicht dir!
        Wem denn?
        Ich Ebenbild der Gottheit!
        Und nicht einmal dir!

Faust. Mephisto (Szenenphoto der Aufführung des Schauspielhauses Hamburg. 1957)

Der Erdgeist offenbart sich als ein Wesen, das alles Erdendasein umfaßt, aber dieser Begegnung ist der Mensch nicht gewachsen; sein Dasein ist viel zu eng, als daß er das Ganze begreifen könnte, denn die ganze Wirklichkeit ist von einer unerträglichen Größe.

Aus der Hoffnung Fausts wird tiefste Verzweiflung, denn der titanische Versuch, über die Grenzen der Menschheit hinauszugreifen, ist kläglich zusammengebrochen. Er ist nicht das Ebenbild der Gottheit, sondern vor dem Weltganzen ein unbedeutender Zwerg. Als nächstes will sich Faust ganz vom Diesseits abkehren, um das All zu gewinnen; er will sterben, um damit die Grenzen zu durchstoßen, die ihm im Leben gesteckt sind.

Als er den Giftbecher an die Lippen setzt, ertönen Kirchenglocken und ein Osterchor. Vom Selbstmord hält ihn die Erinnerung an den christlichen Glauben zurück, an dem er als Kind gehangen hat, auch wenn er an ihm jetzt kein Genüge mehr findet: „Die Botschaft hör' ich wohl, allein mir fehlt der Glaube."

Auf der Suche nach dem Wesenskern des Menschen und des Lebens haben Faust weder Wissenschaft noch Magie noch der Glaube weitergeholfen.

Da bietet sich Mephistopheles, der Teufel, an. In seiner Enttäuschung greift Faust zu, denn in der Friedlosigkeit seines Dranges nach Erkenntnis scheint ihm die Macht, die ihm das Böse verleiht, als letzter möglicher Weg, die Welt zu durchschauen.

Das ist die Bedingung, unter der er sich dem Teufel verschreibt:

> Kannst du mich schmeichelnd je belügen,
> Daß ich mir selbst gefallen mag,
> Kannst du mich mit Genuß betrügen –
> Das sei für mich der letzte Tag! (...)
> Werd' ich zum Augenblicke sagen:
> Verweile doch, du bist so schön!
> Dann magst du mich in Fesseln schlagen,
> Dann will ich gern zugrunde gehn!

Mephisto triumphiert; er ist überzeugt, daß er Faust von seinem Streben abbringen kann, indem er ihn auf Genuß und Sinnenlust ablenkt. Doch Faust sucht in dem, was Mephisto ihm bieten kann, nicht Lust, sondern einen anderen Weg der Erkenntnis. Was ihm trotz Denken, Wissenschaft und Magie verschlossen blieb, sollen Leben und Erleben ihm erschließen.

> Der große Geist hat mich verschmäht,
> Vor mir verschließt sich die Natur.
> Des Denkens Faden ist zerrissen,
> Mir ekelt lange vor allem Wissen.
> Laß in den Tiefen der Sinnlichkeit
> Uns glühende Leidenschaften stillen!
> In undurchdrungnen Zauberhüllen
> Sei jedes Wunder gleich bereit!
> Stürzen wir uns in das Rauschen der Zeit,
> Ins Rollen der Begebenheit!

Da mag denn Schmerz und Genuß,
Gelingen und Verdruß
Miteinander wechseln, wie es kann;
Nur rastlos betätigt sich der Mann.

Das Wesen und die Kräfte des Erdgeistes sind es, die Faust mit Hilfe Mephistos erwerben will. So meint er zu erlangen, was ihm als Gelehrtem in seiner verstaubten Bücherstube verwehrt worden ist: Die Erkenntnis dessen, was die Welt im Innersten zusammenhält.

Mephistopheles sucht ihn auf seine Bahn zu ziehen. Er führt ihn in Auerbachs Keller, eine Weinschenke, wo er ihn mit Säufern und verlotterten Studenten gemein machen will; aber das ekelt Faust an. Da greift der Teufel zu der stärksten Kraft, die er kennt: zur Sinnlichkeit. Er verjüngt Faust mit Hilfe eines Hexentrankes und zeigt ihm das Bild eines schönen Mädchens. Im Sinnengenuß wird sich Faust, so hofft er, verlieren. Scheinbar gelingt ihm alles zum besten. Er verschafft Faust die Bekanntschaft mit dem Mädchen Margarete. Faust verstrickt sich immer stärker in Schuld. Mit einem Schlafmittel wird Gretchens Mutter vergiftet, Faust ersticht in einem unehrenhaften Duell Gretchens Bruder, der die Schande seiner Schwester rächen will.
Trotzdem geht die Rechnung Mephistos nicht auf. Denn nicht nur die Sinnlichkeit zieht Faust zu Gretchen hin. Das Mädchen ist von einer natürlichen Unschuld und Schlichtheit, worin Faust das wiederfindet, was er selbst verloren hat. Der von der Unendlichkeitssehnsucht Getriebene steht in Ehrfurcht vor einem Wesen, das zufrieden in einem begrenzten Kreis lebt und voll inniger Frömmigkeit ist: sie lebt in dem Paradies, das er im Streben nach Erkenntnis verloren hat. Die Liebe zu Gretchen kann in Faust nicht Befriedigung wecken, sondern muß seine Sehnsucht verstärken.
Darum lenkt der Teufel Faust ab. Er macht einen letzten Versuch, ihn in die Sinnlichkeit hinabzuziehen, indem er ihn dahin nimmt, wo sie sich in der abscheulichsten und niedrigsten Form zeigt: beim Treffen der Hexen und Teufelswesen in der Walpurgisnacht auf dem Brocken. Doch das muß erst recht scheitern, denn mitten in dem teuflischen Treiben wird ihm die Reinheit des Mädchens erst recht bewußt.
Gretchen hat inzwischen ein Kind geboren; in der Verzweiflung des Verlassenseins tötet sie es und wird als Kindsmörderin zum Tode verurteilt. Als Faust das erfährt, eilt er herbei, um die Geliebte zu retten. Mit Zaubermacht öffnet Mephisto die Tore des Gefängnisses. Gretchen ist vor Verzweiflung wahnsinnig geworden, und doch spürt sie die Unreinheit Fausts, der sie bittet, ihm zu folgen. Als Mephisto auftaucht, um zum Aufbruch zu mahnen, wendet sie sich endgültig ab:

Margarete.	Was steigt aus dem Boden herauf?
	Der! Der! Schicke ihn fort!
	Was will der an dem heiligen Ort?
	Er will mich!
Faust.	Du sollst leben!
Margarete.	Gericht Gottes! dir hab' ich mich übergeben!
Mephistopheles	*(zu Faust).* Ich lasse dich mit ihr im Stich.
Margarete.	Dein bin ich, Vater! Rette mich!
	Ihr Engel! Ihr heiligen Scharen,
	Lagert euch umher, mich zu bewahren!
	Heinrich! Mir graut's vor dir.
Mephistopheles.	Sie ist gerichtet!
Stimme	*(von oben).* Ist gerettet!

Faust. Margarete und Faust (Szenenphoto der Aufführung des Residenztheaters München. 1974)

| Mephistopheles | *(zu Faust).* Her zu mir!
(Verschwindet mit Faust.) |
| Stimme | *(von innen, verhallend).* Heinrich! Heinrich! |

Damit endet der erste Teil der Tragödie. Vor dem Gericht Gottes ist Gretchen frei von Schuld und im Tode „gerettet". Faust aber scheint verdammt. Im Triumph des Sieges reißt ihn der Teufel zu sich mit den Worten: „Her zu mir!" Aber hat er wirklich gesiegt? Faust ist in Schuld verstrickt; er hat sich dem Prinzip des Bösen verschrieben und von ihm seine Hand führen lassen. Tatmotiv ist jedoch nicht der Wille, Böses zu tun, sondern der Wunsch, den Sinn des Daseins zu erfassen, koste es, was es wolle. Der titanische Lebensdrang ist Fausts Bestimmung. Er ist ein Übermensch, der nicht erst in der Gretchen-tragödie schuldig wird. Schuldhafte Auflehnung gegen Gott, magische Beschwörung und Teufelspakt stehen ja schon am Anfang des Dramas. Das Genie muß schuldig werden an der Welt, denn jede seiner Lebensäußerungen ist machtvoll und verzehrend. Denken wir zurück an den Werther, wie er gesehen hat, daß schon ein einziger Fußtritt im Gras ungezählte Lebewesen vernichtet; ebenso muß der Kraftvolle das Lebensglück anderer Menschen zerstören, wenn er sein eigenes Ich zur Geltung bringen will. Faust aber will in das Leben eintauchen, der Erde Glück, der Erde Weh tragen. Seine dämonische Natur fordert Opfer. Aus diesen Worten ist zu erkennen, an welchem geistigen Ort der erste

Teil des Faust anzusiedeln ist. Es ist ein Werk, das in seinen Grundzügen in der Periode des Sturm und Drang entstanden ist.

Die Faustgestalt des Volksbuchs hatte den Dichter schon in seiner Kindheit beeindruckt, als er ihr in einem Puppenspiel begegnet war. Erneut angeregt wurde er durch Herder; der wies ihn auf die Vergangenheit hin, in der sich die Kraft der Volksseele reiner verwirklicht habe als in der Gegenwart. Altdeutsches Wesen sollte auch die Form wieder aufleben lassen; daher gebrauchte Goethe stellenweise den *Knittelvers* des Hans Sachs.

„Faust" ist mit der Gretchentragödie nicht vollendet. Goethe hat bis zum Ende seines Lebens an dem Werk gearbeitet, und auch am ersten Teil noch lange, nachdem er die Anschauungen des Sturm und Drang überwunden hatte. Indem er einen zweiten Teil hinzufügt, bekommt der erste ein anderes Gesicht, wird zu einem Lebensabschnitt, von dem aus der Weg weitergehen wird in neue Bereiche.

Darum kann der erste Teil mit einem Fragezeichen enden. Der siegesgewisse Ruf Mephistos: „Her zu mir!" ist ein Mißverständnis, denn die Bedingung des Paktes ist nicht erfüllt. Faust hat sich mit dem Augenblick nicht zufriedengegeben. Seine Lebenssehnsucht ist nicht erstorben, er hat auf seiner stürmischen Fahrt noch nicht haltgemacht. Faust ist in „Lebensfluten und Tatensturm" dahingerissen worden, er ist in Glück und Leid gereift zu einem Geist, der jetzt den Bereich des Erdgeistes zu umfassen vermag, der ihn „begreift". Und doch ist die Befriedigung nicht eingetreten. Wer die Welt *erlebt* hat, hat damit also noch lange nicht erkannt, was sie im Innersten zusammenhält; der Sinn des Lebens bleibt offen.

Im zweiten Teil der Tragödie finden wir Faust weiterhin auf der Suche nach der Erkenntnis, und sein Begleiter, Mephisto, sucht ihn „seine Straße sacht zu führen". In ein Triebleben hat er ihn nicht herabzerren können, und so versucht er es mit Macht und Ruhm. Faust wird zum unentbehrlichen Ratgeber des Kaisers; aber auch das befriedigt ihn nicht. Sein Streben findet ein neues Ziel. Der Kaiser hat gewünscht, daß ihm Faust die Gestalten des Paris und der Helena als die Musterbilder der Schönheit herbeizaubert. Das gelingt; Faust ist von der Schönheit der Helena so überwältigt, daß er sie zu besitzen begehrt, aber das magisch beschworene Trugbild zergeht vor seinem Zugriff.

Die Sehnsucht nach Helena ist das Sinnbild für die Schönheit an sich, sie verkörpert ein Ideal, das die Bereiche übersteigt, die Faust bis dahin kennengelernt hatte. Die Phantasie überschreitet die Grenzen der Wirklichkeit und schafft in der Kunst eine überwirkliche Welt. Diese zu erfassen begehrt Faust, sehr zum Ärger Mephistos, denn dem Teufel ist sie verschlossen; dorthin zu gelangen vermag Faust nur aus eigener Kraft. Mittelpunkt des zweiten Teiles ist Fausts Ehe mit Helena, in der Goethe die Vereinigung des „modernen" Tat- und Erkenntniswillens mit der antiken Schönheit symbolisiert. Das wäre die Erfüllung, wenn die Welt der Phantasie und der Schönheit nicht eine Scheinwelt wäre, ein Traum, aus dem es irgendwann ein Erwachen gibt.

Das Erwachen aber wirft Faust in die Wirklichkeit zurück. Scheinbar steht er an der gleichen Stelle, von der er ausgegangen ist. In Wahrheit ist er entscheidend verändert. Wenn er im ersten Teil die Wirklichkeit erleben wollte, um sich auszuleben, um sein Ich zur Geltung zu bringen und zu bestätigen, so ist er jetzt durch seine Erlebnisse gereift. Leben, Ruhm und Schönheit haben nicht zur endgültigen Erkenntnis, nicht zum tiefsten Erfassen des Daseins geführt. Der Sinn des Lebens kann offenbar nicht darin liegen, das Leben ganz zu durchschauen. Der Mensch muß sich bescheiden, zu erkennen, welche Aufgabe er im Leben hat. Und diese Aufgabe findet Faust in der Tätigkeit, in der Befriedigung, die in einem großen Werk liegt. Faust beginnt, mit Hilfe überirdischer Kräfte, die ihm Mephisto verschafft, dem Meere durch Deichbauten Neuland abzuringen.

Faust. Ein Sumpf zieht am Gebirge hin,
    Verpestet alles schon Errungene;
    Den faulen Pfuhl auch abzuziehn,
    Das letzte wär' das Höchsterrungene.
    Eröffn' ich Räume vielen Millionen,
    Nicht sicher zwar, doch tätig-frei zu wohnen (...)
    Im Innern hier ein paradiesisch Land,
    Da rase draußen Flut bis auf zum Rand,
    Und wie sie nascht, gewaltsam einzuschießen,
    Gemeindrang eilt, die Lücke zu verschließen.
    Ja! diesem Sinne bin ich ganz ergeben,
    Das ist der Weisheit letzter Schluß:
    Nur der verdient sich Freiheit wie das Leben,
    Der täglich sie erobern muß.
    Und so verbringt, umrungen von Gefahr,
    Hier Kindheit, Mann und Greis sein tüchtig Jahr.
    Solch ein Gewimmel möcht' ich sehn,
    Auf freiem Grund mit freiem Volke stehn.
    Zum Augenblicke dürft' ich sagen:
    Verweile doch, du bist so schön!
    Es kann die Spur von meinen Erdetagen
    Nicht in Äonen untergehn. –
    Im Vorgefühl von solchem hohen Glück
    Genieß' ich jetzt den höchsten Augenblick.

Äonen = Weltalter, Ewigkeit

Der Teufelspakt scheint erfüllt, denn Faust spricht die Worte aus, die nach dem Abkommen seine Seele dem Bösen überantworten. Faust erlebt den höchsten Augenblick, da er erkennt, welchen Sinn das Leben hat: Der Weisheit letzter Schluß ist es, daß der Mensch in sinnvoller, nützlicher Tätigkeit für die Mitmenschen wirkt.

Es ist entscheidend, daß Faust in Wirklichkeit nicht zum Augenblicke sagt, er solle verweilen. Noch ist das große Werk nicht getan; Faust genießt nur die Vorfreude. Wenn es aber vollendet sein wird, wird er wieder zu neuen Zielen fortschreiten wollen: In der immer unruhvollen, rastlosen Tätigkeit gibt es keinen vollendeten Augenblick.

Und so ist der Teufel schließlich doch betrogen, denn Fausts letzte Worte vor dem Tode bestätigen nicht den Pakt. Faust ist gerettet: Trotz allen Irrtums und aller Schuld, die er in seinem Leben auf sich geladen hat, hat er in seinem Suchen nach dem Sinn des Lebens zu immer höherer Reinheit der Absichten und Ziele gestrebt. Wenn er das Letzte nicht erreicht hat, so liegt das nicht an seinem Wollen, sondern an den Grenzen, die dem Menschen gezogen sind.

Um diesen Sinn seiner Dichtung zu unterstreichen, hat Goethe das Werk mit

einem *Prolog im Himmel* eingeleitet, in dem Mephistopheles mit Gott um
Fausts Seele wettet.

Mephistopheles.	Was wettet Ihr? den sollt Ihr noch verlieren!
	Wenn Ihr mir die Erlaubnis gebt,
	Ihn meine Straße sacht zu führen.
Der Herr.	Solang' er auf der Erde lebt,
	So lange sei dir's nicht verboten,
	Es irrt der Mensch, solang' er strebt.
Mephistopheles.	Da dank ich Euch; denn mit den Toten
	Hab' ich mich niemals gern befangen.
	Am meisten lieb' ich mir die vollen, frischen Wangen.
	Für einen Leichnam bin ich nicht zu Haus;
	Mir geht es wie der Katze mit der Maus.
Der Herr.	Nun gut, es sei dir überlassen!
	Zieh diesen Geist von seinem Urquell ab,
	Und führ' ihn, kannst du ihn erfassen,
	Auf deinem Wege mit herab,
	Und steh beschämt, wenn du erkennen mußt:
	Ein guter Mensch in seinem dunklen Drange,
	Ist sich des rechten Weges wohl bewußt.

Was in diesen Sätzen ausgedrückt ist, bedeutet die Weltanschauung Goethes in
der klassischen Zeit, und zugleich bezeichnet es das Wesen Fausts so, wie diese
Gestalt seitdem zum Sinnbild geworden ist. Der „Urquell", von dem Faust nicht
abzuziehen ist, ist sein Streben, den Weltsinn intuitiv oder erkennend zu erfassen. Die letzte Erkenntnis ist ihm versagt, und so muß er notwendig irren
auf seinem Weg.

Zugleich sagt der Herr, der Mensch sei sich des rechten Weges bewußt. Das
sieht wie ein Widerspruch aus, der sich aber bei der Betrachtung des Werkes
löst: Faust *weiß* nicht, was die Wahrheit ist, aber er *sucht* sie. Solange er sich
dem dunklen Drange hingibt, sie zu finden, ist er auf dem rechten Weg; jede
Handlung, die er unter diesem Drang tut, ist ein Schritt zur Vollendung, auch
wenn sie ein Irrtum ist, wenn sie ihn in Schuld verstrickt. Erst dann hat der
Mensch seine Seele verwirkt, wenn er seine Lebensaufgabe verrät: wenn ihm
die Wahrheit nicht mehr erstrebenswert scheint.

Goethes Faust gilt als die größte deutsche Dichtung. Der Dichter gestaltet in ihr
den „faustischen Drang", der dem Menschen als wesensgemäß zugeschrieben
wird. Das Werk offenbart das, was Goethe selbst in einem Leben an vielfältigen
Erfahrungen, Konflikten und Erkenntnissen gefunden hatte. Die Abschnitte
dieser seiner eigenen Entwicklung erhob er mit den Mitteln der Dichtkunst zum
Symbol. So wie Faust hatte er in der Sturm-und-Drang-Zeit im Erleben den Sinn
des Daseins gesucht, dann die Schönheit der Antike in Italien entdeckt und endlich in der Humanität das Ziel gefunden, das zwar nicht Erkenntnis der Wahrheit
bedeutet, aber doch die höchste dem Menschen erreichbare Gewißheit, die
richtige Aufgabe zu erfüllen.

 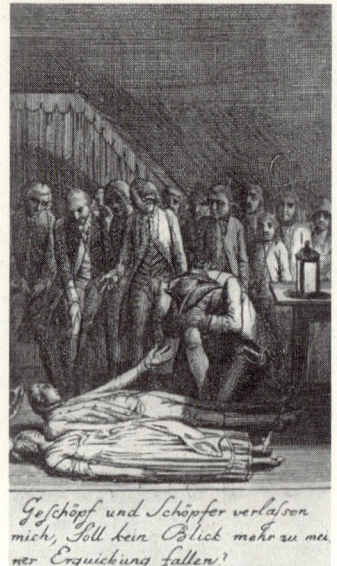

Wilst du dein Maul halten? wilst
das Violoncello am Hirnkasten wis
sen? *Kabale und Liebe*
1. Aufz. 2. Auftr.

Geschöpf und Schöpfer verlassen
mich, soll kein Blick mehr zu mei
ner Erquickung fallen?
Letzter Auftr.

Illustrationen zu Schiller, Kabale und Liebe (Kupferstiche von Daniel Chodowiecki. 1786)

FRIEDRICH VON SCHILLER

Kabale und Liebe

Ferdinand von Walter, Adeliger und Offizier, liebt ein bürgerliches Mädchen, Luise, die Tochter des Stadtmusikanten Miller. Ferdinands Vater aber ist Präsident und der mächtigste Mann im Herzogtum. Er denkt nicht daran, der unstandesgemäßen Ehe zuzustimmen, denn er hat für seinen Sohn andere, hochgesteckte Ziele. Er will ihn mit der Favoritin des Herzogs verheiraten, um ihm so die politische Karriere zu öffnen und den Fürsten „im Netz seiner Familie" zu halten. Um seinen Sohn gefügig zu machen, greift der Präsident mit Hilfe seines schurkischen Sekretärs Wurm zu Gewalt und Hinterlist (= Kabale). Wurm zwingt Luise, nach seinem Diktat einen Brief zu schreiben, der Ferdinand in die Hände gespielt wird und ihn davon überzeugt, daß Luise ihn betrügt. In rasender Eifersucht vergiftet Ferdinand die Geliebte und sich selbst.

Ferdinand. Du bist blaß, Luise?
Luise. Es ist nichts! nichts! Du bist ja da. Es ist vorüber!
Ferdinand. Und liebt mich meine Luise noch? Mein Herz ist das gestrige, ist's auch das deine noch? Ich fliege nur her, will sehn, ob du heiter bist, und gehn und es auch sein – Du bist's nicht!
Luise. Doch, doch, mein Geliebter!
Ferdinand. Rede mir Wahrheit! Du bist's nicht! Ich schaue durch deine Seele wie durch das klare Wasser eines Brillanten. Hier wirft sich kein Bläschen auf, das ich nicht merkte – kein Gedanke tritt in dies Angesicht, der mir entwischte. Was hast du? Geschwind! Weiß ich nur diesen Spiegel helle, so läuft keine Wolke über die Welt! Was bekümmert dich?

Luise.	Ferdinand! Ferdinand! Daß du doch wüßtest, wie schön in dieser Sprache das bürgerliche Mädchen sich ausnimmt –
Ferdinand.	Was ist das? Mädchen! Höre! Wie kommst du auf das? – Du bist meine Luise! Wer sagt dir, daß du noch etwas sein solltest? Siehst du, Falsche, auf welchem Kaltsinn ich dir begegnen muß. Wärest du ganz nur Liebe für mich, wann hättest du Zeit gehabt, eine Vergleichung zu machen? Wenn ich bei dir bin, zerschmilzt meine Vernunft in einen Blick – in einen Traum von dir, wenn ich weg bin, und du hast noch eine Klugheit neben deiner Liebe? – Schäme dich! Jeder Augenblick, den du an diesen Kummer verlorst, war deinem Jüngling gestohlen.
Luise.	Du willst mich einschläfern, Ferdinand – willst meine Augen von diesem Abgrund hinweglocken, in den ich ganz gewiß stürzen muß. Ich seh' in die Zukunft – die Stimme des Ruhms – deine Entwürfe – dein Vater – mein Nichts – Ferdinand! Ein Dolch über dir und mir! – Man trennt uns!
Ferdinand.	Trennt uns! Woher bringst du diese Ahnung, Luise? Trennt uns? – Wer kann den Bund zweier Herzen lösen oder die Töne eines Akkords auseinanderreißen? – Ich bin ein Edelmann – Laß doch sehen, ob mein Adelsbrief älter ist als der Riß zum unendlichen Weltall? oder mein Wappen gültiger als die Handschrift des Himmels in Luisens Augen: dieses Weib ist für diesen Mann! – Ich bin des Präsidenten Sohn. Eben darum. Wer als die Liebe kann mir die Flüche versüßen, die mir der Landeswucher meines Vaters vermachen wird?
Luise.	O, wie sehr fürcht' ich ihn – diesen Vater! –
Ferdinand.	Ich fürchte nichts – nichts – als die Grenzen deiner Liebe! Laß auch Hindernisse wie Gebirge zwischen uns treten, ich will sie für Treppen nehmen und drüber hin in Luisens Arme fliegen! Die Stürme des widrigen Schicksals sollen meine Empfindungen emporblasen, Gefahren werden meine Luise nur reizender machen. – Also nichts mehr von Furcht, meine Liebe! Ich selbst – ich will über dir wachen wie der Zauberdrach' über unterirdischem Golde – Mir vertraue dich! Du brauchst keinen Engel mehr – Ich will mich zwischen dich und das Schicksal werfen – empfangen für dich jede Wunde – auffassen für dich jeden Tropfen aus dem Becher der Freude – dir ihn bringen in der Schale der Liebe. An diesem Arm soll meine Luise durchs Leben hüpfen; schöner, als er dich von sich ließ, soll der Himmel dich wieder haben und mit Verwunderung eingestehn, daß nur die Liebe die letzte Hand an die Seele legte. –

Schiller ist zehn Jahre jünger als Goethe, aber auch er beginnt sein Werk im Geiste des Sturm und Drang. Die Szene mit Ferdinand und Luise ist mehr als ein Liebesgespräch; in ihm ist ein gesellschaftskritisches und politisches Programm enthalten, das seine Ursprünge von Rousseau und Herder herleitet. Das wird klar, wenn wir uns daran erinnern, daß Rousseau die Kultur als verdorben hingestellt hat. Ferdinand vertritt das natürliche Recht des Menschen. Die Gesellschaft hat dieses natürliche Recht umgestoßen, indem sie bestimmten Kreisen Vorrechte zugesprochen hat; der Adel hat um sich Schranken gebaut, die dem Naturrecht widersprechen und dem Menschen – sogar dem des eigenen Standes – die freie Entscheidung rauben.

An diese Schranken stößt Ferdinand, da er eine Bürgerliche liebt und eine natürliche Auffassung von der Ehe vertritt. Die Gattenwahl ist eine innere Angelegenheit des Menschen und muß frei sein von allen äußeren Beschränkungen. Kein Adelsbrief, kein Wappen darf im Wege stehen, wo es um den Bund zweier Herzen geht. Die Ehe muß freiwillig geschlossen werden und von wirklicher Liebe getragen sein. So reißt der Adelige die unnatürliche Wand zwischen den Ständen nieder. Aber die Gesellschaft ist nicht bereit, das zuzulassen. Sie bekämpft – hier vertreten durch den Präsidenten und den Hof – die Entfaltung des einzelnen, des Individuums, mit allen Mitteln, über die die höfische Gesellschaft verfügt: mit der politischen Macht und der Intrige (= Ränkespiel), mit Bosheit und List. Wie Götz, so kämpft auch Ferdinand als Individuum um seine persönliche Freiheit und geht an der Gesellschaft zugrunde, aber nicht weil diese Gesellschaft im Recht ist, sondern weil sie stärker ist und das Naturrecht unterdrücken kann. So ist Schillers Drama ein revolutionäres Werk, das eine neue Zeit herbeiführen will, indem es die bestehenden Zustände geißelt.

Aber es geht nicht nur um die Freiheit der Liebe, sondern auch um ein zweites Problem: um die soziale Unfreiheit. Luise, das bürgerliche Mädchen, ist ängstlich und ungläubig. Sie kann Ferdinand auf seinem neuen Weg nicht folgen, denn sie ist an das Herkommen gebunden. Sie unterwirft sich der überkommenen Standesordnung und tröstet sich mit einer Vereinigung im jenseitigen Leben, wo „die Schranken des Unterschiedes einstürzen, von uns abspringen all die verhaßten Hülsen des Standes, und Menschen nur Menschen sind". Luise ist nicht bereit und fähig, wie Ferdinand zu kämpfen. Damit greift das Problem über die bittere Not der Liebenden hinaus und kennzeichnet ein allgemeines Grundproblem der Zeit. Die Ergebenheit in die „gottgewollte Abhängigkeit" ist die Ursache der sozialen Unfreiheit. Erst die innere Gebundenheit und der Untertanengeist des Bürgertums ermöglichen die absolute fürstliche Gewaltherrschaft. Weil die Untertanen nicht auf ihr natürliches Recht pochen, sind sie willkürlichen Handlungen des Tyrannen ausgesetzt, der seine Landeskinder als Soldaten nach Amerika verkauft, um den Schmuck für seine Geliebte zahlen zu können; deswegen sind sie abhängig von den Höflingen und Günstlingen, die den Herrscher beherrschen und zu ihren Zwecken mißbrauchen.

Die moralische Gesinnung und die Ergebenheit des Bürgers geben dem Tyrannen eine gefährliche Waffe in die Hand: er erkennt die moralischen Gesetze nicht an, sondern ist skrupellos auf seinen Vorteil bedacht. Der Bürger aber unterwirft sich bedingungslos dem Sittengesetz selbst dann, wenn der Tyrann es mißbraucht. Das hat der Sekretär Wurm erkannt, als er seine Intrige auf einen Eid aufbaut, den er von Vater Miller und seiner Tochter erzwingt:

Präsident: Einen Eid? Was wird ein Eid fruchten, Dummkopf?
Wurm: Nichts bei *uns,* gnädiger Herr! Bei dieser Menschenart alles ...

Tatsächlich wagt es Luise aus innerer Unfreiheit nicht, den ihr abgepreßten Eid zu brechen und die Kabale zu zerreißen. Lieber entsagt sie einem Liebesbünd-

Friedrich von Schiller (Gemälde von Jakob Friedrich Weckherlin. Um 1780)

nis, „das die Fugen der Bürgerwelt auseinandertreibt und die allgemeine Ordnung zugrunde stürzen würde".

So empört sich Schillers Drama gegen die entartete Gesellschaftsordnung, die nur den Schlechten Vorschub leistet, gegen die soziale und politische Unfreiheit des Bürgers. In *Emilia Galotti* hatte schon Lessing die Willkür des Fürsten gegeißelt, der vor nichts zurückschreckt und vor dem sich der wehrlose Bürger nur in den Tod retten kann. Aber Lessing war es noch darum gegangen, die Tugend des Bürgers zu verherrlichen, der moralisch hoch über dem Fürsten steht. Schiller geht es um mehr: er will umstürzen, was innerlich heillos verfault ist, er will es nicht mehr bessern. Darum schlägt er direkt zu, wo Lessing noch vorsichtig umschreibt: „Emilia Galotti" spielt an einem italienischen Fürstenhof der Vergangenheit, „Kabale und Liebe" in der Gegenwart und in Deutschland. In vielen Einzelheiten zielt er auf einen bestimmten Hof, auf den seines ehemaligen Landesherrn Karl Eugen von Württemberg — so deutlich, daß sich noch zehn Jahre nach dem Erscheinen des Dramas die Stuttgarter Gesellschaft gegen die Aufführung des Stückes wehrte.

Wenn die Stürmer und Dränger im Gefolge der Ideen Rousseaus für die Freiheit des Individuums kämpften, so verschärfte Schiller diesen Kampf zu einer direkten Anklage gegen die absolute Gewalt der Fürsten, weil er die Macht eines solchen Alleinherrschers in seiner Jugendzeit am eigenen Leibe verspüren mußte.
FRIEDRICH VON SCHILLER ist 1759 in Marbach am Neckar geboren. Sein Vater war württembergischer Offizier und Beamter. Der Landesherr, Herzog Karl Eugen, hatte eine „militärische Pflanzschule" gegründet, an der er begabte Landeskinder zu Offizieren und

Beamten erziehen ließ. Mit dreizehn Jahren mußte Friedrich Schiller in diese Schule eintreten, obwohl er selbst und seine Familie wünschten, daß er Geistlicher werde. – Gegen den Befehl des Herzogs gab es für den Untertan keine Widerrede. Die Zöglinge der „Karlsschule" waren fast jeder Freiheit beraubt; der Herzog zerriß sogar systematisch die Bindung zur Familie, indem er Besuche der Eltern nur selten und erst nach einer Eingabe an ihn selbst erlaubte. Der Zwang der militärischen Zucht wurde Schiller bald unerträglich, denn er besaß einen natürlichen, ungebändigten Freiheitsdrang, der überall mit den Vorschriften in Konflikt geriet.

Sogar jede Privatlektüre war den Karlsschülern verboten. Trotzdem lasen Schiller und ein paar Freunde alles, was ihnen in die Hände fiel, vor allem die Werke der Stürmer und Dränger. Im Lesen und bald auch im Dichten fanden sie die Freiheit, die ihnen äußerlich verwehrt war.

So entstand, oft nachts beim Lichte einer eingeschmuggelten Kerze, Schillers erstes großes Drama: *Die Räuber*. Es ist ein glühendes Bekenntnis für die Freiheit des Individuums und ein bitterer Angriff auf die herrschenden Gesellschaftszustände.

Schiller trägt seinen Freunden *Die Räuber* vor (Skizze von Viktor Heideloff)

Ein beliebtes Thema des Sturm und Drang waren die feindlichen Brüder, von denen der echte, aufrichtige, der ganze Kerl, von seinem mißgünstigen Bruder mit den Mitteln der eigensüchtigen Gesellschaftsordnung verdrängt und vernichtet wird. Franz Moor haßt seinen Bruder, weil dieser beliebt, lebensvoll und genial ist, während er selbst häßlich, verkrüppelt und mißgünstig veranlagt ist. Er weiß ihn um die Gunst des Vaters zu bringen, so daß er verstoßen wird. Wut und Empörung des Enterbten richten sich nicht nur gegen den Bruder, sondern gegen die Gesellschaftsordnung überhaupt, die kein Recht und kein Erbarmen kennt. Diese Ordnung will er umstürzen. Er verleugnet sie und wird das Haupt einer Räuberbande. Sein Ziel ist es, „Rächer und Rechtsprecher im Namen der Gottheit zu sein", also selbstherrlich von außen die Gerechtigkeit wieder aufzurichten, die innerhalb der Gesellschaft nicht mehr besteht. Das gelingt nicht, denn indem er für die Gerechtigkeit kämpft, muß er selbst Verbrechen begehen. Darum liefert er sich am Schluß dem Gericht aus.

Die Uraufführung des Dramas im Mannheimer Nationaltheater wurde zur größten Sensation der deutschen Theatergeschichte. „Das Theater glich einem Irrenhaus, rollende Augen, geballte Fäuste, heisere Aufschreie im Zuschauerraum. Fremde Menschen fielen einander schluchzend in die Arme, Frauen wankten, einer Ohnmacht nahe, zur Türe. Es war eine allgemeine Auflösung wie im Chaos, aus dessen Nebeln eine neue Schöpfung hervorbricht."
Die Rebellion gegen eine morsche Welt der Heuchelei und Ungerechtigkeit hatte gewirkt, wie sie beabsichtigt war. Wenig erfreut war der Herzog. Schiller hatte inzwischen sein Medizinstudium auf der Karlsschule abgeschlossen und war schlecht bezahlter Regimentsmedikus im württembergischen Heer geworden. Die Macht des Herzogs drückte ihn auch hier nieder. Er verbot ihm jede schriftstellerische Tätigkeit, soweit es sich nicht um medizinische Fachfragen handelte.
Da floh Schiller 1782 ins „Ausland" nach Mannheim, in der Hoffnung, als Theaterdichter sein Brot verdienen zu können. Es folgten Jahre schwerster Not und drückendster Schulden, nur vorübergehend gelindert durch hilfreiche Freunde. In dem Drama „Kabale und Liebe" rechnete er, kaum verschleiert, mit den Zuständen in Württemberg ab. Später schrieb er das Drama *Don Carlos,* in dem er in der Gestalt des Marquis Posa einen Mann auf die Bühne stellte, der für die volle politische und religiöse Freiheit des Einzelmenschen in einem despotischen Staate eintritt. Der Marquis Posa geht wie seine Vorgänger, der Kämpfer für die naturgegebene Gerechtigkeit, Karl Moor, und der für das natürliche Recht auf Liebe, Ferdinand, zugrunde an der Gesellschaft, die ihre Vorteile durch die Rebellen gefährdet sieht.
1789, sieben Jahre nach der Flucht aus Stuttgart, erhielt Schiller eine Professur für Geschichte an der Universität Jena. Der weimarische Hof und Goethe hatten sie vermittelt, nachdem Schiller einen Band der *Geschichte des Abfalls der Niederlande* veröffentlicht hatte. Bis zum Jahre 1794 dichtete er fast keine Zeile mehr. Er widmete sich der Arbeit an einem zweiten geschichtlichen Werk (über den Dreißigjährigen Krieg). Hauptsächlich aber stürzte er sich in das Studium des Philosophen Kant, bei dem ihm eine ganz neue Welt aufging. In diesem Studium überwand er den Sturm und Drang und prägte eine Weltanschauung, die mit der Goethes verwandt war, da beide unabhängig voneinander auf den gleichen Grundlagen aufbauten.

Die Kraniche des Ibykus

Der Dichter Ibykus wird auf dem Weg zu den Festspielen in Korinth von Räubern erschlagen. Im Sterben ruft er einen Zug vorüberfliegender Kraniche an, von dem Mord zu zeugen. Die Teilnehmer des Festes trauern tief um den Dichter; die Mörder aber sind nicht zu entdecken. –
Die Menge ist im Theater versammelt und lauscht einer Tragödie.

(...) Wer zählt die Völker, nennt die Namen,
Die gastlich hier zusammenkamen?
Von Cekrops' Stadt, von Aulis' Strand,
Von Phocis, vom Spartanerland,
Von Asiens entlegner Küste,
Von allen Inseln kamen sie
Und horchen von dem Schaugerüste
Des Chores grauser Melodie,

Der streng und ernst nach alter Sitte,
Mit langsam abgemeßnem Schritte
Hervortritt aus dem Hintergrund,
Umwandelnd des Theaters Rund.
So schreiten keine ird'schen Weiber,
Die zeugete kein sterblich Haus!
Es steigt das Riesenmaß der Leiber
Hoch über menschliches hinaus.

Ein schwarzer Mantel schlägt die Lenden,
Sie schwingen in entfleischten Händen
Der Fackel düsterrote Glut,
In ihren Wangen fließt kein Blut;
Und wo die Haare lieblich flattern,
Um Menschenstirnen freundlich wehn,
Da sieht man Schlangen hier und Nattern
Die giftgeschwollnen Bäuche blähn.

Und schauerlich gedreht im Kreise
Beginnen sie des Hymnus Weise,
Der durch das Herz zerreißend dringt,
Die Bande um den Frevler schlingt.
Besinnungsraubend, herzbetörend
Schallt der Erinnyen Gesang,
Er schallt, des Hörers Mark verzehrend,
Und duldet nicht der Leier Klang:

„Wohl dem, der frei von Schuld und Fehle
Bewahrt die kindlich reine Seele!
Ihm dürfen wir nicht rächend nahn.
Er wandelt frei des Lebens Bahn.
Doch wehe, wehe, wer verstohlen
Des Mordes schwere Tat vollbracht!
Wir heften uns an seine Sohlen,
Das furchtbare Geschlecht der Nacht.

Und glaubt er fliehend zu entspringen,
Geflügelt sind wir da, die Schlingen
Ihm werfend um den flüchtgen Fuß,
Daß er zu Boden fallen muß.
So jagen wir ihn, ohn Ermatten,
Versöhnen kann uns keine Reu,
Ihn fort und fort bis zu den Schatten,
Und geben ihn auch dort nicht frei."

So singend tanzen sie den Reigen,
Und Stille wie des Todes Schweigen
Liegt überm ganzen Hause schwer,
Als ob die Gottheit nahe wär.
Und feierlich, nach alter Sitte,
Umwandelnd des Theaters Rund,
Mit langsam abgemeßnem Schritte
Verschwinden sie im Hintergrund.

Und zwischen Trug und Wahrheit schwebet
Noch zweifelnd jede Brust und bebet,
Und huldiget der furchtbarn Macht,
Die richtend im Verborgnen wacht,
Die unerforschlich, unergründet
Des Schicksals dunklen Knäuel flicht,
Dem tiefen Herzen sich verkündet,
Doch fliehet vor dem Sonnenlicht.

Da hört man auf den höchsten Stufen
Auf einmal eine Stimme rufen:
„Sieh da! Sieh da, Timotheus,
Die Kraniche des Ibykus!" – (...)

Dieser unbedachte Ausruf liefert die beiden Mörder dem Richter aus.

Chor = zwischen den Akten der griechischen Tragödie treten Chöre auf, die in dem Halbrund vor der Bühne einher-
schreiten und in Versstrophen (bei Schiller: Hymnen) den tieferen Sinn des Dargestellten aufzeigen; Erinnyen = in der
Ballade bilden die Rachegöttinnen (Furien) den Chor; Cekrops (heute: Kekrops) = sagenhafter Stammvater der Athe-
ner; Aulis, Phocis (heute: Phokis) = griechische Landschaften

Der junge Schiller fand im Lesen und Dichten die Freiheit, die ihm in der engen
Zucht der Karlsschule fehlte. Dieser Gedanke, daß die Kunst frei mache, verließ
ihn nicht; er verstärkte sich vielmehr, als Schiller über den Sturm und Drang
hinauswuchs und sich in die Werke der griechischen Dichter versenkte. Der
Auszug aus den „Kranichen des Ibykus" vermittelt die Vorstellung vom Dichten,
von der Kunst überhaupt, die er sich erarbeitet hatte. Was der Chor der
Erinnyen darstellt, ist nicht Wirklichkeit, es ist Teil eines Spiels. Aber dieses
Spiel, dieser Schein, ist von gewaltiger Kraft: es wirkt auf die Seele des Menschen ein, so stark, „als ob die Gottheit nahe wär". Noch der roheste Mörder
steht unter der Macht der Poesie; sie erfaßt ihn im Inneren, so daß er den Chor
der Erinnyen unwillkürlich mit seinem Verbrechen verbindet und sich so verrät.

Indem die Kunst ihre Macht ausübt, wird sie zur Lehrmeisterin für das Gute, läutert sie den Menschen. Aus diesem Grund sah Schiller im Dichtertum die höchste Berufung.

Das geht weit über das hinaus, was GOTTSCHED als die Aufgabe der Poesie ansah. Die Aufklärer wollten Lehrmeister sein, aber sie waren es mit dem erhobenen Zeigefinger. Sie wollten, daß der Leser erkannte, was er zu tun hatte, daß die „Fabel" des Werkes zu vernünftigen Überlegungen anregte. Schiller will auch Lehrmeister sein, aber nicht durch Belehrung, sondern durch Erschütterung des Wesenskerns im Menschen. Aus dem Dichter spricht nicht die Vernunft, sondern Seherschaft, die sich in der Kunst machtvoll äußert. Der Dichter setzt sich damit auch vom Sturm und Drang ab, denn dort sagt das Genie, was aus seinem Inneren hervorquillt, gleichgültig, ob es gut oder böse ist. Schiller ist erfüllt von der Berufung, durch die Kunst das Gute im Mitmenschen zu wecken und zu fördern.

Die Kraniche des Ibykus sind der Höhepunkt der Schillerschen *Balladendichtung,* weil darin seine Kunstauffassung sinnfälligen Ausdruck fand, und zwar an einem, wie er sagt, „prägnanten Moment": Die Macht der tragischen Kunst beweist sich, indem sich durch sie überraschend das Walten des rächenden Schicksals enthüllt. Verbrechen und Sühne sind zusammengefügt durch das zweimalige Erscheinen der Kraniche. Man nennt dies das *Dingsymbol:* ein künstlerisches Mittel, das wir oft in Balladen (auch in der Novelle, vgl. S. 156 f.) wiederfinden. Bezeichnend für bedeutsame Balladenkunst ist auch der knappe Schluß: wenige Zeilen genügen, um darzustellen, wie die Menge die Zusammenhänge erfaßt und die Mörder zur Rechenschaft zieht. „Die wirkliche Entdeckung der Tat, als Folge jenes Schreies, wollte ich mit Fleiß nicht umständlicher darstellen, denn sobald nur der *Weg* zur Auffindung des Mörders geöffnet ist (...), so ist die Ballade aus, das andere ist nichts mehr für den Poeten." (Brief an Goethe, 7. September 1797.)

Die vorherrschenden Züge in Schillers Balladen sind die dramatische Entwicklung und die Tatsache, daß jeder eine festumrissene Idee zugrunde liegt, die sich in dem Ereignis spiegelt. In den „Kranichen des Ibykus" ist es die Macht der Poesie, in der *Bürgschaft* der Sieg der sittlichen Pflicht über den Selbsterhaltungstrieb, der Treue über den Kleinmut.

Die *Ballade* (von italienisch ballata = Tanzlied) ist durch die Vers- und Strophenform und den Stimmungsgehalt mit der Lyrik verwandt. Sie stellt aber weder Erlebnisse des Dichters noch Gedanken dar, sondern eine Handlung. In dieser Hinsicht ließe sie sich als ein Drama im kleinen bezeichnen. Zugleich aber ist sie eine Kurzform des Epos, eine erzählende Dichtung. Goethe sagt einmal, sie sei das Ur-Ei der drei Grundarten der Poesie: Lyrik, Epik und Dramatik.

Die Entstehung der Balladen Schillers hängt eng mit der Freundschaft zusammen, die Schiller 1794 mit Goethe schloß. GOETHE hatte in seiner Frühzeit unter dem Einfluß Herders Balladen gedichtet, die sich an die Volksballade anschlossen und ihre Vorbilder in Herders „Stimmen der Völker in Liedern" fanden. Er hatte das Beängstigende und Grauenerregende der Naturkräfte gestaltet, deren

Reizen die Menschenseele verfällt („Erlkönig", „Der Fischer"). Im Jahre 1797 beschäftigten sich die beiden Freunde in langen Gesprächen mit HOMER und dem Epos überhaupt und seiner Abgrenzung gegenüber dem Drama. Dabei bekamen sie Lust, sich in der Ballade zu versuchen. Sie verteilten die Stoffe nach ihrer Anlage, denn Goethe bevorzugte weiterhin die Darstellung übersinnlicher und dämonischer Kräfte, z. B. im „Zauberlehrling". Die Freunde tauschten ihre Entwürfe aus, kritisierten sich gegenseitig und gaben Ergänzungsvorschläge. Im Briefwechsel Goethes mit Schiller läßt sich das besonders für die „Kraniche des Ibykus" genau verfolgen. Im selben Jahre 1797 und im Jahre darauf entstanden Schillers bekannteste Balladen: *Der Taucher, Der Handschuh, Der Ring des Polykrates, Die Kraniche des Ibykus, Die Bürgschaft.*

Wilhelm Tell

König Albrecht, ein Habsburger, will Uri, Schwyz und Unterwalden die Reichsunmittelbarkeit nehmen und sie in seine Hausmacht pressen. Die Vögte, die er nach kaiserlichem Recht einsetzen darf, sind seine Parteigänger und tyrannisieren die Schweizer. Willkür, Verhaftungen und Folterungen sollen sie gefügig machen. – Stauffacher versucht, Tell für einen Widerstand zu gewinnen.

Stauffacher.	Wo wollt Ihr hin? O, eilt nicht so von dannen!
Tell.	Mein Haus entbehrt des Vaters. Lebet wohl!
Stauffacher.	Mir ist das Herz so voll, mit Euch zu reden.

Theaterzettel zu Schiller, Wilhelm Tell (1804)

Tell.	Das schwere Herz wird nicht durch Worte leicht.
Stauffacher.	Doch könnten Worte uns zu Taten führen.
Tell.	Die einz'ge Tat ist jetzt Geduld und Schweigen.
Stauffacher.	Soll man ertragen, was unleidlich ist?
Tell.	Die schnellen Herrscher sind's, die kurz regieren.

Wenn sich der Föhn erhebt aus seinen Schlünden,
Löscht man die Feuer aus, die Schiffe suchen
Eilends den Hafen, und der mächt'ge Geist
Geht ohne Schaden spurlos über die Erde.
Ein jeder lebe still bei sich daheim;
Dem Friedlichen gewährt man gern den Frieden.

Stauffacher.	Meint Ihr?
Tell.	Die Schlange sticht nicht ungereizt.

Sie werden endlich doch von selbst ermüden,
Wenn sie die Lande ruhig bleiben sehn.

Stauffacher.	Wir könnten viel, wenn wir zusammen stünden.
Tell.	Beim Schiffbruch hilft der einzelne sich leichter.
Stauffacher.	So kalt verlaßt Ihr die gemeine Sache?
Tell.	Ein jeder zählt nur sicher auf sich selbst.
Stauffacher.	Verbunden werden auch die Schwachen mächtig.
Tell.	Der Starke ist am mächtigsten *allein*.
Stauffacher.	So kann das Vaterland auf Euch nicht zählen,
	Wenn es verzweiflungsvoll zur Notwehr greift?

Tell *(gibt ihm die Hand)*. Der Tell holt ein verlornes Lamm vom Abgrund
Und sollte seinen Freunden sich entziehen?
Doch, *was* Ihr tut, laßt mich aus Eurem *Rat!*
Ich kann nicht lange prüfen oder wählen;
Bedürft Ihr meiner zu bestimmter *Tat,*
Dann ruft den Tell, es soll an mir nicht fehlen.

Stauffachers vorsichtige Andeutungen treffen auf taube Ohren. Tell ist nicht aufgeschlossen für eine gemeinsame Sache. Er kann sich nicht vorstellen, daß friedliches und geduldiges Betragen etwas anderes als ein gleiches Verhalten bei einem Gegenüber auslöst. Daß er um Greueltaten der Vögte weiß und einen Verfolgten (Baumgarten) unter Einsatz seines Lebens gerettet hat, hindert ihn nicht daran, auf einen natürlich-gerechten Ablauf der Entwicklung zu vertrauen: „Die schnellen Herrscher sind's, die kurz regieren." Das Schicksal, so meint er, geht über Auswüchse und Unrecht hinweg und führt wieder zurück zu einer lebensgemäßen Ordnung. Stauffachers „Wir könnten viel, wenn wir zusammenstünden" löst daher egoistische und selbstherrliche Antworten aus.

Tell ist zu sehr ein redlicher und schlichter Einzelgänger; er sorgt für seine Familie und ist hilfsbereit bis zum Todesmut, wenn es gilt, einem Mitmenschen zu helfen. Doch ist sein Wesen zu einfach und zu stark von seiner natürlich-ungebundenen Lebensweise als Jäger bestimmt, als daß er im größeren Rahmen einer Lebens- und Volksgemeinschaft denken könnte.

„Der Starke ist am mächtigsten *allein*", sagt er ganz aus dem Bewußtsein seiner persönlichen Freiheit heraus. Er befindet sich gewissermaßen im Urzustand des menschlichen Daseins, in dem es noch keine Gesellschaft gegeben hat. So fehlt ihm der Blick dafür, daß sich mit dem Habsburgerstaat eine politische Kraft in die Schweiz eindrängt, die ihrer Art nach die grundsätzliche Feindin solcher Freiheit ist. Albrecht ist Politiker in dem Sinne, wie es ein Präsident Walter oder ein Weislingen sind. Er strebt Macht an. Macht eines einzelnen oder einer Schicht aber widerspricht dem natürlichen Zustand des Daseins; sie läßt sich daher nicht auf dem geraden Weg, sondern nur auf Umwegen erreichen: durch Schliche, Rechtsbruch, Zwang, Grausamkeit als Mittel der Einschüchterung.

Wenn die Betroffenen ihre Freiheit nicht preisgeben wollen, müssen sie den Zusammenschluß suchen. Stauffacher denkt also weiter als Tell, aber auch er tritt nur zögernd aus der Ungebundenheit heraus, weil die Schweizer alle, ähnlich wie Tell, ein ursprüngliches Leben führen, die Ränke und Schachzüge der modernen, politischen Welt nicht kennen oder gar beherrschen. Aus einem glücklichen und friedlichen Ruhezustand echter Sittlichkeit aufgestört, wollen sie auf dem geradesten Weg dahin zurückkehren. Stauffacher spricht vom Zusammenstehn der Schwachen, von Verbundenheit, von der Notwehr und vom Vaterland; das sind lauter Begriffe, die in einer natürlichen menschlichen Gemeinschaft gültig sind. Gemeinschaftssinn also steht gegen politisches Machtstreben auf.

Die Verschwörung kommt nur zustande, weil es die Tyrannen bis zum Äußersten treiben. Der Höhepunkt der Grausamkeit von politischer Macht ist die Blendung des alten Melchthal durch den Vogt von Unterwalden. Sie führt zu einer Absprache des jungen Melchthal mit Walther Fürst von Uri und Stauffacher aus Schwyz. Sie treffen sich kurz darauf mit Gleichgesinnten auf dem Rütli, einer Bergwiese, legen den Plan der Erhebung fest und beschwören einen Bund.

> Wir wollen sein ein einzig Volk von Brüdern,
> In keiner Not uns trennen und Gefahr.
>   *(Alle sprechen es nach mit erhobenen drei Fingern)*
> Wir wollen frei sein, wie die Väter waren,
> Eher den Tod, als in der Knechtschaft leben.
>   *(Wie oben)*
> Wir wollen trauen auf den höchsten Gott
> Und uns nicht fürchten vor der Macht der Menschen.

Die Eidgenossen sind keine Revolutionäre. Sie wollen ein Volk von Brüdern bleiben, wie es die Väter waren. Nichts Neues soll entstehen, sondern das Alte soll neu gewonnen werden. Die Entschlossenheit zum Widerstand verbindet sich mit einer Mäßigung, die aus dem natürlich-rechtlichen Empfinden der Schweizer stammt. Sie halten sich an die altüberkommene Rechtsform der „Landgemeinde", der Versammlung der Freien, mit einem Landammann und zwei Weibeln (Amtsboten), und sie beschließen, daß der Aufstand möglichst ohne Blutvergießen ablaufen soll und jede nicht politische Bindung an Österreich wie zuvor aufrechterhalten bleibt, also jede Zins- und Lehenspflicht einzelner.

Mit dem Rütlischwur wächst den Eidgenossen trotz aller Selbstbeschränkung eine neue Rolle zu: Sie können von nun ab nicht mehr in dem Naturzustand individueller Freiheit leben. Indem sie den Zusammenschluß vollziehen, bilden sie die Urzelle einer politischen Gemeinschaft, die sich dem Habsburgerstaat entgegenstellt.

Der Tag des Aufstands ist festgelegt; es ist beschlossen, bis dahin den politischen Druck zu ertragen:

> Was noch bis dahin muß erduldet werden,
> Erduldet's! Laßt die Rechnung der Tyrannen
> Anwachsen, bis *ein* Tag die allgemeine
> Und die besondere Schuld auf einmal zahlt.
> Bezähme jeder die gerechte Wut
> Und spare für das Ganze seine Rache;
> Denn Raub begeht am allgemeinen Gut,
> Wer selbst sich hilft in seiner eignen Sache.

Illustration zu Schiller, Wilhelm Tell (19. Jahrhundert). Das ist ein Beispiel für Historienmalerei des 19. Jahrhunderts. Der Zeichner stellt alles Gegenständliche: Kleidung, Waffen, Häuser zeitgetreu dar. Er will informieren, zeigen, wie es gewesen ist. Ähnlich bemühten sich die Theater damals mit aufwendiger Ausstattung um die Wiederholung des geschichtlichen Augenblicks.

Das scheitert an dem Einzelgänger Tell. Er, der Schlichteste und Gemäßigtste, muß am eigenen Leib erfahren, daß seine geduldige Bescheidung nicht vor dem Zugriff des Tyrannen bewahrt.

Der Landvogt Geßler von Uri und Schwyz, der das Ziel der Unterwerfung der Schweizer mit allen Mitteln verfolgt, hat einen Hut in Altdorf aufstellen lassen, dem die Schweizer Ehrfurcht erweisen sollen wie den Vögten oder dem Kaiser selbst. (Der Hut ist jedoch Symbol des Hauses Habsburg.) Tell geht, ohne zu grüßen, mit seinem Sohn Walter vorbei. Die Wache hält ihn fest, und Geßler verlangt von Tell, er solle, um sich freizukaufen, einen Apfel vom Kopf seines Sohnes schießen. Tell tut es nach schwerem inneren Kampf.
Als er nach einem meisterhaften Schuß als freier Mann weggehen will, fragt ihn der Land-vogt, wozu er einen zweiten Pfeil bereitgesteckt habe. Er gesteht, daß der Pfeil für Geßler bestimmt gewesen wäre, wenn er einen verhängnisvollen Fehlschuß getan hätte. Darauf-hin läßt ihn der Landvogt entgegen seiner ursprünglichen Zusage gefangen fortführen. Kurz darauf schon befreit sich Tell durch einen tollkühnen Sprung aus dem Schiff, das Geßler und seine Leute über den stürmischen Vierwaldstätter See führen soll.

Tell *(tritt auf mit der Armbrust).*
    Durch diese hohle Gasse muß er kommen;
    Es führt kein andrer Weg nach Küßnacht – Hier
    Vollend ich's – Die Gelegenheit ist günstig.
    Dort der Holunderstrauch verbirgt mich ihm;
    Von dort herab kann ihn mein Pfeil erlangen;
    Des Weges Enge wehret den Verfolgern.
    Mach deine Rechnung mit dem Himmel, Vogt!
    Fort mußt du, deine Uhr ist abgelaufen.
    Ich lebte still und harmlos – das Geschoß
    War auf des Waldes Tiere nur gerichtet;
    Meine Gedanken waren rein von Mord –
    Du hast aus meinem Frieden mich heraus
    Geschreckt; in gärend Drachengift hast du
    Die Milch der frommen Denkart mir verwandelt;
    Zum Ungeheuren hast du mich gewöhnt –
    Wer sich des Kindes Haupt zum Ziele setzte,
    Der kann auch treffen in das Herz des Feinds.

    Die armen Kindlein, die unschuldigen,
    Das treue Weib muß ich vor deiner Wut
    Beschützen, Landvogt! – Da, als ich den Bogenstrang
    Anzog – als mir die Hand erzitterte –
    Als du mit grausam teufelischer Lust
    Mich zwangst, aufs Haupt des Kindes anzulegen –
    Als ich ohnmächtig flehend rang vor dir,
    Damals gelobt ich mir in meinem Innern
    Mit furchtbarm Eidschwur, den nur Gott gehört,
    Daß meines *nächsten* Schusses *erstes* Ziel
    Dein Herz sein sollte – Was ich mir gelobt
    In jenes Augenblickes Höllenqualen,
    Ist eine heil'ge Schuld, ich will sie zahlen.

Du bist mein Herr und meines Kaisers Vogt;
Doch nicht der Kaiser hätte sich erlaubt,
Was *du*. Er sandte dich in diese Lande,
Um Recht zu sprechen – strenges, denn er zürnet –
Doch nicht, um mit der mörderischen Lust
Dich jedes Greuels straflos zu erfrechen;
Es lebt ein Gott, zu strafen und zu rächen.

Der Monolog Tells wiederholt, was die Eidgenossen auf dem Rütli als Gründe für den Aufstand genannt haben: die Störung des Friedens und eines stillen und harmlosen Lebens, die Mißachtung des gültigen und überkommenen Rechts. Jetzt sind es die Gedankengänge eines Einzelmenschen. Tell ist aber mehr als das. Er steht stellvertretend für das Schweizer Volk, verkörpert es geradezu in seiner unpolitischen, auf sich selbst gestellten und auf sich selbst vertrauenden Art.

Die Macht ist bis zu ihm vorgedrungen, hat ihn aufgerüttelt und tiefer getroffen als alle andern. Sie trifft nicht nur den Friedlichsten; was Geßler verlangt, übersteigt den politischen Zweck, die Schweizer in Furcht zu versetzen – es ist eine widernatürliche Teufelei. Geßler zeigt sich in seiner persönlichen Charakterlosigkeit, verrät seine unmenschliche Lust, andere zu quälen, wo sie am stärksten leiden.

So tritt der Volksaufstand zurück; das Drama gipfelt in dem tödlichen Streit zwischen dem Menschen Tell und dem Unmenschen Geßler, weil sich in diesen beiden am reinsten die Natur und die Unnatur gegenüberstehen. Die „grausam teuflische Lust" des Landvogts, das Widernatürliche daran, berechtigt Tell dazu, ihn zu töten; denn dadurch setzt er die Natur wieder in ihre Rechte ein, beseitigt er einen Menschen, der diesen Namen nicht mehr verdient. Anders können wir nicht verstehen, daß Tell von einer heiligen Schuld spricht, die er bezahlen will, und sich als Rächer im Namen Gottes bezeichnet.

Tells Entschluß, Geßler zu töten, kommt also nicht aus dem Wissen um dessen Gefährlichkeit für die Eidgenossen. Tell ist nicht mit ihnen im Bunde und handelt gegen ihre Abmachungen, allein auf sich gestellt, um seine Familie zu schützen. Nicht einmal den Mordplan läßt er sie wissen, obwohl er einem der Verschwörer gleich nach dem Sprung aus dem Schiff begegnet. Auf dessen ahnungsvolle Frage antwortet er nur: „Ist es *getan*, wird's auch zur Rede kommen."

Trotzdem wird der Selbsthelfer zum Helden und Erretter des Vaterlands; denn er denkt bei seiner Tat zwar nicht an eine größere Gemeinschaft als die seiner Familie, aber er handelt aus demselben Urgrund des natürlichen Lebens, der die Verschworenen zum Zusammenschluß geführt hat.

Nach dem Tod Geßlers gelingt der Aufstand ohne Blutvergießen. Der junge Melchthal läßt sogar den Vogt von Unterwalden ziehen, getreu der Absicht, nicht sich zu rächen, sondern sich zu befreien. Da zudem der Habsburger Albrecht aus persönlichen Motiven von seinem Neffen getötet worden ist und der neue Kaiser aus einem anderen Hause stammt, ist die Befreiung endgültig.

Die Eidgenossenschaft bildet von nun an die Art der politischen Gemeinschaft, die Schiller als Idealzustand erscheint: einen Staat, der aus dem freiwilligen Zusammenschluß aller entstanden ist, in dem die Menschenrechte nicht als politisches Programm, sondern als naturgegebene Wirklichkeit gelten und in dem es nur freie Menschen gibt. Das Drama schließt mit dem Satz des Adeligen Rudenz, der sich dem Aufstand der Bauern, Fischer und Jäger angeschlossen hat: „Und frei erklär ich alle meine Knechte."

Wilhelm Tell ist als Volksstück geplant: „Ein rechtes Stück für das ganze Publikum verspreche ich Ihnen", schrieb Schiller an den Berliner Schauspieldirektor Iffland. Dem entspricht die Schwarz-Weiß-Zeichnung, in der Recht und Unrecht sich klar auf die beiden Personengruppen verteilen. Die reine Handlung kann in ihrer dramatischen Steigerung jeden Zuschauer hinreißen, und die Sprache ist so einfach, der Blankvers so ungekünstelt, daß viele Stellen zu volkstümlichen Redensarten geworden sind.

Unter der stofflichen Oberfläche enthält jedoch auch das Volksstück das Gedankengebäude, das Schiller in einem jahrelangen Studium des Philosophen Immanuel Kant entwickelt hat und das seine klassischen Werke bestimmt. Im „Tell" geht es um Tyrannei und Freiheit, um Unrecht und Recht. Das sind Gegensatzpaare, wie sie Schiller stets zur Grundlage seiner klassischen Dramen macht; denn er glaubt, daß das Leben ein ständiger Kampf ist zwischen guten und bösen Kräften. Das Gute siegt dabei gewiß nicht immer so augenscheinlich wie in dem Volksstück, weil das Gute vom Bösen selten so klar geschieden ist. Zumeist lebt der Mensch im Widerstreit mit sich selbst; in seinem Inneren kämpfen positive und negative Beweggründe miteinander, und oft trägt das Böse den Sieg davon.

Wie sich im einzelnen nicht stets das Gute durchsetzt, so auch nicht im Weltgeschehen. Das könnte Zweifel an der sinnvollen Einrichtung der Welt aufkommen lassen. Dennoch glaubt Schiller an einen Sinn in allem Geschehen und an die herrschende Macht des Göttlichen. Was das Leben immer wieder in die richtige Bahn lenkt, ist die „sittliche Weltordnung". Sie beruht auf dem von Kant herausgestellten sittlichen Grundgesetz (vgl. S. 113 f.). Kant hatte gesagt, daß sich der Mensch die Pflicht, Gutes zu wollen, „freiwillig" auferlegt. Im Einzelfall kann sie mißachtet und beiseite gestoßen werden; trotzdem besteht die sittliche Weltordnung fort als das Ziel all derer, die den Idealen der Wahrheit, der Gerechtigkeit, des Guten – dem „Göttlichen" – nachstreben. Sie stehen gegen die Unnatur, das Unrecht, das Böse auf und erheben sich darüber.

Die Rolle, die der einzelne in dem tragischen Kampf spielt, wird ihm vom Schicksal zugewiesen. Das bedeutet, daß er immer wieder ohne sein Zutun vor Entscheidungen steht oder Gewalten unterworfen ist, die ihn zum Handeln zwingen. Tell wird von der teuflischen Willkür Geßlers überrascht; er wird zum Tyrannenmörder, obwohl es sein einziges Ziel ist, in Frieden zu leben. Auch die Schweizer sind keine Kämpfernaturen, sie sind ungerüstet und ohne Macht. Aber die Gewißheit, daß das Recht auf ihrer Seite steht und der Aufstand sittlich notwendig ist, läßt sie entgegen der Erwartung siegen.

An der Gestaltung des „Tell" können wir ebenso wie an den Balladen ermessen, welches Ziel Schiller in seinen klassischen Werken verfolgt. Sie haben einen fest umrissenen philosophischen Hintergrund, und ihn an sinnfälligen Beispielen aufzuzeigen, ist das Ziel seines Dichtens. Die Philosophie wird an Gegenständen und Vorgängen veranschaulicht. Diese findet Schiller in der Geschichte; an den großen Schicksalen vergangener Zeiten läßt sich der Sinn des Menschenlebens offenbaren, wenn man sie von den Zufälligkeiten der historischen Überlieferungen reinigt und ihren symbolischen Wert enthüllt. In diesem Sinne entwirft Schiller als erstes den *Wallenstein* und danach *Maria Stuart* und *Die Jungfrau von Orleans.* Diese Dramen enden tragisch, weil sich nicht wie im „Tell" das Gute und das Böse gegenüberstehen. Vielmehr spielt sich der Kampf zwischen den beiden Prinzipien jeweils im Innern der Hauptgestalt ab. Diese verstrickt sich dabei in Schuld und sühnt mit dem Tod. Mit ihrem tragischen Untergang aber stellt sie die Ordnung wieder her, die sie gestört hat.

Schon kurz nachdem Schiller die Jenaer Professur übernommen hatte, überfiel ihn eine schwere Krankheit, die ihn an den Rand des Todes brachte. Seitdem wurde er nie wieder ganz gesund. Magenkrämpfe, Schwindelanfälle und Ohnmachten setzten ihm zu. Das Bewußtsein, nur noch wenig Zeit zu haben, ließ ihn mit einer ungeheueren Willenskraft seine Krankheit zurückdrängen. Alle seine klassischen Werke mußte er einem geschwächten, leidenden Körper abringen. Zehn Jahre kämpfte Schiller so um die Vollendung dessen, was zu sagen er als seine höchste menschliche Pflicht ansah, bis er im Jahre 1805 seiner Krankheit erlag.

FRIEDRICH HÖLDERLIN

Abendphantasie

Vor seiner Hütte ruhig im Schatten sitzt
der Pflüger, dem Genügsamen raucht sein Herd.
Gastfreundlich tönt dem Wanderer im
friedlichen Dorfe die Abendglocke.

Wohl kehren jetzt die Schiffer zum Hafen auch,
in fernen Städten fröhlich verrauscht des Marktes
geschäftiger Lärm; in stiller Laube
glänzt das gesellige Mahl den Freunden.

Wohin denn ich? Es leben die Sterblichen
von Lohn und Arbeit; wechselnd in Müh und Ruh
ist alles freudig; warum schläft denn
nimmer nur mir in der Brust der Stachel?

Am Abendhimmel blühet ein Frühling auf;
unzählig blühen die Rosen, und ruhig scheint
die goldne Welt; o dorthin nehmt mich,
purpurne Wolken! und mögen droben

in Licht und Luft zerrinnen mir Lieb und Leid! –
Doch, wie verscheucht von törichter Bitte, flieht
der Zauber; dunkel wird's, und einsam
unter dem Himmel, wie immer, bin ich. –

Komm du nun, sanfter Schlummer! zu viel begehrt
das Herz; doch endlich, Jugend, verglühst du ja,
du ruhlose, träumerische!
Friedlich und heiter ist dann das Alter.

Einfache Menschen leben glücklich, weil sie sich genügsam nach dem Rhythmus der Natur richten. Nach des Tages Mühe und Arbeit genießen sie die Feierabendruhe. Auch den müden Wanderer nehmen sie gastfreundlich in ihren Kreis auf. Mit Freude erfüllt sie Arbeit wie Ruhe, weil sie beides als Geschenk aus Gottes Hand nehmen und nicht nach dem „Warum" fragen.

Allein ausgeschlossen aus dieser *Idylle* – dem unschuldigen Zustand der Seelenruhe – ist der Dichter; denn er kann sich nicht zufriedengeben mit solchem Leben. Der Stachel in seiner Brust treibt ihn, nach einem höheren Dasein zu suchen: nach Idealen, nach Erkenntnis, nach Verbundenheit mit dem Göttlichen, das Natur und Geist umschließt. Aber damit greift er nach den Sternen; das Göttliche läßt sich nicht fassen. Der Dichter kann es für Augenblicke schauen, aber er kann es nicht halten. Wer jedoch einmal die höhere Welt geahnt hat, taugt nicht mehr für das schlichte Leben in der Genügsamkeit, er verzehrt sich in Sehnsucht nach dem Unerreichbaren. Wunsch und Enttäuschung verdichten sich zu dem Bild der untergehenden Sonne, die den Himmel für eine Weile aufblühen läßt und die Welt in Gold taucht, die aber nach ihrem Untergang alles um so dunkler und trauriger erscheinen läßt. Dem Dichter bleibt als Trost nur das Vergessen im Schlummer und die Hoffnung auf ein friedliches Alter. Wenn das Streben nach dem Unerreichbaren erloschen ist – dann vermag er vielleicht wieder eins zu werden mit allem, was lebt.

Für Hölderlin hat es Zeiten gegeben, in denen die Eintracht allgemein gewesen ist: das griechische Menschentum erscheint ihm als Idealzustand der Einheit von Mensch und Natur. Seitdem ist die Einheit zerfallen, es ist Nacht geworden. Doch glaubt der Dichter, daß man die glückliche Harmonie des griechischen Menschseins erneuern könne, wenn man sein Leben der Schönheit weiht. Darauf hinzuführen, ist für Hölderlin das Amt des Dichters. Dieser ist für ihn – nicht anders als für Schiller – der Seher und der Lehrmeister der Menschen.

Die Schönheit, die Hölderlin sucht, ist mehr als das Sichtbare, das gefällt. In der *Abendphantasie* ist sie zwar im anschaulichen Bild gegenwärtig, doch darüber hinaus vorhanden in dem Zusammenwirken der Erscheinungen, in den ausgewogenen, störungsfreien Beziehungen, in der Zugehörigkeit z. B. des Wanderers,

Friedrich Hölderlin (Nach einer Pastell-
zeichnung von Franz Karl Hiemer)

der Heimkehrer, der Freunde zu der Ordnung des im Bilde dargestellten Lebens. Alles, was Ausdruck der Harmonie des Ganzen, der All-Einheit sein kann, ist schön, darum auch Freundschaft und Liebe. Daß die Menschen dazu so selten fähig sind, ist die Ursache für ihre Gottverlassenheit.

Die Schönheit, die Hölderlin verherrlicht, versucht er in der Form zu verwirklichen. Hier ist sie im Maßvollen, im Gleichgewicht der Kräfte. „Haßt den Rausch wie den Frost!" ruft er aus und bindet sich in Wortwahl und Versgestalt an Formen, in denen nicht der kraftvolle und ungewöhnliche, sondern der gebändigte und mustergebende Ausdruck vorherrscht. Daher finden sich häufig die allgemeinsten Worte (Lieb und Leid, Jugend, Alter, goldne Welt, sanfter Schlummer) statt der genauen Bezeichnungen von Einzelheiten. Das Verbindliche und Abgeschlossene findet Hölderlin in der Lyrik der Antike. *Abendphantasie* ist eine *Ode,* eine Gedichtform mit kompliziertem, reimlosem Versbau. Hölderlin gestaltet in ihr das Maßvolle und Edle, das ihm dieser Form angemessen erscheint. Als zweites bevorzugt er die *Elegie,* die zwischen Hexametern und Pentametern wechselt und keinen Strophenzwang hat. *(Hexameter* sind sechsfüßige Daktylen oder Trochäen; *Pentameter* unterscheiden sich dadurch, daß bei der Zäsur nach dem dritten Fuß und am Zeilenende die Senkungen fehlen.) In der Elegie drückt der Dichter seit den Römern (u. a. OVID) besonders eine Klage aus, Hölderlin zum Beispiel über die Unvereinbarkeit von Ideal und Wirklichkeit. Die Elegie beginnt:

Susette Gontard, Hölderlins „Diotima" (Büste von Landolin Ohnmacht)

Menons Klage an Diotima

Täglich geh ich heraus, und such ein Anderes immer,
Habe längst sie befragt, alle die Pfade des Lands;
Droben die kühlenden Höhn, die Schatten alle besuch ich,
Und die Quellen; hinauf irret der Geist und hinab,
Ruh erbittend; so flieht das getroffene Wild in die Wälder,
Wo es um Mittag sonst sicher im Dunkel geruht;
Aber nimmer erquickt sein grünes Lager das Herz ihm,
Jammernd und schlummerlos treibt es der Stachel umher. . .

FRIEDRICH HÖLDERLIN (1770–1843) studierte in Tübingen protestantische Theologie. In Frankfurt kam er als Hauslehrer in das Heim der Familie Gontard. Mit der Mutter seiner Zöglinge, Susette Gontard, der *Diotima* seiner Dichtung, verband ihn eine beglückende Seelenfreundschaft, in der er sein Ideal von der Schönheit als Ausdruck des göttlichen Weltganzen verwirklicht sah. Der Mann Susette Gontards löste das Arbeitsverhältnis des Hauslehrers abrupt auf, und seit ihr ausgleichender Einfluß fehlte, erschütterte ihn der Zwiespalt zwischen seinen idealen Wünschen und der harten Wirklichkeit immer stärker. Seit 1806 lebte er in geistiger Umnachtung.

Romantik

NOVALIS

Heinrich von Ofterdingen

»Die Eltern lagen schon und schliefen, die Wanduhr schlug ihren einförmigen Takt, vor den klappernden Fenstern sauste der Wind; abwechselnd wurde die Stube hell von dem Schimmer des Mondes. Der Jüngling lag unruhig auf seinem Lager und gedachte des Fremden und seiner Erzählungen. Nicht die Schätze sind es, die ein so unaussprechliches Verlangen in mir geweckt haben, sagte er zu sich selbst; fernab liegt mir alle Habsucht: aber die blaue Blume sehn' ich mich zu erblicken. Sie liegt mir unaufhörlich im Sinn, und ich kann nichts andres dichten und denken. So ist mir noch nie zu Mute gewesen: es ist, als hätt' ich vorhin geträumt, oder ich wäre in eine andere Welt hinübergeschlummert; denn in der Welt, in der ich sonst lebte, wer hätte sich da um Blumen bekümmert, und gar von einer so seltsamen Leidenschaft für eine Blume hab' ich damals nie gehört. Wo eigentlich nur der Fremde herkam? Keiner von uns hat je einen ähnlichen Menschen gesehen; doch weiß ich nicht, warum nur ich von seinen Reden so ergriffen worden bin; die andern haben ja das nämliche gehört, und keinem ist so etwas begegnet. Daß ich auch nicht einmal von meinem wunderlichen Zustande reden kann! Es ist mir oft so entzückend wohl, und nur dann, wenn ich die Blume nicht recht gegenwärtig habe, befällt mich so ein tiefes, inniges Treiben: das kann und wird keiner verstehen. Ich glaubte, ich wäre wahnsinnig, wenn ich nicht so klar und hell sähe und dächte, mir ist seitdem alles viel bekannter. Ich hörte einst von alten Zeiten reden; wie da die Tiere und Bäume und Felsen mit den Menschen gesprochen hätten. Mir ist gerade so, als wollten sie allaugenblicklich anfangen und als könnte ich es ihnen ansehen, was sie mir sagen wollten. Es muß noch viel Worte geben, die ich nicht weiß: wüßte ich mehr, so könnte ich viel besser alles begreifen. Sonst tanzte ich gern; jetzt denke ich lieber nach der Musik. Der Jüngling verlor sich allmählich in süßen Phantasien und entschlummerte.

Da träumte ihm erst von unabsehlichen Fernen und wilden, unbekannten Gegenden. Er wanderte über Meere mit unbegreiflicher Leichtigkeit; wunderliche Tiere sah er; er lebte mit mannigfaltigen Menschen, bald im Kriege, im wilden Getümmel, in stillen Hütten. Er geriet in Gefangenschaft und die schmählichste Not. Alle Empfindungen stiegen bis zu einer niegekannten Höhe in ihm. Er durchlebte ein unendlich buntes Leben, starb und kam wieder, liebte bis zu höchsten Leidenschaft und war dann wieder auf ewig von seiner Geliebten getrennt. Endlich gegen Morgen, wie draußen die Dämmerung anbrach, wurde es stiller in seiner Seele, klarer und bleibender wurden die Bilder. Es kam ihm vor, als ginge er in einem dunkeln Wald allein. Nur selten schimmerte der Tag durch das grüne Netz. Bald kam er vor eine Felsenschlucht, die bergan stieg. Er mußte über bemooste Steine klettern, die ein ehemaliger Strom heruntergerissen hatte. Je höher er kam, desto lichter wurde der Wald. Endlich gelangte er zu einer kleinen Wiese, die am Hange des Berges lag. Hinter der Wiese erhob sich eine hohe Klippe, an deren Fuß er eine Öffnung erblickte, die der Ausgang eines in den Felsen gehauenen Ganges zu sein schien. Der Gang führte ihn gemächlich eine Zeitlang eben fort bis zu einer großen Weitung, aus der ihm schon von fern ein helles Licht entgegenglänzte. Wie er hineintrat, ward er einen mächtigen Strahl gewahr, der wie aus einem Springquell bis an die Decke des Gewölbes stieg und oben in unzählige

Funken zerstäubte, die sich unten in einem großen Becken sammelten; der Strahl glänzte wie entzündetes Gold, nicht das mindeste Geräusch war zu hören, eine heilige Stille umgab das herrliche Schauspiel. Er näherte sich dem Becken, das mit unendlichen Farben wogte und zitterte. Die Wände der Höhle waren mit dieser Flüssigkeit überzogen, die nicht heiß, sondern kühl war und an den Wänden nur ein mattes bläuliches Licht von sich warf. Er tauchte seine Hand in das Becken und benetzte seine Lippen. Es war, als durchdringe ihn ein geistiger Hauch, und er fühlte sich innigst gestärkt und erfrischt. Ein unwiderstehliches Verlangen ergriff ihn, sich zu baden, er entkleidete sich und stieg in das Becken. Es dünkte ihn, als umflösse ihn eine Wolke des Abendrots; eine himmlische Empfindung überströmte sein Inneres, mit inniger Wollust strebten unzählbare Gedanken in ihm sich zu vermischen; neue, niegesehene Bilder entstanden, die auch ineinanderflossen und zu sichtbaren Wesen um ihn wurden, und jede Welle des lieblichen Elements schmiegte sich wie ein zarter Busen an ihn. Die Flut schien eine Auflösung reizender Mädchen, die an dem Jünglinge sich augenblicklich verkörperten.

Berauscht von Entzücken und doch jedes Eindrucks bewußt, schwamm er gemach dem leuchtenden Strome nach, der aus dem Becken in den Felsen hineinfloß. Eine Art von süßem Schlummer befiel ihn, in welchem er unbeschreibliche Begebenheiten träumte und woraus ihn eine andere Erleuchtung weckte. Er fand sich auf einem weichen Rasen am Rande einer Quelle, die in die Luft hinausquoll und sich darin zu verzehren schien. Dunkelblaue Felsen mit bunten Adern erhoben sich in einiger Entfernung; das Tageslicht, das ihn umgab, war heller und milder als das gewöhnliche, der Himmel war schwarzblau und völlig rein. Was ihn aber mit voller Macht anzog, war eine hohe, lichtblaue Blume, die zunächst an der Quelle stand und ihn mit ihren breiten, glänzenden Blättern berührte. Rund um sie her standen unzählige Blumen von allen Farben, und der köstlichste Geruch erfüllte die Luft. Er sah nichts als die blaue Blume und betrachtete sie lange mit unnennbarer Zärtlichkeit. Endlich wollte er sich ihr nähern, als sie auf einmal sich zu bewegen und zu verändern anfing; die Blätter wurden glänzender und schmiegten sich an den wachsenden Stengel, die Blume neigte sich nach ihm zu, und die Blütenblätter zeigten einen blauen, ausgebreiteten Kragen, in welchem ein zartes Gesicht schwebte. Sein süßes Staunen wuchs mit der sonderbaren Verwandlung, als ihn plötzlich die Stimme seiner Mutter weckte und er sich in der elterlichen Stube fand, die schon die Morgensonne vergoldete.«

Novalis greift in seinem unvollendeten Entwicklungsroman Heinrich von Ofterdingen *auf das deutsche Mittelalter zurück. Der Traum von der blauen Blume schildert das Erwachen des Dichtertums in dem Minnesänger und nimmt seinen Lebensweg seherhaft vorweg. Der zum Dichter erweckte Jüngling wird von dem Meister der Poesie, Klingsohr, geführt und vermählt sich mit dessen Tochter Mathilde. Durch ein grausames Schicksal verliert er die Geliebte. Aber dieser Tod ist notwendig für seine Entwicklung: ein vollkommener Dichter kann nur sein, wer außer dem höchsten Glück auch tiefstes Leid erlebt hat. Aus Einsamkeit und Verzweiflung löst Heinrich sich ganz von der äußeren Welt und geht vollkommen in die Traumwelt ein, in der es weder Zeit noch Raum gibt, und daher auch keinen Tod: Er stirbt für die Welt und wird wiedergeboren für das Reich der Poesie, in der er mit Mathilde endgültig vereint ist. „Die Welt wird Traum, der Traum wird Welt."*

Was sich in dem Text abspielt, ist ein schrittweises Ablösen von dem, was für den normalen Menschen Welt bedeutet: vom Bereich des verstandesmäßig Erfaßbaren. Die Erzählung des Fremden (Klingsohr) erweckt das Verlangen danach; im Nachdenken entfernt sich Heinrich schon so weit, daß er von seinem

Der Wanderer über dem Nebelmeer (Gemälde von Caspar David Friedrich. Um 1818). Der Bildbetrachter schaut mit dem Wanderer in eine wesenlose, unkonkrete Landschaft, die aus den Nebelschwaden ersteht. Diese Landschaft wirkt nicht durch sich selbst, sondern vermittelt durch das Gefühl des Betrachters.

Leben vor der Erweckung als von „damals" spricht, so als ob es um Jahre zurückläge, und er steigert sich in einen Schwebezustand, in dem ihm ist, als ob er träumte oder wahnsinnig wäre.

Damit läßt er das rationale Bewußtsein hinter sich. Im Traum erlebt er das Widervernünftige. Abgelöst von allem beschränkenden Überlegen schaut er eine höhere Wirklichkeit, in der es weder Zeit noch Raum gibt. Das ganze zukünftige Leben zieht an Heinrich vorbei, und er dringt in die Erdrinde ein, um in einer unirdischen, zauberhaften Welt die blaue Blume zu finden.

Diese Blume ist das Symbol für die neugewonnene Welt. Blau ist die Farbe des Himmels am Horizont; sie bewegt sich fort, so weit man ihr auch nachwandert: in ihr drückt sich die Sehnsucht nach einer unerreichbaren, unendlichen Ferne aus. Die Blume ist das Sinnbild für Schönheit und Poesie; sie verwandelt sich in das Mädchen Mathilde, denn Poesie und Liebe sind eins. Menschen, für die allein das Nützliche und Zweckmäßige gilt, haben dafür kein Verständnis.

Heinrich von Ofterdingen gehört zu den Auserwählten, denen der Sinn für die Poesie angeboren ist und die für sie erweckt werden; denn er ist fähig, mehr als nur seinen Verstand zu gebrauchen. Ihm wohnt die Kraft der Phantasie inne, die es ihm möglich macht, Sehnsucht nach dem Unerreichbaren zu empfinden und zu erfahren, daß es mehr gibt als nur die Verstandeswelt. Die Phantasie versetzt ihn in den anderen Bereich, in dem alles viel bekannter wird, in dem er eins wird mit der Natur und die Dinge verstehen und durchschauen kann, die dem vernünftigen Menschen verschlossen bleiben.

Daß im Menschen Kräfte wohnen, die „mehr wert sind als die Vernunft", ist eine Erkenntnis des Sturm und Drang. Novalis geht aber weit über ihn hinaus. Gefühle sind ihm nicht ein Anstoß für richtiges Handeln in der Welt, sondern Anzeichen dafür, daß es über der Welt, die der Verstand fassen kann, einen unendlichen Bereich gibt, in dem ein vollkommeneres Leben möglich ist und der ein neues Bewußtsein und eine höhere Art der Erkenntnis vermittelt. Dahinter steht die Vorstellung, daß der Verstand nicht nur überbewertet wird, sondern den Menschen sogar aus dem Naturzusammenhang herausgerissen hat.

Früher, so meint Novalis, als der Verstand noch nicht so stark ausgebildet war, konnten die Menschen die Sprache der Tiere, der Bäume und der Felsen verstehen. Sie lebten in einer Gefühlswelt, ungeschieden von der Natur und ihren Kräften. Wer mit Phantasie begabt ist, vermag etwas von dieser echten, natürlichen Welt zu ahnen. Aber erst in Traum und Wahnsinn fallen die Schranken des Verstandes ganz und das Reich der Poesie wird Wirklichkeit. Darum meint Heinrich zu träumen oder wahnsinnig zu sein, und darum erfüllt sich seine Sehnsucht im Schlaf.

Was Heinrich erlebt, ist *romantisch;* es ist phantastisch und abenteuerlich wie in einem Roman. „Romantisieren heißt, dem Gewöhnlichen ein geheimnisvolles Ansehen, dem Bekannten die Würde des Unbekannten, dem Endlichen einen unendlichen Schein geben" (Novalis). Schon die Wahl des Kennwortes weist darauf hin, daß die Romantiker das Leben aus der Phantasie und in der Poesie als das eigentlich wesentliche ansehen und daß es ihr Wunsch ist, es zu verwirklichen.

Vorbild für den Roman *Heinrich von Ofterdingen* waren *Wilhelm Meisters Lehrjahre* als Darstellung des Lebens in seiner Fülle, seiner Einheit und der inneren und äußeren Entwicklung eines Menschen. Novalis hatte Goethes Roman geliebt und genau studiert, aber sich schließlich von ihm abgewandt, da in ihm das Romantische und Wunderbare beiseite geschoben wird und er zum Schluß „bloß von gewöhnlichen menschlichen Dingen handelt und nichts als eine poetische bürgerliche und häusliche Geschichte ist". Novalis wollte Goethe

Novalis, eigentlich Friedrich von Hardenberg (Stich von Eduard Eichens. 1845)

übertreffen und die Poesie über die bürgerliche Welt siegen lassen. Aber weil diese in der Wirklichkeit stärker ist, ist der Sieg der Poesie nur in dem Bereich möglich, der Anteil hat an der magischen Welt des Traumes. Von allen Dichtungsgattungen kommt ihr das Märchen am nächsten; daher ist der „Heinrich von Ofterdingen" ein Märchenroman. Er verklärt die Welt des Mittelalters zu einem Wunschbild. Die Menschen sind schlicht, einfach und fromm, liebenswürdig und innerlich harmonisch, denn sie sind näher am Urgrund der Dinge, von dem sich die Welt immer mehr entfernt. Heinrich ist eine Märchenfigur, die nur scheinbar auf Widerstände stößt, sich aber eigentlich ganz selbstverständlich entwickelt.

Damit erfüllt der Roman die höchste Forderung der romantischen Dichtung, denn „das Märchen ist gleichsam der Kanon der Poesie, alles Poetische muß märchenhaft sein" (Novalis). Im Märchen sprechen die Tiere; Riesen und Zwerge, Feen und Hexen treten auf; es ereignet sich das Unmögliche. Das alles geschieht ganz selbstverständlich, denn das Wesen der Märchendichtung ist das Wunderbare, das Übergehen von der Wirklichkeit in ein Überwirkliches. Die romantische Dichtung aber will die gewöhnliche Welt fremd machen, in ein Märchen verwandeln, denn das ist sie ihrem eigentlichen Wesen nach. Das Märchen wird zur vollendetsten und charakteristischsten Form der romantischen Dichter. „Auf die übernatürlichste und natürlichste Weise wird alles erklärt und vollendet, die Scheidewand zwischen Fabel und Wahrheit, zwischen Vergangenheit und Gegenwart ist eingefallen: Glaube, Phantasie, Poesie schließen die innerste Welt auf" (Novalis).

FRIEDRICH VON HARDENBERG (1772–1801), der sich als Dichter NOVALIS (von novale = Neurodung) nannte, nahm nach juristischen und mathematisch-naturwissenschaftlichen Studien eine Beamtenstelle in der Bergbauverwaltung ein. Während der Studentenzeit in Jena war er mit einer Reihe gleichgesinnter Freunde zusammengetroffen, vor allem mit den Brüdern August Wilhelm und Friedrich Schlegel und mit Ludwig Tieck. Aber erst als seine junge Braut Sophie von Kühn starb, versenkte er sich ganz in ein romantisches Dichtertum, in dem er an sich selbst erleben wollte, was nach der romantischen Theorie dem poetischen Menschen möglich sein mußte: er wollte sich mit seiner geliebten Braut wiedervereinigen, wie es der Gestalt seiner Phantasie, Heinrich von Ofterdingen, gelungen war. Tatsächlich starb er wenige Jahre nach dem Tode seiner Braut an der Schwindsucht.

Wenn nicht mehr Zahlen und Figuren ...

Wenn nicht mehr Zahlen und Figuren
Sind Schlüssel aller Kreaturen,
Wenn die, so singen oder küssen,
Mehr als die Tiefgelehrten wissen,
Wenn sich die Welt ins freie Leben
Und in die Welt wird zurück begeben,
Wenn dann sich wieder Licht und Schatten
Zu echter Klarheit werden gatten
Und man in Märchen und Gedichten
Erkennt die ew'gen Weltgeschichten,
Dann fliegt vor *einem* geheimen Wort
Das ganze verkehrte Wesen fort.

Novalis faßt in diesem Sinngedicht in wenigen Worten zusammen, was seine Weltvorstellung ausmacht. Nicht Zahlen und Figuren sind die Schlüssel zur Welterkenntnis; nicht der Tiefgelehrte ergründet die Welt.

Das ist eine deutliche Absage an die Aufklärung. Rationalismus macht unfrei; frei wird die Welt erst wieder, wenn sie zu ihrem eigentlichen Sinn zurückfindet, der im Gefühl und in der Phantasie gegenwärtig wird. Dafür stehen die Wörter singen, küssen, Märchen und Gedichte.

Was das Märchen für Novalis bedeutet, ist schon gesagt. Das Wort „küssen" steht für die Gefühlswelt; singen und Gedichte umschreiben den Bereich der Poesie und des Künstlertums.

Der Künstler ist der Mittler wahrhafter Erkenntnis. Er steht für die Romantik außerhalb des kausalen Naturzusammenhangs und ist durch seine göttliche Eingebung in eine übernatürliche Sphäre gehoben, ein Bote des Himmels, der seine Einfälle in Rausch und Traum empfängt, d. h. in einem Zustande, in dem die Grenzen zu Bereichen, die außerhalb der Vernunft liegen, geöffnet sind. So sind die romantischen Kunstwerke Traumgeburten von Besessenen oder Phantasten, darum auch treten in den Werken der Romantiker häufig Wahnsinnige und Schlafwandler auf. So widersprüchlich es auch klingt: erst Traum, Wahnsinn, künstlerische Begeisterung und Eingebung führen zur Klarheit. Wer einmal in diese Welt eingedrungen ist, vermag mit *einem* geheimen Wort das ganze verkehrte Wesen zu verscheuchen; denn er hat, einem Zauberer gleich, den Schlüssel zur wahren Erkenntnis in der Hand. Dieses Zauberwort zu fassen ist die ganze Sehnsucht der Romantiker; da sie aber immer irgendwie dem Diesseits verhaftet sind, bleibt es eine unerfüllte Sehnsucht, die sie an der Welt ohne Ende leiden läßt.

Darum ist es ihnen auch verwehrt, das vollendete Kunstwerk zu schaffen. „Die romantische Poesie ist eine progressive Universalpoesie", schreibt Friedrich Schlegel. Sie ist „fortschreitend", ständig auf dem Weg, erschließt Neuland, ohne zu einem Abschluß zu gelangen. Viele romantischen Werke bleiben Fragment, weil sie nach der Überzeugung der Dichter nie zu einem Ende geführt werden können. Zudem ist das Ziel der „Universalpoesie" eine Vereinigung aller Kunstarten von Dichtung über bildende Kunst bis zur Musik zu einem Gesamtkunstwerk. So befassen sich die Romantiker unablässig mit dem Wesen der Malerei oder Musik und versuchen, in ihre Erzählungen durch eingestreute Lieder und durch Kunstbetrachtungen eine Vorstellung von Universalität zu geben, soweit das in Worten möglich ist. Ihrer Vorstellung kamen Richard Wagners Opern noch am nächsten – sie entstanden aber ein halbes Jahrhundert später, in einer veränderten Welt.

Die meisten Frühromantiker waren eher geistreiche Denker als wirkliche Künstler. Nur Novalis verband in seinem Wesen beides, und auch er hat im Banne der Theorie – nicht nur wegen seines frühen Todes – seine Romane nicht vollendet. Eine stärkere Gestaltungskraft hatten zwei Dichter, die zwar von der Frühromantik beeinflußt waren, aber in ihren Werken eigene Wege gingen. Der eine war JEAN PAUL (Johann Paul Friedrich Richter, 1763–1825). Seine großen Romane *Titan* und *Flegeljahre* sind von einer ungewöhnlichen Sprachkunst und einer uferlosen Phantasie getragen, verkünden aber ein Weltbild fast klassischer Humanität. Der zweite ist der Erzähler und Dramatiker HEINRICH VON KLEIST.

HEINRICH VON KLEIST

Michael Kohlhaas (Aus einer alten Chronik)

»An den Ufern der Havel lebte, um die Mitte des sechzehnten Jahrhunderts, ein Roßhändler, namens Michael Kohlhaas, Sohn eines Schulmeisters, einer der rechtschaffensten zugleich und entsetzlichsten Menschen seiner Zeit. – Dieser außerordentliche Mann
würde, bis in sein dreißigstes Jahr, für das Muster eines guten Staatsbürgers haben gelten
können. Er besaß, in einem Dorfe, das noch von ihm den Namen führt, einen Meierhof, auf
welchem er sich durch sein Gewerbe ruhig ernährte; die Kinder, die ihm sein Weib
schenkte, erzog er in der Furcht Gottes zur Arbeitsamkeit und Treue; nicht einer war unter
seinen Nachbarn, der sich nicht seiner Wohltätigkeit oder seiner Gerechtigkeit erfreut
hätte; kurz, die Welt würde sein Andenken haben segnen müssen, wenn er in einer
Tugend nicht ausgeschweift hätte. Das Rechtsgefühl aber machte ihn zum Räuber und
Mörder(...)«

*Der Roßhändler reitet mit einer Koppel prächtiger Pferde auf sächsisches Gebiet, um sie
dort zu verkaufen. Vor einer Ritterburg wird er angehalten; der Burgherr läßt ihm unter
einem fadenscheinigen Grund gegen alles Recht zwei Rappen als Pfand abnehmen. Als
Kohlhaas sie später auslösen will, sind die beiden Tiere völlig heruntergewirtschaftet.
Kohlhaas verlangt die Wiedergutmachung des Unrechts. Die Rechtslage ist klar, aber die
Gerichte schlagen die Sache nieder, weil der Junker einflußreiche Verwandte hat. Der Roßhändler, dessen Rechtsgefühl „einer Goldwaage glich", versucht jedes zulässige Mittel;
aber als sie ohne Erfolg bleiben, greift er zur Selbsthilfe. Er verkauft seinen Besitz, wirbt
Helfer an und brennt die Ritterburg nieder. Der Junker flieht nach Wittenberg, Kohlhaas
verlangt die Auslieferung; als sie nicht erfolgt, zündet er dreimal die Stadt an. So wird er
zum Wüterich, der einen bewaffneten Haufen um sich sammelt und sogar Leipzig bedroht.
In seinem Kampf um Gerechtigkeit überfällt er friedliche Bürger und häuft Unrecht auf
Unrecht.
Als ihm der Kurfürst von Sachsen freies Geleit und gerechtes Gericht zusagt, stellt er sich.
Doch wieder sieht er sich den Schlichen und Winkelzügen der Gerichte ausgesetzt, die
unter dem Einfluß voreingenommener Adeliger stehen.
Da greift der Landesvater von Kohlhaas, der Kurfürst von Brandenburg, ein. Die Sache
wird dem kaiserlichen Gericht unterstellt. Das Urteil bringt alle Rechtsverhältnisse, die in
Unordnung geraten sind, wieder ins Lot. Der Junker wird bestraft, die Pferde werden Kohlhaas in dem Zustand übergeben, in dem sie anfangs waren, er selbst aber hingerichtet
„wegen des allzuraschen Versuchs, sich selbst Recht verschaffen zu wollen".*

In wenigen wuchtigen Einleitungssätzen legt Kleist dar, worum es ihm geht:
Kohlhaas ist „. . . einer der rechtschaffensten zugleich und entsetzlichsten
Menschen seiner Zeit." Ein offensichtlicher Widerspruch liegt in diesem Satz.
Es ist der Widerspruch, unter dem Kleist sein Leben lang litt: Das Leben ist
„zerbrechlich", ein unaufklärbares Rätsel. Kohlhaas ist ein Mensch, wie man ihn
sich mustergültiger gar nicht vorstellen kann, und doch wird er, ohne seine beispielhaften Eigenschaften zu verlieren, zum Räuber und Mörder. Gerechtigkeit
ist eine anerkannte Tugend, und doch macht sie den Roßhändler zum Verbrecher.
Wie kommt es dazu? Am Anfang der Novelle lebt Kohlhaas gesichert in seiner
sozialen Ordnung. Diese wird durch ein geringfügiges Ereignis gestört. Der
Roßhändler will sie wiederherstellen, und zwar im Rahmen der Mittel, die in

Heinrich von Kleist (Gemälde vermutlich von Michael Walbner. 1811)

dem bestehenden politisch-gesellschaftlichen Zustand verfügbar sind. Als das scheitert, fühlt er sich aus der Ordnung herausgerissen. Wie unscheinbar der Anlaß ist, bleibt unerheblich, denn wenn sein Weltbild im einzelnen nicht stimmt, so zerbricht jede Sicherheit, daß es als Ganzes richtig ist.

Kohlhaas überprüft sorgfältig, ob er richtig gehandelt hat, und findet das bestätigt. Nun fühlt er sich auf sich selbst gestellt; mit allem, was er von jetzt an unternimmt, versucht er, wieder eine feste Mitte zu finden. Da ihn die Gemeinschaft verraten hat, wendet er sich gegen sie.

Diese Haltung ist doppelt verhängnisvoll. Das Schicksal stellt Kohlhaas vor Entscheidungen, welche dämonische Kräfte in ihm wecken, die bis dahin geschlummert haben. Er verliert seine Rechtschaffenheit und wird schuldig, weil er, um sich selbst Recht zu verschaffen, anderen Unrecht zufügen muß. Zugleich aber überrollt die Entwicklung den Menschen: Kohlhaas muß erleben, daß seine Handlungen durch die Gegenzüge seiner Feinde ein ganz anderes Gesicht bekommen, vor allem aber dadurch, daß ein anderer in seinem Namen Verbrechen begeht, die mit seinem Kampf für die Gerechtigkeit nichts mehr zu tun haben. So kann Recht zugleich Unrecht sein, die Menschen werden nie „entscheiden können, ob ihr Auge ihnen die Dinge zeigt, wie sie sind oder ob es nicht etwas zu ihnen hinzutut, was nicht ihnen, sondern dem Auge gehört".

In der Novelle wird die Ordnung wiederhergestellt. Mit dem gerechten Urteil des kaiserlichen Gerichts beweist die Gemeinschaft, der Staat, daß sie doch das Recht zu wahren weiß, auch wenn ein Teil ihrer Diener versagt hat.

Die Sprache Kleists in den Novellen ist von einer inneren Gespanntheit und außergewöhlichen Präzision, die zwar oft nachgeahmt, aber nie erreicht wurde; es kostet Mühe und besondere Aufmerksamkeit, sie zu lesen, denn Kleist will einen bestimmten Vorgang, der in sich geschlossen ist, auch in einem in sich geschlossenen Satzgebilde wiedergeben. Ein kurzes Beispiel kann das veranschaulichen: „Der Burgvogt, indem er sich noch eine Weste über seinen weitläufigen Leib zuknöpfte, kam und fragte, schief gegen die Witterung gestellt, nach dem Paßschein." In diesem Satz steht, was ein Schriftsteller von weniger Konzentrationskraft in einer ganzen Reihe von Sätzen aussprechen müßte: daß der Vogt so hastig herbeigelaufen kommt, daß er nicht Zeit gehabt hat, sich richtig anzuziehen; daß er schlampig und behäbig und dick ist; daß stürmisches Wetter herrscht und daß der Vogt verweichlicht ist und nicht gewohnt, sich schlechter Witterung auszusetzen. All das sagen gedrängte Nebensätze aus, die der Erzählung Farbe und Hintergrund verleihen. Die Hauptsätze geben das Gerippe, das eigentliche Handlungsgerüst ab: „Der Burgvogt . . . kam und fragte . . . nach dem Paßschein."

Der Stil muß eine zweite Aufgabe erfüllen: Kleist schreibt wie ein Chronist, das heißt, er erzählt so gut wie ausschließlich von den Begebenheiten, ohne Stellung zu nehmen oder Handlungen nach ihren Gründen zu untersuchen. Alles muß aus den mitgeteilten Tatsachen selbst erschlossen werden. Darum ist genaueste Beobachtung der Einzelheiten notwendig, wenn man hinter den Sinn kommen will. In einzelnen Gesten und Worten verraten die Menschen ihr Wesen, so wie es der Burgvogt in der zitierten Stelle tut.

„Michael Kohlhaas" ist ein Beispiel für eine epische Form, die besonders im 19. Jahrhundert in Deutschland sehr gepflegt wurde. Sie heißt *Novelle* (vom Italienischen novella = Neuigkeit) und berichtet gedrängt und gradlinig eine einzige Entwicklung, die eine völlig unerwartete, doch natürlich begründete und scharf herausgearbeitete Wende nimmt, also „eine sich ereignete unerhörte Begebenheit" (Goethe). Der erste große Meister dieser Erzählform war der italienische Renaissancedichter BOCCACCIO (*Decameron* um 1350).

Die einmalige, ans Wunderbare grenzende Wende ist im Charakter der Hauptperson begründet oder in schicksalhaften Vorfällen, die Einblick in die Tiefen des Lebens geben. So zeigt sie das Fragwürdige der Welt auf, das Unheimliche und Beunruhigende, im Michael Kohlhaas zum Beispiel in der Tatsache, daß unter dem Druck des Schicksals aus Gutem plötzlich Böses entstehen kann. Die Romantiker sind dem Gefühl für das Unerhörte besonders aufgeschlossen, denn für sie greift das Unheimliche, das Wunderbare immer wieder sichtbar in das Leben ein. Im Gegensatz zum Märchen handelt die Novelle immer von einer möglichen Begebenheit. Zu ihrem Aufbau gehört ein Gegenstand oder ein Vorgang von symbolhafter Bedeutung, der an den entscheidenden Stellen wie das Leitmotiv in einem Musikstück immer wieder auftaucht. Bei Kleist sind es die beiden Rappen, um die der Streit des Roßhändlers geht. Man nennt dies das *Dingsymbol* oder – nach einer Novelle Boccaccios, in der ein Falke zum Angelpunkt der Begebenheit wird – den *Falken.* Die Novelle hat manches mit dem Drama gemeinsam: Die Kürze verlangt eine geraffte *Exposition,* d. h. Einführung in die Situation und die Charaktere, eine *Peripetie,* d. h. die plötzliche, unerwartete Wende, und ein Abklingen, das die Zukunft nur andeutet und es dem Leser überläßt, Schlußfolgerungen zu ziehen. Der unverbindlichere Begriff *Erzählung* bezeichnet weniger kunstvoll gebaute erzählende Texte, die kürzer als ein Roman sind. Man kann jedoch zwischen den drei Gattungen Roman, Novelle und Erzählung keine strengen Grenzlinien ziehen.

Prinz Friedrich von Homburg

Der Prinz von Homburg ist der Führer der brandenburgischen Reiterei in der Schlacht von Fehrbellin (1675). Bei der Befehlsausgabe vor der Schlacht ist er verträumt und unaufmerksam; daher greift er zu dem Zeitpunkt in den Kampf ein, der ihm nach seinem Gefühl als richtig erscheint, und erringt den Sieg. Weil er aber dem ausdrücklichen Befehl des Kurfürsten zuwiderhandelt, verletzt er die militärische Disziplin und wird von einem Kriegsgericht zum Tode verurteilt. Der Prinz hält das für eine Formsache und ist sicher, daß ihn der Kurfürst begnadigen wird. Doch dieser Glaube wird erschüttert. Als er erkennen muß, daß ihm der Tod gewiß ist, bricht er vollständig zusammen. Der Held der Schlacht bettelt würdelos um sein Leben. Natalie, die den Prinzen liebt, schildert dem Kurfürsten, wie verstört Homburg ist, und bittet um Gnade. Da gibt der Kurfürst Natalie einen Brief mit, in dem er den Prinzen zum Richter in eigener Sache aufruft.

Gefängnis des Prinzen

Prinzessin Natalie tritt auf.

Homburg.   Nun sagt, was bringt Ihr? Sprecht! Wie steht's mit mir?
Natalie.   Gut. Alles gut. Wie ich vorher Euch sagte.
           Begnadigt seid Ihr, frei; hier ist ein Brief
           Von seiner Hand, der es bekräftiget.
Homburg.   Es ist nicht möglich! Nein! Es ist ein Traum!
Natalie.   Lest! Lest den Brief! So werdet Ihr's erfahren!
Homburg   *(liest).* „Mein Prinz von Homburg, als ich Euch gefangensetzte
           Um Eures Angriffs, allzufrüh vollbracht,
           Da glaubt' ich, nichts als meine Pflicht zu tun;
           Auf Euren eignen Beifall rechnet' ich!
           Meint Ihr, ein Unrecht sei Euch widerfahren,
           So bitt' ich, sagt's mir mit zwei Worten –
           Und gleich den Degen schick' ich Euch zurück."
(Natalie erblaßt. Pause. Der Prinz sieht sie fragend an.)
Natalie   *(mit dem Ausdruck plötzlicher Freude).*
           Nun denn, da steht's! Zwei Worte nur bedarf's – ! (...)
Homburg.   Mich selber ruft er zur Entscheidung auf!
Natalie.   Nun ja!
Homburg.   Recht wacker, in der Tat, recht würdig.
           Recht, wie ein großes Herz sich fassen muß!
Natalie.   O seine Großmut, Freund, ist ohne Grenzen!
           – Doch nun tu auch das Deine du und schreib,
           Wie er's begehrt; du siehst, es ist der Vorwand,
           Die äußre Form nur, deren es bedarf:

Prinz von Homburg. Natalie und Prinz von Homburg (Szenenphoto der Aufführung der Schaubühne am Halleschen Ufer Berlin. 1972)

	Sobald er die zwei Wort' in Händen hat,
	Flugs ist der ganze Streit vorbei!
Homburg	*(legt den Brief weg).* Nein, Liebe!
	Ich will die Sach' bis morgen überlegen.
Natalie.	Du Unbegreiflicher! Welch eine Wendung? – –
	Warum? Weshalb?
Homburg	*(erhebt sich leidenschaftlich vom Stuhle).*
	Ich bitte, frag' mich nicht!

	Du hast des Briefes Inhalt nicht erwogen!

Du hast des Briefes Inhalt nicht erwogen!
Daß er mir unrecht tat, wie's mir bedingt wird,
Das kann ich ihm nicht schreiben; zwingst du mich,
Antwort, in dieser Stimmung, ihm zu geben,
Bei Gott! so setz' ich hin: du tust mir recht! (...)

Natalie. Mein süßer Freund!
Die Regung lob' ich, die dein Herz ergriff.
Das aber schwör' ich dir: das Regiment
Ist kommandiert, das dir Versenktem morgen
Aus Karabinern überm Grabeshügel
Versöhnt die Totenfeier halten soll.
Kannst du dem Rechtsspruch, edel wie du bist,
Nicht widerstreben, nicht, ihn aufzuheben,
Tun, wie er's hier in diesem Brief verlangt:
Nun so versichr' ich dich, er faßt sich dir
Erhaben, wie die Sache steht, und läßt
Den Spruch mitleidvoll morgen dir vollstrecken!

Homburg. *(schreibend).* Gleichviel!
Natalie. Gleichviel?
Homburg. Er handle, wie er darf;
Mir ziemt's, hier zu verfahren, wie ich soll!

„Verdirb uns – wenn du darfst", hatte Iphigenie dem König Thoas zugerufen und ihn damit auf die Pflicht hingewiesen, nach den Gesetzen der Menschlichkeit zu handeln. Das Wort „darf" kehrt nicht zufällig in Kleists Drama wieder. Thoas erlebt den Konflikt zwischen barbarischer Rachsucht und Menschlichkeit, der Kurfürst den zwischen der Menschlichkeit und dem Staatswohl. Beides sind unechte Konflikte, denn die Entscheidung steht fest, wenn die Männer ihre Würde und ihren Lebenssinn nicht verlieren, wenn sie ihre „Pflicht" tun wollen. Der Kurfürst ist der „Große Kurfürst", das Idealbild eines weisen und gerechten Herrschers. Er liebt den Prinzen und möchte ihn retten; aber als Herrscher darf er über einer menschlichen Regung nicht das Wohl der Gemeinschaft aus dem Auge verlieren. Dem Staate gegenüber, der höher steht als der einzelne, tut er seine Pflicht, wenn er den Bürger verurteilt, der sich gegen die Gesetze dieses Staates vergeht; sonst würde der Staat in seinem innersten Bestand gefährdet.

Kurfürst. (...) wär ich ein Tyrann,
Dein Wort, das fühl' ich lebhaft, hätte mir
Das Herz schon in der erznen Brust geschmelzt.
Dich aber frag' ich selbst: darf ich den Spruch,
Den das Gericht gefällt, wohl unterdrücken? –
Was würde wohl davon die Folge sein?
Natalie. Für wen? Für dich?
Kurfürst. Für mich. Nein! – Was? Für mich!
Kennst du nichts Höh'res, Jungfrau, als nur mich?
Ist dir ein Heiligtum ganz unbekannt,
Das, in dem Lager, Vaterland sich nennt?

Doch auch für den Kurfürsten kommt der Augenblick, in dem seine Sicherheit, das Richtige zu tun, ins Wanken gerät. Das geschieht, als er vom Zusammenbruch des Prinzen erfährt. Wie kann seine Haltung gerechtfertigt sein, wenn ein Mann wie Homburg sie nicht versteht?

Kleists Antwort auf dies Problem ist eindeutig. Dem Prinzen fehlt bis dahin die Reife der Erkenntnis. Sein Angriff in der Schlacht beruht nicht auf der Einsicht, daß er vorzeitig erfolgen muß, um den Staat zu retten, der bei wörtlicher Befolgung der Befehle gefährdet wäre. Er bedenkt das allgemeine Wohl gar nicht; vielmehr handelt er aus einem Impuls heraus.

In sich selbst versenkt, macht er seinen persönliche, gefühlsbestimmten Willen zum Gesetz, statt die Order zu achten. Solange er so denkt, kann er den Kurfürsten nicht verstehen, solange muß er auf Gnade hoffen, wo sie nicht gewährt werden kann. Und als sie nicht kommt, bricht sein ganzes ichbezogenes Weltbild zusammen, er wird zum kümmerlichen Feigling, verliert seine Würde, weil er nirgends mehr Halt und Sicherheit sieht.

Die Szene im Gefängnis bringt den Umschwung. Indem der Kurfürst dem Gewissen des Prinzen die Entscheidung auferlegt, erkennt dieser, daß sein bisheriges Verhalten auf einem grenzenlosen und unbedachten Vertrauen in den Kurfürsten als Menschen beruhte, der in Wirklichkeit ein Staatslenker ist und nicht wie ein Alleinherrscher nach persönlichen Gefühlen handeln darf, sondern als Repräsentant des Staates entscheiden muß.

Mit dieser Einsicht verändert sich das ganze Bild. Die Gesetze des Staates sind dazu da, das Wohlergehen der Bürger zu gewährleisten. Sie treffen mit aller Schärfe nur den, der sich, bewußt oder unbewußt, außerhalb der Gesetze stellt. Indem der Prinz erkennt und bestätigt, daß der Kurfürst richtig gehandelt hat, unterwirft er sich den Gesetzen des Staates. Dadurch erst wird er zum echten Staatsbürger, der die Idee des Ganzen erfaßt. Wenn ihn der Kurfürst zuvor bestrafen mußte, so wäre jetzt die Hinrichtung des Prinzen sinnlos; denn das Gedeihen des Staates beruht darauf, daß sich die Bürger dem Sinn und Gesetz seiner Gemeinschaft unterordnen. Wer das tut, ist ein Teil des lebendigen Ganzen; der Staat würde sich selbst zerstören, wenn er seine Glieder ausmerzte.

Wieder dreht sich das Werk um eine Handlung, die zugleich richtig und falsch ist, die *subjektiv*, d. h. vom Prinzen aus gesehen, anderswertig ist als *objektiv*, von der Staatsidee her. Wie bei Kohlhaas erweist sich die Gemeinschaft als ein Maßstab, an dem der Mensch sein Handeln ausrichten muß.

Die Aufführung des Schauspiels wurde verboten, da die Gestalt des scheinbar feigen, vor dem Tode zurückschreckenden Prinzen dynastischen Vorurteilen widersprach. Erst allmählich begriff man, daß hier am Preußentum ein Staatsgedanke verherrlicht wurde, in dem sich Gerechtigkeit und Menschlichkeit verbanden.

Der Zusammenbruch der deutschen Länder, vor allem der Untergang des preußischen Staates im Jahre 1807, brachte Kleist und viele seiner Zeitgenossen zur Besinnung auf das Wesen des Staates. Man erinnerte sich an die ehemalige Größe Preußens und fragte sich, was seinen Untergang verschuldet habe. Die Antwort mußte lauten: Mangel an Gemeinschaftssinn und Staatsgesinnung. Besonders die Gebildeten hatten sich vom politischen Leben ferngehalten und sich der „Ausbildung ihrer Persönlichkeit" nach dem Humanitätsideal gewidmet. Das Freiheitsgefühl des einzelnen, das seit dem 18. Jahrhundert die Grundlage der Menschenwürde war, ließ sich mit dem Staate nicht vereinen; denn der Staat ist gleichbedeutend mit Disziplin, er verlangt Unterordnung, um Ordnung zu schaffen.

Jetzt wurde der Ruf laut nach Einigkeit, nach staatlicher Disziplin, nach der Erneuerung Preußens. Die deutsche Jugend sollte zur Liebe zum Vaterland und zu freiwilliger Hingabe an den Staat erzogen werden. Der Prinz von Homburg ist dichterischer Ausdruck dieses Strebens.

Eine wichtige Grundlage für Kleists Größe als Dramatiker ist es, daß er die Form vollendet beherrscht. Der Stoff ist völlig in Handlung umgesetzt; es gibt nicht wie bei Schiller lange Monologe (Selbstgespräche), die der Reflexion, der Betrachtung über die Vorfälle, Raum geben. Die Aufgabe des Dramatikers ist es vor allem, die einzelnen dramatischen Vorgänge möglichst straff und fest zu verbinden und mit immer größerer Steigerung so auf das Ziel hinzuführen, daß eines das andere zwangsweise nach sich zieht. Diese Wirkung erreicht Kleist durch höchste Konzentration der Handlung, durch Zusammendrängen auf eine möglichst kurze Zeitspanne, was den Eindruck der unentrinnbaren Notwendigkeit verstärkt.

Er benutzt also die klassischen Mittel der Einheit der Handlung, der Zeit und des Ortes in einer sinnvollen Weise, nicht in der von der Aufklärung mißverstandenen. Aber dieser äußerlich gebändigten Welt steht eine innerlich bewegte gegenüber, die elementar und tragisch wie die Shakespeares ist und wild wie die des Sturm und Drang. Die leidenschaftliche innere Fülle und die strenge Zucht der Form erzeugen eine Spannung, die weder Sturm und Drang und Romantik noch die Klassik erreicht haben; die einen nicht, weil sie die Bändigung nicht wollten, die anderen nicht, weil ihre abgeklärten Gedanken keiner Bändigung bedurften, sondern in einer abgeklärten Form eine eigentlich undramatische Entsprechung fanden. Christoph Martin Wieland erkannte das, als ihm Kleist eine Reihe von Szenen aus dem – nicht vollendeten – *Robert Guiskard* vorgetragen hatte: „Von diesem Augenblick an war es bei mir entschieden, Kleist sei dazu geboren, die große Lücke in unserer dramatischen Literatur auszufüllen, die, nach meiner Meinung wenigstens, selbst von Schiller und Goethe noch nicht ausgefüllt worden ist."

HEINRICH VON KLEIST (1777–1811) entstammte einer märkischen Offiziersfamilie und sollte selbst Offizier werden. In seinem Freiheitsdrang hielt er das Kasernenleben aber nicht aus; auch die zweideutige Haltung Preußens in den napoleonischen Kriegen stieß ihn ab. Er nahm seinen Abschied und fing an zu studieren. Dabei begegnete er den Werken Kants. Aus ihnen entnahm er die Gewißheit, daß die menschliche Erkenntnisfähigkeit nicht ausreicht, den letzten Sinn des Lebens zu ermitteln, daß die Wirklichkeit zweifelhaft und zweideutig ist. So erhielt die Welt einen düsteren, unheimlichen Charakter. Die Lebensangst wurde zum Grundgefühl Kleists.

Mit 24 Jahren wandte er sich mit plötzlicher Energie dem Dichterberuf zu. Er schuf Novellen und Dramen. Die Komödie *Der zerbrochene Krug* gehört neben dem *Prinzen von Homburg* zu den bedeutendsten deutschen Bühnenstücken. Der Gegensatz zwischen Schein und Wirklichkeit wird darin zu einem witzigen Spiel:

Der Dorfrichter Adam hat sich in das Zimmer eines Mädchens geschlichen und wird von dessen Bräutigam verscheucht. Auf der Flucht zerbricht er einen wertvollen Krug. Die Mutter des Mädchens beschuldigt den Bräutigam und zerrt ihn vor den Dorfrichter. Und nun muß der wahre Schuldige zu Gericht sitzen und überführt am Ende sich selbst.

Dichten war für Heinrich von Kleist eine Kraftanstrengung, ein Ringen um vollendete Gestalt, das ihn mehr als einmal an den Rand der Verzweiflung brachte. Er wollte ja im schöpferischen Wirken die Antwort finden auf den Sinn des Daseins. Es war sein Ehrgeiz, „der größte Dichter der Nation" zu werden und Goethe „den Kranz von der Stirne zu reißen". Aber sein Werk befriedigte ihn niemals; in der Welt fand er sich nicht mehr zurecht. Er führte ein ruheloses Wanderleben, schwankte zwischen Selbstbewußtsein und bohrender Unzufriedenheit.

Seine inneren und äußeren Kämpfe schloß er ab, indem er sich am Wannsee bei Potsdam erschoß. Im letzten Brief an seine Schwester schrieb er: „Die Wahrheit ist, daß mir auf Erden nicht zu helfen war."

CLEMENS BRENTANO

Der Spinnerin Lied

Es sang vor langen Jahren
Wohl auch die Nachtigall,
Das war wohl süßer Schall,
Da wir zusammen waren.

Ich sing' und kann nicht weinen
Und spinne so allein
Den Faden klar und rein,
Solang der Mond wird scheinen.

Da wir zusammen waren,
Da sang die Nachtigall;
Nun mahnet mich ihr Schall,
Daß du von mir gefahren.

So oft der Mond mag scheinen,
Gedenk' ich dein allein,
Mein Herz ist klar und rein,
Gott wolle uns vereinen!

Seit du von mir gefahren,
Singt stets die Nachtigall,
Ich denk' bei ihrem Schall,
Wie wir zusammen waren.

Gott wolle uns vereinen,
Hier spinn' ich so allein,
Der Mond scheint klar und rein,
Ich sing' und möchte weinen!

Das Mädchen, das am Spinnrocken sitzt und sehnsüchtig an den von ihr getrennten Liebsten denkt – das ist ein Urmotiv des *Volkslieds*. Die Gedanken kreisen in stets neuem Anlauf nur um den einen Punkt: die Verlassenheit. Das Mädchen gebraucht die einfachsten Worte, die typischen Bilder (Nachtigall und Mond), die gängigen Reime (Nachtigall – Schall; allein – rein) und schlichte dreihebige Verszeilen (vgl. S. 52).

Es handelt sich jedoch nicht um ein überliefertes Volkslied, sondern um eine Neuschöpfung Brentanos. Beim genaueren Hinsehen wird deutlich, daß er zwar lauter Einzelheiten übernimmt, diese aber so zusammenfügt, daß ein kunstvolles Gebilde entsteht, wie es bei der ursprünglichen Art nicht möglich gewesen wäre. Das Kreisen der Strophen um einen Gefühlsmittelpunkt kennt auch das richtige Volkslied; aber da wiederholt sich die gleiche Vorstellung meist in der Art, daß bestimmte Zeilen im Refrain wiederkehren. Brentanos Gedicht besteht aus ständigen, fast wörtlichen Wiederholungen ganzer Verszeilen, schreitet aber doch in sich fort und findet in der letzten Stophe Höhepunkt und Abschluß. Hier sind die entscheidenden Verse noch einmal so zusammengefaßt, daß sie den Sinn- und Stimmungsgehalt des Ganzen vertieft wiedergeben. Die Zeilenwiederholung nach bestimmten Gesetzen ist eine Technik, die Brentano vom romanischen *Rondeau* (Rundgedicht) übernommen und seiner Absicht gemäß variiert hat. Die Reime verfeinert er, indem er sich auf vier beschränkt, statt fortlaufend zu wechseln, und indem er umarmende verwendet statt der Reimpaare oder Kreuzreime.

Brentanos künstlerische Absicht war es, die Volkspoesie zu erneuern und zu veredeln. Er und seine Altersgenossen zielten dabei darauf hin, alle anzusprechen. Dies unterscheidet die neue Generation von den beiden vorhergehenden: Die Klassiker hatten sich an die kleine Schicht des Bildungsbürgertums gewandt. Ihre Gedichte waren gedankenschwer und nur für den verständlich, der in der Literatur zu Hause war. Auch die Frühromantiker hatten für einen kleinen Kreis gedichtet, für die Auserwählten, die am Geheimnis der Poesie teilhatten.

Das wurde jetzt anders. Die jüngeren Romantiker wollten das Volk erziehen. Sie sahen darin eine nationale Aufgabe — wie Heinrich von Kleist: dieser hatte unter dem Schock der preußischen Niederlage den Staat verherrlicht; dadurch sollte den Deutschen die Mitte gegeben werden, die sie durch den Individualismus verloren hatten. Die Romantiker vermißten wie er Gemeinschaftssinn und Nationalgefühl. Sie wollten sie aber nicht nur wiedererwecken aus dem Geiste der Geschichte, sondern auch aus dem der Poesie.

Der geistige Vater für diese neue Bewegung ist HERDER (vgl. S. 95 ff.). Er hatte mit den *Stimmen der Völker in Liedern* und in seinen theoretischen Schriften betont, daß Kunst zugleich charakteristisch sei für ein ganz bestimmtes Volk, daß sie die Stimme dieses Volkes sei, der Ausdruck seines Nationalcharakters. Diese Gedanken greifen die Romantiker auf und führen sie fort. Für Herder hatte sich die Dichtung von ihren Quellen wegbewegt, und es war notwendig, zum Natürlich-Kraftvollen des Ursprungs zurückzufinden. Die Romantiker dagegen wollen nicht allein die Dichtung wiederherstellen, sondern auch den Volkscharakter selbst. Das deutsche Volk — so sagen sie — ist unecht geworden, unnatürlich, seinem eigentlichen Sinn entfremdet; und die Poesie, die für sie eine wesentlich bestimmende Macht im Leben ist, kann in das Dasein des Menschen reinigend und fortbildend eingreifen. Dichtung ist nicht nur Ausdruck des Nationalcharakters, sie kann auch, indem sie bewußt geändert wird, den

Nationalcharakter verändern oder, was für die Wunschvorstellung der Romantiker auf das gleiche hinauskommt: sie kann das deutsche Volk wieder in den Geist zurückführen, aus dem die echte Volksdichtung entstanden ist, in den Geist einer Vergangenheit, die in den Augen der Romantiker gesund gewesen ist und die es wiederherzustellen gilt, wenn Deutschland wieder gesunden soll. Daß die Volksdichtung mißachtet wird, erscheint daher der zweiten Generation der Romantiker als ein nationales Unglück, und sie bemüht sich darum, es abzuwenden.

Hier war die Geburtsstunde der Germanistik, der Wissenschaft von Sprache, Literatur, Volkstum und Recht der germanischen Völker.

Brentano gab mit seinem Freund ACHIM VON ARNIM *Des Knaben Wunderhorn* heraus, eine Sammlung deutscher Volkslieder. Die eigentlichen Väter der Germanistik im modernen Sinn waren die Brüder JAKOB und WILHELM GRIMM. Ihr berühmtestes Werk sind die *Kinder- und Hausmärchen*, die nach der Lutherbibel das meistgedruckte Buch in deutscher Sprache wurden. Die Brüder stellten es nicht, wie Arnim und Brentano ihre Volksliedersammlung, vorwiegend aus Drucken früherer Zeit zusammen, sondern sie schöpften die Märchen aus dem lebendigen Erzählschatz vor allem junger Frauen aus ihrem bürgerlichen Bekanntenkreis. Die alten Mütterchen aus hessischen Bauernstuben waren eine publikumswirksame Erfindung. Neben dem Sammeleifer steht eine künstlerische Leistung, die uns gar nicht mehr bewußt ist, wenn wir die Märchen heute hören und lesen. Die Brüder Grimm schufen aus dem genauen Vergleich ver-

Im Walde /
Des Knaben Wunderhorn
(Gemälde von Moritz von
Schwind. Um 1848)

164

Clemens Brentano (Zeichnung
von Wilhelm von Schadow)

schiedener Fassungen die ursprünglichen und vollständigen Märchen, und Wilhelm Grimm entwickelte auf der Grundlage des Mundartlichen einen Erzählstil, der bis heute lebendig geblieben ist.
Ein Vergleich von zwei verschiedenen Fassungen des gleichen Märchens kann das verdeutlichen:

GRIMM	BECHSTEIN
„Da lag das Dornröschen und war so schön, daß er die Augen nicht abwenden konnte."	„. . . wo das süße Dornröschen lag, hehr umflossen vom Heiligenschein seiner Unschuld und vom Glanz seiner Schönheit."

In großen Sammelwerken und wissenschaftlichen Arbeiten erschlossen die Brüder Grimm auch die germanischen und deutschen Sagen, die Rechtsgeschichte und die Göttermythen und begannen eine Sammlung des gesamten deutschen Wortschatzes.
Alle diese Leistungen nahmen von Heidelberg ihren Ausgang. Dort lebten Brentano und Arnim; die Brüder Grimm in Kassel standen mit ihnen in lebhafter Verbindung. Daher bezeichnet man die zweite, gegen die Auflösung der natürlichen Kräfte des Volkes gerichtete Bewegung der Romantik auch als die Heidelberger Romantik.

CLEMENS BRENTANO (1778–1842) stammte aus der Familie des italienischen Kaufmanns Pietro Antonio Brentano, der in Frankfurt ansässig war. Lange Zeit lebte er als „Fahrender", zog mit der Laute durch die Lande, für seine Familie verschollen, wie einer der Landstreicher, Galgenvögel, Handwerksburschen und Musikanten aus *Des Knaben Wunderhorn*, als einer der Ungesicherten, die nicht in satter Bürgerlichkeit versanken. Zugleich fühlte er das Leid, das in solchem Ausgestoßensein lag, so daß seine Seele

„zerrissen" war. Wenn ihm seine Phantasie das Glück eines Fahrenden vorgaukelte, so wurde er immer wieder in die Wirklichkeit zurückgeworfen. In späteren Jahren suchte er durch den Übertritt zum katholischen Glauben Halt und Sicherheit.

Seine dichterischen Werke entstanden in der früheren Zeit, in der sich ihm das Leben in Poesie, Traum und Märchen verwandelte: eine Lyrik, die oft maßlos wie sein Leben ist, seine Novelle, die *Geschichte vom braven Kasperl und dem schönen Annerl,* und seine *Märchen.*

Die Heidelberger Romantik wirkte vor allem auf einen schwäbischen Dichter-kreis ein, dessen Hauptvertreter LUDWIG UHLAND (1787–1862) war. *Gedichte* und *Balladen* von schlichter Volkstümlichkeit waren seine Stärke. Er war zu-gleich Wissenschaftler *(Schriften zur Geschichte der Dichtung und Sage)* und trat in den Verfassungskämpfen für die Rechte des Volkes ein. So war er bei-spielhaft im Sinne der romantischen Idee der Volkserneuerung tätig.

JOSEPH FREIHERR VON EICHENDORFF

Lockung

Hörst du nicht die Bäume rauschen
Draußen durch die stille Rund'?
Lockt's dich nicht, hinabzulauschen
Von dem Söller in den Grund,
Wo die vielen Bäche gehen
Wunderbar im Mondenschein
Und die stillen Schlösser sehen
In den Fluß vom hohen Stein?

Kennst du noch die irren Lieder
Aus der alten, schönen Zeit?
Sie erwachen alle wieder
Nachts in Waldeseinsamkeit,
Wenn die Bäume träumend lauschen
Und der Flieder duftet schwül
Und im Fluß die Nixen rauschen –
Komm herab, hier ist's so kühl.

Wenn wir heute von romantischer Stimmung reden, denken wir an das Rau-schen der Bäume, an Mondenschein, stille Schlösser, Lieder, Waldeseinsamkeit und duftende Blumen, also genau an das, was dieses Lied ausspricht. Ein solches Gedicht empfinden wir leicht als unecht, als Schwärmerei. Das liegt daran, daß unser Lebensgefühl anders geworden ist, aber auch – und vielleicht vorwiegend – daran, daß Unzählige nach Eichendorff Gedichte im selben Ton geschrieben haben, so daß Wörter, die er gebrauchte, heute Schablonen gewor-den sind. Er selbst hat in seinem Werk die romantische Grundstimmung ein-gefangen, als sie noch erlebte Wirklichkeit war.

Jedes der Stichworte in seinem Gedicht ist eine Geheimformel, an der sich das romantische Gemüt selbst erkannte und empfand; darum verzichtet der Dichter auf jede genauere Charakterisierung oder Beschreibung, er sieht keine be-stimmte, örtlich begrenzte Landschaft, sondern ein allgemeines Bild.

Das Wort Geheimformel erinnert an das Sinngedicht von Novalis, das mit den Worten endet:

. . . Dann fliegt vor *einem* geheimen Wort
Das ganze verkehrte Wesen fort.

Eichendorff hat selbst ähnlich geschrieben:

Schläft ein Lied in allen Dingen,
Die da träumen fort und fort,
Und die Welt hebt an zu singen,
Triffst du nur das Zauberwort.

Der erste und der letzte der romantischen Lyriker drücken damit dieselbe Grundidee aus: Es gibt magische Worte, Worte also, die nicht den Verstand ansprechen, sondern das Gemüt, und die deswegen dem Menschen den Sinn öffnen für die Welt, die jedem Romantiker die wahre Welt ist, das Reich der Poesie und des Traumes. Wenn das Posthorn in der Ferne schallt, so erweckt es das Gefühl der Sehnsucht nach der unbestimmten, ahnungsreichen Ferne, und in der Mondnacht werden die Gegensätze des Dunklen und des Hellen verbunden, so daß sie Symbol ist für die Einheit des Alls, die sich im Leben sonst nicht verwirklicht.

Das Gedicht „Lockung" ist erfüllt von solchen Symbolen. Indem Eichendorff „Mondenschein" sagt, setzt er eine ganze Gefühlswelt in Bewegung, „die Welt hebt an zu singen", das Reich der Poesie wird Wirklichkeit. In den rauschenden Bäumen spricht die Natur zum Menschen, und der Mensch schließt sich ihr auf, er lauscht hinab. Und ahnungsvoll erwacht in ihm die Erinnerung an „die irren Lieder / Aus der alten schönen Zeit". Auch das ist bei Novalis im Traum von der blauen Blume vorgezeichnet. Das bewußte Dasein des Menschen ist nur ein geringer Zeitabschnitt seiner gesamten Existenz. In seinem Unterbewußtsein schlummert ein Leben, das ihn über die Geburt zurück und über den Tod hinaus mit dem All verbindet, und in begnadeten Augenblicken bricht die Erinnerung daran in ihm durch, eben dann, wenn er sich der Natur lauschend hingibt und damit die Poesie erweckt.

Die Natur ist aber nicht nur freundlich. Sie kann auch verzehrend sein, den Menschen hinabziehen und verderben. In der ersten Strophe ist das nur mit dem Wörtchen *hinab*lauschen angedeutet; sonst schildert sie, wie sich der Mensch der Natur öffnet. In der zweiten Strophe dringt das Dämonische durch: die Nixen sind das Symbol für die Gefährdung, für die „Lockung" zur Selbstaufgabe.

In den scheinbar leichthin niedergeschriebenen Zeilen Eichendorffs steckt also viel mehr, als die bloßen Worte besagen. Er gestaltet in „Zauberworten" die Sehnsucht nach der Poesie und die heimliche Angst vor der Dämonie der Natur: die doppelte Verlockung des romantischen Gemüts.

Das Wörtchen „irr", ein Lieblingsausdruck Eichendorffs, trifft beides: die Sehnsucht, sich vom Verstande zu lösen, um wahrer Erlebnisse teilhaftig zu werden, und den Schauer davor, durch die Gewalt des Unbewußten das eigene Ich zu verlieren.

Die Nacht ist das Symbol für die zwielichtigen Wirkkräfte der Natur, die das

Gefühl aufschließen und den Menschen in ihre Finsternis ziehen. Daher die Fülle von Nachtgedichten, die Eichendorff geschrieben hat. Sein zweites Hauptmotiv ist das Wandern als Ausdruck der romantischen Sehnsucht nach dem Unbestimmten und Unerfüllbaren. In vielen Gedichten vereinigen sich alle diese Motive:

Nachts

Ich wandre durch die stille Nacht,
Da schleicht der Mond so heimlich sacht
Oft aus der dunklen Wolkenhülle,
Und hin und her im Tal
Erwacht die Nachtigall.
Dann wieder alles grau und stille.
O wunderbarer Nachtgesang:
Von fern im Land der Ströme Gang,
Leis Schauern in den dunklen Bäumen –
Wirrst die Gedanken mir,
Mein irres Singen hier
Ist wie ein Rufen nur aus Träumen.

Der wandernde Student (Zeichnung von Ludwig Richter)

Die Form ist volksliedhaft: die schlichte Sprache, das einfache Versmaß und die Symbole (die Spinnerin, der Wanderbursche, die Nachtigall) – doch all das ist angefüllt mit dem romantischen Vorstellungsinhalt. Die Gedichte sind von schwereloser Leichtigkeit. Eine kleine Beobachtung kann verdeutlichen, daß ihre Wirkung auf mehr beruht als dem obenhin Sichtbaren: Jeder Vokal hat einen bestimmten Klang; das i ist hell, das u dumpf und tief, und die übrigen Vokale reihen sich in einer bestimmten Klangskala dazwischen ein. Wenn man die „Lockung" Eichendorffs nach den Klangwerten der Vokale durchliest, erkennt man eine eigene Melodie, die dadurch entsteht, daß die Vokale in den Hebungen fast ständig wechseln und der häufigste und farbloseste Selbstlaut, das e, ungewöhnlich selten vorkommt. Zweimal hintereinander tritt der gleiche Vokal in besonders symbolkräftigen Wörtern auf: irre Lieder, Waldeseinsamkeit, Bäume träumend. Die Reime der ersten und der letzten vier Zeilen rahmen mit ihren dunklen Werten die hellen Selbstlaute der Innenzeilen ein, so wie der trüben Lockung des Anfangs und des Endes auch inhaltlich ein lichter Mittelteil entspricht.

Was hier angedeutet ist, ließe sich bis ins einzelne verfolgen. Eichendorffs Gedichte sind in ihrer Musikalität nur mit denen Mörikes vergleichbar. Sie eignen sich daher besonders gut zur Vertonung.

Aus dem Leben eines Taugenichts

Der Taugenichts verläßt die heimatliche Mühle und geht in die Welt, um sein Glück zu machen. Als er geigenspielend und singend dahinwandert, hält neben ihm ein Reisewagen; zwei vornehme Damen schauen heraus und laden ihn ein mitzufahren. So kommt er auf ein gräfliches Schloß. Die jüngere Dame hat es ihm angetan; er verehrt sie, seine „schöne junge gnädige Frau", sehnsuchtsvoll aus der Ferne und bleibt als Gärtner und Zolleinnehmer auf dem Schloß.
Eines Abends erhält er den Auftrag, der Gräfin einen Korb Blumen in den Garten zu bringen. Zu seiner Enttäuschung kommt aber nicht die schöne junge gnädige Frau, sondern die ältere Dame. Da bleibt er in einem Birnbaum verborgen, bis sie ärgerlich weggeht.

»Ich aber wußte in meinem Baum droben eigentlich gar nicht recht, wie mir geschehen, und richtete nunmehr meine Augen unverwandt auf das Schloß hin; denn ein Kreis hoher Windlichter unten an den Stufen des Eingangs warf dort einen seltsamen Schein über die blitzenden Fenster und weit in den Garten hinein. Es war die Dienerschaft, die soeben ihrer Herrschaft ein Ständchen brachte. Mitten unter ihnen stand der prächtig aufgeputzte Portier wie ein Staatsminister vor einem Notenpulte und arbeitete sich emsig an einem Fagotte ab.

Wie ich mich soeben zurechtsetzte, um der schönen Serenade zuzuhören, gingen auf einmal oben auf dem Balkone des Schlosses die Flügeltüren auf. Ein hoher Herr, schön und stattlich in Uniform und mit vielen funkelnden Sternen, trat auf den Balkon heraus und an seiner Hand – die schöne junge gnädige Frau, in ganz weißem Kleide, wie eine Lilie in der Nacht oder wie wenn der Mond über das klare Firmament zöge.

Ich konnte keinen Blick von dem Platze verwenden, und Garten, Bäume und Felder gingen unter vor meinen Sinnen, wie sie so wundersam beleuchtet von den Fackeln hoch und schlank dastand und bald anmutig mit dem schönen Offizier sprach, bald wieder freundlich zu den Musikanten herunternickte. Die Leute unten waren außer sich vor Freude, und ich hielt mich am Ende auch nicht mehr und schrie immer aus Leibeskräften Vivat mit. Als sie aber bald darauf wieder von dem Balkon verschwand, unten eine Fackel nach der andern verlöschte und die Notenpulte weggeräumt wurden und nun der Garten ringsumher auch wieder finster wurde und rauschte wie vorher – da merkt' ich erst alles – da fiel es mir auf einmal aufs Herz, daß mich wohl eigentlich nur die Tante mit den Blumen bestellt hat, daß die Schöne gar nicht an mich dachte und lange verheiratet ist, und daß ich selber ein großer Narr war.

Alles das versenkte mich recht in einen Abgrund von Nachsinnen. Ich wickelte mich, gleich einem Igel, in die Stacheln meiner eignen Gedanken zusammen: vom Schlosse schallte die Tanzmusik nur noch seltner herüber, die Wolken wanderten einsam über den dunkelen Garten weg. Und so saß ich auf dem Baume droben wie die Nachteule in den Ruinen meines Glückes die ganze Nacht hindurch.

Die kühle Morgenluft weckte mich endlich aus meinen Träumereien. Ich erstaunte ordentlich, wie ich so auf einmal um mich herblickte. Musik und Tanz waren lange vorbei, im Schlosse und rings um das Schloß herum auf dem Rasenplatze und den steinernen Stufen und Säulen sah alles so still, kühl und feierlich aus; nur der Springbrunnen vor dem Eingange plätscherte einsam in einem fort. Hin und her in den Zweigen neben mir erwachten schon die Vögel, schüttelten ihre bunten Federn und sahen, die kleinen Flügel dehnend, neugierig und verwundert ihren seltsamen Schlafkameraden an. Fröhlich schweifende Morgenstrahlen funkelten über den Garten weg auf meine Brust.

Da richtete ich mich in meinem Baume auf und sah seit langer Zeit zum ersten Male wieder einmal so recht weit in das Land hinaus, wie da schon einzelne Schiffe auf der Donau zwischen den Weinbergen herabfuhren und die noch leeren Landstraßen wie Brücken über das schimmernde Land sich fern über die Berge und Täler hinausschwangen.

Ich weiß nicht, wie es kam – aber mich packte da auf einmal wieder meine ehemalige Reiselust: alle die alte Wehmut und Freude und große Erwartung. Mir fiel dabei zugleich ein, wie nun die schöne Frau droben auf dem Schlosse zwischen Blumen und unter seidnen Decken schlummerte und ein Engel bei ihr auf dem Bette säße in der Morgenstille – ‚Nein', rief ich aus, ‚fort muß ich von hier, und immer fort, so weit, als der Himmel blau ist!'

Und hiermit nahm ich mein Körbchen und warf es hoch in die Luft, so daß es recht lieblich anzusehen war, wie die Blumen zwischen den Zweigen und auf dem grünen Rasen unten bunt umherlagen. Dann stieg ich selber schnell herunter und ging durch den stillen Garten auf meine Wohnung zu. Gar oft blieb ich da noch stehen auf manchem Plätzchen, wo ich sie sonst wohl einmal gesehen oder im Schatten liegend an sie gedacht hatte.

In und um mein Häuschen sah alles noch so aus, wie ich es gestern verlassen hatte. Das Gärtchen war geplündert und wüst, im Zimmer drin lag noch das große Rechnungsbuch aufgeschlagen, meine Geige, die ich schon fast vergessen hatte, hing verstaubt an der Wand. Ein Morgenstrahl aber aus dem gegenüberstehenden Fenster fuhr gerade blitzend über die Saiten. Das gab einen rechten Klang in meinem Herzen. ‚Ja', sagte ich, ‚komm nur her, du getreues Instrument! Unser Reich ist nicht von dieser Welt!'

Und so nahm ich die Geige von der Wand, ließ Rechnungsbuch, Schlafrock, Pantoffeln, Pfeifen und Parasol liegen und wanderte, arm wie ich gekommen war, aus meinem Häuschen und auf der glänzenden Landstraße von dannen.

Ich blickte noch oft zurück; mir war gar seltsam zumute, so traurig und doch auch wieder so überaus fröhlich, wie ein Vogel, der aus seinem Käfige ausreißt. Und als ich schon eine weite Strecke gegangen war, nahm ich draußen im Freien meine Geige vor und sang:

Den lieben Gott laß ich nur walten;
Der Bächlein, Lerchen, Wald und Feld
Und Erd' und Himmel tut erhalten,
Hat auch mein' Sach aufs best' bestellt!

Das Schloß, der Garten und die Türme von Wien waren schon hinter mir im Morgenduft versunken, über mir jubilierten unzählige Lerchen hoch in der Luft; so zog ich zwischen den grünen Bergen und an lustigen Städten und Dörfern vorbei gen Italien hinunter.«

In Italien erlebt der Taugenichts die wunderbarsten Abenteuer. Er wird mit einer ver-
kleideten Gräfin verwechselt, lebt auf einem einsamen, verfallenden Schloß und kommt
nach Rom unter deutsche Maler. Aber schließlich treiben ihn Heimweh und Sehnsucht
nach seiner jungen schönen gnädigen Frau wieder zurück. Im Schloß klären sich seine
italienischen Abenteuer auf, und er erfährt zudem, daß seine umschwärmte Gräfin in
Wirklichkeit die Nichte des Schloßportiers ist. Der Graf schenkt ihnen ein Schlößchen mit
Garten und Weinbergen – „und es ist alles, alles gut!"

Der Taugenichts ist der Hans im Glück des Märchens, der sich auf dieser Welt nicht zurechtfindet und dem doch alles zum Glück ausfällt. Darum beginnt die Erzählung damit, daß der Junge auszieht, um sein Glück zu machen, und darum endet sie damit, daß „alles, alles gut" ist. Was er sieht, ist märchenhaft: die väterliche Mühle, die Schlösser und Gärten, ein traumhaftes Italien – die wundersame Reise und die Liebe des Müllerburschen zu seiner Märchenprinzessin. Und doch geht alles, wenn auch auf wunderliche Weise, mit rechten Dingen zu. Keine Feen oder Kobolde müssen dem Taugenichts zu seinem Glück verhelfen; er findet es selbst, weil er die Wirklichkeit für ein Märchen hält. Sie ist so zauberhaft, wie sie der Taugenichts haben will.

Nur manchmal nimmt sie den Charakter der Realität an, zum Beispiel, als er meint, seine schöne Gräfin sei ihm für ewig unerreichbar geworden. Da greift er zu seiner Geige und sagt: „Unser Reich ist nicht von dieser Welt!" An dieser Stelle fällt die Märchengestalt zusammen mit dem Grundtyp des romantischen Künstlers, der in ewiger Sehnsucht und voll Wanderlust als Musikant und Sänger in die Ferne zieht. Die Wirklichkeit hat in seine Traumwelt feindlich eingegriffen, und so schüttelt er sie ab, um sich das Reich der Phantasie rein zu erhalten. Er läßt Rechnungsbuch, Schlafrock, Pantoffeln, Pfeifen und Sonnenschirm liegen, die Symbole seines bürgerlichen Daseins als Zolleinnehmer, und geht auf die Wanderschaft. Aber ein rechter Spießbürger, ein „Philister", ist er auch zuvor nicht gewesen. „Ich aber wußte . . . gar nicht recht, wie mir geschehen", steht am Anfang unserer Textprobe: er nimmt seine Erlebnisse wie einen Traum, ohne die realen Vorfälle erkennen zu wollen. Der Schloßgarten, das Schloß selbst ist eine Märchenlandschaft, die überall und nirgends sein kann. Und am Morgen sitzt der Taugenichts auf seinem Baum als ein Wesen, das in diese Landschaft hineingehört, so daß die Vögel gar nicht erschrecken und ihn als einen Kameraden betrachten.

Die schöne junge gnädige Frau gehört mit in die verklärte Welt. Wir erfahren nirgends, wie sie eigentlich aussieht. Sie ist so unerreichbar wie ein Stern, vergleichbar einer Lilie in der Nacht oder dem Mond, der über das klare Firmament

Der junge Eichendorff (Bildnis von Joseph Raabe. 1809)

zieht. Der Taugenichts liebt in ihr nicht ein bestimmtes, individuelles Wesen, sondern das Wunderbare und Schöne überhaupt, wie er die Blumen, den Wald, den Garten und die Musik liebt. Weil das so ist, erlebt der Taugenichts nur selten die wehmütige romantische Stimmung, die entsteht, wenn dem Künstler bewußt wird, daß er anders ist als die anderen Menschen. Seine unverwüstliche Heiterkeit setzt sich immer wieder durch, denn er findet mit traumhafter Sicherheit die Einheit der Welt in der Phantasie wieder. Darum ist ihm der Philister kein Schrecken, sondern nur verwunderlich, und er befördert ihn handgreiflich aus seiner Zauberwelt hinaus: „Da ließen sich auf einmal die Hörner der zurückkehrenden Jäger von ferne vernehmen, die von den Bergen gegenüber einander von Zeit zu Zeit lieblich Antwort gaben. Ich war recht im innersten Herzen vergnügt und sprang auf und rief wie bezaubert und verzückt vor Lust: ‚Nein, das ist mir doch ein Metier, die edle Jägerei!' Der Portier aber klopfte sich ruhig die Pfeife aus und sagte: ‚Das denkt Ihr Euch just so. Ich habe es auch mitgemacht, man verdient sich kaum die Sohlen, die man sich abläuft; und Husten und Schnupfen wird man erst gar nicht los, das kommt von den ewig nassen Füßen.' – Ich weiß nicht, mich packte da ein närrischer Zorn, daß ich ordentlich am ganzen Leibe zitterte. . . . Ich faßt ihn, außer mir, bei der Brust und sagte: ‚Portier, jetzt schert Ihr Euch nach Hause, oder ich prügle Euch hier sogleich durch!' "

Romantik ist in Eichendorffs Erzählung zu einem beglückenden Erlebnis geworden, zu einem beseligenden Weltgefühl der Sehnsucht und der Phantasie. Nicht zufällig sind in die Erzählung oft Lieder eingestreut, denn was der Taugenichts erlebt, ist Musik des Herzens, die sich zu Liedern verdichtet. Darum ist die Geige seine ständige Begleiterin, und wenn sein Glück angefochten wird, zieht er sie heraus und spielt und singt; in der Musik schafft er sich sein Glück neu.

JOSEPH FREIHERR VON EICHENDORFF (1788–1857) ist der volkstümlichste aller Romantiker geworden. Zugleich aber hat er die Romantik zu einem Endpunkt geführt, über den es keinen Weg mehr hinaus gab. Denn bei ihm ist sie die Erfüllung einer „großen tiefsinnigen Weltansicht, welche, indem sie das Diesseits ans Jenseits knüpft, aller irdischen Erscheinung eine höhere Deutung und Schönheit verleiht". Diese Sicherheit erwächst ihm aus seinem katholischen Glauben, der über alle Anfechtungen siegt. Freilich hat er in seinen Erzählungen auch die gefährlichen Kräfte gestaltet, die im Wesen des Menschen liegen: Im *Marmorbild* stellt er die Mächte dar, die aus dem Unbewußten hervordringen und Gefährdung bringen, im *Schloß Durande* zerstören die ungehemmten Leidenschaften die Menschen. Aber nie ist das Leben heillos und ausweglos.

Neben Eichendorff steht der andere Dichter der Spätromantik, der das Vertrauen in das Dasein so selten gewann, wie Eichendorff es verlor: ERNST THEODOR AMADEUS HOFFMANN.

ERNST THEODOR AMADEUS HOFFMANN
Der goldene Topf

»„(...) Und nun Adieu! lieber Herr Anselmus, ich gehe etwas rasch, deshalb will ich Ihnen nicht zumuten, mit mir nach der Stadt zurückzukehren. – Adieu! auf Wiedersehen, morgen um zwölf Uhr." – Der Archivarius (...) schritt (...) rasch von dannen, so, daß er in der tiefen Dämmerung, die unterdessen eingebrochen, mehr in das Tal hinabzuschweben als zu gehen schien. Schon war er in der Nähe des Koselschen Gartens, da setzte sich der Wind in den weiten Überrock und trieb die Schöße auseinander, daß sie wie ein Paar große Flügel in den Lüften flatterten und es dem Studenten Anselmus, der verwunderungsvoll dem Archivarius nachsah, vorkam, als breite ein großer Vogel die Fittiche aus zum raschen Fluge. – Wie der Student nun so in die Dämmerung hineinstarrte, da erhob sich mit krächzendem Geschrei ein weißgrauer Geier hoch in die Lüfte, und er merkte nun wohl, daß das weiße Geflatter, was er noch immer für den davonschreitenden Archivarius gehalten, schon eben der Geier gewesen sein müsse, unerachtet er nicht begreifen konnte, wo denn der Archivarius mit einemmal hingeschwunden. „Er kann aber auch selbst in Person davongeflogen sein, der Herr Archivarius Lindhorst", sprach der Student Anselmus zu sich selbst, „denn ich sehe und fühle nun wohl, daß alle die fremden Gestalten aus einer fernen wundervollen Welt, die ich sonst nur in ganz besondern merkwürdigen Träumen schaute, jetzt in mein waches reges Leben geschritten sind und ihr Spiel mit mir treiben (...) "«

Diese Stelle steht in Hoffmanns Märchen *Der goldene Topf,* in dem sich der Student Anselmus in eine Schlange verliebt, die Tochter eines Elementargeistes, der auf dieser Welt als Archivarius Lindhorst auftritt. Am Ende sind Anselmus und die Schlange vereint und leben in dem Zauberland Atlantis.
In dem Märchen geschieht immer wieder das, wovon Anselmus in dem Selbst-

gespräch redet: Eine ferne Welt greift in die normale ein. Der Archivarius verwandelt sich wirklich in einen Geier – und wenn es hier noch eine Sinnestäuschung sein könnte, so ist es an anderen Stellen ganz deutlich, daß zwei verschiedene Welten ineinandergreifen. Darin liegt der Reiz von Hoffmanns Märchen. Als der Archivarius abends beim Wein sitzt, fragen ihn die biederen Bürger, ob sein Bruder auch Gelehrter sei. „‚Nein!' erwidert der Archivarius, ganz kalt und gelassen eine Prise nehmend, ‚er hat sich auf die schlechte Seite gelegt und ist unter die Drachen gegangen.'" Im Volksmärchen geschieht oft ähnliches. Hänsel und Gretel gelangen unvermittelt aus dem normalen Dasein in den Bereich der Hexe. Das steigert Hoffmann noch, indem er seine Geschichte in eine genau bezeichnete Gegenwart verlegt: Sie spielt in Dresden, an bekannten Orten. Den Koselschen Garten gab es wirklich; er lag an der Elbe in der Dresdner Neustadt. Die Wirkung ist grausig und komisch zugleich. Es ist grotesk, so übersteigert sonderbar, daß es zum Lachen reizt, wenn der Archivarius von seinem Vater sagt, daß er „vor ganz kurzer Zeit starb, es sind nur höchstens dreihundertundfünfundachtzig Jahre her, weshalb ich auch noch Trauer trage . . ."; er hat zwar recht, da im Geisterreich andere Zeitmaßstäbe gelten, aber er spricht ja vor Menschen, die nicht wissen, daß er ein Elementargeist ist. Diese groteske Situation will Hoffmann erreichen. Er nennt die Samm-

Sechs groteske Musikanten (Holzschnitt von Jacques Callot)

lung, die den „goldenen Topf" enthält, *Fantasiestücke nach Callots Manier* nach einem französischen Graphiker des 16. Jahrhunderts, der Gestalten zeichnet, die der Phantasie entsprungen sind und phantastische Veränderungen der Wirklichkeit vorweisen (vgl. Bilder S. 62, 80, 174).

Der Student Anselmus ist in der Welt der Wirklichkeit ein ewiger Pechvogel und sonderbarer Schwärmer, und Lindhorst ist ein alter Sonderling. Aber dann verwandelt sich das Bild, in dem Augenblick, in dem die andere Welt mit hereinspielt. Dort ist der Sonderling ein Geisterfürst und der komische Student ein auserwählter und höherer Mensch, dem vorbestimmt ist, die Tochter des Geisterfürsten zu erringen.

Gerade in seinem Ungeschick liegt sein Wert, er ist „ein kindliches poetisches Gemüt. – Oft findet man dieses Gemüt bei Jünglingen, die der hohen Einfachheit ihrer Sitten wegen, und weil es ihnen ganz an der sogenannten Weltbildung fehle, von dem Pöbel verspottet würden." Er ist also dem bekannten romantischen Typ des Taugenichts ähnlich.

Wenn das Märchen auch als ein übermütiger Scherz angelegt ist, so steckt dahinter etwas anderes als die harmlose Fröhlichkeit in Eichendorffs Erzählung. Zwar stehen sich bei Hoffmann wieder poetische Menschen und Philister gegenüber, aber ihre Welten scheiden sich viel stärker voneinander. Anselmus kann sein Glück nicht auf der Erde finden, sondern er verläßt sie am Ende, um in einer Traumwelt zu leben. Der „goldene Topf", das Hochzeitsgeschenk des Geisterfürsten, ist das Sinnbild für Phantasie und Poesie, und der letzte Satz des Märchens lautet: „Ist denn überhaupt des Anselmus Seligkeit etwas anderes als das Leben in der Poesie, der sich der heilige Einklang aller Wesen als tiefstes Geheimnis der Natur offenbaret?" Letzten Endes ist in dem einfallsreichen, skurrilen (närrisch-possenhaften) Märchen die typische Tragik des romantischen Künstlers verborgen, der komisch und grotesk wirkt, von allen ausgelacht wird und in eine Phantasiewelt flüchten muß, um glücklich zu sein.

Die groteske Wirkung der *Märchen* liegt darin, daß Hoffmann Wirklichkeit und Geisterreich so ganz selbstverständlich nebeneinander bestehen läßt. Der Dichter hat daneben *Erzählungen* geschrieben, in denen dunkle Mächte unheimlich und zerstörend in die Wirklichkeit eingreifen. So wie Anselmus der Phantasie aufgeschlossen ist, so sind die Menschen auch den verderblichen Kräften außerhalb der Realität ausgeliefert und gehen unter ihrer Wirkung wehrlos zugrunde. Sie verfallen dem Wahnsinn und töten sich selbst unter unverständlichen und grausigen Umständen, oder sie werden von irrwitzigen Leidenschaften ins Verderben getrieben wie der Goldschmied Cardillac in der Novelle *Das Fräulein von Scuderi,* der unübertreffliche Schmuckstücke herstellt, aber hinterher von unwiderstehlicher Gier nach seinen eigenen Werken dazu getrieben wird, die Käufer umzubringen, um seine Kleinodien wieder zu besitzen.

Der Kapellmeister Kreisler (Zeichnung von Ernst Theodor
Amadeus Hoffmann)

Kreisleriana

»Wo ist er her? – Niemand weiß es! – Wer waren seine Eltern? – Es ist unbekannt! –
Wessen Schüler ist er? – Eines guten Meisters, denn er spielt vortrefflich, und da er
Verstand und Bildung hat, kann man ihn wohl dulden, ja ihm sogar den Unterricht in
der Musik verstatten. Und er ist wirklich und wahrhaftig Kapellmeister gewesen, setzen
die diplomatischen Personen hinzu, denen er einmal in guter Laune eine von der Direktion
des . . . r Hoftheaters ausgestellte Urkunde vorwies, in welcher er, der Kapellmeister
Johannes Kreisler, bloß deshalb seines Amtes entlassen wurde, weil er standhaft ver-
weigert hatte, eine Oper, die der Hofpoet gedichtet, in Musik zu setzen; auch mehrmals
an der öffentlichen Wirtstafel (...) ein junges Mädchen, die er im Gesange unterrichtet,
der Prima Donna in ganz ausschweifenden, wiewohl unverständlichen Redensarten vorzuziehen getrachtet; jedoch soll er den Titel als Fürstlich . . . r Kapellmeister beibehalten,
ja sogar zurückkehren dürfen, wenn er gewisse Eigenheiten und lächerliche Vorurteile,
z. B. daß die wahre italienische Musik verschwunden sei u. s. w. gänzlich abgelegt und an
die Vortrefflichkeit des Hofpoeten (...) willig glaube. – Die Freunde behaupteten, die Natur
habe bei seiner Organisation ein neues Rezept versucht und der Versuch sei mißlungen,
indem seinem überreizbaren Gemüt, seiner bis zur zerstörenden Flamme aufglühenden
Phantasie zu wenig Phlegma beigemischt und so das Gleichgewicht zerstört worden, das
dem Künstler durchaus nötig sei, um mit der Welt zu leben und ihr Werke zu dichten, wie
sie dieselben, selbst im höheren Sinn, eigentlich brauche. Dem sei, wie ihm wolle – genug,
Johannes wurde von seinen innern Erscheinungen und Träumen, wie auf einem ewig
wogenden Meer dahin – dorthin getrieben, und er schien vergebens den Port zu suchen,

der ihm endlich die Ruhe und Heiterkeit geben sollte, ohne welche der Künstler nichts zu schaffen vermag. So kam es denn auch, daß die Freunde es nicht dahin bringen konnten, daß er eine Komposition aufschrieb oder, wirklich aufgeschrieben, unvernichtet ließ. Zuweilen komponierte er zur Nachtzeit in der aufgeregtesten Stimmung; – er weckte den Freund, der neben ihm wohnte, um ihm alles in der höchsten Begeisterung vorzuspielen, was er in unglaublicher Schnelle aufgeschrieben – er vergoß Tränen der Freude über das gelungene Werk – er pries sich selbst als den glücklichsten Menschen, aber den andern Tag – lag die herrliche Komposition im Feuer. – (...)
Auf einmal war er, man wußte nicht wie und warum, verschwunden. Viele behaupteten, Spuren des Wahnsinns an ihm bemerkt zu haben, und wirklich hatte man ihn mit zwei übereinandergestülpten Hüten und zwei Rastralen, wie Dolche in den roten Leibgürtel gesteckt, lustig singend zum Tore hinaushüpfen gesehen, wiewohl seine näheren Freunde nichts Besonderes bemerkt, da ihm gewaltsame Ausbrüche, von irgendeinem innern Gram erzeugt, auch schon sonst eigen gewesen.«

Port = Hafen; Rastral = Hilfsmittel zum Ziehen von Notenlinien

Was in diesen Zeilen steht, ist das Porträt des heillosen Romantikers, der nicht wie der Taugenichts alles mit seiner Phantasie veredeln und beseligen kann. Der Kapellmeister Kreisler ist ein Künstler, der von der Musik ergriffen ist und in göttlicher Inspiration meisterhafte Werke schafft. Aber auch das Meisterwerk ist nie vollkommen, und weil Kreisler das Vollkommene zu schaffen strebt, ist ihm das Gute noch nicht gut genug, und er zerstört es wieder. Es fehlt ihm das Phlegma, die Bändigung durch Selbstbescheidung und Vernunft.
In Wahrheit kann das absolute Kunstwerk nie gelingen; es kann zwar in der Einbildungskraft entstehen, aber die Fähigkeiten, über die der Mensch verfügt, um es niederzuschreiben oder wiederzugeben, sind viel zu mangelhaft und grob. In der Erzählung vom *Ritter Gluck* symbolisiert das Hoffmann damit, daß der Meister am Klavier sitzt, mit aufgeschlagenem Notenheft vor sich; aber das Notenheft besteht aus lauter leeren Blättern.
In der Musik liegt eine unheimliche Gefahr. Der Komponist wird überflutet von musikalischen Gesichten und Phantasien, die ihn aus der rauhen Wirklichkeit lösen und in ein Reich der Schönheit und der Poesie entrücken. Er geht auf in der Musik und ist für diese Welt verloren. Solange der Künstler aber noch mit einem Fuße in der Realität steht, ist sie ewiges Hemmnis bei der Verwirklichung der genialen Einfälle. Er ist von einer ungeheuren Feinfühligkeit in den Fragen der Kunst und wird sich der kleinsten Abweichung von der Vollkommenheit schmerzhaft bewußt – bei sich und bei anderen. Die Folge ist, daß er überspannt und unverständlich wirkt: er komponiert nicht das, was die Welt „braucht". Die Philister vermissen den nützlichen Zweck, ohne zu merken, daß es einen solchen Zweck in der reinen Kunst gar nicht gibt.
Daß sie den Künstler „dulden, ja ihm sogar den Unterricht in der Musik verstatten", erhöht seinen Schmerz: Er ist sich bewußt, etwas Höheres zu erstreben, als alle andern ahnen, und begegnet nur einem mild verzeihenden Lächeln: er wird nicht für voll genommen. Es trennt ihn eine weite Kluft von der Alltagswelt; er steht in einem beständigen Zustand der Spannung und Feindschaft

mit ihr, er leidet am Leben. Den Krieg zwischen dem Künstler, der an einem Traumzustand Anteil hat, und dem Publikum, das im Alltag verwurzelt ist, trägt Hoffmann mit grimmiger, bitterer Ironie aus. *Ironie* (griech. „Verstellung") behauptet etwas, was erkennbar nicht stimmt. Im Text S. 176 f. z. B. tut Hoffmann so, als verlange man mit Recht, daß Kreisler „an die Vortrefflichkeit des Hofpoeten . . . willig glaube"; der Leser weiß jedoch und ist sich darin mit dem Autor einig, daß der Hofpoet nichts taugt. Der Dichter verspottet den gesellschaftlichen Alltag und seine Umgangsformen – so wie in unserem Text der erhobene Zeigefinger des „klugen" Philisters sichtbar ist oder in einem anderen das schreckliche Leiden dargestellt ist, als Kreisler an einem geselligen Abend lauter krächzende und kreischende Mädchen und Damen bei ihren Arien und Duetten am Klavier begleiten muß. Diese Leiden haben zur Folge, daß der Musiker sich nicht nur unbewußt, sondern auch gewollt anders benimmt, sich über die Umgangformen hinwegsetzt, um zu schockieren. Er spielt verrückt, denn diese Verrücktheit schützt ihn vor der Verständnislosigkeit und Zudringlichkeit der Alltagswelt.

So ist der Kapellmeister Kreisler eine tiefsinnige Karikatur des romantischen Künstlers; seine Wesenszüge sind erfaßt und ins Groteske übersteigert, um sie besonders deutlich zu machen.

Der Kapellmeister Kreisler taucht in vielen Werken Hoffmanns auf; der Dichter hat ihm auch eine ganze Biographie gewidmet. Darin wird die Ironie durch einen typisch romantischen Einfall noch gesteigert: Die Biographie steht auf Makulaturblättern; das sind einseitig bedruckte Blätter, die der Verfasser von der Druckerei erhält, um vor der endgültigen Fertigstellung eines Buches die letzten Korrekturen vorzunehmen. Auf der Rückseite dieser Blätter gibt ein Kater seine altklugen und spießbürgerlichen Weisheiten zum besten *(Die Lebensansichten des Katers Murr).* Die Setzer haben „aus Versehen" beide Seiten nacheinander gedruckt; mitten im Satz muß sich der Leser beständig auf die grundverschiedene andere Geschichte umstellen. Zudem fehlen einige Seiten der Kreislerbiographie, so daß jeder sinnvolle Zusammenhang mutwillig zerstört ist.

Das ist der Gipfel der sogenannten *romantischen Ironie.* Der Dichter weiß, daß der Zwiespalt zwischen Ideal und Wirklichkeit unüberbrückbar ist. Er nimmt sich deshalb das Recht, seine eigene Schöpfung dadurch wieder aufzuheben, daß er dem Leser bewußt macht, daß sie ein Phantasiegebilde ist. Er reißt ihn aus der Illusion, die das Kunstwerk vermittelt, zurück in die Wirklichkeit und zwingt ihm dann wieder die Illusion auf.

Der Kapellmeister Kreisler ist das grotesk übersteigerte Ebenbild seines Schöpfers. ERNST THEODOR AMADEUS HOFFMANN (1776–1822) war ein Universalgenie; er wirkte zeitweise als Dichter, Komponist, Kapellmeister, Regisseur und Bühnenbildner, wechselte aber sein Arbeitsfeld immer wieder. Zugleich war er ausgebildeter Jurist. Die letzten Jahre seines Lebens verbrachte er als Kammergerichtsrat in Berlin. In dieser Zeit hatte er sich als Künstler ganz der Dichtung verschrieben. Am Tage erfüllte er in vorbildlicher Weise seine Berufspflichten – er setzte sich dabei energisch für Männer wie den Turnvater Jahn

Ernst Theodor Amadeus Hoffmann (Selbstbildnis)

ein, der wegen seiner freiheitlichen Gesinnung von der preußischen Polizei verhaftet worden war – und am Abend führte er ein echtes Künstlerleben mit befreundeten Romantikern. In den Nächten schrieb er wie im Fiebertraum seine Werke, so daß er sich mitunter von den Gestalten seiner eigenen Phantasie bedroht und gehetzt fühlte. Selten nur kamen die beiden Welten in Konflikt, etwa da, als er seinen beruflichen Widersacher, den Polizeidirektor von Berlin, in dem Märchen *Meister Floh* so scharf karikierte, daß das Werk zensiert und gekürzt wurde.

Die stärkste Wirkung hatte Hoffmann auf seine Zeit mit den Erzählungen, in denen die gespenstischen Mächte von außerhalb dieser Welt in grausiger Weise auf die Menschen einwirkten. Daher hieß der Dichter der „Gespenster-Hoffmann", und Heine spricht von seinem Werk als einem „entsetzlichen Angstschrei in zwanzig Bänden".

Zwischen Romantik und Realismus

»Wir leben im Grunde geistig einsam. Jeder von uns, geistig verlarvt, denkt, fühlt und strebt anders als die anderen, und des Mißverständnisses wird so viel, und selbst in weiten Häusern wird das Zusammenleben so schwer, und wir sind überall beengt, überall fremd und überall in der Fremde.«   (Heinrich Heine)

Stünde in diesem Satz nur: „Wir leben im Grunde einsam . . .", wäre also das das Wort „geistig" nicht, so ließe sich damit der romantische Künstler kennzeichnen. Man kann jedoch nicht sagen, daß die Romantiker *geistig* vereinsamt gewesen seien; vielmehr verband sie der Gedanke, daß es eine höhere Wirklichkeit der Poesie gäbe, eine Idealwelt, die ihr Lebenshalt und Lebensinhalt war: sie hatten eine idealistische Weltvorstellung.

Das verband die Romantiker bei aller Verschiedenheit ihrer Kunst- und Weltauffassung mit den Klassikern. Goethes Idee der Humanität ist etwas ganz Unromantisches – aber sie betont auch, daß über den Erscheinungen geistige Werte stehen, denen nachzustreben Lebensaufgabe ist. Wegen dieser Gemeinsamkeit spricht man vom Zeitalter des *Idealismus,* wenn man Klassik und Romantik absetzen will gegenüber den folgenden Epochen.

Auf der Barrikade (Aus dem Totentanz von Alfred Rethel)

Die zweite französische Revolution (1830) brachte die Wende. Die Revolution von 1789 hatte die Menschenrechte verkündet, aber die Menschen waren nicht wesentlich freier geworden; vielmehr herrschte seit 1815 die Restauration. Das politische Leben war durch den Versuch der Regierungen gekennzeichnet, Freiheit, Gleichheit und Brüderlichkeit vergessen zu machen und zu den vorrevolutionären Verhältnissen zurückzukehren.

Der jungen Generation erschien auch der Idealismus geprägt von Handlangern der alten Ordnung, die freiheitlich Gesinnte von der politischen Wirklichkeit ablenken und mit einer Scheinwelt vertrösten wollten. Die Folge war, daß sich die Dichter der jungen Generation nun wirklich geistig einsam fühlten. Sie lehnten das Alte ab und waren sich bewußt, an der Schwelle zu Neuem zu stehen; aber weil ein mitreißendes neues Ideengut fehlte, wie es der Sturm und Drang, die Klassik und die Romantik besessen hatten, blieben sie lange Zeit ziellos. Es entstand ein Wirrwarr von Kräften und Strömungen, in dem jeder im Grunde allein war. Nur in einem waren sie alle eines Sinnes: daß das Neue kein idealistisches Weltgebäude sein konnte, sondern daß sich der einzelne zuallererst mit der politischen Wirklichkeit auseinandersetzen mußte oder mit dem, was ihm an Faßbarem und Sichtbarem begegnete. Sie wollten nicht nach den Sternen schauen, sondern auf die Gassen; denn für sie vollendete sich der Mensch nicht im Suchen nach ideellen Werten, sondern in der Bewältigung der Wirklichkeit:

»Wer mag die Strömung nennen, in welcher das Schiff unserer Tage fährt? Wer das Wort des Rätsels aussprechen, an dem die Geschlechter der Erde nagen? So viel ist richtig: der Tod und der Himmel sind zurückgewichen in den Hintergrund der Gedanken und auf der Erde will der Mensch wieder menschlich heimisch werden.«

(Karl Leberecht Immermann)

An der Schwelle zu einem noch ungestalteten Neuen stehen Menschen einer Übergangszeit, die sich mit dem überkommenen Gedankengut auseinandersetzen mußten; sie versuchten, das Erbe der Klassik: die Bereitschaft zur Idee, und das Erbe der Romantik: den Drang zum Unendlichen, mit den Vorstellungen ihrer Zeit zu verbinden.

HEINRICH HEINE

Leise zieht durch mein Gemüt . . .

Leise zieht durch mein Gemüt
Liebliches Geläute,
Klinge, kleines Frühlingslied,
Kling hinaus ins Weite.

Kling hinaus bis an das Haus,
Wo die Blumen sprießen.
Wenn du eine Rose schaust,
Sag, ich laß sie grüßen.

Ein schlichtes, inniges Gedicht aus dem Frühwerk Heines, dem *Buch der Lieder,* das seinen Weltruhm begründet hat.

Das Gedicht enthält alle Stilmittel der Romantik und des Volkslieds, das Bild der Rose, die Wortwiederholung, die Gemütslage der Sehnsucht, die Musik als Mittlerin der Gefühle. Worte und Bilder sind Allgemeinbesitz der Zeit.

Die Sprache ist einfach und volkstümlich, dabei rhythmisch locker und voll Musik. Wer die kleinen Lieder Heines liest, dem scheinen sie ganz unbewußt und ungekünstelt gesungen, und er ahnt nicht, daß sie das Ergebnis langen Gestaltens und Feilens sind. Ohne eigentlich Volkslieder zu sein, sind sie aus dem Geiste des Volkslieds geschaffen und geben diesen Geist so natürlich wieder, daß Heines Lied *Loreley* im 19. Jahrhundert als ein der Sage entsprungenes echtes Volkslied angesehen und weitergesungen wurde. Die Musikalität der Lieder führte dazu, daß sie häufiger als die jedes anderen Dichters vertont wurden, vor allem von Schubert, Schumann, Mendelssohn und Wolf.

Heines Lieder bedeuten die künstlerische Vollendung der romantischen Lyrik, weil sie die seit *Des Knaben Wunderhorn* und BRENTANO entwickelten Stilmittel bis in die feinsten Möglichkeiten auswerten. Aber Heine ist selbst nicht mehr von der Gültigkeit romantischer Weltanschauung überzeugt, er schwankt zwischen Verherrlichung und Verwerfung der überkommenen Werte und spielt mit dem, was die Romantiker erst genommen hatten.

Das Fräulein stand am Meere . . .

Das Fräulein stand am Meere	„Mein Fräulein! sein Sie munter,
Und seufzte lang und bang,	das ist ein altes Stück;
Es rührte sie so sehre	Hier vorne geht sie unter
Der Sonnenuntergang.	Und kehrt von hinten zurück."

Die erste Strophe schildert eine typisch romantische Situation: Ein Mädchen betrachtet sehnsuchtsvoll und gerührt den Sonnenuntergang. In der zweiten aber zeigt sich, daß Heine den Leser in eine Falle gelockt hat.

Die Anfangsstimmung ist vorsichtig und kaum auffällig zu weit getrieben. Der Binnenreim in der zweiten Zeile, „lang und bang", überdehnt den Seufzer, so daß er um ein kleines zu gefühlvoll, zu sentimental wird. In der dritten Zeile steht ein einziger Buchstabe zuviel; in glänzender Sparsamkeit zielt das altertümliche „e" in „so sehre" auf den ganzen Unterschieden zwischen einem Mädchen, das echte Gefühle der Liebe und Sehnsucht empfindet, und einem Fräulein, das die Gefühle aus zweiter Hand empfängt, das schwärmt, weil romantische Schwärmerei Mode ist.

Der Leser der ausklingenden Romantik ist Gefühlsdichtung gewohnt und läßt sich von Heine auch zum Überschwang verführen. Genau das ist die Absicht des Dichters.

In grausamer Schärfe entzaubert er die Stimmung, indem er mit seiner ironisch-höflichen Tröstung die banalste Erklärung gibt, die sich denken läßt. Was er sagt, ist zweifellos richtig, aber es ist die Wahrheit der nüchternen Betrachtung, die das Reich der Gefühle als Scheinwelt entlarvt, als verlogene Schwärmerei. Zerstörung der Empfindung ist bei Heine ein bewußter Effekt. Er entwertet ein überstiegenes Gefühl oder eine Idealvorstellung, indem er ihnen die Wirklichkeit gegenüberstellt. Das ist eine Abart der „romantischen Ironie", die Hoffmann etwa anwendet, wenn er die philisterhaften Gedanken des Katers Murr mit der Künstlerbiographie Kreislers vermengt; aber wenn der Romantiker den Unterschied ironisch aufleuchten läßt, dann tritt der Wert der Poesie gegenüber der Alltäglichkeit hervor (vgl. S. 172, 178). Anders Heine: er zeigt, daß die Poesie Illusion ist, die sich auflöst, sobald sie der Realwelt begegnet.

Mit Gedichten wie dem oben zitierten versetzt Heine der romantischen Gefühlsdichtung den Todesstoß. Was bei Eichendorff noch unmittelbar empfunden ist, betrachtet Heine distanziert und setzt es gleichsam in unsichtbare Anführungsstriche.

Die Harzreise

»Nach Luft schnappend stieg ich einige Dutzend Leitern wieder in die Höhe, und mein Steiger führte mich durch einen schmalen, sehr langen, in den Berg gehauenen Gang nach der Grube „Dorothea". Hier ist es luftiger und frischer, und die Leitern sind reiner, aber auch länger und steiler als in der „Karolina". Hier wurde mir schon besser zumute, besonders da ich wieder Spuren lebendiger Menschen gewahrte. In der Tiefe zeigten sich nämlich wandelnde Schimmer; Bergleute mit ihren Grubenlichtern kamen allmählich in die Höhe mit dem Gruße „Glückauf!" und mit demselben Widergruße von unserer Seite stiegen sie an uns vorüber; und wie eine befreundet ruhige, und doch zugleich quälend rätselhafte Erinnerung trafen mich mit ihren tiefsinnig klaren Blicken die ernstfrommen, etwas blassen, und vom Grubenlicht geheimnisvoll beleuchteten Gesichter dieser jungen und alten Männer, die in ihren dunklen, einsamen Bergschachten den ganzen Tag gearbeitet hatten und sich jetzt hinaufsehnten nach dem lieben Tageslicht und nach den Augen von Weib und Kind.

Mein Cicerone selbst war eine kreuzehrliche, pudeldeutsche Natur. Mit innerer Freudigkeit zeigte er mir jene Stelle, wo der Herzog von Cambridge, als er die Grube befahren, mit seinem ganzen Gefolge gespeist hat, und wo noch der lange hölzerne Speisetisch steht, sowie auch der große Stuhl von Erz, worauf der Herzog gesessen. Dieser bleibe zum ewigen Andenken stehen, sagte der gute Bergmann, und mit Feuer erzählte er, wieviele Festlichkeiten damals stattgefunden, wie der ganze Stollen mit Lichtern, Blumen und Laubwerk verziert gewesen, wie ein Bergknappe die Zither gespielt und gesungen, wie der vergnügte, liebe dicke Herzog sehr viele Gesundheiten ausgetrunken habe, und wieviele Bergleute, und er selbst ganz besonders, sich gern würden totschlagen lassen für den lieben, dicken Herzog und das ganze Haus Hannover. – Innig rührt es mich jedesmal, wenn ich sehe, wie sich dieses Gefühl der Untertanentreue in seinen einfachen Naturlauten ausspricht. Es ist ein so schönes Gefühl! Andere Völker mögen gewandter sein und witziger und ergötzlicher, aber keins ist so treu wie das treue deutsche Volk. Wüßte ich nicht, daß die Treue so alt ist wie die Welt, so würde ich glauben, ein deutsches Herz habe sie erfunden. Deutsche Treue! sie ist keine moderne Adressenfloskel. An euren Höfen, ihr deutschen Fürsten, sollte man singen und wieder singen das Lied von dem getreuen Eckart und dem bösen Burgund, der ihm die lieben Kinder töten lassen, und ihn alsdann doch immer treu befunden hat. Ihr habt das treueste Volk, und ihr irrt, wenn ihr glaubt, der alte, verständige, treue Hund sei plötzlich toll geworden, und schnappe nach euren geheiligten Waden.

Wie die deutsche Treue, hatte uns jetzt das kleine Grubenlicht ohne viel Geflacker still und sicher geleitet durch das Labyrinth der Schachte und Stollen; wir stiegen hervor aus der dumpfigen Bergnacht, das Sonnenlicht strahlt – Glückauf!«

Cicerone = Führer; Herzog von Cambridge = Die Könige von Hannover waren bis 1837 auch Könige von England, daher der englische Titel für das Mitglied eines deutschen Fürstenhauses; Floskel = ein Ausdruck, der so häufig verwendet wird, daß er seinen Sinn verliert

Die „Harzreise" ist ein Werk ganz eigentümlicher Art. Naturbilder und Wanderabenteuer machen nur einen Teil des Reiseberichtes aus; er ist voller Abschweifungen in gesellschaftliche und politische Betrachtungen und gewürzt mit ironischen und bissigen Seitenhieben.

Voll Mitleid schildert Heine die Begegnung mit den Bergleuten, die ein Leben des Ernstes, der Pflicht und der Mühsal führen. Er sieht die Härte des Berufs, auch wenn er diesen Beruf zugleich noch romantisch verklärt: die „befreundet ruhige, und doch zugleich quälend rätselhafte Erinnerung" ist nach Wort und Gedanke romantisch, denn der Bergmann war schon bei Novalis symbolisch für das Erschließen von Werten, die auf der Oberflächenwelt nicht zu finden sind.

Danach aber ist Heine mit einem Sprung bei einem Thema, das ganz seiner Gegenwart und seiner persönlichen Gesinnung gilt: bei der Kritik an den politischen Zuständen in Deutschland.

In den Freiheitskriegen gegen Napoleon hatten die deutschen Fürsten ihren Untertanen Bürgerrechte versprochen. Nach dem Sieg von 1815 war kaum mehr die Rede davon. Die Verfassungen, die in den kleineren deutschen Staaten entstanden, stellten die wenigsten zufrieden; die großen Staaten gewährten überhaupt keine, andere, z. B. Hannover, nahmen einen großen Teil der Zugeständnisse wieder zurück. Freiheitlich gesinnte Männer, die sich gegen die Mißachtung der Menschenrechte wandten, wurden verfolgt, verhaftet oder verbannt.

Heine gehörte zu den Wortführern im Kampf um die Bürgerrechte: „Jetzt sieht jeder, daß das deutsche Volk, als es für seine Fürsten Gut und Blut geopfert und den versprochenen Lohn der Dankbarkeit empfangen sollte, aufs Heilloseste getäuscht worden, daß man ein freches Gaukelspiel mit uns getrieben, daß man statt der zugelobten Magna Charta der Freiheit uns nur eine verbriefte Knechtschaft ausgefertigt hat."

Der Kerngedanke des Textes aus der Harzreise ist der, daß sich das Volk gedankenlos und gefügig seinen Fürsten unterwirft, daß es seine ihm zustehenden Rechte nicht mit Nachdruck vertritt.

Thadden'sche Pressefreiheit (Karikatur aus dem Vormärz, der Zeit vor 1848). Die politische Zensur (Kontrolle) von Druckerzeugnissen – in Deutschland ein nach der französischen Revolution in Frage gestelltes Vorrecht der Landesherren – wurde seit den „Karlsbader Beschlüssen" von 1819 im gesamten Deutschen Bund verschärft. Karikaturen wurden durch die Zensurparagraphen nicht erfaßt; daher wurden sie zu einem wichtigen Instrument des Protests.

Wie im Gedicht weist Heine den Kontrast zwischen Schein und Sein auf. Der Herzog ist die Karikatur eines edlen Fürsten; er ist durch die „schmückenden" Eigenschaftswörter „lieb" und „dick" herabgewürdigt zu dem, was er wirklich ist: ein Mensch wie jeder andere, bürgerlich und unbedeutend. Um so stärker ist der Kontrast zu dem „kreuzehrlichen, pudeldeutschen" Bergmann. Seine Treue gründet nicht auf dem Wert des Fürsten oder gar auf der Erkenntnis eines notwendigen Zusammenhangs des Ganzen (vgl. S. 160); er ist ganz einfach dumm und hoffnungslos verblendet und plappert Phrasen nach. Das ist am Textende verspottet in den bis zum Überdruß verwendeten Wörtern „deutsch", „Treue" und „treu". Ganz am Schluß steht das Bedauern, daß das Volk nicht zu selbständigem politischen Denken und Handeln fähig ist. Die „geheiligten Waden" sind nicht in Gefahr.

Satire und Ironie sind Heines Waffen im politischen Kampf gegen Zwang und Unterdrückung. „Die Schriftsteller, die unter Zensur und Geisteszwang aller Art schmachten, und doch nimmermehr ihre Herzensmeinung verleugnen können, sind ganz besonders auf die ironische und humoristische Form angewiesen. Es ist der einzige Ausweg, welcher der Ehrlichkeit noch übrig geblieben." Heine steht in ständigem Kampf um die Überlistung der Zensur. Daher bringt er seine politische Kritik in Werken, die nach außen hin anderen Themen gelten. Stets hat er die Leser im Auge, die er ansprechen will, die breite Öffentlichkeit. Darum schreibt er in faßlicher Form, in dem leichtverständlichen, lockeren Plauderton des Unterhaltungsteils von Zeitungen, des *Feuilletons* (= Blättchen, von frz. feuille = Blatt). Es ist, als unterhielte sich der Autor einfach obenhin mit dem Leser – und unmerklich hat er ihm wichtige und schwierige Dinge gesagt. Mit seinem Publikumsbewußtsein, seiner Aktualität und Parteinahme ist Heine einer der Väter des Journalismus. Sein Stil wird bis heute noch nachgeahmt. Man könnte in jeder beliebigen Zeitung Texte herausfinden, die die gleichen Mittel verwenden wie Heine in dieser Textprobe, der Satire auf die deutsche Treue.

Heines *Reisebilder* fassen eulenspiegelhaft ein widerspruchsvolles Weltbild, das zwischen Romantik und politischer Revolution schwankt. Sie sind die angemessene Form für sein gespaltenes Lebensgefühl, denn die Reise als Haschen im Vorübergehen nach gegensätzlichen Eindrücken ist ein Gleichnis des fragwürdigen, ungesicherten Daseins. Alles ist voller Widersprüche. Heine verherrlicht das Deutschtum, aber auch das Weltbürgertum, Vergangenes und Zukünftiges, Gott und das Nichts. Er ist der typische Vertreter einer Übergangszeit, in der die alten Werte morsch geworden sind und die neuen noch keine feste Gestalt gewonnen haben, in der Zweifel und Kritik aber den Boden für neues Gedankengut bereiten.

HEINRICH HEINE (1797–1856) ist als Sohn eines jüdischen Kaufmanns in Düsseldorf geboren. Die französische Revolution und die Besetzung durch die napoleonischen Truppen brachten dem Rheinland die bürgerliche Freiheit und damit das Ende der ständischen Vorurteile und der Diskriminierung des jüdischen Glaubens.

Unter der Restauration nach 1815 litten die Juden stärker als andere, denn sie verloren ihre Gleichberechtigung wieder. Heinrich Heine selbst sollte Kaufmann werden wie sein Vater, erwies sich aber als ein hoffnungsloser Fall. Da durfte der mißratene Lehrling Student der Rechte werden. Als Schüler August Wilhelm Schlegels lernte er das romantische Ideengut kennen und wurde zum Dichter. Trotz seiner Promotion zum Dr. jur. und des Übertritts zum Christentum blieb ihm wegen seiner Abkunft der Weg zu einer bürgerlichen Stellung versperrt.

Als Journalist und Schriftsteller verdiente er sich sein Brot hart, denn er wurde wegen seiner offen freiheitlichen Gesinnung verfolgt. Darum entschloß er sich schweren Herzens, nach Paris auszuwandern. Dort lebte er als berühmter Dichter, viel besucht und verehrt; aber er litt an Heimweh. „Wer das Exil nicht kennt, begreift nicht, wie grell es unsere Schmerzen färbt, und wie es Nacht und Gift in unsere Gedanken gießt. Dante schrieb seine Hölle im Exil. Nur wer im Exil gelebt hat, weiß auch, was Vaterlandsliebe ist." Die Werke des Mannes, der in der Welt bald als ein großer deutscher Dichter gefeiert wurde – noch heute gilt er im Ausland weithin als der größte neben Goethe – waren in Deutschland verboten.

Von Kindheit an hatte Heine an einer Überempfindlichkeit der Nerven gelitten. Zwei Jahre nach Beginn seines Exils traten bei ihm Lähmungserscheinungen auf, und von da an verfiel sein Körper immer mehr. Acht Jahre lang war er völlig gelähmt und ans Bett gefesselt. Aber mit ungeheurer Willenskraft schrieb er noch als Todkranker unvergängliche Werke. Er war zuletzt an einem Auge erblindet und hatte am anderen eine Lidlähmung, so daß er, um zu schreiben, mit der einen Hand unter Schmerzen das Augenlid hochhalten mußte. Seine letzten Worte sollen gewesen sein: „Papier . . . Bleistift!"

Heinrich Heine (Porträt von Charles Gleyre)

Die Romantik war für Heine die Schule, „wo ich meine angenehmsten Jugend-
jahre verlebt und zuletzt den Schulmeister geprügelt habe". Wenn Heine in
seinen jungen Jahren dichtete wie ein Romantiker, so war er doch anderen
Geistes als sie. Denn Romantik ist Flucht in den Traum und die Vergangenheit,
und Heine war nicht weltflüchtig, sondern weltzugewandt. Er blickte scharf auf
die Gegenwart und suchte den Kampf mit der äußeren Welt. Die politischen
Dichter des Vormärz, also der Zeit vor der Revolution von 1848, waren ihm
darin ähnlich. Man faßt sie unter dem Namen *Das junge Deutschland* zusammen, einer Bezeichnung, die direkt mit ihrer schriftstellerischen Absicht zu-
sammenhing. Sie ist dem „Jungen Italien" nachgebildet, in dem sich liberal
gesinnte Italiener zusammengeschlossen hatten. Die Jungdeutschen neben
Heine sind fast vergessen. Sie hatten ihr Hauptziel im literarischen Tageskampf
gesehen; die Wirkung ihrer politischen Lyrik und ihrer aggressiven Prosa wurde
durch die Zensur und durch das Verbot ihrer Schriften im Jahre 1835 (Bundes-
tagsbeschluß) stark eingeschränkt.

EDUARD MÖRIKE

Mozart auf der Reise nach Prag

»Man war eine sanft ansteigende Höhe zwischen fruchtbaren Feldern, welche hier und da die ausgedehnte Waldung unterbrachen, gemachsam hinauf und jetzt am Waldsaum angekommen.

,Durch wieviel Wälder', sagte Mozart, ,sind wir nicht heute, gestern und ehegestern schon passiert! – Ich dachte nichts dabei, geschweige daß mir eingefallen wäre, den Fuß hineinzusetzen. Wir steigen einmal aus da, Herzenskind, und holen von den blauen Glocken, die dort so hübsch im Schatten stehn. Deine Tiere, Schwager, mögen ein bißchen verschnaufen.'

Indem sie sich beide erhoben, kam ein kleines Unheil an den Tag, welches dem Meister einen Zank zuzog. Durch seine Achtlosigkeit war ein Flakon mit kostbarem Riechwasser aufgegangen und hatte seinen Inhalt unvermerkt in die Kleider und Polster ergossen. ,Ich hätt' es denken können', klagte sie; ,es duftete schon lang' so stark! O weh, ein volles Fläschchen echte Rosée d'Aurore rein ausgeleert! ich sparte sie wie Gold.' – ,Ei, Närrchen', gab er ihr zum Trost zurück, ,begreife doch, auf solche Weise ganz allein war uns dein Götter-Riechschnaps etwas nütze. Erst saß man in einem Backofen, und all dein Gefächel half nichts, bald aber schien der ganze Wagen gleichsam ausgekühlt; du schriebst es den paar Tropfen zu, die ich mir auf den Jabot goß; wir waren neu belebt, und das Gespräch floß munter fort, statt daß wir sonst die Köpfe hängen lassen wie die Hämmel auf des Fleischers Karren, und diese Wohltat wird uns auf dem ganzen Weg begleiten. Jetzt aber laß uns doch einmal zwei wienerische Nos'n recht expreß hier in die grüne Wildnis stecken!'

Sie stiegen Arm in Arm über den Graben an der Straße und sofort tiefer in die Tannendunkelheit hinein, die, sehr bald bis zur Finsternis verdichtet, nur hin und wieder von einem Streifen Sonne auf sammetnem Moosboden grell durchbrochen ward. Die erquickliche Frische, im plötzlichen Wechsel gegen die außerhalb herrschende Glut, hätte dem sorglosen Mann ohne die Vorsicht der Begleiterin gefährlich werden können. Mit Mühe drang sie ihm das in Bereitschaft gehaltene Kleidungsstück auf. – ,Gott, welche Herrlichkeit!' rief er, an den hohen Stämmen hinaufblickend, aus; ,man ist als wie in einer Kirche! Mir deucht, ich war niemals in einem Wald und besinne mich jetzt erst, was es doch heißt, ein ganzes Volk von Bäumen beieinander! Keine Menschenhand hat sie gepflanzt, sind alle selbst gekommen und stehen so, nur eben weil es lustig ist, beisammen wohnen und wirtschaften. Siehst du, mit jungen Jahren fuhr ich doch in halb Europa hin und her, habe die Alpen gesehen und das Meer, das Größeste und Schönste, was erschaffen ist; jetzt steht von ungefähr der Gimpel in einem ordinären Tannenwald an der bömischen Grenze, verwundert und verzückt, daß solches Wesen irgend existiert, nicht etwa nur so una finzione di poeti ist, wie ihre Nymphen, Faune und dergleichen mehr, auch kein Komödienwald, nein, aus dem Erdboden herausgewachsen, von Feuchtigkeit und Wärmelicht der Sonne durchzogen! Hier ist zu Haus der Hirsch mit seinem wundersamen zackigen Gestäude auf der Stirn, das possierliche Eichhorn, der Auerhahn, der Häher.' – Er bückte sich, brach einen Pilz und pries die prächtige hochrote Farbe des Schirms, die zarten weißlichen Lamellen an dessen unterer Seite, auch steckte er verschiedene Tannenzapfen ein.«

Flakon = Fläschchen; Jabot = Spitzenkrause am Herrenhemd (im 18. Jahrhundert); una finzione di poeti (italienisch) = dichterischer Einbildung entsprungen

Die Hochzeitsreise (Gemälde von Moritz von Schwind. Um 1855). Das Bild ist aus Erinnerungen an Schwinds eigene Hochzeitsreise entstanden. Verschiedene Eindrücke dieser Reise sind hier in einem Bild zusammenkomponiert.

Mozart ist mit seiner Frau auf der Reise nach Prag zur Uraufführung seiner Oper „Don Juan". Die Szene, wie er die Postkutsche zu einem kleinen Spaziergang verläßt, ist voll kindlicher Heiterkeit und jugendlichem Übermut. Die Lust am Kleinen und Unscheinbaren und Worte, wie gemachsam, Herzenskind, hübsch, spiegeln eine kleinbürgerliche, zufriedene Welt. Ein „kleines Unheil kommt an den Tag", ein Beispiel für unscheinbare Nöte und genügsame Freuden. Mozart beruhigt die klagende Konstanze, indem er humorvoll das Mißgeschick in einen

Vorteil verkehrt: er nimmt es nicht schwer, und dadurch verliert es jede Schwere.

In Szenen wie dieser äußert sich das genügsame und bescheidene Lebensgefühl, das Heine so bitter beklagt und das für die Zeit zwischen den Befreiungskriegen und der Revolution von 1848 weithin kennzeichnend ist. Man gebraucht dafür den Begriff *Biedermeier* nach einer Witzfigur, die den treuherzigen Spießbürger verspottet, der sich um die Politik nicht kümmert, keine schwerwiegenden Probleme kennt und selbstzufrieden in seiner engen, unkomplizierten Welt lebt. Der Unterschied zur Romantik drückt sich darin aus, daß das Biedermeier die Welt des Bürgers ist, gegen die sich die Romantik schroff gewendet hatte. Auch die Natur ist anders gezeichnet: sie ist nicht „una finzione di poeti", keine Phantasielandschaft, sondern gegenständlich gesehen in ihrer Schönheit.

Eine solche behagliche Weltbetrachtung kann keine großen, überwältigenden Kunstwerke hervorbringen, denn sie liebt das Kleine und Niedliche und scheut sich vor dämonischen Gewalten. Die Bezeichnung Biedermeier gilt aber mehr der Zeit als den Dichtern, die aus ihr hervorgegangen sind. Die Dichter sind vor allem nicht selbstzufrieden, sondern sehen die Enge und Beschränktheit und die Gefährdung, und sie suchen sie in ihrem Werk zu meistern. Nicht Selbstzufriedenheit, sondern Selbstbescheidung ist ihr Ziel.

Am Anfang der Novelle ist die Welt tatsächlich hell und heiter. Der ganze Frohsinn Mozarts und die Schlichtheit und Innigkeit seines Wesens kommen zum Ausdruck. Seine jugendlich jubelnde Lebenskraft geht über auf die Menschen und Dinge um ihn. Er gehört zu den Menschen, durch deren unverfälschte Ursprünglichkeit alles mitgerissen wird.

Unmerklich fast dringt aber ein Schatten in das Bild, eine Bedrohung dieses lichten Daseins. Das Tannendunkel verdichtet sich bis zur Finsternis, und der plötzliche Wechsel von der Sonnenglut zur Kühle gefährdet die Gesundheit. So ist bereits am Anfang der Novelle das eigentliche Thema zu erahnen. Düstere Vorstellungen brechen immer wieder und immer stärker durch. Sie erreichen ihren Höhepunkt, als Mozart einem kleinen Kreis aus seinem „Don Juan" vorspielt. Das Mädchen Eugenie, das die für Mozarts Wesen und seine Musik aufgeschlossenste Seele hat, empfindet es am stärksten:

»Allein am Abend schon bei den Erzählungen der Frau, war sie von dieser Furcht für ihn, an dessen liebenswertem Bild sie sich ergötzte, geheim beschlichen worden; diese Ahnung wirkte nachher, die ganze Zeit als Mozart spielte, hinter allem unsäglichen Reiz durch all das geheimnisvolle Grauen der Musik hindurch im Grunde ihres Bewußtseins fort, und endlich überraschte, erschütterte sie das, was er selbst in der nämlichen Richtung gelegentlich erzählte. Es war ihr so gewiß, so ganz gewiß, daß dieser Mann sich schnell und unaufhaltsam in seiner Glut verzehre, daß er nur eine flüchtige Erscheinung auf der Erde sein könne, weil sie den Überfluß, den er verströmen würde, in Wahrheit nicht ertrüge.«

So hüllt ein düsterer Schleier von Ahnungen und Geheimnis immer dichter die Erzählung ein, und zum Schluß erkennen wir, daß die heitere, strahlende, lebenslustige Biedermeierwelt nur um ihres Gegenpols willen da ist. Helle und dunkle, sichtbare und unsichtbare Welt stehen sich gegenüber, oder besser, die helle Welt steht im Vordergrund, aber die dunkle droht hinter ihr. Auch die Auseinandersetzung mit dieser Welt bestimmt zu einem Teil die Dichtung der Zeit. Sie läßt sich nicht fassen; die Menschen ahnen nur das Rätsel des Daseins, das Getriebenwerden von dunklen, unbekannten Kräften, durch die „auch der Nüchternste bis an die Grenzen menschlichen Vorstellens, ja über sie hinausgerissen wird, wo wir das Übersinnliche schauen und hören und innerhalb der eigenen Brust von einem Äußersten zum andern willenlos uns hin und her geschleudert fühlen."

Es ist das unfaßbare Schicksal, das sich in solchen Ahnungen andeutet, und es ist Mörikes Absicht, in einem heiteren Tag aus Mozarts Leben spüren zu lassen, wie sich dieser reiche und freudige Geist in seinen Schöpfungen verzehrte, bis ihn sein unbegreiflich früher Tod hinwegnahm. Darum endet die Novelle, die in hellem Dur begonnen hatte, im düsteren Moll eines Gedichts:

Ein Tännlein grünet wo,
Wer weiß, im Walde;
Ein Rosenstrauch, wer sagt,
In welchem Garten?
Sie sind erlesen schon,
Denk es, o Seele,
Auf deinem Grab zu wurzeln
Und zu wachsen.

Zwei schwarze Rößlein weiden
Auf der Wiese,
Sie kehren heim zur Stadt
In muntern Sprüngen.
Sie werden schrittweis gehn
Mit deiner Leiche;
Vielleicht, vielleicht noch eh'
An ihren Hufen
Das Eisen los wird,
Das ich blitzen sehe!

Mörikes Gefühl für das Schicksalhafte ist ein romantisches Erbe. Aber während Hoffmann es als Dämonie und Magie, als Spuk oder Besessenheit darstellt, ist es bei Mörike ein Teil der Wirklichkeit, den jedes Menschenwesen in sich hat: es gefährdet den Künstler in besonderem Maße, nicht weil er unverstanden ist, sondern weil ihn sein Genie über das Mittelmaß emporhebt. Aus einer tiefen Verehrung heraus wählt Mörike die Gestalt Mozarts, um das Thema durchzuführen. Dem Meister fühlt er sich aufs tiefste verwandt, und es gelingt ihm in der kurzen Erzählung, das ganze geniale Wesen des Künstlers mit seinen dunkelsten und hellsten Hintergründen und seiner liebenswürdigen Menschlichkeit weit besser zu verlebendigen, als es umfangreiche Biographien fertigbrächten.

Mörikes „Mozart auf der Reise nach Prag" ist eine Novelle, in der es nicht auf eine Begebenheit ankommt, die eine überraschende Wende nimmt. Vielmehr besteht sie aus Bildern und Episoden, die den Zweck haben, das Wesen Mozarts zu beleuchten, ihn in seinem Charakter und seiner heimlichen Bedrohung zu erfassen. Es gibt einen äußeren Wendepunkt, als Mozart in schöpferischer Geistesabwesenheit in einem Schloßgarten eine Pomeranze (Orange) pflückt und durch diesen Gartenfrevel mit der Schloßgesellschaft zusammentrifft, aber die „wunderbare Begebenheit", die eigentliche „Wende", liegt in den Ahnungen verborgen, die das Wesen Mozarts und seine Musik in dem Mädchen Eugenie wachrufen, also eigentlich außerhalb des Handlungsablaufes.

Die Novelle ist die letzte und vollkommenste Prosadichtung Mörikes. Sein früher Roman *(Maler Nolten)* ist nach Thema und Inhalt noch romantisch, und seine *Märchen* sind ganz im Geiste der alten Volksbücher geschrieben, so daß man glaubt, Bearbeitungen alter Sagenstoffe vor sich zu haben, obwohl sie aus Mörikes Phantasie geschöpft sind.

Verborgenheit

Laß, o Welt, o laß mich sein!
Locket nicht mit Liebesgaben,
Laßt dies Herz alleine haben
Seine Wonne, seine Pein!

Was ich traure, weiß ich nicht,
Es ist unbekanntes Wehe;
Immerdar durch Tränen sehe
Ich der Sonne liebes Licht.

Oft bin ich mir kaum bewußt,
Und die helle Freude zücket
Durch die Schwere, so mich drücket,
Wonniglich in meiner Brust.

Laß, o Welt, o laß mich sein!
Locket nicht mit Liebesgaben,
Laßt dies Herz alleine haben
Seine Wonne, seine Pein!

Wie in der Erzählung liegen in diesem Gedicht Heiterkeit und Schwermut nahe beisammen. Daß sich dies Motiv hier wie dort findet, liegt im Wesen des Dichters begründet.

Der Dichter sehnt sich nach „Verborgenheit", er möchte vom Leben unberührt bleiben; auch mit den Liebesgaben lockt – verlockt die Welt, und dagegen muß er sich wappnen. Das ist der reine Gegensatz zum faustischen Drang, der sich in „Lebensfluten und Tatensturm" bewähren will. Die Welt ist gefährlich und zerstörerisch, also nicht wie für den späteren Goethe ein Schauplatz, auf dem der Mensch das Ewige, den letzten Urgrund des Daseins zu erkennen vermag.

Der Mensch ist allein. Aber auch in sich selbst ist er ungeborgen, denn was ihn bedrückt, ist ein unbekannter Schmerz, und die Freude am Dasein kommt nicht aus einer Gewißheit, sondern aus einem kaum bewußten Grund des Herzens oder aus der Liebe zur Natur, wenn „der Sonne liebes Licht" tröstet.

Das ist die Haltung der Resignation und der Melancholie, der Schwermut, die der Generation eigen ist, die sich ebenso weit entfernt fühlt von der klassischen Lebenssicherheit wie vom Glück romantischer Träume und müde, in Leid versunken, eine schwer zu meisternde Wirklichkeit vor Augen hat. Vor ihr gibt es nur Flucht in das eigene Ich, aber auch das wird bedroht durch überwältigende Gefühle und Leidenschaften. Daher das *Gebet:*

Herr! schicke, was du willt,
ein Liebes oder Leides;
Ich bin vergnügt, daß beides
Aus deinen Händen quillt.

Wollest mit Freuden
Und wolltest mit Leiden
Mich nicht überschütten!
Doch in der Mitten
Liegt holdes Bescheiden.

So kennt Mörike wie kein zweiter die gemischten Stimmungen, in denen die
Seele „zwischen süßem Schmerz, zwischen dumpfem Wohlbehagen" schwankt.
In seinem eigenen Innern hat er genügend Kämpfe auszutragen, so daß ihn die
Freuden und Enttäuschungen der Welt nicht zu tief berühren. Er sucht seinen
Halt in Gott – aber der ist fern und unfaßbar – und in der Kunst, in der er, auch
wenn sie vergänglich ist, wenigstens für Augenblicke Sicherheit gewinnt. In-
dem er Gedichte formt, gestaltet er seine inneren Wirrnisse zu Bildern, die zu
Inseln im Uferlosen des Daseins werden, zu Ruhepunkten, die für den Augenblick Geborgenheit bieten. So sind die Gedichte aus einer inneren Not geboren,
die er durch die Gestaltung zu meistern versuchte.

Der Gärtner

Auf ihrem Leibrößlein,
So weiß wie der Schnee,
Die schönste Prinzessin
Reit't durch die Allee.

Der Weg, den das Rößlein
Hintanzet so hold,
Der Sand, den ich streute,
Er blinket wie Gold.

Du rosenfarbs Hütlein,
Wohl auf und wohl ab,
O wirf eine Feder
Verstohlen herab!

Und willst du dagegen
Eine Blüte von mir,
Nimm tausend für *eine*,
Nimm alle dafür!

Mörikes Lyrik ist sehr reich an Tönen. Wie das eigene Erleben, so gestaltet er
auch märchenhafte und volkstümliche Stoffe. Dem „Gärtner" liegt die Märchen-
situation des armen Einfältigen zugrunde, der die schöne Prinzessin liebt (vgl.
Eichendorffs Taugenichts). Das Gedicht ist volksliedhaft nicht nur im Thema,
sondern auch in der Ausgestaltung: im Sprunghaften, Lückenhaften. Doch was
beim Volkslied willkürlich ist, ist hier mit meisterhafter Hand so gesetzt, wie es
sein muß.
Daß der Liebende ein Gärtner ist, erfahren wir nur aus der Überschrift; daß er
die Prinzessin liebt, können wir nur aus seinem Verhalten schließen. Er sieht die
Situation verklärt, gleichsam auf Goldgrund, und er wünscht sich nichts als
eine Feder von dem rosenfarbigen Hütchen. Die Prinzessin weiß nichts von
seiner Liebe; er darf sie nicht zeigen und will das auch nicht. Nur das Hütlein
wagt er anzureden und beschwört es, ihm doch zu helfen und eine Feder ver-

stohlen herabzuwerfen. Als Dank will er alle Blüten seines Gartens hergeben. Sein größtes Glück wäre es, wenn am nächsten Tag statt der Feder eine seiner Blüten das Hütchen der Prinzessin schmücken würde.

Der Reiz des Gedichts liegt in der Kunst, nichts auszusprechen und alles anzudeuten. Ein Minimum an Handlung beleuchtet blitzartig die Situation; der knappe, sprunghafte Stil, der alle Zwischenglieder der Erzählung übergeht, aber so, daß sie unausgesprochen gegenwärtig sind, läßt die Stimmung noch lange nachklingen. Gerade dadurch verfällt die Handlung nicht ins Romantisch-Sentimentale, sondern bleibt in schwebender Leichtigkeit.

Die Musikaliät der Verse trägt dazu mit bei. Im Takt, in den leichtfüßigen Daktylen, deutet sie den Trab des Pferdes an, das Vorbeireiten der Prinzessin, aber ebenso die traumhafte Welt, in die der liebende Gärtner versunken ist. Die Worte sind so gewählt, daß kein dumpfer Laut auftritt; die ganz hellen Vokale herrschen vor. Inhalt und Form des Gedichts bilden eine Einheit.

EDUARD MÖRIKE (1804–1875) wurde nach theologischer Ausbildung evangelischer Pfarrer in Cleversulzbach (Württemberg), obwohl er diese Aufgabe nicht als Berufung empfand, das Predigen scheute und häufig unter Krankheiten litt. Versuche, einen anderen Beruf zu finden, waren zuvor gescheitert. Bereits mit 40 Jahren ließ er sich pensionieren und schlug sich von da ab mühsam mit Literaturunterricht an einer Mädchenschule und mit schriftstellerischer Arbeit durch.

ANNETTE FREIIN VON DROSTE-HÜLSHOFF

Das Hirtenfeuer

Dunkel, Dunkel im Moor,
über der Heide Nacht,
nur das rieselnde Rohr
neben der Mühle wacht,
und an des Rades Speichen
schwellende Tropfen schleichen.

Was glimmt dort hinterm Ginster
und bildet lichte Scheiben!
Nun wirft es Funkenflinster,
die löschend niederstäuben;
nun wieder alles dunkel –
ich hör des Stahles Picken,
ein Knistern, ein Gefunkel,
und auf die Flammen zücken.

Unke kauert im Sumpf,
Igel im Grase duckt,
in dem modernden Stumpf
schlafend die Kröte zuckt,
und am sandigen Hange
rollt sich fester die Schlange.

Und Hirtenbuben hocken
im Kreis umher, sie strecken
die Hände, Torfes Brocken
seh ich die Lohe lecken;
da bricht ein starker Knabe
aus des Gestrüppes Windel
und schleifet nach im Trabe
ein wüst Wacholderbündel.

Er läßt's am Feuer kippen –
hei, wie die Buben johlen,
und mit den Fingern schnippen
die Funken-Girandolen!
Wie ihre Zipfelmützen
am Ohre lustig flattern,
und wie die Nadeln spritzen,
und wie die Äste knattern!

Die Flamme sinkt, sie hocken
aufs neu umher im Kreise,
und wieder fliegen Brocken,
und wieder schwelt es leise;
glührote Lichter streichen
an Haarbusch und Gesichte,
und schier Dämonen gleichen
die kleinen Heidewichte.

Der da, der unbeschuhte,
was streckt er in das Dunkel
den Arm wie eine Rute?
Im Kreise welch Gemunkel?
Sie spähn wie junge Geier
von ihrer Ginsterschütte:
ha, noch ein Hirtenfeuer,
recht an des Dammes Mitte!

Man sieht es eben steigen
und seine Schimmer breiten,
den wirren Funkenreigen
übern Wacholder gleiten;
die Buben flüstern leise,
sie räuspern ihre Kehlen,
und alte Heideweise
verzittert durch die Schmehlen:

„Helo, heloe!
Heloe, loe!
Komm du auf unsre Heide,
wo ich mein Schäflein weide,
komm, o komm in unsern Bruch,
da gibt's Blümelein genug! –
Helo, heloe!"

Die Knaben schweigen, lauschen nach dem Tann,
und leise durch den Ginster zieht's heran:

„Helo, heloe!
Ich sitze auf dem Walle,
meine Schäflein schlafen alle,
komm, o komm in unsern Kamp,
da wächst das Gras wie Brahm so lang! –
Heloe, heloe!
Heloe, loe!"

Girandole = Feuerrad; Schmehle = Zittergras; Kamp = eingehegter Acker; Brahm = Ginster

Die Dichtungen der Droste sind bestimmt von der Natur des westfälischen Münsterlandes, in dem sie aufwuchs. Es war ein weites, einsames Gebiet mit Heide und Moor, Wasser und Weiden, belebt von Kriechtieren, Vögeln und Insekten. Diese Landschaft in Worten sichtbar, hörbar und fühlbar zu machen, ist die eigentliche Begabung der Dichterin.
Nicht Empfindungen und Gefühle stehen im Gedicht im Vordergrund, sondern die Anschauung. Daran schon ist der Abstand der Dichterin von der Romantik erkennbar, die aus der Natur die allgemeinen, sinnträchtigen Symbole heraus-greift und mit gefühlsbetonten Worten eine Welt der Sehnsucht schafft. Annette

von Droste-Hülshoff schildert eine wirkliche Welt aus vielen einzelnen Beobachtungen von mikroskopischer Schärfe: „. . . und an des Rades Speichen /
schwellende Tropfen schleichen." – Erstmals ist in der deutschen Dichtung so
genau ein winziger Naturvorgang gesehen. Die Dichterin stellt die verschiedenen Tiere in ihrer charakteristischen Schlafhaltung an ihren Lieblingsplätzen
dar und zeichnet die typischen Moor- und Heidepflanzen nach.
Meisterhaft schildert sie das bizarre Feuerwerk, das die Hirtenknaben veran-
stalten. Und die Natur ist nicht stumm, sondern belebt von einer Vielzahl von
Geräuschen, die sie durch lautmalende Wörter hörbar macht.
Die Hirtenknaben gehören mit in das gespenstische Weben der Nacht. Wie
Moorgeister treiben sie ihre absonderlichen Späße, und ihr „Heloe" klingt nach
uralten heidnischen Zauberliedern. So spürt die Dichterin hinter der Wirklichkeit
das Unheimliche der Natur auf, ihre abgründige magische Kraft, die gerade in
der westfälischen Moorlandschaft lebt, wo das „zweite Gesicht", das „Vor-
kieken" beheimatet ist.

Der Knabe im Moor

O, schaurig ist's, übers Moor zu gehn,
wenn es wimmelt vom Heiderauche,
sich wie Phantome die Dünste drehn
und die Ranke häkelt am Strauche,
unter jedem Tritte ein Quellchen springt,
wenn aus der Spalte es zischt und singt!
O, schaurig ist's, übers Moor zu gehn,
wenn das Röhricht knistert im Hauche!

Fest hält die Fibel das zitternde Kind
und rennt, als ob man es jage;
hohl über die Fläche sauset der Wind –
was raschelt drüben am Hage?
Das ist der gespenstige Gräberknecht,
der dem Meister die besten Torfe verzecht;
hu, hu, es bricht wie ein irres Rind!
Hinducket das Knäblein zage.

Vom Ufer starret Gestumpf hervor,
unheimlich nicket die Föhre;
der Knabe rennt, gespannt das Ohr,
durch Riesenhalme wie Speere.
Und wie es rieselt und knittert darin!
Das ist die unselige Spinnerin,
das ist die gebannte Spinnlenor',
die den Haspel dreht im Geröhre!

Voran, voran, nur immer im Lauf,
voran, als woll' es ihn holen!
Vor seinem Fuße brodelt es auf,
es pfeift ihm unter den Sohlen
wie eine gespenstige Melodei;
das ist der Geigenmann ungetreu,
das ist der diebische Fiedler Knauf,
der den Hochzeitheller gestohlen!

Da birst das Moor, ein Seufzer geht
hervor aus der klaffenden Höhle;
weh, weh, da ruft die verdammte Margret:
„Ho, ho, meine arme Seele!"
Der Knabe springt wie ein wundes Reh;
wär' nicht Schutzengel in seiner Näh',
seine bleichen Knöchelchen fände spät
ein Gräber im Moorgeschwele.

Da mählich gründet der Boden sich,
und drüben, neben der Weide,
die Lampe flimmert so heimatlich,
der Knabe steht an der Scheide.
Tief atmet er auf, zum Moor zurück
noch immer wirft er den scheuen Blick.
Ja, im Geröhre war's fürchterlich,
o, schaurig war's in der Heide!

Annette Freiin von Droste-
Hülshoff (Gemälde von
Johann Sprick. 1838)

Das Dämonische der Natur, das Unergründliche und Geisterhafte der westfälischen Moorlandschaft wird nirgends so sehr Gestalt wie in der Ballade von
dem Knaben, der auf dem Weg über das Moor von Gesichten bedrängt wird.
Die Geister stammen aus dem unerschöpflichen Sagenschatz der Landschaft;
sie werden wirklich durch die Genauigkeit, mit der sich ihre Erscheinungen mit
den Naturgebilden decken; auf alle Sinne wirken sie in vielfältigen Geräuschen
und ungewohnt-absonderlichen Vorgängen.
Die abgründigen, elementaren Mächte werden stark und unmittelbar erlebt.
Die Dichterin ruft die Natur selbst als vielstimmige, vielgestaltige Wirklichkeit
in ihr Gedicht, indem sie gerade die kleinsten Dinge, Farben und Töne darstellt.
Die unheimliche Stimmung wird durch Klangmalerei und Bilder – wimmelnder
Rauch, wogende Nebelschwaden, Zischen, Rascheln, Knistern, Rieseln, Knit-
tern, Brodeln und Pfeifen – verdeutlicht.
Neben ihren *Geisterballaden* hat die Droste auch *Schicksalsballaden* geschrieben, Balladen also, in denen ein höheres Wirken den Schuldigen bestraft, etwa
Die Vergeltung, in der ein Schiffbrüchiger einen anderen vom rettenden Balken
stößt. An demselben Balken wird er später als vermeintlicher Seeräuber auf-
gehängt. Der Balken als das „Dingsymbol" verbindet zwei Handlungen, die
äußerlich nichts miteinander zu tun haben, die aber – zusammen gesehen –
eine höhere Gerechtigkeit beweisen.

197

ANNETTE FREIIN VON DROSTE-HÜLSHOFF (1797–1848) stammt aus altem westfälischem Adel. Ihr Leben verbrachte sie einsam auf den Schlössern Hülshoff und Rüschhaus in Westfalen und später auf der Meersburg am Bodensee.
In ihr lebten „zutiefst auf dem Grunde ihrer Natur von Haus aus Kräfte, die etwas Dämonisches an sich haben (...), deren Bezwingung ihr Leben zu Zeiten in einen Zustand von Unruhe versetzt, der sie mit Zerrüttung, ja fast mit Wahnsinn zu bedrohen scheint (...) In ihrer Jugend steht sie unter dem Einfluß von Antrieben, die manchmal geradezu ihren klaren Willen lähmen, spontanen Regungen, die aus einem ganz andern seelischen Grunde als dem ihrigen zu stammen scheinen" (Schücking).
Das ist ebensosehr persönliche Anlage wie ein Tribut an die Zeit, deren charakteristischstes Merkmal die Lebensunsicherheit ist. In vielen Gedichten hat die Droste ihren inneren Zwiespalt ausgedrückt. In den Heideliedern ist er immer wieder spürbar, und auch ihre geistlichen Gedichte sind nach ihren eigenen Worten Ausdruck „eines vielfach gepreßten und geteilten Gemüts".

In ihrer Erzählung *Die Judenbuche* zeigt die Droste einen Menschen, der aus Vererbung und Anlage und durch die Umstände getrieben zum Mörder wird und den Gewissenqualen an den Ort der Tat zurücktreiben, wo er ein schauerliches Ende findet. Das ist sachlich, klar und dramatisch erzählt, wie es vor der Droste nur Heinrich von Kleist vermocht hat.

ADALBERT STIFTER

Der Hochwald

Als Feinde seine Burg bedrohen, bringt ein Freiherr seine beiden Töchter, um sie jedem Zugriff zu entziehen, in den tiefsten Wald an einen verborgenen Bergsee. Die Mädchen bleiben dort unter der Obhut eines greisen Jägers.
Eines Tages sehen sie vom Gipfel eines Berges mit dem Fernrohr, daß die väterliche Burg ausgebrannt ist. Als sie nach Wochen der Ungewißheit heimkehren, erfahren sie, daß der Freiherr und sein Sohn bei der Verteidigung der Burg gefallen sind.

»Da sie gelegentlich wieder an einer Espe vorüberkamen, deren Blätter, obwohl sich kein Hauch im ganzen Walde rührte, dennoch alle unaufhörlich zitterten, so sagte Clarissa zu dem Alten, wenn er die Zeichen und die Sprache der Wälder kenne und erforsche, so wisse er vielleicht auch, warum denn gerade dieser Baum nie zu einer Ruhe gelangen könne, und seine Blätter immer taumeln und baumeln müssen.
„Es sind da zwei Meinungen", entgegnete er, „ich will sie Euch beide sagen. Meine Großmutter, als ich noch ein kleiner Knabe war, erzählte mir, daß, als noch der Herr auf Erden wandelte, sich alle Bäume vor ihm beugten, nur die Espe nicht, darum wurde sie gestraft mit ewiger Unruhe, daß sie bei jedem Windhauche erschrickt und zittert, wie jener ewige Jude, der nie rasten kann, so daß die Enkel und Urenkel jenes übermütigen Baumes in alle Welt gestreut sind, ein zaghaft Geschlecht, ewig bebend und flüsternd in der übrigen Ruhe und Einsamkeit der Wälder. Darum schaute ich als Knabe jenen gestraften Baum immer mit einer Art Scheu an, und seine ewige Unruhe war mir wie Pein. Aber einmal, es war Pfingstsonntags Nachmittag vor einem Gewitter, sah ich (ich war schon ein erwachsener Mann) einen ungemein großen Baum dieser Art auf einer sonnigen Waldblöße stehen, und alle seine Blätter standen stille; sie waren so ruhig, so grauenhaft unbeweglich, als wären sie in die Luft eingemauert, und sie selber zu festem Glase erstarrt – es war

auch im ganzen Walde kein Lüftchen zu spüren und keine Vogelstimme zu hören, nur das Gesumme der Waldfliegen ging um die sonnenheißen Baumstämme herum. Da sah ich mir denn verwundert den Baum an, und wie er mir seine glatten Blätter wie Herzen entgegenstreckte, auf den dünnen, langen, schwanken Stielen, so kam mir mit eins ein anderer Gedanke: wenn alle Bäume, dacht' ich, sich vor dem Herrn geneigt haben, so tat es gewiß auch dieser und seine Brüder; denn alle sind seine Geschöpfe, und in den Gewächsen der Erde ist kein Trotz und Laster wie in dem Menschen, sondern sie folgen einfältig den Gesetzen des Herrn und gedeihen nach ihnen zu Blüte und Frucht – darum ist nicht Strafe und Lohn für sie, sondern sie sind von ihm alle geliebt – und das Zittern der Espe kommt gewiß nur von den gar langen und feinen Stielen, auf die sie ihre Blätter wie Täfelchen stellt, daß sie jeder Hauch lüftet und wendet, worauf sie ausweichen und sich drehen, um die alte Stellung wieder zu gewinnen. Und so ist es auch; denn oft habe ich nachher noch ganz ruhige Espen an windstillen Tagen angetroffen, und darum an andern, wo sie zitterten, ihrem Geplauder mit Vorliebe zugehört, weil ich es gut zu machen hatte, daß ich einstens so schlecht von ihnen gedacht. Darum ist es aber auch ein sehr feierlicher Augenblick, wenn selbst sie, die so leichtfertige, schweigt; es geschieht meistens vor einem Gewitter, wenn der Wald schon harret auf die Stimme Gottes, welche kommen und ihnen Nahrung herabschütten wird. – Sehet nur, liebe Jungfrauen, wie schmal der Fuß ist, womit der Stiel am Holze und das Blatt am Stiele steht, und wie zäh und drehbar dieser ist – – sonst ist es ein sehr schönes Blatt."
Bei diesen letzten Worten hatte er einen Zweig von einer der Espen gerissen und ihn Clarissen hingereicht.
„Es ist ein Zeichen, daß wir eine schöne Nacht bekommen", fuhr er fort, „da diese Zweige so munter sind; vor dem Nachtregen werden sie gerne ruhiger."«

Die Legende, die der alte Jäger den Mädchen auf dem Weg in den Hochwald erzählt, nimmt ein überraschendes Ende. Sie „stimmt" nicht in dem Sinne, wie die Romantik eine Volkserzählung für richtig hält; nämlich als ein Phantasiegebilde, das eine höhere Wirklichkeit und Wahrheit darstellt. Eine genaue Naturbeobachtung kann nachweisen, wie das Zittern des Espenlaubes begründet ist. Entscheidender ist jedoch, daß der Mensch, indem er die Legende entwirft, seine Unwissenheit über den Sinn des Naturgeschehens bloßstellt. Er sieht es mit menschlichen Augen, und weil er selbst Trotz und Laster kennt, schreibt er solche Eigenschaften auch den Gewächsen der Erde zu. In Wahrheit sind diese rein; sie folgen einfältig, leidenschaftslos den Gesetzen des Herrn.
Das ist eine Grundthese der Stifterschen Epik. Die Natur ist rein, ewig und unwandelbar, der Mensch unrein, von Leidenschaften verzerrt und der Vergänglichkeit unterworfen. Hinter der Natur steht das göttliche Gesetz, wonach das Geschehen abläuft. Dieses ist dem Menschen nur in Einzelzügen faßbar, darum durchschaut er es nicht, es sei denn, er erkennt es wie der alte Jäger als Lehrmeister an und beobachtet es ehrfürchtig, um das allgemeine, große Gesetz zu erfassen, das es bestimmt. Darum hört der Jäger dem Geplauder des Espenlaubes zu, – weil er etwas gutzumachen hat. Dem aufgeschlossenen Sinn wird jede Naturerscheinung, auch die geringfügigste, zu einem Kennzeichen, ja die geringfügigen mehr noch als die riesenhaften, denn diese sind nur auffälliger, nicht bezeichnender:

»Das Wehen der Luft, das Rieseln des Wassers, das Wachsen des Getreides, das Wogen des Meeres, das Grünen der Erde, das Glänzen des Himmels, das Schimmern der Gestirne halte ich für (...) groß; das prächtig einherziehende Gewitter, den Blitz, welcher Häuser spaltet, den Sturm, der die Brandung treibt, den feuerspeienden Berg, das Erdbeben, welches Länder verschüttet, halte ich nicht für größer als obige Erscheinungen, ja ich halte sie für kleiner, weil sie nur Wirkungen viel höherer Gesetze sind. Sie kommen auf einzelnen Stellen vor und sind die Ergebnisse einseitiger Ursachen. Die Kraft, welche die Milch im Töpfchen der armen Frau emporschnellen und übergehen macht, ist es auch, die die Lava in dem feuerspeienden Berge emportreibt und auf den Flächen der Berge hinabgleiten läßt. Nur augenfälliger sind diese Erscheinungen und reißen den Blick des Unkundigen und Unaufmerksamen mehr an sich, während der Geisteszug des Forschers vorzüglich auf das Ganze und Allgemeine geht und nur in ihm allein Großartiges zu erkennen vermag, weil es allein das Welterhaltende ist.«

So schreibt Stifter in der Vorrede zu den *Bunten Steinen.* Je weiter der Überblick über die einzelnen Abläufe in der Natur, um so deutlicher tritt hervor, daß die Natur in Wirklichkeit in sich ruht, daß in ihr ein *sanftes Gesetz* waltet, das auch den schrecklichsten Ausbruch der Naturkräfte in einen allgemeinen, einheitlichen und stillen Ablauf zurückführt.

Es ist der Fehler des Menschen, daß er sich dem nicht unterordnet. Er will für sich bestehen, sein Schicksal selbst bestimmen, aber jeder Ausbruch seines Willens und seiner Leidenschaften entfernt ihn von dem „sanften Gesetz", und er findet nicht mehr zu ihm zurück. Wesentlich für Stifter war die innere Demut vor der Schöpfung. Als der Jäger im Hochwald mit dem Fernrohr auf die zerstörte Burg blickt, wird die Winzigkeit auch der furchtbarsten Schlacht offenbar;

Ruine Wittinghausen (Gemälde von Adalbert Stifter)

sie ist nur ein Pünktchen im Verhältnis zur Größe der Welt und der Natur, die in unberührter Erhabenheit fortbesteht: Er sieht

»... in schöner Klarheit einen gewaltigen Turm von dem Waldrande emporstehen ohne Dach, und mit den schwarzen Brandflecken, nur schien es ihm, als schwebe noch eine ganz schwache blaue Dunstschicht über der Ruine. Es war ein unheimlicher Gedanke, daß in diesem Augenblick dort vielleicht ein gewaltiges Kriegsgetümmel sei, und Taten geschehen, die ein Menschenherz zerreißen können; aber in der Größe der Welt und des Waldes war der Turm selbst nur ein Punkt. Von Kriegsgetümmel ward man gar nichts inne, und nur die lächelnde schöne Ruhe stand am Himmel und über der ganzen Einöde.«

So sind in Stifters Erzählung die menschlichen Geschicke nur Erscheinungen am Rande. Der eigentliche Held ist der Hochwald als Symbol für das Bleibende, das Ewige. Er wird geradezu lebendig, so daß nicht mehr die Menschen den Wald als Hintergrund ihres Lebens sehen, sondern umgekehrt der Wald den Einbruch der Menschen:

»Die Waldblumen horchten empor, das Eichhörnchen hielt auf seinem Buchenast inne, die Tagfalter schwebten seitwärts, als sie vordrangen, und die Zweiggewölbe warfen blitzende Karfunkel und fliegende Schatten auf die weißen Gewänder, wie sie vorüberkamen; der Specht schoß in die Zweige, Stamm an Stamm trat rückwärts, bis nach und nach nur mehr weiße Stückchen zwischen dem grünen Gitter wankten – und endlich selbst die nicht mehr – aber auch der Reiter tauchte in die Tiefe des Waldes und verschwand, und wieder nur der glänzende Rasen, die lichtbetupften Stämme, die alte Stille und Einöde und der dareinredende Bach blieben zurück, nur die zerquetschten Kräutlein suchten sich aufzurichten und der Rasen zeigte seine zarte Verwunderung. – Vorüber war der Zug –«

Es ist wieder nur eine unerhebliche Unterbrechung, nach der sich das sanfte Gesetz der Angleichung der Gegensätze erneut vollzieht.
Bei Stifters Weltbetrachtung bekommt jede Einzelheit, so „unwichtig" sie sein mag, große Bedeutung. Daher hält er sie mit der Genauigkeit des Forschers fest. Ein Beispiel dafür ist, mit welch feiner Beobachtungsgabe der alte Jäger die Espe und ihre Blätter beschreibt. Die Erzählungen haben alle einen langsamen Gang, denn es kommt ihm am wenigsten auf dramatische Handlungen an, die nur den Blick auf das Wesentliche verstellen. Er verweilt bewußt bei der pedantisch genauen Schilderung jeder Kleinigkeit, um den Leser dazu zu zwingen, selbst ruhig und abgeklärt zu werden. Darum braucht man die Gelassenheit und Geduld, die für Stifter der eigentliche Daseinssinn ist, um sich in sein Werk einzufühlen. Von seinem Roman *Nachsommer* sagt Nietzsche, es sei eines der wenigen Bücher deutscher Prosa, das immer wieder gelesen zu werden verdiene; für einen anderen, Hebbel, war er so langweilig, daß er dem, der ihn zu Ende läse, die Krone Polens versprach. Wirklich läßt sich die eigentliche Handlung in einen Satz zusammenfassen. Sie ist für Stifter unerheblich; für ihn ist allein wichtig, Menschen darzustellen, die sich in der Erkenntnis der Naturzusammenhänge und des Wesens der Kunst zu vollendeten Menschen heranbilden und so zur höchsten Lebenserfüllung kommen.

ADALBERT STIFTER (1805–1868) wuchs im Waldviertel (Böhmerwald) von Oberösterreich auf. Später lebte er in Wien und Linz. Anfangs glaubte er sich zum Maler berufen, doch wandte er sich immer mehr der Dichtung zu, nachdem er 1840 mit der Erzählung „Der Kondor" großen Erfolg gehabt hatte. Seine Erzählungen gab er in zwei Sammlungen heraus, in den *Studien* und den *Bunten Steinen.*

Stifter gestaltete in seinem Werk die erhabene Ruhe und Sicherheit, die im Gesetz des Weltganzen liegt, die er zwar selbst nicht besaß, um die er aber in seinen Erzählungen und Romanen unablässig rang. Am Ende verzweifelte er an der Unerreichbarkeit des Wunschbildes. Er gab sich während einer schmerzhaften Krankheit selbst den Tod.

FRANZ GRILLPARZER

Der Traum ein Leben

Rustan.
Wie so schal dünkt mich dies Leben,
Wie so schal und jämmerlich!
Stets das Heute nur des Gestern
Und des Morgen flaches Bild;
Freude, die mich nicht erfreuet,
Leiden, das mich nicht betrübt,
Und der Tag, der, stets erneuet,
Nichts doch als sich selber gibt.
O, wie anders dacht' ich's mir
In entschwundnen schönern Tagen!

Zanga.
's ist auch anders, muß ich sagen.
Nur Geduld! Es wird schon kommen.
Zeit tut alles, Zeit und Mut.
Jener Fürst von Samarkand,
Den Osmin als Herrn genannt,
War, wie Ihr, des Dorfes Sohn,
Jetzt von Macht und Glanz umgüldet;
Ihr seid aus demselben Ton,
Aus dem Glück die Männer bildet
Für den Purpur, für den Thron.

Rustan.
O, es mag wohl herrlich sein,
So zu stehen in der Welt
Voll erhellter, lichter Hügel,
Voll umgrünter Lorbeerhaine,
Schaurig schön, aus deren Zweigen,
Wie Gesang von Wundervögeln,

Alte Heldenlieder tönen,
Und vor sich die weite Ebne,
Lichtbestrahlt und reich geschmückt,
Die zu winken scheint, zu rufen:
Starker, nimm dich an der Schwachen!
Kühner, wage! Wagen siegt!
Was du nimmst, ist dir gegeben!
Sich hinabzustürzen dann
In das rege, wirre Leben,
An die volle Brust es drücken,
An sich und doch unter sich:
Wie ein Gott, an leisen Fäden
Trotzende Gewalten lenken,
Rings zu sammeln alle Quellen,
Die, vergessen, einsam murmeln,
Und in stolzer Einigung,
Bald beglückend, bald zerstörend,
Brausend durch die Fluren wälzen.
Neidenswertes Glück der Größe!
Welle kommt und Welle geht,
Doch der Strom allein besteht.

Zanga.
Recht! Der Strom besteht.

Rustan.
Schon mein Vater war ein Krieger,
Meines Vaters Vater auch,
Und so fort durch alle Grade.
Ihr Blut pocht in diesen Adern,
Ihre Kraft stählt diese Faust,

Und ich soll hier müßig träumen,	Zanga.
Schauen, wie sich jedermann	Ihr sollt nicht! Beim Himmel, nicht!
Lorbeern pflückt vom Feld der Ehre,	Wenn Ihr wollt, ei, Herr, so handelt!
Früchte bricht vom Lebensbaum,	
Und mich selbst zur Ruh verdammen?	

In Mörikes „Gebet" heißt es: „Wollest mit Freuden / Und wollest mit Leiden / Mich nicht überschütten . . ." Rustans Worte sind die Umkehrung dazu: er klagt darüber, daß seine Freuden und Leiden so gering sind, daß sie ihn kaum berühren. Er kann sich nicht bescheiden, ein ruhiges Leben zu führen, in dem jeder Tag dem anderen gleicht. Seine Vorstellung von Glück ist anders beschaffen: er will Abenteuer bestehen, er will das Leben in seiner ganzen Fülle erfahren, hoch steigen und Widerstände meistern.

Leid schreckt ihn nicht. Sein Traumbild von Größe und Macht ist „schaurig schön", starke Kräfte beglücken und zerstören, aber nur die Tätigkeit in der großen Welt verschafft Glück und Ehre. Der Sklave Zanga schürt seinen wilden Geist, indem er ihm schmeichelt und Bilder von Glanz und Macht vor Augen führt.

Zum letzten Mal legt sich Rustan im Hause seines Onkels Massud zur Ruhe, bei dem er ein stilles, ländliches Leben geführt hat. Er hat erreicht, daß er am nächsten Tag in die Welt reiten kann.

Und die Abenteuer stellen sich wirklich ein. Ein Fremder rettet den König von Samarkand vor einer Schlange; der König aber hält Rustan für seinen Lebensretter. Dieser läßt sich von Zanga verleiten, die Tat als die seine auszugeben. So öffnet er sich den Weg zu Ruhm und Glück; aber die erste Lüge treibt ihn zu einer Kette von Verbrechen, die seinen Aufstieg begleiten. Rustan erdolcht den wirklichen Retter und vergiftet den König, der die Wahrheit entdeckt. Im Lande Samarkand führt er von da ab eine Schreckensherrschaft; er tötet sogar einen Greis, der ihn des Königsmords bezichtigt. Da wenden sich alle von ihm ab. Von den Gegnern gehetzt und umstellt, stürzt er sich verzweifelt in einen Fluß – und erwacht: denn er hat seine Abenteuer nur im Traum erlebt.

Der Traum hat Rustan erleuchtet. Wenn er vorher sein eintöniges Alltagsleben nur mißmutig ertragen hat, so erkennt er durch seine abenteuerlichen Traumbilder, daß das Glück nur in der Bescheidung und Herzenseinfalt liegt. Der äußere Glanz kostet das Wertvollste, was der Mensch besitzt: die Schuldlosigkeit. Ruhm und Größe sind nicht zu erreichen, ohne daß er schuldig wird und seinen inneren Wert verliert. Rustan macht sich von allem Ehrgeiz frei, den er als nichtig erkannt hat, und kehrt in Selbstbescheidung zu den einfachen menschlichen Beziehungen und dem ruhigen Glück eines Landmannes zurück:

Rustan.	Und die Größe ist gefährlich,
. . . Eines nur ist Glück hienieden,	Und der Ruhm ein leeres Spiel;
Eins: des Innern stiller Frieden	Was er gibt, sind nicht'ge Schatten,
Und die schuldbefreite Brust!	Was er nimmt, es ist so viel.

So deckt sich Grillparzers Lebenslehre mit der seiner Zeitgenossen Mörike und Stifter. Er scheut zurück vor dem Lauten, dem Dämonischen und Großen, weil es den Frieden der Seele zerstört. Sein Ideal ist ein gebändigtes sittliches Verhalten in Selbstbeschränkung und Zufriedenheit.

Das Drama enthält viele Züge, die der Persönlichkeit und der Lebenswelt Grillparzers eigentümlich sind. Er ist der letzte große Dramatiker, der in seinen Werken durchweg an der klassischen Form der gebundenen Rede festgehalten hat. In „Der Traum ein Leben" sind es vierfüßige Trochäen. In Form und Aufbau versucht er keine wesentlichen Neuerungen, sondern strebt nach derselben klassischen Vollendung, die er an seinem Vorbild Goethe bewunderte.

Gleichzeitig spiegelt gerade das besprochene Schauspiel die Bühnenwelt der alten Kaiserstadt Wien, die wie keine andere Stadt im deutschen Sprachraum eine feste Theatertradition seit der Barockzeit hatte. Dichter, Bühne und Publikum lebten dort in einer gemeinsamen Phantasiewelt, die ganz bestimmte Anforderungen an ein Schauspiel stellt. Das *Märchenspiel* entspricht ihr am meisten, wie es, gleichzeitig mit Grillparzer, JOHANN NESTROY und FERDINAND RAIMUND schufen. Das berühmteste Märchenspiel, allerdings aus früherer Zeit, ist die *Zauberflöte,* die durch Mozarts Musik unsterblich geworden ist.

Der Traum hat im Märchen oft eine hohe Bedeutung, und die Romantik hat sie noch gesteigert. Bei Grillparzers Schauspiel hat der Traum aber einen neuen und geradezu modernen Sinn. Er ist nicht wie in der Romantik ein von der Wirklichkeit gelöstes Phantasiegebilde (vgl. den Traum von der blauen Blume!), sondern er ist durch den Charakter Rustans bestimmt: Erlebnis und Ergebnis des Traumes gehen aus der Persönlichkeit Rustans hervor, sie kommen aus seinen tatsächlich vorhandenen Anlagen, sind also seelisch bedingt. Rustan besitzt eine zwiespältige Natur, die zwischen Schein und Sein, zwischen Ehrgeiz und Bescheidung hin- und hergerissen wird. Die grauenerregenden Traumbilder sind nicht äußere belehrende Schreckmittel, sondern nehmen eine nach seinen Anlagen mögliche Entwicklung voraus und zeigen, wie das Edle in ihm von gefährlichen Trieben erstickt wird. So wie ihm in seinem Oheim Massud und in dem Sklaven Zanga der Mäßige und der Unmäßige in reiner Form gegenüberstehen, so sind beide Möglichkeiten in Rustans Seele nebeneinandergelagert. Das hatte die Romantik geahnt und in immer neuen Bildern umschrieben; Grillparzer sieht es als erster sozusagen wissenschaftlich, auf Grund tiefer Einsicht in den menschlichen Charakter.

Rustans Entschluß, in einem beschränkten Kreis zu leben, bewahrt ihn vor dem Schicksal, das die anderen Helden in Grillparzers Dramen trifft. Ihre Tragik besteht stets darin, daß sie sich im Kampfe mit eigenen Wünschen und Leidenschaften und den Verlockungen der Welt nicht rein bewahren können. Nur wer verzichtet, wird nicht schuldig und bleibt sich selbst treu. Das erfährt Jason im *Goldenen Vließ:*

> Es ist des Unglücks eigentlichstes Unglück,
> Daß selten drin der Mensch sich rein bewahrt.
> Hier gilt's zu lenken, dort zu biegen, beugen,
> Hier rückt das Recht ein Haar und dort ein Gran.

Und an dem Ziel der Bahn steht man ein andrer,
Als der man war, da man den Lauf begann.

Gran = kleines Gewicht (Goldgewicht)

Auch politisch-staatsphilosophischen Dramen Grillparzers liegt die Vorstellung zugrunde, daß sich Sittlichkeit und Macht nicht vereinbaren lassen, daß Macht in Schuld verstrickt und zu tragischem Untergang führt.

Der Kaiser Rudolf II. in *Ein Bruderzwist in Habsburg* verdeutlicht das besonders, gerade weil sich an ihm der umgekehrte Fall wie bei Rustan vollzieht: er hat die Macht, ist aber ein Gelehrter und Denker, der vor einer Gewalttat zurückschreckt. Er ist nicht in der glücklichen Lage, zu verzichten, denn er ist als Kaiser zum Handeln berufen. Die Macht, die er in Händen hält, führt so oder so zur tragischen Schuld. Indem er die entscheidende Tat unterläßt, löst er den Dreißigjährigen Krieg aus.

FRANZ GRILLPARZER (1791–1872) hat den tragischen Gegensatz zwischen Ich und Welt, zwischen Wollen und Vollbringen, den er in Rustan und anderen Gestalten seiner Dramen schildert, selbst empfunden. Seine eigene Zwiespältigkeit, die Doppelnatur seiner Seele, ist für sein Leben bestimmend. Grillparzer mußte beim Tod seines Vaters das juristische Studium abbrechen, wurde Hauslehrer und später Beamter. Nebenher schrieb er seine Dramen, das erste, *Die Ahnfrau*, in 16 Tagen. Es machte ihn mit einem Schlag berühmt, und er konnte sein Ansehen durch die nächsten Stücke halten. Doch in steigendem Maße verbitterten ihn, der eine reizbare Natur hatte, die kleinliche Zensur in Österreich und Quertreibereien in seiner Dienststelle und vergällten ihm das Leben.

„Der Traum ein Leben" war sein letzter großer Erfolg. Als sein nächstes Werk, *Weh dem, der lügt,* durchfiel, verschloß er die Dramen, die er in seinen 34 Lebensjahren danach verfaßte, verbittert in seinem Schreibtisch, so daß seine letzten Werke erst nach seinem Tode an die Öffentlichkeit kamen.

Grillparzer in seinem Arbeitszimmer in der Spiegelgasse
(Zeichnung von Felix Kanitz. 1860)

205

Realismus

»Ich erinnere mich, daß es im Monat August und in abgelegener Gegend eines öffentlichen Parkes war, als ich (...) an eine Hecke wilder Rosensträuche (gelangte), zwischen denen die ausgespannten Netze vieler Spinnen hingen. Es war eine Art kleiner gelber Kreuzspinnen, die hier eine Kolonie zu bilden schienen und alle in wacher Tätigkeit schwebten. Die eine saß still in der Mitte ihres Kunstwerks und lauerte aufmerksam auf einen Fang; die andere klomm geruhigt an den Fäden umher, um hier und da einen Schaden auszubessern, während die dritte mit Unfrieden einen bösen Nachbar beobachtete. Denn an der Grenzmark eines jeden Netzes, im Blattwerke verborgen, saßen gleichfarbige, aber ganz dünnleibige Spinnen, welche keine eigenen Netze bauten, sondern sich darauf beschränkten, den Erwerb der fleißigen Künstlerinnen für sich zu packen. Ein leichter Wind bewegte das Gesträuch und mit demselben die luftige Stadt dieser Ansiedler, so daß der allgemeine Wettlauf auch hier in aller Stille Leidenschaft und Unruhe hervorbrachte.

Ich haschte eine Fliege und warf sie auf ein Gewebe, dessen Inhaberin reglos im Mittelpunkte hing. Sogleich stürzte sie über das unglückliche Tier her, drehte und wendete es einigemal zwischen den Pfoten, schnürte ihm mit vorläufigen Stricken Flügel und Beine zusammen, überzog es dann mit dichterem Gespinste, indem sie den Raub abermals mit größter Fertigkeit zwischen den Hinterfüßen drehte gleich dem Braten am Spieße, und stellte so ein handliches Paket her, das sie bequem nach ihrem Sitze schleppte. Aber schon war die parasitische Raubspinne von ihrem Lauerposten mit kurzen Rucken halbwegs

Die Netzflickerinnen (Gemälde von Max Liebermann. 1888)

herangenaht, bereit, dem rechtmäßigen Jäger die Beute zu entreißen, und kaum ersah dieser den Feind, als er den Weidsack an das Gitter seines Burgsitzes hing und sich wie der Blitz gegen den Angreifer wendete. Mit funkelnden Augen und ausgestreckten Vorderfüßen gingen sie sich entgegen, versuchten sich wie förmliche Fechter und rannten sich an. Die Spinne, die im wohlerworbenen Rechte war, schlug die andere nach entschlossenem Kampfe in die Flucht und kehrte zu ihrer Beute zurück; die war jedoch inzwischen von einem zweiten von entgegengesetzter Seite herbeigekommenen Räuber weggeholt worden, der soeben mit der Fliege nach seinem Schlupfwinkel abzog. Da dieser glücklichere Geselle bereits im Besitze war, so trieb er nun seinerseits die ihn verfolgende rechtmäßige Besitzerin von sich ab und entzog sich ihrer Gewalt, indem er schleunigst das Netz verließ. Aufgeregt ging jene umher, brachte das Gewebe, wo es durch die Ereignisse beschädigt war, in Ordnung und setzte sich endlich wieder in den Mittelpunkt.

Da brachte ich eine neue Fliege herbei; die Spinne packte sie, wie die frühere; allein schon machte sich der erste Wegelagerer wieder herbei, dem der Hunger keine Wahl lassen mochte; und nun, statt das neue Opfer kunstgerecht einzuwickeln, nahm sie es kurzweg zwischen die Freßzangen und trug es, wie der Bär das Lamm, nicht nach dem Mittelsitze, sondern aus dem Netze heraus nach einem Zufluchtsort. Sie erreichte ihn nicht; denn der Feind schnitt ihr den Weg ab, so daß sie eine andere Zuflucht suchen mußte, weil sie ihren Fang nicht fahren lassen und deshalb den Kampf nicht aufnehmen konnte. So entwickelte sich ein noch ärgeres Irrsal für das geplagte Tierchen, da zu gleicher Zeit der Wind stärker wurde und das Netz so heftig schaukeln machte, daß eine Hauptstütze desselben zerriß, nämlich einer der stärkeren Fäden, an welchem es aufgehangen war. Darüber ging die Fliege verloren, der Gegner machte sich auch aus dem Staube, und nur die Spinne blieb auf dem Platze, um ihre Pflicht zu tun. Wie während des Sturmes ein Matrose im Takelwerk seines Schiffes hängt, so kletterte sie mit zitternden Gliedern an dem schwankenden Netze auf und nieder und suchte zu retten, was zu retten war, unbekümmert um die Windstöße, welche sie samt ihrem Werke umherwarfen. Erst als ich einen Zweig brach und das ganze Gebäude plötzlich hinwegstreifte, floh sie vor der höheren Gewalt in das Gebüsch. Nun wird sie für heute genug haben! dachte ich und ging weiter. Als ich aber eine Viertelstunde später an demselben Ort vorüberkam, hatte die Spinne schon ein neues Werk begonnen und bereits die Radialtaue gespannt. Jetzt zog sie die feinen Querfäden, zwar nicht mehr so gleichmäßig und zierlich wie die zerstörten; es gab lockere oder zu enge Stellen, hier fehlte eine Linie, dort zog sie eine solche zweimal, kurz, sie betrug sich wie einer, über den Schweres und Hartes hereingebrochen ist und der sich bekümmert und mit zerstreuten Sinnen wieder an die Arbeit gemacht hat. Ja freilich, es war unverkennbar, die kleine Kreatur sagte sich: Es hilft nichts! Ich muß in Gottes Namen wieder anfangen!"

(Gottfried Keller, Der grüne Heinrich)

Weidsack = eigentlich Jägerrucksack; Parasit = Mitesser, Schmarotzer; Refugium = Fluchtstätte

Rauschende Brunnen, Mondschein, das Lied der Nachtigall gehören zur Natur; doch wenn man nur das Schöne, nur die stimmungsvollen Glanzlichter wahrnimmt, verklärt man die Natur zu einem unwirklichen Traum.
Bei Gottfried Keller ist das anders; er sieht keine Phantasiewelt, sondern schaut mit dem Blick des aufmerksamen Forschers auf ein Naturgeschehen, verzeichnet es peinlich genau, beschreibt klar und veranschaulicht durch Vergleiche. Eine Wendung in der Naturbetrachtung hat sich endgültig vollzogen, die sich

schon bei Stifter und der Droste angekündigt hat. Die Natur spricht anders zum Menschen, sie offenbart keinen geheimen Sinn mehr, der sich der Empfindungskraft aufschließt, dem Gefühl überträgt; die Natur ist gegenständlich, wirklich; wer sie aufmerksam und sorgfältig beobachtet, erkennt ihr Gesetze.

Auch Keller sucht einen Sinn in dem, was er sieht, aber er weiß nicht im voraus, worin er liegt, er begegnet nicht einer Grundidee, die schon festliegt, bevor er noch zu überlegen beginnt; er muß den Sinn erst ermitteln aus dem Vorgang selbst. Und dieser Sinn scheint in der völligen Sinnlosigkeit zu liegen. Die Kreuzspinne hat mit unendlicher Mühe ihr Netz gebaut, aber sie wird nicht dafür belohnt; die Raubspinnen entreißen ihr die Beute, aber sie werden nicht dafür bestraft. Beide handeln nach einem Muß, das nicht nach Wert und Unwert fragt. Es ist ein „allgemeiner Wettlauf" um die reine Existenz: der Hunger läßt keine andere Wahl, als daß jeder mit seinen Mitteln versucht, ihn zu stillen, das eine Tier durch ein kunstvolles Fangnetz ebenso wie das andere durch den Raub.

Dann tritt der Mensch auf den Plan und vernichtet das ganze Werk. Seine „höhere Gewalt" steht für das Tier ganz außerhalb der eigenen Kräfte, wie der Wind, der das Netz zerreißt. Es wird im kleinen wie im großen durch das Schicksal gequält, und doch beginnt es unaufhörlich wieder von vorne: „Es hilft nichts! Ich muß in Gottes Namen wieder anfangen!"

So wird der Vorgang zu einem Gleichnis, das sich ohne weiteres auf die nächsthöhere Ebene verlagern läßt: So wie die Tiere untereinander handeln, tun es die Menschen, und so wie der Mensch eingreift, ohne daß das Tier weiß, wer sein Netz zerstört, oder gar, warum es vernichtet wird, so wirkt Gott auf den Menschen ein, ohne daß dieser weiß, wer Gott ist und warum das Schicksal so und nicht anders zuschlägt. Die „höhere Gewalt" ist in dem Sinne höher, daß sie nicht erkennbar ist. Wenn sich der Mensch weiter bemüht, so tut er das, weil er keine andere Wahl hat und weil er trotz allem Schweren und Harten lebt und leben muß. Die Arbeit in und an seinem Leben ist sein Halt.

Zwei Ursachen sind es vor allem, die diese veränderte Geisteshaltung herbeigeführt haben: Der Ausbruch des technischen Zeitalters und eine Philosophie, die nicht mehr nach Gott fragt oder aber seine Existenz überhaupt leugnet.

Der Aufschwung der Technik war möglich, weil sich die Naturwissenschaft auf die genaue Beobachtung und das Experiment konzentrierte, um die Zusammenhänge physikalischer Vorgänge zu ermitteln. Die Elektrizität zum Beispiel war schon in der Romantik bekannt, bildete für diese aber ein unwägbares Etwas, eine Kraft, die in unheimlicher Weise außerhalb der bekannten physikalischen Gesetze stand. Sie war geradezu der Beweis, daß es Dinge gab, die dem menschlichen Erkenntnisbereich verschlossen waren, und unterstützte so die These von den zwei Welten. Daher befaßten sich die Romantiker vor allem mit dem Nachweis, daß es Elektrizität gab; sie fragten nicht nach den Ursachen.

Erst die Naturwissenschaft der Jahrhundertmitte gelangt zu den entscheidenden physikalischen Hintergründen und bereitet den Weg für den ungeheuren Aufschwung der Elektrizität als Hilfsmittel der Technik. Elektrizität zu gewinnen und praktisch zu verwerten, das ist die Tat nüchterner Männer, von Realisten, die nach dem Zweck fragen und dem Nutzen, nicht mehr nach einem verborgenen Sinn. Und da man nun die Ursache von Erscheinungen erkennt, vor denen die Zeit zuvor in staunender Ehrfurcht gestanden hat, gewinnt der Mensch die Gewißheit, daß es auf der Welt keine Rätsel gibt, die sich nicht durch wissenschaftliche Erforschung lösen lassen.

Wie die Naturwissenschaft die Gesetze der Physik, so untersucht die Geschichtswissenschaft die Fakten der historischen Entwicklung. Sie stellt fest, was gewesen ist, will also keinen höheren Sinn entdecken, sondern eine Zeit rekonstruieren, um sie zu verstehen. Die Ursachen für historischen Wandel findet sie in den Menschen und den Dingen selbst, nicht in überirdischen Kräften.

Der letzte große idealistische Philosoph, GEORG WILHELM FRIEDRICH HEGEL, hatte als Ursache alles Geschehens einen Weltgeist angenommen, der sich in Natur und Geschichte offenbarte. Seine Entfaltung vollzieht sich nach den Gesetzen des dialektischen Denkens. Jeder Denkbegriff (Thesis) weist auf einen andern entgegengesetzten Begriff (Antithesis). Die Spannung der zwei Begriffe wird schließlich in der Synthesis aufgehoben, die nun wieder Ausgangspunkt für einen weiteren Denkvorgang wird. Hegel hatte das letzte große spekulative System in der Philosophiegeschichte geschaffen.

Im 19. Jahrhundert wurde zunehmend das naturwissenschaftliche Denken vorherrschend. Der Mensch „spekuliert" nicht mehr, das heißt, er versucht nicht mehr, das nicht mit den Sinnen Erkennbare durch Überlegung zu erfassen, sondern durchdenkt das, was den Sinnen zugänglich und mit wissenschaftlichen Methoden erforschbar ist; daher der Name *Realismus.*

Alle diese Erscheinungen kommen nicht von heute auf morgen. Es ist eine Entwicklung von Jahrzehnten – schon bei Heine, Mörike und ihren Zeitgenossen haben wir die größere Wirklichkeitsnähe betont – doch erst in der Jahrhundertmitte setzt sich der Realismus eindeutig durch. Die Realisten haben kein festes Programm, sie schließen sich nicht zu Gruppen zusammen, sondern jeder bleibt für sich und gestaltet nach seiner eigenen Erfahrung. Darum weichen sie in Einzelheiten weit voneinander ab, vor allem findet sich bei ihnen die ganze Skala zwischen Atheismus (= Gottleugnung) und christlicher Gläubigkeit. Allen gemeinsam ist aber, daß sie sich vom Idealismus lösen und der neuen Wirklichkeit einer von den Sinnen erfaßbaren Welt zuwenden.

Der Verfall eines geordneten Weltbildes stellt den einzelnen vor flüchtige, zusammenhanglose Bilder. Alle großen Realisten ringen darum, sie wieder sinnvoll zu verbinden. Eine neue Mitte finden sie schließlich in den überindividuellen menschlichen Bereichen: Familie, Heimat, Volkstum und Geschichte. Diese vergangenheitsbezogene Haltung ist typisch für das Bürgertum; aus ihr ergeben sich die Lebenswerte der neuen Wirklichkeit, deren Träger der Bürger ist: Tüchtigkeit, Anspruchlosigkeit, Opferbereitschaft.

Am Eingang der Entwicklung steht das Werk GEORG BÜCHNERS, das aus dem Zusammenbruch einer gesicherten Weltordnung geboren ist. Der Dichter glaubt nicht mehr an eine metaphysische Gebundenheit, aber auch nicht an die Kraft ethischer Gemeinschaftswerte.

GEORG BÜCHNER

Dantons Tod

Als im September 1792 die preußisch-österreichischen Truppen in Frankreich vorrückten, ermordeten die Jakobiner unter Anführung Dantons 1500 politisch Verdächtige in den Pariser Kerkern. Zwei Jahre später unterlag Danton seinem Gegenspieler Robespierre, weil er für eine Beendigung des Terrors eintrat, und starb mit seinen Anhängern auf dem Schafott.
Büchners Drama stellt einen Danton dar, der untätig seinem Tod entgegensieht. Er genießt das Leben in der Gewißheit seines Unterganges, ein Leben, das ihn zugleich anekelt, weil er keinen Sinn in ihm finden kann.

	Ein Zimmer. Es ist Nacht.
Danton	*am Fenster.* Will denn das nie aufhören? Wird das Licht nie ausglühn und der Schall nie modern? Will's denn nie still und dunkel werden, daß wir uns die garstigen Sünden einander nicht mehr anhören und ansehen? – September! –
Julie	*ruft von innen.* Danton! Danton!
Danton.	He?
Julie	*tritt ein.* Was rufst du?
Danton.	Rief ich?
Julie.	Du sprachst von garstigen Sünden, und dann stöhntest du: September!
Danton.	Ich, ich? Nein, ich sprach nicht; das dachte ich kaum, das waren nur ganz leise, heimliche Gedanken.
Julie.	Du zitterst, Danton!
Danton.	Und soll ich nicht zittern, wenn so die Wände plaudern? Wenn mein Leib so zerschellt ist, daß meine Gedanken unstet, umirrend mit den Lippen der Steine reden? Das ist seltsam.
Julie.	Georg, mein Georg!
Danton.	Ja, Julie, das ist sehr seltsam. Ich möchte nicht mehr denken, wenn das gleich so spricht. Es gibt Gedanken, Julie, für die es keine Ohren geben sollte. Das ist nicht gut, daß sie bei der Geburt gleich schreien wie Kinder; das ist nicht gut.
Julie.	Gott erhalte dir deine Sinne! – Georg, Georg, erkennst du mich?
Danton.	Ei, warum nicht! Du bist ein Mensch, und dann eine Frau, und endlich meine Frau, und die Erde hat fünf Weltteile, Europa, Asien, Afrika, Amerika, Australien, und zweimal zwei macht vier. Ich bin bei Sinnen, siehst du. – Schrie's nicht September? Sagtest du nicht so was?
Julie.	Ja, Danton, durch alle Zimmer hört ich's.
Danton.	Wie ich ans Fenster kam – *(er sieht hinaus)* die Stadt ist ruhig, alle Lichter aus . . .
Julie.	Ein Kind schreit in der Nähe.
Danton.	Wie ich ans Fenster kam – durch alle Gassen schrie und zetert' es: September!
Julie.	Du träumtest, Danton. Faß dich!
Danton.	Träumtest? Ja, ich träumte; doch das war anders, ich will es dir gleich sagen – mein armer Kopf ist schwach – gleich! So, jetzt hab ich's: Unter mir keuchte die Erdkugel in ihrem Schwung; ich hatte sie wie ein wildes Roß gepackt, mit riesigen Gliedern wühlt ich in ihren Mähnen und preßt ich ihre Rippen, das Haupt abwärts gewandt, die Haare flatternd über dem Abgrund; so ward ich geschleift. Da schrie ich in der Angst, und ich erwachte. Ich trat ans Fenster – und da hört ich's, Julie. Was das Wort nur will? Warum gerade das? Was hab ich damit zu

schaffen? Was streckt nach mir die blutigen Hände? Ich habe es nicht geschlagen. – O hilf mir, Julie, mein Sinn ist stumpf! War's nicht im September, Julie?

Julie.   Die Könige waren noch vierzig Stunden vor Paris . . .

Danton.   Die Festungen gefallen, die Aristokraten in der Stadt . . .

Julie.   Die Republik war verloren.

Danton.   Ja, verloren. Wir konnten den Feind nicht im Rücken lassen, wir wären Narren gewesen: zwei Feinde auf einem Brett; wir oder sie, der Stärkere stößt den Schwächeren hinunter – ist das nicht billig?

Julie.   Ja, ja.

Danton.   Wir schlugen sie – das war kein Mord, das war Krieg nach innen.

Julie.   Du hast das Vaterland gerettet.

Danton.   Ja, das hab ich; das war Notwehr, wir mußten. Der Mann am Kreuze hat sich's bequem gemacht: Es muß ja Ärgernis kommen, doch wehe dem, durch welchen Ärgernis kommt! – Es muß; das war dies Muß. Wer will der Hand fluchen, auf die der Fluch des Muß gefallen? Wer hat das Muß gesprochen, wer? Was ist das, was in uns lügt, hurt, stiehlt und mordet?

Puppen sind wir, von unbekannten Gewalten am Draht gezogen; nichts, nichts wir selbst! Die Schwerter, mit denen Geister kämpfen – man sieht nur die Hände nicht, wie im Märchen. – Jetzt bin ich ruhig.

Diese Szene steht am Wendepunkt des Dramas: in derselben Nacht wird Danton verhaftet. Durch einen Traum aufgewühlt, verrät er seiner Frau die Ursachen der Untätigkeit, aus der ihn seine Freunde vergeblich aufzurütteln versucht haben.

Was ihm den Widerstandswillen genommen hat, sind die Septembermorde. Die Tat läßt sich aus der politischen Notwendigkeit rechtfertigen, aber nur solange, wie die rein verstandesmäßige Überlegung anhält. „Ganz leise, heimliche Gedanken" reden eine andere Sprache. Und diese Gedanken werden immer lauter in Danton, bis sie im Traum und im Wachen übermächtig werden. Es ist die Stimme des Gewissens.

Danton hat bei den Septembermorden vor der Wahl gestanden, entweder die Morde zu begehen oder die Sache der Revolution preiszugeben; ein Konflikt, der tragisch ist, weil beide möglichen Entscheidungen dazu führen müssen, daß sich Danton in Schuld verstrickt. Büchner stellt nicht den Augenblick des Konflikts dar, sondern die Folgen auf Danton oder besser: den Fortbestand seines Konflikts als Gewissensqual noch Jahre, nachdem er sich entschieden hatte.

Gewissen ist das Bewußtsein vom sittlichen Wert oder Unwert des eigenen Verhaltens, und es befiehlt, das sittlich Richtige zu tun. Um danach zu handeln, muß eine feste Ordnung der Werte in einer gesicherten Weltvorstellung bestehen.

Die Qual Dantons entspringt daraus, daß er nicht weiß, was das sittlich Richtige gewesen wäre, denn er kennt keine gesicherte Weltordnung, die ihm einen Maßstab dafür geben könnte. Daher hat er die Entscheidung unter einem schicksalhaften Zwang getroffen: „Puppen sind wir, von unbekannten Gewalten am Draht gezogen; nichts, nichts wir selbst!"

Die Folge könnte die Haltung Kellers sein, wie er sie an den Spinnen darstellt als die Entschlossenheit, das Unwiderrufliche hinzunehmen und „in Gottes Namen wieder an(zu)fangen". Das kann jedoch für Danton nicht gelten. Seine Verzweiflung wird dadurch endgültig, daß ihm sein Gewissen sagt, daß er schuldig ist und für diese Schuld einer unbekannten Macht verantwortlich. Schicksalhafte Notwendigkeit und persönliche Verantwortung – die sich an sich gegenseitig ausschließen – verflechten sich für ihn zu einem unlöslichen Knoten. Das macht ihn zum Widerstand gegen Robespierre unfähig; er schreckt vor jeder Tat zurück, weil sie den Konflikt nur erneuern würde.

Der ehemalige Held der Revolution, der glänzende Redner und bewunderte politische Kämpfer ist zu einem widerstandslosen Mann geworden; im Traum erlebt er noch einmal seinen Versuch, die Geschicke der Welt zu lenken, aber er sieht sich getrieben, wo er zu lenken gemeint hat. Den Gewissensqualen sucht er in einem Genußleben zu entgehen, das ihm aber kein Vergessen bringen kann. Seine letzte Hoffnung, sich vor der Verzweiflung zu retten, ist der Tod: „Man hat mir von einer Krankheit erzählt, die einem das Gedächtnis verlieren mache. Der Tod soll etwas davon haben. Dann kommt mir manchmal die Hoffnung, daß er vielleicht noch kräftiger wirke und *alles* verlieren mache. Wenn das wäre!" Aber auch das ist nur eine Hoffnung, keine Gewißheit, und so kann sich Danton zum Tode so wenig entschließen wie zum Leben.

Fatalismus, d. h. Ergebenheit in ein unausweichliches Muß, ist Büchners Grundhaltung. Er entwickelt sie im Studium der Geschichte und versucht, sie im Drama in der Form darzustellen, daß er sich mit wissenschaftlicher Genauigkeit an die Tatsachen hält. Zahlreiche Szenen entnimmt er wörtlich den Quellen und stellt die Personen in krassem Realismus dar: „Ich kann doch aus einem Danton und den Banditen der Revolution nicht Tugendhelden machen! Wenn ich ihre Liederlichkeit schildern wollte, so mußte ich sie eben liederlich sein, wenn ich ihre Gottlosigkeit zeigen wollte, so mußte ich sie eben wie Atheisten sprechen lassen." Trotzdem entspricht der Danton des Dramas nicht vollständig dem der historischen Wissenschaft: er ist zu sehr eine Gestalt, die Büchners eigenes geschichtsphilosophisches Denken verkörpert.

Anlaß zu Fatalismus findet Büchner über die Historie hinaus im Blick auf das Wesen des Menschen überhaupt: „Was ist das, was in uns lügt, hurt, stiehlt und mordet?" fragt Danton verzweifelt; denn nicht nur politische Notwendigkeit zwingt zu schuldhaften Taten, sondern auch die menschliche Charakteranlage. In seinem zweiten großen Drama, dem unvollendeten *Woyzeck,* stellt er einen Soldaten dar, dessen Handlungen aus der Dumpfheit einer ungebändigten Gefühlswelt hervorgehen. Er ist ein Spielball seiner „vernünftigen" und herzlosen Vorgesetzten, wird von ihnen getreten und durch die Menschen seines eigenen Standes betrogen, bis er aus seiner gequälten Hilflosigkeit ausbricht und in triebhafter Eifersucht seine untreue Geliebte ermordet.

„Dantons Tod" und, in verstärktem Maße, *Woyzeck* widersprechen in ihrer Form jeder klassischen Ordnung. Sie bestehen aus Einzelszenen, die nur lose verknüpft sind. Nicht die fortlaufende Handlung, sondern das Charakter- und

Zustandsbild sind für sie kennzeichnend. Das ist eine Form, die in romantischen Dramen- und Romanversuchen angedeutet ist, aber erst am Ende des Jahrhunderts zu wirklicher Bedeutung gelangen wird, z. B. bei GERHART HAUPTMANN und später in BRECHTS epischem Theater. Auch die Thematik weist in die Zukunft voraus: die krasse Wirklichkeitsdarstellung und die tiefgründige Charakterstudie eines triebhaften, durch unterbewußte Kräfte beherrschten Menschen im „Woyzeck". Erst in unserer Zeit wurden die Werke Büchners richtig verstanden.

2493.   Steckbrief.

Der hierunter signalisirte Georg Büchner, Student der Medizin aus Darmstadt, hat sich der gerichtlichen Untersuchun- seiner indicirten Theilnahme an staatsverrätherischen Handlungen durch die Entfernung aus dem Vaterlande entzogen. Man ersucht deßhalb die öffentlichen Behörden des In- und Auslandes, denselben im Betretungsfalle festnehmen und wohlverwahrt an die unterzeichnete Stelle abliefern zu lassen.
Darmstadt, den 13. Juni 1835.

Der von Großh. Heff. Hofgericht der Provinz Oberhessen bestellte Untersuchungs-Richter, Hofgerichtsrath
Georgi.

Personal-Beschreibung.

Alter: 21 Jahre,
Größe: 6 Schuh, 9 Zoll neuen Hessischen Maaßes,
Haare: blond,
Stirne: sehr gewölbt,
Augenbraunen: blond,
Augen: grau,
Nase: stark,
Mund: klein,
Bart: blond,
Kinn: rund,
Angesicht: oval,
Gesichtsfarbe: frisch,
Statur: kräftig, schlank,
Besondere Kennzeichen: Kurzsichtigkeit.

Steckbrief gegen Georg Büchner (Darmstadt. 1835)

GEORG BÜCHNER (1813–1837) setzte sich in politischen Schriften für die Rechte der unteren Schichten ein. Er gründete mit Freunden in seinem Heimatland Hessen eine „Gesellschaft der Menschenrechte" und verbreitete den *Hessischen Landboten,* politische Flugschriften, deren Leitwort das „Friede den Hütten! Krieg den Palästen!" der französischen Revolution war. Als seine geheime politische Tätigkeit verraten wurde, mußte er nach Frankreich fliehen. Als Dreiundzwanzigjähriger wurde er Privatdozent für Naturwissenschaften und Medizin an der Universität Zürich; doch bereits kurz nach seiner Antrittsvorlesung starb er an einem Nervenfieber.

FRIEDRICH HEBBEL

Nachtlied

Quellende, schwellende Nacht,
Voll von Lichtern und Sternen;
In den ewigen Fernen,
Sage, was ist da erwacht?

Herz in der Brust wird beengt,
Steigendes, neigendes Leben,
Riesenhaft fühle ich's weben,
Welches das meine verdrängt.

Schlaf, da nahst du dich leis,
Wie dem Kinde die Amme,
Und um die dürftige Flamme
Ziehst du den schützenden Kreis.

Die Nacht macht die Welt geheimnisvoll und weit bis ins Unendliche, und zugleich läßt sie diese Welt ins Riesenhafte anschwellen, so daß sich der Mensch zwergenhaft vorkommt und vor dem Ungeheuren vergeht. Das gewaltige All ist lebendig in solchen Übermaßen, daß es der Mensch nur als eine weltenweite Bewegung erahnen kann und hilflos dem Ganzen gegenübersteht.

Es handelt sich nicht um eine Naturschilderung und nicht um die Wiedergabe eines Gefühls. Die Erscheinung der Nacht ist Sinnbild für das Problem des Menschen in der Welt. Der Mensch ist nicht eins mit der Natur und mit Gott, nicht geborgen, sondern in seiner Existenz bedroht. Das ist die Not des Ich, daß es sich Mächten gegenüber sieht, denen es nicht gewachsen ist und denen es sich doch stellen muß, rätselhaften Mächten, die das Ich aus der Weite des unendlichen Raumes bedrängen.

Nur dann erfährt der Mensch Beruhigung, wenn er nicht gegen die Mächte ankämpft, und das geschieht in Schlaf und Tod, denn dann ruhen sein Wille und die Notwendigkeit, sich zu behaupten, dann ist seine Vereinzelung aufgehoben, und er findet in all seiner Dürftigkeit Schutz; er geht im Ganzen auf. Der Schlaf ist aber Vergessen und nicht Wiederfinden wie in der Romantik. Der Mensch empfindet sein Dasein nur, wenn er wach ist, und dann muß er kämpfen. Die Einheit der Welt ist so weit entfernt wie der Schlaf vom Bewußtsein.

Das Gedicht ist nicht sangbar wie die Lieder der Romantiker und Mörikes. Es ist dem Gedanken entsprungen und verleugnet das nicht, auch wenn es Gedanken nicht unmittelbar ausspricht, sondern in Bilder umsetzt. Diese Übertragung der Bedeutung auf Gegenständliches, die Symbolik, ist typisch für die Realisten. Bei ihnen steht das Bild für den Gedanken wie in der Romantik das Bild für einen Gefühlsbereich. Wenn sich die Lyrik der Romantik der Musik nähert, so gleicht sie sich jetzt der Architektur an: jede Strophe des Gedichts hat einen in sich geschlossenen Aufbau, indem die erste und die letzte Zeile mit ihrem Reim die inneren Reime „umarmen"; die weiblichen Innenreime verbinden die Zeilen, der männliche Schlußreim beendet den Vers hart und fest; die letzte Zeile jedes Verses zieht eine Summe, bringt einen abschließenden Gedanken, der einen Punkt setzt. Freilich ist die Musikalität nicht verbannt; das Weben des Lebens ist in ein großartiges sprachliches Bild eingefangen.

Agnes Bernauer

Albrecht, der einzige Sohn Ernsts, des regierenden Herzogs von Bayern, hat sich mit der schönen Baderstochter Agnes Bernauer vermählt, obwohl diese unstandesgemäße Ehe eine Erbfolge seiner Kinder ausschließt. Er gefährdet dadurch den Bestand des Herzogtums und verletzt seine Pflicht als Fürst dem Volk gegenüber. Der Herzog bestimmt einen Neffen zum Thronfolger, aber als dieser stirbt, muß er seinen Sohn aus staatspolitischer Notwendigkeit an die Krone binden. Er läßt Agnes Bernauer gefangensetzen und hinrichten, als sie sich weigert, auf ihren Gatten zu verzichten.
Empört entfacht Albrecht einen Bürgerkrieg; auf dem Schlachtfeld gerät der Vater in seine Hände. Herzog Ernst übergibt ihm die Regentschaft und zwingt ihn dadurch, nicht mehr an sich selbst und seine Rache zu denken, sondern an die Aufgabe, die ihm als Staatsmann zufällt. Wie der Prinz von Homburg entscheidet sich Albrecht für Recht und Ordnung. Er verzichtet auf seine persönlichen Wünsche und unterwirft sich einer höheren Pflicht.

Preising. Der Tod steht vor der Tür, er kommt, wenn ich gehe, ja er wird anklopfen, wenn ich zu lange säume! Schaut einmal durchs Gitter zur Brücke hinüber! Was seht Ihr?

Agnes. Das Volk drängt sich, einige heben die Hände zum Himmel empor, andere starren in die Donau hinab, es liegt doch keiner darin?

Preising *(mit einem Blick auf sie).* Noch nicht!

Agnes. Allmächtiger Gott! Versteh' ich Euch?

Preising *(nickt).*

Agnes. Und was hab' ich verbrochen?

Preising *(hebt das Todesurteil in die Höhe).* Die Ordnung der Welt gestört, Vater und Sohn entzweit, dem Volk seinen Fürsten entfremdet, einen Zustand herbeigeführt, in dem nicht mehr nach Schuld und Unschuld, nur noch nach Ursach' und Wirkung gefragt werden kann! So sprechen Eure Richter: denn das Schicksal, das Euch bevorsteht, wurde schon vor Jahren von Männern ohne Furcht und ohne Tadel über Euch verhängt, und Gott selbst hat den harten Spruch bestätigt, da er den jungen Prinzen zu sich rief, der die Vollziehung allein aufhielt. Ihr schaudert, sucht Euch nicht länger zu täuschen, so ist's! Und wenn's einen Edelstein gäbe, kostbarer wie sie alle zusammen, die in den Kronen der Könige funkeln und in den Schachten der Berge ruhen, aber eben darum auch ringsum die wildesten Leidenschaften entzündend und Gute wie Böse zu Raub, Mord und Totschlag verlockend: dürfte der einzige, der noch ungeblendet blieb, ihn nicht mit fester Hand ergreifen und ins Meer hinunterschleudern, um den allgemeinen Untergang abzuwenden? Das ist Euer Fall, erwägt's und bedenkt Euch, ich frage zum letztenmal!

Agnes. Erwägt auch Ihr, ob Ihr nicht verlangt, was mehr als Tod ist! Ich entsage meinem Gemahl nicht, ich kann's und darf's nicht. Bin ich denn selbst noch, die ich war? Hab' ich bloß empfangen? Hab' ich nicht auch gegeben? Sind wir nicht eins, unzertrennlich eins durch Geben und Nehmen, wie Leib und Seele? Aber ich verbürge mich für ihn, daß er dem Thron entsagt! Fürchtet nicht, daß ich versprechen, was er nicht halten wird! Ich hab's aus seinem eignen Munde, wie ein Zauberwort für die höchste Gefahr! Zwar glaubte ich längst nicht mehr, daß ich's noch brauchen würde, aber diese Stunde hat's mir entrissen, und nun braucht's, wie Ihr wollt!

Preising. Das rettet Euch nicht mehr! Herzog Albrecht kann die angestammte Majestät so wenig ablegen als Euch damit bekleiden, sie ist unzertrennlich mit ihm ver-

Geschehen aber nicht. Die Welt steht nicht still; sie bewegt sich auf ein uner-
kanntes Ziel hin. Hebbel sieht im Schicksal einen „Weltgeist" wirken, der alles
umfaßt und alles ist (vgl. Hegel, S. 209); aber was sich in ihm entwickeln soll,
liegt außerhalb der Erkenntnis des einzelnen.

Es besteht also eine nie endende Spannung zwischen Weltgeist und Ich, in dem
das Individuum in doppelter Weise hilflos ist: es ist Werkzeug und weiß nicht
wozu. So kommt es zu dem ungleichen Kampf zwischen dem persönlichen
Willen und dem Weltwillen, dem der Mensch unterliegt. Die Geschichte schreitet über ihn hinweg.

Dieser Kampf in seinen verschiedenen Ausprägungen ist Thema der Dramen
Hebbels. In „Agnes Bernauer" stehen sich das Individuum und der Staat gegenüber, in *Maria Magdalene* das Individuum und die bürgerliche Gesellschaft.

FRIEDRICH HEBBEL (1813–1863) wurde in eine Umwelt hineingeboren, die ihm den Weg
zum Dichtertum denkbar schwer machte. Er war der Sohn eines Maurers in einem Bauern-
dorf in Dithmarschen. Der Tod des Vaters stürzte die Familie in tiefste Armut, so daß
Hebbel dem Kirchspielvogt als Laufjunge und als Schreiber dienen mußte. Sein brennen-
der Ehrgeiz ließ ihn immer wieder mit seiner Umgebung zusammenstoßen, die sich seinen
Zielen widersetzte. Es fehlte ihm jede Möglichkeit zu einer geregelten Ausbildung, und so
verschaffte er sich seine Kenntnisse in einem mühevollen Selbststudium. Die Armut, die
demütigende Stellung eines niedrigen Bediensteten und der Unverstand seiner Umgebung schärften seinen Lebenswillen und ließen den Kampf um die eigene Geltung
zum Lebenssinn werden. Als er mit zweiundzwanzig Jahren eine Gönnerin fand, die seine
große Begabung erkannte, konnte er in Hamburg studieren. Mit knurrendem Magen saß
er in den Vorlesungen, und die Demütigungen hörten nicht auf. Er war zu empfindlich,
um Geschenke ohne Widerwillen anzunehmen, und saß oft hungernd an einem reich-
gedeckten Tisch, aß nur ein paar Happen, obwohl er tagelang kaum etwas zu sich genommen hatte, weil er zu stolz war, Almosen zu empfangen. Obgleich er nach seiner ersten
Tragödie, *Judith*, bereits ein berühmter Mann war, blieb seine finanzielle Notlage weiter
bestehen. Eine arme Näherin in Hamburg, Elise Lensing, opferte sich auf, um ihm zu helfen. Vorübergehende Beihilfen ermöglichten ihm Reisen nach Frankreich und Italien. Als er
zweiunddreißig Jahre alt war, kam er abgerissen wie ein Landstreicher und mittellos nach
Wien. Dort fand er endlich Ruhe und Glück in der Ehe mit einer Schauspielerin. Das bittere
Leben seiner Jugend, die Demütigungen und Enttäuschungen bestimmten aber bis zuletzt
sein Werk, in dem sie zum tragischen Weltkampf ausgeweitet sind.

JEREMIAS GOTTHELF

Uli der Knecht

*Uli ist ein kräftiger Knecht und tüchtig, aber er führt ein unbedachtes, leichtsinniges Leben.
Sein Lehrherr erzieht ihn nach seiner christlichen Grundhaltung und durch sein eigenes
Beispiel zu Fleiß und Charakterfestigkeit. Selbstlos vermittelt er seinem Knecht, als dieser
ein ordentlicher Mensch geworden ist, eine besser bezahlte Stelle. Der neue Hof ist ganz
verlottert. Nicht anders als bei seinem zweiten Meister geht es bei dessen Sohn zu, der
einen Gasthof besitzt. Eines Tages besucht ihn Uli zusammen mit Elisi, der verzogenen,
eitlen und oberflächlichen Tochter seines neuen Dienstherrn.*

Illustration zu Gotthelf, Uli der Knecht (Zeichnung von Friedrich Walthard)

»Am folgenden Morgen sah man Uli zuerst; nicht gar viel später erschien Johannes, zu großem Schreck seines Gesindes, zu eigenem großen Nutzen. Jedes pflegte seine Behaglichkeit, im Glauben, der Meister tue es ebenfalls; der Meister faulenzte im Glauben, es wüßte jeder Dienst, was er zu tun hätte. Als er nun einmal zur unerwarteten Stunde aufstund, da erfuhr er, was die Faulheit der Meisterleute für Wirkung tut auf die Diensten. Er fluchte sich fast die Zähne aus dem Maul, die Zehen ab den Füßen; aber am andern Morgen lag er wieder bis gegen neune; was half da das Fluchen? Was kann in einem Wirtshause alles gehen von morgens fünf bis um neune, wo der Herr Wirt und die Frau Wirtin aufstehen? Nirgends straft wohl Gott die zeitlichen Sünden schneller und deutlicher, als die der Wirte, welche überwirten (= abends zu spät schließen). Wenn Wirt und Wirtin nicht Ruhe schaffen in ihrem Hause zu rechter Zeit mit Hudeln, mit Spielen, oder auch nur dasitzen und zusehen, wie andere hudeln über die Zeit, so haben die einen einen schweren Kopf und zitternde Glieder am Morgen, die andern mögen sonst nicht auf, und während dieser Zeit geht ihnen weit mehr zugrunde, als sie am Abend verdient haben; und zum Trinkgeld haben sie ein böses Alter und schlechte Kinder; und was mancher am Ende seines Lebens davonbringt, ist Bettlerbrot, Spitalsuppe und ein schlechter Stroh-sack. O wenn mancher Wirt wüßte, was ginge, ehe er aufsteht, er würde wohl am Abend früher Feierabend machen.

Johannes donnerte und wetterte, solange er seine verstrupften (= unordentlichen) Dien-sten sah, welche die Gaststube noch nicht aufgeräumt, die Kühe nicht gemolken, die Pferde nicht gestriegelt hatten, und auf dem Wege zu seinem Lande, das er Uli zeigen wollte, klagte er gar bitterlich (...) Er wußte noch nicht, daß ein schlechter Meister nie gute

Diensten hat, daß die einen unter ihm schlecht werden, die, welche gut bleiben wollen, ihm weglaufen müssen.

Als sie endlich zurückkamen von ihrem Beschauen, fanden sie das Elisi diesmal ganz in schwefelgelber Montur, d. h. in schwefelgelbem Tschöpli (= Jäckchen, vgl. Joppe) und Fürtuch, betrübt in der Nebenstube, wohin man eben das Frühstück gebracht hatte, zirka um halb zehn Uhr. (...) Nachdem man fertig war, sagte dsElisi noch nichts vom Anspannen. Johannes führte den Uli in seine Keller und dsElisi spazierte schön schwefelgelb vor dem Hause auf der Terrasse, im Garten, ums Haus herum, die Handschuhe an den Händen, das Nastuch darin, spazierte hin und her, auf und ab, bis es endlich elf Uhr schlug. Da winkte es dem Uli und sagte: sie müßten fort, er sollte z'weg machen; es wolle gehn und sich anders anziehen; sobald es fertig sei, müsse er anspannen. Es ging fast eine Stunde, bis dsElisi grasgrün wieder zum Vorschein kam.«

Mit Geduld und Tatkraft schafft Uli auf dem Hofe seines Dienstherrn Ordnung, erliegt aber fast der Versuchung des Reichtums und ist im Begriffe, Elisi zu heiraten. Glücklicherweise findet diese einen andern. („Wenn ich einen Reichern und Vornehmern haben kann, warum sollte ich dann dich nehmen? Das wäre ja dumm.") Uli erkennt, daß Tüchtigkeit und Charakter mehr wert sind als Geld. So heiratet er Vreneli, eine arme, aber tüchtige Verwandte des Bauern, mit der er einen Hof in Pacht übernimmt.

„Zu eigenem großen Nutzen" steht der Wirt Johannes ausnahmsweise früh auf: er merkt, was in seinem Hause vorgeht, was unterlassen wird, wenn er selbst zu lange schläft. Jeder beliebige Auszug aus Gotthelfs Roman *Wie Uli, der Knecht, glücklich wird* läßt sogleich erkennen, worauf es Gotthelf in seinem Werk ankommt: zu belehren, am Beispiel zu zeigen, wie man sich zu verhalten habe, wenn man auf den rechten Weg kommen will. Falsches Leben, Faulheit, Nachlässigkeit richten den Menschen sichtbar zugrunde. Es bedarf keines Jüngsten Gerichtes, um zu zeigen, wer verdammt ist: das Leben auf dieser Erde weist bereits die Erwählten und die Verdammten aus. Die Guten werden von Gott gesegnet, die Schlechten bereiten sich selbst die Hölle auf Erden; Gott straft die Sünden schnell und deutlich, Belohnung und Bestrafung finden in dieser Welt statt; aus der Beobachtung des Lebens ergibt sich, wie es zu beurteilen ist. – Das ist die Ausprägung des Realismus durch einen Vertreter des protestantischen (calvinistischen) Glaubens.

Gotthelf will also belehren, doch tut er es nicht langweilig, nicht wortreich und mit erhobenem Zeigefinger. Seine Moral teilt sich unmittelbar durch die Handlung mit und durch seine Gestalten, die lebendig und plastisch vor uns stehen. Wie eitel das Elisi ist, zeigt sich in dem beständigen Kleiderwechsel, in der Anmaßung, mit der sie Uli Befehle erteilt; wie unfähig Johannes ist, in dem nutzlosen Fluchen, wo nur das eigene tüchtige Beispiel wirksam wäre.

So ergibt sich aus Handeln und Unterlassen ein Bild des Charakters. Bauer zu sein, bedeutet ein erfülltes Leben, Einssein mit der Natur, Gelassenheit, Zusammenhalt in angestammter Sitte. In Heiterkeit und Trauer, Stolz und Spott, in Bosheit und Güte prägt sich aus, was dem Menschen eigentümlich ist, ohne daß es dazu nötig wäre, mehr als die Menschen der nächsten Umgebung anzusehen und zu durchschauen.

Das Bild der Menschen wäre nicht so abgerundet, wenn Gotthelf nicht ein Meister des plastischen Stils wäre. Er mischt Dialekt ein, gebraucht derbe bildliche Vergleiche (die Zähne aus dem Maul fluchen) und setzt, wo immer möglich, für den blassen Begriff die farbigen Beispiele: ein schlampiger Wirt gerät nicht „in Armut", sondern endet bei Bettelbrot, Spitalsuppe und auf einem schlechten Strohsack; die Dienstboten haben nicht „nichts getan", sondern sie haben die Gaststube nicht aufgeräumt, die Kühe nicht gemolken, die Pferde nicht gestriegelt. Die Sprache erst läßt uns das Werk Gotthelfs voll genießen, denn er beherrscht sie in all ihrer volkstümlichen Breite, allen ihren Vergleichen und Bildern so, wie sie in dem Schweizer Alpental gesprochen wurde, in dem er lebte.

Gotthelf schafft sein bäuerliches Weltbild in einer Zeit, in der der Arbeiterstand heraufkommt und der Materialismus immer stärker an Boden gewinnt, der die Materie zur einzigen Substanz erklärt und alles Seelische und Geistige aus ihr ableitet. Er sieht das Ende seiner Welt heraufziehen, und um so stärker müht er sich, sie in glühenden Farben zu malen und zu preisen. Nicht Gesetze können ihren Verfall verhindern, sondern nur das lebendige Beispiel. So kämpft er gegen das, was er als minderwertig und schlecht, als moralischen Verfall ansieht, indem er zeigt, wie sich christlicher Lebenswandel und Seelenreinheit in dieser Welt bewähren.

JEREMIAS GOTTHELF (1797–1854) hieß eigentlich Albert Bitzius und war Pfarrherr in Lützelflüh im Emmental. Als Pfarrherr hatte er das Gefühl, bei weitem nicht das bewirken zu können, was er eigentlich wollte. Er suchte die Menschen auch durch das praktische Beispiel zu bessern; sein Amt war ihm nicht genug dazu. Als Pfarrer lebte er in engen Grenzen, und die Bescheidenheit seiner Tätigkeit stand im Widerspruch zu der Fülle von Leben, die er in sich trug. So griff er mit fast vierzig Jahren zur Feder, um sich seine reichen Gedanken von der Seele zu schreiben. „Ich sah mich von allen Seiten gelähmt, niedergehalten, konnte nirgends ein freies Tun sprudeln lassen, konnte mich nicht einmal ordentlich ausreiten. Hätte ich alle zwei Tage einen Ritt tun können, ich hätte nie geschrieben. Um Luft zu holen, nahm ich mein Herz in beide Hände und schmiß es aufs Papier." Vier Romane und eine Fülle von Erzählungen waren das Ergebnis, Werke, die ganz außerhalb des eigentlichen literarischen Lebens standen. Es sind gleichsam „illustrierte Predigten"; kunstvoll sollten sie gar nicht sein, nur wirken, aufrütteln – und doch gehören sie zum festen Bestand der Literatur; neben dem Roman von Uli vor allem die unheimliche Novelle *Die schwarze Spinne*, in der das Teuflische in der Welt in einer Spinne Gestalt wird, deren Biß, deren bloße Berührung alles Leben vernichtet.

GOTTFRIED KELLER

Kleider machen Leute

»An einem unfreundlichen Novembertage wanderte ein armes Schneiderlein auf der Landstraße nach Goldach, einer kleinen reichen Stadt, die nur wenige Stunden von Seldwyla entfernt ist. Der Schneider trug in seiner Tasche nichts als einen Fingerhut, welchen er, in Ermangelung irgendeiner Münze, unablässig zwischen den Fingern drehte, wenn er der Kälte wegen die Hände in die Hosen steckte, und die Finger schmerzten ihm ordentlich von diesem Drehen und Reiben; denn er hatte wegen des Falliments irgendeines Seldwyler Schneidermeisters seinen Arbeitslohn mit der Arbeit zugleich verlieren und auswandern müssen. Er hatte noch nichts gefrühstückt als einige Schneeflocken, die ihm in den Mund geflogen, und er sah noch weniger ab, wo das geringste Mittagbrot heranwachsen sollte. Das Fechten fiel ihm äußerst schwer, ja schien ihm gänzlich unmöglich, weil er über seinem schwarzen Sonntagskleide, welches sein einziges war, einen weiten dunkelgrauen Radmantel trug, mit schwarzem Sammet ausgeschlagen, der seinem Träger ein edles und romantisches Aussehen verlieh, zumal dessen lange schwarze Haare und Schnurrbärtchen sorgfältig gepflegt waren und er sich blasser, aber regelmäßiger Gesichtszüge erfreute.
Solcher Habitus war ihm zum Bedürfnis geworden, ohne daß er etwas Schlimmes oder Betrügerisches dabei im Schilde führte; vielmehr war er zufrieden, wenn man ihn nur gewähren und im stillen seine Arbeit verrichten ließ; aber lieber wäre er verhungert, als daß er sich von seinem Radmantel und von seiner polnischen Pelzmütze getrennt hätte, die er ebenfalls mit großem Anstand zu tragen wußte.
Er konnte deshalb nur in größeren Städten arbeiten, wo solches nicht zu sehr auffiel; wenn er wanderte und keine Ersparnisse mitführte, geriet er in die größte Not. Näherte er sich einem Hause, so betrachteten ihn die Leute mit Verwunderung und Neugierde und erwarteten eher alles andere, als daß er betteln würde; so erstarben ihm, da er überdies nicht beredt war, die Worte im Munde, also daß er der Märtyrer seines Mantels war und Hunger litt, so schwarz wie des letzteren Sammetfutter.«

Falliment = Zahlungsunfähigkeit, Bankrott; Habitus = Aussehen und Verhalten

Wenn das arme Schneiderlein Strapinski Hunger leidet, so schwarz wie das Samtfutter seines Mantels, so ist damit die ganze Spannweite des Unterschieds zwischen scheinbarer Vornehmheit und wirklicher Armut abgesteckt, gerade dadurch, daß der Vergleich das auffallendste Merkmal gepflegter Kleidung benutzt, um die äußerste Not zu charakterisieren. Wenzel Strapinski lebt in zwei Welten. In der Wirklichkeit ist er ein armer, hungriger Schneider ohne Arbeit. Aber er träumt von einer Scheinwelt von Vornehmheit und Bedeutsamkeit. Er pflegt seine edle Erscheinung sorgfältig, mit allen Mitteln, die ihm sein Schneiderberuf möglich macht, und ist bereit, ihretwegen zu leiden. Das ist eine schrullige Neigung ohne böse Absicht. Wenzel ist eigentlich ein bescheidener Mensch. Etwas Außergewöhnliches darzustellen, ist ihm ein unbewußtes Bedürfnis, dessen Grund darin liegt, daß in ihm Kräfte schlummern, die zu seinem einfachen Schneiderdasein nicht passen. Seine Seele ist voll Phantasie, voll

Sehnsucht nach Größe und Glück, voll Sinn für das Schöne. Er ist in Wahrheit Künstler, dem nur alle Möglichkeiten fehlen, als solcher zu leben, außer der, sich selbst zu einem Kunstwerk zu veredeln. Aus der Spannung zwischen dem schönen Schein und der rauhen Wirklichkeit entwickelt sich die Handlung der Novelle; denn Wenzel wird für das genommen, was er sich erträumt. So wird er ungewollt zum Hochstapler.

Die Goldacher halten ihn für einen polnischen Grafen, und alle Mühe Wenzels, aus der ihm aufgezwungenen Rolle herauszuschlüpfen, scheitert, denn eines scheut er: offen die Wahrheit zu sagen und sich dadurch dem Spott und der Schande auszusetzen. Nach einigen vergeblichen Fluchtversuchen ergibt er sich in seine Rolle und spinnt sie weiter aus, als er sich in Nettchen, die Tochter des Amtmanns, verliebt. Immer stärker verwirklicht er die Traumwelt, die in ihm geschlummert hat, unterstützt von dem Bedürfnis der Kleinstädter nach Romantik.

»Mit jedem Tag wandelte er sich, gleich einem Regenbogen, der zusehends bunter wird an der brechenden Sonne. Er lernte in Stunden, in Augenblicken, was andere nicht in Jahren, da es in ihm gesteckt hatte wie das Farbenwesen im Regentropfen. Er beobachtete wohl die Sitten seiner Gastfreunde und bildete sie während des Beobachtens zu einem Neuen und Fremdartigen um; besonders suchte er abzulauschen, was sie sich eigentlich unter ihm dächten und was für ein Bild sie sich von ihm gemacht. Dies Bild arbeitete er weiter aus nach seinem eigenen Geschmacke zur vergnüglichen Unterhaltung der einen, welche gern etwas Neues sehen wollten, und zur Bewunderung der anderen, besonders der Frauen, welche nach erbaulicher Anregung dürsteten. So ward er rasch zum Helden eines artigen Romanes, an welchem er gemeinsam mit der Stadt und liebevoll arbeitete, dessen Hauptbestandteil aber immer noch das Geheimnis war.«

Wenzel treibt das Spiel aus Liebe zu Nettchen zu weit. Bei der Verlobung mit ihr entlarven ihn die Seldwyler, die ihn ja von früher kennen, als Hochstapler. Sein Traum ist zerstört, und unter höhnischem Spott geht er einsam davon, um im Schnee an der Landstraße zu sterben. Er kann der Wirlichkeit nicht mehr standhalten. Aber Nettchen liest ihn wieder auf und stellt ihn zur Rede, und Wenzel erzählt wahrheitsgemäß, wie alles gekommen ist.

»Nach kurzem Schweigen, indem ihre Brust sich zu heben begann, stand Nettchen auf, ging um den Tisch herum dem Manne entgegen und fiel ihm um den Hals mit den Worten: „Ich will dich nicht verlassen! Du bist mein, und ich will mit dir gehen trotz aller Welt!"
So feierte sie erst jetzt ihre rechte Verlobung aus tief entschlossener Seele, indem sie in süßer Leidenschaft ein Schicksal auf sich nahm und Treue hielt. Doch war sie keineswegs so blöde, dieses Schicksal nicht selbst ein wenig lenken zu wollen; vielmehr faßte sie rasch und keck neue Entschlüsse. Denn sie sagte zu dem guten Wenzel, der in dem abermaligen Glückeswechsel verloren träumte: „Nun wollen wir gerade nach Seldwyla gehen und den Dortigen, die uns zu zerstören gedachten, zeigen, daß sie uns erst recht vereinigt und glücklich gemacht haben!"
Dem wackern Wenzel wollte dies nicht einleuchten. Er wünschte vielmehr, in unbekannte Weiten zu ziehen und geheimnisvoll romantisch dort zu leben in stillem Glücke, wie er sagte. Allein Nettchen rief: „Keine Romane mehr! Wie du bist, ein armer Wandersmann, will ich mich zu dir bekennen und in meiner Heimat allen diesen Stolzen und Spöttern zum Trotze dein Weib sein. Wir wollen nach Seldwyla gehen und dort durch Tätigkeit und Klugheit die Menschen, die uns verhöhnt haben, von uns abhängig machen!"«

Die Liebe des Bürgermädchens setzt sich über den Schein hinweg und über das Gerede der Leute und den sozialen Unterschied. Nettchen hält Wenzel die Treue, weil sie seinen menschlichen Wert erkennt. Ihre starke, feste Art holt den romantischen Träumer auf den Boden der Wirklichkeit zurück: „Keine Romane mehr!" Und mit ihr zusammen macht er sein Glück als Schneider und Tuchherr in Seldwyla.

Wenn das arme Schneiderlein sein Glück findet, ist das kein Märchen wie im Taugenichts. Wenzel fällt es nicht in den Schoß, er muß durch Entlarvung und Schande hindurch und kommt nicht zu einer Traumseligkeit, sondern zu einem Glück in der bürgerlichen Ordnung, in der Familie und im Wohlstand. Er schafft es sich erst durch Sparsamkeit, Geschäftstüchtigkeit und Pflichterfüllung, nachdem das Traumglück zerborsten ist.

So ist in der Novelle eine deutliche Absage an die Romantik verborgen. „Der Dichter ist das Herz der Welt", schreibt Eichendorff. Für den Romantiker ist der Künstler eine Ausnahmegestalt, die sich wegen ihrer Genialität besondere Rechte herausnehmen kann. Jetzt gefährdet die Phantasie den Künstler nicht nur, sondern sie wird als Lüge und Hochstapelei entlarvt, sie ist fragwürdig geworden vor den wahren Werten des Lebens. Die neu entdeckte Welt des alltäglichen bürgerlichen Daseins ist die Welt der echten Liebe und Menschlichkeit; innere Wahrhaftigkeit und Sittlichkeit siegen über die Phantasie.

Keller ist im Stil nicht so farbenprächtig und nicht so kräftig, fast grob, wie Gotthelf. Er schreibt feiner, gewandter, kunstvoller. In seinen Vergleichen zum Beispiel sucht er nicht so sehr das Augenfällige als das Bezugvolle und Hintersinnige, — etwa im Bild vom Hunger, der schwarz ist wie das Samtfutter des Mantels. Eine leise Ironie zieht durch die ganze Novelle, die nicht boshaft verspottet, sondern die Dinge mit gemütvollem Humor sieht. Es ist so, als sollten wir alles nicht so ganz ernst nehmen, als sei es nicht der Mühe wert, leidenschaftlich aufzubrausen und großartige Entschlüsse zu fassen.

Das Lebenswerk Kellers ist bestimmt durch seine Ansicht, daß die Religion die Daseinsprobleme nicht lösen könne. Das Gleichnis von den Spinnen, mit dem wir den Realismus eingeleitet haben, gibt seine Sicht wieder. Der Mensch handelt unter dem Zwang seines Charakters und seiner Bedürfnisse, daher bildet er sich nur ein, seine Entscheidungen aus freiem Willen zu treffen. In Wirklichkeit tut er, was er muß, wozu ihn die Umstände zwingen. Dadurch verlieren die Handlungen des Menschen an Gewicht. Wer sie beobachtet und bedenkt, daß sie der Notwendigkeit entspringen, versteht sie, auch wenn sie sonderbar erscheinen. Einen Fehler, ja einen Frevel sieht er nicht mehr als persönliche Schuld, sondern beurteilt ihn nur nach den Folgen für die anderen. Der Charakter des Menschen führt aber nicht unbedingt zum Schlechten. Erkenntnis und Selbstbeherrschung veranlassen ihn, die Tat nicht zu tun, die verderblich sein könnte. Darum ist es nicht richtig, alles gehen zu lassen, wie es läuft: Nettchens klarer Wille gewinnt die Oberhand über den Fatalismus Wenzels. Der Mensch muß den guten Antrieben folgen und beispielhaft in der Gemeinschaft leben, deren einzelne Glieder in tausendfältiger Beziehung zu-

Keller als Freischärler (Aquarell von Johannes Ruff. 1845). Keller (mit Trommel) beteiligte sich zweimal an Freischarunternehmen von Züricher Liberalen gegen das katholisch-kon-servative Luzern. Die Truppe kam jedoch beidemale nicht über die Kantonsgrenzen hinaus. Der Bierkrug auf der Fahne und die Stammkneipe „Häfelei" im Hintergrund karikieren die „erzradikale" Gesinnung des Kellerschen Freundeskreises.

einander stehen, so daß nur ein beherrschtes Verhalten sie lebensfähig macht. So bekommt das Leben in der *Weltfrömmigkeit* doch einen Sinn, wenn es sich in dem engen Rahmen verwirklicht, der den Entschlüssen gesteckt ist.

Bis Keller zu dieser Lebenssicht kam, mußte er durch schwere seelische Er-schütterungen hindurch; denn die Erkenntnis von der Gottlosigkeit der Welt rief bei ihm Zweifel an jedem Lebenssinn hervor. Erst als er das seelische Gleichgewicht wieder erlangt hatte, begann er zu schreiben; und er war zugleich befähigt, über die Unzulänglichkeiten des Menschenlebens zu lächeln und sie wohlwollend und verzeihend zu beurteilen. Daher durchzieht sein ganzes Werk, vor allem die Novellensammlungen *Die Leute von Seldwyla,* die *Züricher No-vellen* und *Das Sinngedicht,* ein Humor, der die Tragik des Lebens kennt, aber über ihr steht.

GOTTFRIED KELLER (1819–1890) wollte Maler werden; er studierte an der Münchener Kunstakademie, kehrte aber erfolglos in seine Heimatstadt Zürich zurück. Sein Wunsch, Künstler zu werden, schien gescheitert, bis er sich, nach neuen Studien in Heidelberg, dazu entschloß, Schriftsteller zu werden. Jetzt aber rang er sich zu einem anderen, un-romantischen Künstlertum durch, zu einem, das das bloße Diesseits bejahte und im

Dichtertum die Aufgabe sah, das Maßvolle, Klare, Sachlich-Objektive darzustellen und Beispiel zu geben, wie sich der Mensch seinen Eigenwert bewahren kann gegen Heuchelei und Egoismus, indem er Wahrheit, Selbsterkenntnis und sittliches Verhalten zu seinen Zielen macht. In der staatlichen Gemeinschaft sah er sie am stärksten verwirklicht, und daher nahm er das Amt des Staatsschreibers im Kanton Zürich an. So kam er, der die erste Hälfte seines Lebens verbummelt hatte, in der zweiten zu einer verantwortungsvollen Aufgabe in der bürgerlichen Welt.

Über seine eigene Stellung als Künstler und Bürger, über den Geist seiner Zeit auf dem Wege von der Romantik in den Realismus berichtete er in seinem stark aus dem eigenen Erleben geschöpften Entwicklungsroman *Der grüne Heinrich*.

THEODOR STORM

Abseits

Es ist so still; die Heide liegt
Im warmen Mittagssonnenstrahle,
Ein rosenroter Schimmer fliegt
Um ihre alten Gräbermale;
Die Kräuter blühn; der Heideduft
Steigt in die blaue Sommerluft.

Laufkäfer hasten durchs Gesträuch
In ihren goldnen Panzerröckchen,
Die Bienen hängen Zweig um Zweig
Sich an der Edelheide Glöckchen,
Die Vögel schwirren aus dem Kraut –
Die Luft ist voller Lerchenlaut.

Ein halbverfallen niedrig Haus
Steht einsam hier und sonnbeschienen,
Der Kätner lehnt zur Tür hinaus,
Behaglich blinzelnd nach den Bienen,
Sein Junge auf dem Stein davor
Schnitzt Pfeifen sich aus Kälberrohr.

Kaum zittert durch die Mittagsruh
Ein Schlag der Dorfuhr, der entfernten;
Dem Alten fällt die Wimper zu,
Er träumt von seinen Honigernten.
– Kein Klang der aufgeregten Zeit
Drang noch in diese Einsamkeit.

Die erste Strophe des Gedichts „Abseits" gibt ein allgemeines Bild der sommerlichen Heide. Die schimmernden Strahlen der Mittagssonne verschleiern die Landschaft, und der betäubende Duft der Kräuter scheint die Lebensgeister zu lähmen. – Aber dennoch regt sich geschäftiges Leben, wenn man einen Blick für die Einzelheiten der kleinen Welt hat. Käfer, Bienen und Vögel sind voller Bewegung, und Lerchenlaut erfüllt die Luft. – In sommerliche Stille und sommerliches Treiben sind auch die Menschen einbezogen, die einsam in dieser naturhaften Welt hausen und an ihr teilhaben. Träge von der Mittagshitze lehnt der Kätner an der Hüttentür und verfolgt zufrieden das Treiben der Bienen, ehe ihm die Augen zum Mittagsschlaf zufallen. Obwohl der Kätner einsam lebt und der Glockenschlag vom Kirchturm des nächsten Dorfes ihn kaum erreicht, ist er nicht verlassen, denn vor ihm kauert sein Sohn. So leben sie, den Jahres- und Tageszeiten angepaßt, ein natürliches Leben, unbeirrt von den aufregenden Ereignissen der Welt.

Die Stilmittel des Dichters, die Wortwahl, der Reim, sind einfach und schlicht, der Rhythmus ist schmiegsam und musikalisch.

Hirtenknabe (Gemälde von Franz von Lenbach. Um 1860). Die geruhsame Situation zeigt unmittelbare Zufriedenheit. In vollkommener Weise entsprechen sich die entspannte Lage des Jungen und die weiche Wölbung des Hügels. Die Wirklichkeit wird – ähnlich wie im „poetischen Realismus" – in einem harmonischen Ausschnitt dargestellt (vgl. S. 227 f.).

Das Gedicht „Abseits" mutet zunächst romantisch an. Einsamkeit, der Lerchenlaut, ein halbverfallen niedrig Haus, das sind Stichworte, die bei EICHENDORFF stehen könnten. Dieser Dichter hat auch gerne die ruhende, besinnliche Stunde des Mittags gewählt. Storm hat Eichendorff, den er noch persönlich kennenlernte, sehr bewundert: „ (...) eine solche Verschmelzung von Anschauung und Empfindung, ein solches Ausprägen einer schönen, mächtigen und für den gewöhnlichen Menschen in Worte gar nicht auszusprechenden Stimmung; ich wüßte nicht, was darüber ginge." Was Storm an Eichendorff schätzt, das Verschmelzen von Anschauung und Empfindung, das Erfassen der gar nicht auszusprechenden Stimmung, ist auch seine eigene Stärke. Gleichzeitig aber liegt hierin auch der Unterschied zwischen beiden. Wenn in manchen Worten die romantische Symbolsprache aufleuchtet, so sind doch die meisten anderer Art: sie geben eine genaue Beobachtung wieder, wie sie die Romantik nicht kennt. Wenn die erste Strophe noch ein verschleierndes allgemeines Bild enthält, so geht die zweite in Einzelheiten über, die keinen „Tiefsinn" haben, sondern darstellen, was der Dichter in dem einen, einzelnen Augenblick sieht, von dem er schreibt. Die Anschauung ist stärker als die Empfindung. Gesichts-, Gehör- und Geruchssinn sind in einem Grade wach, der an die Droste erinnert.

227

Der Dichter sieht ein Bild natürlichen Lebens. Aber er bietet keine Photographie. Es hat einen besonderen Stimmungsgehalt, der sich auf den Betrachter überträgt. Darum setzt es sich nur aus solchen Einzelheiten zusammen, die auf diese Stimmung hinzielen, aus jenen, die das Friedliche, Stille und Schöne der Heidelandschaft und ihrer Lebewesen kennzeichnen. In diesem Sinne müssen wir den Begriff Realismus verstehen. Erst der Naturalismus wird später versuchen, ein vollständiges, ganz exaktes Bild abzuzeichnen, in dem auch das Uneinheitliche und das Häßliche nicht fehlen. Der Realismus verklärt noch, wählt noch aus, was sich zu einer einheitlichen Wirkung zusammenschließt — er ist noch *poetisch.* Dabei spricht der Dichter zum Leser indirekt: er sagt nicht ausdrücklich, welche Stimmung er meint. Aus der Darstellung soll sie deutlich werden: „Das, was meiner Dichtung, wie ich glaube, zum Teil ihren Wert gibt und ihre Wirkung bedingt, ist die strenge Simplizität des Ausdrucks und die Objektivität, d. h. Gegenständlichkeit der Darstellung. Ich habe immer dahin gestrebt, die Sache selbst, nicht aber zugleich ihre Wirkung auf das Gemüt des Lesers auszudrücken; letztere muß sich vielmehr von selbst ergeben."

In „Abseits" klingt alles an, was den Dichter besonders bewegt. Für ihn ist der Mensch gebettet in das kosmische Leben; er nimmt teil an dessen Ablauf, an Werden und Wachsen, Reifen und Vergehen.

> „Was bist du andres denn als Baum und Strauch?
> Du keimst und blühst und du verwelkest auch!"   (An Wilhelm Jansen)

Diese Einheit mit dem All wurzelt in der Heimat; es gibt kaum einen Dichter, der so an sie gebunden ist wie Storm. Der Freiheitskämpfer in seiner Erzählung *Ein grünes Blatt* streitet dafür, daß „es so bliebe, wie es sein muß, wenn wir leben sollen — unverfälschte, süße, wunderbare Luft der Heimat". Die Liebe zur Landschaft Schleswigs, zu Heide, Moor und Meer, zu seiner Geburtsstadt Husum — *Husumerei* nannte Fontane es spöttisch — waren in Storm so stark, daß aus ihr seine besten Gedichte entstanden *(Die Stadt, Ostern, Meeresstrand).* Eng verschränkt mit der Heimatliebe ist das Familien- und Sippenbewußtsein; so steht in „Abseits" der Sohn sinnbildlich für das Du, in dem Einsamkeit und Verlassenheit aufgehoben sind. Die Generationsfolge einer Sippe hebt die Vergangenheit in die Gegenwart; daher sind die „alten Gräbermale" mehr als ein bloß malerischer Bestandteil des Gedichts. Der Mensch braucht die doppelte Bindung an den Boden der Heimat und die Liebe zur Familie, denn sie ist das einzige, was Bestand hat.

Das Leben selbst ist vergänglich, der Tod endgültig. Anteil an der Unsterblichkeit erreicht der Mensch nur durch sein Wirken auf Erden und in seinen Nachfahren. Auf diesen Gedanken bauen Lebensfreude und Lebensbejahung auf, denn sie geben dem Dasein Sinn und Halt:

> Edel lebe der Mensch,
> Ohne Hoffnung künftigen Seins
> Und ohne Vergeltung
> Nur um der Schönheit des Lebens willen.

Der Schimmelreiter

Hauke Haien ist der Sohn eines Kleinbauern. Sein Ehrgeiz geht dahin, Deichgraf zu werden,
obwohl er dafür nicht genügend „Klei unter den Füßen" hat, denn zu diesem Amt kann nur
ein reicher Bauer gelangen. In verbissener Arbeit verschafft er sich alle nötigen Kenntnisse
und gewinnt durch seine Tüchtigkeit und sein offenes und gerades Wesen die Liebe Elkes,
der Tochter des Deichgrafen. Nach dessen Tod kann er, als Ehemann Elkes der reichste
Bauer des Dorfes, die Nachfolge antreten.

»„Ich will", sagte er langsam und hielt dann einen Augenblick inne, „ich will, daß das
große Vorland, das unserer Hofstatt gegenüber beginnt und dann nach Westen ausgeht,
zu einem festen Kooge eingedeicht werde: die hohen Fluten haben fast ein Menschenalter
uns in Ruh gelassen; wenn aber eine von den schlimmen wiederkommt und den Anwachs
stört, so kann mit einem Mal die ganze Herrlichkeit zu Ende sein; nur der alte Schlendrian
hat das bis heut so lassen können!"
Sie sah ihn voll Erstaunen an: „So schiltst du dich ja selber!" sagte sie.
– „Das tu ich, Elke; aber es war bisher auch so viel anderes zu beschaffen!"
„Ja, Hauke; gewiß, du hast genug getan!"
Er hatte sich in den Lehnstuhl des alten Deichgrafen gesetzt, und seine Hände griffen fest
um beide Lehnen.
„Hast du denn guten Mut dazu?" frug ihn sein Weib.
– „Das hab ich, Elke!" sprach er hastig.
„Sei nicht zu rasch, Hauke; das ist ein Werk auf Tod und Leben; und fast alle werden dir
entgegen sein, man wird dir deine Müh und Sorg nicht danken!"
Er nickte: „Ich weiß!" sagte er.
„Und wenn es nun nicht gelänge!" rief sie wieder; „von Kindesbeinen an hab ich gehört,
der Priel sei nicht zu stopfen, und darum dürfe nicht daran gerührt werden."
„Das war ein Vorwand für die Faulen!" sagte Hauke; „weshalb denn sollte man den Priel
nicht stopfen können?"
– „Das hört' ich nicht, vielleicht, weil er gerade durchgeht; die Spülung ist zu stark."
– Eine Erinnerung überkam sie, und ein fast schelmisches Lächeln brach aus ihren ernsten
Augen: „Als ich Kind war", sprach sie, „hörte ich einmal die Knechte darüber reden; sie
meinten, wenn ein Damm dort halten solle, müsse was Lebigs hineingeworfen und mit
verdämmt werden; bei einem Deichbau auf der andern Seite, vor wohl hundert Jahren,
sei ein Zigeunerkind verdämmt worden, das sie um schweres Geld der Mutter abgehan-
delt hätten; jetzt aber würde wohl keine ihr Kind verkaufen!"
Hauke schüttelte den Kopf. „Da ist es gut, daß wir keins haben; sie würden es sonst noch
schier von uns verlangen!"
„Sie sollten's nicht bekommen!" sagte Elke und schlug wie in Angst die Arme über ihren
Leib.
Und Hauke lächelte; doch sie frug noch einmal: „Und die ungeheuren Kosten? Hast du
das bedacht?"
– „Das hab ich, Elke; was wir dort herausbringen, wird sie bei weitem überholen, auch
die Erhaltungskosten des alten Deiches gehen für ein gut Stück in dem neuen unter; wir
arbeiten ja selbst und haben über achtzig Gespanne in der Gemeinde, und an jungen
Fäusten ist hier auch kein Mangel. Du sollst mich wenigstens nicht umsonst zum Deichgrafen gemacht haben, Elke; ich will ihnen zeigen, daß ich einer bin!"«

Priel = Wasserströmung im Wattenmeer

Der neue Deich wird vollendet. Er hat ein besseres, widerstandsfähigeres Profil als der alte, aber an der Nahtstelle zwischen beiden entstehen gefährliche Schäden. Hauke Haien befällt eine schwere Krankheit; daher fehlt ihm die nötige Energie, um die erforderlichen Verbesserungen gegenüber seinen widerstrebenden Deichbevollmächtigten durchzusetzen. Diese kleine Nachlässigkeit führt bei einer schweren Sturmflut an der schadhaften Stelle zu einem Deichbruch. Elke und das Kind werden von den Fluten mitgerissen, der Deichgraf stürzt sich ihnen nach. Der Hauke-Haien-Deich selbst trotzt jedem Ansturm der Wassermassen und bleibt die Jahrhunderte hindurch unversehrt.

Die Tragödie Hauke Haiens ist die Tragödie des verständigen einzelnen im Kampf gegen die unverständige Menge. Der neue Deich kommt allen zugute; er erhöht durch sein besseres Profil die Sicherheit des Dorfes und schafft zugleich wertvolles Neuland. Trotzdem unterstellen die Dorfbewohner Hauke eigensüchtige Motive. Sie sind auch vorhanden, aber anders, als seine Gegner meinen. Hauke will sich nicht bereichern, aber er hat einen brennenden Ehrgeiz. Er will den Makel überwinden, daß ihm der Reichtum seiner Frau zu seinem Amt verholfen hat. Deutlicher fast als mit den eigenen Worten zeigt er das durch eine unwillkürliche Bewegung, als er im Lehnstuhl des alten Deichgrafen sitzt und mit seinen Händen fest um die beiden Lehnen greift: er will sich sein Amt selbst noch einmal erwerben, indem er Außergewöhnliches vollbringt.

Es gelingt ihm auch trotz großer Widerstände. Nicht nur die Mißgunst der Deichbauern steht ihm entgegen, sondern auch eine stärkere Kraft: der Aberglaube des Volkes. Was ihm Elke mit einem „fast schelmischen Lächeln" entgegenhält, ist für die meisten ein tödlich ernstes Anliegen, und Hauke kann es nur dadurch überspielen, daß er selbst immer stärker zu einer unheimlichen Gestalt wird, von der die Menschen, die er in seine Pläne zwingt, meinen, sie sei mit dem Teufel im Bunde. So muß Hauke für seinen Ehrgeiz, seine Willenskraft und seine Leistungen, die ihn über die gewöhnlichen Menschen hinausheben, teuer bezahlen – doppelt teuer, denn er vereinsamt nicht nur, sondern sein Werk kostet ihn auch sein Glück: Elke bekommt ein Kind, aber dieses Kind ist schwachsinnig. Die Vorahnung Elkes bestätigt sich – anders, als erwartet. Der Deichbau und das Unglück der Familie sind in hintergründiger, undurchsichtiger Weise miteinander verbunden. Das Schicksal fordert sein Opfer für die große Tat – so, daß sich Hauke und Elke nicht dagegen wehren können und in einem übertragenen Sinne wirklich etwas „Lebigs" in den Deich eingemauert werden muß: der Fortbestand der Familie des Urhebers. Es ist nur die Bestätigung dieser ungeheuerlichen, unerklärlichen Schicksalsmacht, daß am Ende die ganze Familie in den Fluten umkommt.

Aber noch nicht einmal damit ist das Opfer vollständig. „Man wird dir deine Müh und Sorg nicht danken!" sagt Elke, und es ist nicht nur so, daß Hauke zu seinen Lebzeiten keinen Dank erhält, sondern auch die spätere Zeit urteilt nicht gerecht. Für die folgenden Generationen lebt der Deichgraf nicht wegen seiner großen Leistung im Gedächtnis fort, sondern als der „Schimmelreiter", als eine grausige Sagengestalt, die immer dann erscheint, wenn der Deich bricht.

Da Storm wie die meisten bedeutenden Dichter seiner Zeit nicht an ein Weiterleben der Seele nach dem Tode glaubte, sah er sich wie sie vor das Problem

Theodor Storm (Gemälde von Marie von Wartenberg)

gestellt, wie sich dann das Leben in dieser Welt verwirklichen sollte. Für seine Sicht ist mit dem Gedicht „Abseits" und dem „Schimmelreiter" der Rahmen abgesteckt. In der heimatlichen Natur sah er Schönheit und Sicherheit, sie schützte vor dem, was als Schicksal störend und verzehrend hereinbrechen konnte. In der Stille und der Zurückgezogenheit fanden die Menschen seiner ersten Erzählungen Heilung oder wenigstens Geborgenheit vor den unverschuldeten und unerklärlichen Schlägen des Schicksals.

Ein Beispiel für Storms frühe *Stimmungsnovelle* ist „Immensee" (1849). Der alternde Reinhard sieht seine Jugendgeliebte Elisabeth, die sich von ihrer Mutter zu einer anderen Ehe hatte bereden lassen, nach Jahren wieder. Aus seiner Erinnerung steigen Bilder und Situationen aus der Jugendzeit empor, die er mit dem „Selbstgenuß einer entsagungsvollen Trauer" betrachtet. So wird alles in die Stimmung der Wehmut getaucht und mit vielen romantischen Effekten geschmückt: Harfenmädchen, Mondnacht, Waldeinsamkeit.

In seiner letzten Erzählung, dem „Schimmelreiter", ist davon nichts mehr zu spüren. Hauke Haien kämpft mit dem Schicksal und geht kämpfend unter; er verzichtet nicht. Darin liegt die eigentliche Tragik des Lebens. „Die Leute wollen für die Tragik Schuld, d. h. speziell eigene Schuld des Helden und dann Buße. Das ist aber zu eng, zu juristisch. Wir büßen im Leben viel öfter für die Schuld des Allgemeinen, wovon wir ein Teil sind, für die der Menschheit, des Zeitalters, worin wir leben, für die Schuld der Vererbung, des Angeborenen und für die entsetzlichen Dinge, die daraus hervorgehen, gegen die wir nichts vermögen, für die unüberwindlichen Schranken usw. Wer im Kampfe dagegen unterliegt, das ist der echte tragische Held." Die Helden der späteren Novellen gehen tragisch unter im Kampf gegen Standesvorurteile, Aberglauben oder gegen die Macht des eigenen Blutes.

Der einzelne kämpft vergeblich; was er erhalten kann, ist nicht die eigene Seele, aber der Bestand seiner Umgebung. Der engste und zugleich bedeutsamste Kreis, für den sich sein Opfer lohnt, ist die Familie. Das Schicksal Hauke Haiens ist in verschärftem Sinne tragisch, weil er in seinen Untergang den seiner Familie hineinzieht.

„Ich bedarf äußerlich der Enge, um innerlich ins Weite zu gehen", sagt Storm einmal; und damit ist gemeint, daß er sich darauf beschränkt, den Menschen im engsten Kreis zu zeichnen. Dabei ist ihm die Vergänglichkeit des Lebens so sehr bewußt, daß er sich scheut, seine Stoffe aus der Gegenwart zu nehmen, die einem beständigen willkürlichen und unvorhergesehenen Wechsel unterworfen ist. Nur das Abgeschlossene, die Vergangenheit, ist frei vom Wandel; sie ist das „sichere Land", auch wenn sie schmerzliche Erinnerungen weckt. Der Glaube, daß den Menschen Dauer nur gegeben ist in der Sippe, der Folge der Geschlechter, führt zu einer „perspektivischen Verlängerung des eigenen Ichs in die Vergangenheit".

In der Erzähltechnik Storms drückt sich das so aus, daß er die Geschichte oft in eine Rahmenhandlung legt; er berichtet z. B., wie er eine alte Chronik mit merkwürdigen Ereignissen aufgefunden hat *(Chroniknovelle)*, oder aber, wie jemand aus der Erinnerung hervorholt, was er selbst in jungen Jahren erlebt oder gehört hat *(Erinnerungsnovelle)*. So schiebt Storm den Erzählungskern von sich weg in eine weite, verschleierte Vergangenheit. Im „Schimmelreiter" ist das besonders deutlich: Storm berichtet, was er angeblich ein halbes Jahrhundert zuvor gelesen hat. Der damalige Erzähler aber hat seinerseits durch einen alten Mann von Geschehnissen gehört, die im Jahrhundert zuvor stattgefunden haben. So erfährt der Leser die Geschichte aus dritter Hand, und ein weiter Abstand liegt zwischen dem Jetzt und dem Einst.

Dabei sind alle Einzelheiten in ungemein gewissenhafter Zeichnung gegenwärtig; Storm liebt die beziehungsvolle Andeutung kommender Geschehnisse, so wie in dem Gespräch zwischen Hauke und Elke die späteren Verwicklungen vorweggenommen sind, – und er läßt vieles aus Gesten und unwillkürlichen Bewegungen hervorgehen, statt es grob in Worte zu fassen: Hauke umfaßt die Armlehnen; Elke schlägt die Arme über den Leib zusammen; Hauke hält einen Augenblick inne und wiederholt dann sein „Ich will". Jedesmal ist ein tieferer Sinn in äußerlich faßbaren Gesten verborgen.

THEODOR STORM (1817–1888) ist in Husum in Nordfriesland aufgewachsen und seiner Heimatlandschaft immer verbunden geblieben, auch als er für über ein Jahrzehnt wegen seiner politischen Haltung gegenüber den dänischen Herren des Landes nach Deutschland auswandern mußte. Viel stärker als jede geistige Anregung durch Dichter und Denker seiner Zeit – er war mit dem Historiker Mommsen, mit Mörike und Keller befreundet – hat seine Heimat sein Werk bestimmt. „Ich wüßte nicht, daß bis zu meinem achtzehnten Lebensjahre irgendein Mensch (...) Einfluß auf mich geübt, dagegen habe ich durch Örtlichkeiten starke Eindrücke empfangen; durch die Heide, (...) durch den einsamen Garten meiner Urgroßmutter, durch den mit alten Bildern bedeckten Rittersaal des Husumer Schlosses usw., auch durch die Marsch, die sich dicht an die Stadt schließt, und das Meer, namentlich durch den bei der Ebbe so großartig öden Strand der Nordsee." Die Erinnerung daran, an die Landschaft und an die Menschen eines engen bürgerlichen Kreises, ist in sein Werk eingegangen.

CONRAD FERDINAND MEYER

Gustav Adolfs Page

Die Nürnbergerin Gustel Leubelfing folgt dem glühend verehrten König Gustav Adolf in Knabenkleidung als Page ins Feld an Stelle ihres feigen, altweiberhaften Vetters. In einer kurzen, aber großen Zeit nimmt der Page am Geschick des Königs teil, und gemeinsam trifft sie der Tod in der Schlacht.

»Es begab sich eines Tages, daß der König seiner Christel das Geschenk eines ersten Siegelringes machte. Auf den edeln Stein desselben sollte der Mode gemäß ein Denkspruch eingegraben werden, eine Devise, wie man es hieß, welche – im Unterschiede mit dem ererbten Wappensspruche – etwas dem Besitzer des Siegels persönlich Eigenes, eine Maxime seines Kopfes, einen Wunsch seines Herzens, in nachdrücklicher Kürze aussprechen mußte, wie z. B. das ehrgeizige „Nondum" des jungen Karls V. Gustav hätte wohl seinem Kinde selbst einen Leibspruch erfunden, aber, wieder der Mode gemäß, mußte dieser lateinisch, italienisch oder französisch lauten.

So suchte er denn, tief auf einen Quartband gebückt, unter den tausend darin verzeichneten Sinnsprüchen berühmter oder witziger Leute mit seinen lichtgefüllten, doch kurzsichtigen Augen nach demjenigen, welchen er seiner erst siebenjährigen, aber frühreifen Christel bescheren wollte. Er belustigte sich an den lakonischen Sätzen, welche das Wesen ihrer Erfinder – meistenteils geschichtlicher Persönlichkeiten – oft richtig, ja schlagend ausdrückten, oft aber auch, gemäß der menschlichen Selbsttäuschung und Prahlerei, das gerade Gegenteil.

Jetzt wies ein feiner Finger mit einem scharfen schwarzen Schatten auf das hellbeleuchtete Blatt und eine Devise von unbekanntem Ursprung. Es war der über die Schultern des Königs guckende Page, die Devise aber lautete: „Courte et bonne!" Das heißt: Soll ich mir ein Leben wählen, so sei es ein kurzes und genußvolles! Der König las, sann einen Augenblick, schüttelte bedenklich den Kopf und zupfte über sich greifend seines Pagen wohlgebildeten Ohrlappen. Dann drückte er Leubelfing auf seinen Schemel nieder, in der Absicht, ihm eine kleine Predigt zu halten. „Gust Leubelfing", begann er lehrhaft behaglich, den Kopf rückwärts in das Polster gedrückt, so daß das volle Kinn mit dem goldhaarigen Zwickel vorsprang und das schalkhafte Licht der halbgeschlossenen Augen auf das lauschend gehobene Antlitz des Pagen niederblitzte, „Gust Leubelfing, mein Sohn! Ich vermute, diesen fragwürdigen Spruch hat ein Weltkind erfunden, ein ‚Epikurer', wie Doktor Luther solche Leute nennt. Unser Leben ist Gottes. So dürfen wir es weder lang noch kurz wünschen, sondern wir nehmen es, wie Er es gibt. Und gut? Freilich gut, das ist schlicht und recht. Aber nicht voll Rausches und Taumels, wie der französische Spruch hier unzweifelhaft bedeutet. Oder wie hast du ihn verstanden, mein lieber Sohn?"

Leubelfing antwortete erst schüchtern und befangen, dann aber mit jeder Silbe freudiger und entschlossener: „Solchergestalt, mein gnädiger Herr: Ich wünsche mir alle Strahlen meines Lebens in *ein* Flammenbündel und in den Raum *einer* Stunde vereinigt, daß statt einer blöden Dämmerung ein kurzes, aber blendend helles Licht von Glück entstünde, um dann zu löschen wie ein zuckender Blitz." Sie hielt inne. Dem Könige schien dieser Stil und dieser „zuckende Blitz" nicht zu gefallen, obgleich es die Lieblingsmetapher des Jahrhunderts war. Er kräuselte spottend die feinen Lippen. Aber das noch ungesprochene rügende Wort unterbrechend, leidenschaftlich hingerissen, rief der Page aus: „Ja, so möcht' ich! Courte et bonne!" Dann besann er sich plötzlich und fügte demütig bei: „Lieber Herr! Möglicherweise mißversteh' ich den Spruch. Er ist vieldeutig, wie die meisten hier im Buche. Eines aber weiß ich und das ist die lautere Wahrheit: wenn dich, mein liebster Herr, die Kugel, welche dich heute streifte" – er verschluckte das Wort – „Courte et bonne! hätte es geheißen, denn du bist ein Jüngling zugleich und ein Mann – und dein Leben ist ein gutes!"«

Christel = Tochter Gustav Adolfs; Maxime = Grundsatz; Nondum = noch nicht; Metapher = bildlicher Ausdruck für einen Gegenstand oder einen Vorgang

„Courte et bonne" wünscht sich Gustel Leubelfing das Leben. Sie sucht nicht das schale Glück einer ereignislosen, aber gesicherten Mittelmäßigkeit wie ihr Vetter. Das Dasein soll hochaufsteigend und heroisch sein, und dafür ist sie bereit, es mit einem frühen Tod zu bezahlen. Gefahr und Lebensunsicherheit beeinträchtigen ihr Glück nicht, sondern steigern es. Der Gedanke, daß jedes Hochgefühl das letzte sein kann, macht den Genuß um so süßer. Gustel genießt „das höchste Leben mit Hilfe des Todes", denn nur unter seinem Schatten ist die Fülle möglich. So ist das „bonne" durch das „courte" bedingt. Gustav Adolf ist ähnlich gesinnt, auch wenn er seinen Pagen über das Unbotmäßige seines Wunsches belehrt. Er bestürmt Gott, „ihn im Vollwerte hinwegzunehmen, wenn seine Stunde da sei, bevor er ein Unnötiger oder Unmöglicher werde". Und so teilen König und Page das gleiche Schicksal, und Gustel erfüllt „ein Triumph über die Ähnlichkeit ihres kleinen mit diesem großen Lose".
Des Königs Wunsch ist aber nicht von rauschhafter, lebensbejahender Begeisterung diktiert, sondern vom Ernst einer sittlichen Aufgabe. Er ist bereit zu leiden, weil es seine Größe ausmacht, daß er als Gotteskämpfer für sein Christentum eintritt. Wovor er sich fürchtet, ist die Möglichkeit, daß er im Dienste dieser Idee müde werden oder versagen könnte. So sind sich die beiden Gestalten ähnlich und unähnlich zugleich, denn sie verkörpern in sich die beiden Möglichkeiten, in denen der Dichter wahre Daseinserfüllung sieht: in der heroischen Sittlichkeit und im lebensbejahenden Rausch der Begeisterung.
Trotz der hochgespannten Ideale, die sich in den beiden Gestalten verkörpern, sind diese wirklichkeitsnah gezeichnet. Das ist in unserem Text am König erkennbar, der kurzsichtig ist und lehrhaft-behaglich, so daß er fast einem gut bürgerlichen Familienvater gleicht. Der Text vermittelt zugleich den Eindruck von einer Besonderheit, die Conrad Ferdinand Meyer eigentümlich ist und sein Werk unverwechselbar macht: Es ist die oft geradezu grelle Bildhaftigkeit seines Stils. Gustels Finger weist „mit einem scharfen schwarzen Schatten auf das hellbeleuchtete Blatt"; die äußersten Lichtgegensätze vereinigen sich, so daß das Bild eine überspitzte Klarheit gewinnt.
Ähnlich ist es etwas später, als der Dichter schildert, wie sich der König im Lehnstuhl und der Page auf dem Schemel gegenübersitzen. Hier sind es nicht Licht und Schatten, sondern die Art, wie die beiden Gestalten in einer Zeichnung mit scharfen Umrißlinien in einer bestimmten Stellung festgehalten sind. Oft lösen sich Meyers Erzählungen auf in eine Abfolge von Situationen, die mit der Genauigkeit und Farbigkeit eines Malers oder Bildhauers ausgeführt sind,

zu Augenblicksbildern von ruhender plastischer oder malerischer Gegenständlichkeit.

Um ein Leben zu führen, wie sie es sich wünscht – courte et bonne – muß Gustel Leubelfing sich einer Maske bedienen, muß sie ihr wahres Geschlecht verleugnen. Nicht anders nimmt Conrad Ferdinand Meyer Zuflucht zu einer Maske, um das Leben zu schildern, das er als das wahre ansieht. Ihm selbst ist versagt, heroisch zu leben. Selber ein weicher, unentschlossener Mensch, schildert er mit Vorliebe ereignisreiche Zeiten und starke Charaktere; er findet sie vor allem in der Renaissance und der Zeit der Religionskämpfe. Der geschichtliche Stoff verschafft ihm den Abstand vom eigenen Ich und läßt ihn das rein gestalten, was er als Wunschbild in sich trägt: Heldentum im Gegensatz zum Bürgertum, südliche Sinnenhaftigkeit und nordische Sittlichkeit und den glanzvollen Tod nach einem erfüllten Leben.

Der römische Brunnen

Aufsteigt der Strahl und fallend gießt
Er voll der Marmorschale Rund,
Die, sich verschleiernd, überfließt
In einer zweiten Schale Grund;

Die zweite gibt, sie wird zu reich,
Der dritten wallend ihre Flut,
Und jede nimmt und gibt zugleich
Und strömt und ruht.

Die Bildhaftigkeit von Conrad Ferdinand Meyers Erzählstil kehrt in seinen Gedichten wieder. „Der römische Brunnen" ist weder ein stimmungsvolles Bekenntnisgedicht noch spricht es philosophische Gedanken in Versform aus. Zuallererst bietet das Werk ein objektives, genau gesehenes Bild, und seine Gestaltung ordnet sich ganz dieser Absicht unter. Meyer schafft den marmornen römischen Brunnen noch einmal mit Worten nach und wählt die Worte so, daß sie möglichst nahe an die Bewegung des Wassers und die Form des Gegenstandes herankommen. So beginnt er mit einer ungewöhnlichen Wendung, „Aufsteigt der Strahl . . .", mit der er viel deutlicher zeichnen kann, wie das Wasser emporschnellt, als wenn er die übliche alltägliche Form verwendet hätte: Der Strahl steigt auf. Wie das Wasser bewegen sich die mit je einem Mittelwort verbundenen Zeitwörter: fallend gießt, verschleiernd überfließt, wallend gibt; und nach dem Absturz fängt sich die Flut in den ruhenden Hauptwörtern Rund und Grund.

Der Brunnen ist ganz mit den Augen wahrgenommen, das Geräusch des Wassers ist nur zu ahnen, im Rhythmus und in den lautmalenden Zeitwörtern: gießen, fließen, wallen und strömen. Auf die plastische Wirkung kommt es Meyer vor allem an.

Aber der tiefere Sinn liegt nicht in der Abzeichnung der Wirklichkeit. Mit den letzten beiden Zeilen weitet sich das Bild zum Symbol. Ein allgemeines Weltgesetz nimmt in ihm Gestalt an: Nehmen und Geben zugleich ist das Wesen des Daseins. Ruhe und Bewegung gehören zusammen wie Marmorbecken und

Wasser. Der Brunnen ist wie die Welt: ein ewiger Kreislauf und doch zugleich von harmonischem Gleichgewicht.

Das Kennzeichen von Meyers Lyrik ist ihre *Symbolik*. Er versinnlicht seelische und geistige Bewegungen seines Inneren in einem anschaulichen Bild, vergegenwärtigt menschliche Empfindungen in Naturvorgängen, wie es schon Goethe und nach diesem viele andere getan haben – die Romantiker, Mörike, Storm. Die besondere, neue Form Meyers ist es, daß er auch Kunstwerke als Symbole verwendet. Er sucht in den Geist des Künstlers einzudringen und dessen bildnerische Absicht in Worten nachzuzeichnen. Was das Kunstwerk eigentlich meint, will er dem Schöpfer des Originals nachempfinden. Seine besondere Liebe gilt dabei den Werken der Renaissance; vor allem in den Skulpturen Michelangelos sieht er vollendete Symbole.

Nicht nur in seiner Lyrik, sondern auch in seinen Prosawerken spielen deswegen eine hervorragende Rolle die Statuen und Gemälde, in denen der eigentliche Sinn der Handlung und der Probleme deutlich wird (z. B. in der Novelle *Die Versuchung des Pescara*).

Ein Dinggedicht ist um so vollendeter, je genauer es in Worten nachzeichnen kann, was im Gegenstand sichtbar ist. Darum hat Meyer in langer, mühevoller Arbeit an seinen Gedichten gefeilt. „Der römische Brunnen" hat ihn durch ein Jahrzehnt immer wieder beschäftigt, und wie sehr er das Gedicht in dieser Zeit an das Kunstwerk selbst herangeführt hat, zeigt der Beginn der ersten Fassung:

> In einem römischen Garten
> Verborgen ist ein Bronne...

Das ist noch eine breite, unverbindliche Erzählform, nicht plastische Gestalt. Eine zweite Fassung ist schon konzentrierter:

> Der Springquell plätschert und ergießt
> Sich in der Marmorschale Rund...

Aber auch das zerfließt noch zu sehr, gibt noch nicht das genaue Bild wieder. Erst „Aufsteigt der Strahl ..." setzt das Gesehene, soweit Worte es vermögen, in Sprache um.

Bildhaftigkeit ist auch das Merkmal der Balladen Meyers. *Die Füße im Feuer* sind ein Nebeneinander von Bildern, Gebärden und Worten. Die Handlung und die seelischen Vorgänge erschließen sich daraus. „Der Reiter lauert aus den Augenwinkeln (...)" ist der sichtbare Ausdruck für sein Mißtrauen; „Den Becher füllt und übergießt er (...) " – im Übergießen des Weines verraten sich die Unsicherheit und die Angst, die den Reiter überfallen haben.

CONRAD FERDINAND MEYER (1825–1898) stammt wie Keller aus Zürich, aber nicht aus einfachen Kreisen, sondern als letzter Sproß aus einem alten Stadtgeschlecht, einer Familie von verfeinerter Kultur, aber geschwächter Lebenskraft. Für Conrad Ferdinand Meyer war das Leben eine Last, und er floh vor der Wirklichkeit in eine krankhafte Verschlossenheit. Aus Willensschwäche und Ziellosigkeit studierte er nach der Familientradition Rechtswissenschaft, obwohl ihm dies Studium nicht zusagte. Er gab es auch

Der junge Conrad Ferdinand Meyer (Zeichnung von Paul
Deschanden. 1842)

bald wieder auf, schloß sich ganz von der Außenwelt ab und verließ nur nachts das Haus.
In dieser Zeit las er viel, vor allem Geschichtswerke und Dichtung. Seine Menschenscheu
steigerte sich zu krankhaften Wahnvorstellungen, so daß er in einer Irrenanstalt Heilung
suchte. Erst spät wurde er aufgeschlossen und gewann Sicherheit und Ruhe, als er durch
Reisen nach Paris und Rom mit der Kultur der Vergangenheit bekannt geworden war und
die bildende Kunst der Renaissance sein Schaffen merklich beeinflußte. Mit vierzig Jahren
gab er einen ersten Gedichtband heraus. In den folgenden zwanzig Jahren entstanden
seine Werke, dann kam es wieder zu einer seelischen Krise, von der er sich nicht mehr
erholte.

Als Realist läßt sich Meyer nur in sehr eingeschränktem Sinne bezeichnen; er
teilt mit seinen Zeitgenossen das Bestreben, objektiv zu schreiben, das heißt,
die von den Sinnen faßbare Welt zu schildern, ohne die eigenen Gefühle und
Meinungen direkt auszusprechen; er wertet auch nicht nach Gut und Böse.
Andererseits sind seine Werke absichtsvolle Kunstgebilde, die nicht bloß rea-
listische Tatbestände wiedergeben, sondern eine von der Wirklichkeit und der
Gegenwart abgesetzte höhere Vorstellungswelt versinnlichen. Die Kunstsym-
bolik seiner Dichtung weist in eine Zeit voraus, in der die Künstler bewußt von
der Realität absehen und die Kunst als eine eigene Welt mit eigenen Gesetzen
verstehen.
Historische Stoffe zu gestalten, wie es Meyer tat, war in der Zeit des Realismus
Mode, seit der englische romantische Dichter WALTER SCOTT (1771–1832) mit
einer Serie von geschichtlichen Romanen hervorgetreten war (z. B. *Wawerley*
und *Ivanhoe*). Meyer überträgt jedoch seine eigenen Erlebnisse und Gewissens-

konflikte in die Vergangenheit und benützt die tatsächlichen Ereignisse nur als Spiegelbild seiner inneren Probleme.

Die eigentlichen Erfolgsromane seiner Zeit gehen einen anderen Weg: Sie bemühen sich, eine historisch getreue Darstellung vom Leben und von den Sitten vergangener Zeiten zu bieten. Vor diesem Hintergrund läuft eine erfundene Haupthandlung abenteuerlicher Art ab. Solche Romane (z. B. FELIX DAHNS *Ein Kampf um Rom* oder GUSTAV FREYTAGS *Die Ahnen*) bezeichnet man als *Professorenromane,* weil in ihnen die Gelehrsamkeit von Fachleuten einen Weg sucht, Wissen und Kenntnisse in gefälliger Weise zu vermitteln.

Zwei Romanautoren des späteren Realismus überragen mit ihrem Werk bei weitem die Flut solcher Versuche: Wilhelm Raabe und Theodor Fontane.

WILHELM RAABE (1831–1910) ist besonders durch seinen *Hungerpastor* bekannt, die Geschichte eines armen Schustersohns, dessen Nöte auf der Universität und als Hauslehrer wir miterleben, bis er eine einfache Pfarrstelle antreten kann. Sein Hunger gilt einer menschlichen Vollendung, die nichts mit äußerem Erfolg zu tun hat. Die Gegenfigur des Hungerpastors ist sein Schulfreund Moses Freudenstein, der auf der Jagd nach Geld und Genuß sich selbst verliert.

Auf die Höhe der Meisterschaft gelangt Raabe mit seinen späten Romanen, die erst in letzter Zeit in ihrem vollen Wert erkannt wurden, zum Beispiel mit *Stopfkuchen.* Das ist der Spitzname des „Helden", der von Jugend auf wegen seiner Rundlichkeit und Gefräßigkeit verspottet worden ist. Im Laufe des Romans zeigt aber gerade er, daß er in seiner Leibesfülle ein gütiges und liebenswertes Herz birgt. Er heiratet ein Mädchen, dessen Vater unter Mordverdacht steht, und führt mit seiner Frau ein zurückgezogenes Leben. Auch als er den wahren Mörder entdeckt, schweigt er still; denn er will nicht, daß das Vergangene aufgewühlt wird. Alle Hetze und Hektik der Zeit hält er von sich fern. Es ist meisterhaft, wie Raabe durch Stil und Darstellung den Leser zu dieser Haltung bekehrt und in ihm die Sensationsgier abtötet. Zunächst erwartet jeder, daß sich ein spannungsgeladener Kriminalroman abwickeln wird. Aber immer stärker erlahmt das Interesse an der Mordtat – sie wird am Schluß ganz beiläufig aufgeklärt –, und die wahre Absicht Raabes wird um so deutlicher: zu zeigen, wie der einzelne, gleichgültig gegenüber der Klatschsucht und Boshaftigkeit der Leute, der „menschlichen Kanaille", ein bescheidenes, geruhsames Glück finden kann.

THEODOR FONTANE (1819–1898) begann mit Balladen im Wettstreit mit Berliner Freunden *(Schloß Eger, Archibald Douglas, Gorm Grymme).* Wie Raabe erreichte er seine höchste Kunst in den Altersromanen, vor allem in *Effi Briest* und *Der Stechlin.* Fontane wandte sich in seinen Romanen am stärksten der Gegenwart zu, schrieb breit angelegte Zeitbilder, in denen er den märkischen Adel und die Berliner Gesellschaft mit einem scharfen Blick für bezeichnende Einzelheiten und die den Menschen eigenen Schwächen schilderte: tragische Entwicklungen, die aus Standesvorurteilen und starren Ehrgesetzen entstehen, aber auch die nüchtern-altväterliche Art des eingesessenen Adels und die Tüchtigkeit der heranwachsenden neuen Generation.

Den aufkommenden Naturalismus, der von seinen Altersgenossen entschieden abgelehnt wurde, ließ er in bemerkenswerter Objektivität gelten. Er war einer der wenigen, die GERHART HAUPTMANNS Größe frühzeitig erkannten und ihn stützten. Sein Werk beeinflußte besonders THOMAS MANN.

Naturalismus

Die Kunst. Ihr Wesen und ihre Gesetze

»Vor mir auf meinem Tisch liegt eine Schiefertafel. Mit einem Steingriffel ist eine Figur auf sie gemalt, aus der ich absolut nicht klug werde. Für ein Dromedar hat sie nicht Beine genug, und für ein Vexierbild: „Wo ist die Katz?" kommt sie mir wieder zu primitiv vor. Am ehesten möchte ich sie noch für eine Schlingpflanze oder für den Grundriß einer Landkarte halten. Ich würde sie mir vergeblich zu erklären versuchen, wenn ich nicht wüßte, daß ihr Urheber ein kleiner Junge ist. Ich hole ihn mir also von draußen aus dem Garten her, wo der Bengel eben auf einen Kirschbaum geklettert ist, und frage ihn: „Du, was ist das hier?"

Und der Junge sieht mich ganz verwundert an, daß ich das überhaupt noch fragen kann, und sagt: „ein Suldat!"

Ein „Suldat"! Richtig! Jetzt erkenne ich ihn deutlich! Dieser unfreiwillige Klumpen hier soll sein Bauch, dieser Mauseschwanz sein Säbel sein, und schräg über seinem Rücken hat er sogar noch so eine Art von zerbrochenem Schwefelholz zu hängen, das natürlich wieder nur seine Flinte sein kann. In der Tat! Ein „Suldat"! Und ich schenke dem Jungen einen schönen, blankgeputzten Groschen, für den er sich nun wahrscheinlich Knallerbsen, Zündhütchen oder Malzzucker kaufen wird, und er zieht befriedigt ab.

Dieser „Suldat" ist das, was ich suchte.

Nämlich eine jener einfachen künstlerischen Tatsachen, deren Bedingungen ich kontrollieren kann.«   (Arno Holz)

Karikatur aus dem Kladderadatsch (Zeichnung von Ernst Retemeyer. 1890)

An einem einfachen Beispiel will Arno Holz das Gesetz finden, das aller Kunst zugrunde liegt. Zwischen der „Schmirage" des kleinen Jungen und einem anerkannten Kunstwerk wie der Sixtinischen Madonna Raffaels besteht in den Augen Arno Holz' kein Unterschied der Art: sie sind beide Ergebnisse eines künstlerischen Wollens. Was sie unterscheidet, ist der Grad der Vollendung. Entstanden sind sie nach dem gleichen Gesetz; dieses läßt sich am einfachsten Beispiel ableiten.

Das Ziel des Jungen ist ein „Suldat", aber zwischen dem Ergebnis seiner Arbeit und dem eigentlichen Ziel klafft eine große Lücke. Arno Holz bezeichnet diese Lücke mit x und stellt folgende Formel auf:

$$\text{Resultat oder Kunstwerk} = \text{Ziel (Soldat)} - x \text{ (Lücke)}$$

Was aber will der Junge schaffen? Einen möglichst lebensechten Soldaten, also ein Stück Natur. Somit vereinfacht sich die Formel auf:

$$\text{Kunst} = \text{Natur} - x$$

Die Lücke, das x, entsteht, weil der Junge nur über mangelhaftes Material verfügt — Schiefertafel und Griffel — (Reproduktionsbedingungen) und weil seine handwerklichen Fähigkeiten gering sind („Handhabung" der Reproduktionsbedingungen).

Auf Grund dieser Überlegungen faßt Holz das Gesetz der Kunst in die Worte:

»Die Kunst hat die Tendenz, wieder die Natur zu sein. Sie wird sie nach Maßgabe ihrer jeweiligen Reproduktionsbedingungen und deren Handhabung.«

Aus dieser Formel ergibt sich, daß das Kunstwerk um so größer ist, je kleiner der Faktor x ausfällt. Mit Kunst = Natur wäre der Idealfall erreicht. Daher der Name *Naturalismus*.

Schon einmal hat eine Epoche die Aufgabe der Kunst in der Nachahmung der Natur gesehen: der Sturm und Drang („Zurück zur Natur!"). Der Unterschied liegt in dem, was man als Natur betrachtet. Für die Stürmer und Dränger mit ihrer pantheistischen Weltanschauung ist die Natur die sichtbare Gottheit; der Geist Gottes wirkt in ihr und, weil der Dichter ein Teil der Natur ist, auch in ihm: Die Kunst ist eine Neuschöpfung der Welt aus dem Erlebnis des Dichters; das Kunstwerk ist anders als die Wirklichkeit, weil es Natur in einem vollkommeneren Sinn ist als diese.

Auch der Realismus bildet nicht eine naturgetreue Wirklichkeit ab. Er „poetisiert" sie, indem er zwar nicht mehr den Geist Gottes im All walten sieht, aber nach der irdischen Verwirklichung der Menschlichkeit strebt: er sieht über den einzelnen hinaus das Menschentum als eine geistige Kraft, der er sein Werk unterordnet.

Für den Naturalisten ist die Natur ganz ohne einen ideellen Hintergrund; sie ist materialistisch. Die Materie, das Stoffliche, ist für ihn das einzig Wirkliche, alles andere sind Hirngespinste. Sogar der menschliche Geist ist nichts als eine Funktion des Gehirns: seelische Regungen entstehen durch physikalische Vorgänge, so, wie sich der Arm dadurch beugt, daß ein Muskel zusammengezogen wird. Die überlieferten geistigen, künstlerischen und religiösen Bildungsfaktoren, von den Realisten umgeprägt oder wenigstens geduldet, werden beiseite geschoben. Einer der führenden Literaturhistoriker der Zeit, Wilhelm Scherer, drückt das für seine Wissenschaft so aus:

»Wir fliegen nicht gleich zu den letzten Dingen empor. Die Weltanschauungen sind in Mißkredit gekommen (...) Wir fragen, wo sind die Tatsachen, für welche ein neues Verständnis eröffnet wird? Mit schönen Aussichten, mit geistreichen Worten, mit allgemeinen Redensarten ist uns nicht geholfen. Wir verlangen Einzeluntersuchungen, in denen die sicher erkannte Erscheinung auf die wirkenden Kräfte zurückgeführt wird, die sie ins Dasein riefen. Diesen Maßstab haben wir von den Naturwissenschaften gelernt (...) Dieselbe Macht, welche Eisenbahnen und Telegraphen zum Leben erweckte, dieselbe Macht regiert auch unser geistiges Leben.«

Ganz ähnlich waren Heine, Büchner und ihre Zeitgenossen mit den alten Werten ins Gericht gegangen. Aber wo sie umstürzten, ohne zunächst ein neues Weltbild aufrichten zu können, da haben die Naturalisten ihre Lösung fertig zur Hand: es sind der *Materialismus* und die *exakten Naturwissenschaften.* Holz faßt sein Kunstgesetz in eine gleichsam mathematische Formel. Der Künstler schafft nicht mehr frei, sondern bildet einen Ausschnitt der Wirklichkeit nach. Welchen Ausschnitt er wählen will, kann er zwar noch entscheiden, doch danach greift er nicht mehr verändernd oder gestaltend ein, sondern zeichnet ab, was er bei genauester Beobachtung wahrnimmt. Jede Zutat wäre eine Wertminderung, weil sie das objektive Bild verfälschte.

Zwei Gebiete der Naturwissenschaften regten die Naturalisten besonders an: die *Abstammungslehre* (CHARLES DARWIN, *Über die Entstehung der Arten durch natürliche Zuchtwahl,* 1859) und die *Vererbungslehre,* wonach die elterlichen Eigenschaften auf die Nachkommen übergehen und auch Krankheiten auf die Kinder übertragen werden können. Für die Naturalisten ist der Mensch Glied in einer Kette biologischer Vorgänge; er ist ein Stück des Mechanismus der Natur, ein Naturding unter anderen.

Als Grundbedingungen des Daseins gelten die Vererbung und die Einflüsse des *Milieus,* der Umwelt, die auch die seelischen Anlagen des Menschen prägen. Da durch sie jeder Entschluß bestimmt wird, gibt es keinen freien Willen. Daß sich ererbte Anlagen entscheidend auf Handlungen auswirken, zeigt sich am deutlichsten in den Trieben: sie sind angeboren, nicht lenkbar und leben sich aus.

Milieutheorie und Vererbungslehre, Bereiche der Naturwissenschaften, entwickelten sich aus materialistischen Denkweisen; dasselbe trifft für die neuen Theorien der Wirtschafts- und Sozialwissenschaften zu, die KARL MARX (1818–1883) und FRIEDRICH ENGELS (1820–1895) entwarfen. Der Marxismus kam erst im 20. Jahrhundert zur vollen Wirkung; die Naturalisten entnahmen den Studien über die Gesetzmäßigkeit wirtschaftlicher Abläufe und die soziale Lage der Arbeiterschaft den folgenden – begrenzten – Gedankengang: das wirtschaftliche Schwergewicht hat sich vom Bürgertum auf die Großindustrie verlagert. Der Reichtum sammelt sich bei den Unternehmern; ihre Arbeitskräfte sinken zu einem sich vermehrenden „Proletariat" ab, das der Willkür der Unternehmer ausgesetzt ist, verelendet und in den großstädtischen Massenquartieren dumpf dahinlebt. Der Sozialismus sucht ihre Lage zu verbessern.

Die Dichtung verbindet Vererbungs-, Milieu- und Verelendungstheorie. Bevorzugtes Thema ist der Mensch der untersten Schichten, der nicht imstande ist, sich mit eigener Kraft aus seinem Milieu zu retten, wo das Häßliche, Schmutzige, Entartete, Verbrecherische, Triebhafte zu finden ist. Naturalismus ist Mitleidsdichtung: Die Not und das Elend in Arbeiterhütten und Kellerwohnungen erwecken Mitgefühl; sie sind unabwendbar bestimmt durch Erbanlagen, Umwelt und wirtschaftliche Abhängigkeit.

»Das Haupterfordernis des Realismus ist die Wahrhaftigkeit des Lokaltons, der Erdgeruch der Selbstbeobachtung, die dralle Gegenständlichkeit des Ausdrucks. Nur der ist zum Realisten tauglich, der die Gabe des technischen Sehens und die Kraft, mechanische Dinge plastisch zu schildern, besitzt. Diese Gabe wird ihn auch befähigen, die seelischen Vorgänge in ihren intimsten Verschlingungen zu verfolgen und, wie ein beliebiges mechanisches Geschehnis der Außenwelt, mit sinnlich greifbarer Gestaltung zu photographieren.«
(Carl Bleibtreu)

Der Text enthält noch einmal die Stichworte für den Naturalismus. Bleibtreu sagt allerdings „Realismus", um zu betonen, daß das bisher unter dieser Bezeichnung Geschriebene der Bedeutung des Begriffs nicht entsprochen hat, und er faßt seine Sätze in einem Wort zusammen, das am deutlichsten die künstlerische Absicht und die Grenze des Naturalismus umschreibt: der Dichter soll „photographieren". Das Photographieren bezieht sich nicht nur auf das äußere Bild. Wie der Arzt die körperlichen Vorgänge, so beobachtet und berechnet der Künstler die seelischen. Er zwingt den Leser, sich mit der unbeschönigten Wirklichkeit auseinanderzusetzen, und will zeigen, daß die Ideale in Wahrheit *Lebenslügen* sind; er stellt dar, wie der Mensch durch den Einfluß der Umwelt und auf Grund seiner Erbanlagen schuldlos zum Verbrecher werden kann. Besonders die Erbschäden an Nachkommen von Gewohnheitstrinkern, die die medizinische Wissenschaft eben erkannt hat, interessieren den naturalistischen Dichter. An alledem ist zu erkennen, daß sie sich nur einbildeten, die ganze Wirklichkeit darzustellen. Wie die Realisten das „Poetische" verklärend betonten, so unterstreichen die Naturalisten das Häßliche und Krankhafte. Theodor Storm beginnt ein Gedicht: „Aus diesen Blättern steigt der Duft des Veilchens, Das dort zu Haus auf unsern Heiden stand (...)" – und der Naturalist HERMANN CONRADY: „Der frischgedüngte Acker stinkt herüber (...)".

Der Naturalismus ist nicht auf Deutschland beschränkt, vielmehr findet er seine Vorbilder und die bedeutendste Ausgestaltung in den soziologischen Milieuromanen des Franzosen EMILE ZOLA (1840–1902), in den psychologischen Romanen des Russen FEDOR DOSTOJEWSKI (1821–1881) und den gesellschaftlichen Problemdramen des Norwegers HENRIK IBSEN (1828–1906).

ARNO HOLZ

Rote Dächer

Aus den Schornsteinen, hier und da, Rauch,
oben, hoch, in sonniger Luft, ab und zu, Tauben.
Es ist Nachmittag.

Aus Mohdrickers Garten her gackert eine Henne,
die ganze Stadt riecht nach Kaffee.

Ich bin ein kleiner, achtjähriger Junge
und liege, das Kinn in beide Fäuste,
platt auf dem Bauch
und guckte durch die Bodenluke.

Unter mir, steil, der Hof,
Hinter mir, weggeworfen, ein Buch,
... Franz Hoffmann ...   Die Sklavenjäger ...

Wie still das ist!

Nur drüben in Knorrs Regenrinne
zwei Spatzen, die sich um einen Stohhalm zanken,
ein Mann, der sägt,
und dazwischen deutlich von der Kirche her,
in kurzen Pausen, regelmäßig, hämmernd,
der Kupferschmied Thiel.

Wenn ich unten runter sehe,
sehe ich grade auf Mutters Blumenbrett:
ein Topf Goldlack, zwei Töpfe Levkojen, eine Geranie
und mitten drin, zierlich in einem Zigarettenkistchen,
ein Hümpelchen Reseda.

Wie das riecht! Bis zu mir rauf!
Und die Farben! Jetzt! Wie der Wind drüber weht!
Die wunder-, wunderschönen Farben!

Ich schließe die Augen. Ich sehe sie noch immer.

Ein auffälliges Merkmal dieses Gedichts ist die Zeilenanordnung. Arno Holz
will die Lyrik revolutionieren, indem er sie dem neuen Wirklichkeitssinn anpaßt.
Reim und Strophe sind für ihn veraltet und willkürlich. Da die deutsche Sprache
arm an Reimen ist, sind sie abgegriffen, und ihre ständige Wiederholung ermüdet. Die Strophe wird, weil sie sich wiederholt, „ein geheimer Leierkasten".
Als Mann der „Entwicklung" und des „Fortschritts" ruft Holz: „Wir müssen
alles vergessen und alles von neuem anfangen. Unsere Väter in ihrer Art, wir in
unserer! Nur so kommen wir weiter."
Anstelle der alten Prinzipien setzt Holz die Rhythmik. Aber er will keine freien
Rhythmen, wie sie etwa Goethe benutzt hat, sondern den notwendigen Rhythmus, dessen Gesetz aus dem Inhalt wächst. Er gibt ein Beispiel für seine Vorstellung von der Klangwirkung:

»Ich schreibe als Prosaiker einen ausgezeichneten Satz nieder, wenn ich schreibe: „Der Mond steigt hinter blühenden Apfelbaumzweigen auf." Aber ich würde über ihn stolpern, wenn man mir ihn für den Anfang eines Gedichts ausgäbe. Er wird zu einem solchen erst, wenn ich ihn forme: „Hinter blühenden Apfelbaumzweigen steigt der Mond auf." Der erste Satz referiert nur, der zweite stellt dar. Erst jetzt, fühle ich, ist der Klang eins mit dem Inhalt. Und um diese Einheit bereits deutlich nach außen zu geben, schreibe ich aus Mangel eines besseren typographischen Mittels (in unregelmäßig abgeteilten, um eine unsichtbare Mittelachse gruppierten Zeilen):

Hinter blühenden Apfelbaumzweigen
steigt der Mond auf.«

Die Technik, das Gedicht durch eine Mittelachse in zwei seitengleiche Gebilde zu teilen, hat sich nicht durchgesetzt. Sie ist mindestens so willkürlich wie der Reim, – und die Symmetrie der Halbzeilen vermittelt dem Rhythmus auch etwas von einem „heimlichen Leierkasten".

Arno Holz erschließt der Lyrik einen neuen Gegenstand: die Stadt. Seitdem ist sie beständiges Thema von Gedichten. „Rote Dächer" verrät noch deutlich, daß die Landschaftsschilderung das Muster ist: In naturalistischen Details (Einzelheiten) wird das Bild einer ländlichen Kleinstadt gemalt. Dabei entwickelt Holz in langen Studien die Stilmittel, um sinnliche Wahrnehmungen in Worte zu fassen. Er ist ein Künstler des Ohres und des Auges. Ein Stimmungsbild entsteht, angefüllt von Farben, Tönen und Gerüchen; die einzelnen Wahrnehmungen werden zu einem geschlossenen Gebilde, so wie es der Dachstubenträumer hoch über der Wirklichkeit wahrnimmt.

Darin liegt der eigentliche Wert des Gedichtes: in der getreuen Wiedergabe der sinnlichen Eindrücke eines kurzen Augenblicks mit allen, auch den feinsten Einzelheiten.

Diese Darstellungsweise nennen wir *Impressionismus*, ein Begriff, der ursprünglich die französische Freilichtmalerei des ausgehenden 19. Jahrhunderts in Frankreich bezeichnet. Sie gibt die Eindrücke wieder, welche die aufnehmenden Sinne unbewußt auswählen: zufällige und vorübergehende Zustände („die ganze Stadt riecht nach Kaffee"). Die Sprache verfeinert sich: unterscheidende Beiwörter und Bilder geben unverwechselbare Empfindungen wieder und spiegeln die Vielfalt des Seins.

Der impressionistische *Sekundenstil* hat weithin fortgewirkt. Er gab dem Dichter die Mittel in die Hand, so genau und eindrucksvoll wie selten zuvor das sinnlich Erfaßbare wiederzugeben. Annette von Droste-Hülshoff und Stifter hatten in früherer Zeit ähnliche Wirkungen erzielt. Den Höhepunkt erreichte der Stil, als er sich nicht nur mit dem befaßte, was durch die Sinne wahrnehmbar war, sondern die gleiche Technik auch auf die seelischen Regungen anwendete. GERHART HAUPTMANN und später THOMAS MANN brachten es darin in ihren epischen Werken zur Meisterschaft.

GERHART HAUPTMANN

Bahnwärter Thiel

»Ein dunkler Punkt am Horizont, da, wo die Geleise sich trafen, vergrößerte sich. Von Sekunde zu Sekunde wachsend, schien er doch auf einer Stelle zu stehen. Plötzlich bekam er Bewegung und näherte sich. Durch die Geleise ging ein Vibrieren und Summen, ein rhythmisches Geklirr, ein dumpfes Getöse, das, lauter und lauter werdend, zuletzt den Hufschlägen eines heranbrausenden Reitergeschwaders nicht unähnlich war. Ein Keuchen und Brausen schwoll stoßweise fernher durch die Luft. Dann plötzlich zerriß die Stille. Ein rasendes Tosen und Toben erfüllte den Raum, die Geleise bogen sich, die Erde zitterte – ein starker Luftdruck – eine Wolke von Staub, Dampf und Qualm, und das schwarze, schnaubende Ungetüm war vorüber. So, wie sie anwuchsen, starben nach und nach die Geräusche. Der Dunst verzog. Zum Punkte eingeschrumpft, schwand der Zug in die Ferne, und das alte heil'ge Schweigen schlug über dem Waldwinkel zusammen.«

Mit der Genauigkeit des Sekundenstils verfolgt Hauptmann das Herannahen der Eisenbahn, das Größerwerden und vor allem die Töne und Zwischentöne vom leisen Vibrieren bis zum rasenden Tosen. Dabei ist der Gegenstand der Schilderung, der Zug, ein Teil der Wirklichkeit, den eine Droste noch als unpoetisch angesehen hätte. Er gehört in den Themenkreis der Naturalisten. Der Mann, der auf das Vorüberfahren des Zuges wartet, ist der Bahnwärter Thiel.

Thiel hat seine erste Frau, ein zartes Wesen, bei der Geburt seines Sohnes verloren. Seine zweite Frau ist eine grobe Arbeitsmagd, deren Sinnlichkeit er verfallen ist, unter der er aber ebenso leidet wie sein Söhnchen. Nur im Dienst, in seinem Bahnwärterhaus, kann er der Erinnerung an seine erste Frau leben. Als er einen Kartoffelacker beim Wärterhaus bekommt, bricht seine zweite Frau in sein Heiligtum ein. Sein Sohn gerät unter den Zug, und im Wahnsinn tötet Thiel seine Frau und das Kind aus zweiter Ehe.

Gerhart Hauptmann zeigt, daß der Mann aus dem Volk seelisch so vielschichtig ist wie der Intellektuelle. Trotz der Eindringlichkeit der Darstellung hat Hauptmann in diesem Frühwerk, einer Novelle, noch nicht alle Mittel der naturalistischen Kunst angewendet. Es fehlt noch die Echtheit von Dialog und Wort. Der Bahnwärter und seine Frau sprechen weder Mundart noch Slang, wie sie es in Wirklichkeit sicher tun. Erst im Drama läßt der Dichter Alltagsmenschen auch in einer Alltagssprache reden. Mit dem Gebrauch des Dialekts nimmt die Lebensnähe der Gestalten zu.

Die Weber

Die schlesischen Heimweber sind seit der Erfindung der mechanischen Webstühle verarmt. In Peterswaldau liefern solche Heimarbeiter das fertige Gewebe ab und erhalten dafür einen Hungerlohn. Sie sind abhängig von der Willkür des Fabrikanten Dreißiger und seines Personals; diese drücken den Preis, so sehr sie können, und weisen alle Bitten und Klagen spottend und drohend ab.

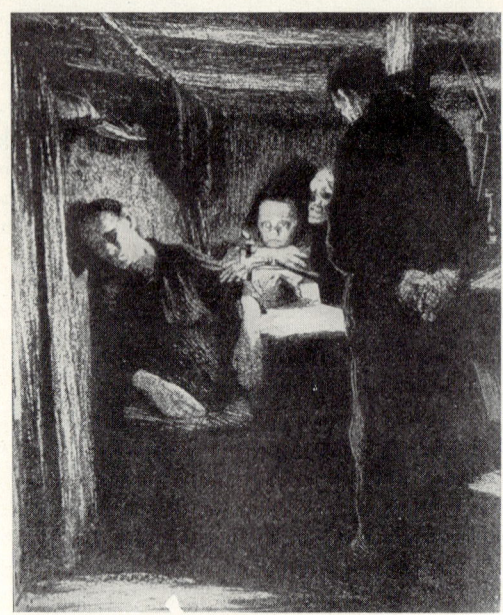

Aus dem Weberaufstand (Radierung von Käthe Kollwitz)

Der zweite Akt spielt in einer winzigen, armseligen Stube, in der die Fensterlöcher mit Papier und Stroh verstopft sind. Hier lebt die fünfköpfige Familie Baumert in bitterer Not, obwohl alle bis in die Nacht hinein an den Webstühlen arbeiten. Zu Besuch ist Moritz Jäger, der Soldat gewesen und eben in die Heimat zurückgekehrt ist.

Der alte Baumert, *kauend:* Vor zwee Jahren war ich's letzte Mal zum Abendmahle. Gleich dernach verkooft ich a Gottstischrock. Dad'rvon koofton m'r a Stickl Schweinernes. Seitdem da hab ich kee Fleesch nimehr gessen bis heut abend.

Jäger: Mir brauchen o erscht kee Fleesch, fer uns essen's de Fabrikanten. Die waten im Fette rum bis hieher. Wer das ni gloobt, der brauch ock nuntergehn nach Bielau und nach Peterschwalde. Da kann ma sei Wunder sehn: immer e Fabrikantenschloß hintern andern. Immer e Palast hintern andern. Mit Spiegelscheiben und Türmeln und eisernen Zäunen. Nee, nee, da spiert keener nischt von schlechten Zeiten. Da langt's uf Gebratnes und Gebacknes, uf Eklipaschen und Kutschen, uf Guvernanten und wer weeß was. Die sticht d'r Haber aso sehr! Die wissen gar nich, was se schnell anstell'n vor Reechtum und lebermut.

Ansorge: In a alten Zeiten da war das ganz a ander Ding. Da ließen de Fabrikanten a Weber mitleben. Heute da bringen se alles alleene durch. Das kommt aber daher, sprech ich: d'r hohe Stand gloobt nimehr a keen Herrgott und keen Teiwel ooch nich. Da wissen se nischt von Geboten und Strafen. Da stehl'n se uns halt a letzten Bissen Brot und schwächen und untergraben uns das bißl Nahrung, wo se kenn'n. Von den Leuten kommt's ganze Unglicke. Wenn unsere Fabrikanten und wär'n gute Menschen, da wär'n ooch fer uns keene schlechten Zeiten sein.

Jäger: Da paßt amal uf, da wer ich euch amal was Scheenes vorlesen. *(Er zieht einige Papierblättchen aus der Tasche.)* Komm, August, renn in de Schölzerei und hol noch a Quart. Nu, August, du lachst ja in een Biegen fort.

Mutter Baumert: Ich weeß nich, was mit dem Jungen is, dem geht's immer gutt. Der lacht sich de Hucke voll, mag's kommen, wie's will. Na, feder, feder! *(August ab mit der leeren Schnapsflasche.)* Gelt ock, Alter, du weeßt, was gutt schmeckt?

Der alte Baumert: *(kauend, vom Essen und Trinken erregt):* Moritz, du bist unser Mann. Du kannst lesen und schreiben. Du weeßt's, wie's um de Weberei bestellt is. Du hast a Herze fer de arme Weberbevelkerung. Du sollt'st unsere Sache amal in de Hand nehmen dahier.

Jäger: Wenn's mehr ni is. Das sollte mir ni druf ankommen; dahier den alten Fabrikanten- räudeln, den wollt ich viel zu gerne amal a Liedl aufspiel'n. Ich tät m'r nischt draus machen. Ich bin a umgänglicher Kerl, aber wenn ich amal falsch wer und ich krieg's mit der Wut, da nehm ich Dreißichern in de eene, Dittrichen in de andre Hand und schlag se mit a Keppen an'ander, daß'n 's Feuer aus a Augen springt. – Wenn mir und m'r kennten's ufbringen, daß m'r zusammenhielten, da kennt m'r a Fabrikanten amal an solchen Krach machen . . . Da braucht m'r keen'n Keenich derzu und keene Regierung, da kennten m'r eenfach sagen: mir woll'n das und das und aso und aso ni, und da werd's bald aus een'n ganz andern Loche feifen dahier. Wenn die ock sehn, daß ma Krien hat, da ziehn se bald Leine. Die Betbrieder kenn ich! Das sein gar feige Luder.

Mutter Baumert: 's is wirklich bald wahr. Ich bin gewiß ni schlecht, ich bin gewiß immer diejenige gewest, die gesagt hat, die reichen Leute missen ooch sein. Aber wenn's aso kommt . . .

Jäger: Vor mir kennte d'r Teiwel alle hol'n, der Rasse vergennt ich's.

Bertha: Wo is denn der Vater? *(Der alte Baumert hat sich stillschweigend entfernt.)*

Mutter Baumert: Ich weeß nich, wo a mag hin sein.

Bertha: Is etwan, daß er das Fleescherne nimehr gewehnt is?!

Mutter Baumert *(außer sich, weinend):* Nu da seht ihrsch, nu da seht ihrsch! Da bleibt's 'n noch ni amal. Da wird a das ganze bissel scheenes Essen wieder von sich geben.

Der alte Baumert *(kommt wieder, weinend vor Ingrimm):* Nee, nee! mit mir is bald gar alle. Mich hab'n se bald aso weit! Hat man sich amal was Guttes dergattert, da kann ma's nich amal mehr bei sich behalt'n. *(Er sitzt weinend nieder auf die Ofenbank.)*

Jäger *(in plötzlicher Aufwallung, fanatisch):* Und dad'rbei gibt's Leute, Gerichtsschulzen, gar nicht weit von hier, Schmärwampen, die de's ganze Jahr nischt weiter zu tun haben, wie unsern Herrgott im Himmel a Tag abstehl'n. Die woll'n behaupten, de Weber kenn- ten gutt und gerne auskommen, se wär'n bloß zu faul.

Ansorge: Das sein gar keene Mensche. Das sein Unmensche, sein das.

Jäger: Nu laß ock gutt sein, a hat sei Fett. Ich und d'r rote Bäcker, mir hab'n 's 'n einge- tränkt, und bevor m'r abzogen zu guter Letzte, sangen m'r noch's Bluttgerichte.

Ansorge: O Jes's, Jes's, is das das Lied?

Jäger: Ja, ja, hie hab ich's.

Ansorge: 's heeßt doch, gloob ich, 's Dreißicherlied oder wie.

Jäger: Ich wersch amal vorlesen.

Mutter Baumert: Wer hat denn das Lied derfund'n?

Jäger: Das weeß kee Mensch nich. Nu heert druf. *(Er liest, schülerhaft buchstabierend, schlecht betonend, aber mit unverkennbar starkem Gefühl. Alles klingt heraus: Ver- zweiflung, Schmerz, Wut, Haß, Rachedurst):*

Plakat für die Aufführung von Gerhart Hauptmann, Die Weber.

Hier im Ort ist ein Gericht,
noch schlimmer als die Vehmen,
wo man nicht erst ein Urteil spricht,
das Leben schnell zu nehmen.

Hier wird der Mensch langsam gequält,
hier ist die Folterkammer,
hier werden Seufzer viel gezählt
als Zeugen von dem Jammer.

Der alte Baumert *(hat, von den Worten des Liedes gepackt und im Tiefsten aufgerüttelt, mehrmals nur mühsam der Versuchung widerstanden, Jäger zu unterbrechen. Nun geht alles mit ihm durch; stammelnd, unter Lachen und Weinen, zu seiner Frau):* Hier ist die Folterkammer. Der das geschrieben, Mutter, der sagt die Wahrheet. Das kannst du bezeugen . . . Wie heeßt's? Hier werden Seufzer . . . wie? hie wern se viel gezählt . . .
Jäger: Als Zeugen von dem Jammer.
Der alte Baumert: Du weeßt's, was mir aso seufz'n een Tag um a andern, ob m'r stehn oder liegen.

Quart = altes Hohlmaß (etwa 0,9 l); federn = sich beeilen; Krien = Mut; Vehme = Feme, Freigericht, geheimes Gericht

Die aufreizenden Worte Moritz Jägers und das neue Weberlied, das „Blutgericht", stacheln die Notleidenden auf. Es kommt zu immer größerer Unzufriedenheit und Unruhen, als Dreißiger einen jungen Weber als Aufwiegler verhaften läßt. Die Menge mißhandelt den

Polizisten, stürmt das Haus des Fabrikanten und schlägt alles kurz und klein. Von Peterswaldau zieht sie weiter, um überall die Webmaschinen zu zerstören und über die Fabrikanten Gericht zu halten. In der letzten Szene greift Militär ein; das Stück endet mit dem Tode des frommen Webers Vater Hilse, der das unverschuldete Leid und das Unrecht als Dulder trägt und die Rache Gott überläßt. Gerade ihn trifft eine verirrte Kugel am Webstuhl.

Das Drama ist ein getreues Abbild des geschichtlichen Weberaufstandes im Jahre 1844. Er war durch zusätzliche willkürliche Lohnverkürzungen bei ohnehin bitterster Not ausgelöst worden und hatte keinen politischen Hintergrund; soziale Ideen wurden nicht wirksam. Die reine Verzweiflung führte zu einem planlosen, plötzlich aufflackernden Aufruhr, den zwei Kompanien schnell unterdrückten.

Den Forderungen des Naturalismus entsprechend, gibt Hauptmann einen wahrheitsgetreuen Ausschnitt der Wirklichkeit, ein sogenanntes *Zustandsdrama.* Die fünf Akte sind nur lose aneinandergereiht. Jeder führt ein abgeschlossenes Bild der Umwelt vor. Die eigentliche Handlung liegt vorwiegend zwischen den Akten; aus dem Wandel der Zustände ergibt sich die Entwicklung.

Keine Einzelperson steht im Mittelpunkt; der eigentliche „Held" ist das Elend, das hinter den gequälten Menschen steht. Es führt zum Aufstand. Willenlosigkeit, fatalistische Ergebung in das ihnen bestimmte Schicksal lastet über den Webern. Die Männer, die das Haus des Fabrikanten stürmen, sind nicht Handelnde, sondern Getriebene. Ihrem Aufstand fehlt das Freie, Hoffnungsvolle der Leidenschaft: Die Macht des Lebenstriebs läßt sie ihrer Wut Luft machen, aber sie wissen, daß es nichts helfen kann. Diese Willenlosigkeit ergibt sich aus der naturalistischen Auffassung vom Einfluß des Milieus und der Vererbung und aus der Überzeugung, daß alle Abläufe, auch die seelischen, gesetzmäßig sind. Dadurch wird dem Menschen die Freiheit der Entscheidung genommen. Ein hoffnungsloser Pessimismus ist die Folge.

Alles das trifft auch auf die abgedruckte Szene zu. Eine eingehende Milieuschilderung ist ihr Inhalt. Die Not ist kraß; ihr auffallendstes Beispiel, daß Vater Baumert das Hundefleisch nicht vertragen kann, ist absichtlich so gewählt, daß es abstößt. Auch der durch ungesunde Erbanlagen blödsinnige Junge fehlt nicht (August).

Den deutlichsten Unterschied zum Realismus bildet die Sprache. Sie ist ganz der Wirklichkeit nachgezeichnet; die Weber sprechen ihre Alltagssprache, schlesischen Dialekt. Er wird nicht nur in den einzelnen Wörtern lebendig, sondern auch im Satzbau: in der doppelten Verneinung („kee Fleesch nimehr gessen") und in der eigentümlichen schlesischen Wortfolge („Wenn unsere Fabrikanten und wär'n gute Menschen"). Sätze brechen in der Mitte ab und gehen sinnwidrig zu Ende, und in der Erregung stammeln und stottern die Menschen („Das kannst du bezeugen . . . Wie heest's? Hier werden Seufzer . . . wie? hie wern se viel gezählt").

Die naturalistische Weltsicht bestimmt Hauptmanns Stellung als sozialer Dichter. Er ist kein leidenschaftlicher Prophet und Aufwiegler, sondern betrachtet und deutet gesetzmäßige Abläufe. Für ihn ist der einzelne ein zufälliges Wesen, das, bedingt durch das Erbe und die Umgebung, ein winziges, einsames Dasein führt; zwangsweise entfaltet es sich, wie es angelegt ist, unfrei, ohne Schuld. Tiefes, aber hoffnungsloses Mitleid kennzeichnet Hauptmanns Einstellung.

Der Dichter hat noch Jahrzehnte lang Dramen verfaßt, die sich im Rahmen des Naturalismus und seiner Technik bewegen: *Der Biberpelz, Fuhrmann Henschel, Rose Bernd, Die Ratten.* Frühzeitig jedoch – schon 1894/96 in *Hanneles Himmelfahrt* – versuchte er die Theorie auszuweiten und über das Schema hinauszukommen. Er gab sich auf die Dauer nicht zufrieden mit der Schilderung des sozialen Rahmens, sondern wollte – zum Beispiel in Hanneles Traum – die innere Welt der Psyche, die seelischen, unter der Schwelle des Bewußtseins liegenden Vorgänge erfassen. Veranlaßt dazu wurde er durch die ersten Ergebnisse der Tiefenpsychologie (vgl. S. 273). Das Milieu blieb zunächst naturalistisch: ein schlesisches Armenhaus, Bettler und Zuchthäusler.

Von „Hannele" führt der Weg des Dichters zu einer Märchen- und Mythenwelt, die er als Ausdruck der wahren „Natur" verstand.

GERHART HAUPTMANN (1862–1946) war Schlesier. Sein Vater, ein Gastwirt, geriet in wirtschaftliche Schwierigkeiten, so daß der Sohn mit vierzehn Jahren die Realschule verlassen mußte. Er fühlte sich zum Bildhauer berufen und ging, nachdem er eine Zeit in der Landwirtschaft gearbeitet hatte, nach Breslau auf die Kunstschule, wandte sich dann der Naturwissenschaft zu. Im Selbststudium suchte er seine Bildung zu vervollständigen. Reisen nach Frankreich und Rom brachten ihm wieder die Bildhauerei nahe. In Berlin fand er zur Dichtung. Sein erstes Drama, *Vor Sonnenaufgang,* war ganz naturalistisch, so sehr, daß es nur in einem Privattheater, der „Freien Bühne", vor eingeschriebenen Mitgliedern aufgeführt werden konnte. Die Première wurde zu einem Theaterskandal, dem wildesten seit der Mannheimer Uraufführung von Schillers *Räubern;* so sehr widersprach seine Dichtung dem, was die Besucher bis dahin auf der Bühne gewohnt waren. Bald aber setzte sich sein Stil durch. *Die Weber* wurden sein größter Erfolg.

Sein Erzählwerk ist ebenfalls umfangreich. Es begann mit der „Novellistischen Studie" *Bahnwärter Thiel* im Sinne des Naturalismus, aber auch hier wandelten sich seine Vorstellungen. Schon der Roman *Der Narr in Christo Emanuel Quint* ist nicht mehr aus rein naturalistischer Sicht geschrieben, noch weniger seine späteren Romane.

Gerhart Hauptmann starb in seinem schlesischen Wohnsitz Agnetendorf, kurz bevor er aus dem von den Polen besetzten Land ausgewiesen werden sollte.

Abkehr vom Naturalismus

THOMAS MANN

Tonio Kröger

Tonio Kröger lebte „in Widerstreit mit allen, zerfallen mit den Lehrern und fremd unter den anderen Jungen", denn er war scheu und gehemmt und betrachtete alles mit einem scharfen, bohrenden Verstand. Dabei galt seine Zuneigung gerade denen, die ganz anders waren als er: den Unkomplizierten und Lebensvollen, den „Blonden und Blauäugigen, die den Geist nicht nötig haben".

»Er ging den Weg, den er gehen mußte, ein wenig nachlässig und ungleichmäßig, vor sich hin pfeifend, mit seitwärts geneigtem Kopf ins Weite blickend, und wenn er irreging, so geschah es, weil es für etliche einen richtigen Weg überhaupt nicht gibt. Fragte man ihn, was in aller Welt er zu werden gedachte, so erteilte er wechselnde Auskunft, denn er pflegte zu sagen (und hatte es auch bereits aufgeschrieben), daß er die Möglichkeiten zu tausend Daseinsformen in sich trage, zusammen mit dem heimlichen Bewußtsein, daß es im Grunde lauter Unmöglichkeiten seien (...)

Schon bevor er von der engen Vaterstadt schied, hatten sich leise die Klammern und Fäden gelöst, mit denen sie ihn hielt. Die alte Familie der Kröger war nach und nach in einen Zustand des Abbröckelns und der Zersetzung geraten, und die Leute hatten Grund, Tonio Krögers eigenes Sein und Wesen ebenfalls zu den Merkmalen dieses Zustandes zu rechnen. Seines Vaters Mutter war gestorben, das Haupt des Geschlechts, und nicht lange darauf, so folgte sein Vater, der lange, sinnende, sorgfältig gekleidete Herr mit der Feldblume im Knopfloch, ihr im Tode nach. Das große Krögersche Haus stand mitsamt seiner würdigen Geschichte zum Verkauf, und die Firma ward ausgelöscht. Tonios Mutter jedoch, eine schöne, feurige Mutter, die so wunderbar den Flügel und die Mandoline spielte und der alles ganz einerlei war, vermählte sich nach Jahresfrist aufs neue, und zwar mit einem Musiker, einem Virtuosen mit italienischem Namen, dem sie in blaue Fernen folgte. Tonio Kröger fand dies ein wenig liederlich; aber war *er* berufen, es ihr zu wehren? Er schrieb Verse und konnte nicht einmal beantworten, was in aller Welt er zu werden gedachte (...)

Und er verließ die winklige Heimatstadt, um deren Giebel der feuchte Wind pfiff, verließ den Springbrunnen und den alten Walnußbaum im Garten, die Vertrauten seiner Jugend, verließ auch das Meer, das er so liebte, und empfand keinen Schmerz dabei (...)

Er lebte in großen Städten und im Süden, von dessen Sonne er sich ein üppigeres Reifen seiner Kunst versprach; und vielleicht war es das Blut seiner Mutter, welches ihn dorthin zog. Aber da sein Herz tot und ohne Liebe war, so geriet er in Abenteuer des Fleisches, stieg tief hinab in Wollust und heiße Schuld und litt unsäglich dabei. Vielleicht war es das Erbteil seines Vaters in ihm, des langen, sinnenden, reinlich gekleideten Mannes mit der Feldblume im Knopfloch, das ihn dort unten so leiden machte und manchmal eine schwache, sehnsüchtige Erinnerung in ihm sich regen ließ an eine Lust der Seele, die einstmals sein eigen gewesen war, und die er in allen Lüsten nicht wiederfand (...)

Aber in dem Maße, wie seine Gesundheit geschwächt ward, verschärfte sich seine Künstlerschaft, ward wählerisch, erlesen, kostbar, fein, reizbar gegen das Banale und aufs höchste empfindlich in Fragen des Taktes und Geschmacks. Als er zum ersten Male hervortrat, wurde unter denen, die es anging, viel Beifall und Freude laut, denn es war ein wertvoll gearbeitetes Ding, was er geliefert hatte, voll Humor und Kenntnis des Leidens. Und schnell ward sein Name, derselbe, mit dem ihn einst seine Lehrer scheltend gerufen hatten, derselbe, mit dem er seine ersten Reime an den Walnußbaum, den Springbrunnen und das Meer unterzeichnet hatte, dieser aus Süd und Nord zusammengesetzte Klang, dieser exotisch angehauchte Bürgersname zu einer Formel, die Vortreffliches bezeichnete; denn der schmerzlichen Gründlichkeit seiner Erfahrungen gesellte sich ein seltener, zäh ausharrender und ehrsüchtiger Fleiß, der im Kampf mit der wählerischen Reizbarkeit seines Geschmacks unter heftigen Qualen ungewöhnliche Werke entstehen ließ.

Er arbeitete nicht wie jemand, der arbeitet, um zu leben, sondern wie einer, der nichts will als arbeiten, weil er sich als lebendigen Menschen für nichts achtet, nur als Schaffender in Betracht zu kommen wünscht und im übrigen grau und unauffällig umhergeht wie ein abgeschminkter Schauspieler, der nichts ist, solange er nichts darzustellen hat. Er arbeitete stumm, abgeschlossen, unsichtbar und voller Verachtung für jene Kleinen, denen das Talent ein geselliger Schmuck war, die, ob sie nun arm oder reich waren, wild und abgerissen einhergingen oder mit persönlichen Krawatten Luxus trieben, in erster Linie glücklich, liebenswürdig und künstlerisch zu leben bedacht waren, unwissend darüber, daß gute Werke nur unter dem Druck eines schlimmen Lebens entstehen, daß, wer lebt, nicht arbeitet, und daß man gestorben sein muß, um ganz ein Schaffender zu sein.«

In der Novelle „Tonio Kröger" gestaltet Thomas Mann den Gegensatz zwischen dem Künstler und dem Bürger, ein Thema, das seit dem Ende der Romantik nur von geringer Bedeutung in der Literatur gewesen war, weil sich die Realisten als „Bürger" empfanden. Jetzt klafft der alte Abgrund wieder auf. Tonio Kröger ist im Leben ungeschickt, von den Mitmenschen gering geachtet, weil er lebensuntüchtig und absonderlich ist. Aber nicht wie die Romantiker findet er im „Reich der Poesie" Glück und Erlösung. Künstlertum ist für ihn eine Qual, ein Leiden ohne Ende. Er fühlt sich nicht erhaben über die gewöhnlichen Menschen, sondern von ihrem Glück ausgestoßen wider Willen. Seine Versuche, es wieder zu erlangen, schlagen fehl; sie vertiefen nur die Qual.

Was ihn bedrängt, ist seine Unfähigkeit, menschlich zu empfinden. Als er die Heimat verläßt, spürt er keinen Schmerz, und als er zu leben versucht wie andere, ist sein Herz tot und ohne Liebe, so daß er sich wehmütig wieder zurückzieht.

Die „Lust der Seele", die er sucht, hat er empfunden in den selbstvergessenen Augenblicken, in denen seine Zuneigung den Lebensvollen, den „Blonden und Blauäugigen" gegolten hat, und er wird sie am Ende der Novelle wiederfinden, indem er diese Liebe bejaht, obwohl er endgültig weiß, daß er als Künstler vom Leben ausgeschlossen ist. Die Frage, warum der Künstler „gestorben sein muß, um ganz ein Schaffender zu sein", führt mitten in die Problemstellung Thomas Manns hinein. Leben und Geist sind unvereinbare Gegensätze, denn „leben" kann nur der, der sich dem Dasein hingibt, ohne über es nachzudenken. Mit dem Nachdenken über das Leben und sich selbst stellt sich der Mensch außerhalb, er beobachtet, seziert mit dem Verstand, was er sieht, und zerstört sich so die Möglichkeit, ungehemmt zu genießen.

Diese Auffassung vom Künstlertum ist zu verstehen aus dem Bewußtsein, einer Kultur anzugehören, die sich immer mehr verfeinert, aber im gleichen Maße vom natürlichen Dasein entfernt hat. Das ist ROUSSEAUS Kritik an der Kultur in einer neuen, hoffnungslosen Form, denn das „Zurück zur Natur" ist nicht mehr möglich, und die Kultur ist wegen ihrer Überfeinerung einem unaufhaltsamen Niedergang *(= Dekadenz)* ausgesetzt. Schärfer ausgedrückt: Natur ist gesund, Kultur ist eine unheilbare Krankheit.

Der letzte Satz läßt sich auch wörtlich auf Tonio Kröger anwenden, denn „in dem Maße, wie seine Gesundheit geschwächt ward, verschärfte sich seine Künstlerschaft": Der Organismus des einzelnen Menschen ist nicht anders beschaffen als der eines ganzen Lebenskreises. In Krankheit und Verfall werden die künstlerischen Anlagen überfeinert und zu einer höchstmöglichen Reife ausgebildet.

Das Problem der Dekadenz ist auch in der Familiengeschichte Tonio Krögers dargestellt: Schon das Bild des Vaters entspricht nicht mehr dem eines kraftvollen, lebenstüchtigen und unternehmungslustigen Kaufmanns. Der Vater ist „betrachtsam, gründlich, korrekt ... und zur Wehmut geneigt", also von Kultur „angekränkelt". In seinem Sohn verstärkt sich das aufgrund seiner Erbanlagen; denn in ihm verbindet sich das Wesen des Vaters mit dem der Mutter, mit ihrer leichtlebigen, ein wenig liederlichen Art und ihrer künstlerischen Begabung. Der Name Tonio Kröger, „dieser exotisch angehauchte Bürgersname", drückt in sich diese zwei Welten aus.

Das persönliche Lebensproblem Tonio Krögers ist mit dem doppelten Erbe verknüpft. Von der Mutter hat er das Künstlertum, vom Vater das Mißtrauen davor: „Was herauskam, war dies: ein Bürger, der sich in die Kunst verirrte, ein Bohémien (= leichtlebiger Künstler) mit Heimweh nach der guten Kinderstube, ein Künstler mit schlechtem Gewissen. Denn mein bürgerliches Gewissen ist es ja, was mich in allem Künstlertum, aller Außerordentlichkeit und allem Genie etwas tief Zweideutiges, tief Anrüchiges, tief Zweifelhaftes erblicken läßt, was mich mit dieser verliebten Schwäche für das Simple, Treuherzige und Angenehm-Normale, das Ungeniale und Anständige erfüllt."

Das Werk Thomas Manns hat mit Naturalismus nur noch wenig zu tun. Der Dichter benützt aber die weitgreifende Ausdruckskraft, die dem Impressionismus eigen war, und vertieft sie durch seine Fähigkeit, seelische Zustände bis ins feinste darzustellen. Ein kurzer Ausschnitt kann diese Kunst nicht zeigen, denn sie durchzieht das ganze Werk und ist erst zu erkennen, wenn man die schrittweise Veränderung seelischer Zustände verfolgen kann, wie sie sich im Verhalten und in den Gedanken Tonio Krögers zeigen. Aber die Mittel sind auch in der Textstelle deutlich.

Das Benehmen ist Spiegel des Inneren, so am Anfang die Körperhaltung Tonio Krögers. In der Art, wie er sich verhält, wiederholt sich sichtbar das ein wenig Liederliche und das Betrachtsam-Wehmütige, Wesenszüge seiner Eltern. Psychologische Feinfühligkeit zeigt sich besonders darin, wie sich bestimmte Eindrücke in Bilder verdichten. Die Erinnerung des Menschen ist nicht umfassend, sondern beschränkt sich auf solche Bilder, sie bewahrt in ihnen das Wesen eines Menschen oder ein Erlebnis. Wenn einzelne Sätze wörtlich wiederkehren: „der lange, sinnende, sorgfältig gekleidete Herr mit der Feldblume im Knopfloch", die Frage, „was in aller Welt er zu werden gedachte", oder Springbrunnen, Walnußbaum und Meer – so sind das jedesmal zentrale Erlebnisse oder Eindrücke Tonio Krögers, die sich seinem Gedächtnis unauslöschlich eingeprägt haben. Sie werden wach, wenn ganz bestimmte Gedanken lebendig werden: der Vater als Muster des Bürgertums, die Minderwertigkeitsgefühle wegen seiner Lebensuntüchtigkeit, das Heimweh nach einem erfüllten Leben.

Die Künstlerschaft Tonio Krögers ist „wählerisch, erlesen, kostbar, fein, reizbar gegen das Banale". Mit diesen Worten läßt sich auch Stil und Gestaltung in Thomas Manns Werk umschreiben. Nicht anders als der Künstler in der Novelle sieht sich der Dichter selbst als ein Beobachter des Lebens, als ein Außenstehender. Er sieht wie Tonio Kröger „ein Gewimmel von Schatten menschlicher Gestalten, die mir winken, daß ich sie banne und erlöse: tragische und lächerliche und solche, die beides zugleich sind". Es ist der Blick eines Artisten, dessen innere Anteilnahme darin besteht, daß er den Gegenstand seiner Forschung „mit zäh ausharrendem und ehrsüchtigem Fleiß", mit „wählerischer Reizbarkeit" aufzeichnet. Infolgedessen ist sein Stil kühl und distanziert. Er sieht von außen zu, und daher empfindet er die Lebensregungen, auch das tiefste Leid und die höchste Begeisterung, nicht mit, sondern betrachtet sie nur aufmerksam und leidenschaftslos. Die Folge ist, daß er sie nicht ernst nimmt wie seine Gestalten selbst, sondern über sie lächeln kann. Thomas Manns Werk durchzieht eine überlegene Ironie, die sich auch in dem Textausschnitt aus der Novelle aufspüren läßt: in dem Bild des Vaters, in den Ausdrücken „ein wenig lächerlich", „blaue Fernen", in den „Möglichkeiten zu tausend Daseinsformen", die im Grunde lauter Unmöglichkeiten sind, in der Schilderung der „kleinen Künstler".

Die Novelle „Tonio Kröger" enthält im Kern die beiden Grundprobleme, die Thomas Mann in seinem Werk gestaltet hat. Tonio Kröger ist der letzte Nachkomme eines reichen Handelshauses, in dem durch die Lebensverfeinerung die Lebenskraft abstirbt. Diesem Thema galt Manns erster und erfolgreichster Roman, *Buddenbrooks*, in dem er den Niedergang dreier Generationen von Kaufherren der alten Hansestadt Lübeck verfolgt. In der letzten wird das Künstlertum lebendig als das Schlußglied einer Kette, die von Unternehmungskraft zur „Krankheit" einer kulturellen Endzeit führt.

Das zweite Grundproblem ist die Frage nach der Aufgabe und Stellung des Künstlers. Deutlicher noch als „Tonio Kröger" führt der späte Roman *Doktor Faustus* aus, daß das Genie von Bürgertum, Natur und Leben geschieden ist. In Krankheit und Verfall werden die künstlerischen Anlagen zu einer höchstmöglichen Reife ausgebildet. Von der Genialität zum Wahnsinn führt nur ein letzter kleiner Schritt. So erkauft sich der „Tonsetzer Adrian Leverkühn" in einem „Teufelspakt" die künstlerische Größe, indem er sich mit einer unheilbaren Krankheit infiziert, die mit Geistesgestörtheit enden muß. In der Zeit, in der die

Das „Buddenbrookhaus" in Lübeck   Thomas Mann

Krankheit zum Durchbruch kommt, entstehen seine Meisterwerke, und dann verfällt er dem Wahnsinn.

THOMAS MANN (1875–1955) hat in „Tonio Kröger" vieles von seinem eigenen Leben einfließen lassen. Auch er stammt aus einem alteingesessenen Lübecker Handelshaus, das mit seiner Generation verfällt. Den Übergang vom Bürger- zum Künstlertum sieht er als eine Entwicklung, die unwiderruflich ist, und er vertritt den „Heroismus der Schwäche", ein Bejahen dieses Zustandes, weil er zwar endzeitlich ist, aber künstlerische Erfüllung ermöglicht.

Die Darstellung der Dekadenz und die Bejahung des künstlerischen Ausnahmezustandes brachten ihn später in scharfen Gegensatz zum Nationalsozialismus, der durch eine bewußte Barbarisierung, durch eine Verdrängung der verfeinerten Kultur wieder zu einem Zustand zurückzukehren versuchte, in dem die Kraftvollen und Rücksichtslosen, „die Blonden und Blauäugigen, die den Geist nicht nötig haben", zur Herrschaft gelangten. Thomas Mann mußte emigrieren und verbrachte die Zeit bis zu seinem Tode in Amerika und in der Schweiz. Seine Bücher wurden in Deutschland verboten, ihm selbst die Ehrendoktorwürde wieder aberkannt. Thomas Manns Ruhm als der bedeutendste deutsche Romanschriftsteller des zwanzigsten Jahrhunderts litt darunter nicht. Schon vorher hatte er den Nobelpreis erhalten, und seine Emigration förderte die weltweite Verbreitung seines Werks.

Sein „Heroismus der Schwäche" wandelte sich unter der persönlichen bitteren Erfahrung in einen Kampf um Toleranz und Menschlichkeit. Das impressionistische Erbe, die psychologische Einfühlungsgabe, bewahrte Thomas Mann bis in seine letzten Romane. Daneben verstärkten sich die ironischen Züge, und die Themenkreise weiteten sich: von den stark aus persönlichem Erleben geschaffenen ersten Werken zu umfassenden Kulturbildern, die vom biblischen Judentum (Josephsroman) über den Versuch einer Deutung des alternden Goethe (Lotte in Weimar) bis zur Zeitanalyse des 20. Jahrhunderts (Der Zauberberg; Doktor Faustus) reichen.

HUGO VON HOFMANNSTHAL

Ballade des äußeren Lebens

Und Kinder wachsen auf mit tiefen Augen,
Die von nichts wissen, wachsen auf und sterben,
Und alle Menschen gehen ihre Wege.

Und süße Früchte werden aus den herben
Und fallen nachts wie tote Vögel nieder
Und liegen wenig Tage und verderben.

Und immer weht der Wind, und immer wieder
Vernehmen wir und reden viele Worte
Und spüren Lust und Müdigkeit der Glieder.

Und Straßen laufen durch das Gras, und Orte
Sind da und dort, voll Fackeln, Bäumen, Teichen,
Und drohende, und totenhaft verdorrte . . .

Wozu sind diese aufgebaut? und gleichen
Einander nie? und sind unzählig viele?
Was wechselt Lachen, Weinen und Erbleichen?

Was frommt das alles uns und diese Spiele,
Die wir doch groß und ewig einsam sind
Und wandernd nimmer suchen irgend Ziele?

Was frommt's, dergleichen viel gesehen haben?
Und dennoch sagt der viel, der „Abend" sagt,
Ein Wort, daraus Tiefsinn und Trauer rinnt

Wie schwerer Honig aus den hohlen Waben.

In den ersten vier Strophen zählt Hofmannsthal Dinge des äußeren Lebens auf,
an denen die innere Leere, die Vergänglichkeit und Flüchtigkeit des Daseins
fühlbar werden: Alle Menschen sind einmal Kinder, werden erwachsen und
sterben. Sobald die Früchte süß sind, fallen sie ab und vergehen. Wind, Worte
und Empfindungen wiederholen sich ständig; ihre Wirkung verfliegt. Auch die
Landschaft ist tot. Das Leben ist eine eintönige Wiederkehr von Wachsen und
Sterben, Reifen und Faulen, Lust und Müdigkeit.
Die letzten drei Strophen fragen nach dem Sinn dieses äußeren Lebens: Wozu
sind die Orte der Menschen so zahlreich, verworren und zusammenhanglos!
Was soll der Wechsel von Lachen und Weinen? Es sind alles sinnlose Spiele des
Lebens, weil wir immer einsam und ziellos bleiben.
Und dennoch ist die Klage über die Sinnlosigkeit des Daseins unberechtigt. Die
Fülle des Lebens liegt in dem Wort „Abend", das eine innere Welt aufschließt,
die der äußeren gegenübersteht. Wie in der Wabe der Honig, so ist in dem Wort
„Abend" Tiefsinn und Trauer aufgespeichert.

Illustration zu Hofmannsthal, Der weiße Fächer (E. G. Craig)

Abend ist ein Wort mit Symbolwert, obwohl es dem alltäglichen Leben entnommen ist. Der Abend ist voller Geheimnis, voll innerer Unendlichkeit. Es ist eins von den romantisch-mystischen Worten, von denen der junge Hofmannsthal sagt: „Es muß da unendlich viel an schlafenden Motiven und Nuancen liegen." Am Abend wird das Leben stiller, innerlicher, voller Ahnungen und Träume, der Mensch kommt zu sich selbst. Hier ist ihm die Möglichkeit gegeben, hinter die Erscheinungen zu schauen, das verlorene Wissen um den Sinn des Lebens wiederzufinden.

„Wir bewegen uns in dem ungeheuren Element des Lebens leicht und ahnungslos wie die Tiere am Meeresgrund unter dem ungeheuersten Druck, der auf ihnen lastet. Von Zeit zu Zeit schauen wir mit einem Aug' aus unserer Person heraus, wie man für einen Augenblick unter der Maske herausschielt, und erstarren über die hinter den Erscheinungen hervoratmende überwältigende Größe der Ideen. Diese Augenblicke darf man aber nicht zu oft hervorrufen wollen." (Brief an Felix Oppenheimer vom 26. Juli 1895.) Was den Blick für die Ideenwelt öffnet, sind vieldeutige, magische Zauberworte.

Das Gedicht ist sehr kunstvoll aufgebaut; es ist in *Terzinen* geschrieben, das sind dreizeilige jambische Strophen; jede der Zeilen hat elf Silben; die mittlere ist jeweils durch den Reim an die folgende Strophe gebunden.

Die Aufzählung der äußeren Dinge beginnt immer wieder mit dem aneinanderreihenden „und". Mit einer durchschlagenden Wendung: „Und dennoch . . ."

Hugo von Hofmannsthal im
Salon des Rodauner Hauses

wandelt Hofmannsthal die ganze Stimmung des Gedichts, und auch der Anfang
verliert dadurch etwas von seiner Schwermut.

Der Versuch, den Tiefsinn von Worten wie „Abend" aufleuchten zu lassen, also
den Symbolwert zu erfassen, hat für das Werk einiger Lyriker der Jahrhundertwende die Bezeichnung *Symbolismus* eingebürgert. Die Franzosen CHARLES
BAUDELAIRE (1821–1867) und STÉPHANE MALLARMÉ (1842–1898) stehen am
Anfang dieser Richtung.

Von der Dichtweise des Naturalismus ist das weit entfernt. Zwar sagt auch
Hofmannsthal vom Dichter: „Er kann nichts auslassen. Denn dies ist das einzige
Gesetz, unter dem er steht: keinem Ding den Eintritt in seine Seele zu wehren."
Aber das Wort Seele umschreibt bereits den ganzen Unterschied. Das peinlich
genaue Registrieren der Wirklichkeit, der Sekundenstil, die Wiedergabe des
„Wahren", auch wenn es häßlich ist, erscheinen als Irrweg, denn sie zeichnen
nur etwas Äußerliches ab. Die Kraft von Hofmannsthals Dichtertum kommt
nicht aus einem absichtsvollen, verstandesmäßigen Wollen, sondern aus dem
Erahnen und Durchdringen der Welt; so nur werden die „seltsamen Dinge"
wahrnehmbar: man fühlt sie mit aufgeschlossener Seele.

Für Hofmannsthal gibt es einen Schatz von künstlerischen Meisterwerken, die
ewige Gültigkeit besitzen. Er spricht von dem „Umgebensein mit Jahrtausen-
den", vom „Hereinfluten von Orient und Okzident in unser Ich". Dies alles zu
bewahren und zu sammeln war ein Teil seines Lebenswerkes. In vielen seiner
Dichtungen versetzt er sich in eine andere Zeit und gestaltet deren Werke nach.
Am berühmtesten wurde seine Nachschöpfung des spätmittelalterlichen *Jedermann,* das Drama von dem Mann, der wie „jedermann" leichtsinnig in den Tag
hineinlebt und nichts als sein Vergnügen kennt. Mitten in einem Fest tritt plötzlich der Tod vor ihn hin. Da muß er erkennen, daß er sein Leben vertan hat,

ohne an das Ende zu denken. Alles, was bisher gültig war, wird nichtig; sein Freund, seine Braut sind nicht bereit, ihn bei dem Gang ins Jenseits zu begleiten; sein Reichtum ist nichts mehr nütz. Nur seine kümmerlichen guten Werke sind ein schwacher Trost und der Glaube, auf den er sich gerade noch rechtzeitig besinnt. Mit ihrer Hilfe entkommt er mit knapper Not dem Teufel.

HUGO VON HOFMANNSTHAL (1874–1929) lebte in Wien. Er machte sich schon als Sechzehnjähriger einen Namen mit Abhandlungen und Gedichten und schrieb in den folgenden Jahren *lyrische Dramen,* kurze Stücke, die weniger für die Aufführung als zum Lesen gedacht waren. *Der Tod des Tizian* ist eines davon. Sie und seine *Gedichte* begründeten seinen Ruhm. Die Freundschaft mit dem Komponisten RICHARD STRAUSS wurde zu einem einmaligen Ereignis in der Geschichte der deutschen Kultur, denn ihr verdanken wir eine Reihe von Opern, in denen der Text und die Musik von gleich hohem Rang sind *(Der Rosenkavalier, Ariadne auf Naxos).*
1920 beteiligte sich Hofmannsthal an der Gründung der Salzburger Festspiele. Sein „Jedermann" gehört seitdem zu ihrem Spielplan.

RAINER MARIA RILKE

Das Stundenbuch / Alle, welche dich suchen . . .

Alle, welche dich suchen, versuchen dich.
Und die, so dich finden, binden dich
an Bild und Gebärde.

Ich aber will dich begreifen
wie dich die Erde begreift;
mit meinem Reifen
reift
dein Reich.

Ich will von dir keine Eitelkeit,
die dich beweist.
Ich weiß, daß die Zeit
anders heißt
als du.

Tu mir kein Wunder zulieb.
Gib deinen Gesetzen recht,
die von Geschlecht zu Geschlecht
sichtbarer sind.

Die erste bedeutende Gedichtsammlung Rilkes ist das *Stundenbuch.* Diesen Titel haben Gebetbücher des Mittelalters, und ein religiöses Anliegen ist es auch, das Rilke in den Gedichten des Bandes einem russischen Mönch in den Mund legt: es ist die Suche nach Gott.
Der Mönch spricht Gott wie ein persönliches Wesen an, aber es ist ihm bewußt, daß Gott keine Gestalt hat. Alles Suchen nach ihm steht in Gefahr, ihn zu versuchen. Das heißt nicht, daß Gott versucht werden könnte, sondern daß sich der Mensch dadurch bereits weit von ihm entfernt, daß er ihn für ein persönliches Wesen hält, das ihm irgendwie antworten müßte. Eine veräußerlichte Gottesvorstellung verlangt, daß Gott sich beweist, daß er dem Menschen zulieb Wunder tut. Aber er heißt anders als die Zeit: er läßt sich nicht zeitlich oder räumlich begrenzen, nicht in Bild und Gebärde binden.
Als Wesen ist er nicht faßbar; der Mensch kann ihn nur „begreifen", indem er sich demütig seinem Wirken unterwirft, das in den Gesetzen der Erde sichtbar

DasStunden-Buch
enthaltend die drei Bücher:

**Vom mœnchischen Leben /
Von der Pilgerschaft /
Von der Armuth
und vom Tode**

Rainer Maria Rilke

Das Stundenbuch (Umschlagzeichnung der Erstausgabe. 1905). Die einheitliche Ausstattung von Büchern mit dekorativen Drucktypen, Illustrationen, Titelseiten und Einbänden war ein Anliegen des Jugendstils. Die ornamentalen Eigenschaften der Schrift wurden neu entdeckt.

wird, nicht in seiner Person. Die Welt ist von ihm durchdrungen, und in der Hingabe an sie erfüllt sich gereifte Religiosität.

Zwei Erfahrungsbereiche kommen im Stundenbuch zur Geltung, die seit langem aus der deutschen Dichtung verbannt waren: Die pantheistische Vorstellung, daß Schöpfer und Schöpfung eines sind, und die Mystik, in der der Mensch Gott zu begreifen sucht, nicht, indem er ihn erkennt, sondern indem er sich in ihn, und das heißt hier: in seine Schöpfung, versenkt. Ganz ähnliche Worte wie im Stundenbuch finden sich in den Sinngedichten des barocken Mystikers ANGELUS SILESIUS:

> Gott ist ein lauter nichts, Ihn rührt kein Nun noch Hier:
> Je mehr du nach ihm greifst, je mehr entwird Er dir.

Rilke wehrt sich gegen jeden Versuch, sich mit einer festen Glaubensvorstellung zu beruhigen. Die Existenz Gottes äußert sich in Leistung und Reife des Menschen. Die Kunst, die aus den „Tiefendimensionen des Herzens" kommt, ist das wahre Gebet. Dabei sieht Rilke in der Kunst nicht einen Versuch, die äußere Wirklichkeit zu erfassen und abzumalen; seine Gedichte geben keine sichtbare Welt wieder und bestehen aus Worten, die kunstvoll sind durch ihren Klang und Tiefsinn. Die Klangwerte des Gedichts „Alle, welche dich suchen . . ." sind von einer geradezu überkünstelten Schärfe, voller Lust an der überfeinerten Erlesenheit: Fast jede Hebung ist ein i oder ein ei, aber an einigen Stellen häufen sich schwere dunkle Vokale. Gleichklänge sind zusammengedrängt zu einem klingenden Singen: „. . . mit meinem Reifen / reift / dein Reich." Das zeugt von einer ungewöhnlichen Musikalität des Dichters. In der dritten Strophe erreicht sie ihren Höhepunkt in dem ebenmäßig hohen Klang der Worte, die dann in der letzten Zeile mit dem schweren „du" der Anrede ein Ende finden. Auch die Strophe mit ihrem weiten Beginn und dem knappen Abschluß, in dem die gewichtigsten Worte stehen, ist kunstvoll gefügt.

Den Anstoß für das „Stundenbuch" erhielt Rilke auf zwei Reisen nach Rußland in den Jahren 1899 und 1900. Die unendliche Weite des Raumes und die tiefe Gläubigkeit der russischen Menschen, die er vor allem am Osterfest in Moskau erlebte, ließen ihn nach dem Sinn seiner Existenz suchen und führten zu der Antwort, die er im Stundenbuch gab. „Auf der Wolga, diesem ruhig rollenden Meer, Tage zu sein und Nächte, viele Tage und viele Nächte. Ein breit-breiter Strom, hoher, hoher Wald an dem einen Ufer, an der anderen Seite tiefes Heideland, darin auch große Städte nur wie Hütten und Zelte stehen. – Man lernt alle Dimensionen um. Man erfährt: Land ist groß, Wasser ist etwas Großes, und groß vor allem ist der Himmel. Was ich bisher sah, war nur ein Bild von Land und Fluß und Welt. Hier aber ist alles selbst. – Mir ist, als hätte ich der Schöpfung zugesehen; wenige Worte für alles Sein, die Dinge in den Maßen Gottvaters . . ."

Und die Menschen sind „voll von Dunkelheit wie ein Berg", jeder „bis zum Halse in seiner Demut stehend, ohne Furcht, sich zu erniedrigen, und deshalb fromm." Auch die weite Marschlandschaft um die Künstlerkolonie Worpswede bei Bremen, wo Rilke die folgenden Jahre lebte, bestätigte mit der Unendlichkeit, in die sich Marsch, Meer und Himmel ausdehnten, wie sich die Welt und in ihr der Mensch ins Grenzenlose weitete. Aus dem tiefen Gefühl heraus, wie unter einem Zwang dichtete er. In der Weise, so sagte er einmal selbst, hätte er noch lange fortfahren können, so leicht flogen ihm die Einfälle zu.

Der Panther

Sein Blick ist vom Vorübergehn der Stäbe
so müd geworden, daß er nichts mehr hält.
Ihm ist, als ob es tausend Stäbe gäbe
und hinter tausend Stäben keine Welt.

Der weiche Gang geschmeidig starker Schritte,
der sich im allerkleinsten Kreise dreht,
ist wie ein Tanz von Kraft um eine Mitte,
in der betäubt ein großer Wille steht.

Nur manchmal schiebt der Vorhang der Pupille
sich lautlos auf – . Dann geht ein Bild hinein,
geht durch der Glieder angespannte Stille –
und hört im Herzen auf zu sein.

Sich ganz in das eigentliche Wesen eines „Dings" einzufühlen, das ist die Absicht des Dichters. Darum stellt er den gefangenen Panther nicht vom Standpunkt eines vor dem Käfig stehenden Betrachters dar, sondern versetzt sich in das Tier. Der Panther geht nicht an den Gitterstäben vorüber, sondern diese ziehen vor seinem Blick vorbei; vor seinen Augen gibt es nur die Stäbe und nicht die ihm verschlossene Welt dahinter. Seinem raubtierhaften Schleichen ist das Ziel genommen, er bewegt sich im engsten Kreis des Käfigs, und sein Wille zur Freiheit ist durch die dauernde nutzlose Anspannung betäubt.

Nur manchmal wird ihm noch bewußt, daß außerhalb seines Gefängnisses seine eigentliche Welt ist; aber der Wunsch auszubrechen kann nicht zur Tat werden und stirbt in seinem Herzen ab.

Das Herz ist ein Schlüsselwort in Rilkes Werk. Es ist das Symbol für den innersten Kern eines Wesens, zu dem hindurchzudringen die Aufgabe des Dichters ist. Das äußere Bild des Raubtieres läßt er deshalb beiseite; er sucht dessen Seele und ist voll Trauer darüber, daß dem Panther genommen ist, was seinen Lebenssinn ausmacht: das ungebundene, starke Dasein einer Wildkatze.

Indem sich der Dichter ganz in das Tier versenkt, kommt er in der Wesenserkenntnis des eigenen Ichs einen Schritt weiter; denn er ist auf dem Weg zur Mitte des Daseins, in der alle Einzelerscheinungen des Lebens schließlich zu einem Ganzen zusammenfallen. Nach dem Durchgang durch die Dinge gelangt er zu sich selbst.

In den *Ding-Gedichten* ändert sich die Dichtweise Rilkes. An die Stelle der hohen Musikalität tritt sein unermüdliches Bemühen, dem Ding, dem Gegenstand außer ihm, in der Sprache und Darstellung gerecht zu werden. Nicht mehr auf den schönsten, sondern auf den treffendsten Ausdruck kommt es ihm an. Von daher sind solche ungewöhnlichen Wendungen wie das „Vorübergehn der Stäbe" zu verstehen. Durch sie hat Rilke den Sprachschatz und den Formenreichtum der deutschen Lyrik in einer Weise erweitert, wie vor ihm seit Hölderlin keiner mehr. Viele Lyriker nach ihm sind dieser Methode verpflichtet, auch wenn sie Rilke ablehnen.

Die „Ding-Gedichte" sind die Frucht von Rilkes Aufenthalt in Paris. Er erlebte Paris nicht als eine großartige, glänzende Weltstadt, sondern spürte in ihr die erschütternde Enge eines Häusermeeres im Gegensatz zu der erhebenden Weite der russischen und der Worpsweder Landschaft – eine Enge, die angefüllt ist von unsäglichem Leiden.

»Im August vorigen Jahres traf ich dort ein. Es war die Zeit, da die Bäume in der Stadt welk sind ohne Herbst, da die glühenden Gassen, ausgedehnt von der Wärme, nicht enden wollen und man durch Gerüche geht wie durch viele traurige Zimmer. Da ging ich an den langen Hospitälern hin, deren Tore weit offen standen mit einer Gebärde ungeduldiger und gieriger Barmherzigkeit. Da gab es alte Frauen, die einen schweren Korb absetzten an irgendeinem Mauervorsprung (ganz kleine Frauen, deren Augen wie Pfützen austrockneten), und als sie ihn wieder greifen wollten, da schob sich langsam und umständlich ein langer rostiger Haken aus ihrem Ärmel hervor, statt einer Hand, und ging gerade und sicher auf den Henkel des Korbes los.«

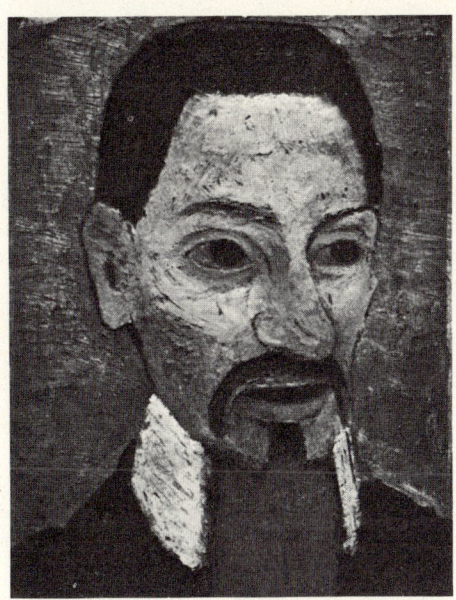

Rainer Maria Rilke (Gemälde von Paula Becker-Modersohn)

Das Elend, das Ausgeliefertsein der Menschen an das Leiden, treibt Rilke nahezu zur Verzweiflung – er hat das in dem Roman *Die Aufzeichnungen des Malte Laurids Brigge* niedergelegt, der unaufhörlich um Elend, Angst und Tod kreist. Doch dann lernt er als Privatsekretär des Bildhauers AUGUSTE RODIN von diesem den Blick auf die „Dinge", das tastende, geduldige Einfühlen in die erschreckenden und die beruhigenden Erscheinungen der Welt. Darin liegt keine Überwindung von Angst und Elend, aber indem er die Dinge von der äußeren Hülle „erlöst" und in ihr Wesen eindringt, erweist er auch Elend und Angst als ein Äußerliches, hinter dem die mit dem „Herzen" gefühlte Welt der leidenschaftslosen Ausgeglichenheit, der reinen Existenz ruht. Es ist, mit einer späteren Formulierung bezeichnet, der *Weltinnenraum.*

RAINER MARIA RILKE (1875–1926), geboren in Prag, führte ein unstetes Leben; nach seinem Aufenthalt in Rußland, Worpswede und Paris machte er große Reisen nach Italien, Nordafrika und Spanien. In dieser Zeit brach seine dichterische Tätigkeit ab (von 1910 bis 1922). Bei einem Aufenthalt auf dem Schloß Duino an der Adria überkam ihn ganz plötzlich neue Schaffenskraft, und in wenigen Tagen entstanden seine wesentlichsten Werke: die *Sonette an Orpheus* und die *Duineser Elegien.* Die letzten Jahre lebte er auf Schloß Muzot im Wallis.

Expressionismus

Über den dichterischen Expressionismus

»Es kamen die Künstler der neuen Bewegung. Sie gaben nicht mehr die nackten Tatsachen. Ihnen war der Moment, die Sekunde der impressionistischen Schöpfung nur ein taubes Korn in der mahlenden Zeit. Sie waren nicht mehr unterworfen den Ideen, Nöten und persönlichen Tragödien bürgerlichen und kapitalistischen Denkens.

Ihnen entfaltete das *Gefühl* sich maßlos.

Sie sahen nicht.

Sie schauten.

Sie photographierten nicht.

Sie hatten Gesichte.

Statt der Rakete schufen sie die dauernde Erregung.

Statt des Moments die Wirkung in die Zeit.

Sie wiesen nicht die glänzende Parade eines Zirkus. Sie wollten das Erlebnis, das anhält. Vor allem gab es gegen das Atomische, Verstückte der Impressionisten nun ein großes, umspannendes Weltgefühl.

In ihm stand die Erde, das Dasein als eine große Vision. Es gab Gefühle darin und Menschen. Sie sollten erfaßt werden im Kern und im Ursprünglichen.

Die große Musik eines Dichters sind seine Menschen. Sie werden ihm nur groß, wenn seine Umgebung groß ist. Nicht das heroische Format, das führte nur zum Dekorativen, nein, groß in dem Sinne, daß ihr Dasein, ihr Erleben teil hat an dem großen Dasein des Himmels und des Bodens, daß ihr Herz, verschwistert allem Geschehen, schlägt im gleichen Rhythmus wie die Welt.

Dafür bedurfte es einer tatsächlichen neuen Gestaltung der künstlerischen Welt. Ein *neues Weltbild* mußte geschaffen werden, das nicht mehr teil hatte an jenem nur erfahrungsgemäß zu erfassenden der Naturalisten, nicht mehr teil hatte an jenem zerstückelten Raum, den die Impression gab, das vielmehr *einfach* sein mußte, eigentlich, und darum schön.«

(Kasimir Edschmid)

Der Symbolismus hatte sich gegen den Naturalismus gewandt, weil für ihn die Kunst grundverschieden von der Natur war, ja deren Gegenteil, gebändigte Form gegen ungebändigtes Leben. Auch die Künstler der „neuen Bewegung" des Expressionismus greifen den Naturalismus an, aber aus einem anderen Grund: sie werfen ihm vor, daß er das ungebändigte Leben nicht gefunden habe; denn nicht die nackten Tatsachen geben es wieder, nicht die Photographie, nicht die Erfahrung der Realität – all das sind Bruchstücke, Bildausschnitte oder Augenblicksaufnahmen; sie sind im Raum und in der Zeit eingeschränkt. Die Dichter der neuen Bewegung aber wollen das ganze Leben erfassen und stellen fest, daß das nicht mit den Mitteln der Erfahrung und der Sinneswahrnehmung möglich ist. Sie brauchen eine Kraft, die tiefer dringt, und finden sie im Gefühl. Fast ist es, als erwachte der Sturm und Drang zu neuem Leben. Viele Züge des Expressionismus sind ihm gleich: das „große, umspannende Welt-

Der Schrei (Lithographie von Edvard Munch. 1896). Am Rand einer Vorstufe stehen Munchs Worte: »Ich ging fürbaß mit zwei Freunden. Da sank die Sonne. Auf einmal ward der Himmel rot wie Blut, und ich fühlte einen Hauch von Wehmut. Ich stand still und lehnte mich an das Geländer. Über dem blauschwarzen Fjord und über der Stadt lag der Himmel wie Blut und wie Feuerzungen. Meine Freunde gingen weiter, und ich stand allein, bebend vor Angst. Mir war, als ginge ein mächtiger, unendlicher Schrei durch die Natur.«

gefühl", der Glaube, daß der Mensch im „Erleben teil hat an dem großen Dasein des Himmels und des Bodens", daß sein Herz „schlägt im gleichen Rhythmus wie die Welt". Das erinnert an den Pantheismus des jungen Goethe; der Ruf nach dem Erleben, nach dem Einfachen und Eigentlichen erscheint als die Wiederholung der Forderung Rousseaus: „Zurück zur Natur!"

Aber hier liegt auch der Unterschied. Die Expressionisten horchen nicht in die Natur hinein, um einen Lebenssinn zu erkennen. Um die Natur geht es ihnen gar nicht: „Die Welt fängt mit dem Menschen an" (FRANZ WERFEL); er ist Mitte und Ziel der Erneuerung, er soll so geschaffen sein, daß die Erde „unverbildet zu uns kommt". „Nur in uns selbst" spiegelt sich „das Bild der Welt rein und unverfälscht". Es geht darum, den innersten Wesenskern des Menschen zu erfassen, und das Mittel dazu ist die Vision. Was zutiefst aus der Seele quillt, ist wahrhaftig, nicht die Wirklichkeit und nicht der schöne Schein oder das geheiligte Wort. Was aus innerer Anschauung kommt, drückt das Wesentliche unmittelbar aus, und so unmittelbar soll es der Künstler darstellen: daher der Name *Expressionismus* = Ausdruckskunst.

Der Expressionismus hat ein Programm, er will nicht mehr nur registrieren und abzeichnen, sondern verändern. Hinter den Dingen sieht er das wahre Leben, das es wiederzuerwecken gilt. Seine Vision ist mehr als ein passives Schauen: „Von welcher Art ist die Vision? Es gibt nur eine: die von der Erneuerung des Menschen" (GEORG KAISER), so, wie sie der Dichter ERNST STADLER sieht.

ERNST STADLER

Der Spruch

In einem alten Buche stieß ich auf ein Wort,
Das traf mich wie ein Schlag und brennt durch meine Tage fort:
Und wenn ich mich an trübe Lust vergebe,
Schein, Lug und Spiel zu mir anstatt des Wesens hebe,
Wenn ich gefällig mich mit raschem Sinn belüge,
Als wäre Dunkles klar, als wenn nicht Leben tausend wild verschloßne Tore trüge,
Und Worte wiederspreche, deren Weite nie ich ausgefühlt,
Und Dinge fasse, deren Sein mich niemals aufgewühlt,
Wenn mich willkommner Traum mit Sammethänden streicht,
Und Tag und Wirklichkeit von mir entweicht,
Der Welt entfremdet, fremd dem tiefsten Ich,
Dann steht das Wort mir auf: Mensch werde wesentlich!

„Mensch werde wesentlich!" Die Worte aus einem Epigramm des Angelus Silesius werden dem Dichter Ernst Stadler zum Leitsatz; denn der Mensch ist so beschaffen, daß er in trüber Lust, in Schein, Lug und Spiel sein eigentliches Wesen zudeckt. Das Dunkle, Undurchschaubare nimmt er hin, wie wenn es nicht wichtig wäre, weil er zu träge ist, um zur Erkenntnis des tieferen Daseinssinns durchzustoßen. So ist er sich selbst entfremdet, ergibt sich gedankenlos einer Lebenslüge.

Das Gedicht ist ein Aufruf, das Leben neu zu entwerfen. Das Wort des Angelus Silesius bedeutet für Ernst Stadler eine innere Befreiung: Jetzt sieht er den Weg angedeutet, auf dem er aufbrechen kann, um sich durch alles Scheinhafte hindurch in eine wahrhafte Welt zu retten.

Weit holen die Verszeilen aus; es sind *Langzeilen* ohne Beschränkung auf eine gleichmäßige Zahl der Versfüße, denn der Drang zum Ausdruck läßt sich nur mit Mühe in eine erzwungene Form pressen. In vielen Gedichten Stadlers ist auch der Reim gefallen, weil dieser die Aussage zu sehr beengt. Er bleibt als formaler Halt nur der freischwingende Rhythmus der Zeilen.

ERNST STADLER (1883–1914), Elsässer, Dozent für deutsche Literatur in Straßburg, veröffentlichte nur einen Gedichtband („Der Aufbruch", 1914), bevor er im Ersten Weltkrieg fiel. Sein Ruf „Mensch werde wesentlich!" aber wurde zu einem Leitspruch der jungen Generation, die in der *Jugendbewegung* einen Neubeginn im Geiste echten Welterlebens suchte.

Der Satz des Angelus Silesius wollte den Barockmenschen aufrufen, vom oberflächlichen Leben wieder zu Gott zurückzufinden; bei Ernst Stadler steht er dafür, daß der Mensch seiner Gegenwart sich dem wahren Leben zuwenden soll. Was aber ist das wahre Leben? Der Philosoph FRIEDRICH NIETZSCHE (1844–1900) hat den Expressionisten den Weg dorthin gewiesen. Er beginnt seine *Lebensphilosophie* mit dem Ruf: „Gott ist tot!" und geht auf die Suche nach einem neuen Gott. Er findet ihn im Leben selbst, das dahinströmt wie ein Fluß ohne

Anfang und Ende, als „ewige Wiederkehr des Gleichen". Diesem Leben hat sich der Mensch entfremdet und sich vermessen, Ordnungen zu setzen, die dem Leben nicht entsprechen, da es sich der Ordnung entzieht. Mit jedem Gesetz schließt er eine Türe zu, die zum wahren Leben führen würde. Seine große Aufgabe ist es, sich in das „Lebendige" einzufühlen, sich dem Gestaltlosen anzuvertrauen. Darum ist das letzte Ziel Nietzsches der „Übermensch", der abstreift, was Meinung anderer und Tradition ist. Indem er nur dem vertraut, was er selbst erfühlt und erfaßt, entrinnt er den Halbheiten einer Welt, die zugunsten eines „öffentlich meinenden Scheinmenschen" die Persönlichkeit unterdrückt. Eine „Umwertung aller Werte", wie es Nietzsche nannte, erstrebt auch die Jugend nach der Jahrhundertwende, weil sie in der technisierten Welt ihrer Tage und bei der Zusammenballung der Menschen in den Großstädten fürchtete, daß das Ich entwertet würde. Daher greifen die Expressionisten vor allem an, was die Naturwissenschaften bewirkt haben: die Technik, die Maschine, die Spezialisierung. „Darum geht es, daß der Mensch sich wiederfinden will (...) die Maschine hat ihm die Seele weggenommmen – und jetzt will ihn die Seele wiederhaben." (HERMANN BAHR)

Der Fortschrittsrausch der älteren Generation erscheint als ein Wahn. Die jüngere verdammt ihn und geht auf die Suche nach einem neuen Lebenssinn, ohne ihn zu finden. Sie will das Unmögliche: eine geordnete Weltvorstellung leugnen und gleichzeitig im Chaos des ungestalteten, fließenden Lebens finden. Die Folge ist eine Grundstimmung von Angst und Trostlosigkeit.

GEORG TRAKL

Abendland

Ihr großen Städte
Steinern aufgebaut
In der Ebene!
So sprachlos folgt
Der Heimatlose
Mit dunkler Stirne dem Wind,
Kahlen Bäumen am Hügel.
Ihr weithin dämmernden Ströme!

Gewaltig ängstet
Schaurige Abendröte
Im Sturmgewölk.
Ihr sterbenden Völker!
Bleiche Woge
Zerschellend am Strande der Nacht,
Fallende Sterne.

Dies Gedicht ist der letzte Teil einer Trilogie (eines dreiteiligen Werks), die der Lyrikerin Else Lasker-Schüler gewidmet ist. Der Auftakt ruft die steinernen Städte an, das Wahrzeichen des Jahrhunderts der Industrie. Der Stadtmensch ist heimatlos; er hat die Verbindung mit dem Leben und dem Kosmos verloren. Die Natur ist fremd geworden; der Mensch hat die Sprache nicht mehr, auf die sie antwortet. Er sucht sie, mit dunkler Stirne, hoffnungslos, und sie verschließt sich ihm, zeigt sich ihm entleert, kahl und kalt. Nur noch in den weithin dämmernden Strömen ist das Leben spürbar in seiner Weite und seinem Verfließen ins Endlose und Ungestalte.

GEORG TRAKL

Georg Trakl (Lithographie von Hilde-
gard Jone).

So ist die Welt entseelt: die Zivilisation hat das Menschliche überlagert, und die
Folge sind furchtbare Katastrophen, ist ein Weltende. In der Abendröte kündigt
es sich drohend und furchterregend an: der Erdentag neigt dem Tode zu; die
Völker sterben. Die Nacht ist das Ungewisse, das Ende, an dem das Leben zer-
bricht, das, schon sinnlos geworden und entleert, dem Untergang wie fallende
Sterne ausgesetzt ist.

Der Begriff Abendland bekommt so einen schaurigen Sinn; er bezeichnet die
dem Untergang zugewandte Welt der Zivilisation und Technik. An die Stelle
der Beobachtung und Schilderung ist die Vision getreten, ein prophetisches
Bild. Trakl kann es nicht mit den gewohnten Stilmitteln wiedergeben; er muß
neue Zeichen finden, denn die alten spiegeln nicht den Zustand der Seele. Die
Bilder stürzen ineinander, sie scheinen ohne Zusammenhang; es sind keine
Sinnbilder mehr, denn ihr Sinn ist nicht klar zu durchschauen, so wie die
Sprache der Seele nicht begrifflich faßbar ist. Zwischen den zerrissenen Bildern
muß man den Sinn fühlen und erahnen. In den Ausrufen – „Ihr sterbenden
Völker!" –, die unvermittelt in das Naturbild einbrechen, läßt sich spüren, daß
es um eine Landschaft der Seele geht, daß gewaltige Gefühle um Ausdruck
ringen.

Gefühle sind ungestalt, sprunghaft und unbeherrscht; dem entspricht die Form
expressionistischer Lyrik. Es gibt keine Reime, nur freie Rhythmen, die Zeilen-
länge wird willkürlich.

Auch die Sprache ist aufgewühlt und revolutionär. Sie kennt keine Grammatik
und Logik. Wo Ernst Stadler seine Gesichte noch in weitausholenden Langzeilen darstellt, verknappt sich bei Trakl die Sprache auf das Wesentliche; sie

wird hart, scharf, gefährlich, so, wie auch die expressionistische Malerei (Franz Marc) mit starken Kontrasten und Farben ohne Übergänge arbeitet. Zum Äußersten getrieben führt das zu den abgehackten, geballten Aufschreien der Lyrik AUGUST STRAMMS (1874–1915).

AUGUST STRAMM

Patrouille

Die Steine feinden
Fenster grinst Verrat
Äste würgen

Berge Sträucher blättern raschlig
Gellen
Tod.

Alles ist weggefallen, was die einzelnen Worte logisch verknüpfen könnte, denn in der äußersten Gefahr konzentrieren sich die Eindrücke auf Gesichte, und die Gefühle brechen blitzartig hervor. Die Sprache will nichts als nur dies mitteilen. Sie schreit es heraus, stammelt, fügt Unvereinbares zusammen, wie es hervorquillt, und läßt aus, was nicht unmittelbar Ausdruck ist.

GEORG TRAKL (1887–1914) wurde von seinen Eltern trotz seines inneren Widerstrebens dazu gezwungen, Apotheker zu werden. Zu Beginn des Ersten Weltkriegs kam er als Sanitäter nach Galizien an die Front. In der Schlacht von Grodek brach er zusammen, als er im Feldspital 7/14 als Apotheker – ein Arzt war nicht zur Stelle – neunzig Schwerverwundeten helfen sollte, ohne auch nur über Verbandsmaterial zu verfügen. Er machte seinem Leben einige Wochen später selbst ein Ende.

Die Weltkatastrophe, die Trakl prophetisch vorausgeahnt hatte, war mit dem Ersten Weltkrieg hereingebrochen. In ihr gingen die führenden Lyriker des jungen Expressionismus zugrunde. Ernst Stadler und August Stramm fielen. Zuvor schon war GEORG HEYM (1887–1912) beim Schlittschuhlaufen ertrunken. Er hatte wie Trakl in glühenden Farben seine Gesichte von Großstadt, Krieg, Katastrophen, Untergang, Tod und Verfall niedergeschrieben.
Ihre Visionen waren Wirklichkeit geworden, und wer den Krieg überstand, sah in ihm die große Reinigung, aus der das eigentliche Ziel des Expressionismus, der neue Mensch, hervorgehen mußte. Die Suche nach ihm beherrscht die Dichtung der ersten Nachkriegszeit.
Sie fand ihn nicht; sie wußte nur, daß es ihn geben müsse, hatte aber keine Vorstellung davon, wie er sein sollte. In der Folgezeit wandten sich viele den beiden Formen zu, in denen sie den neuen Menschen angedeutet glaubten: dem Nationalsozialismus oder dem Kommunismus.
Der Expressionismus wirkt noch auf das literarische Bild der Gegenwart ein, und die meisten bedeutenden Vertreter der Zeit zwischen den beiden Kriegen sind aus ihm hervorgegangen oder ihm verwandt, z. B. BERTOLT BRECHT, ALFRED DÖBLIN, FRANZ KAFKA, GOTTFRIED BENN.

Das Kriegserlebnis

ERICH MARIA REMARQUE

Im Westen nichts Neues

Der Roman schildert das Fronterlebnis und den Tod von sieben Klassenkameraden, die von der Schulbank weg nach zehn Wochen Ausbildung in die Materialschlachten geschickt werden. Paul Bäumer, der Ich-Erzähler, fällt als letzter im Oktober 1918, an einem Tag, an dem laut Heeresbericht „im Westen nichts Neues" zu vermelden ist.
Der Ausschnitt zeigt Paul Bäumer auf Heimaturlaub.

»Es ist schön, still irgendwo zu sitzen, zum Beispiel in dem Wirtsgarten gegenüber den Kastanien, nahe der Kegelbahn. Die Blätter fallen auf den Tisch und auf die Erde, wenige nur, die ersten. (...) Es gibt keinen Appell und kein Trommelfeuer, die Kinder des Wirts spielen auf der Kegelbahn, und der Hund legt mir seinen Kopf auf die Knie. Der Himmel ist blau, zwischen dem Laub der Kastanien ragt der grüne Turm der Margaretenkirche auf. Das ist gut, und ich liebe es. Aber mit den Leuten kann ich nicht fertig werden. Die einzige, die nicht fragt, ist meine Mutter. Doch schon mit meinem Vater ist es anders. Er möchte, daß ich etwas erzähle von draußen, er hat Wünsche, die ich rührend und dumm finde, zu ihm schon habe ich kein rechtes Verhältnis mehr. Am liebsten möchte er immerfort etwas hören. Ich begreife, daß er nicht weiß, daß so etwas nicht erzählt werden kann, und ich möchte ihm auch gern den Gefallen tun; aber es ist eine Gefahr für mich, wenn ich diese Dinge in Worte bringe, ich habe Scheu, daß sie dann riesenhaft werden und sich nicht mehr bewältigen lassen. Wo blieben wir, wenn uns alles ganz klar würde, was da draußen vorgeht.

So beschränke ich mich darauf, ihm einige lustige Sachen zu erzählen. Er aber fragt mich, ob ich auch einen Nahkampf mitgemacht hätte. Ich sage nein und stehe auf, um auszugehen.

Doch das bessert nichts. Nachdem ich mich auf der Straße ein paarmal erschreckt habe, weil das Quietschen der Straßenbahnen sich wie heranheulende Granaten anhört, klopft mir jemand auf die Schulter. Es ist mein Deutschlehrer, der mich mit den üblichen Fragen überfällt. „Na, wie steht es draußen. Furchtbar, furchtbar, nicht wahr? Ja, es ist schrecklich, aber wir müssen eben durchhalten. Und schließlich, draußen habt ihr doch wenigstens gute Verpflegung, wie ich gehört habe. Sie sehen gut aus. Paul, kräftig. Hier ist das natürlich schlechter, ganz natürlich, ist ja auch selbstverständlich, das Beste immer für unsere Soldaten."

Er schleppt mich zu einem Stammtisch mit. Ich werde großartig empfangen, ein Direktor gibt mir die Hand und sagt: „So, Sie kommen von der Front? Wie ist denn der Geist dort? Vorzüglich, vorzüglich, was?"

Ich erkläre, daß jeder gern nach Hause möchte.

Er lacht dröhnend: „Das glaube ich! Aber erst müßt ihr den Franzmann verkloppen! Rauchen Sie? Hier, stecken Sie sich mal eine an. Ober, bringen Sie unserm jungen Krieger auch ein Bier."

Leider habe ich die Zigarre genommen, deshalb muß ich bleiben. Alle triefen nur so von Wohlwollen, dagegen ist nichts einzuwenden. Trotzdem bin ich ärgerlich und qualme, so schnell ich kann. Um wenigstens etwas zu tun, stürze ich das Glas Bier in einem Zug hinunter. Sofort wird mir ein zweites bestellt: die Leute wissen, was sie einem Soldaten schuldig sind. Sie disputieren darüber, was wir annektieren sollen. Der Direktor mit der eisernen Uhrkette will am meisten haben: ganz Belgien, die Kohlengebiete Frankreichs und große Stücke von Rußland. Er gibt genaue Gründe an, weshalb wir das haben müssen, und ist unbeugsam, bis die andern schließlich nachgeben. Dann beginnt er zu erläutern, wo in Frankreich der Durchbruch einsetzen müsse, und wendet sich zwischendurch zu mir: „Nun macht mal ein bißchen vorwärts da draußen mit eurem ewigen Stellungskrieg! Schmeißt die Kerle raus, dann gibt es auch Frieden."«

Der Frontsoldat ist zu Gast in einer ihm völlig fremd gewordenen Welt. Die Daheimgebliebenen sind ahnungslos; sie begegnen ihm mit der Naivität der Unerfahrenen, die ein festgeprägtes, großartiges Bild vom Helden in der Schlacht haben. Der Reifegrad ist geradezu umgekehrt: den fast kindischen Älteren steht der erfahrene Neunzehnjährige gegenüber.

Das hat historische Gründe: Das Wilhelminische Deutschland, also die Zeit zwischen dem Regierungsantritt Kaiser Wilhelms II. (1890) und dem Beginn des Ersten Weltkriegs, lebte in einer Hochstimmung des Patriotismus. Der Sieg über Frankreich (1870/71) und die Reichsgründung hatten ein Bewußtsein der Unbezwingbarkeit gefördert. Wilhelm II. war das Sprachrohr dafür, und wegen der langen Friedenszeit war dieser Kult des Größenwahns von bitteren Erfahrungen frei.

Die Naivität der Daheimgebliebenen äußert sich in unserem Textausschnitt in drei Stufen. Der kriegsunerfahrene Vater macht den Eindruck, als ob er seinen Sohn um das Abenteuer des Krieges beneide; er will sich mit dem Sohn identifizieren, indem er ihn auffordert, von Heldentaten zu berichten. Der Sohn kann jedoch von seinen furchtbaren Erfahrungen im Kampf Mann gegen Mann nicht reden.

Auch dem Deutschlehrer fehlen Erfahrungswerte. Was er sagt, sind eingespielte Phrasen. Wenn er die tägliche Todesgefahr mit seinen verminderten Fleischrationen gleichsetzt („wir müssen eben durchhalten"), so fehlt ihm gänzlich der Sinn für Proportionen.

Der Direktor schließlich wird zur makabren Karikatur. Er ist der selbstgewisse wilhelminische Patriot. Das drückt sich in Einzelheiten aus wie der eisernen Uhrkette, die er zur Schau stellt: er hat sein Gold der Kriegskasse gespendet; daß er dem Soldaten Bier und Zigarren stiftet, empfindet er als verdienstvolle patriotische Tat; die Kriegszieldiskussion und seine Stammtisch-Strategie verraten Chauvinismus (übersteigerte nationale Machtansprüche) und unbedarfte Besserwisserei. Besonders auffällig ist der forsch-saloppe Offizierston, ein Echo der Redeweise des Kaisers: „Franzmann", „verkloppen", „junger Krieger". Darin zeigt sich noch einmal die wirklichkeitsfremde Vorstellung von Heldentum und frischfröhlichem Krieg, die in den Materialschlachten längst zerfetzt worden ist. Diesem schneidigen Maulheldentum steht die Erfahrung des Soldaten gegenüber. Sie beginnt mit dem Kasernenhofdrill durch den Unteroffizier Himmelstoß, einer Gestalt, die sprichwörtlich wurde für einen gemeinen, rücksichtslosen Exerzierfeldtyrannen und Schleifer. Und das Fronterlebnis hat nichts mit strahlendem Heldentum zu tun; es besteht aus täglicher Todesangst und jämmerlichem Sterben. Einzig positiv ist das Kameradschaftsgefühl, das die Soldaten in der Gefahr verbindet.

Die reportagehaft nüchterne Darstellung der Wirklichkeit hat Remarques Roman sofort nach Erscheinen erbitterte Angriffe eingebracht, obwohl sich der Autor in einer Vorbemerkung gegen eine Emotionalisierung verwahrte:

„Dieses Buch soll weder eine Anklage noch ein Bekenntnis sein. Es soll nur den Versuch machen, über eine Generation zu berichten, die vom Kriege zerstört wurde – auch wenn sie seinen Granaten entkam."

ERICH MARIA REMARQUE (eigentlich Erich Paul Remark, 1898–1970) aus Osnabrück kam – wie sein Romanheld Paul Bäumer – 1916 von der Schulbank an die Front. Sein 1929 erschienener Kriegsroman machte ihn von heute auf morgen weltberühmt. Er gab daraufhin seinen Lehrberuf auf und arbeitete als Journalist im Ausland. In Deutschland wurde Remarque von der vaterländischen Rechten, besonders den Nazis, stark angefeindet. Bereits 1931 ging er endgültig ins Exil, zunächst nach Ascona (Schweiz), später nach New York.

Um 1929 erschienen mehrere Werke, die sich der Glorifizierung des Krieges entzogen. International am berühmtesten wurde ERNEST HEMINGWAYS *In einem anderen Land (A Farewell to Arms).* Von Hemingway stammt auch das Schlagwort von der „verlorenen Generation". In Deutschland war der Roman *Der Streit um den Sergeanten Grischa* (1927) von ARNOLD ZWEIG (1887–1968) vorausgegangen, ein Werk aus dem sechsteiligen Zyklus *Der Große Krieg der weißen Männer,* der mit dem preußisch-deutschen Militarismus abrechnete. Der russische Kriegsgefangene Grischa flieht aus Heimweh, wird wieder eingefangen und vor ein Kriegsgericht gestellt. Grischa ist die Harmlosigkeit in Person und kann gar nicht durchschauen, was ihm geschieht; in seinen Bewachern erkennt er ebenso hilflose Menschen, wie er selbst einer ist:

»Sie waren keine bösen Menschen. Er kannte sie alle; gut oder schlecht waren sie nicht; aber in jedem lag die Fähigkeit, an irgendeiner Stelle anständig zu handeln. Sie hatten die Faust der Vorgesetzten im Nacken und fürchteten sich vor denen viel, viel ärger als vor solchen Taten, vor dem Hinmachen von Menschen. Und das taten im Augenblick auf der Erde zwanzig Millionen Männer, und vierhundert Millionen Männer und Frauen hielten das für gut, in Ordnung, selbstverständlich.«

Trotz energischen Widerstandes hoher Offiziere wird an ihm, dessen Unschuld offensichtlich ist, durch den Oberbefehlshaber Ost „ein Exempel statuiert", um die Moral der Truppe zu heben. Die Seelenlosigkeit der Kriegsmaschinerie gewinnt die Oberhand über die Menschlichkeit.

Der Mensch in der Gesellschaft

ALFRED DÖBLIN

Berlin Alexanderplatz

Der Transportarbeiter Franz Biberkopf ist aus dem Gefängnis entlassen worden. Es ist sein fester Wille, von jetzt an ein anständiges Leben zu führen. Aber die Umwelt zieht ihn wieder in Verbrechen hinein. Er setzt sein Vertrauen in Reinhold. Dieser ist aber ein Schurke, der ihn immer wieder betrügt, ihn schließlich loswerden will und unter ein Auto stößt. Dabei büßt Franz Biberkopf einen Arm ein. Als Reinhold die Braut Biberkopfs ermordet, wird dieser als tatverdächtig verhaftet. Dem einfachen und gutwilligen Menschen werden die Prüfungen zuviel. Im Irrenhaus kommt er zu sich selbst. Der alte, lebensvolle und von Trieben ebenso wie vom Willen vorwärtsgedrängte alte Franz Biberkopf steht nach der Überführung des wahren Mörders als ein gebrochener Mann im Leben, „demütig und wissend".

»Wir sind eine dunkle Allee gegangen, keine Laterne brannte zuerst, man wußte nur, hier geht es lang, allmählich wird es heller und heller, zuletzt hängt da die Laterne, und dann liest man endlich unter ihr das Straßenschild. Es war ein Enthüllungsprozeß besonderer Art, Franz Biberkopf ging nicht die Straße wie wir. Er rannte drauflos, diese dunkle Straße, er stieß sich an Bäumen, und je mehr er ins Laufen kam, um so mehr stieß er an Bäume. Es war schon dunkel, und wie er an Bäume stieß, preßte er entsetzt die Augen zu. Und je mehr er sich stieß, immer entsetzter klemmte er die Augen zu. Mit zerlöchertem Kopf,

Berlin Alexanderplatz 1928/29

kaum noch bei Sinnen, kam er schließlich doch an. Wie er hinfiel, machte er die Augen auf. Da brannte die Laterne hell über ihm, und das Schild war zu lesen.

Er steht zum Schluß als Hilfsportier in einer mittleren Fabrik. Er steht nicht mehr allein am Alexanderplatz. Es sind welche rechts von ihm und links von ihm, und vor ihm gehen welche, und hinter ihm gehen welche.

Viel Unglück kommt davon, wenn man allein geht. Wenn mehrere sind, ist es schon anders. Man muß sich gewöhnen, auf andere zu hören, denn was andere sagen, geht mich auch an. Da merke ich, wer ich bin und was ich mir vornehmen kann. Es wird überall herum um mich meine Schlacht geschlagen, ich muß aufpassen, ehe ich es merke, komm ich ran.

Er ist ein Hilfsportier in einer Fabrik. Was ist denn das Schicksal? Eins ist stärker als ich. Wenn wir 2 sind, ist es schon schwerer, stärker zu sein als ich. Wenn wir 10 sind, noch schwerer. Und wenn wir 1000 sind und eine Million, dann ist es ganz schwer.

Aber es ist auch schöner und besser, mit anderen zu sein. Da fühle ich und weiß alles noch einmal so gut. Ein Schiff liegt nicht fest ohne großen Anker, und ein Mensch kann nicht sein ohne viele andere Menschen. Was wahr und falsch ist, werd ich jetzt besser wissen. Ich bin schon einmal auf ein Wort reingefallen, ich habe es bitter bezahlen müssen, nochmal passiert das dem Biberkopf nicht. Da rollen die Worte auf einen an, man muß sich vorsehen, daß man nicht überfahren wird, paßt du nicht auf auf den Autobus, fährt er dich zu Appelmus. Ich schwör sobald auf nichts in der Welt. Lieb Vaterland, magst ruhig sein, ich habe die Augen auf und fall sobald nicht rein.«

Das Leben ist ein „Enthüllungsprozeß", in dem der Mensch im Dunkeln tappt und erst spät erleuchtet wird, durch das Leben selbst und das erlittene Schicksal; dann kann er „das Straßenschild" lesen.

Darum geht es in dem Roman Alfred Döblins. Franz Biberkopf ist ein moderner Hiob, dem Prüfungen auferlegt sind, die er nicht versteht. Er will sein Leben selbst in die Hand nehmen, mit dem besten Willen, anständig zu sein, aber zugleich in einer Art Größenwahn, denn er will sich auf sich allein verlassen und allein verantwortlich sein.

Er ist ein schwacher, einsamer Mensch: nicht stark im Überlegen, von triebhaften Kräften bestimmt und ziellos, nur auf sich selbst gerichtet. Er rennt drauflos, und die Schicksalsschläge machen ihn nicht gescheiter; er preßt die Augen zu und wankt weiter in immer neues Unglück.

Wenn wir sagen, er zweifelt an Gott, so ist das ungenau ausgedrückt; denn Franz Biberkopf ist es gar nicht bewußt, daß er gegen ihn ankämpft. Er sieht nur das Übermächtige vor sich, und es nimmt Gestalt an in dem Ungeheuer Berlin, dem neuen Babylon, in dessen Raum er leben muß. Aber der schwache, triebhafte Einzelmensch muß vor der entfesselten Welt, vor dem Monstrum Stadt kapitulieren, und er erhält durch das Leid und die Gewalt des Schicksals die Belehrung: „Man fängt nicht sein Leben mit guten Worten und Vorsätzen an, mit Erkennen und Verstehen fängt man es an und mit dem richtigen Nebenmann."

Die Erkenntnis bringt Bescheidung: man kann sein Schicksal nicht selbst in die Hand nehmen; dazu ist der einzelne zu schwach. Was er sich „vornehmen kann", ist die Einordnung in die große Gemeinschaft, aus der letzten Endes das Monstrum Berlin besteht; es ist nur darum so übermächtig, weil es dem Willen des einzelnen als Ganzes gegenübersteht. Als ein Mensch unter und mit anderen, „demütig und wissend", kann Franz Biberkopf dem Schicksal ruhig in die Augen sehen.

„Berlin Alexanderplatz" ist der Roman eines einzelnen, schildert aber zugleich von ständig wechselnden Blickpunkten aus die vielschichtigen soziologischen und psychologischen Zustände des Großstadtmilieus.

Was das Werk vom alten Entwicklungsroman außerdem unterscheidet, ist eine neue Romantechnik. Es hat keine fortlaufende Handlung; wie im Film die Schauplätze unvermittelt wechseln oder die Kamera zeitlich und räumlich getrennte Ereignisse ineinanderblendet, so „montiert" Döblin die Vorgänge *(Montagetechnik)*.

Montiert sind auch die Seelenvorgänge. Am Schluß des Textausschnitts ist das angedeutet. Franz Biberkopf denkt nicht logisch; unvermittelt brechen in sein Bewußtsein fremde Schlagwörter, Lieder, Reklamesprüche ein. Es sind *Ideenassoziationen*. Der Begriff kommt von der Psychologie und bezeichnet die Erscheinung im menschlichen Seelenleben, daß sich selbsttätig eine Vorstellung auch gegen unseren Willen an die andere knüpft. So hängt sich an das Wort „überfahren" der Begriff Autobus, und daran wieder der unwillkürliche Reim „Appelmus". Es ist das Ziel dieser Technik, den Leser stärker, als es im rein logischen Gedankenablauf möglich ist, in die Seele des Romanhelden einzuführen, ihn an seinen Augenblicksregungen teilnehmen zu lassen, wie sie im Bewußtseinsstrom erscheinen. Das Selbstgespräch im Drama, der Monolog, erhält so als *innerer Monolog* seinen Platz in der Epik.

An vielen Stellen des Romans überträgt Döblin diesen inneren Monolog auf die Darstellung der Stadt Berlin, er weitet ihn aus auf das Ungeheuer Babylon:

»Rumm rumm ratscht die Ramme nieder, ich schlage alles, noch eine Schiene. Es surrt über den Platz vom Präsidium her, da nieten sie, da schmeißt eine Zementmaschine ihre Ladung um. Herr Adolf Kraun, Hausdiener, sieht zu, das Umkippen des Wagens fesselt ihn enorm, du schlägst alles, er schlägt alles. Er lauert immer gespannt, wie die Lore mit Sand auf der einen Seite hochgeht, da kommt die Höhe, bums, und nun dreht sie sich. Man möchte nicht so aus dem Bett geschmissen sein, Beine hoch, runter mit dem Kopf, da liegst du, kann einem was passieren, aber die machen egalweg.«

Das Bild der Großstadt soll entstehen. In Stellen wie dieser, zusammen mit eingeblendeten Zeitungsberichten, amtlichen Vorschriften, dem Treiben in Geschäftshäusern und Schlachthöfen, und immer wieder dem Lärm und der ewigen Hast in den Straßen wird die Seele Berlins lebendig. Der Stil spürt alle Feinheiten des Berliner Dialekts auf und läßt alle Sprachebenen ineinanderfließen. So wird die Großstadt zur Vision eines riesenhaften Lebewesens, vor dem der Mensch Franz Biberkopf in seiner Winzigkeit vergeht.

Der Roman soll eine Grundsituation des modernen Daseins darstellen, das Verlorensein des einzelnen vor der Gewalt des ungestalten Lebens. Das ist ein

Anliegen des Expressionismus. „Der Dichter muß dicht an die Realität dringen und sie durchstoßen, um zu den einfachen Grundsituationen und -figuren des menschlichen Daseins zu gelangen." Expressionistisch ist das Chaos der Großstadt und des Lebens, aber der „neue Mensch" ist ganz anders, als sich ihn die Expressionisten vorgestellt haben. Was an Franz Biberkopf dem „Übermenschen" ähnlich war, ist zerbrochen. Übrig bleibt die am Willen zur Selbstverwirklichung gescheiterte Gestalt, die sich in die Menge der Menschen gleichen Schicksals einordnet: Der Sozialismus ist Döblins Lösung des Daseinsproblems.

Der „innere Monolog" und das unentwirrbare Ineinander von Gedanken, Träumen, Triebregungen und sprunghaften Handlungen Franz Biberkopfs sind die literarischen Folgen eines neuen Wissenschaftszweiges, der Tiefenpsychologie. Der Wiener Arzt SIGMUND FREUD (1856–1939) ist für die Dichtung des zwanzigsten Jahrhunderts von einer ebenso großen Bedeutung wie Darwin für die des ausgehenden neunzehnten. Freud wies nach, daß das menschliche Handeln nicht allein aus den bewußten Absichten kommt, sondern seinen Ursprung in der Tiefe der Seele nimmt, aus triebhaften Wünschen, die dem Menschen meistens gar nicht bewußt sind, oder aus Erlebnissen und Gedanken, die längst aus seinem Bewußtsein verdrängt sind und oft plötzlich durch geringfügige Anlässe aus dem Unterbewußtsein hervorbrechen.

Zwischen dem Unterbewußtsein und dem klaren Bewußtsein gibt es viele verschiedene Stufen, so daß sich die Gedanken des Menschen gleichzeitig auf mehreren Ebenen bewegen; unkontrollierbare innere Kräfte bestimmen die Verhaltensweise des Menschen, ohne daß es ihm bewußt wird. Der Ire JAMES JOYCE (1882–1941) hat zum erstenmal versucht, konsequent die so gefundene ganze Wirklichkeit der menschlichen Seele darzustellen. Sein umfassender Roman *Ulysses* behandelt nicht mehr als einen Tag im Leben eines Menschen, aber er zeichnet jede Gefühlsregung und jeden Gedankensplitter auf, die zwischen dem Unbewußten und dem Denken seines Helden Leopold Bloom aufblitzen.

ALFRED DÖBLIN (1878–1957) war der Sohn armer Eltern und wirkte dreißig Jahre lang als Kassenarzt in einem Berliner Arbeiterviertel. So kannte er das Los der Proletarier, der untersten Schichten. Er studierte Karl Marx und war aktiv in der sozialdemokratischen Partei tätig. Im Verlauf der politischen Kämpfe in Deutschland nach dem Ersten Weltkrieg verlor er den Glauben an soziale Revolutionen. 1933 wurden seine Bücher öffentlich verbrannt, da er Jude, Sozialist und Gegner des Nationalsozialismus war. Er emigrierte nach Frankreich. Nach dem deutschen Einmarsch 1940 folgte eine zweite, schwierige Flucht nach Süden, wo er im unbesetzten Gebiet interniert wurde, aber noch rechtzeitig vor dem Zugriff der Gestapo nach Amerika entrinnen konnte. In dem schweren Erleben wandelte sich seine Anschauung. Er trat zum Katholizismus über. Nach dem Krieg konnte er in Deutschland nur mit Mühe Fuß fassen. Man hatte den alten Döblin erwartet und begegnete dem neuen mit Spott. Sein letzter Roman erst, *Hamlet oder Die lange Nacht nimmt ein Ende,* verhalf ihm wieder zu Ansehen.

BERTOLT BRECHT

Der kaukasische Kreidekreis

Bei einem blutigen Aufstand gegen den Großfürsten wird Abaschwili, der Gouverneur der Stadt Nukha, getötet. Seine Frau denkt bei der Flucht nur an ihre Kleider und läßt ihr Kind Michel im Stich. Die Magd Grusche nimmt sich seiner an und rettet es unter großen Gefahren.
Zwei Jahre später ist der Aufstand unterdrückt. Die Gouverneursfrau fordert ihr Kind zurück; denn Michel ist der Erbe des Gouverneurs, und ohne ihn verliert sie die Einkünfte aus den Gütern. Doch Grusche, die das Kind unter bitteren Opfern aufgezogen hat, will es nicht mehr hergeben; sie gibt es für ihr eigenes aus.
Vor dem Richter Azdak kommt es zur entscheidenden Verhandlung.

Grusche: Ich geb's nicht mehr her. Ich hab's aufgezogen, und es kennt mich.
(Schauwa führt das Kind herein.)
Die Gouverneursfrau: In Lumpen geht es!
Grusche: Das ist nicht wahr. Man hat mir nicht die Zeit gegeben, daß ich ihm sein gutes Hemd anzieh.
Die Gouverneursfrau: In einem Schweinekoben war es!
Grusche *(aufgebracht):* Ich bin kein Schwein, aber da gibt's andere. Wo hast du dein Kind gelassen?
Die Gouverneursfrau: Ich werd's dir geben, du vulgäre Person. *(Sie will sich auf Grusche stürzen, wird aber von den Anwälten zurückgehalten.)* Das ist eine Verbrecherin! Sie muß ausgepeitscht werden, sofort!
Der zweite Anwalt *(hält ihr den Mund zu):* Gnädigste Natella Abaschwili! Sie haben versprochen... Euer Gnaden, die Nerven der Klägerin...
Azdak: Klägerin und Angeklagte: Der Gerichtshof hat euren Fall angehört und hat keine Klarheit gewonnen, wer die wahre Mutter dieses Kindes ist. Ich als Richter hab die Verpflichtung, daß ich für das Kind eine Mutter aussuch. Ich werd eine Probe machen. Schauwa, nimm ein Stück Kreide. Zieh einen Kreis auf den Boden. *(Schauwa zieht einen Kreis mit Kreide auf den Boden.)* Stell das Kind hinein! *(Schauwa stellt Michel, der Grusche zulächelt, in den Kreis.)* Klägerin und Angeklagte, stellt euch neben den Kreis, beide! *(Die Gouverneursfrau und Grusche treten neben den Kreis.)* Faßt das Kind bei der Hand. Die wahre Mutter wird die Kraft haben, das Kind aus dem Kreis zu sich zu ziehen.
Der zweite Anwalt *(schnell):* Hoher Gerichtshof, ich erhebe Einspruch, daß das Schicksal der großen Abaschwili-Güter, die an das Kind als Erben gebunden sind, von einem so zweifelhaften Zweikampf abhängen soll. Dazu kommt: Meine Mandantin verfügt nicht über die gleichen Kräfte wie diese Person, die gewohnt ist, körperliche Arbeit zu verrichten.
Azdak: Sie kommt mir gut genährt vor. Zieht!
(Die Gouverneursfrau zieht das Kind zu sich herüber aus dem Kreis. Grusche hat es losgelassen, sie steht entgeistert.)
Der erste Anwalt *(beglückwünscht die Gouverneursfrau):* Was hab ich gesagt? Blutsbande!
Azdak *(zu Grusche):* Was ist mit dir? Du hast nicht gezogen.
Grusche: Ich hab's nicht festgehalten. *(Sie läuft zu Azdak.)* Euer Gnaden, ich nehm zurück, was ich gegen Sie gesagt hab, ich bitt Sie um Vergebung. Wenn ich's nur behalten könnt, bis es alle Wörter kann. Es kann erst ein paar.

Der kaukasische Kreidekreis (Szenenphoto der Aufführung des Berliner Ensembles am Schiffbauerdamm. 1954)

Azdak: Beeinfluß nicht den Gerichtshof! Ich wett, du kannst selber nur zwanzig. Gut, ich mach die Probe noch einmal, daß ich's endgültig hab.

(Die beiden Frauen stellen sich noch einmal auf.)

Azdak: Zieht!

(Wieder läßt Grusche das Kind los.)

Grusche *(verzweifelt):* Ich hab's aufgezogen! Soll ich's zerreißen? Ich kann's nicht.

Azdak *(steht auf):* Und damit hat der Gerichtshof festgestellt, wer die wahre Mutter ist. *(Zu Grusche:)* Nimm dein Kind und bring's weg. Ich rat dir, bleib nicht in der Stadt mit ihm. *(Zur Gouverneursfrau:)* Und du verschwind, bevor ich dich wegen Betrug verurteil. Die Güter fallen an die Stadt, damit ein Garten für die Kinder draus gemacht wird, sie brauchen ihn, und ich bestimm, daß er nach mir „Der Garten des Azdak" heißt.(...)

Der Sänger: Und nach diesem Abend verschwand der Azdak und ward nicht mehr gesehen.

Aber das Volk Grusiniens vergaß ihn nicht und gedachte noch

Lange seiner Richterzeit als einer kurzen

Goldenen Zeit beinah der Gerechtigkeit.(...)

Ihr aber, ihr Zuhörer der Geschichte vom Kreidekreis

Nehmt zur Kenntnis die Meinung der Alten:

Daß da gehören soll, was da ist, denen, die für es gut sind, also

Die Kinder den Mütterlichen, damit sie gedeihen

Die Wagen den guten Fahrern, damit gut gefahren wird

Und das Tal den Bewässerern, damit es Frucht bringt.

278

Der ursprüngliche *Kreidekreis* ist ein chinesisches Singspiel aus der Zeit um 1300, in dem sich die wahre Mutter dadurch verrät, daß sie es nicht über das Herz bringt, das Kind in zwei Stücke zerrissen zu sehen. Brecht wandelt es um; er versetzt es in eine andere Umgebung und verändert die Vorgeschichte. Die Probe selbst verkehrt er in ihr Gegenteil: Der Richter weist das Kind der falschen Mutter zu.

Der Ausgang soll den Zuschauer zum Nachdenken veranlassen; er hat selbstverständlich erwartet, daß der Spruch zugunsten der echten Mutter ausfällt. Das entspricht der ihm vertrauten Vorstellung von Gerechtigkeit. Was tatsächlich auf der Bühne geschieht, schockiert ihn; es ist ein unerwarteter, fremder Vorgang. Brecht nennt das den *Verfremdungseffekt* (auch: V-Effekt). Durch den Spruch des Richters wird der Zuschauer aus der Gewißheit aufgeschreckt, daß es eine gesicherte Rechtsordnung gibt, – und er soll erkennen, daß der falsche Spruch in Wahrheit der richtige ist: er soll eine neue Vorstellung von Gerechtigkeit bekommen.

Die Wirkung wird dadurch verstärkt, daß der Richter Azdak eigentlich ein verkommener Dorfschreiber ist, der nur zufällig zu seinem hohen Amt gekommen ist. „Er ist ein Saufaus und versteht nichts, und die größten Diebe sind schon bei ihm freigekommen. Weil er alles verwechselt und die reichen Leut ihm nie genug Bestechung zahlen, kommt unsereiner manchmal gut bei ihm weg", heißt es einmal von ihm. Azdak verdreht das Recht, und gerade dann trifft er Entscheidungen, die in einem höheren Sinn gerecht sind.

Wenn Azdak betrunken ist, dann vergißt er die bestehenden Gesetze so vollständig, daß er ganz aus dem Gefühl heraus das Richtige tut, wozu ein ordentlicher Richter nicht in der Lage wäre. Das heißt mit anderen Worten, daß die Gesetze so falsch sind, daß sie beim besten Willen nicht zum Guten führen können.

Grund für diese These ist der *Kommunismus*. In seinem Dienste steht Brechts Schaffen; aus seiner Sicht können die Gesetze nicht stimmen, denn sie sind solche der „bürgerlichen Gesellschaft", die durch ihr Besitzstreben innerlich verdorben ist, so daß sie nur noch „kapitalistisch" denken kann und die gerechte Weltordnung vergessen hat. Solange die bürgerliche Gesellschaft herrscht, kann es nur eine „kurze goldene Zeit beinahe der Gerechtigkeit" geben, wie der „Sänger" am Schluß sagt, eben in solchen Ausnahmefällen, in denen zufällig ein Nicht-Kapitalist Entscheidungen fällt, einer der sonst durch die Kapitalisten Getretenen und Unterdrückten.

Einen marxistischen Lehrsatz also will Brecht mit seinem Drama verkünden, es ist ein *Lehrstück.* Das unterstreicht er dadurch, daß er dem Stück ein „Vorspiel" gibt, in dem die Vertreter zweier Kolchosen nach der Niederlage der Nationalsozialisten im kaukasischen Gebiet die Verwendung eines Tales diskutieren. Es wird nicht den Kolchosebauern zugesprochen, die es vorher bewirtschaftet haben, sondern den Nachbarn, weil sie einen Bewässerungsplan entworfen haben, womit das Tal fruchtbarer gemacht werden kann. Zur Feier der Einigung führen diese das Festspiel vom *Kreidekreis* auf, das in einem Gleichnis aus einem anderen Gebiet bestätigt, „daß da gehören soll, was da ist, denen, die für es gut sind".

Der „Sänger" zieht am Schluß diese Nutzanwendung. Er tritt auch im Stück selbst immer wieder auf, erklärt die Vorgänge und berichtet von den Ereignissen zwischen den einzelnen Szenen oder von den unausgesprochenen Gefühlen und Gedanken der Gestalten. Im klassischen Drama gibt es keinen solchen Erklärer. In ihm entwickelt sich die Handlung vor dem Zuschauer ganz aus sich, und sie wirkt dadurch auf ihn ein, daß er sich mit den Personen der Handlung „identifiziert", das heißt, daß er ihr Schicksal miterlebt, als ob es sein eigenes wäre. So vermittelt das klassische Drama erhabene Gefühle, und im Mitleiden mit dem Helden und seinem Schicksal läutert sich der Mensch.

Bertolt Brecht wendet sich gegen diese Vorstellung vom Drama. Er nennt sie „kulinarisch", genüßlich, und will damit sagen, daß sich der Zuschauer der Illusion hingibt, er erlebe selbst, was er auf der Bühne sieht. Diesem Illusionstheater setzt er sein Lehrstück entgegen, in dem sich der Zuschauer stets bewußt sein soll, daß er Zeuge eines Spieles ist.

Die meisten Kennzeichen der neuen Form sind nicht nur dem marxistischen Lehrstück eigentümlich, sondern gehören zum Bestandteil einer neuen Dramenkunst, die man – mit Brecht – als *episches Theater* bezeichnet.

Die alten Aufbaugesetze des Dramas – Einheit der Zeit, des Ortes und der Handlung – werden in ihm hinfällig. Der „Kreidekreis" hat keine durchlaufende Handlung mehr. Nach dem Vorspiel werden zwei Gestalten unabhängig voneinander vorgeführt: Grusche und Azdak. Erst in der letzten Szene kommen sie in einen dramatischen Zusammenhang. Nur die Grundidee verbindet die verschiedenen Teile. Dem Drama fehlt auch die Einheit der Zeit und des Ortes, denn die einzelnen Szenen folgen einander nicht in einem klaren zeitlichen und örtlichen Ablauf, so daß die Ereignisse jeweils an die vorhergehende Szene anknüpfen; vielmehr bieten sie Augenblicksbilder, die eine Situation, einen Zustand aufzeigen und von hier aus über Raum und Zeit zur nächsten „Station" weiterspringen. So bewegt sich das Geschehen, wie Brecht sagt, nicht „linear", sondern „in Kurven", es ist nicht zwangsläufig, sondern macht „Sprünge". Um die Lücken auszufüllen, bedient man sich eines Ansagers oder Erzählers. Auf diese Weise entsteht weniger eine dramatische Handlung als eine Erzählung mit eingestreuten Bildern, welche die Höhepunkte szenisch veranschaulichen; also ein „episches" Theater.

Ein solches Drama will dem Zuschauer nicht mehr die Suggestion vermitteln, daß er selbst in das Geschehen hineinversetzt ist. Der Zuschauer steht dem Stück gegenüber, er studiert es und soll es beurteilen. Das geht so weit, daß Brecht manchmal keine Lösung gibt, wie sie der „Sänger" im Kreidekreis ausspricht. Sein Einakter *Die Ausnahme und die Regel* endet mit einer schreienden Ungerechtigkeit; am Schluß des *Guten Menschen von Sezuan* wird das Publikum selbst nach der Lösung gefragt. Der Zuschauer verläßt „verfremdet" das Theater; das Drama erzwingt von ihm die Entscheidung und treibt ihn zu der Erkenntnis des Lehrsatzes, den das Stück aussprechen will.

Bertolt Brecht (Gemälde von Rudolf Schlichter. 1928)

Brecht verwendet jede mögliche Methode, um diesen Denkprozeß hervorzurufen und die Illusion zu zerstören. Er bringt Plakate im Theater an mit Inschriften wie: „Glotzt nicht so romantisch!"; vor jeder Szene macht ein Spruchband darauf aufmerksam, worum es geht; die Schauspieler wenden sich direkt an das Publikum, sie unterbrechen sich an den entscheidenen Stellen, um in Liedern *(Songs)* das Dargestellte zu erläutern und zusammenzufassen.

Am stärksten verfremdet die Gestalt des Ansagers. Im Kreidekreis ist es der „Sänger", eigentlich die Hauptgestalt des Stückes, denn er hält es mit seinen Betrachtungen und Deutungen zusammen, spricht aus, was die Gestalten selbst nicht sagen können, und vergegenwärtigt dem Zuschauer beständig die Tatsache, daß er mit seinem Verstand dabei sein soll und sich nicht Gefühlen hingeben darf.

BERTOLT BRECHT (1898–1956), Sohn eines Augsburger Fabrikdirektors, begann mit expressionistischen Dramen *(Trommeln in der Nacht)*. Sein eigentliches Thema wurde immer mehr das Schicksal der Unterdrückten und Ausgebeuteten. Das Mitleid mit ihnen führte ihn zum Kommunismus, dem er bis zu seinem Tode treu blieb. Nach 1933 mußte er fliehen; er kehrte nach dem Krieg nach Ostberlin zurück und baute als Leiter des „Theaters am Schiffbauerdamm" eine Bühne auf, in der er in ausgefeilten Inszenierungen die Möglichkeiten des epischen Theaters erprobte.

Für seine Dramen benutzte er freizügig die Werke der Weltliteratur, um sie der Ideenwelt des Kommunismus entsprechend zu verändern. *Mutter Courage und ihre Kinder* etwa zeigt – angelehnt an eine Erzählung Grimmelshausens – Stationen auf dem Lebensweg einer Marketenderin im Dreißigjährigen Krieg, die ihre drei Kinder verliert, weil sie ihre Mutterliebe mit ihrem Handelsinteresse nicht vereinbaren kann. Es ist bezeichnend für die Grenzen des Lehrstücks, daß das Schauspiel trotz der Spruchbänder und der eingeschobenen Songs den Zuschauer erschüttert und nicht nur zum Nachdenken anregt. Der Lehrsatz, daß die Mutter Courage „kapitalistisch" denkt und ihre Kinder deswegen blind dem Geschick aussetzt, wird in ihm kaum gegenwärtig.

Dem epischen Theater sind die wichtigsten Dramatiker der Jahrhundertmitte verpflichtet. Auch CARL ZUCKMAYER verläßt das klassische Aufbauprinzip, wenn er zum Beispiel im *Hauptmann von Köpenick* zwei ganz verschiedene Handlungsfäden erst am Schluß zusammenführt. Er berichtet von Stationen im Leben des mehrmals vorbestraften Schusters Voigt und von einer Offiziersuniform, die dreimal den Besitzer wechselt, bis Voigt sie beim Trödler kauft und in dieser Uniform Wachsoldaten befiehlt, das Rathaus von Köpenick zu besetzen. Dort konfisziert er dann die Stadtkasse und verschwindet unbehelligt.

Die führenden deutschsprachigen Dramatiker der Zeit , die Schweizer MAX FRISCH (geb. 1911) und FRIEDRICH DÜRRENMATT (geb. 1921), setzen, jeder in seiner Weise, das epische Theater fort.

Die bedeutendste kommunistische Epikerin war ANNA SEGHERS (1900 – 1983) aus Mainz. Sie trat 1928 der KPD bei, emigrierte 1933 nach Frankreich, 1940 nach Mexiko und kam, zurückgekehrt, in der DDR zu hohen Ehren, u.a. als Vorsitzende des Schriftstellerverbands.

In der Erzählung *Aufstand der Fischer von Santa Barbara* (1928) organisiert der Agitator Andreas Hull einen Streik gegen den Preisdruck der Reeder, doch kann er das Elend der Fischer nicht abwenden; das Dorf versinkt in die alte Hoffnungslosigkeit, als Militär einen aufflackernden Aufstand unterdrückt und die Fischer gezwungen sind, für die alten Hungerlöhne auszufahren.

Der berühmteste Roman Anna Seghers' wurde *Das siebte Kreuz. Roman aus Hitlerdeutschland* (1942). Es handelt von dem Ausbruch von sieben KZ-Häftlingen, von denen einer dank der spontanen Solidarität einzelner Menschen nach Holland entkommt. Das Kreuz, an das er neben sechs Gefaßten gefesselt werden soll, bleibt leer.

Der Mensch in der Vereinzelung

FRANZ KAFKA

Der Schlag ans Hoftor

»Es war im Sommer, ein heißer Tag. Ich kam auf dem Nachhauseweg mit meiner Schwester an einem Hoftor vorüber. Ich weiß nicht, schlug sie aus Mutwillen ans Tor oder aus Zerstreutheit oder drohte sie nur mit der Faust und schlug gar nicht. Hundert Schritte weiter an der nach links sich wendenden Landstraße begann das Dorf. Wir kannten es nicht, aber gleich nach dem ersten Haus kamen Leute hervor und winkten uns, freundschaftlich oder warnend, selbst erschrocken, gebückt vor Schrecken. Sie zeigten nach dem Hof, an dem wir vorübergekommen waren, und erinnerten uns an den Schlag ans Tor. Die Hofbesitzer werden uns verklagen, gleich werde die Untersuchung beginnen. Ich war sehr ruhig und beruhigte auch meine Schwester. Sie hatte den Schlag wahrscheinlich gar nicht getan, und hätte sie ihn getan, so wird deswegen nirgends auf der Welt ein Beweis geführt. Ich suchte das auch den Leuten um uns begreiflich zu machen, sie hörten mich an, enthielten sich aber eines Urteils. Später sagten sie, nicht nur meine Schwester, auch ich, als Bruder, werde angeklagt werden. Ich nickte lächelnd. Alle blickten wir zum Hofe zurück, wie man eine ferne Rauchwolke beobachtet und auf die Flamme wartet.
Und wirklich, bald sahen wir Reiter ins weit offene Hoftor einreiten. Staub erhob sich, verhüllte alles, nur die Spitzen der hohen Lanzen blinkten. Und kaum war die Truppe im Hof verschwunden, schien sie gleich die Pferde gewendet zu haben und war auf dem Weg zu uns. Ich drängte meine Schwester fort, ich werde alles allein ins reine bringen. Sie weigerte sich, mich allein zu lassen. Ich sagte, sie solle sich aber wenigstens umkleiden, um in einem besseren Kleid vor die Herren zu treten. Endlich folgte sie und machte sich auf den langen Weg nach Hause.
Schon waren die Reiter bei uns, noch von den Pferden herab fragten sie nach meiner Schwester. Sie ist augenblicklich nicht hier, wurde ängstlich geantwortet, werde aber später kommen. Die Antwort wurde fast gleichgültig aufgenommen; wichtig schien vor allem, daß sie mich gefunden hatten.
Es waren hauptsächlich zwei Herren, der Richter, ein junger, lebhafter Mann, und sein stiller Gehilfe, der Aßmann genannt wurde. Ich wurde aufgefordert, in die Bauernstube einzutreten. Langsam, den Kopf wiegend, an den Hosenträger rückend, setzte ich mich unter den scharfen Blicken der Herren in Gang. Noch glaubte ich fast, ein Wort werde genügen, um mich, den Städter, sogar unter Ehren, aus diesem Bauernvolk zu befreien. Aber als ich die Schwelle der Stube überschritten hatte, sagte der Richter, der vorgesprungen war und mich schon erwartete: „Dieser Mann tut mir leid." Es war aber über allem Zweifel, daß er damit nicht meinen gegenwärtigen Zustand meinte, sondern das, was mit mir geschehen würde.
Die Stube sah einer Gefängniszelle ähnlicher als einer Bauernstube. Große Steinfliesen, dunkel, ganz kahle Wand, irgendwo eingemauert ein eiserner Ring, in der Mitte etwas, das halb Pritsche, halb Operationstisch war.
Könnte ich noch andere Luft schmecken als die des Gefängnisses? Das ist die große Frage oder vielmehr, sie wäre es, wenn ich noch Aussicht auf Entlassung hätte.«

Wegen eines lächerlichen Vergehens, das vielleicht gar nicht stattgefunden hat, kommt nicht die Täterin, sondern deren Bruder ins Gefängnis, und es wird ihm schlagartig bewußt, daß er keine Aussicht mehr auf Entlassung hat; er ist dem Richter ausgesetzt, und wir ahnen, was mit ihm geschehen wird, wenn wir an den gefängnishaften Raum, den eisernen Ring und die einem Operationstisch ähnliche Pritsche denken. Der Bruder wird maßlos gequält werden, ohne zu wissen warum und ohne Hoffnung auf ein Ende.

Die Geschichte ist in sich abgeschlossen; der Vorfall wird sachlich und klar mitgeteilt, wie wenn er wirklich stattgefunden hätte, und doch ist er unverständlich. Kafka will etwas anderes aussagen als das, was zunächst auf der Oberfläche sichtbar ist: *Der Schlag ans Hoftor* gehört zur Gattung der *Parabel* (griech., Gleichnis). Diese hat eine *Bildebene,* das ist im gegebenen Fall der Schlag und dessen Folgen, und eine Gedanken- oder *Bedeutungsebene.* Die Aussage ist in der Bildebene verschlüsselt enthalten, in einem gleichnishaften Vorgang aus einem bekannten Bereich. (In der Tierfabel, einer traditionellen Parabelart, muß man das Verhalten z. B. des Fuchses oder des Raben auf das von Menschen übertragen. Das Umsetzen ist leicht, weil erkennbar ist, daß die Geschichte zu diesem Zweck erfunden ist, und weil der Leser weiß, wie er mit einer Fabel umzugehen hat.)

Den ersten Schritt auf dem Wege zum Erkennen der Kafkaschen Parabel macht der Leser bereits, wenn das unverständliche Ereignis wie ein Schock auf ihn wirkt, als Einbruch von etwas Unbegreiflichem in seine bisher gut kalkulierte Welt. Dem „Bruder" geht es ebenso: er ist zunächst „sehr ruhig", nickt lächelnd, überlegen und spöttisch, und als er die Stube betritt, geschieht es mit einem selbstsicheren Gehabe. Aber plötzlich ergreift ihn die Gewißheit, daß der Schritt über die Schwelle sein Leben verändert.

Aber ist er nicht eigentlich erst jetzt in sein „Leben" eingetreten? Der selbstsichere Städter ist in eine andere Umgebung geraten, die ihm unverständlich, fremdartig erscheint und die er kritisch betrachtet, dann aber kann er keine „andere Luft mehr schmecken als die des Gefängnisses".

Der Prozeß seines Lebens und über sein Leben beginnt. Das ist der eigentliche Sinn der Parabel. Vorher ist sein Leben eindeutig; das zeichnet sich auch in dem durchsichtigen, nüchternen Stil ab, der Vorgänge so berichtet, wie sie dem sachlichen Beobachter erscheinen. Der Mann ist ein klar denkender, vernünftiger Mensch, und daraus ergibt sich seine Selbstsicherheit. Plötzlich aber fallen die logischen Zusammenhänge auseinander, das Unerklärliche bricht ein und nimmt ihn ganz gefangen: jetzt spürt er, daß das Leben nicht, wie er bis dahin gemeint hat, „verständlich" ist. Das bedeutet, daß er in eine andere Bewußtseinsschicht eintritt, in der Ursache und Wirkung nicht mehr gelten, in der sich alle logischen Bezüge auflösen.

Man könnte meinen, es sei ein Traum. Tatsächlich hat Kafka oft ausgesprochene Traumzustände geschildert, das Gehen auf einer Straße ohne Ende, das Stapfen in bodenlosem Schnee auf einem Weg ohne Ziel oder Handlungen, die nicht ausgeführt werden, obwohl sie an sich leicht vollziehbar sind. Mit solchen Bildern will er dartun, daß die Welt anders ist, als sie sich der Verstand einrichtet. „Sie mißdeuten alles, auch das Schweigen. Sie können eben nicht anders", heißt es in dem Roman *Das Schloß*. Und das Unheimliche daran ist, daß sich das Leben tatsächlich jeder Deutung entzieht. Es ist so unberechenbar und gefährlich, wie es der „Bruder" plötzlich erlebt. Der Mensch steht beständig unter der Drohung eines furchtbaren Gerichts, und dabei kennt er seine Schuld nicht und weiß nicht, wer sein Richter ist – denn der „Richter" in der Parabel ist auch nur das ausführende Organ für eine Macht, die unsichtbar hinter dem Hoftor haust.

Wo die Parabel von „Schlag ans Hoftor" endet, beginnt der Roman *Der Prozeß*.

Josef K., ein Bankbeamter, erfährt an seinem dreißigsten Geburtstag, daß er angeklagt ist. Seine Schuld kennt er nicht, und es ist ihm nicht möglich, den Richter, ja nicht einmal die Anklagebehörde ausfindig zu machen, die seinen Fall behandelt. Alle Versuche, an sie heranzukommen, bleiben in den Vorzimmern stecken, und wenn er endlich einem Beamten gegenübersteht, erweist es sich, daß der ein ganz kleines Rad in dem großen Getriebe des Gerichts ist. Schließlich wird er hingerichtet, immer noch in Unkenntnis seiner Schuld; aber er unterwirft sich dem Urteil, das er nicht versteht.

Der ganze Roman ist eine ausgedehnte Parabel, in der Josef K. das „Gericht" unermüdlich sucht und nie findet. Nirgends gibt uns der Dichter die Lösung des Rätsels in die Hand. Das liegt daran, daß es grundsätzlich nicht möglich ist, das Gericht zu erkennen. Es bleibt offen, ob es in Dimensionen handelt, die über das menschliche Fassungsvermögen hinausgehen, oder ob es in Wirklichkeit gar keine oberste Stelle gibt. Der Mensch jedenfalls ist ihm hoffnungslos ausgeliefert. In sein Leben greift es unausgesetzt ein, es überwacht ihn so, daß er in jedem Augenblick, in dem er frei zu handeln vermeint, tatsächlich nur so viel tun kann, wie ihm das „Gesetz" gestattet.

Noch nie zuvor hat ein Dichter in so grausamer Konsequenz den hilflosen einzelnen dargestellt, der ohne Ausweg im Dunkeln tappt und von nirgendwoher Auskunft über den Sinn seiner Existenz erhält. In der Parabel *Vor dem Gesetz* aus dem Roman wird das besonders deutlich beschrieben:

Ein Mann erbittet Einlaß in das Gesetz. Ein Türhüter verwehrt ihm den Zutritt. – „Wenn es dich lockt, versuche es doch, trotz meines Verbots hineinzugehn. Merke aber: ich bin mächtig. Und ich bin nur der unterste Türhüter. Von Saal zu Saal stehen aber Türhüter, einer mächtiger als der andere. Schon den Anblick des dritten kann nicht einmal ich mehr ertragen." – Der Mann wartet bis zu seinem Tode vor der Tür. Im Sterben fragt er –: „Alle streben doch nach dem Gesetz, (...) wieso kommt es, daß in den vielen Jahren niemand außer mir Einlaß verlangt hat?" Der Türhüter erkennt, daß der Mann schon an seinem Ende ist, und, um sein vergehendes Gehör noch zu erreichen, brüllt er ihn an: „Hier konnte niemand sonst Einlaß erhalten, denn dieser Eingang war nur für dich bestimmt. Ich gehe jetzt und schließe ihn."

Nicht nur unbekannt ist das Gesetz, sondern es ist zudem nicht möglich, es gemeinsam zu suchen. Jeder muß für sich allein Einlaß begehren, denn für jeden ist eine eigene Türe da: Die vollkommene Einsamkeit des einzelnen

Ernst ist das Leben, heiter die Kunst (Karikatur von Th. Th. Heine, als er 1898 wegen Majestätsbeleidigung ins Gefängnis kam). Die Karikatur, lange vor *Der Schlag ans Hoftor* entstanden, wirkt wie eine Illustration dazu: in der Unverhältnismäßigkeit der angewandten Gewaltmittel, der Gleichgültigkeit und dem Unverständnis der Polizeikräfte gegenüber dem, was vorgeht, der liebevoll-fürsorglichen Geste des Richters, der dem Gefangenen noch die Hand führt, um ihn dann zu verurteilen, und der absurden „Straftat", die im Zeichnen des Simplhundes besteht (des Symbols der satirischen Zeitschrift „Simplizissimus"). Das alles sind Mittel der Groteske, wie sie auch bei Kafka sichtbar werden.

kommt zu der Ausweglosigkeit dazu, die in dem doppelten Zwang liegt, daß der Mensch nicht anders kann, als einen Sinn im Leben zu suchen, und zugleich grundsätzlich außerstande ist, ihn zu finden. Auch menschliches Mitgefühl gibt keine Hoffnung. Der Richter sagt: „Dieser Mann tut mir leid", und doch wird er ihn quälen. So sieht Kafka die Lebensvorgänge als eine Kette sinnloser Grausamkeiten, an denen jeder beteiligt ist, auch gegen seine Absicht. Die Urschuld liegt in der Existenz selbst, nicht in einer beliebigen Tat. Darum ist sie auch nicht erkennbar und darum gehört „alles zum Gericht".

Der Roman „Der Prozeß" ist unvollendet. Er wurde aus dem Nachlaß herausgegeben, und es ist umstritten, ob die Ausgabe alle Kapitel in der richtigen Reihenfolge abgedruckt hat; denn da der Roman beständig um das eine Problem kreist, um den Versuch Josef K.s, den Sinn der Anklage zu ermitteln, ist eine fortlaufende Handlung ausgeschlossen. Er ist noch konsequenter als Döblins *Berlin Alexanderplatz* ein Roman des Nebeneinander, besteht aus Situationen und Episoden ohne äußeren Zusammenhalt, denn das Problem der Existenz ist zeitlos und raumlos, es ist jeden Augenblick da und kann nur im Augenblick dargestellt werden.

FRANZ KAFKA (1883–1924) entstammte einer jüdischen Familie aus Prag. Er studierte Jura und war später Versicherungsangestellter. Nach einem Leben ohne äußere Höhepunkte starb er früh an Tuberkulose. Seine Krankheit und seine jüdische Abkunft haben stark auf seine verzweiflungsvolle Lebenssicht eingewirkt, denn wie seine Rasse im Ausgestoßensein lebte, so mußte er sich selbst durch seine Krankheit vereinzelt fühlen. Die Welt wird ihm zu einem ewigen Schrecken; der einzelne sucht vergeblich nach Kontakt mit seinen Mitmenschen.

GOTTFRIED BENN

Verlorenes Ich

Verlorenes Ich, zersprengt von Stratosphären,
Opfer des Ion –: Gamma-Strahlen-Lamm –
Teilchen und Feld –: Unendlichkeitschimären
auf deinem grauen Stein von Notre-Dame.

Die Tage gehn dir ohne Nacht und Morgen,
die Jahre halten ohne Schnee und Frucht
bedrohend das Unendliche verborgen –
die Welt als Flucht.

Wo endest du, wo lagerst du, wo breiten
sich deine Spähren an – Verlust, Gewinn –:
ein Spiel von Bestien: Ewigkeiten,
an ihren Gittern fliehst du hin.

Der Bestienblick: die Sterne als Kaldaunen,
Der Dschungeltod als Seins- und Schöpfungsgrund,
Mensch, Völkerschlachten, Katalaunen
hinab den Bestienschlund.

Die Welt zerdacht. Und Raum und Zeiten
Und was die Menschheit wob und wog,
Funktion nur von Unendlichkeiten –
die Mythe log.

Woher, wohin – nicht Nacht, nicht Morgen,
kein Evoë, kein Requiem,
du möchtest dir ein Stichwort borgen –
allein bei wem?

Ach, als sich alle einer Mitte neigten
und auch die Denker nur den Gott gedacht,
sie sich dem Hirten und dem Lamm verzweigten,
wenn aus dem Kelch das Blut sie rein gemacht,

und alle rannen aus der einen Wunde,
brachen das Brot, das jeglicher genoß –
o ferne zwingende erfüllte Stunde,
die einst auch das verlorene Ich umschloß.

Ion = elektrisch geladenes Teilchen; Gamma-Strahlen = radioaktive Strahlen; Chimäre = Fabeltier als Wasserspeier an mittelalterlichen Domen, besonders Notre Dame in Paris – vgl. Schimäre = Hirngespinst; Kaldaunen = Eingeweide; Katalaunen = Schlacht auf den Katalaunischen Feldern 451; Evoë = Jubelruf beim Fest des Dionysos

Lamm, Hirt, Kelch, Brot sind allgemeingültige Symbole des Christentums. Mit ihnen beschwört Gottfried Benn in den letzten beiden Strophen die Zeit, als der Mensch noch eine „Mitte" besaß, als er noch wußte, wozu er auf Erden war und welchen Sinn seine Existenz hatte.

Dem stellt er das Ich gegenüber, das verloren im Dasein steht. Es ist „Gamma-Strahlen-Lamm": nicht mehr Lamm Gottes, sondern ausgesetzt den selbstgeschaffenen tödlichen Kräften der Technik, und Opfer des Ion: Die Welt ist „zerdacht". Das Ion ist unendlich klein, in ihm löst sich die Materie auf, und auch im Großen dehnen sich die Stratosphären ins Unendliche. Die Sterne sind nicht die Begrenzung des Universums, sondern nur Eingeweide der Welt, die vom Menschen weg in grenzenlose Weiten flieht, in Ewigkeiten, vor deren Unvorstellbarkeit der Mensch wie vor Gittern steht.

In diesem Weltbild ist der Mensch nur eine Funktion, ein Teilchen in einem nicht faßbaren Vorgang. Darum ist er nicht nur im Raume verloren, sondern auch in der Zeit; sein Zeitempfinden, der Lauf der Jahre, bedeutet nichts in solchen Ewigkeiten.

So wie Raum und Zeit durch die Naturwissenschaften entwertet worden sind, so ist das Ich auch dadurch um seine Mitte gebracht, daß es nicht Herr der eigenen Entschlüsse ist: Das Triebhafte, der „Bestienschlund", durch die Tiefenpsychologie (S. 276) als unkontrollierbare, aber bestimmende Macht festgestellt, beherrscht ihn. Und da die Welt zer„dacht" ist, gibt es keinen Glauben mehr, keine Mythe, die ihr den Sinn zurückgeben könnte.

Der Gegensatz zur vorhergehenden Zeit der Sicherheit des Menschen ist auch in der Form faßbar. Die letzten beiden Strophen mit ihren weichen und fließenden Sätzen könnten fast auch in einem Gedicht des vorigen Jahrhunderts stehen. Demgegenüber haben die ersten Strophen einen Stil, der damals undenkbar gewesen wäre. Es gibt darin kaum einen abgerundeten Satz. In gedrängter Kürze reihen sich Schlagworte aneinander; so unabgeschlossen, wie die Welt dem Dichter erscheint, ist der Stil. Vor allem fehlen die Wörter, die verbinden: Zeitwörter, Eigenschaftswörter, Bindewörter. Der Expressionismus hatte ähnlich gedichtet, aber er hatte in Schreien dem drängenden Gefühl Ausdruck gegeben. In Benns Gedicht können wir davon nicht sprechen, denn die entscheidenden Wörter sind Begriffe, kommen aus den Gedanklichen. Es sind *Chiffren,* also Kennworte, in denen sich Vorstellungen zusammenballen. „Worte, Worte – Substantive! Sie brauchen nur Schwingen zu öffnen, und Jahrtausende entfallen ihrem Flug", sagt Benn, und damit wird ihr Sinn deutlich: es sind keine Symbole, wie sie die Dichtung seit jeher kennt, denn mit diesen Chiffren faßt der Dichter nicht eine allgemeingültige Vorstellung in ein Bild, sondern gibt ein Geheimzeichen, das für jeden etwas anderes bedeuten kann.

Ein Wort, ein Satz –: Aus Chiffren steigen   Ein Wort – ein Glanz, ein Flug, ein Feuer,
erkanntes Leben, jäher Sinn,   ein Flammenwurf, ein Sternenstrich –
die Sonne steht, die Sphären schweigen   und wieder Dunkel, ungeheuer,
und alles ballt sich zu ihm hin.   im leeren Raum um Welt und Ich.

Ein Wort – das ist eine Erkenntnis der Tiefenpsychologie – löst bei jedem andere Gedankenketten *(Assoziationsreihen* – S. 275) aus. „Wir werden uns damit abfinden müssen, daß Worte eine latente (verborgene) Existenz besitzen, die auf entsprechend Eingestellte als Zauber wirkt und sie befähigt, diesen Zauber weiterzugeben. Dies scheint mir das letzte Mysterium zu sein, vor dem unser immer waches, durchanalysiertes, nur von gelegentlichen Trancen durchbrochenes Bewußtsein seine Grenze fühlt."

Das ist ein wichtiger neuer Zug der Lyrik des zwanzigsten Jahrhunderts. Der Brunnen, das Jagdhorn, das Schloß in Eichendorffs Gedichten sind Symbole für bestimmte romantische Grundgefühle, die in jedem Leser in gleicher Weise lebendig werden (S. 167). Die „Wortkunst" will das Gegenteil: eine erste Vorstellung auslösen, von der aus jeder zu seiner individuellen Gedankenkette fortschreitet. Dabei ist der Ausdruck Gedanke noch zu eng, denn das Gedicht soll alle Bewußtseinsschichten ansprechen. So sagt der Lyriker WILHELM LEHMANN, je mehr Kräfte ein Gedicht anrufe, je mehr Schichten es in Bewegung setze, desto besser sei es. Die angerührten, saitenhaft mitschwingenden Bewußtseinsschichten wirkten mit am Gedicht; darum könne dieses gar nicht weit genug in Bildungs-, Sinnes-, Erinnerungsassoziationen ausgreifen.

Solche Gedichte sind nicht leicht verständlich; denn nicht der klarste Ausdruck ist das Ziel, sondern der reizvollste im wörtlichen Sinn: der Ausdruck, der im Leser die meisten Reize hervorruft, der ihn vielfältig „fasziniert". Ein Beispiel dafür ist das „Gamma-Strahlen-Lamm". Der sprachliche Reiz liegt in den gehäuften „a" und in einer Art Binnenreim, der rhythmische im Ablauf kurz – lang – kurz, der gedankliche erstens darin, daß ein altes christliches Symbol für den Leidenden (Lamm) mit einem modernen technischen Ausdruck zusammengefügt ist, und zweitens in den Assoziationsketten, die das Wort Gamma-Strahlen auslöst.

GOTTFRIED BENN (1886–1956) war Arzt in Berlin. Er begann im Banne des Expressionismus, und seine ersten Gedichte wandten sich gegen die Überheblichkeit des Menschen,
der sich einbildete, kraft seines Verstandes die Krone der Schöpfung zu sein, und in Wirklichkeit nichts als ein Häuflein Krankheit und Triebhaftigkeit war. In der Sprache erschloß
er der Lyrik Neuland, indem er die modernen technischen und medizinischen Begriffe in
ihren Wortschatz aufnahm. Später nahm er den Verstand als Mitte des Daseins hin, auch
wenn er die Welt „zerdenkt" und so das Ich der Welt und der Natur entfremdet. „Das Hirn
ist unser Schicksal, unsere Aufgabe, unser Fluch."

Kunst ist ihm Ausdruck schöpferischen Geistes. „Unsere Ordnung ist der Geist,
sein Gesetz heißt Ausdruck, Prägung, Stil. Alles andere ist Untergang."
Wortkunst, „Artistik", ist weithin bestimmend für die Lyrik der Gegenwart. Sie
ersetzt Melodie durch Musikalität, das Symbol durch die Chiffre, das Gefühl
durch die absichtsvolle Auslösung faszinierender Reize. Der Dichter ist sich
dieser Mittel bewußt, doch ist der künstlerische Drang so wirksam wie zuvor.
Ein Gedicht, das im „Sprachlaboratorium" entsteht, löst im Leser ein Echo aus,
wenn ein bedeutender Künstler am Werk ist. Die Reizworte drücken dann das
Lebensgefühl oder die Zusammenhänge und verborgenen Kräfte der Gegenwart aus, wie das Dichtung zu jeder Zeit mit den ihr jeweils entsprechenden
Mitteln getan hat.

Der gläubige Mensch

GERTRUD VON LE FORT

Die Letzte am Schafott

*Blanche de la Force wächst in der Zeit vor der französischen Revolution in tiefer Lebensangst
auf. „Es war, als schwebe dieses bedauernswerte kleine Leben in der beständigen Erwartung
irgendeines grauenvollen Ereignisses... oder als reiche sein großer, erschrockener Kinder-
blick durch das feste Gefüge des Daseins überall in eine entsetzliche Zerbrechlichkeit hinab."
Erst der Eintritt in ein Kloster gibt ihr ein festes Gefühl der Lebenssicherheit; sie wird Karmeli-
terin und erhält den Klosternamen „Jesus in Todesangst im Garten Gethsemane".
Im Verlauf der Revolution zeichnet sich ab, daß die Karmeliterinnen wegen ihres Glaubens
sterben müssen. Sie bereiten sich darauf vor; doch unter der geistigen Führung der Novizenmeisterin Marie de l'Incarnation wandelt sich ihre Einstellung: aus der passiven Bereitschaft
wird der aktive Wunsch, den Märtyrertod zu erleiden.
Die Priorin des Klosters sieht darin Vermessenheit und versucht die Schwestern auf den Weg
der Demut zu verweisen. Sie betet mit ihnen die Hymne des Ordens:*

Dein bin ich, geboren zu Dir,	Gib mir Frohlocken oder Trauer,
Was verfügst du zu tun mit mir?	Süßes Leben, Sonne ohne Schleier,
Gib mir Reichtum oder Armut,	Da ich ganz mich hingab:
Gib mir Trost oder Trübsal,	Was verfügst du zu tun mit mir?

Blanche allein erfaßt die Aussage des Gebets: daß man sich dem zu beugen hat, was Gott ver-
fügt. Sie teilt den Todesmut der anderen nicht; in der Gefahr wächst ihre Angst wieder, und
der Konvent beschließt, sie in die Welt zu entlassen.

»Blanche trat herein. (...) Die Priorin fühlte bei ihrem Anblick eine leichte Rührung. „Mein liebes Kind", sagte sie sanft, „ich habe Ihnen eine schmerzliche Mitteilung zu machen, lassen Sie uns zuvor gemeinsam bei Gott Trost suchen!" Sie lud Blanche ein, mit ihr niederzuknien. Dann betete sie wiederum laut die Hymne der heiligen Theresia und gebot der Novizin, sie zu wiederholen.

Und nun geschah das Merkwürdige. Blanche kam dem Befehl der Priorin gehorsam nach. Mit ihrer kleinen gehetzten Stimme, fast etwas atemlos, wiederholte sie die ihr vorgesprochenen Worte bis zu der Stelle, wo es heißt:

Gib mir Reichtum oder Armut,   Gib mir Zuflucht oder Todesangst,
Gib mir Trost oder Trübsal.   Süßes Leben, Sonne ohne Schleier,
  Dann aber fuhr sie fort: Was verfügst Du zu tun mit mir?

Sie sprach sehr schnell, dabei fast mechanisch, wie jemand, dem die Worte so, wie er sie spricht, seit langem geläufig sind – offenbar bemerkte sie selbst gar nicht, daß sie eine eigenmächtige Änderung des Textes vornahm. Anders die Priorin: Im ersten Augenblick lag es auf ihrer Zunge, Blanche zu korrigieren; aber dieselbe eigentümliche Rührung, die sie vorhin gefühlt hatte, hielt sie davon ab. Ohne auf Blanches Gebet zurückzukommen, ging sie geradewegs auf ihr Ziel los.

„Mein Kind", sagte sie, „ich setze voraus, daß Sie wissen, weshalb ich Sie rufen ließ." Blanche schwieg.

Madame Lidoine hatte dieses Schweigen nicht erwartet. „Ich habe", so fuhr sie fort, „Ihre Demut stets sehr hoch gestellt, und ich vertraue darauf, daß sie mir diese schwere Stunde erleichtern wird, denn wahrlich, diese Trennung ist für die Mutter nicht weniger schmerzlich als für das Kind." Sie umarmte Blanche. Diese schwieg noch immer.

Madame Lidoine empfand einige Verlegenheit. „Oder haben Sie das Gefühl, daß ich Ihnen Unrecht tue?" fragte sie ein wenig unbeholfen. Blanche schwieg. Plötzlich sagte die Priorin mit ungewöhnlicher Hast: „Ich befehle Ihnen, zu sprechen, Schwester Blanche! Tue ich Ihnen Unrecht oder nicht, wenn ich Sie in die Welt zurücksende?"

Blanche kniete vor ihr nieder und bedeckte das Gesicht mit den Händen. „Sie befehlen mir, zu sprechen, meine Mutter", sagte sie: „Ja, denn Sie tun mir Unrecht!"

„So irrt also Ihre Novizenmeisterin – Sie haben Hoffnung, Ihre Schwäche doch noch zu überwinden?"

„Nein, meine Mutter." Es lag etwas ganz Hoffnungsloses, aber zugleich wieder etwas merkwürdig Getröstetes in ihrer Stimme.

Die Priorin fühlte plötzlich etwas wie das Zerbrechen aller ihrer Maßstäbe. „Sehen Sie mir ins Gesicht!" befahl sie kurz. Blanche zog die Hände von ihrem kleinen, gepreßten Antlitz: aller Ausdruck in ihm war gleichsam auf einen einzigen zusammengeschrumpft, aber merkwürdigerweise erschien es darinnen von einer erschreckenden Weite. Die Priorin erkannte es kaum wieder. Vor ihrem geistigen Auge tauchte plötzlich eine Reihe völlig zusammenhangloser Bilder auf: kleine sterbende Vögel – verwundete Krieger auf dem Schlachtfeld – Verbrecher unter dem Galgen –. Sie glaubte nicht mehr, Blanches Angst, sondern überhaupt *jede* Angst zu erblicken.

„Mein Kind", sagte sie fassungslos, „Sie können doch unmöglich die Todesangst einer ganzen Welt –", sie brach ab.

Es trat ein kurzes Schweigen ein. Dann sagte Madame Lidoine fast scheu: „Sie glauben

also, daß Ihre Furcht – religiös sei?"
Blanche seufzte tief auf. „O meine Mutter", hauchte sie, „denken Sie doch an das Geheimnis meines Namens!"«

Blanche bleibt im Kloster; doch als die Karmeliterinnen in der Kirchenverfolgung endgültig ein Gelübde ablegen, sich als Opfer für die bedrohte Kirche anzubieten, steht Blanche die Weihehandlung nicht durch. Sie flieht, von Todesangst getrieben, nach Paris, mitten in das Chaos der Revolution.
Seitdem erleidet sie willenlos das Schicksal einer Abtrünnigen, wird vom Pöbel von Paris in Aufzügen mitgeschleppt bis zu dem Tag, an dem die Karmeliterinnen tatsächlich hingerichtet werden. Als der Gesang der letzten unter dem Fallbeil verstummt, nimmt sie ihn auf: „Sie sang mit ihrer kleinen, schwachen, kindlichen Stimme ohne jedes Zittern, nein, jubelnd wie ein Vögelchen; sie sang ganz allein über der großen blutigen, schrecklichen Place de la Révolution das Veni creator ihrer Schwestern zu Ende." Blanche wird auf der Stelle von der wütenden Menge erschlagen.
Die einzige, die nicht den Tod findet, ist die Novizenmeisterin, die in heldenmütiger Bereitschaft zum Opfertod alle übertroffen hat. Sie lebt in Paris verborgen und beachtet in peinlicher Gewissenhaftigkeit alle Vorsichtsmaßregeln, die sie vor einer Entdeckung bewahren können.

In der Briefnovelle „Die Letzte am Schafott" behandelt Gertrud von Le Fort ein Hauptproblem christlichen Daseinsverständnisses. Blanche flüchtet vor dem Chaos der Welt in den Glauben; er soll ihr nach dem spöttischen Wort ihres aufklärerischen Vaters eine Brücke bauen, auf der sie bequem aus der Welt hinausspazieren kann. Als die Revolution gefährliche Züge annimmt, ist Blanches Reaktion: „Das gelangt nicht mehr zu uns, davor sind wir hier sicher!" Aber Gott bietet keine Sicherheit; die Lebensqual macht vor der Klosterpforte nicht halt. Die Daseinsangst erneuert sich und wird stärker als zuvor; der Glaube kann Blanche nicht davor bewahren. In dem Gespräch mit der Priorin hat Blanche eine neue Stufe der Gotteserkenntnis erreicht. Sie hat den tieferen Sinn des Satzes: „Was verfügst du zu tun mit mir?" erfaßt, wenn sie den Text der Hymne an einer Stelle so verändert, daß er ihrer ganz persönlichen Lebenssituation entspricht; denn die einzig mögliche Haltung echter Frömmigkeit ist die demütige Hinnahme des von Gott „Verfügten", und es ist Vermessenheit, wenn man seinen Glauben aus eigenem Willen gestalten will. Was Gott über Blanche verfügt hat, ist ihre Lebensangst, und so ist es ihr auferlegt, dieser Angst treu zu bleiben. Ihr Klostername drückt dasselbe aus. Der menschgewordene Gott Christus hat im Garten Gethsemane menschliche Todesfurcht empfunden, und darum ist nicht nur die Verehrung des triumphierenden Christus echte Glaubenstat, sondern auch das Mitempfinden seiner Schwäche als Agnus Dei, als Lamm Gottes. Blanche verkörpert in sich dieses Leiden am Dasein. Es ist ein menschliches Grundgefühl, ein gottgewollter Zustand, der sich aus dem Leben nicht ausklammern läßt.
Indem sich Blanche dieser Last demütig unterwirft, hat sie Teil an der göttlichen Weltordnung und kann in unerklärbarer, mystischer Weise die Angst der Welt auf sich vereinigen und endlich hinter sich bringen im Anblick des Todes. Ihre Demut macht es möglich, daß das Wunder einer ihrem Wesen gar nicht ge-

mäßen Wandlung vor sich geht: Gott „verfügt" das Opfer gerade bei der, die in existenzieller Angst davor in höchstem Entsetzen zurückgeschreckt ist. Die heldenhafte Marie de l'Incarnation macht die entgegengesetzte Wandlung durch. Sie, die das Weiheopfer mit glühendem Verlangen ersehnt hat, hält sich mit ungeheuerer Selbstüberwindung fern. Sie hat erkannt, daß ihre Todesbereitschaft ihrem eigenen selbstherrlichen Willen entspringt, und nimmt die beschämend unheroische, ihrer ganzen Wesensart widersprechende Aufgabe auf sich, sich dem Tode zu entziehen, der ihr nach dem Willen Gottes nicht zusteht; denn „nicht darauf kommt es an, daß wir unsere eigenen Ziele – und wären es die erhabensten – verwirklichen, sondern daß diejenigen Gottes verwirklicht werden". Daß Blanche und die Novizenmeisterin auf sich nehmen, was ihren natürlichen Anlagen widerspricht, ist ein Wunder, das alle verstandesmäßige Erklärung übersteigt. Auch der Schreiber des Briefes kann es nicht mehr in Worte fassen; er umschreibt es mit: eigentümlich, irgendwie, merkwürdig, Zerbrechen aller Maßstäbe, mit Ausdrücken also, die das Unvermögen der Sprache beweisen, mystische Gotteserfahrung zu kennzeichnen.

GERTRUD VON LE FORT (1876–1971) stammt aus einer Hugenottenfamilie und trat mit 49 Jahren zum katholischen Glauben über. Seitdem veröffentlichte sie ein Erzählwerk, in dem die Stellung des Christen in der Welt und in der Geschichte dargestellt ist *(Das Schweißtuch der Veronika, Die Magdeburgische Hochzeit)*.

Gertrud von Le Fort gehört zu den religiösen Dichtern der Gegenwart, die bei aller individuellen Verschiedenheit zwei Züge gemeinsam haben: Sie stellen ihren Glauben mit Vorliebe an geschichtlichen Stoffen dar; denn am abgeschlossenen Ereignis läßt sich die Lebenssituation des Menschen am deutlichsten beispielhaft kennzeichnen – und sie verwenden die These des Nihilismus, daß die Existenz sinnlos sei. Sie stimmt, sagen sie, solange der Mensch den Sinn nur im diesseitigen Leben entdecken will. Er muß einsehen, daß Gottes Ratschlüsse so nicht verständlich sind, und sich ihnen demütig unterwerfen. Die Absichten Gottes entziehen sich einer Untersuchung durch den Menschen.

Der Engel spricht

Gehorche. Was für ein Lohn ist dir bereitet?
Ich habe dir keine Verheißung zu sagen.
Dir zu Füßen ist Meer gebreitet.
Unberaten und unbegleitet
Mußt du das Wagnis des Petrus wagen.
Ob dich die Wellen wie Hände tragen,
Ob der Herr dir entgegenschreitet –
Ich weiß es nicht, und du darfst mich nicht fragen.

Nicht anders als der Roman sagt die christliche Lyrik der Gegenwart aus, daß Gott keine Verheißung für diese Welt gibt. Wie Petrus auf dem See Genezareth dem Zweifel ausgeliefert war, ist es dem Gläubigen bestimmt, Angst im Herzen zu tragen. Wir leben auf schwankendem Boden, und jeder einzelne steht vor dem Anruf, blind zu vertrauen, auch wenn sich dadurch der Boden nicht festigt: eine Daseinssicherheit gibt es nicht, auch nicht im Glauben.

WERNER BERGENGRUEN (1892–1964) hat neben seiner Lyrik ein umfangreiches Erzählwerk geschaffen, das sich vor allem um die Deutung historischer Gestalten bemüht. Auch er stellt dar, wie sich aus der Lebensangst eine „neue Klarheit und eine neue Lebensreinigung unter der Erkenntnis des Glaubenswortes" gebiert *(Am Himmel wie auf Erden)* und wie innere Reinheit über Überheblichkeit und Machtgier siegt *(Der Großtyrann und das Gericht)*.

Krieg und Nationalsozialismus

GÜNTER EICH

Inventur

Dies ist meine Mütze,
dies ist mein Mantel,
hier ist mein Rasierzeug
im Beutel aus Leinen.

Konservenbüchse:
Mein Teller, mein Becher,
ich hab in das Weißblech
den Namen geritzt.

Geritzt hier mit diesem
kostbaren Nagel,
den vor begehrlichen
Augen ich berge.

Im Brotbeutel sind
ein Paar wollene Socken
und einiges, was ich
niemand verrate,

so dient es als Kissen
nachts meinem Kopf.
Die Pappe hier liegt
zwischen mir und der Erde.

Die Bleistiftmine
lieb ich am meisten:
Tags schreibt sie mir Verse,
die nachts ich erdacht.

Dies ist mein Notizbuch,
dies meine Zeltbahn,
dies ist mein Handtuch,
dies ist mein Zwirn.

Am Kriegsende befand sich Günter Eich in einem Gefangenenlager am Rhein bei Remagen. Es war eine Wiese ohne Zelte, man mußte im Gras oder in Erdlöchern schlafen. *Inventur* stellt seine Lage dar, indem es scheinbar trocken die wenigen Gegenstände aufzählt, die dem Soldaten geblieben sind. Es sind bei aller Schäbigkeit Dinge, die das Überleben sichern, bis hin zu einem primitiven Nagel, der doch als einziges Werkzeug Neid erwecken könnte.
Aber die Ausage beschränkt sich nicht auf die unmittelbar erkennbare Beschreibung eines äußersten Notzustandes. Zwar benennen die Wörter wirkliche Gegenstände, doch diese nehmen symbolische Bedeutung an: Sie kennzeichnen durch ihre Dürftigkeit, daß sich der Dichter in einer Grenzsituation des Seins befindet. Er macht nicht nur materiell Inventur, sondern setzt sich auch mit der existentiellen Situation auseinander: Der Krieg ist verloren, und die Ideologie, die ihn verursacht hat, hat sich als verderblich erwiesen. Der einzelne steht vor dem Nichts. Wenn er sich zu einem Neuanfang aufrafft, so muß er mit Nachdenken beginnen, mit einer Rechenschaftsablage vor sich selbst.
Das Gedicht reimt sich nicht, doch ist es metrisch durch die regelmäßigen zwei

Hebungen in den Versen gebunden, stilistisch durch die Ebenmäßigkeit der Aufzählung, durch Anaphern (gleichartige Satzanfänge: „Dies ist mein..."), durch die Wiederholung des „hier" und des besitzanzeigenden Fürworts „mein". Die vermeintlich primitiven Mittel entsprechen überzeugend der Aussage.

Eichs Gedicht wurde als eine Art Leuchtzeichen aufgefaßt, als Ausdruck eines allgemeinen Aufbruchsgefühls. Wer den Krieg mitgemacht und miterlitten hatte, wollte ganz ohne die Denkmuster und Ideale der Zeit vor 1945 auskommen, ob sie nun nationalsozialistisch verseucht waren oder nicht. Der Literat Wolfgang Weihrauch prägte dafür den Begriff „Kahlschlag", der seitdem für die Zeit bis zum Beginn der fünfziger Jahre angewandt wird. Der Begriff ist allerdings umstritten, weil ein absoluter Neuanfang „im Jahre Null" undenkbar ist. Die literarischen Neuanfänge erhielten durch einige Schriftsteller, die sich in amerikanischer Kriegsgefangenschaft zusammengefunden hatten, ein geistiges Zentrum besonderer Art. Vor allem durch Initiative HANS WERNER RICHTERS bildete sich die „Gruppe 47". Richter lud 1947 eine Reihe von Schriftstellern, die er für wichtig hielt, zu einem Treffen ein. Es wurde in der Folgezeit – bis 1967 – jährlich mit wachsender Teilnehmerzahl wiederholt. Man las aus entstehenden Werken vor, die Teilnehmer diskutierten darüber und vergaben einen Preis. Die „Gruppe 47" erlangte innerhalb weniger Jahre einen Bekanntheitsgrad, der sie zur obersten literarischen Instanz machte.

Fast alle führenden Autoren der Zeit waren mit der Gruppe 47 verbunden, darunter GÜNTER EICH, HEINRICH BÖLL, INGEBORG BACHMANN, GÜNTER GRASS.

GÜNTER EICH (1907–1972) ist in Lebus im Oderbruch geboren und lebte nach dem Krieg in Bayern. Er wurde 1950 Preisträger der Gruppe 47, aber nicht mit seiner Kriegsgefangenenlyrik, sondern mit sogenannten naturmagischen Gedichten. Sie beschwören eine Pflanzen- und Tierwelt herauf, die ein Eigenleben hat fern von dem Getriebe der Menschen. Diese Lyrik wurde später als unpolitisch und lebensfern abgetan; erst neuerdings gewinnt sie mit steigendem Umweltbewußtsein wieder Geltung.

Die zweite Komponente seines Schaffens sind Hörspiele (bereits seit 1929). Er war in den fünfziger Jahren der meistgespielte Autor, hat geradezu das Hörspiel literaturfähig gemacht (vgl. S. 314), indem er die technischen Mittel nutzte, vor allem die Möglichkeit, Sprache zu modulieren, durch Echo und Fading phantastisch zu verändern, um traumhaftes, über Zeit und Raum frei schwebendes Geschehen zu gestalten.

In *Die Mädchen von Viterbo* (1958) verstecken sich der Jude Goldschmidt und seine Enkelin Gabriele vor der Gestapo in einer Dachkammer. In der Isolation entwickeln sie, angeregt durch eine Zeitungsnotiz, als Hörspiel im Hörspiel die Geschichte von einer Mädchenklasse, die sich bei einem Schulausflug in den Katakomben Roms verirrt hat. Sie suchen nach Möglichkeiten, die Eingeschlossenen zu retten, doch der Großvater erfindet ein tragisches Ende. Dadurch bereitet er Gabriele darauf vor, dem Tod gefaßt entgegenzutreten, der am Schluß in Gestalt der Nazi-Schergen auf sie zukommt.

Wir sind die Kegler.
Und wir selbst sind die Kugel.
Aber wir sind auch die Kegel,
die stürzen.
Die Kegelbahn, auf der es donnert,
ist unser Herz.

Die Kegelbahn

»Zwei Männer hatten ein Loch in die Erde gemacht. Es war ganz geräumig und beinahe
gemütlich. Wie ein Grab. Man hielt es aus.

Vor sich hatten sie ein Gewehr. Das hatte einer erfunden, damit man damit auf Menschen
schießen konnte. Meistens kannte man die Menschen gar nicht. Man verstand nicht mal
ihre Sprache. Und sie hatten einem nichts getan. Aber man mußte mit dem Gewehr auf
sie schießen. Das hatte einer befohlen. Und damit man recht viele von ihnen erschießen
konnte, hatte einer erfunden, daß das Gewehr mehr als sechzigmal in der Minute schoß.
Dafür war er belohnt worden.

Etwas weiter ab von den beiden Männern war ein anderes Loch. Da kuckte ein Kopf raus,
der einem Menschen gehörte. Er hatte eine Nase, die Parfum riechen konnte. Augen, die
eine Stadt oder eine Blume sehen konnten. Er hatte einen Mund, mit dem konnte er Brot
essen und Inge sagen oder Mutter. Diesen Kopf sahen die beiden Männer, denen man das
Gewehr gegeben hatte.

Schieß, sagte der eine.

Der schoß.

Tod und Feuer (Gemälde auf Sackleinwand von Paul Klee)

Da war der Kopf kaputt. Er konnte nicht mehr Parfum riechen, keine Stadt mehr sehen und nicht mehr Inge sagen. Nie mehr.

Die beiden Männer waren viele Monate in dem Loch. Sie machten viele Köpfe kaputt. Und die gehörten immer Menschen, die sie gar nicht kannten. Die ihnen nichts getan hatten und die sie nicht mal verstanden. Aber einer hatte das Gewehr erfunden, das mehr als sechzigmal schoß in der Minute. Und einer hatte es befohlen.

Allmählich hatten die beiden Männer so viele Köpfe kaputt gemacht, daß man einen großen Berg daraus machen konnte. Und wenn die beiden Männer schliefen, fingen die Köpfe an zu rollen. Wie auf einer Kegelbahn. Mit leisem Donner. Davon wachten die beiden Männer auf.

Aber man hat es doch befohlen, flüsterte der eine.

Aber wir haben es getan, schrie der andere.

Aber es war furchtbar, stöhnte der eine.

Aber manchmal hat es auch Spaß gemacht, lachte der andere.

Nein, schrie der Flüsternde.

Doch, flüsterte der andere, manchmal hat es Spaß gemacht. Das ist es ja. Richtig Spaß.

Stunden saßen sie in der Nacht. Sie schliefen nicht. Dann sagte der eine:

Aber Gott hat uns so gemacht.

Aber Gott hat eine Entschuldigung, sagte der andere, es gibt ihn nicht.

Es gibt ihn nicht? fragte der erste.

Das ist seine einzige Entschuldigung, antwortete der zweite.

Aber uns – uns gibt es, flüsterte der erste.

Ja, uns gibt es, flüsterte der andere.

Die beiden Männer, denen man befohlen hatte, recht viele Köpfe kaputt zu machen, schliefen nicht in der Nacht. Denn die Köpfe machten leisen Donner.

Dann sagte der eine: Und wir sitzen nun damit an.

Ja, sagte der andere, wir sitzen nun damit an.

Da rief einer: Fertigmachen. Es geht wieder los.

Die beiden Männer standen auf und nahmen das Gewehr.

Und immer, wenn sie einen Menschen sahen, schossen sie auf ihn. Und immer war das ein Mensch, den sie gar nicht kannten. Und der ihnen nichts getan hatte. Aber sie schossen auf ihn. Dazu hatte einer das Gewehr erfunden. Er war dafür belohnt worden.

Und einer – einer hatte es befohlen.«

Die einem Sinngedicht ähnlichen Zeilen des Mottos drücken die Grundvorstellung des Dichters Wolfgang Borchert aus: daß das Leben des Menschen eine furchtbare und ausweglose Verflechtung von schuldhaftem Handeln und schuldlosem Leiden ist. In der folgenden Kurzgeschichte wird dies in der Situation der beiden Soldaten verdeutlicht. Das Dasein des Menschen ist bedroht, und zwar durch ihn selbst; er ist sich selbst der grimmigste Feind. In ihm schlummert das Dämonische, das ihn Vernichtungswaffen entwickeln und am Töten Freude empfinden läßt.

Damit trägt der Mensch die Verantwortung für seine Taten. Er kann sie nicht auf Gott abwälzen, denn er mordet folgsam weiter, obwohl sich sein Gewissen regt – und ebensowenig auf den einen, der es befohlen hat, denn das ist wieder kein anderer als der Mensch selbst. Obschon die beiden Soldaten unter der Last der Schuld stöhnen, befiehlt der eine dem anderen, zu schießen. Die Frage nach der Verantwortung ist müßig, wenn sie der Mensch nicht bei sich selbst sucht. Er ist Kegler, Kugel und Kegel zugleich; er lebt unter dem Druck einer Erbsünde, die kein göttlicher oder menschlicher Richter gnadenvoll von ihm nimmt.

Im Grunde sind die Menschen Marionetten ihres eigenen Leidens, ihrer eigenen Schuld und ihrer eigenen Lust. Das macht der Dichter in jedem Satz erschütternd deutlich, indem er ganz kindliche Ausdrücke gebraucht. „Da war der Kopf kaputt" ist die Sprechweise eines Fünfjährigen, der seine Kasperlfiguren zerstört, und durchweg ist der Stil der eines Unmündigen: abgehackt und ohne kunstvolle Wendungen. Die Worte sind der einfachsten Umgangssprache entnommen und suchen nicht das Wesentliche zu sagen, sondern scheinbar reine Zufälligkeiten: „Er hatte einen Mund, und mit dem konnte er Brot essen und Inge sagen oder Mutter." In Wirklichkeit drückt sich gerade in den kindlichen Zufälligkeiten das Wesentliche aus: daß der Mensch zur Erkenntnis und Meisterung des Lebens unfähig und daß die Welt ein tragisches Marionettentheater ist.

Wolfgang Borchert spricht für die Generation des Zweiten Weltkriegs. Wie die des Expressionismus ist seine Dichtung Schrei, Anklage und Aufruhr. Es fehlt ihr aber jede Hoffnung. Der Expressionismus konnte noch glauben, daß der Krieg ein Schmelztiegel sei, aus dem ein neuer Mensch gereinigt hervorgehen würde. Als sich das weltweite Morden eine Generation später wiederholte, ging diese Hoffnung verloren, und damit verlor Borchert auch den Glauben an das Gute im Menschen und an alle Ideale: denn wenn diese bis zur Selbstvernichtung mißachtet wurden, konnten sie nicht stimmen.

»Wir sind die Generation ohne Bindung und ohne Tiefe. Unsere Tiefe ist Abgrund. Wir sind die Generation ohne Glück, ohne Heimat und ohne Abschied. Unsere Sonne ist schmal, unsere Liebe grausam und unsere Jugend ist ohne Jugend. Und wir sind die Generation ohne Grenze, ohne Hemmung und Behütung – ausgestoßen aus dem Laufgitter des Kindseins in eine Welt, die die uns bereiten, die uns darum verachten.

Aber sie gaben uns keinen Gott mit, der unser Herz hätte halten können, wenn die Winde dieser Welt es umwirbelten. So sind wir die Generation ohne Gott, denn wir sind die Generation ohne Bindung, ohne Vergangenheit, ohne Anerkennung.«

In dieser Hinsicht wurde das Jahr 1945 zu einem Nullpunkt. Die Kriegsgeneration setzte sich mit der Situation des Jahres 1945 auseinander: in Erzählungen vom Krieg, in denen es keine Helden, aber zahllose Leidende gibt, und in Heimkehrerromanen, in denen sich die Männer „ohne Glück, ohne Heimat und ohne Abschied" langsam und tastend in einer Welt zurechtfinden, die den Krieg überlebt, aber nicht überstanden hat, in Geschichten von Hunger, Elend und Einsamkeit.

WOLFGANG BORCHERT (1921–1947) selbst hat, bei aller Hoffnungslosigkeit seines Werkes, in seinem eigenen Leben ein Beispiel dafür gegeben, daß auch ohne Ideale ein tapferes Bestehen möglich ist. Er wurde im Rußlandfeldzug schwer verwundet. Wegen seiner scharfen Kritik am Nationalsozialismus wurde er zum Tode verurteilt, dann aber zur Bewährung wieder an die russische Front geschickt. Als der Krieg zu Ende ging, war er, nach neuer Haftzeit, schwer krank; seine Arbeit als Regisseur und Schriftsteller rang er einem geschwächten Körper ab.

In seinem einzigen Drama, *Draußen vor der Tür*, stellt er die Situation des Heimkehrers dar, der nirgends mehr Halt und Heimat findet und vergeblich versucht, die Schuld von sich abzuwälzen, daß er als Unteroffizier Soldaten befehlsgemäß in den Tod geführt hat.

Die Kegelbahn ist eine *Kurzgeschichte.* Diese Form der Dichtung entwickelte sich in Amerika als *short story* aus dem Bedürfnis von Zeitungen und Zeitschriften nach kurzen, abgeschlossenen Erzählungen. Ursprünglich hat sie viel mit der Novelle gemeinsam, vor allem die überraschende Wendung in einer Begebenheit. Vorläufer in Deutschland sind HEINRICH VON KLEIST mit seinen Anekdoten und JOHANN PETER HEBEL (1760–1826) mit seinen *Kalendergeschichten (Kannitverstan, Unverhofftes Wiedersehen).* Nach dem Ersten Weltkrieg bildete sich eine eigene Form aus; erst als politische und gesellschaftliche Satire, zum Beispiel bei KURT TUCHOLSKY (1890–1935); diese Art ist auch noch bei Borchert spürbar, doch schreitet dieser von der bitteren Geißelung politischer Zustände fort zu der des Daseins selbst, wie es ihm nach den erschütternden Eindrücken des Zweiten Weltkrieges erscheint. In dieser Form der Kurzgeschichte fehlt die unvorhergesehene Begebenheit. Sie ist ohne Höhepunkt, schildert einen Zustand, keine Handlung. Wir dringen mit dem Ablauf der Geschichte nur immer stärker in die Situation und die Atmosphäre ein. Es fehlen Einleitung und Schluß. Sie endet unvermittelt, ohne Antwort, oder es steht im letzten Satz ein neuer Gedanke, mit dessen Hilfe der Leser die Geschichte zu Ende denken und enträtseln kann. Vielfach weist die Überschrift symbolhaft auf den Kerngedanken hin. Ein Stück Wirklichkeit wird eingefangen und durchleuchtet, aber nicht große Ereignisse und Begegnungen wie in der Novelle, sondern Zufälligkeiten. Das große Geschehen spielt im Hintergrund mit. Die seelischen Vorgänge werden nicht geschildert, sondern nur in Bruchstücken von Gesprächen eingefangen, die scheinbar alltägliche Worte enthalten. Das Unausgesprochene, die starke Stimmung der Kurzgeschichte soll den Leser aufrütteln und erschüttern.

Das Jahrzehnt nach 1945 brachte eine Fülle von Kurzgeschichten; viele wichtige Autoren machten sich damit einen Namen, allen voran HEINRICH BÖLL. Berühmt wurde die Titelgeschichte seiner zweiten Sammlung: *Wanderer kommst du nach Spa...:* Ein Schwerverwundeter wird in ein Hilfslazarett eingeliefert und erkennt, daß er im gleichen Gymnasium stirbt, aus dem er in den Krieg gezogen ist. An der Tafel steht noch der Anfang der Inschrift auf dem Gedenkstein für die dreihundert gefallenen Spartaner in der Schlacht bei den Thermopylen (480 v. Chr.) in der Übersetzung Schillers: „Wanderer kommst du nach Sparta, verkünde dorten, du habest uns hier liegen gesehen, wie das Gesetz es befahl." – eine Inschrift, die im nationalsozialistischen Schulbetrieb der Erziehung zum blinden Heldentum diente.

ELISABETH LANGGÄSSER (1899 – 1950) schildert in *Saisonbeginn,* wie drei Arbeiter am Ortsrand eines Kurbades ein Schild aufrichten. Im letzten Satz nennt sie

Der Engelssturz (Gemälde von Marc Chagall)

die Aufschrift: „In diesem Kurort sind Juden unerwünscht". Die Saison der Judenverfolgung beginnt, und in der sachlichen Sorgfalt, mit der das Schild eingepflanzt wird, bereitet sich drohend die emotionslose Zuverlässigkeit der SS-Männer beim Massenmord in den Konzentrationslagern vor.

ILSE AICHINGER (geboren 1921 in Wien) schrieb Kurzgeschichten, die sich mit Problemen des Alltags und der Existenz in einer überhöhten, mystifizierenden Weise befassen. Ein Beispiel dafür ist *Spiegelgeschichte*:

Eine Frau, die an einer Abtreibung stirbt, verfolgt in den Minuten ihres Todes ihr eigenes Leben spiegelbildlich zurück, vom Sarg über das Krankenlager zu der Alten, die die Abtreibung vornimmt, zu Liebe, Schulzeit, Kindheit und Geburt. In diesem Augenblick stirbt sie.

PAUL CELAN

Todesfuge

Schwarze Milch der Frühe wir trinken sie abends
wir trinken sie mittags und morgens wir trinken sie nachts
wir trinken und trinken
wir schaufeln ein Grab in den Lüften da liegt man nicht eng
Ein Mann wohnt im Haus der spielt mit den Schlangen der schreibt
der schreibt wenn es dunkelt nach Deutschland dein goldenes Haar Margarete
er schreibt es und tritt vor das Haus und es blitzen die Sterne er pfeift seine Rüden herbei
er pfeift seine Juden hervor läßt schaufeln ein Grab in der Erde
er befiehlt uns spielt auf nun zum Tanz

Schwarze Milch der Frühe wir trinken dich nachts
wir trinken dich morgens und mittags wir trinken dich abends
wir trinken und trinken
Ein Mann wohnt im Haus der spielt mit den Schlangen der schreibt
der schreibt wenn es dunkelt nach Deutschland dein goldenes Haar Margarete
Dein aschenes Haar Sulamith wir schaufeln ein Grab in den Lüften da liegt man nicht eng
Er ruft stecht tiefer ins Erdreich ihr einen ihr andern singet und spielt
er greift nach dem Eisen im Gurt er schwingts seine Augen sind blau
stecht tiefer die Spaten ihr einen ihr andern spielt weiter zum Tanz auf

Schwarze Milch der Frühe wir trinken dich nachts
wir trinken dich mittags und morgens wir trinken dich abends
wir trinken und trinken
ein Mann wohnt im Haus dein goldenes Haar Margarete
dein aschenes Haar Sulamith er spielt mit den Schlangen
Er ruft spielt süßer den Tod der Tod ist ein Meister aus Deutschland
er ruft streicht dunkler die Geigen dann steigt ihr als Rauch in die Luft
dann habt ihr ein Grab in den Wolken da liegt man nicht eng

Schwarze Milch der Frühe wir trinken dich nachts
wir trinken dich mittags der Tod ist ein Meister aus Deutschland
wir trinken dich abends und morgens wir trinken und trinken
der Tod ist ein Meister aus Deutschland sein Auge ist blau
er trifft dich mit bleierner Kugel er trifft dich genau
ein Mann wohnt im Haus dein goldenes Haar Margarete
er hetzt seine Rüden auf uns er schenkt uns ein Grab in der Luft
er spielt mit den Schlangen und träumet der Tod ist ein Meister aus Deutschland

dein goldenes Haar Margarete
dein aschenes Haar Sulamith

In einer Fuge wird ein bestimmtes musikalisches Thema so durchgeführt, daß
es sich in verschiedenen Stimmen und Tonarten erneuert. Ebenso verhält es
sich in dem vorliegenden Gedicht. Die Sätze kehren – in leicht abgewandelter
Form – immer wieder. Fugenthema ist: „Schwarze Milch der Frühe wir trinken…". Milch verbinden wir unwillkürlich mit Nahrung und, noch weiter

.gehend, mit der Vorstellung dessen, was zum Lebensbedürfnis gehört; mit dem widersinnigen Attribut schwarz aber wird aus dem Wohltuenden, aus dem Geborgenheitsgefühl das Gegenteil; es leuchtet die barbarische Frühzeit der Geschichte auf, der der Jude in der Zeit einer vermeintlichen Kultur ausgeliefert ist. Mit „Ein Mann wohnt im Haus..." wird dem ersten Thema ein zweites entgegengesetzt, das sich ebenso wiederholt und variiert wird („Doppelfuge"). Der blauäugige Henker denkt an das nordische Mädchen Margarete (Faust!) wie der Jude an Sulamith, die Mädchengestalt aus dem *Hohen Lied Salomonis* der Bibel; und der Henker spielt mit den Schlangen: er *spielt* mit der Versuchung, dem biblischen Sündenfall. Mord und Tanz gehen eine Verbindung ein, die die Vorstellung vom Totentanz auslöst, wie sie im späten Mittelalter in der Malerei häufig ist: in Bildern, in denen der Tod die Menschen mitten aus dem blühenden Leben reißt.

Die künstlerische Absicht des Dichters ist erreicht, sobald sich im Leser die Gedankenketten des jüdischen Opfers fortsetzen. Er soll mit den Augen des Gequälten sehen und darüber hinaus die Qual selbst empfinden, die nicht mehr begrifflich ausgesagt werden kann.

Das Ungeheuerliche eines solchen Themas läßt sich schwerlich ebenso eindrucksvoll in einem Kunstwerk gestalten, das der alten Form verhaftet ist. Die Ausdrucksmittel der modernen Lyrik setzen mehr und tiefere Bewußtseinsschichten in Schwingung. Doch darf man sie nicht unmittelbar „verstehen", nicht bis zum letzten Wort ausdeuten wollen.

Manche Ausdrücke verschließen sich von selbst einer oberflächlichen Erklärung, weil sie *paradox* (in sich widersprüchlich) sind. „Schwarze Milch" gibt es nicht, und doch wirkt diese Metapher unmittelbar, weil wir von selbst mit dem Wort „Schwarz" die Gefahr, die Angst, den Tod verbinden; ebenso ist es mit dem „aschenen" Haar, das auslöst, was wir von der biblischen Bedeutung der Asche als Zeichen der Trauer kennen.

PAUL CELAN wurde 1920 in Czernowitz (Rumänien) geboren. Seit 1948 lebte er in Paris, wo er als Sprachlehrer tätig war. Als Lyriker stand er unter dem Einfluß des französischen Symbolismus und Surrealismus. Celan beging im April 1970 in Paris Selbstmord.

Die Urschuld auch des Schuldlosen im Kriege ist das eine Thema der Nachkriegsliteratur; das zweite ist die direkte Schuld, die der Nationalsozialismus auf sich geladen hat und die nicht aus der Hilflosigkeit des einzelnen in einer riesigen Maschinerie des Mordens zu verstehen ist.

„... der Tod ist ein Meister aus Deutschland sein Auge ist blau ..." ist ein Satz, der den Tief- und Endpunkt einer geistesgeschichtlichen Entwicklung umschreibt, die von NIETZSCHES „Übermenschen" ihren Ausgang nimmt. Bei THOMAS MANN sind wir den „Blonden und Blauäugigen, die den Geist nicht nötig haben", begegnet. Die Jahrhundertwende konnte sie reizvoll finden. Tonio Kröger in der Novelle Thomas Manns blickt neidvoll und mit Sehnsucht auf die Blonden und Blauäugigen, die von Kultur nicht angekränkelt und darum lebensvoll und gesund sind. Die Rassentheorie des Nationalsozialismus sieht im nordischen Menschen, im Blonden und Blauäugigen, den Übermenschen, der berechtigt ist, alle moralischen Rücksichten fallen zu lassen, und als Barbar, verjüngt und kraftvoll, das Leben meistern kann. So steht am Ende der Entwicklung der Übermensch als Verbrecher vor uns, als KZ-Aufseher, der Tausenden den Tod bringt, weil moralische Rücksichten krankhaft und ein Zeichen von Lebensuntüchtigkeit sind.

Auf diese Weise hat sich das Problem des Gegensatzes von Geist und Leben verengt auf den zwischen Kultur und Barbarismus, so wie der Übermensch Nietzsches und der neue Mensch des Expressionismus zu dem rücksichtslosen Nationalisten der „nordischen Herrenrasse" herabgesunken sind.

Immer wieder versuchen die Dichter der Nachkriegszeit dieses Problem zu gestalten. In dem Kriegsroman *Wo warst du, Adam* von HEINRICH BÖLL findet sich eine Episode, die sich fast ganz mit der in dem Gedicht Celans deckt: Ein KZ-Kommandant tötet in seinem Vernichtungslager ohne Skrupel Tausende, erhält aber diejenigen Juden am Leben, die gute Sänger sind. Er baut aus ihnen einen Chor auf und leitet ihn mit feinfühligem Kunstverstand. Barbarentum und hohe Kultur existieren in ihm ohne sichtbare Verbindung nebeneinander, bis eine Jüdin mit ergreifender Kunst das „Ave Maria" singt. Daß ein Mitglied der in seinen Augen minderwertigsten Rasse alles übertrifft, was die „Herrenrasse" in der Kunst vollbringen kann, macht Rassentheorie und Kulturpflege unvereinbar, und in maßloser Raserei erschießt er die Jüdin und läßt seinen Chor umbringen. Im Titel des Romans ist bereits gesagt, worum es Böll geht: das Menschliche ist verloren, und alle Kultur ist eine trügerische Fassade, wenn sie mit der Mißachtung der Humanität gepaart ist.

HEINRICH BÖLL

Haus ohne Hüter

„Haus ohne Hüter" ist die Geschichte von den beiden elfjährigen Freunden Martin Bach und Heinrich Brielach, ihren Müttern und Onkeln. Für beide sind die Väter, die im Krieg gefallen sind, nur Bilder an der Wand, viel zu jung für elfjährige Söhne.
Frau Brielach ist „unmoralisch", denn sie führt mit wechselnden Männern „Onkelehen". Sie lebt in ärmlichen Verhältnissen und überläßt, weil sie mit Geld nicht umgehen kann, dem kleinen Heinrich die Verwaltung der Finanzen und die Sorge um den Haushalt. Martins Mutter und Großmutter nehmen nicht am Gegenwartsgeschehen teil, sondern leben ganz dem Andenken des jungen Lyrikers Rai, seines Vaters, und dem Verlangen nach Rache an dem Leutnant Gäseler, der ihn in den Tod geschickt hat. So leidet auch Martin trotz finanziellem Wohlstand unter der Vaterlosigkeit. Sein Onkel, Albert, versucht die Beziehung zur Gegenwart herzustellen und die Kinder Martin und Heinrich zu schützen. Eines Tages führt Onkel Albert Martin in die Kasematten vor der Stadt.

Albert trommelte gegen das Blechtor und Martin las das gelbe Schild mit schwarzer Schrift: Georges Ballaumain, Champignonzucht.

„Hier", sagte Albert, „ist Absalom Billig ermordet worden, der Mann, der das Porträt deines Vaters gemalt hat."

Martin hatte Angst. Dumpf roch es aus dem Inneren der Kasematte: nach Pferdedung, nach Keller, nach Lichtlosigkeit, und endlich ging das Tor auf; ein Mädchen mit schmutzigen Händen erschien, sie hatte einen Strohhalm im Mund, und als sie Albert sah, sagte sie enttäuscht: „Ach, ich dachte, der Mann mit dem Dung wäre gekommen."

Mord geschah nur im Film, in den Heften von Phantom und in der Bibel: Kain erschlug Abel, David tötete Goliath. Martin hatte Angst, Albert ins Innere zu folgen, aber Albert zog ihn an der Hand hinter sich her. Halbdunkel herrschte drinnen; aus Schächten, die mit Glasziegeln gedeckt waren, kam gleichmäßige Dämmerung, nackte, schwache Glühbirnen, die durch Pappschirme abgeblendet waren, beleuchteten hoch aufgeschichtete Beete, die schräg abgeflacht waren und deren Schichtung zu erkennen war wie die eines Kuchens. Erde war unten, mit Mist durchmengt, dann kam eine Schicht reinen Pferdedungs, grünlichgelb, dann kam wieder Erde, dunkler, fast schwarz, und aus manchen Beeten schauten die Köpfe kränklich weißer Champignons heraus, mit Erdkrumen bedeckte Köpfe. Die Beete sahen fast wie Pulte aus, geheimnisvolle Schränke, aus denen häßliche Tasten herauswuchsen wie die Knöpfe von Orgelregistern, Knöpfe, die dunklen Zwecken zu dienen schienen. Mord war hier geschehen, sein Vater war hier unten geschlagen, getreten worden, auch Albert. Die *Nazis* hatten es getan: Wort, das keine klare Vorstellung hervorrief, Wort, das von Albert anders ausgelegt wurde als in der Schule. In der Schule wurde *unmoralisch* für schrecklich gehalten, aber er selbst fand Brielachs Mutter nicht so schrecklich, nur das Wort, das sie gesagt hatte. Albert fand die *Nazis* schrecklich, aber in der Schule wurden sie *nicht so schlimm* dargestellt; andere Schrecken überdeckten die der *nicht so schlimmen Nazis:* die Russen.

Das Mädchen mit dem Strohhalm im Mund war zurückgetreten, und aus einer Holzkabine kam ein Mann auf Albert zu. Der Mann hatte einen grauen Lageristenkittel an, eine Ballonmütze auf dem Kopf und aus seinem runden, freundlichen Gesicht kräuselte grauer Zigarettenqualm weg.

„Wenn Sie mir Dung besorgen könnten", sagte der Mann – „wenn Sie – ist kaum zu kriegen, Pferdedung."

„Nein", sagte Albert, „ich will hier nur mal 'reinschauen, ich bin hier mal gefangen gewesen mit dem Vater dieses Jungen zusammen – und einer unserer Freunde ist hier ermordet worden, von den Nazis."

Der Mann wich zurück, die Zigarette in seinem Mund zitterte, und er schob mit einem kleinen Ruck seine Mütze weiter in die Stirn, rief leise: „Mon dieu." (...)

Oben trommelte ein Junge mit Stöcken auf die Glasziegel. Der Takt kam durch den Schacht wie durch einen Trichter, und oben rief eine Mutter mit schriller Stimme: *„Gib acht – gib doch acht."*

„Zertrampelt wurde er", sagte Albert, „zu Tode getreten auf einem dieser Gänge. Die Leiche wurde nie gefunden." Er trat plötzlich in einen Nebengang, zog Martin am Arm hinter sich her und zeigte in einen Raum, wo Pulte mit herausquellenden kränklichen Tasten dicht nebeneinander standen. „Und hier", sagte Albert leise, „wurde dein Vater getreten, geschlagen – wie ich –, vergiß es nicht."

„Mon dieu", sagte der Mann mit dem grauen Kittel.

„Sei nicht so wild", schrie oben eine Mutter.

Es ist die Zeit des beginnenden Wirtschaftswunders (ca. 1954). Die Befestigungsanlagen vor der Stadt sind in eine Grünanlage mit Kinderspielplatz umgewandelt worden. In den Kasematten, die in der Nazizeit als Folterkammern verwen-

det worden waren, betreibt ein Franzose eine Champignonzucht. Bölls unauf-
dringliche Erzählweise ist daran zu erkennen, wie er Vergangenes und Gegen-
wärtiges – Judenmord und Sorge um Pferdedung – einander gegenübergestellt.
Der Besuch in dieser unterirdischen Welt ist für Albert ein Blick in die Vergangenheit: dort waren Rai und er von den Nazis mißhandelt und ein jüdischer
Freund zu Tode getrampelt worden. Er will Martin die Stätte zeigen, damit er nie
vergißt, was geschehen ist, damit er das Wort „Mord", das für den Elfjährigen
mit Film, Groschenheften und Bibel assoziiert ist, auch auf die Nazis bezieht,
daß er der verharmlosenden Schilderung der Vergangenheit keinen Glauben
schenkt.

Auf einer tieferen Ebene, der der Anschauung und des Verstehens, will er Martin
das gleiche lehren wie die Mutter oben auf dem Spielplatz, die ihrem Kind zu-
schreit: „Gib acht!", „Sei nicht so wild!". Trotz des ernsten Themas ist die
Szene nicht pathetisch, die Belehrung nicht aufdringlich, es werden nur wenige
Worte gesprochen inmitten von Alltäglichkeiten.

Der Roman ist aus keiner einheitlichen *Erzählperspektive* geschrieben: zum Teil
besteht er aus inneren Monologen der verschiedenen Hauptgestalten, so wird
das gleiche – zum Beispiel die gefallenen Väter und Ehemänner – von verschiedenen Seiten beleuchtet; zum Teil besteht der Roman aus direkter Er-Erzählung,
die die spärliche Gegenwartshandlung weiterführt. Sie schildert nur wenige
Tage aus dem Leben der dargestellten Personen; viel mehr Raum nehmen
Erinnerungen und Wunschträume ein. Bölls Sprache ist einfach, klar, genau, mit
umgangssprachlichen Wendungen und Bildern aus dem Alltag.

HEINRICH BÖLL (1917–1985) wurde als Kind eines Kölner Tischlers geboren. Mit wach-
samen Augen erfuhr er die Zeitgeschichte seines Jahrgangs: Inflation, Hungerzeit,
Arbeitslosigkeit, soziale Unruhen und Aufkommen der Nazizeit, in der die Arbeitslosen
verschwanden; „sie wurden Polizisten, Soldaten, Henker, Rüstungsarbeiter". Im Zweiten
Weltkrieg war er sechs Jahre lang Soldat, erlitt Verwundung und Gefangenschaft; nach
dem Krieg mußte er sich mit Gelegenheitsarbeiten über Wasser halten. Bölls Neigung zu
Wort und Buch zeigt sich schon in seinen Ansätzen, einen „bürgerlichen" Beruf zu erler-
nen: nach dem Abitur versuchte er sich als Buchhändlerlehrling und im Studium der Germanistik. Als Schriftsteller begann er nach Kriegsende mit Kurzgeschichten in Zeitschriften; 1952 gelang ihm mit dem Roman *Und sagte kein einziges Wort* der Durchbruch zu
Weltruhm und Weltmarkt. Dieser Erfolg gab ihm die Möglichkeit, als freier Schriftsteller
zu leben.
Böll hat Kurzgeschichten, Erzählungen, Romane und Essays geschrieben. Seine Werke
wurden in viele Sprachen, auch ins Russische, übersetzt und machten ihn zum bekann-
testen, mit zahlreichen Preisen bedachten deutschen Nachkriegsautor (Nobelpreis 1972).

In allen Werken setzt er sich mit der jüngst erlebten Vergangenheit auseinander:
er schildert zunächst die Kriegs-, dann die Nachkriegs- und Wirtschaftswunder-
zeit, dabei gibt er die Erfahrung und die Haltung seiner Generation wieder: er
verhält sich beobachtend, nicht handelnd, er sieht die Dinge ironisch, resigniert,
aber nicht ohne Hoffnung. Seine Darstellungsweise ist konkret, voller Sinn für
die Wirklichkeit und die sozialen Gegebenheiten.
Drei Widersprüche werden immer wieder als typisch für Böll hervorgehoben:

Heinrich Böll während der Tagung des PEN Zentrums
der Bundesrepublik Deutschland 1972

er bekennt sich als Katholik – greift jedoch die etablierte Kirche mit ungewöhnlicher Schärfe an; er liebt seine rheinische Heimat und seine Vaterstadt Köln –
kritisiert dennoch ihr Spießbürgertum und ihre Mittelmäßigkeit; er ist sich mit
den linken Intellektuellen einig über die Notwendigkeit einer gesellschaftlichen
Veränderung – verachtet aber den intellektuellen Literaturbetrieb.
Was Böll in der Welt vermißt und fördern möchte, ist ursprüngliche, phrasen-
lose Nächstenliebe; daher ist sein Ziel, dem Leser am Beispiel bewußt zu
machen, daß sich menschlicheres Leben dann verwirklicht, wenn der einzelne
erkennt, wie und wann er selbst durch Fehlverhalten das Leben anderer beein-
trächtigt. Bölls zunehmende öffentliche Aktivität ist dadurch motiviert: er tritt
ein für Menschen, die mit den politischen Ordnungen ihrer Heimat in Konflikt
geraten und gegen die sich die öffentliche Meinung stellt.
Dieses Engagement ist besonders stark hervorgetreten, seit Böll Präsident des
Internationalen PEN war (1971–1974). Der PEN-Club ist der bedeutendste Zusammenschluß von Autoren verschiedener Nationen. PEN steht für *Poets* =
Lyriker und *Playwrights* = Dramatiker, *Essayists* = Verfasser von Aufsätzen,
Novelists = Romanautoren. Nach seiner Charta (Gründungsprogramm, 1922)

tritt er für „ungehinderten Gedankenaustausch innerhalb einer Nation und zwischen den Nationen" ein und bekämpft die „Unterdrückung der Äußerungsfreiheit".

Im Mittelpunkt der Werke Bölls stehen Gestalten, die von ihrer Umgebung nur nach ihrer äußeren Erscheinungs- und Handlungsweise gemessen werden, an denen „man" aufgrund starrer bürgerlicher Moralvorstellungen Anstoß nimmt, statt sich des Menschen dahinter verstehend anzunehmen. Um solche vorgefaßten und fixierten Meinungen geht es in *Haus ohne Hüter* – daher durchzieht das Adjektiv „unmoralisch" als ironisches Leitwort den Text.

Die Titelgestalt des Romans *Ansichten eines Clowns* (1963), Hans Schnier, wurde geradezu zur Symbolfigur für das Leiden des einzelnen an dieser Gesellschaft. Er hat seine Familie, rheinische Industrielle, verlassen, weil diese sich unterschiedslos mit dem Nationalsozialismus, der Besatzungsmacht und der politischen Führungsschicht der Nachkriegszeit arrangiert und die jeweils herrschende Ideologie mit patriotischen oder frommen Phrasen begleitet hat. In ähnlichem Licht sieht er die institutionalisierte katholische Kirche. Daher ist er konfessionslos und lebt mit dem Mädchen Marie in wilder Ehe.

Der Roman spielt an einem einzigen Tag. Am Knie verletzt, ohne Engagement und ohne Geld ist der berufsmäßige Spaßmacher nach Bonn zurückgekehrt. Er ist seelisch völlig zusammengebrochen, weil ihn Marie verlassen hat, um einen gläubigen Katholiken zu heiraten und in den Schoß der Kirche zurückzukehren. Allein gelassen, versucht er, frühere Kontakte wieder anzuknüpfen, doch wen immer er anruft, lebt in einer ihm fremden Welt.

Titelblatt zu Günter Grass, Die Blechtrommel (Zeichnung von Günter Grass. 1959)

Die Auseinandersetzung mit Nationalsozialismus, Krieg und den Folgen erreichte 1959 durch den ersten Roman eines bis dahin Unbekannten einen Höhe- und Wendepunkt: durch *Die Blechtrommel* von GÜNTER GRASS (geb. 1927 in Danzig). Kein anderes deutschsprachiges Werk der Nachkriegszeit hat einen solch durchschlagenden literarischen Erfolg gehabt.

Sein „Held", Oskar Matzerath, ist als Dreijähriger – mit Absicht, heißt es – in seinem Wachstum stehengeblieben; er ist dem Aussehen und seinem Spielzeug (der Blechtrommel) nach ein Kleinkind, dem Verstand und den übrigen Lebensfunktionen nach ein Erwachsener. Kernstück des Romans ist, wie dieser Zwerg den Größenwahn des Nationalsozialismus erlebt. Er ist der mißachtete, übersehene, aber genau beobachtende Zeuge der Ereignisse vor allem in Danzig, der Heimatstadt von Günter Grass; und er gewinnt die verschiedenartigsten Eindrücke und Einblicke, weil in seinem Lebensbereich Nazis, andere Deutsche, Polen und Kaschuben (ein kleiner slawischer Stamm aus dem Danziger Umland) dicht beieinander leben.

Ein Höhepunkt ist der Roman *Die Blechtrommel* allein schon durch seinen Einfallsreichtum und seine Erzählgewalt; Wendepunkt ist er deshalb, weil Grass das Dritte Reich erstmals konsequent von der satirisch-grotesken Warte aus darstellt, in einer Zeitkritik, die das Komische und das Gräßliche in gleichem Maße hervortreten läßt.

Die Blechtrommel ist ein *Schelmenroman* (vgl. S. 73–78). Grass überträgt einem durch unwahrscheinliche Züge übersteigerten „Simplizissimus" die Rolle der Hauptperson. Das ist kein Einfältiger mehr, sondern wirklich ein Schelm. Sein Kennzeichen ist, daß er, der Schwache und Ohnmächtige, beobachtet, wie sich die Starken und Mächtigen verhalten. Er durchschaut sie und ihre Machtmittel, weil sie wegen seiner Winzigkeit vor ihm ihre Methoden nicht verbergen. Da er ihre Verfahrensweisen kennt, versteht er es, ihrem Zugriff zu entgehen oder sie mit ihren eigenen Mitteln zu schlagen. Er nimmt wörtlich, wie Till Eulenspiegel, paßt sich an und redet nach dem Mund, und er stellt sich dumm, damit die Gescheiten nicht merken, was er vorhat und daß er klüger ist als sie.

Ein ganz anderer Typus des „Schelms" ist Siggi Jepsen in dem Roman *Deutschstunde* von SIEGFRIED LENZ (geb. 1926 in Lyck in den Masuren, Ostpreußen), nämlich ein Naiver, Unbeholfener, Ahnungsloser, der wider Willen und Einsicht in eine Konfliktsituation hineingezogen wird. Er sitzt in einer Jugendstrafanstalt und soll einen Aufsatz über „Die Freuden der Pflicht" schreiben. Da erinnert er sich an seinen Vater, der in der Nazizeit Dorfpolizist in Rugbüll im nördlichen Schleswig war und das Wort „Pflicht" immer dann verwendete, wenn er im Dienst eine unmenschliche Entscheidung traf. Im Falle seines Jugendfreundes, des Malers Ludwig Nansen, überwachte er unter dem Schutz der Phrase, er tue ja nur seine Pflicht, pedantisch das nazistische Malverbot und beschlagnahmte Nansens Bilder. Siggi stellte sich gegen den Vater; er schaffte die Bilder aus dem Haus und versteckte sie in einer verfallenen Windmühle. – Nach dem Krieg können Vater und Sohn ihr Verhalten nicht ändern. Siggi stiehlt Bilder Nansens aus einer Ausstellung, wird dadurch straffällig und in die Erziehungsanstalt gesteckt; der Vater verfolgt den Maler weiter, obwohl dieser längst rehabilitiert und er selbst aus dem Polizeidienst entlassen ist: „Er hatte einen Tick zuletzt, so wie alle einen Tick bekommen, die nichts tun als ihre Pflicht."

Seinen ersten großen Erfolg erzielte Lenz mit einer Sammlung von Geschichten, die derb und humorvoll das Leben auf einem masurischen Dorf darstellen: *So zärtlich war Suleyken.* Sein Werk besteht aus einer langen Reihe von Erzählungen und Romanen, die das Leben an der Küste sowie die Nazizeit und die moderne Leistungsgesellschaft zum Gegenstand haben.

Technische und wirtschaftliche Entwicklung

MAX FRISCH

Homo faber

Der Ingenieur Walter Faber ist Passagier eines Flugzeugs, das in einer mexikanischen Wüste notlanden muß. Was für die übrigen ein eindrucksvolles Erlebnis ist, läßt ihn kalt.

»Ich hab mich schon oft gefragt, was die Leute eigentlich meinen, wenn sie von Erlebnis reden. Ich bin Techniker und gewohnt, die Dinge zu sehen, wie sie sind. Ich sehe alles, wovon sie reden, sehr genau; ich bin ja nicht blind. Ich sehe den Mond über der Wüste von Tamaulipas – klarer als je, mag sein, aber eine errechenbare Masse, die um unseren Planeten kreist, eine Sache der Gravitation, interessant, aber wieso ein Erlebnis? Ich sehe die gezackten Felsen, schwarz vor dem Schein des Mondes; sie sehen aus, mag sein, wie die gezackten Rücken von urweltlichen Tieren, aber ich weiß: Es sind Felsen, Gestein, wahrscheinlich vulkanisch, das müßte man nachsehen und feststellen. Wozu soll ich mich fürchten? Es gibt keine urweltlichen Tiere mehr. Wozu soll ich sie mir einbilden? Ich sehe auch keine versteinerten Engel, es tut mir leid; auch keine Dämonen, ich sehe, was ich sehe: die üblichen Formen der Erosion, dazu meinen langen Schatten auf dem Sand, aber keine Gespenster. Wozu weibisch werden? (...) Ein Flugzeug ist für mich ein Flugzeug, ich sehe keinen ausgestorbenen Vogel dabei, sondern eine Super-Constellation mit Motordefekt, nichts weiter, und da kann der Mond sie bescheinen, wie er will. Warum soll ich erleben, was gar nicht ist? Ich kann mich auch nicht entschließen, etwas wie die Ewigkeit zu hören; ich höre gar nichts, ausgenommen das Rieseln von Sand nach jedem Schritt. Ich schlottere, aber ich weiß: in sieben bis acht Stunden kommt wieder die Sonne. Ende der Welt, wieso? Ich kann mir keinen Unsinn einbilden, bloß um etwas zu erleben. Ich sehe den Sand-Horizont, weißlich in der grünen Nacht, schätzungsweise zwanzig Meilen von hier, und ich sehe nicht ein, wieso dort, Richtung Tampico, das Jenseits beginnen soll. Ich kenne Tampico. Ich weigere mich, Angst zu haben aus bloßer Phantasie, beziehungsweise fantastisch zu werden aus bloßer Angst, geradezu mystisch.«

Homo faber ist der Mensch als schaffendes Wesen, und der Name Faber (lat. Schmied = Techniker) bezeichnet in sich schon den Grundtyp des heutigen Menschen, den Max Frisch darstellen will. Es ist der erfolgreich Tätige, rein vom

Halle der Mathematik (Gemälde von Mac Zimmermann)

Verstand Bestimmte, der souverän über den Dingen und Ereignissen steht, weil er weiß, daß er alles nachprüfen und für jede Erscheinung eine vernünftige Erklärung finden kann.

Auf diese Weise ist er zu einer lebenden Rechenmaschine geworden, zu einem Hirnmenschen, der sich verhält, als gäbe es nichts weiter als den alles durchschauenden und erkennenden Verstand. Erlebnisse, Ahnungen, Phantasievorstellungen gehören anderen Bereichen an; sie sind geeignet, die wohlgeordnete Welt der klaren Erkenntnis zu durchbrechen, darum stößt sie Faber wie Krankheitskeime von sich ab. Die Schlüssel zu den Kräften, die auf das Leben wahrhaft einwirken, liegen aber im Ahnungsvermögen des Menschen und darin, daß seine Phantasie ihm das Nichtwirkliche vorstellbar macht. Wenn sich Faber weigert, „Angst zu haben aus bloßer Phantasie", so ist das nicht nur Überheblichkeit, sondern auch Blindheit des Verstandes.

Faber ist zu einem seelenlosen Produkt der Physik und Technik geworden, die er doch zu beherrschen meint, und darum steht er hilflos dem unverständlichen und unberechenbaren Schicksal gegenüber.

Es tritt in der Gestalt der unwahrscheinlichsten Zufälle an ihn heran. Er liebt ein Mädchen, ohne zu erkennen, daß es seine eigene Tochter ist; das Mädchen stirbt nach einem Schlangenbiß – nicht an dem Gift, sondern an einer Kopfverletzung, die es sich dabei durch einen Sturz zugezogen hat, „was durch chirurgischen Eingriff (wie man mir sagt) ohne weiteres hätte behoben werden können", was aber von den Ärzten übersehen wurde. Faber selbst erkrankt; der Leser weiß: an Raucherkrebs, und die Operation wird nichts nützen.

311

Max Frisch

Bis zuletzt erkennt Faber nicht, daß das Schicksal in sein Leben eingegriffen hat; er kann sich nicht entschließen, „Ewigkeiten zu hören".

»Ich glaube nicht an Fügung und Schicksal, als Techniker bin ich gewohnt, mit den Formeln der Wahrscheinlichkeit zu rechnen. Wieso Fügung? Ich gebe zu: Ohne die Notlandung in Tamaulipas (2. IV.) wäre alles anders gekommen; (...) ich wüßte heute noch nicht, daß ich Vater bin. Es ist nicht auszudenken, wie anders alles gekommen wäre ohne diese Notlandung in Tamaulipas. Vielleicht würde Sabeth noch leben. Ich bestreite nicht: Es war mehr als ein Zufall, daß alles so gekommen ist, es war eine ganze Kette von Zufällen. Aber wieso Fügung? Ich brauche, um das Unwahrscheinliche als Erfahrungstatsache gelten zu lassen, keinerlei Mystik; Mathematik genügt mir.«

Der Roman besteht aus Tagebuchaufzeichnungen Walter Fabers. Sie verraten mehr, als dieser mitzuteilen beabsichtigt. Die ganze Armut seines nur das Verstandesmäßige fassenden Geistes drückt sich im Stil aus: er ist nüchtern, registriert genau, was sich einem exakten Gedächtnis eingeprägt hat. Es sind Einzelheiten, die sich zu einem seelenlosen, mechanischen Zusammenhang verbinden; eine tiefere Gesamtvorstellung als die einer gut funktionierenden Maschine kommt nicht zustande.

Der 1911 in Zürich geborene Architektensohn MAX FRISCH studierte zwei Jahre Germanistik. Das Studium befriedigte ihn nicht, so daß er es ohne Bedauern aufgab, als er nach dem Tode seines Vaters seinen Unterhalt selbst verdienen mußte. Er wurde Journalist und reiste viel. Fünfundzwanzigjährig entschloß er sich zum Architekturstudium. Jahrelang übte er zwei Berufe nebeneinander aus, bis der Schriftsteller schließlich den Architekten verdrängte. Frisch schrieb außer Romanen vor allem Dramen und Tagebücher. Er kannte und schätzte Brecht und dessen dramatische Theorie, glaubte aber nicht an die Veränderbarkeit der Welt durch das Kunstwerk. In seinem Werk legt er die Neigung der Menschen bloß, sich Vorurteilen zu unterwerfen, und zeigt die Fragwürdigkeit und Absurdität unserer Welt.

FRIEDRICH DÜRRENMATT

Die Panne

Eine Autopanne zwingt den Handelsvertreter Adolfo Traps, in einem alten Haus zu über-
nachten. Dort wiederholen vier greise Männer im Spiel ihre früheren Berufe: Staatsanwalt,
Verteidiger, Richter, Henker. Sie bitten den Gast, die Rolle des Angeklagten zu über-
nehmen. Während eines üppigen Mahls und bei reichlichem Alkoholgenuß werden die
schwachen Stellen in Traps Leben aufgedeckt, der Staatsanwalt klagt ihn des Mordes an
seinem verstorbenen Chef an, der Verteidiger betont vergeblich seine Unschuld, der
Richter verurteilt ihn zum Tode.
Traps erkennt seine Schuld und nimmt das Urteil an; vom Henker wird er abgeführt – auf
sein Zimmer, wo er die Vollstreckung des Urteils erwartet, aber zu Bett gebracht wird.
Am nächsten Morgen fährt er in seinem amerikanischen Wagen weiter, wieder bereit zu
rücksichtslosem Geschäftsgebaren.

Verteidiger: Im Gegensatz zum Angeklagten halte ich den Angeklagten für unschuldig,
ja, nicht zur Schuld fähig.

Traps: Aber ich bin doch schuldig!

Verteidiger: Daß er sich selbst zu dem vom Staatsanwalt so raffiniert fingierten Mord bekennt, ist psychologisch leicht zu begreifen.

Traps: Aber es gibt doch nur zu begreifen, daß ich ein Verbrechen begangen habe.

Verteidiger: Man braucht den Angeklagten nur zu betrachten, um seine Harmlosigkeit zu
erkennen. Er genießt es, in unserer Gesellschaft geliebt, gewürdigt, verehrt zu sein,
bewundert auch ein wenig dank seinem roten Studebaker, so daß der Gedanke, einen
richtigen, perfekten, durchaus nicht stümperhaften Mord begangen zu haben, ihm zu
gefallen beginnt, schwer vom Neuchâteller, vom Burgunder, vom wundersamen Cognac
aus dem Jahre 1893. So ist es denn natürlich, daß er sich nun wehrt, sein Verbrechen
wieder in etwas Gewöhnliches, Bürgerliches, Alltägliches zurückverwandelt zu sehen,
in ein Ereignis, das nun eben das Leben mit sich bringt, das Abendland, unsere Zivilisation, die den Glauben, das Christentum, das Allgemeine mehr und mehr verlor, chao-
tisch geworden ist, so daß dem einzelnen kein Leitstern blinkt, Verwirrung, Verwilderung
als Resultate auftreten, Faustrecht und Fehlen einer wahren Sittlichkeit, so daß denn
unser guter Traps eben nicht als ein Verbrecher, sondern als ein Opfer unserer Zeit
anzusehen ist.

Traps: Das ändert doch nichts daran, daß ich ein Mörder bin.

Verteidiger: Traps ist ein Beispiel für viele. Wenn ich ihn als zur Schuld unfähig bezeichne,
so will ich damit nicht behaupten, daß er schuldlos ist: im Gegenteil. Er ist vielmehr
verstrickt in alle möglichen Arten von Schuld, er ehebrüchelt, schwindelt, gaunert sich
durchs Leben, aber nicht etwa so, daß sein Leben nur aus Ehebruch, Schwindel und
Gaunerei bestände, nein, es hat auch seine guten Seiten, durchaus, seine Tugenden, er
ist ein Ehrenmann, nehmt alles nur in allem, nur ist er von Unkorrektem, Schuldigem
wie angesäuert, leicht verdorben, wie dies eben bei jedem Durchschnittsleben der Fall
ist: doch gerade deshalb wieder ist er zur großen, reinen, stolzen Schuld, zur eindeutigen Tat, zum entschlossenen Verbrechen nicht fähig und träumt nun aus diesem Mangel
heraus, es begangen zu haben.

Traps: Aber es ist doch gerade umgekehrt, Herr Verteidiger. Vorher träumte ich, unschuldig zu sein, und nun bin ich wach geworden und sehe, daß ich schuldig bin.

Die Mordanklage des Staatsanwalts hat Traps mit wachsender Erschütterung
gehört: er ist von der Wahrheit der Anklage durchdrungen. Die außergewöhn-

liche Gerichtssituation hat ihn aus seinem Alltag der Geschäfte und Erfolge in eine andere Welt versetzt, in der auch eine andere Gerechtigkeit gilt: Gedankenlosigkeit, rücksichtsloser Geschäftssinn, Nützlichkeitsdenken sind Verbrechen an den Mitmenschen und können tödlich sein. Unter dem Einfluß des Alkohols und der seltsamen Umstände erkennt Traps die groteske Welt der Alten als die wahre an und weist die Beschwichtigung des Verteidigers zurück. Er will schuldig sein, weil er sich als Bösewicht über sein spießbürgerliches Leben erhoben fühlt. – Am nächsten Morgen sind seine Schuldgefühle wie ein Spuk vorüber.

Traps ist ein typischer Repräsentant unserer Welt, ein Jedermann des 20. Jahrhunderts. Mit ihm steht unsere ganze Zeit vor Gericht; wie er ist sie schuldig und unschuldig, je nach dem Standpunkt, von dem aus man sie betrachtet. Wie Traps ist der Jedermann von heute nur im seltenen, vorübergehenden Ausnahmezustand fähig, sein Dasein bewußt von außen zu beurteilen, und er paßt sich bequem wieder dem Alltag an.

Die Panne ist als *Hörspiel* ein Beispiel für die literarische Gattung, die mit dem Rundfunk entstand. Aus dessen technischen Bedingungen ergibt sich, daß es sich zu einer Kunst für den Nur-Hörenden entwickelt, zum „Theater ohne Augen" (W. Schmidtbonn). Im Mittelpunkt steht der Dialog, und da eine sichtbare Darstellung fehlt, muß die Szene durch Worte und Geräusche aufgebaut werden. Dürrenmatts *Panne* entspricht diesem Prinzip dadurch, daß es zwischen knappen Anfang und Schluß aus einem langen Verhandlungteil besteht, Der Hörer kann sich auf diesen konzentrieren, weil ihm normalerweise die Atmosphäre und die Vorgänge im Gerichtssaal gegenwärtig sind; daran, daß der Dialog tatsächlich in einer Villa stattfindet, wird immer wieder durch Eßgeräusche und Hinweise auf die Getränke erinnert.

Die körperlosen Stimmen begünstigen eine Neigung zur Abstraktion, zum Symbolischen, zur Darstellung des Typischen statt des Individuellen und zu traumhaften, gespenstischen Stoffen. Auch diese Züge sind in der *Panne* angedeutet. Kaum enthalten ist die zweite Komponente: Durch die spezifischen Eigenarten des Funks bedingt wird oft, ähnlich wie im epischen Theater, das Szenische durch erzählende Teile zusammengefügt.

Seitdem das Fernsehen mit seinen Spielen in den Vordergrund tritt, konzentriert sich das Hörspiel immer stärker auf das Akustische und reduziert die epische und die szenische Verdeutlichung, so daß der Hörer seine Vorstellungen aus den eigentlichen Sprechlauten und aus sparsamen Geräuschen entwickeln muß.

Für *Die Panne* erhielt Dürrenmatt 1956 den Hörspielpreis der Kriegsblinden; er sagte bei der Verleihung:

»Je mehr ich mich in meinem Berufe, oder besser, mit meinem Berufe beschäftige, desto klarer ist es mir geworden, daß ich meine Stoffe im Alltag, jenseits der Fiktionen, in der Gegenwart zu suchen habe. Wir müssen den Mut haben, zu unserer Zeit zu stehen. Nur getrost, auch sie hat ihre Helden und Raubritter, und in der Wirtschaft geht es nicht gnädiger zu als in der Schlacht im Teutoburger Walde. Nicht Herzöge und Feldherren, sondern Geschäftsleute, kleine Krämer, Industrielle, Bankiers, Schriftsteller sind die

Rollenträger unserer Zeit – noch genauer: Wir alle sind es, und die Handlung, die wir durchmachen, durchstehen müssen, ist die unseres Alltags. Doch – und nun kann ich den Kreis schließen – wer wüßte besser als die Blinden, was Alltag ist, wie schwer an sich schon das Alltägliche durchzumachen, zu bestehen ist! Die Welt als ganze ist in Verwirrung, allzuviel rächt sich nun, allzuschnell ist die Menschheit angewachsen. Die Welt des einzelnen dagegen ist noch zu bewältigen, hier gibt es noch Schuld und Sühne. Wie der einzelne die Welt besteht oder wie er untergeht, ist das Thema auch meines Hörspiels, das hier ausgezeichnet wird, auch wenn der Hauptheld, der Textilreisende Alfredo Traps, nicht sehr viel von dem, was vorfiel, kapierte.«

Die Panne war ursprünglich eine Erzählung, in der sich Traps selbst richtet; er erhängt sich am Fensterkreuz seines Zimmers. Trotz des tragischen Abschlusses endet die Geschichte grotesk verfremdet mit dem ratlosen Ausruf des Staatsanwalts: „Alfredo, mein guter Alfredo! Was hast du dir denn um Gotteswillen gedacht? Du verteufelst uns ja den schönsten Herrenabend!" – Auf diese Weise zeigt er, daß auch er und seine Freunde niemand anderes als die Jedermänner sind, die nur phantasievoll mit moralischer Tiefe und ernsthaftem Verantwortungsgefühl spielen.

Dürrenmatt nennt die Erzählung „eine noch mögliche Geschichte", und darin steckt ein wesentlicher Zug seiner Ansichten von der Aufgabe und der Daseinsberechtigung eines Künstlers. „Noch möglich" kann man in zweifacher Hinsicht auslegen: erstens als Hinweis darauf, daß heute für den Künstler manches nicht mehr Gegenstand sein kann – Persönliches, Autobiographisches lehnt Dürrenmatt ebenso ab wie „Seele (...) , Geständnisse, Wahrhaftigkeit eben, höhere Werte (...)" (in der Vorrede zur Erzählung *Die Panne*). Zweitens kann „noch möglich" Realismus in dem Sinne meinen, daß der Gegenstand der Literatur das ist, was an den Grenzen der Wirklichkeit schlaglichtartig das Leben beleuchtet. In dieser Weise ist *Die Panne* ungewöhnlich, aber real vorstellbar. „In dieser Welt der Pannen führt unser Weg, an dessen staubigem Rande nebst Reklamewänden für Ballyschuhe, Studebaker, Icecrème und den Gedenksteinen der Verunfallten (schweiz. für Verunglückte) sich noch einige mögliche Geschichten ergeben, indem aus einem Dutzendgesicht die Menschheit blickt, Pech sich ohne Absicht ins Allgemeine weitet (...) ". Es ist das Parabelhafte solcher Beobachtungen am Alltäglichen, am Trivialen, dort, wo man die Ansätze für Kunstdarstellung nicht sucht, was ihn anregt. Deshalb greift er häufig nach Elementen des Kriminalromans, der Boulevardkomödie, und er überschreitet zugleich dort die Grenze des „noch Möglichen", wo sie auch die Trivialliteratur ins Phantastische hinein überschreitet, stellt den Einbruch des Grotesken und Absurden dar, wo es sich nahe hinter der Grenze der Realität denken läßt. In dieser Art ist *Die Panne* absurd und grotesk, zeigt aber auf, was wirklich oder auch „noch möglich" ist.

Ähnlich absurd richtet der alte, todkranke Kommissär Bärlach in dem Kriminalroman *Der Richter und sein Henker* nach einer lebenslangen Verfolgung einen Verbrecher, dem er mit legalen Mitteln nicht das Handwerk legen kann. Er lenkt

Schlußszene Besuch der alten Dame (Düsseldorf 1954)

einen übermäßig ehrgeizigen Kollegen, den er zum Henker ausersehen hat, von der Ferne so, daß er den „Teufel in Menschengestalt" erschießt.

Sein berühmtestes Drama, *Der Besuch der alten Dame* (1956), führt parabelhaft vor, daß man in unserer kapitalistischen Gesellschaft alles für Geld kaufen kann. Die Dame stiftet den Bürgern ihrer Heimatgemeinde zwei Milliarden unter der Bedingung, daß diese gemeinsam ihren Jugendgeliebten töten. Sie tun es. Das ist die Rache der alten Dame: Die Bürger, die sie vor Jahrzehnten wegen eines unehelichen Kindes moralisch verurteilt und ausgestoßen haben, verschachern ihre Menschlichkeit und beweisen, daß sie selbst keine Moral haben.

FRIEDRICH DÜRRENMATT wurde am 5. 1. 1921 in Konolfingen, Kanton Bern, als Sohn eines protestantischen Pfarrers geboren. Er studierte Theologie, Philosophie und Germanistik, wollte aber eigentlich Maler werden. Zunächst arbeitete er als Graphiker, Journalist und Kabarettexter, bis er nach dem Erfolg seiner Theaterstücke als freier Schriftsteller leben konnte. Seit 1952 wohnt er mit seiner Familie zurückgezogen in Neuchâtel.

Toter Hafen

Feuchte Flaggen hängen an den Masten
in den Farben, die kein Land je trug,
und sie wehen für verschlammte Sterne
und der Mond, der grün im Mastkorb ruht.

Wasserwelten aus Entdeckerzeiten!
Wellen überwuchern jeden Weg,
und von oben tropft das Licht aus Netzen
neuer Straßen, in die Luft verlegt.

Drunten blättern Wasser in den Bibeln,
und die Kompaßnadel steht auf Nacht.
Aus den Träumen wird das Gold gewaschen,
und dem Meer bleibt die Verlassenschaft.

Nicht ein Land, nicht eins blieb unbetreten!
Und zerrissen treibt das Seemannsgarn
denn die tollen, lachenden Entdecker
fielen in den toten Wasserarm.

Das Gedicht *Toter Hafen* ist in einem getragenen, elegischen Stil geschrieben. Der Form nach besteht es aus regelmäßigen trochäischen Fünfhebern mit Assonanzen (tr<u>u</u>g – r<u>u</u>ht) und Alliteration (<u>F</u>euchte – <u>F</u>laggen – <u>F</u>arben). Die Bildwelt des Gedichts ist zunächst unwirklich und unverständlich, doch dank dem Titel sieht man eine Landschaft vor sich: einen Hafen bei Nacht, die schlammige, algengrüne Wasseroberfläche, in der sich vergilbte Flaggen, Mastkorb, Sterne und Mond spiegeln, eine tote, vergangene Welt. Was man sich auf diese Weise vorstellt, muß im einzelnen nicht wirklich und wörtlich die Aussageabsicht Ingeborg Bachmanns sein. Moderne Lyrik läßt dem Leser Freiraum für seine persönlichen Empfindungen und Assoziationen; doch wird das übergreifende Vorstellungsfeld vorgezeichnet. Der tote Hafen wird in der zweiten Strophe mit dem Zeitalter der großen Seefahrer in Zusammenhang gebracht. In dem Ausruf: „Wasserwelten aus Entdeckerzeiten!" kann man den thematischen Mittelpunkt des Gedichts sehen, denn was folgt, ist darauf bezogen.
Als erstes entsteht ein Gegenbild zu damals: An die Stelle der alten Wasserstraßen ist das heutige Luftverkehrsnetz getreten. In der dritten Strophe scheint die Lyrikerin in das trübe Wasser zu schauen, und in ihrer Imagination werden Bilder lebendig, die mit versunkenen Galleonen zusammenhängen. Diese Metaphern sind verwirrend, schwer auflösbar, weil sie Gegenständliches mit Abstraktem paradox (widersprüchlich) zusammenfügen: Das Gottvertrauen von damals ist geschwunden, könnte der Sinn der Zeile III, 1 sein; der Aufbruch ins Ungewisse ist nicht mehr möglich, und das Wunderbare, das man sich von der großen Fahrt erträumt, hat sich in Nichts aufgelöst. All das ist gewissermaßen im Meer versunken: „Verlassenschaft" – nicht Hinterlassenschaft, also etwas, was erhalten

geblieben ist, sondern in einer ausgefallenen Wortprägung das, was man zurückgelassen hat, abgelegt hat, nicht mehr beachtet.

Dem Heute fehlt das Abenteuerliche, Phantasievolle, Unbekümmerte der Entdeckerzeiten, und es fehlt die Chance, Vergleichbares noch einmal zu erleben; denn es gibt keine weißen Punkte mehr auf der Landkarte und alle Lügengeschichten sind widerlegt.

Die Überhäufung des Gedichts mit Wasser-Metaphorik – sogar noch im Gegenbild „tropft" das Licht – gründet sich vermutlich darauf, daß sich mit der Metapher Wasser der Ursprung des Lebens, das Natürliche, Mütterliche verbindet, mit dem von Licht und Luft dagegen die Verstandesklarheit, die kühle Wahrnehmung, das technokratische Denken, das die Natur unterjocht. Wenn diese Überlegungen im Prinzip zutreffend sind, dann sagt das Gedicht aus, daß die heutige Menschheit, die alles erforscht, ermittelt und geheimnislos macht, die Phantasie, die Ursprünglichkeit und die Poesie geopfert hat.

Ingeborg Bachmann

Ähnliche Aussagen finden sich auch in anderen Texten des Bandes. Das Titelgedicht *Anrufung des großen Bären* zum Beispiel ist die „Anrufung" einer Art Tiergottheit, in der sich das Sternbild, ein gutmütiger Tanzbär und ein wildes Ungetüm aus den Wäldern zu einer Figur vereinigen. Sie geht mit den Menschen und der Welt nach Lust und Laune um – eine unheimliche, undurchschaubare Macht, die zu einem ganz anderen Bereich gehört als zu dem, wo man Bescheid weiß, alles vorausberechnen kann und sich die Natur untertan macht. Das vielzitierte Gedicht *Reklame* legt die Oberflächlichkeit unseres Daseins bloß: Das Geschwätz vom Wohlergehen, von der Sorglosigkeit des Daseins, vom Traumglück wird nichtig, wenn das Schicksal zuschlägt, wenn Kummer, Leid und Tod den einzelnen treffen.

Ingeborg Bachmann gehört zu den Lyrikern, die in den fünfziger Jahren ihr Interesse dem Hörspiel zuwandten (vgl. S. 314), weil sie von den Chancen gereizt wurden, die eine Kunstform bietet, bei der es ähnlich wie in Gedichten ganz auf die

Sprache (und die Stimme der Sprechenden) ankommt. Das Hörspiel *Der gute Gott von Manhattan* (1958) gestaltet erneut das Grundthema der Antinomie (der Unvereinbarkeit) von Verstandesklarheit und Gefühlsleben:

Jemand, der sich den „guten Gott von Manhattan" nennt, bekämpft im Namen der Regelmäßigkeit, der „Senkrechten und Geraden der Stadt" die Unordnung, die durch wahrhaft Liebende entsteht. Diese gefährden mit „zuviel Trunkenheit und Selbstvergessen" die Herrschaft des gesunden Menschenverstands und der vernünftigen Übereinkunft aller; deshalb müssen sie beseitigt werden.

INGEBORG BACHMANN aus Klagenfurt (1926 – 1973) wurde 1953 auf einer Tagung der Gruppe 47 entdeckt. Nach zwei Gedichtbänden verstummte sie als Lyrikerin und wandte sich der Prosa zu. Sie lebte vorwiegend in Italien und starb in Rom.

Ihre Lyrik wurde von manchen als Flucht aus der Wirklichkeit in eine romantische Gemütswelt mißverstanden, weil sie ihre Motive aus der Natur und aus eigenwillig entwickelten naturmythischen Bildwelten nahm. Es wurde dabei übersehen, daß sie dadurch eine Gegenposition einnahm zum kalten Zweckmäßigkeitsdenken und zu intoleranter aufklärerischer Besserwisserei. Damit stellte sie die Frage nach dem Wesentlichen der menschlichen Existenz, und sie antwortete, wie MAX FRISCH im *Homo Faber,* daß dieses Wesentliche gewiß nicht im Intellekt besteht.

Politische Lyrik und Engagement

HANS MAGNUS ENZENSBERGER

ins lesebuch für die oberstufe

> lies keine oden, mein sohn, lies fahrpläne:
> sie sind genauer. roll die seekarten auf,
> eh es zu spät ist. sei wachsam, sing nicht.
> der tag kommt, wo sie wieder listen ans tor
> schlagen und malen den neinsagern auf die brust
> zinken. lern unerkannt gehn, lern mehr als ich:
> das viertel wechseln, den paß, das gesicht.
> versteh dich auf den kleinen verrat,
> die tägliche schmutzige rettung. nützlich
> sind die enzykliken zum feueranzünden,
> die manifeste: butter einzuwickeln und salz
> für die wehrlosen. wut und geduld sind nötig,
> in die lungen der macht zu blasen
> den feinen tödlichen staub, gemahlen
> von denen, die viel gelernt haben,
> die genau sind, von dir.

Enzyklika = päpstliches Rundschreiben

Ins Lesebuch für die Oberstufe kommt, was zum „ewigen Bestand" der Dichtung gehört, zum Beispiel Oden voll erhabener Gefühle (vgl. S. 145). Das Lesebuch enthält auch Belehrendes; seine Herausgeber haben erzieherische Absichten, sie wollen erreichen, daß der Schüler die Welt erkennt, in der er aufwächst.

Pathos oder Belehrung erwartet der Leser nach der Überschrift, und die Anrede „mein sohn" in der ersten Zeile läßt keinen Zweifel, daß Enzensberger in feierlichem Stil wie ein Vater seinem Sohn Lebensweisheit verkünden, Ratschläge geben will. Nur sind sie das Gegenteil von dem, was man erwartet: „lies keine oden", das heißt, befasse dich nicht mit dem ewigen Bestand der Dichtung, oder allgemeiner: befasse dich nicht mit dem Schönen, Erhabenen, sondern orientiere dich am Sachlichen. Ebenso wie mit Oden ist es mit Enzykliken und Manifesten: allen dreien ist gemeinsam, daß sie große Worte machen, in einer Tonlage sprechen, die täuschen, Gefühle wecken, verführen kann.

Davor will der Vater seinen Sohn schützen, der Wachsamkeit und Genauigkeit lernen soll. Er soll sich mit Kenntnissen ausrüsten, um gegen hochtönende

Worte gefeit zu sein in einer Zeit, in der Ideologien herrschen und der Staat Andersdenkende verfolgt; denn nur nüchterne Menschen sind fähig, die Macht zu bekämpfen. Die Kritik, das Durchschauen, die sachliche Analyse, das ist der Staub, an dem die Macht erstickt.

Staub ist ein Kampfmittel, das langsam zum Ziel führt; deshalb braucht der Mensch Geduld, und er muß bereit sein, sich ganz freizumachen von den wohltönenden Worten, die von ihm Sinn für das Schöne, Wahre und Gute verlangen. Er muß sogar bereit sein zum „kleinen verrat", zur „täglichen schmutzigen rettung"; denn sie sind nützlich zu seinem Zweck. Wer dagegen Ehre und Heldentum als höchste Werte betrachtet, ist blind für die Realität und wenig zu „Genauigkeit", zum Durchschauen der Lüge und Erkennen der Wahrheit fähig. Als Gegner der Macht liefert er sich nach kurzer Zeit den Mächtigen aus.

Wer in einem Gedicht dazu auffordert, keine Gedichte zu lesen, muß meinen, daß sein Gedicht anders sei, vergleichbar mit Fahrplänen und Seekarten, geeignet also, zur Genauigkeit und zum Nachdenken zu zwingen. Enzensberger hat diese Meinung. Um den Leser dazu zu bringen, nicht in Kunstgenuß zu schwelgen, sondern nachzudenken, weckt er ihn ständig auf durch Ernüchterung und Überraschung. Die Überschrift ist bereits eine „Falle"; wenn man in dieser Falle sitzt, bleibt nichts anderes übrig, als sich klarzumachen, wie man hineingeraten ist und wie man wieder herauskommt. Das ganze Gedicht lebt aus dem Gegensatz von Ausdrücken, bei denen der Leser bereitwillig bestimmte pathetische Gefühle empfindet, und der Zerstörung dieser Gefühle durch den Schock nüchterner, sachlicher Worte: Das Gedicht ist dialektisch aufgebaut und „verfremdet" wie die Dramen Bertolt Brechts (vgl. S. 279).

Die Verfremdung macht dem Erkennen Platz. Der Leser fängt an, über etwas nachzudenken, was er bislang einfach hingenommen hat, und erkennt es als falsch oder zumindest als ungesichert und gefährlich. Wenn er die Überschrift liest, erwartet er Pathetisches, also etwas übertrieben Feierliches. Beim ersten Satz aber schon merkt er, daß das Thema des Gedichts ein Angriff auf das Pathos ist. Dieser Vorgang wiederholt sich. Dazwischen erläutert Enzensberger, warum es nötig ist, das Pathos zu fürchten.

Auch die Sprache ist der Brechts ähnlich: Enzensberger strebt Verständlichkeit an, nicht ästhetische Reize wie Gottfried Benn (vgl. S. 289). Das Substantiv „oden" ist keine Chiffre, die unbegrenzte Assoziationen weckt. Der Sinn soll eindeutig sein oder vertritt als „Teil für das Ganze" alles Pathetische. Selbst die kunstvolle Form dient dem Zweck, Aufmerksamkeit und Bereitschaft zu wecken; Ziel ist die Erkenntnis, und in deren Gefolge als eigene Tätigkeit des Lesers im besten Falle eine (politische) Aktion.

Bis in die Stilmittel hinein bewirkt Enzensberger den Schock zur Erkenntnis; besonders dann, wenn er Redensarten, Bibelsprüche und andere Zitate nicht wörtlich, sondern mit Abwandlungen verschiedenen Grades verwendet. Der Anklang an das „tägliche Brot" des Vaterunsers macht deutlich, wie sehr der Verzicht auf einen Ehrenkodex, die „tägliche schmutzige rettung" zur Gewohnheit werden muß; die Erinnerung an Christuslegenden in „unerkannt gehen"

Hans Magnus Enzensberger (1973)

betont die Unauffälligkeit, doch Beständigkeit derer, die der Macht widerstehen. Solche Anspielungen sind in dem Gedicht in mehreren Schichten bis zum ganz Unbestimmten enthalten, wenn zum Beispiel in dem Satz von den Enzykliken noch gerade die Redensart sichtbar wird: „Das Papier nicht wert sein, auf das sie geschrieben sind."

Enzensbergers Gedichte reimen sich nicht; sie werden durch gedankliche, rhythmische und klangliche Mittel zusammengehalten. Die Wortwiederholungen (lies, lern, genau), die Verdoppelung von Ausdrücken und Sätzen (fahrpläne und seekarten; verrat und rettung; enzykliken und manifeste; wut und geduld; listen ans tor und zinken auf die brust) unterstreichen, was gemeint ist, und schaffen einen rhythmisch-stoßartigen Ablauf; er wird abgefangen durch einen längeren, verschachtelten Schlußsatz, so daß Raum bleibt zum Überlegen. Assonanzen (oden, sohn, fahrpläne; soll, spät) in den Zeilen und am Zeilenschluß und die Andeutung von Stabreimen stützen den Rhythmus. Ein gefälliger Fluß der Zeilen ist ebensowenig beabsichtigt wie ein ästhetischer Genuß. Vielmehr soll der Leser über Rhythmus und Form stolpern wie über den Inhalt. All das wirkt wie ein energisches, verbissenes Einpauken, und es soll so wirken. Das Gedicht ist bestimmt, richtiges Lebensverhalten in der Zeit zu lehren, für die Enzensberger geschrieben hat.

HANS MAGNUS ENZENSBERGER, geboren 1929 in Kaufbeuren, lebt abwechselnd in Berlin und auf einer Insel im Oslo-Fjord. Er machte sich mit angriffslustigen zeitkritischen, im

Stil kunstfertigen Gedichten einen Namen, wendet sich aber seit Jahren in wachsendem Maße den politischen Ereignissen zu. Der Ost-West-Konflikt, Vietnam und andere Erscheinungen, in denen sich festgefahrene politische Vorstellungen über eine menschliche Haltung hinwegsetzen, sind das Thema seiner schriftstellerischen Tätigkeit als Essayist und Herausgeber einer Zeitschrift ("Kursbuch").

Enzensberger leitete mit seinem Band *verteidigung der wölfe* eine Flut von politischen Gedichten ein. Er selbst begann mit Warngedichten in dem Tonfall "sei wachsam", "lern", sei "genau", um auf Gefahren aufmerksam zu machen, die noch oder wieder drohten; daraus entwickelten sich unter dem Einfluß des Marxismus-Leninismus zunächst Aufklärungsverse, die Widersprüche in den bestehenden Gesellschaftssystemen aufdeckten. Schließlich entstand ausgesprochene *Agitprop*-Lyrik. Der Begriff stammt von Lenin und ist eine Zusammenziehung von Agitation und Propaganda. Er bezeichnet die Literatur, die dem Kampf und Sieg der Kommunistischen Partei nützt. So wird er auch heute noch verstanden.

Mit dem Inhalt wandelt sich die Form. Enzensbergers Texte sind an den Gesetzen der *Rhetorik* geschult. (Rhetorik bedeutet Rednerkunst und lehrt seit der griechischen Antike die Sprachmittel und Ausdrucksweisen, mit denen man auf Zuhörer wirkt.) In unserem Gedicht sind viele dieser Mittel zu finden: Der *Teil für das Ganze* (Oden für Dichtung) ist eine rhetorische Figur, ebenso die Wiederholung eines Wortes am Satzbeginn *(Anapher:* "lern unerkannt gehen, lern mehr...",·"lies... lies") oder das Überkreuzstellen von Sätzen *(Chiasmus:* "wo sie wieder listen ans tor schlagen und malen den neinsagern auf die brust zinken", also Objekt – Verb, Verb – Objekt).

Neben diese rhetorischen Stilmittel tritt ein neues Moment: die Musik. Gedichte Enzensbergers und anderer wurden mit Jazz montiert; dann griff man den Bänkelsang wieder auf; das waren erzählende Lieder über Zeitereignisse, über Mordtaten ("Moritaten") und Tragödien aus dem täglichen Leben, die auf den Jahrmärkten gesungen worden waren. Die Bezeichnung kommt von der Bank, der provisorischen Plattform, auf der die Sänger standen, um für alle sichtbar zu sein. Hinter ihnen waren Plakate aufgespannt mit Zeichnungen von Höhepunkten der Geschichte. Als zeitgemäße Abwandlung, als eine Art neuer Volksballade, war der Bänkelsang von BRECHT wieder aufgenommen worden (vgl. auch seine Songs); ebenso hat er für das Agitprop-Lied Muster gesetzt. Man verwendet Requisiten wie die Gitarre, Posters, die Schirmmütze, Methoden der Schnulzen- und Schlagerindustrie und steigt auf die Plattform des Kabaretts und des Straßentheaters.

jahrestag

heute ist
der 17. juni
19 hundert acht&sechzig
was wißt ihr über
den 17. juni

am 18. juni
war schon alles vorbei
– so klein
war die minderheit ja
so radikal einen tag nur –

heute vor 15 jahren
erhob sich eine
kleine
radikale minderheit
gegen ihre regierung

seither
wird alljährlich gefeiert
der tag der einheit
wir kinder
bekommen schulfrei:

heute müssen wir nichts lernen

jahrestag ist ein Beispiel für eine Art politischer Lyrik, die sich von Agitprop durch seine „Rationalität" unterscheidet. Statt den Zuhörer mitzureißen, fordert das Gedicht zum Mitdenken auf. Der Autor vertraut auf den Verstand seines Lesers, hält ihn für vernünftig genug, daß er ihm weder wortreich alles sagen noch ihn überreden, gängeln oder überfahren muß. *jahrestag* macht seinen Sinn nicht sofort deutlich. So einfach die Zeilen auch zu sein scheinen, so enthalten sie doch eine Reihe von Zügen, die sich erst dem überlegenden Leser mitteilen. Er muß zwischen den Zeilen zu lesen verstehen.

Auf der Oberfläche ist *jahrestag* der Gedankengang eines Schülers, der nachsagt, was ihn vom 17. Juni 1953 gelehrt worden ist, und der eine typisch schülerhafte Folgerung daraus zieht.

Es ist ein seit langem beliebtes satirisches Mittel, die Naivität und die Halbwahrheiten von Schülern zur Grundlage für einen lehrhaften Vorgang zu machen. Der Schüler in dem Gedicht plappert nach, und im Nachplappern unterlaufen ihm Äußerungen, die zu denken geben: die „kleine radikale minderheit" in der zweiten und dritten Strophe ist ein Begriff, den er entweder falsch verstanden hat oder der in den Inhalt der Unterrichtsstunde nicht paßt; denn so würde ein Lehrer in der Bundesrepublik in der Regel nicht reden, wenn es um den Aufstand in der DDR geht. Es ist der offizielle Sprachschatz des Staates, in dem ein Aufstand niedergeschlagen worden ist. Was nach einem Sprachschnitzer des Autors aussieht, ist in Wirklichkeit eine Aufforderung, die verwendeten Begriffe zu untersuchen.

Mehrere Erklärungen bieten sich an: Es kann sich um einen Propagandatext der DDR handeln, den das Kind zufällig gehört hat und naiv in das eigene Wissen einbaut; das Kind kann die persönliche Meinung der Eltern oder des Lehrers wiederholen oder es hat den Ausdruck im Zusammenhang mit einem anderen Aufstand gehört und empfindet die Begriffe als Einheit.

Zwischen den Zeilen steht also, daß Aufstände gegen Regierungen von diesen immer als die von „kleinen radikalen minderheiten" bezeichnet werden. Der Schüler hat einfach eine allgemein in der Nachrichtensprache übliche Ausdrucksweise in einem Fall angewandt, in dem sie ausnahmsweise nicht gilt, nämlich wenn hierzulande von einem Aufstand in der DDR die Rede ist.

Wenn der Leser Gedanken dieser Art entwickelt, dann ist der Schluß des Gedichts eine Zuspitzung: „heute müssen wir nichts lernen" ist die Äußerung eines Schülers, der glücklich ist über einen schulfreien Tag, und dabei ist dieser Tag angefüllt mit Lernenmüssen. Offiziell müßte sich der Schüler Gedanken machen über die zeitpolitische Bedeutung des Ereignisses — was er nicht tut, weil schulfrei ist — der Absicht des Autors folgend aber sollte er lernen, welch versteckter Hintersinn in der Feier, in den verschiedenartigen Auslegungen des Ereignisses und der in diesem Zusammenhang gebrauchten Ausdrücke liegt.

YAAK KARSUNKE lebt in Berlin, wo er 1934 geboren wurde. Er studierte einige Semester Jura und besuchte eine Schauspielschule; danach war er sieben Jahre lang Gelegenheitsarbeiter. 1965–1968 leitete er als Chefredakteur die literarisch-politische Zeitschrift „Kürbiskern" und engagierte sich in der „Kampagne für Demokratie und Abrüstung" (Ostermarsch). Karsunke schreibt Beiträge für Zeitschriften, Funk und Fernsehen, und er veröffentlichte Gedichtbände.

Politische Lyrik nützt gerne den Doppelsinn der Sprache. Sie nimmt Sätze oder Worte, deren Bedeutung durch den alltäglichen Gebrauch abgenutzt sind, und verwendet sie so, daß sie Denkprozesse auslösen (vgl. S. 279, Brechts „Verfremdung"). In dieser Weise setzt der „Liedermacher" WOLF BIERMANN, damals noch Bürger der DDR, das dortige Schlagwort vom „Aufbau des Sozialismus" ein. Es verrät sich als Phrase einfach dadurch, daß er es wiederholt und mit drucktechnischen Mitteln immer kleinlauter erscheinen läßt:

> Und das beste Mittel gegen
> Sozialismus (sag ich laut)
> ist daß ihr den Sozialismus
> AUFBAUT! ! ! Aufbaut! (aufbaut)

Von dem Gebrauch der Wiederholung und ähnlichen stilistischen und rhetorischen Mitteln abgesehen, hat die Form mit der geläufigen Vorstellung von Lyrik nicht viel mehr gemeinsam als die Zeilenanordnung. ERICH FRIED z. B. schreibt über den modernen Lyriker: „Er weiß, daß es eintönig wäre, nur immer Gedichte zu machen über die Widersprüche dieser Gesellschaft, und daß er lieber über die Tannen am Morgen schreiben sollte." Dies könnte ein Satz in einem Essay (d. h. einer Abhandlung) sein, ist aber Teil eines Gedichts. Der Verfasser läßt die Satzzeichen weg und ordnet den Satz in fünf Zeilen an. So macht er Verse daraus:

> Er weiß daß es eintönig wäre
> nur immer Gedichte zu machen
> über die Widersprüche dieser Gesellschaft
> und daß er lieber über die Tannen am Morgen
> schreiben sollte

Die Poetisierung ist äußerlich; wenn sie trotzdem stattfindet, läßt das darauf schließen, daß Fried die künstlerische Form für wirksamer hält als einen Essay, ähnlich wie auch die Werbung oft Prosa in Pseudoverse (= vorgetäuschte Verse) verwandelt. Die Druckanordnung hat eine Reizwirkung, und die Zeilensprünge führen zu Denkpausen, zum Zögern vor dem Weiterlesen.

Der Inhalt der Gedichte nähert sich immer mehr der Notiz, der Tagebuchaufzeichnung, dem Protokoll des Alltäglichen oder eben der Abhandlung. Man hat sie deshalb auch schon als *Vers-Essays* bezeichnet. Da die Methode meist nur bei einer gewissen Kürze verfängt, liegt der Begriff Vers-Aphorismus näher. (Aphorismen sind knappe, zugespitzte Prosaäußerungen, die eine Lebenserfahrung schlagkräftig formulieren.)

In den sechziger Jahren erlebte diese Art der Lyrik einen außerordentlichen Auftrieb. Er hing mit der politischen Entwicklung zusammen. Marxistische Gedankengänge setzten sich an den Universitäten verstärkt durch, und im Zusammenhang damit das Bewußtsein, daß die gesellschaftliche Wirklichkeit so sehr das Zentrum des Daseins sei, daß daneben alles andere, individuelle Verwirklichung, unabhängiges Urteil und Schönheitsempfinden ins Nichts versinken müsse. Poesie geriet in Verruf, das Wort BERT BRECHTS vom „Kulinarischen" (d.h. Feinschmeckerischen) des Kunstgenusses machte die Runde. Literatur sollte nichts anderes sein als ein Erziehungsmittel der Politik zur Ausbildung des richtigen, nämlich marxistischen Bewußtseins. Wer so dachte und schrieb, vermißte bei anderen, die „lieber über Tannen am Morgen" schrieben, die Teilnahme an der politischen Entwicklung, das „Engagement". Ihren Höhepunkt erlebte die engagierte Literatur in den Jahren nach der Studentenrevolte von 1968; ihr Niedergang ist unter anderem die Folge von Ereignissen in der DDR.

Eine Reihe von Schriftstellern im Staate des „real existierenden Sozialismus" faßte die politische Meinungsbildung anders auf als der Staat selbst. Ein Beispiel ist der 1936 in Hamburg geborene WOLF BIERMANN. Obwohl er ein überzeugter Kommunist war und deshalb in die DDR umsiedelte, wurde er wegen seiner kritischen Beiträge aus der SED ausgeschlossen und 1965 mit einem vollkommenen Publikations- und Auftrittsverbot belegt. 1976 entzog ihm die DDR die Staatsbürgerschaft und ließ ihn nach einer Tournee in der Bundesrepublik nicht mehr ins Land. Sein Schicksal rief eine entschlossene Aktion seiner Kollegen hervor; eine Petition an die Staatsführung sollte die Maßnahme rückgängig machen. Die Folge war jedoch, daß die Unterzeichner gemaßregelt wurden. Über hundert Schriftsteller und Künstler verließen seitdem die DDR und leben in der Bundesrepublik; einer davon ist REINER KUNZE.

REINER KUNZE

Die wunderbaren Jahre

Nachhall

Hier wird nicht gespielt! Eure Zeit ist vorbei, geht nachhause!
(Polizeistreife zu Jugendlichen, die am 8. August 1973, drei Tage nach Abschluß der Welt-
festspiele, auf dem Alexanderplatz Gitarre spielten.)

Als Michael aus den Bierstuben kam, wirkte der Platz wie leergekippt. Unterhalb des
Warenhauses sprang ein Motor an: Der Jugend-Müll wurde eben abgefahren. Und eine
Scherbe schändete den Platz: er. Zwischen Posten, die dastanden wie schnell gewach-
sene Gehölze. Polizeigrün. Immergrün.
Seine Gitarre lag nicht mehr auf dem Brunnenrand. Sie hatten seine Gitarre. Sie hatten
eine Geisel.
Der Polizist sagte: „Ihre Gitarre suchen Sie? Kommen Sie mit."
Während Michael im Gang des Polizeigebäudes neben den anderen stand, das Gesicht
zur Wand und die Arme erhoben, wurde der Tag ausgeschrien. „Schuhe ausziehn! Wenn
du nicht sofort die Schuhe ausziehst, kriegst du eins in die Schnauze, und wo *die* Pfote
hinhaut, dort wächst kein Gras mehr!"
Sie hatten auf der Brunneneinfassung gesessen: Lehrlinge, Schüler, Rentner. Viele Pas-
santen waren stehen geblieben und hatten ihnen Beifall gespendet, vor allem den beiden
Ungarn. Der eine hatte fast Funken aus den Saiten geschlagen.
Auf dem Ordnungsstrafbescheid über 10 Mark, mit dessen Entgegennahme Michael um
drei Uhr morgens sein Instrument auslöste, stand: Störung des sozialistischen Zusam-
menlebens (Spielen mit Gitarre).

1973 wurde in Ost-Berlin ein großes kommunistisches Jugendtreffen veranstal-
tet, die „Weltfestspiele". Die Polizei war angewiesen, mißliebige Jugendliche aus
dem eigenen Staat fernzuhalten, dagegen den Gästen aus aller Welt gegenüber
großzügig zu sein.
„Nachhall", die Überschrift des Textes, bezieht sich auf die Musik bei den Welt-
festspielen, die noch nachhallt, so daß die Jugendlichen weiter musizieren (mit
Gitarren, Sinnbildern dekadenter westlicher Musik); aber ein Nachhall anderer,
schrillerer Art ist ebenfalls zu hören: die Überreaktion der Polizisten als Folge
der Zurückhaltung, die sie sich auferlegen mußten, solange die Jugend der Welt
das Straßenbild beherrschte.
Der Text besteht aus mehreren in Stil und Aussageweise voneinander abwei-
chenden Abschnitten. Dabei gibt der Satz „Eure Zeit ist vorbei" den Tenor an
(Ténor = Grundhaltung). Der erste Abschnitt ist eine kurze, kursiv gedruckte
Sachmitteilung, eine Nachricht; der nächste ist in personaler Erzählweise
geschrieben; „personal" nennt man sie, weil der Autor sozusagen in die Person schlüpft: Er weiß, wie Michael denkt und empfindet, er beobachtet ihn nicht
nur von außen.
Hier wird nicht kühl und objektiv berichtet, sondern ein Ausschnitt der Empfin-
dungswelt Michaels subjektiv und bildhaft dargestellt. Das Grün der Polizeiuni-
formen löst einige Assoziationen über die Allgegenwart und Unverrückbarkeit
der Vopos aus. Diese, auf die Aufrechterhaltung der Ordnung gedrillt, sehen in

den gitarrespielenden Jugendlichen Störenfriede; folglich versetzt sich Michael selbst in den logisch verwandten Bildbereich „Abfall": Der Platz ist „leergekippt", weil er von Jugendlichen geräumt ist; „Jugend-Müll" sind die, welche sich am Brunnen aufgehalten haben und im Polizeiwagen abtransportiert werden; eine „Scherbe" ist er selbst. Obwohl er gerade nicht da war, als die anderen eingesammelt wurden, schließt er sich nicht aus. Indem er nach seiner Gitarre fragt, erklärt er sich zum Komplizen und wird ebenfalls mitgenommen. Jetzt ist der Platz frei von Unrat.

Die ganze Passage soll den Eindruck vermitteln, den Michael hat: daß nämlich die Jugend etwas ist, was man wegwirft, wenn es zu Propagandazwecken nicht mehr gebraucht wird. Bei den Festspielen hat sie ihre Schuldigkeit getan; drei Tage danach beschmutzt sie die Landschaft.

Die nächsten beiden Abschnitte sind im Stile einer Erlebniserzählung geschrieben; lediglich der Ausdruck, daß der Tag ausgeschrien wird, führt noch einmal auf die vorhergehende Stilebene zurück: es ist – für Michael – die Umkehrung der Phrasen, die am Tag des Fests verkündet wurden. Jetzt hat ihn der Alltag wieder.

Am Schluß stehen Sätze in emotionsloser, sachlicher Behördensprache, die gerade deshalb die Begründung besonders absurd erscheinen lassen.

„Nachhall" ist ein Plädoyer für das Außenseitertum, das im Obrigkeitsstaat preußischer Tradition keinen Platz hat. Dieser verlangt ein genormtes Verhalten der Bürger, eine Atmosphäre von Disziplin und Ordnung; wer zum Beispiel lange Haare hat, ein Stirnband trägt und Gitarre spielt, setzt sich ab in einen Individualismus, zeigt eine Eigenwilligkeit, die dem politischen Beherrschungswillen zuwider ist.

Der Text stammt aus dem Buch *Die wunderbaren Jahre* (1976), einer Sammlung von Kurzprosa: ausgefeilten skizzenartigen Texten, die kein Wort zuviel enthalten. Ein auffälliges Stilmittel sind die bedeutungsvollen Auslassungen: Die eigentliche Kritik am Staat und seinen Organen ist nicht in Worte gefaßt, sondern steht zwischen den Zeilen. Der Inhalt sind Beobachtungen aus dem Alltag in der DDR, meist aus dem Leben der Jugendlichen, speziell dem seiner Tochter im Teenager-Alter (wie man im Westen sagen würde). Die Wahrnehmungen sind authentisch, nachprüfbar der Wirklichkeit entnommen. Der Titel ist aus dem Roman *Die Grasharfe* des amerikanischen Schriftstellers TRUMAN CAPOTE (geb. 1925) entlehnt, und zwar der Passage „Ich war elf, und später wurde ich sechzehn. Verdienste erwarb ich mir keine, aber das waren die wunderbaren Jahre."

REINER KUNZE ist 1933 als Arbeiterkind im Erzgebirge geboren. Sein Universitätsstudium (Philosophie und Publizistik) brach er kurz vor der Promotion wegen massiver politischer Angriffe ab und arbeitete als Hilfsschlosser in einer Maschinenfabrik. Er hielt sich längere Zeit in der Tschechoslowakei auf, heiratete eine tschechische Zahnärztin und sympathisierte mit dem „Prager Frühling". Seine Schriftstellerei wurde zunehmend erschwert; wegen der „Wunderbaren Jahre" wurde er aus dem Schriftstellerverband ausgeschlossen und erhielt Publikationsverbot. Seine Frau verlor ihre Stellung. 1977 siedelte Reiner Kunze in die Bundesrepublik über und lebt seitdem in der Nähe von Passau.

Kunze ist vor allem Lyriker („Sensible Wege", „Zimmerlautstärke"). Sein Thema ist die Selbstbehauptung des Individuums in einer indoktrinierten Massengesellschaft. Ein Beispiel ist das frühe Gedicht (1960):

Das Ende der Kunst

Du darfst nicht, sagte die eule zum auerhahn,
du darfst nicht die sonne besingen
Die sonne ist nicht wichtig

Der auerhahn nahm
die sonne aus seinem gedicht

Du bist ein künstler,
sagte die eule zum auerhahn

Und es war schön finster

Im durchsichtigen Fabelgewand kritisiert Kunze, daß Leute, denen wahre Kunst zuwider ist, dieser ihre Grundsätze aufzwingen und noch dazu die Instanz sind, die wertet, Preise verleiht und Aufträge erteilt. Mit dem Ende der Kunst aber verarmt die Welt. – Das Gedicht hat den Tonfall des sogenannten „kritischen Realismus", wie ihn auch Bert Brecht vertreten hat, doch dient es nicht dazu, in den Kommunismus einzuüben, sondern verurteilt die Gängelung der Literatur durch kommunistische Kulturfunktionäre. Man täte Reiner Kunze aber unrecht, wenn man es so begrenzt interpretierte; das zeigt ein Zweizeiler von 1981, der sich gegen Einflußnahme und Besserwisserei auch in seiner neuen Heimat wendet:

Den Literaturbetrieb fliehend

Sie wollen nicht deinen flug, sie wollen
die federn.

Literatur der Arbeitswelt

MAX VON DER GRÜN

Irrlicht und Feuer

Der Roman „Irrlicht und Feuer" umfaßt etwa ein Jahr aus dem Leben des Arbeiters Jürgen Fohrmann. Er ist Bergmann, nach Schließung der Zeche Verlade-, dann Bauarbeiter, und am Ende steht er am Fließband einer Elektrofabrik. Der Tätigkeit am Arbeitsplatz und den Beziehungen zu den Arbeitskameraden und Vorgesetzten stehen die Probleme der privaten Lebenssphäre gegenüber, Eheschwierigkeiten, Freundschaften, psychische Nachwirkungen der Nazizeit.
Im folgenden Textauszug kommen das Individuum und der Lohnabhängige Jürgen Fohrmann in Konflikt. Er versäumt zweimal den Schichtbeginn, und zwar wegen einer Hilfeleistung, die als Versäumnisgrund unglaubwürdig ist und auch vom Betrieb nicht anerkannt werden würde: Er beruhigt zweimal eine Frau, die vor ihrem Lebensgefährten geflohen ist, weil dieser sich am Freitagabend regelmäßig betrinkt und sie dann schlägt.

So ist das also. Eineinhalb Jahrzehnt tat ich meine Arbeit recht und schlecht, war pünktlich und zuverlässig. Aber dann wird man plötzlich zur schiefen Nummer in der dreitausendköpfigen Belegschaft, nur weil man zweimal unentschuldigt gefehlt hat. Man wird von der Seite angesehen, abschätzend, abwägend, mißtrauisch. Menschliche Schwächen haben in einem modernen Industriebetrieb nichts zu suchen, da wird mit Psychologen Kalkulation gemacht, mit Stoppuhren die Produktion errechnet.
Während der fünfzehn Jahre, die ich unter Tage schuftete, habe ich meine Arbeit nicht gehaßt, ich habe sie als ein notwendiges Übel hingenommen und mich damit getröstet, daß es Hunderttausenden auch so geht; jeden Tag aber fühlte ich mich am falschen Platz, vor allem dann, wenn ich mir in der stickigen Kaue die stinkenden Arbeitskleider anzog. Jahrelang trug ich innerlich einen Schutzpanzer und sagte zu mir selbst: Mein Lieber, du hast es so gewollt, du sahst nur den höheren Verdienst dieser Arbeit. Nun sieh zu, daß du mit deinem Alltag zurechtkommst.
Das Leben wurde mir zwar leichter durch eine rege Phantasie. Trotzdem züchtete ich im Verlauf der Jahre zwei Adame in mir. Ein Adam verrichtete gedankenlos und stupide die Arbeit, der andere Adam begann zu leben, wenn das Zechentor hinter ihm zuschlug und er auf dem Weg nach Hause war.
Die Maßgeblichen wissen nicht, daß wir Arbeiter zwei Adame in der Brust tragen.
Am Montag fuhr ich beklommen zur Zeche und wollte kurz vor 24 Uhr meine Marke holen. Die Marke war gesperrt. Ich mußte wieder umkehren mit dem Bescheid, daß ich am Dienstag um acht Uhr morgens beim Betriebsführer zu erscheinen hätte.
Ich stand am Fahrradschuppen und wußte nicht weiter. Schiet, jetzt muß ich mir eben ein dickes Fell anziehen. Am Dienstagmorgen aber wußte ich klar, daß ich meine Arbeit haßte, immer gehaßt habe, weil ich den langen, bebrillten und feisten Kerl hinter dem Schreibtisch haßte, diesen fleischgewordenen Paragraphen. Er beäugte mich wie ein Angler die Wasserkreise um seine ausgeworfenen Köder, während ich stotternd meine lasche Entschuldigung vortrug...
Also, sagte der Bebrillte, er stand auf und stemmte beide Fäuste auf die Schreibtischplatte, Sie können heute wieder 24 Uhr anfahren, aber nochmaliges Fehlen, ich mache Sie darauf aufmerksam, zieht unweigerlich fristlose Entlassung nach sich. Wir können uns bei der angespannten Absatzlage Bummelanten nicht leisten, sie kosten dem Betrieb Geld. Sie

werden als vernünftiger Mensch geschildert, nun zeigen Sie auch hier Vernunft. Glück auf also.

Den Kerl könnte ich lächelnd erwürgen, dachte ich. Aber ich sagte: Danke für das Entgegenkommen. Glück auf.

Dann ging ich. Es ist immer dasselbe: große Fresse, wenn uns keiner hört, und wenn es darauf ankommt, kneifen wir die unteren Backen zusammen. Wir Arbeiter sind feige geworden.

Kaue = Umkleide- und Badehaus in der Förderanlage.

Das zwiespältige Gefühl, daß er einerseits richtig gehandelt, andererseits dadurch seinen Arbeitsplatz gefährdet hat, richtet sich als Aggression gegen den Betriebsführer, vor dem er Rechenschaft ablegen muß: Der Mann entscheidet über seine Existenz und nimmt dabei zwar auf den Betrieb Rücksicht, den er vertritt, aber den Menschen, der ihm gegenübersteht, sieht er nicht. Das hat seinen Grund nicht in dieser einzelnen Person. Allein die Zahl der Fohrmann Entgegenstehenden verdeutlicht das: beständig wird die Feindseligkeit des Abhängigen gegenüber dem Anordnenden deutlich, gegenüber dem Steiger wie dem Vorarbeiter, dem Betriebsführer wie dem Direktor.

Dadurch daß sich die Haltung Fohrmanns gegenüber den Vorgesetzten stets wieder auf Aggression einspielt und er sich nur Gleichgesinnten solidarisch verbunden fühlt, entsteht in seinen Augen, in seinem Bewußtsein eine anonyme Macht „Kapital", zu der als Handlanger alles gehört, was seine Arbeitswelt ordnet, kontrolliert und lenkt, sogar die Betriebsräte und Gewerkschaftsfunktionäre, weil auch sie nicht ermöglichen, daß sich das Individuum frei entwickeln kann.

Er selbst hat zwar ein Regulativ, seinen „anderen Adam", aber in der Wirklichkeit des Alltags ist die Arbeitswelt übermächtig; der mythische Koloß Zeche oder Fabrik wirkt bestimmend auf das ganze Leben ein, denn der Lohnabhängige muß in beständiger Angst davor leben, seinen Arbeitsplatz zu verlieren.

Bemerkenswert an dem Roman ist die ungewöhnliche Kenntnis der Arbeitswelt und der Psyche des Lohnabhängigen. Max von der Grün war selbst 12 Jahre als Bergmann tätig und vermochte daher aus eigener Anschauung darzustellen, was meistens nur von außen vorgeführt wird, von Literaten, die sich in eine ihnen fremde Welt zu versetzen suchen. Besonders eindrucksvoll tritt hervor, daß sich in diesem Sozialbereich die Beziehungen und Widerstände nicht nach Regeln der Vernunft abspielen. Das Gegeneinander von Abhängigen und Anordnenden ist gefühlsgeladen; Fohrmann und seine Frau verstehen einander nicht, weil sie ihre persönlichen Wünsche und Sehnsüchte auf die Partner übertragen, auch da, wo diese ganz anders wollen; das Verhältnis zu den Betriebsräten und Gewerkschaftsfunktionären ist gestört, wenn deren Aufgabe, alle zu vertreten, den Vorstellungen des einen widerspricht. Das Gesamt der Widerstände, auf die das Individuum Fohrmann bei der Entfaltung seiner Persönlichkeit trifft, wird zu einer feindseligen Welt. Seine Empfindungen und Reaktionen sind jedoch nicht nur ihm persönlich eigen, sondern exemplarisch für die Schicht, der er angehört. Die Solidarität und die Macht der Arbeiterklasse, die Döblin in *Berlin Alexanderplatz* (vgl. S. 273 ff.) für seinen Biberkopf bereithält, hat sich verflüchtigt, kein Sozialismus und keine Standesvertretung bieten soziale Geborgenheit. Als die Zeche zugemacht wird, kommt Fohrmann an ein Fließband; er verdient zwar mehr, hat auch einen sauberen Arbeitsplatz, aber er befindet sich deutlicher noch als in der Grube in der Situation des Lohnarbeiters: er kann sich mit seiner Tätigkeit überhaupt nicht mehr identifizieren.

Raaaa-itsch raaaa-itsch raaaa-itsch ...
Was stellen wir eigentlich her? frage ich meinen Nebenmann.
Weiß nicht, sagt der. So lange bin ich auch noch nicht hier.
Wie lange denn? frage ich.
Ein halbes Jahr, sagt er. Aber was geht es mich an, was wir hier produzieren, Hauptsache, die zahlen gut. Ich stanze Ösen in deine Löcher, ich stanze gute Ösen, wenn du gut bohrst, und ich stanze gleichmäßig, wenn du gleichmäßig bohrst. Es sind schöne Ösen. Und wenn ich schöne Ösen stanze, dann zackt Emil neben mir schöne Zacken. Das ist alles, das ganze Geheimnis unserer Arbeit. Über mehr brauchst du dir nicht den Kopf zu zerbrechen. Am

Das ist ein Beispiel für die Grundthese der Lohnabhängigkeit: der Arbeiter, der nur seine Arbeitskraft verkauft, hat kein Interesse an dem Produkt, das er herstellt. Er produziert nicht, was er will, sondern wofür er bezahlt wird, und er kann nicht über das fertige Produkt verfügen. Seine Arbeit ist ihm gleichgültig und fremd, Mensch ist er erst, wenn er den Platz verläßt, an dem er tagtäglich steht.

Die Sprache des Textes ist kein reines Spiegelbild der inhaltlichen Aussage. Das liegt daran, daß sich die Arbeiterschicht meistens mündlich äußert und ihre Sprache sich der schriftlichen Festlegung weitgehend entzieht. Zwar wird die Hoch- oder Schriftsprache von dorther durch anschauliche und plastische Wortprägungen erneuert, aber das geschieht durch Einzelwörter, Sprichwörter, Redensarten, Vergleiche, nicht aber in ganzen Texten. Max von der Grün verwendet die Schriftsprache, und wo er versucht, eine schichtenspezifische Sprache einzubringen, ist der Versuch unvollständig, auch unbeholfen. Literarisch wird er, wenn er schreibt: „... große Fresse, wenn uns keiner hört, und wenn es darauf ankommt, kneifen wir die unteren Backen zusammen." Ein Fohrmann drückt sich anders aus. Das Streben nach Veranschaulichung führt zu verschwommenen Häufungen („Man wird von der Seite angesehen, abschätzend, abwägend, mißtrauisch.") und zu konventionellen Bildern („zwei Adame"). Auffällig sind erklärende, für den Leser zur Verdeutlichung eingefügte Partien: *„Verflucht, dachte ich, während* eine Schmelzstimme grölte, *verflucht, daß* so ein widerlich bebrillter Kerl einen anderen Menschen wie lästiges Ungeziefer abfertigen darf, *nur weil dieser andere Mensch an zwei aufeinanderfolgenden Freitagen nicht an seinem Arbeitsplatz war."* Die kursiv geschriebenen Teile sind Erläuterungen, die zwischen die erlebten und empfundenen eingeschoben sind. Moderne literarische Prosa erwartet in der Regel vom Leser,

Max von der Grün (im Vordergrund) am Kulturstammtisch (1972)

daß er sie dazudenkt, vor allem, wenn sie enthalten, was ohnehin gerade auf den Seiten zuvor bereits gesagt wurde.

MAX VON DER GRÜN wurde 1926 in Bayreuth geboren. Er besuchte die Handelsschule, machte eine kaufmännische Lehre. Nach Krieg und Gefangenschaft wurde er Arbeiter auf dem Bau, dann Schlepper und Hauer im Bergwerk; ein schwerer Unfall führte zur Umschulung zum Grubenlokführer. 1961 gründete er mit anderen in Dortmund die „Gruppe 61", in der sich Arbeiter-Schriftsteller zusammenschlossen. Seit 1963 ist von der Grün freier Schriftsteller.

Von den Mitgliedern der „Gruppe 61" hat sich vor allem GÜNTER WALLRAFF (geb. 1942 bei Köln) einen Namen gemacht. Er hat sich als Arbeiter am Fließband, als Portier in einer Versicherung, zuletzt als türkischer Hilfsarbeiter einstellen lassen, um die Welt der Arbeit am eigenen Leib zu erfahren und entsprechend zu dokumentieren *(Industriereportagen, Ganz unten).* Es ist sein erklärtes Ziel, statt Kunst und Erfindung nichts als die Wirklichkeit abzuzeichnen, und er versteht darunter in beabsichtigter Einseitigkeit und Identifikation den Blickwinkel des Arbeitnehmers, er versetzt sich in dessen Psyche.

WERNER BRÄUNIG

Ballade vom strengen Winter

Die „Reportage" schildert einige Augenblicke aus der Tätigkeit einer Brigade (Arbeits-gruppe), die bei Eiseskälte in einem Braunkohlenrevier eine Förderanlage montiert, und stellt ihre Mitglieder vor.

Manchmal reißt eine Sturmbö den Schneevorhang auseinander, dann kann ich bis hin-über zum Jugendbagger sehen, die Rauchschwaden von den Kohlenstaubfeuern sehe ich, von den brennenden Filterrückständen, sehe manchmal ein paar Mann von der Entwässe-rung, die dort die Feuer unter Kontrolle halten. Der Jugendbagger hat gestern viertausend Tonnen gefahren. Viertausend Tonnen, obwohl die Kohle klatschnaß ist und am Band an-friert, obwohl die Nachtschicht achtundzwanzig Grad Kälte hatte, obwohl um Mitternacht ein Waggon entgleiste und gegen Morgen die Fahrleitung zerriß. Der Jugendbagger hat dreitausendsechshundert Norm. Und eine neue Bö stürzt herab, stürzt sich auf die Men-schen, auf ihre Maschinen, schüttet Eishagel über den Bagger, reißt den Himmel auf. Dann sehe ich sie am Automaten stehen, Munk und Schaffranek, Mutternschlüssel in den Hän-den, einen halbmeterlangen Schraubenzieher. Der Automat ist uns beim ersten, beim zweiten und auch beim dritten Probelauf durchgeschmort. Vor drei Wochen habe ich von Kunze einen stärkeren angefordert. Kunze behauptete, der Automat müsse es schaffen, er habe das selber berechnet, und außerdem könne der Zulieferbetrieb den stärkeren Typ nicht liefern.

Heute früh bin ich selber in diesen VEB Regeltechnik gefahren, das ist hier gleich in der Kreisstadt. Ich habe denen da etwas geflüstert, daß ich bestimmt zwanzig Mark in die Brigadekasse zahlen müßte, wenn es einer von uns gehört hätte. „Junger Mann", sagte der Elektrofritze. „Ihr Automat steht seit vierzehn Tagen abholbereit. Ihr Direktor Kunze ist doch schon lange verständigt." Da habe ich mir ein Taxi genommen und das Ding gleich mitgebracht. Munk und Schaffranek haben den alten Automaten abgeblockt und setzen den neuen ein. Und der Kunze wird etwas zu hören bekommen, daß ihm der Hut hoch-geht...

Und während mir Schaffranek erklärt, was wir für einen Haufen Flickarbeit hätten sparen können, wenn wir den Automaten vierzehn Tage eher gehabt hätten, während Munk auf den Kunze schimpft und dabei den Sicherungsdeckel auf das Gehäuse fädelt, merke ich, wie der Schneefall langsam, ganz langsam nachläßt.

Der Textauszug enthält zwei Partien: Erst bietet er das Gemälde intensivster Arbeit unter außerordentlich erschwerten Umständen, dann berichtet die Er-zählgestalt, ein Ingenieur und Leiter der Brigade, von einem Fehler des tech-nischen Direktors und wie die Brigade darauf reagiert.

Das Arbeitsgemälde ist auf den Sieg über die feindliche Natur gestimmt, auf Leistungswillen und Erfolg. Mittelpunkt ist die Erfüllung eines Übersolls durch den „Jugendbagger". Das ist ein sogenanntes „Jugendobjekt", ein technisch besonders gutes Gerät, an dem die Jugend beweist, daß sie die Produktions-normen überschreiten kann. Bei Bewährung winkt Fach- oder Hochschul-studium.

Die eigene Brigade arbeitet sachbezogen zuverlässig, läßt sich – auch beim Schimpfen – nicht von der sorgfältigen Montage ablenken. Fehler macht nur einer, der technische Direktor. Aber im Gegensatz zu den Haßgefühlen, die Max von der Grüns Werktätiger dem Vorgesetzten gegenüber entwickelt, bleibt es bei ärgerlichem Gebrumm.

Die Brigade ist als Leitbild eines Kollektivs entworfen, als Gruppe, die soziales Bewußtsein eint, die gemeinsam handelt und das Ganze im Blick behält. Sie erscheint als verschworene, emotional verkittete Gemeinschaft, die Verräter mit stolzer Verachtung und symbolischem Namensentzug bestraft („Meier II. Wir hatten früher auch einen Meier I, aber der ist kurz vor dem 13. August getürmt. Eigentlich könnten wir den Meier II nun einfach Meier nennen. Aber er besteht auf der Zwei."). Ihre Tätigkeit weckt kriegerische Vorstellungen, es geht um „eine so harte, so verbissene Schlacht, daß keiner, der dabei war, sie je vergessen wird". Am Ende stehen der Sieg über die feindlichen Naturkräfte: das Braunkohlenwerk erfüllt Übersoll, die Brigade unterschreitet den Termin um fünf Tage – und der moralische Sieg aus sozialistischem Bewußtsein: der Direktor sollte „etwas zu hören bekommen, daß ihm der Hut hochgeht", hatte es geheißen, und dies hört er in dem lakonischen Wortwechsel am Schluß:

„Tach", sagt Kunze, ohne die Hände aus den Manteltaschen zu nehmen. „Na, wie sieht's aus?" Ich erkläre es ihm. „Und", sagt er, „glauben Sie, daß Sie den Termin schaffen können?" Er zieht ein bedenkliches Gesicht und schnuppert in den Wind. „Sechs Tage", sagt er. „Und bei dem Wetter. Glauben Sie wirklich?" (...)
„Ja", sage ich. Und dann sehe ich Kunze voll an und sage: „Ja. Morgen früh sind wir fertig."

Kein Wort des Vorwurfs. Im Bewußtsein des „Sieges", der Unterschreitung des Termins trotz aller Widrigkeiten, beschämt der Brigadeleiter den Direktor mit der Erfolgsmitteilung, überwindet sich selbst durch den Verzicht auf Rechthaberei.

Der Auszug wie die gesamte etwa sechs Seiten lange Erzählung ist ein Beispiel für den *sozialistischen Realismus:* Der Mensch wird in seinem Wirken für die und in der Gesellschaft dargestellt, in seiner Veränderung im Sinne des sozialistischen Arbeitsprozesses. Das entspricht dem Auftrag an den Schriftsteller: er soll dem Leser deutlich machen, daß sein Anteil am gesellschaftlichen Ganzen entsprechend seiner Gesinnung und Leistung gewürdigt wird und daß er ein Glied einer human um das Wohlergehen aller besorgten Gesamtheit von Werktätigen ist.

Zugleich schreibt Bräunig im Sinne eines Programms, das für ein Jahrzehnt die offizielle Richtlinie für die Literatur der DDR war. Es ist der *Bitterfelder Weg.* Im April 1959 fand in der Industriestadt Bitterfeld bei Halle eine Schriftstellertagung statt, in der unter dem Schlagwort „Greif zur Feder, Kumpel!" die Werktätigen aufgerufen wurden, aus ihrer Arbeitswelt zu schreiben; die Berufsschriftsteller aber sollten „nicht nur für das Volk, sondern auch mit dem Volk" schaffen, also die Produktionswelt durch Handarbeit kennenlernen, um sie realistisch und wahr darstellen zu können.

WERNER BRÄUNIG (1934–1976) war Monteur und Bergmann, ein „Kumpel, der zur Feder griff". Er studierte als Arbeiterschriftsteller am Leipziger „Institut für Literatur Johannes R. Becher" und lehrte dort Prosa. Sein Roman *Rummelplatz* blieb Fragment, weil er die Arbeitswelt der DDR zu scharfsichtig sah.

Die beiden Arbeitertexte von von der Grün und Bräunig ergänzen sich inhaltlich. Wo der kapitalistische Lohnabhängige entfremdet ist, Sinn und Zweck seines Tuns nicht durchschaut und unter dem Zwang des Arbeitenmüssens leidet, ist der sozialistische Werktätige mit den Produktionsprozessen vertraut und leistet seinen Beitrag selbstgewiß und zukunftsfroh, im Glück des Arbeitendürfens. Er entwickelt Eigeninitiative („Da hab ich ein Taxi genommen . . ."); er weiß, worum es geht („Die Förderanlage, die wir montieren, überwindet einen Höhenunterschied von siebenundneunzig Metern und ersetzt eine Gleisstrecke von rund einundzwanzig Kilometern"), während Grüns Fohrmann nur Löcher bohrt und auch schon als Bergmann in einem neuen Förderhobel ein Mordinstrument gesehen hat („Wir hassen diese Maschine, wir spucken sie bei Schichtbeginn an, wir decken sie mit wüsten Worten ein und mit kalten Flüchen, die aus der Angst geboren werden").
Am stärksten differieren die Autoritätsvorstellungen. Immer wenn Fohrmann bei seinen Vorgesetzten Bosheit oder unmenschlichen Bürokratismus vermutet, taucht in der Brigade der Gedanke an die Solidarität auf, und alle, auch der Direktor, ziehen an einem Strang. Es wird keinem bewußt, wieviel Planungsfehler und menschliches Versagen zusammenkommen müssen, um die Brigade dazu zu zwingen, unter den ungeeignetsten Bedingungen eine kräftezehrende und gesundheitsschädliche Außenmontage durchzuführen. Das liegt ebenfalls wieder an dem entgegengesetzten Verhältnis zur Arbeit: Fohrmann haßt sie und sieht sein wahres Leben in seinem zweiten Adam, der zum Vorschein kommt, wenn er das Werktor verläßt; die Brigade dagegen liebt ihre Arbeit; es wirkt so, als gälte das individuelle Leben außerhalb nichts oder wäre nicht vorhanden.
Die beiden Texte müssen als reine Gegenstücke erscheinen; sie haben aber Parallelen: die Detailkenntnisse über die Arbeitenden und die Sprache. Diese ist bei Bräunig kerniger, mit mehr Bewußtheit gestaltet – seine Arbeiter treiben selbst Spracherziehung: für „Gottverdammich" oder „Scheiße" müssen sie eine Mark in die Brigadekasse zahlen.
Parallel ist das Ziel von Werken der Arbeiterdichtung überhaupt: Sie soll den Werktätigen ihre Lage bewußt machen und sie veranlassen, sie zu verbessern, bei uns gegen die bestehende Ordnung, in der DDR in ihr. Die einen sollen sie kritisch beurteilen lernen, die anderen einsehen, daß sie den Fortschritt sichert. Es gibt nicht viele Texte, die so gründlich und vollständig dem Bitterfelder Weg entsprechen wie Bräunigs „Reportage". Er zeigt die Personen problemlos positiv; Literatur aber verharrt nicht beim Lob des Bestehenden; sie lebt von der kritischen Frage und der Aufdeckung von Widersprüchen. Bräunig umgeht das Dilemma (die Schwierigkeit) dadurch, daß er einen Feind erfindet, der den sozialistischen Aufbau bekämpft: die Naturgewalten.

Die neuen Leiden des jungen W. Edgar Wibeau (Szenenphoto der Aufführung der Kammerspiele München. 1973). Ulrich Plenzdorf schrieb von seiner Erzählung eine Theaterfassung, die die Diskussion des Themas sehr förderte.

Der Regelfall ist, daß die Konflikte zwischen den Menschen ausgetragen werden, und daher entwickelt die Dichtung der DDR die Auseinandersetzung zwischen dem *positiven Helden* und Menschen mit Resten bürgerlicher Anschauungen oder verbohrten Funktionären usw. Diese erkennen die Qualität der positiven Helden nicht oder zu spät und lassen sie zu Opfern des Aufbaus werden. Ihr Untergang soll die Konsequenzen möglichen Fehlverhaltens aufzeigen.

Beispiele dafür sind der Roman *Ole Bienkopp (1963) von* ERWIN STRITTMATTER und die Erzählungen *Die neuen Leiden des jungen W. (1972)* von ULRICH PLENZ-DORF und *Der geteilte Himmel (1962)* von Christa Wolf.

Strittmatter behandelt die Probleme der Kollektivierung in der Landwirtschaft und die Widerstände, die ihr begegnen. Dem Helden gelingt die Gründung einer Landwirtschaftlichen Produktionsgenossenschaft (LPG), und als deren Vorsitzender findet er den Tod – nicht durch feindliche Kräfte, sondern durch die, die den Sozialismus einfallslos und bürokratisch handhaben. Ole Bienkopp bereitet sich durch impulsive und uneinsichtige Handlungen selbst Schwierigkeiten, setzt sogar sein Werk dadurch aufs Spiel; andererseits ist es gerade die eigenwillige und schöpferische Persönlichkeit, die die Entwicklung vorantreibt, und nicht der folgsame Genosse, er sich eng und phantasielos an die Doktrin und die Richtlinien hält.

Bienkopp bereitet sich durch impulsive und uneinsichtige Handlungen Schwierigkeiten, setzt sogar sein Werk dadurch aufs Spiel; andererseits ist es gerade die eigenwillige und schöpferische Persönlichkeit, die die Entwicklung vorantreibt, und nicht der folgsame Genosse, der sich eng und phantasielos an die Doktrin und die Richtlinien hält.

Dasselbe gilt für Edgar Wibeau in Plenzdorfs Erzählung. Er ist noch nicht achtzehn, einer, der sich im Leben zurechtzufinden sucht und noch keine fertigen Rezepte bereithält. Er hat zeitgemäße, nicht gerade ideologiekonforme Neigungen (blue jeans, Jazzmusik, abstrakte Malerei); er entwickelt die in seinem Alter häufigen Widerstände gegen seine Mutter und seine Ausbilder, zuverlässige Sozialisten, und die Art, wie er zur Linientreue erzogen wird, geht ihm auf die Nerven.

Edgar Wibeau kommt mit seiner Gesellschaft in Konflikt, weil diese mit seinem Individualismus, seinen Wünschen und Hoffnungen nichts anzufangen weiß. Alle, die seinen Tod indirekt herbeiführen, haben das Beste gewollt; aber sie müssen sich schuldig fühlen, weil sie engstirnig die Persönlichkeitsentwicklung eines hochbegabten einzelnen behindert haben, der auf dem Wege war, gerade durch seine Eigenwilligkeit ein positiver Held des Aufbaus zu werden.

Der Titel *Die neuen Leiden des jungen W.* spielt auf *Die Leiden des jungen Werthers* an (vgl. S.107). Edgar Wibeau liest den Roman, weil er nichts anderes zu lesen findet, und da beginnt ihn die Parallelität der Konfliktsituationen zu faszinieren. Gleichzeitig wird er vom Stil gefangen und benützt Zitate kontrapunktisch zu seiner eigenen Teenagersprache.

Christa Wolf

CHRISTA WOLFS Erzählung *Der geteilte Himmel* führt in das Leben und die Arbeitswelt der sozialistischen Gesellschaft der DDR ein.

Rita Seidel studiert an einer Lehrerbildungsanstalt und arbeitet in den Semesterferien als Praktikantin in einer Waggonfabrik, denn „ein Lehrer muß heutzutage einen Großbetrieb kennen". Dort wird sie durch die Erfahrung in der Produktion und im Arbeitskollektiv verändert und kommt zu der Erkenntnis, daß sie sich nur in einer kommunistisch orientierten

Gesellschaft wohlfühlen kann. Diese Erkenntnis trennt sie von ihrem Freund, dem Chemiker Manfred Herrfurth, der eine technische Neuentwicklung nicht durchsetzen kann und deshalb in den Westen geht. Der Mauerbau 1961, der schon im Titel angedeutet ist, steht symbolisch für die Scheidung der Geister: Der Himmel teilt sich; Liebe und Ideologie sind für Rita unvereinbar.

Die Charaktere und ihre Probleme werden tiefgründiger erschlossen als in Bräunigs plakathaft positivem Text. Schuld an Manfred Herrfurths Republikflucht haben weitgehend bürokratische und mißgünstige Vorgesetzte und übereifrige Parteifunktionäre; der Kritik an ihnen ist breiter Raum gewidmet. Ein gutes Beispiel ist Ritas Studienkollege Mangold:

„Er war Abteilungsleiter bei irgendeinem Rat, ehe er zu uns kam, er studiert in meiner Klasse. Er ist nicht viel älter als dreißig. Du staunst nur, was der alles schon gemacht hat. Ich weiß wirklich nicht, wie sie dort, wo er früher war, mit ihm fertig geworden sind! Es gibt nichts, was er nicht beantworten kann. Er schüchtert uns alle ein."(...)
„Unser junger Dozent für Gesellschaftswissenschaft, der sowieso ganz unsicher ist und sich dauernd umguckt, ob er nicht was falsch macht, wurde mitten in der Stunde von Mangold überführt, daß er irgendeinen wichtigen Satz falsch zitiert hatte. Mangold kennt alle Zitate auswendig, er muß Jahre seines Lebens darauf verwendet haben, sie zu lernen. Wie der Dozent erschrak bei Mangolds Ton – denn der gab ihm zu verstehen, daß es nicht ohne Bedeutung sein könnte, wenn einer jetzt gerade dieses Zitat falsch wiedergebe! –, wie er rot wurde, wie er nur mit Mühe die Stunde zu Ende brachte, wie Mangold diese Lage ausnutzte und, vor allem, wie wir alle stillhielten, uns nicht anzublicken wagten und nicht den Mut aufbrachten, uns zu wehren... Es war schrecklich."
„Jeder Fortschritt hat seinen Preis", sagte Manfred. „Daß wir mit diesen Mangolds auskommen müssen, das ist unser Preis."

Mangold ist die Gestalt des Hundertfünfzigprozentigen, die es in allen Ideologien gibt, die mit Hilfe der selbstauferlegten Kontrollfunktion die strikte Einhaltung der jeweils reinen Lehre ohne Rücksicht auf die Menschen erzwingen wollen, und die in allen Ideologien gefährlich leicht die Oberhand gewinnen.

CHRISTA WOLF ist 1929 als Tochter eines Kaufmanns in Landsberg an der Warthe im heutigen Polen geboren. Sie studierte Germanistik, arbeitete als Redakteurin und Cheflektorin. Ihren Werktätigen-Einsatz leistete sie in einer Waggonfabrik. Sie lebt – seit 1962 als freie Schriftstellerin – bei Berlin (mit dem Schriftsteller Gerhard Wolf und zwei Töchtern). Schon als 20jährige trat sie in die SED ein, war Mitglied des Vorstands des Schriftstellerverbands der DDR und ist es noch im PEN-Zentrum und in der Akademie der Künste.

Wichtige spätere Werke sind *Kindheitsmuster,* die Erinnerungen an die eigene Kindheit in einer schlesischen Kleinstadt zur Zeit des Nationalsozialismus, und *Kassandra* (1983). Hier zeigt Christa Wolf das tragische Leben einer denkenden Frau in einer kriegerischen Männergesellschaft: das Leben der trojanischen Seherin Kassandra, die als Kriegsbeute an den Hof Agamemnons kommt und dort getötet wird.

Konkrete Poesie

ERNST JANDL

perfektion

e
ee
eei
eeio

p
pr
prf
prfk
prfkt
prfktn

ep
eepr
eeiprf
eeioprfk
eeioprfkt
eeioprfktn

pe
pree
prfeei
prfkeeio
prfkteeio
prfktneeio

prfkteneio
prfketneio
prfektneio
prefktneio
perfktneio

perfktenio
perfketnio
perfektnio

perfektino
perfektion

Wenn wir ein Gedicht dieser Art anschauen, sehen wir sogleich, daß es Gefühle oder Gedanken nicht auf herkömmliche Weise formuliert. Stattdessen ist es ein Denkspiel, das der Leser nur lösen kann, wenn er das Gedicht analysiert. Die erste Zeile enthält den ersten Vokal des Wortes „perfektion", die zweite den ersten und zweiten, die dritte Zeile drei und die vierte schließlich alle Vokale.

Der zweite Absatz („Strophe") geht auf die gleiche Weise mit den Konsonanten vor. Da das Wort sechs Konsonanten enthält, ergeben sich sechs Zeilen. Im dritten Absatz werden die Vokale und Konsonanten nebeneinandergesetzt, die Vokale voran, und zwar in der ersten Zeile der jeweils erste Vokal und der erste Konsonant, in der zweiten Zeile die ersten beiden Vokale und Konsonanten usw. Da mehr Konsonanten als Vokale vorhanden sind, wird die letzte Zeile der Vokalreihe zweimal wiederholt.

Der vierte Absatz stellt wieder die beiden Elemente nebeneinander, diesmal die Konsonanten voran.

Im fünften Absatz rutscht der erste Vokal, ein e, in jeder Zeile um eine Stelle weiter nach links, bis er seinen Platz zwischen p und r eingenommen hat. Er braucht dazu fünf Einzelvorgänge – also 5 Zeilen.

Im sechsten Absatz geschieht das gleiche mit dem zweiten Vokal des Wortes, wieder einem e; diesmal sind es nur noch drei Schritte, d.h. drei Zeilen. Im siebten und letzten Absatz wandert in der ersten Zeile das i, in der zweiten das o an seinen Platz.

Wir haben die Struktur des Gedichtes aufgedeckt. Es ist wie ein Puzzlespiel zusammengesetzt aus einzelnen Elementen, hier den Buchstaben, die wieder in Vokale und Konsonanten aufgeteilt sind. Das Material des Dichters ist die Sprache, deren Elemente sind Wörter; diese werden zerlegt in die kleinsten Teile, die Buchstaben, und wieder zusammengesetzt.

Das Gebilde, das dabei entsteht, hat eine bestimmte äußere Gestalt. In unserem Fall sind es vier halbe Pyramiden, die zunächst an Höhe, dann an Breite gewinnen. Sie ruhen auf einem dreifachen, rechteckigen Sockel, dessen Teile immer niedriger werden.

Zwischen der Bedeutung des Wortes „perfektion" und der Form des Gedichts läßt sich eine Beziehung herstellen. Der Weg zur Perfektion führt von Unkenntlichkeit und Unvollkommenheit über verschiedene kleine Schritte und Versuche zum Ergebnis: das Wort „perfektion" ist am Ende perfekt.

Diese Art der Dichtung nennt sich „konkrete Poesie". Die Benennung stammt von EUGEN GOMRINGER; er will damit die Verbindung zu den Malern und Bildhauern der „konkreten Kunst" herstellen, die auch auf die Elemente der bildenden Kunst zurückgreifen. Die Elemente der Dichtung, Worte und Buchstaben, lassen sich auch neben-, unter-, aneinandersetzen oder zu bestimmten Figuren zusammenfügen, z.B. zu einem Apfel oder einer Forsythie.

EUGEN GOMRINGER

schweigen schweigen schweigen
schweigen schweigen schweigen
schweigen   schweigen
schweigen schweigen schweigen
schweigen schweigen schweigen

Wichtig können sein: die Verbindung von Text und Titel, von Text und Fläche, die Textfolge, die Verteilung der Buchstaben, die Textanordnung. Gomringer nennt das die „Konstellation" und vergleicht die Buchstabengruppen mit den Sternbildern.

Ein Kennzeichen der konkreten Poesie ist die Freude am Spiel mit sprachlichem Material. Sie verbindet den Schriftsteller mit dem Leser, der die Collage aufdeckt, die Konstellation erfaßt, den Kunstgriff erkennt. Er muß meist flächenhaft, nicht linear lesen. Muster für konkrete Poesie sind oft Schlagworten und Schlagzeilen des Alltags entnommen. Umgekehrt dient sie als Plakattext und zur Reklame, denn sie will Gebrauchskunst sein. „das neue gedicht ist deshalb als ganzes und in den teilen einfach und überschaubar. es wird zum seh- und gebrauchsgegenstand: denkgegenstand–denkspiel. es beschäftigt durch seine kürze und knappheit. es ist memorierbar und als bild einprägsam. es dient dem heutigen menschen durch seinen objektiven spielcharakter, und der dichter dient ihm durch seine besondere begabung zu dieser spieltätigkeit. er ist kenner der spiel- und sprachregeln, der erfinder neuer formeln." (Eugen Gomringer)

Konkrete Poesie ist international verbreitet bis nach Mexiko, Brasilien und Japan; sie entstand unter den jungen Dichtern nach dem Zweiten Weltkrieg, hat aber Vorläufer Ende des vorigen Jahrhunderts (Holz) und vor allem in den zwanziger Jahren (Dadaisten). Eine Untergruppe der konkreten ist die phonetische Poesie. Sie geht zum Ursprung der Sprache zurück, die noch vor dem Wort liegt, zu Artikulation und Kehllauten. Sie braucht das Tonband als Medium und arbeitet mit verschiedenen Geschwindigkeiten, Montage, Überlagerung und paralleler Wiedergabe.

ERNST JANDL gehört zur sogenannten Wiener Gruppe der „Konkreten". Er ist 1925 geboren, hat Germanistik und Anglistik studiert, war Lehrer an höheren Schulen in Wien, ließ sich aber aus dem Schuldienst beurlauben.

Experimentelle Literatur

WOLF WONDRATSCHEK

Postkarten

Auf der Sonnenterrasse oder direkt auf der weichen Wolldecke, entweder einen Strohhalm zwischen den Zähnen oder die Filterzigarette, tagsüber mit Brille und vorerst trotz Sonnenöl ein leichter Sonnenbrand im Genick. Solange das keine Bläschen gibt, sagt sie und lächelt radikal. Man muß schon sehr alt sein, um hier nicht wesentlich jünger auszusehen.

Die Männer sprechen oft von Routine und Sommerreifen und davon, daß es die Rückfahrt nach Deutschland doch ziemlich erleichtert. Abends noch ein Bier. Die Mädchen wirken dieses Jahr schlanker oder das täuscht. Auf jedem Tisch liegt Möwendreck. Die Frauen sprechen lange von Coca-Cola und anderen Frauen.

Venezia. Venedig, Venice. Basilica della Salute. Es ist kalt hier. Daheim ist es auch schön. Viele Grüße.

Postkarten aus Österreich nimmt keiner mehr ernst. Wandern ist sehr gesund. Die Norddeutschen haben wieder den roten Gummiball dabei.

Der Sonnenschirm neben den Handtüchern und den Taschen macht die Hitze erst richtig komplett. Die Kinder nennen diese Hitze einfach idiotisch.

Sie geht am Strand entlang und sagt, das Meer ist über Nacht größer geworden.

Wenn Du im nächsten Jahr nicht mitkommst, schreibt er, bist Du selbst daran schuld. Er hätte auch schreiben können, der August ist kein Monat und kein Vergnügen, sondern eine Tortur plus Familie. Gestern traf ich einen aus dem Büro, stell Dir vor. Ich bin völlig erledigt.

Die Ebbe macht Spaß. Die Flut macht auch Spaß. Ferien sind ganz einfach. Am Strand entstehen Freundschaften. Die Mädchen liegen da und machen den Sand absolut. Sie hypnotisieren mit ausgestreckten Beinen. Auf dem Bauch brütet die Sonne. Die Männer geben sich fachmännisch.

Der einheimische Bademeister sagt, die Deutschen haben wirklich Talent zum Ertrinken, auf einen Engländer kommen ganz bestimmt sieben Deutsche.

Peter bevorzugt Spanien, weil Spanien an Mexiko erinnert und Mexiko zu weit abseits liegt. Paß auf, sagen die Eltern, paß auf, komm heil zurück und laß von Dir hören. Mal sehen, was sich machen läßt, antwortet Peter. Mexiko ist Mexiko, eigentlich müßte ich ja nach Mexiko fahren. Die Eltern schlagen die Hände über dem Kopf zusammen. Sie wissen, daß eine Postkarte gar nichts beweist.

Weihnachten läßt sich ausdehnen. Die Berge werden fett. Postkarten machen den Leuten etwas weiß. Ein Satz genügt. *Mir geht es gut* genügt sowohl im März wie im August.

Tageszeitungen bekommt man selten am Urlaubsort. Gegen Postkarten muß man sich wehren.

Plötzlich wollen sie alle mit Kirchen, Bauern und Tulpen etwas zu tun haben. Plötzlich schwimmen sie. Plötzlich verlieben sie sich. Ferien dauern meistens drei Wochen.

Ich schreibe über Postkarten und schreibe, daß ich Frauen und Männer habe schwimmen, skifahren, daliegen, trinken, ballspielen und essen sehen; daß sie die Sonne vertragen und ein Auto mit Schneeketten besitzen, daß jeder das Gebirge kennt und daß sie nächstes Jahr bestimmt wieder herkommen wollen, wundert mich nicht. Ich werde schreiben, daß ich nicht verstehe, weshalb es Ärzte gibt.

Postkarten sind praktisch und blau. Wenn es regnet, vergißt man Postkarten schnell.

Der Autor schreibt über Postkarten, ein alltägliches, banales Thema. Über die Sätze verstreut tauchen Gemeinplätze und nichtssagende Floskeln auf, wie sie auf Ansichtskarten stehen, dazu mehr oder weniger geistreiche Bemerkungen, Pauschalurteile, Wortwitze (Winterpostkarten machen etwas ‚weiß‘ statt ‚weis‘), Satzbrocken, überraschende Einfälle wie der, daß man Postkarten im Regen vergißt.

Die Erzählperspektive ist nicht eindeutig, aber man kann sich vorstellen, daß der

Coca Cola (Décollage von Wolf Vostell, 1961)

Autor oder die Person, deren Rolle er spielt, im Frühjahr irgendwo bei Venedig an einem Cafétisch sitzt; die mehrsprachige Aufschrift auf einer Postkarte, die er gerade schreibt, fällt ihm ins Auge; gleichzeitig hört er Gerede um sich herum und sieht Leute in Liegestühlen oder an Tischen sitzen. Das zufällig Aufgefangene aus den Gesprächen verbindet sich mit Bruchstücken aus früheren Situationen an einem anderen Urlaubsort zu einer anderen Jahreszeit (Hochsommer), bei einer anderen Person. Es können die Gedankensprünge des Postkartenschreibers sein, z. B. von dem aufgeschnappten Wort Österreich über das Wandern, das sich mit diesem Reiseland verbindet, zum Nichtstun an einem südlichen Strand. Ein Abschnitt dehnt sich fast zur „Kürzestgeschichte": Von einem Peter ist die Rede, der Abenteuergelüste hat; seine Eltern sind ängstlich, können ihn aber nicht halten.

Das Ganze erinnert an solche Postkarten, auf denen mehrere kleine Bilder eines Urlaubsortes zusammengestellt sind. Inhaltlich sind diese Bildchen zufällig angesammelt, eine Ruine, ein Gasthaus, ein Sakralraum, ein Wasserfall; sie gehören nur äußerlich, geographisch, zueinander.

Eine ähnliche Verfahrensweise kennt die moderne Kunst: die Collage (frz. collage = das Aufkleben, Zusammenkleben). Gegenstände verschiedenster Art, Stoffetzen, Zeitungsschnitzel, Bindfäden, Photos und Ausschnitte davon, Farbkleckse werden zu einem Bild zusammengefügt.

Dem entspricht die *Textcollage* (oder Literaturcollage). Sie wird durch das Thema (z. B. „Postkarten") zusammengehalten und besteht aus einer Vielfalt von unverbundenen Satzgruppen, Sätzen und Satzpartikeln *(Dissoziationstechnik).* Die Grundlagen für diese Art der Darstellung hatte James Joyce gelegt (vgl. S.275 – 276); im Gegensatz zur Montage und zur Assoziationstechnik ist jedoch die Einheit der Perspektive aufgegeben. Sie geht nicht, wie etwa in Döblins *Berlin Alexanderplatz,* von einer oder mehreren festgelegten Personen aus, sondern bleibt wechselhaft und unbestimmt. Wondratschek betont selbst nachdrücklich, daß er seine Sätze als Einzeldinge verstanden wissen wolle, die aneinandergeklebt sind, ohne eine Geschichte zu ergeben – die Kürzestgeschichte von Peter ist eigentlich schon zu großflächig: „Nur die Sätze zählen. Die Geschichten machen keinen Spaß mehr. Eine Geschichte ist die Erinnerung an einen Satz. Ich erzähle einen Satz zu Ende."

Im Prinzip sind die Vorstellungen unter dem Begriff „Neuer Realismus" des Kölners DIETER WELLERSHOFF zu fassen. Danach verzichtet der Autor auf einen Handlungszusammenhang und stellt einzelnes in mosaikhafter Zersplitterung dar. – Die Angst vor der Geschichte ist die Angst vor der Phantasie. Nach der Theorie von Dieter Wellershoff soll der Autor finden, nicht erfinden; er soll ohne eigene Zutaten die Wirklichkeit widerspiegeln; er übernimmt die Rolle des Beobachters, der eine kühle und genaue Registriertätigkeit entwickelt, weil „die Wirklichkeit unbekannt ist und (...) man neue Wahrnehmungstechniken entwickeln muß, um sie aus der Routine des scheinbaren Bekanntseins herauszuholen" (Dieter Wellershoff).

Es ist dem Beobachter eigentümlich, daß er nichts Zusammenhängendes, sondern nur Bruchstückhaftes und Verschiedenartigstes wahrnimmt und protokolliert. Auch in der Wahl der stilistischen Mittel ist er begrenzt durch den Phantasieverzicht: Er ist an das Gehörte gebunden und an die Art, wie er selbst gerade denkt bzw. Empfindungen oder Sinneseindrücke in Sprache umwandelt. Er darf deswegen nicht „schön" oder zusammenhängend schreiben, weil das spätere Zutaten zu den augenblicklichen Bewußtseinsvorgängen wären.

Schon frühere literarische Epochen hatten die Wirklichkeit darzustellen gemeint; die Aufklärung, der Sturm und Drang und der Naturalismus zum Beispiel verstanden sehr Unterschiedliches darunter. Für den Neuen Realismus und verwandte Versuche ist aufgrund der modernen Psychologie erwiesen, daß weder die Wahrnehmungen noch die Gedankenfolgen des Menschen kontinuierlich sind. Vielmehr ist er einer vielfältigen Reizüberflutung ausgesetzt, die dazu führt, daß er nur in Partikeln, zufälligen Bruchstücken, wahrnimmt und in Sprüngen denkt. Dabei vermischt sich beides, so daß die Assoziationen (vgl. S. 275) zwischen dem Sinnlichen und dem Gedanklichen, zwischen Gefühls- und Denkanstößen unkontrollierbar und unausgewogen hin- und herspringen. Der Mensch ist also zu konsequentem kausalem Denken ebensowenig fähig wie dazu, konzentriert und unabgelenkt einem Gefühl, Trieb oder Wollen zu folgen. Seine Reizempfindlichkeit unterbricht jede Kontinuität.

Der Autor sieht sich vor die Aufgabe gestellt, diese Erscheinungen niederzuschreiben, soweit sie ihm zugänglich sind. Eigentlich kann er nur sich selbst und seinen eigenen Sinnenbereich wiedergeben – bis etwa zu Postkartenaufschriften und Zeitungsnachrichten, die er liest, Lauten, Tönen, Gesprächsfetzen, die er hört, zu seinen momentanen Gedanken, und schließlich bis zu all dem, woran er sich gerade erinnert. An diese Begrenzung hält sich kaum einer. Zwei Ausweitungsmöglichkeiten bieten sich an: Erstens kann er, der nicht an einen vorbedachten Plan gebunden ist, seiner *Erfindungsgabe* freien Lauf lassen, denn auch sie kann als Teil seiner Wirklichkeitserfahrung gelten – im Beispiel wird das an den Themen- und Storyfetzen deutlich. Zweitens versetzt sich der Autor oft in *Rollen*, versucht die Wahrnehmungs- und Denkskala eines anderen oder wechselnder anderer zu protokollieren. Dies geschieht stets mit der Absicht, nur je das aufzuführen, was er in der Rolle wirklich vorfindet, und nichts hinzuzufügen, was dem Vorgefundenen einen Zusammenhang geben könnte, der nicht tatsächlich vorhanden ist.

Auf diese Weise entsteht eine Mitschrift beobachteten Lebens, ein Protokoll. Bestimmte Abschnitte aus dem Text *Postkarten* kann man in diesem Sinn – auch wenn sich der Autor kurz vor dem Schluß als Ich einführt – als den Versuch verstehen, die Gedanken und den Erlebenshorizont irgendwelcher Urlauber zu erfassen; daher ist so viel von Banalem und Alltäglichem die Rede.

Gestaltung, Kunstfertigkeit, Ästhetik sind – theoretisch – ausgespart. In Wirklichkeit hat Wondratschek allerdings mehr Gestaltungselemente in seinem Text untergebracht, als die Theorie erlaubt (vgl. die Wortwitze, die Sentenzen, die Paradoxe).

Diese Art zu schreiben findet sich andeutungsweise schon in Texten von ROBERT

WALSER (1878–1956). Er verfaßte sie bereits vor dem Ersten Weltkrieg als anspruchslose Niederschriften. Alles, was ihm gerade durch den Kopf ging, war ihm gleichwertig, Gedanken, Einfälle, Beobachtungen, Erinnerungen. Dabei betonte er nachdrücklich, daß es sich um kein Kunstprodukt handelte. Eine Folge von vier Sätzen aus der Skizze *Die Ruine* (1926) lautet z. B.:

»Spät ging man nach Hause. Unter anderem war von Holland die Rede gewesen. Bin ich aber immer noch in meinem Friedhof?
Vielleicht schreibe ich nächstens einen Aufsatz über Hofdamen.«

In der Gegenwartsliteratur trat vor Wondratschek PETER BICHSEL hervor mit seiner Sammlung *Eigentlich möchte Frau Blum den Milchmann kennenlernen* (1964). Als Wondratschek veröffentlichte, war die Form bereits Mode geworden, so daß ein Kritiker sarkastisch vom „besten Bichsel, den es je gab" schrieb (H.Karasek). Im ganzen sind Bichsels Collagen weniger buntscheckig. Er konzentriert sich auf einen Punkt, auf einen Augenblickszustand ohne besondere Vorkommnisse und Handlungsabläufe, und trotzdem kann er damit den Lebenskern seiner Gestalten treffen. So zeigt er in *Die Tochter* ein Ehepaar, das abends auf die Tochter wartet. Auf zwei Seiten Text werden die Weltsicht von Vater, Mutter und Tochter und der Wandel der Arbeits- und Lebensbedingungen der beiden Generationen klar.

WOLF WONDRATSCHEK, geboren 1943 in Rudolfstadt/Thüringen, lebt in Frankfurt/Main. Er verfaßt Textcollagen (*Früher begann der Tag mit einer Schußwunde*, 1966; *Ein Bauer zeugte mit einer Bäuerin einen Bauernjungen, der unbedingt Knecht werden will*, 1969) und Hörspiele (*Paul oder Die Zerstörung eines Hörbeispiels*, 1969).

Neue Subjektivität

THOMAS BERNHARD

Der Keller. Eine Entziehung

Der Erzähler, ein sechzehnjähriger Schüler, macht eines Morgens, anstatt in das verhaßte Gymnasium zu gehen, auf dem Wege dahin kehrt und sucht das Arbeitsamt auf. Dort läßt er sich, ohne seine Familie zu unterrichten, eine Lehrstelle vermitteln, denn er will eine nützliche Tätigkeit unter Menschen ausüben. Gegen die Vorstellung der Beamtin wählt e.· den Kellerladen des Lebensmittelhändlers Podlaha in der Scherzhauserfeldsiedlung, einem Proletarierviertel der Stadt Salzburg.

»Die Stadtgemeinde ist, wie ich aus der Zeitung erfahren habe, darangegangen, die Scherzhauserfeldsiedlung niederzureißen, die ein halbes Jahrhundert alten Ziegel- und Heraklithzeugen abzutragen, die Vorhölle oder die eigentliche Hölle, wie immer, einzuebnen, die Mauern zu zertrümmern, in welchen jahrzehntelang soviel unnützes Unglück geschehen ist. Eine kurze Zeitungsnotiz hat in meinem Kopf wieder in Gang gebracht, was vor langer Zeit in meinem Gedächtnis zum Stillstand gekommen war, den Erinnerungsmechanismus, die Scherzhauserfeldsiedlung betreffend, die fürchterliche Menschensiedlung als Stiefkind der Stadt, von welcher sich alle und jeder fortwährend distanziert hatten. Zu sagen, man sei *aus* oder *in* der Scherzhauserfeldsiedlung oder man arbeite in der Scherzhauserfeldsiedlung oder überhaupt, man habe etwas, gleich was, mit der Scherzhauserfeldsiedlung zu tun, war in jeder Beziehung schrecken- und ekelerregend gewesen. Ein Makel war es, von dort zu sein oder mit dort etwas zu tun zu haben, woraus man nicht sein kann und womit man nicht das geringste zu tun haben kann, und diesen Makel trugen alle Bewohner der Scherzhauserfeldsiedlung lebenslänglich, sie trugen ihn so lange, bis sie tot waren, tot, weil sie im Irrenhaus oder im Kerker oder auf dem Friedhof landeten. Schon die Kinder waren in diesen Geistes- und Gefühlszustand des Unerlaubten, also aus der Scherzhauserfeldsiedlung zu sein, hineingeboren, und sie litten ihr ganzes Leben daran, und die bis heute nicht an diesem Makel zugrunde gegangen sind, gehen in Zukunft daran zugrunde, auch wenn sie selbst das abstreiten sollten. Die Scherzhauserfeldsiedlung war ein Verzweiflungsghetto einerseits, ein Beschämungsghetto andererseits. Man merkte diesen Menschen an, daß sie aus der Scherzhauserfeldsiedlung waren, wie man in allen Städten und vor allem in den Großstädten, wenn man darin geschult ist, jedem anmerkt, woher er kommt, aus welchem Viertel der Stadt, und der kritische Beobachter weiß im Augenblick der Begegnung, dieser ist aus dem Fegefeuer oder aus der Vorhölle oder aus der Hölle der Stadt. Von weitem schon erkannte man in dieser Stadt, die immer vorgegeben hat, keine Vorhölle, geschweige denn eine Hölle zu haben, die Vorhöllen- oder die Höllenbewohner, verirrte, konfuse Geschöpfe, unsicher daherhastend und in jedem Falle als eine außen und innen unglückliche Natur erkennbar, Außenseiterexistenzen, waren sie als Scherzhauserfeldbewohner abgestempelt. Der Staat, die Stadt und die Kirche hatten an diesen Menschen längst versagt und aufgegeben. Die Bewohner der Scherzhauserfeldsiedlung waren Aufgegebene und aufgegeben nicht nur von der Umwelt als einer perversen Betrugs- und Geschmacksgesellschaft, sondern sie, die Scherzhauserfeldsiedlungsbewohner, hatten sich längst selbst aufgegeben. Als ob diese Menschen die Pest hätten, so begegnete man ihnen, sie waren schon bei ihrem Eintreten in ein Stadtgeschäft gescheitert, bei ihrem Auftauchen in einem Amt erniedrigt und gescheitert, bei ihrem Erscheinen vor Gericht schon abgeurteilt und erledigt. Die Salzburger Gesellschaft betrachtete insgesamt die Bewohner der Scherzhauserfeldsiedlung als die Bewohner eines Aussätzigenlagers, wie die Bewohner selbst, als ein Straflager, wie die Bewohner selbst, als ein Todesurteil, wie die Bewohner selbst. Hier verkümmerte das Leben und war im Grunde als nichts anderes möglich als ein ununterbrochenes Absterben, während ein paar hundert Meter weiter eine perverse Wohlstands- und Lustfabrik sich als die alleinige Beherrscherin der Welt gebärdete.«

Unter Menschen, die von der normalen Welt aus- und abgestoßen sind, findet der Heranwachsende eine Zuflucht. Hier kann er menschliche Kontakte herstellen, was ihm in Schule und Verwandtschaft nicht gelungen ist; hier findet er Selbständigkeit und Eigenleben, kann er unter den Außenseitern sein Außenseiterleben weiterführen. Er lernt die Realität kennen, beobachten und scharf kritisieren. In der Scherzhauserfeldsiedlung findet er den Beweis für seine Einstellung zum Leben: Die Existenz des Menschen ist ein bodenloses Unglück, das alle – ob arm oder reich – gleichermaßen trifft und das nicht zu ändern ist. Unter den Benachteiligten tritt es an die Oberfläche und wird sichtbar.

Auf den ersten Blick enthält der Text eine einzige Aussage, die sich bis zum Überdruß wiederholt: Die Scherzhauserfeldsiedlung ist ein Proletarierviertel mit einem schlechten Ruf. Genaueres Lesen macht klar, daß die einzelnen Aussagen nicht gleich sind, sondern um Haaresbreite voneinander abweichen. So wie in einem Kaleidoskop dieselben Farbkörperchen in immer neue Formen zusammenfallen und sich nach der Spiegelachse ausrichten, so baut Thomas Bernhard seine Sätze um die Mittelachse „Scherzhauserfeldsiedlung".
Dabei ist im Ablauf keine Steigerung festzustellen. Der Autor benutzt zwar die sogenannte „Klimax" (Fegefeuer – Vorhölle – Hölle) und andere rhetorische Mittel, vor allem die „Hyperbel" (Übertreibung) und die Verallgemeinerung, aber sie sind dem obersten Stilprinzip der Intensivierung zugeordnet.
Bernhard schreibt, was ihm sein „Erinnerungsmechanismus, die Scherzhauserfeldsiedlung betreffend" diktiert, und da sich die Lehrzeit dem Gedächtnis tief eingeprägt hat, überträgt er diese Intensität auf den Text. Auf diese Weise entsteht kein objektiver autobiographischer Rückblick des Fünfundvierzigjährigen, sondern die Wiedergabe der äußerst eigenwilligen Weltsicht des Sechzehnjährigen, an der ebensoviel richtig und wahr wie verkehrt, übertrieben und falsch verstanden ist. Um des rhetorischen Kontrastes willen flicht der Autor zudem mit der Verurteilung der „perversen Wohlstands- und Geschmacksgesellschaft" und der „perversen Wohlstands- und Lustfabrik (als Beherrscherin der Welt)" zwei kulturkritische Äußerungen ein, die im Jahre 1947 nicht im Kopfe eines sechzehnjährigen Jungen entstanden sein können. Die Scherzhauserfeldsiedlung war wohl doch nicht die Hölle, und die „Höllenbewohner" waren nicht alle „verirrte, konfuse Geschöpfe, unsicher dahertastend", aber dem Heranwachsenden schien es so, es war sein subjektiver Eindruck, der sich ihm unvergeßlich eingeprägt hat. Subjektiv bedeutet hier: aus dem eigenen Bewußtsein schreiben, unabhängig von historischer Richtigkeit, soziologischer Analyse oder sozialpolitischem Engagement. Diesen Subjektivismus reflektiert Thomas Bernhard im Text als die Unmöglichkeit, die Wahrheit zu schreiben:

»Was hier beschrieben ist, ist die Wahrheit und ist doch nicht Wahrheit, weil es nicht die Wahrheit sein kann. Wir haben in unserer ganzen Leseexistenz noch niemals eine Wahrheit gelesen, auch wenn wir immer wieder Tatsachen gelesen haben. Immer wieder nichts anderes als die Lüge als Wahrheit, die Wahrheit als Lüge et cetera. Es kommt darauf an, *ob wir lügen wollen oder die Wahrheit sagen und schreiben,* auch wenn es niemals die Wahrheit sein kann, niemals die Wahrheit ist. Ich habe zeitlebens immer die Wahrheit sagen wollen, auch wenn ich jetzt weiß, es war gelogen. (...)
Wir können wohl Wahrheit verlangen, aber die Aufrichtigkeit beweist uns, daß es die Wahrheit nicht gibt. Was hier beschrieben ist, ist die Wahrheit, und sie ist es nicht aus dem einfachen Grund, weil die Wahrheit uns nur ein frommer Wunsch ist.«

Die Wahrheit ist subjektiv; auch das nachweisbar Falsche kann im Rahmen einer Darstellung stimmen, die nicht die Realität eines historischen Ablaufs, sondern die Realität im Kopfe eines Individuum zum Gegenstand hat.
Dieses Individuum ist immer der Erzähler Thomas Bernhard selbst, auch wenn es in seinen Romanen einen anderen Namen und andere Lebensverhältnisse hat.
Er will wissen, was er auf dieser Welt zu suchen hat und schreibt sich von der Seele, was er an dieser Welt auszusetzen hat, so als wäre sie nur für ihn allein da und suchte ihn allein zu vernichten.
Diese und ähnliche Einstellungen zur Welt, wie sie etwa auch Peter Handke hat, bezeichnet man als die Neue Subjektivität oder – von den Vertretern des Engagements als Schimpfwort gebraucht – als die Neue Innerlichkeit.

THOMAS BERNHARD selbst betrachtet seine Lebensgeschichte als eine „Leidensgeschichte". Er ist 1931 in einem Heim für „gefallene Mädchen" in Heerlen (Holland) unehelich geboren. Seine Mutter, die Tochter eines lebenslang erfolglosen österreichischen Schriftstellers, war dorthin vor der Schande geflüchtet. Sie hat ihrem Sohn seine Herkunft nie verziehen. Als Kleinkind kam Bernhard zu den Großeltern und wurde von dem liebevollen Großvater als Künstler und Eigenbrötler erzogen. Mit den Großeltern zog er zu seiner Mutter und deren Ehemann, seinem Vormund, wo sie unter bedrückenden wirtschaftlichen Verhältnissen lebten.
16 Jahre alt, brach er seine Schulbildung am Gymnasium ab und nahm eine Lehrstelle in einem Lebensmittelladen an. Dort zog er sich eine Grippe zu, die zu jahrelangem Lungenleiden führte. Währenddessen starben sein Großvater und seine Mutter. Nach der Heilung studierte er Musik und Schauspielkunst. Seinen Lebensunterhalt bestritt er mit journalistischen Arbeiten, bis er ab 1957 als freier Schriftsteller existieren konnte. Er schrieb Erzählungen, Romane und Dramen, in denen hochindividualisierte, krankhaft eigenbrötlerische und empfindliche Menschen vorkommen, die in langen Monologen aussprechen, wie schlecht die Welt ist.

Der *Keller* gehört in eine Reihe von fünf Texten, in denen er die Erinnerung an Kindheit und Jugend darstellt. Es sind konzentrierte Leidensgeschichten; *Die Ursache. Eine Andeutung* handelt zum Beispiel von seiner Internats- und Gymnasialzeit, *Der Atem. Eine Entscheidung* von seinem langen Krankenhausaufenthalt wegen seiner lebensgefährlichen Lungenerkrankung.

PETER HANDKE

Wunschloses Unglück

Peter Handke berichtet in seiner „Erzählung" vom Leben und Tod seiner Mutter. Sie war das vierte von fünf Kindern eines Handwerkers und Kleinbauern in Kärnten. Ihr Leben war ihr, erst recht, weil sie ein Mädchen war, vorbestimmt: Es mußte aus Häuslichkeit, Sparen und demütigem Dienen bestehen. Aber sie war fröhlich und eigenwillig, sie wollte lernen und leben; deshalb ging sie mit fünfzehn oder sechzehn von zu Hause weg und wurde Zimmermädchen und Küchenhilfe. Ihre erste und einzige Liebe war ein deutscher Soldat, der jedoch schon verheiratet war. Kurz vor der Geburt des Sohnes aus dieser Verbindung ging sie mit einem Unteroffizier eine Pflichtehe ein, folgte ihm nach Berlin, kehrte dann mit ihm zu ihrer Familie in Kärnten zurück. Die Trunksucht des Mannes hatte zu sozialem Abstieg geführt. Es gab keine Möglichkeit der Selbstverwirklichung mehr für die Mutter, nur Entsagung und Entpersönlichung. Mit 51 Jahren nahm sie sich das Leben.

»Sie war also nichts geworden, konnte auch nichts mehr werden, das hatte man ihr nicht einmal vorauszusagen brauchen. Schon erzählte sie von „meiner Zeit damals", obwohl sie noch nicht einmal dreißig Jahre alt war. Bis jetzt hatte sie nichts „angenommen", nun wurden die Lebensmittelumstände so kümmerlich, daß sie erstmals vernünftig sein mußte. Sie nahm Verstand an, ohne etwas zu verstehen.
Sie hatte schon angefangen, sich etwas auszudenken, und sogar so gut es ging danach zu leben versucht – dann das „Sei doch vernünftig!" – der Vernunft-Reflex – „Ich bin ja schon still!"
Sie wurde also eingeteilt und lernte auch selber das Einteilen, an Leuten und Gegenständen, obwohl daran kaum etwas zu lernen war: die Leute, nicht ansprechbarer Ehemann und noch nicht ansprechbare Kinder, zählten kaum, und die Gegenstände standen ohnehin fast nur in den allerkleinsten Einheiten zur Verfügung – so mußte sie kleinlich und haushälterisch werden: die Sonntagsschuhe durfte man nicht wochentags tragen, das Ausgeh-Kleid mußte man zu Hause gleich wieder an den Bügel hängen, das Einkaufsnetz war nicht zum Spielen da!, das warme Brot erst für morgen. (Noch meine Firmungsuhr später wurde gleich nach der Firmung weggesperrt.)
Aus Hilflosigkeit nahm sie Haltung an und wurde sich dabei selbst über. Sie wurde verletzlich und versteckte das mit ängstlicher, überanstrengter Würde, unter der bei der geringsten Kränkung sofort panisch ein wehrloses Gesicht hervorschaute. Sie war ganz leicht zu erniedrigen.«

Der Titel „Wunschloses Unglück" beschreibt die Lebensumstände der Mutter in Anlehnung an die Redensart „wunschlos glücklich". Sie ist in ihr Milieu nach einem Ausbruchsversuch so fest eingebunden, daß sie die unglücklichen Verhältnisse als unverrückbar hinnimmt. Sie hat noch nicht einmal mehr den Wunsch, sie zu verändern, geschweige denn den Willen: „Selten wunschlos und irgendwie glücklich, meistens wunschlos und ein bißchen unglücklich. – Keine Vergleichsmöglichkeit zu einer anderen Lebensform: auch kein Bedürfnis mehr." Wer eine Biographie verfaßt, hebt das Außergewöhnliche an seinem „Helden" hervor: Dieser hat „sich etwas ausgedacht", einen Plan für seinen Werdegang entworfen und sein Leben selbständig gestaltet gegen alle Widerstände. Handke dreht solche Kennzeichen biographischer Beschreibung in die Gegenrichtung um: Seine Mutter hat ihrem Leben keinen individuellen Entwurf zugrunde legen können, und sie ist nichts geworden. Was sie war, läßt sich nur in solchen Verneinungen ausdrücken. Sie war nicht Handlungsträger, traf keine Entscheidungen, sondern wurde eingeteilt, begrenzt auf den allerkleinsten Rahmen.

Daß Handke nichts Außergewöhnliches über seine Mutter mitteilen kann, ist, paradox gesagt, das Außergewöhnliche dieser Biographie. Sie handelt von einem Individuum, also von einem einmaligen Menschen, der aber das Schicksal all jener unzähligen Individuen teilt, die durch die Umwelt in eine menschenunwürdige Rolle gepreßt werden.

Die dargestellte Existenz ist durch die Armut begrenzt; zum Gefängnis wird sie durch eine andere Kraft: durch die Macht der Gewohnheit, der Sitte, durch das, was sich gehört und immer schon so gewesen ist. Die Mutter ist das Opfer des Sozialgefüges, ihres bäuerlich-kleinbürgerlichen Umfelds.

Die Macht, die sie niederhält, benützt – unbewußt – die Sprache als Waffe. Das ist im Textausschnitt am besten an dem Wort „vernünftig" zu erklären. Als vernünftig wird in der Sprache der Denkenden bezeichnet, wer den Verstand dazu verwendet, das Leben zweckmäßig und lebenswert zu gestalten. Im Text jedoch bedeutet „vernünftig", daß man nichts anderes will als die anderen und sich mit dem begnügt, was man hat. Wer das tut, hat Verstand angenommen – was nichts anderes heißt, als daß er den Verstand gerade nicht verwendet, sondern abschaltet. Ähnlich sind Haltung und Würde zweifach definierbar: als menschenwürdige Ausdrucksformen und als Verhaltensweisen, die einem von der Umwelt diktiert werden.

Die Erzählung ist trotz der geschilderten bedrückenden Lebensverhältnisse keine soziale Anklage. Sie stellt Bedingungen und Umstände des Daseins fest. Zugleich ist sie autobiographisch angelegt. Handke betont seine persönliche Betroffenheit, weil er als Sohn dieser Mutter in seiner eigenen Existenz vielfältig psychisch mit ihr verbunden und von ihr abhängig ist. Er reflektiert diese Beziehung und ihrer beider Abhängigkeit von Lebensumständen und Milieu: ihre Empfindlichkeiten sind auch seine Empfindlichkeiten, ihre Entpersönlichung ist auch seine.

Diese Hinwendung zu sich selbst ist ein besonders hervorstechender Zug in Handkes Werk: „Ich habe keine Themen, über die ich schreiben möchte, ich habe nur ein Thema: über mich selbst klar, klarer zu werden."

Der Weg zu sich selbst führt über die Reflexion. Das Nachdenken aber ist nur möglich, wenn die dazu notwendigen sprachlichen Fertigkeiten vorhanden sind. Die Mutter war dazu nicht fähig wegen der „Sprachlosigkeit" ihres Milieus, das wenig mehr als die einfache Bezeichnung von Sachen und Arbeitsvorgängen kennt.

Wie hoch Handke die Macht der Sprache einschätzt, hat er in seinem Theaterstück *Kaspar* deutlich gemacht. Es handelt von jemand, der erst mit etwa 16 Jahren sprechen lernt, weil er vorher nicht unter Menschen gelebt hat. *Kaspar* knüpft an den historischen Fall Kaspar Hauser an. Das war ein Sechzehnjähriger, der 1828 in Nürnberg auftauchte. Er war offenbar ohne jeden Sprachkontakt in einem dunklen Verlies aufgewachsen. 1833 wurde er ermordet.

Kaspar lernt also sprechen; da aber das Denken davon abhängig ist, daß man über Begriffe verfügt, lernt er zugleich denken; denn Denkprozesse haben den Spracherwerb zur Voraussetzung.

Kaspar lernt das Sprechen von Menschen, die im Gegensatz zu ihm bereits eine Weltvorstellung entwickelt haben; deshalb ist sein Spracherwerb vom Sprechen und Denken seiner Sprachlehrer abhängig; er kann nicht anders denken als sie, da er nicht anders sprechen lernt als durch sie. Zudem ist die Zahl seiner Lehrer sehr begrenzt; es fehlt die Erfahrungsbreite des normalen Lebens. Das Ergebnis ist kein selbständig denkendes Ich, sondern ein geprägter, manipulierter „Kasperl", eine Marionette.

PETER HANDKE ist in einem kleinen Dorf in Kärnten 1942 geboren und – nach einigen Jahren in Berlin – dort in kleinbürgerlichen Verhältnissen aufgewachsen. Nach einer autoritären katholischen Erziehung in einem Knabeninternat und im Gymnasium Klagenfurt beginnt Handke ein Jurastudium in Graz, wo er literarische Anregung und Publikationsmöglichkeit findet. Als 1965 der Verlag Suhrkamp seinen Roman *Hornissen* druckt, gibt er sein Studium auf und lebt seither von seinen literarischen Arbeiten in wechselnden Städten, unter anderem in Berlin, Paris, Frankfurt und Salzburg.

Abriß der deutschen Literatur

Nach Herbert A. und Elisabeth Frenzel, Daten deutscher Dichtung, München 1962 (Taschenbuchausgabe). Abweichungen in den Daten ergeben sich daraus, daß hier im Abriß das Erscheinungsjahr angegeben ist und vorne im Text das Entstehungsjahr.

Abkürzungen:
Dr. = Drama Erz. = Erzählung Kom. = Komödie, Lustspiel Nov. = Novelle R. = Roman Sch. = Schauspiel Slg. = Sammlung Tr. = Tragödie, Trauerspiel

Literatur in Altdeutscher Zeit (von den Anfängen bis 1150)

Heidnische Dichtung

Merseburger Zaubersprüche (vor 750)

Hildebrandslied (zwischen 810 und 820)

Edda (Ältere oder Lieder-Edda, darin Wielandlied, altes Sigurdlied, altes Atlilied, Lied von Ermanarich; Havamal. Handschrift um 1260)

Christliche Dichtung
in germanischer und althochdeutscher Sprache

Wulfila (etwa 313–383)
Bibelübersetzung ins Westgotische

Wessobrunner Gebet (zwischen 770 und 790)

Muspilli (Schilderung des Weltendes und des Jüngsten Gerichts. Anfang des 9. Jh.)

Heliand (um 830)

Otfried von Weißenburg, Evangelienharmonie (zwischen 863 und 871)

Ludwigslied (Preislied auf Ludwig III. 881)

Christliche Dichtung
in lateinischer Sprache

Waltharius (Epos. Ende 9. Jh.?)

Ekbasis Captivi (Flucht des Gefangenen. Tierepos. Zwischen 920 und 940?)

Hrotsvita von Gandersheim (um 935 – nach 1000)
Lesedramen, Legenden

Ruodlieb (Epos. 2. Hälfte des 11. Jh.)

Literatur des Rittertums (1150–1250)

Die Epik

Vorläufer der höfischen Epik

Alexanderlied des Pfaffen Lamprecht (Alexander als Beispiel irdischer Größe und Vergänglichkeit. Französische Quelle. Zwischen 1140 und 1150)

Rolandslied des Pfaffen Konrad (Roland als Streiter Gottes gegen die Heiden. Quelle: Chanson de Roland. Um 1170)

König Rother (Spielmannsepos. Um 1150)

Herzog Ernst (Spielmannsepos. Um 1170)

Heldenepos

Nibelungenlied (um 1200)

Kudrun (um 1240)

Höfisches Epos

Heinrich von Veldeke (Mitte des 12.–Anfang des 13. Jh.)
Eneit (Quelle: französisches Versepos nach Vergils Äneis. Um 1170 – vor 1190)
– Minnelieder

Hartmann von Aue (um 1165 – um 1220)
Erek (zwischen 1180 und 1185) – Gregorius (Höfische Legende. Zwischen 1187 und 1189) – Der arme Heinrich (um 1195) – Ivein (um 1200) – Minnelieder

Wolfram von Eschenbach (um 1170 bei Ansbach – um 1220)
Parzival (zwischen 1200 und 1210) – Willehalm (um 1215) – Titurel (nach 1215) – Minnelieder

Gottfried von Straßburg (Lebensdaten unbekannt)
Tristan und Isolt (zwischen 1205 und 1220)

Niedergang des Epos

Rudolf von Ems (gest. um 1254 auf einem Italienzug)
Der gute Gerhard (Lebensgeschichte eines tugendhaften Kaufmanns. Nach 1230) – Weltchronik (zwischen 1250 und 1254)

Konrad von Würzburg (um 1220/30 in Würzburg – 1287 Basel)
Verserzählungen (Der Welt Lohn, Otto mit dem Barte, Schwanenritter. Zwischen 1260 und 1275) – Legenden – Epen

Die Lyrik

Vorläufer der höfischen Lyrik

Der Kürenberger (dichtete zwischen 1150 und 1170)

Dietmar von Aist (um 1170)

Höfische Minnelyrik

Friedrich von Hausen (um 1150–1190 Kleinasien)
Erstes deutsches Kreuzlied

Heinrich von Morungen (gest. 1222 Leipzig)

Reinmar von Hagenau (Reinmar der Alte; um 1160/70 – um 1210 Wien)

Walther von der Vogelweide (um 1165–1228?)
Lieder der hohen Minne – Mädchenlieder – Naturlyrik – Sprüche – Elegie

Höfische Dorfpoesie

Neidhart von Reuenthal (um 1180 – um 1250)

Ulrich von Lichtenstein (um 1200–1275)
Frauendienst (um 1255)

Spruchdichtung

Spervogel (Lebensdaten unbekannt)

Walther (s. o.)

Freidank (Name und Lebensdaten unbekannt) Bescheidenheit (= Lebensweisheit eines Freidenkenden. Um 1230)

Literatur des frühen Bürgertums (1250–1500, mit Ausläufern bis 1600)

Bäuerliche Versnovelle

Wernher der Gärtner (unbekannter Fahrender)
Meier Helmbrecht (zwischen 1250 und 1280)

Volksbuch

Elisabeth von Nassau-Saarbrücken (1397–1456)
Loher und Maller; Hug Schapler u. a. (Übersetzungen französischer Prosaromane. Zwischen 1430 und 1440)

Weitere Volksbücher aus dem französischen Bereich

Die vier Heymonskinder – Kaiser Oktavian – Fortunat – Die schöne Melusine – Die schöne Magelone – Genoveva

Eulenspiegel (1515)

Historia von D. Johann Fausten (1587)

Die Schildbürger, ursprünglich: Das Lalebuch (1598)

Volkslied

Liederbuch der Klara Hätzlerin (Slg. von Gesellschaftsliedern, Kunstliedern, Sprüchen, Minneliedern. 1471)

Ambraser Liederbuch (Slg. von Volksliedern. 1582)

Meistersang

Rosenplüt = Hans Schnepperer (Anfang 15. Jh. Nürnberg – nach 1460)
Vorläufer des Meistersangs

Hans Folz (geb. in Worms – um 1515)
Vorbild für Hans Sachs: Lieder – Reimreden – Schwänke – Fastnachtsspiele

Hans Sachs (1494 Nürnberg – 1576 Nürnberg)
Meisterlieder – Die wittembergisch Nachtigall (Gedicht. 1523) – Schwänke in Paarreimen – Fastnachtsspiele

Mystik

Meister Eckhart (um 1260 Hochheim bei Gotha – 1327)
Mystische Schriften (u. a. Reden der Unterscheidung; Büchlein der göttlichen Tröstung; Predigten. Zwischen 1295 und 1327)
Heinrich Seuse (um 1295 bei Konstanz – 1366)
Das Büchlein der ewigen Weisheit (zwischen 1327 und 1334)

Johannes Tauler (um 1300 Straßburg – 1361 Straßburg)
Predigten (zwischen 1339 und 1371)

Mysterienspiel

Mariens Wehklag (Lateinischer Wechselgesang unter dem Kreuz. 12. Jh.)
Osterspiel von Muri (Erstes ganz deutschsprachiges [alemannisches] Mysterienspiel. Mitte 13. Jh.)
Spiel von den klugen und törichten Jungfrauen (1322 in Eisenach aufgeführt)
Großes Frankfurter Osterspiel (Dreitägig. 280 Personen. 1493)

Humanismus und Reformation (1400–1600)

Johann von Tepl oder Johannes von Saaz (um 1350 Sitbor/Böhmen – 1414/15 Prag)
Der Ackermann aus Böhmen (Streitgespräch. Kurz nach 1400)
Martin Luther (1483 Eisleben – 1546 Eisleben)
Übersetzung des Neuen Testaments (1522) – Gesamtbibel (1534) – Kirchenlieder
Ulrich von Hutten (1488 bei Fulda – 1523 auf Ufenau im Züricher See)
Epistolae obscurorum virorum (Dunkelmännerbriefe, 1. Teil von Crotus Rubeanus, 2. Teil von Hutten. Satire. 1515) – Gesprächsbüchlein (Satire. 1521) – Ain new lied ("Ich hab's gewagt . . ." 1521)
Sebastian Brand (1457 Straßburg – 1521 Straßburg)
Das Narrenschiff (Das meistgelesene moralisch-satirische Lehrgedicht der Zeit. 1494)

Thomas Murner (um 1475 im Elsaß – 1537 im Elsaß)
Von dem großen lutherischen Narren (Satire gegen Luther. 1522)
Johann Fischart (um 1546 Straßburg – 1590 Forbach)
Affenteuerliche und Ungeheuerliche Geschichtsklitterung (Zeitsatire nach dem französischen Roman Gargantua von Rabelais. 1575) – Das glückhafte Schiff von Zürich (Episches Gedicht. 1576) – Legende vom vierhörnigen Hütlein (Satire gegen die Jesuiten. 1580)
Jörg Wickram (Anfang 16. Jh. Colmar – vor 1562)
Anfänge des deutschen Prosaromans: Der Knabenspiegel (Erziehungs-R. 1554) – Der Goldfaden (Bürgerlicher R.) – Rollwagenbüchlein (Schwank-Slg. 1555)

Barock (1600–1720)

Jakob Bidermann (1575 Ehingen/Schwaben – 1639 Rom)
Meister des Jesuitendramas – Cenodoxus (Sch. 1602)

Martin Opitz (1597 Bunzlau – 1639 Danzig)
Buch von der deutschen Poeterey (1624) – Dafne (Erster deutscher Operntext; Musik von Heinrich Schütz. 1627) – Schä-

ferei von der Nymphen Hercinie (Erster Schäfer-R. 1630) – Teutsche Poemata (Slg., darin Gedichte von Opitz. 1624) – Trostgedichte in Widerwärtigkeit des Kriegs (1633)

Simon Dach (1605 Memel – 1659 Königsberg)
Lyrik

Paul Fleming (1609 Hartenstein/Erzgebirge – 1640 Hannover)
Deutsche Poemata (Gedichte. 1642)

Jakob Böhme (1575 Görlitz – 1624 Görlitz)
Aurora oder Morgenröte im Aufgang (1612)

Andreas Gryphius (1616 Großglogau in Schlesien – 1664 Glogau)
Sonn- und Feiertagssonette (1639) – Leo Armenius (Tr. 1650) – Carolus Stuardus (Tr. 1650?) – Katharina von Georgien (Tr. 1651) – Cardenio und Celinde (Tr. 1657) – Absurda comica oder Herr Peter Squentz (Schimpfspiel. 1657) – Das verliebte Gespenst; die geliebte Dornrose (Mischspiel. 2 Kom. ineinandergeschoben; die Dornrose das erste Dialektspiel. 1660) – Horribilicribrifax (Scherzspiel. 1663)

Friedrich Spee von Langenfeld (1591 Kaiserswörth – 1635 Trier)
Trutz-Nachtigall (Slg. geistlicher Gedichte. 1649)

Angelus Silesius = Johann Scheffler (1624 Breslau – 1677 Breslau)
Cherubinischer Wandersmann (Ursprünglich: Geistreiche Sinn- und Schlußreime. Sinnsprüche. 1657) –

Heilige Seelen-Lust oder geistliche Hirtenlieder der in ihren Jesum verliebten Psyche (Geistliche Lieder. 1657)

Paul Gerhardt (1607 Gräfenhainichen – 1676 Lübben/Spreewald)
Geistliche Andachten (Kirchenlieder-Slg. 1167)

Philipp von Zesen (1619 Prirau bei Dessau – 1689 Hamburg)
Adriatische Rosemund (Schäfer-R. Erster großer Barock-R. 1645)

Friedrich von Logau (1604 Brockut/Schlesien – 1677 Liegnitz)
Deutscher Sinn-Gedichte drey Tausend (1654)

Hans Jakob Christoffel von Grimmelshausen (1622 Gelnhausen – 1676 Renchen/Schwarzwald)
Der abenteuerliche Simplizissimus Teutsch (R. 1669) – Trutz-Simplex oder Lebensbeschreibung der Erzbetrügerin und Landstörzerin Courage (R. 1669) – Der seltsame Springinsfeld (Erz. 1670) u. a.

Christian Hofmann von Hofmannswaldau (1617 Breslau – 1679 Breslau)
Lyrik

Daniel Casper von Lohenstein (1635 Nimptsch/Schlesien – 1683 Breslau)
Lyrik – Großmütiger Feldherr Arminius . . . nebst seiner durchlauchtigsten Thusnelda . . . (Heroisch-galanter R. 1689/90)

Johann Christian Günther (1695 Striegau – 1723 Jena)
Deutsche und lateinische Gedichte (1724)

Aufklärung und Empfindsamkeit (1720–1785)

Johann Christoph Gottsched (1700 Juditenkirchen/Ostpreußen – 1766 Leipzig)
Versuch einer critischen Dichtkunst vor die Deutschen (1730) – Der sterbende Cato (als Muster einer Alexandrinertragödie. 1731) – Deutsche Schaubühne nach den Regeln der alten Griechen und Römer eingerichtet (Dramen-Slg. 1740/45)

Barthold Heinrich Brockes (1680 Hamburg – 1747 Hamburg)

Irdisches Vergnügen in Gott, bestehend in physikalisch- und moralischen Gedichten (1721/48)

Albrecht von Haller (1708 Bern – 1777 Bern)
Die Alpen (Gedicht. 1729)

Christian Fürchtegott Gellert (1715 Hainichen – 1769 Leipzig)
Fabeln und Erzählungen (Vers-Erz. 1746–1748) – Das Leben der schwedischen Gräfin von G . . . (R. 1747/48) – Geistliche Oden und Lieder (1757)

Gotthold Ephraim Lessing (1729 Kamenz/
Lausitz – 1781 Braunschweig)
Dramen: Der junge Gelehrte (Kom. 1748)
– Miss Sara Sampson (Bürgerliches
Tr. 1755) – Minna von Barnhelm oder
Das Soldatenglück (Kom. 1767) – Emilia
Galotti (Tr. 1772) – Nathan der Weise
(Dramatisches Gedicht. 1779)
Kritik: Briefe, die neueste Literatur be-
treffend (Hrsg. von Friedrich Nikolai.
Darin der 17. Literaturbrief und 54 andere
von Lessing. 1759) – Laokoon oder Über
die Grenzen der Malerei und Poesie
(Abhandlung. 1766) – Hamburgische
Dramaturgie (Theaterkritiken. 1767/69)
Christoph Martin Wieland (1733 bei Bie-
berach – 1813 Weimar)
Die Geschichte des Agathon (Entwick-
lungs-R. 1766/67) – Die Abderiten, eine
sehr wahrscheinliche Geschichte (Komi-
scher R. 1774/80) – Oberon (Romantisches Heldengedicht. Vers-Erz. 1780)

Friedrich Gottlieb Klopstock (1724 Quedlin-
burg – 1803 Hamburg)
Der Messias (Biblisches Epos. 1748/73)
– Hermanns Schlacht (Dr. mit lyrischen
Einlagen. 1769) – Oden (Darin: Die Früh-
lingsfeier; Der Eislauf; Die frühen Gräber;
Der Zürcher See. 1771)

Matthias Claudius (1740 Rheinfeld/Holstein
– 1815 Hamburg)
Der Wandsbecker Bote (Viermal wöchent-
lich erscheinende Zeitung. Darin Gedichte: Der Mond ist aufgegangen . . ., Der
Tod und das Mädchen. 1771/75)

Sturm und Drang (1767–1785)

Johann Georg Hamann (1730 Königsberg
– 1788 bei Münster)
Abhandlungen: Sokratische Denkwür-
digkeiten (1759) – Kreuzzüge des Philo-
logen (1762)
Johann Gottfried Herder (1744 Mohrungen/
Ostpreußen – 1803 Weimar)
Fragmente über die neuere deutsche
Literatur (1767/68) – Kritische Wälder
(1769) – Journal meiner Reise im Jahre
1769 (Erschienen 1846) – Von deutscher
Art und Kunst (5 Abhandlungen; von
Herder hrsg. 1773) – Stimmen der Völker
in Liedern (Ursprünglicher Titel: Volks-
lieder. 1778/79) – Ideen zur Philosophie
der Geschichte der Menschheit (1784/91)
Johann Wolfgang von Goethe (1749 Frank-
furt – 1832 Weimar)
Lyrik, entstanden zwischen 1770 und
1775: Willkommen und Abschied – Mai-
lied – Wandrers Sturmlied – Mahomeds
Gesang – Ganymed – Prometheus –
Schwager Kronos – Neue Liebe, neues
Leben – Herbstgefühl
Dramen: Götz von Berlichingen mit der
eisernen Hand (Sch. 1773) – Clavigo
(Tr. 1774) – Stella (Sch. 1776) – Die Ge-
schwister (Sch. 1776)
Roman: Die Leiden des jungen Werthers
(Brief-R. 1774)

Gottfried August Bürger (1747 Molmers-
wende/Harz – 1794 Göttingen)
Lenore (Ballade. 1774)

Jakob Michael Reinhold Lenz (1751 Liv-
land – 1792 Moskau)
Der Hofmeister oder Die Vorteile der
Privaterziehung (Kom. 1774) – Die Soldaten (Kom. 1776)

Friedrich Maximilian Klinger (1752 Frankfurt – 1831 Dorpat)
Die Zwillinge (Tr. 1776) – Sturm und
Drang (Sch. 1776) – Fausts Leben, Taten
und Höllenfahrt (R. 1791)

Heinrich Leopold Wagner (1747 Straßburg
– 1779 Frankfurt)
Die Kindermörderin (Tr. 1776)

Friedrich von Schiller (1759 Marbach/
Neckar – 1805 Weimar)
Die Räuber (Tr. 1781) – Die Verschwö-
rung des Fiesko zu Genua (Tr. 1783) –
Kabale und Liebe (Tr. 1784)

Klassik (1776–1832)

Johann Wolfgang von Goethe (vgl. Sturm und Drang)

Lyrik: Wandrers Nachtlied (1776) – Harzreise im Winter (1777) – An den Mond (1778) – Gesang der Geister über den Wassern (1779) – Grenzen der Menschheit (1781) – Das Göttliche (1783). Alle in „Vermischte Schriften" (erschienen 1789) – Römische Elegien (1795) – Venezianische Epigramme (1796) – Xenien (Zusammen mit Schiller. 1797) – West-östlicher Divan (1819) – Urworte Orphisch (1820)

Dramen: Iphigenie auf Tauris (Sch. 1787) – Egmont (Tr. 1788) – Torquato Tasso (Sch. 1790) – Faust. Ein Fragment (1790. Urfaust von 1774 veröffentlicht 1887) – Faust. Der Tragödie erster Teil (1808) – Faust. II. Teil (1832)

Balladen: Der König in Thule (Entstanden 1774) – Der Fischer (1779) – Der Erlkönig (1782) – Der Schatzgräber; Der Zauberlehrling; Der Gott und die Bajadere; Die Legende vom Hufeisen (Alle in Schillers Musenalmanach. 1798)

Epen: Reinecke Fuchs (1794) – Hermann und Dorothea (1797)

Romane: Wilhelm Meisters Lehrjahre (1795/96) – Die Wahlverwandtschaften (1809) – Wilhelm Meisters Wanderjahre oder Die Entsagenden (1821)

Novellen: Unterhaltungen deutscher Ausgewanderten (Nov.-Slg. 1795) – Novelle (1828)

Autobiographische Schriften: Aus meinem Leben. Dichtung und Wahrheit (1811/14) – Italienische Reise (Ursprünglich als Fortsetzung von Dichtung und Wahrheit. 1816/17)

Friedrich von Schiller (vgl. Sturm und Drang)

Lyrik: An die Freude (1786) – Die Götter Griechenlands (1788) – Gedankenlyrik (Darin: Das Ideal und das Leben; Das verschleierte Bild zu Sais; Der Spaziergang; Die Teilung der Erde. 1795/96) – Die Künstler (1798)

Dramen: Don Carlos, Infant von Spanien. Ein dramatisches Gedicht (1787) – Wallenstein (Dramatisches Gedicht; Trilogie: Wallensteins Lager; Die Piccolomini; Wallensteins Tod. 1798/99) – Maria Stuart (Tr. 1800) – Die Jungfrau von Orleans (Tr. 1801) – Die Braut von Messina (Tr. 1803) – Wilhelm Tell (Sch. 1803) – Demetrius (Tr.-Fragment. Entstanden 1804/05)

Balladen: Der Ring des Polykrates – Der Taucher – Die Kraniche des Ibykus – Der Handschuh (1798) – Die Bürgschaft (1799)

Friedrich Hölderlin (1770 Lauffen/Württemberg – 1843 Tübingen)

Lyrik: Hymnen und Elegien (1793) – Diotima; An die Deutschen; An die Parzen (Alle 1799) – Spätlyrik (1801/08: Der Einzige; Heidelberg; Menons Klage um Diotima; Der Archipelagus; Stuttgart; Brot und Wein; Der Rhein; Patmos) – Wie wenn am Feiertage; Germanien; Friedensfeier (Gedruckt ab 1895)

Ferner: Hyperion oder Der Eremit in Griechenland (Brief-R. Darin: Hyperions Schicksalslied. 1797/99) – Empedokles (Dr.-Fragmente. 1797 ff.)

Romantik (1789–1835)

Ältere Romantik (Jenaer Kreis)

August Wilhelm Schlegel (1767 Hannover – 1845 Bonn)

Berliner Vorlesungen über Literatur und Kunst – Zeitschrift „Athenäum" zus. mit seinem Bruder (1798–1800) – Shakespeareübersetzung mit Dorothea Tieck

Friedrich Schlegel (1772 Hannover – 1829 Dresden)

„Athenäum" vgl. A. W. Schlegel – Lucinde (R. 1799)

Ludwig Tieck (1773 Berlin – 1853 Berlin)

Volksmärchen (Nachschöpfung der Volksbücher und eigene Dichtungen: Märchendramen: Ritter Blaubart; Der gestiefelte Kater; Kunstmärchen: der blonde Egbert. 1797 – Franz Sternbalds Wanderungen (R.-Fragment. 1798) –

Kaiser Octavian (Spiel nach dem Volksbuch. 1804) – Phantasus (Slg. seiner früh-
romantischen Werke. 1812/17) – Des
Lebens Überfluß (Nov. 1839) – Vittoria
Accorombona (Historischer R. 1840)

Wilhelm Heinrich Wackenroder (1773 Berlin
– 1798 Berlin)
Herzensergießungen eines kunstlieben-
den Klosterbruders (1797)

Novalis = Friedrich von Hardenberg (1772
Oberwiederstedt/Mansfeld – 1801 Wei-
ßenfels)
Die Christenheit oder Europa (Aufsatz.
1799) – Hymnen an die Nacht (1800) –
Geistliche Lieder (1802) – Heinrich von
Ofterdingen (R.-Fragment. 1802) – Die
Lehrlinge zu Sais (R.-Fragment. 1802)

**Zeitgenossen ohne Bindung an die
romantische Schule**

Johann Peter Hebel (1760 Basel – 1826
Schwetzingen)
Alemannische Gedichte (Dialektlyrik.
1803) – Schatzkästlein des Rheinischen
Hausfreundes (Kalendergeschichten, darin: Kannitverstan, Unverhofftes Wiedersehen. 1811)

Jean Paul = Jean Paul Friedrich Richter
(1763 Wunsiedel – 1825 Bayreuth)
Romane: Hesperus (1795) – Siebenkäs
(1796/97) – Titan (1800/03) – Flegeljahre
(1804/05) – Dr. Katzenbergers Badereise
(1809)

Heinrich von Kleist (1777 Frankfurt/Oder
– 1811 am Wannsee)
Dramen: Die Familie Schroffenstein (Tr.
1803) – Amphitryon (Lustspiel nach
Molière. 1807) – Penthesilea (Tr. 1808)
– Der zerbrochene Krug (Kom. 1808) –
Robert Guiskard, Herzog der Normänner
(Tr.-Fragment 1808) – Das Käthchen von
Heilbronn oder Die Feuerprobe (Histo-
risches Ritter-Sch. 1808) – Die Hermanns-
schlacht (Sch. 1821) – Prinz Friedrich von
Homburg (Sch. 1821)
Novellen: Michael Kohlhaas; Die Mar-
quise von O . . .; Das Erdbeben in Chili;
Die Verlobung in St. Domingo; Der Zwei-
kampf (Alle in der Slg. Erzählungen.
1810/11)
Zeitung: Berliner Abendblätter (Darin
zahlreiche Anekdoten. 1810/11)

Die jüngere Romantik (Heidelberger Kreis)

Achim von Arnim (1781 Berlin – 1831
Schloß Wiepersdorf/Brandenburg)
Des Knaben Wunderhorn – Alte deutsche
Lieder (Zusammen mit Clemens Bren-
tano. 1806/08) – Armut, Reichtum, Schuld
und Buße der Gräfin Dolores (R. 1810) –
Die Kronenwächter (R.-Fragment. 1817) –
Der tolle Invalide auf dem Fort Ratonneau
(Nov. 1818)

Clemens Brentano (1778 Ehrenbreitstein –
1842 Aschaffenburg)
Godwi oder Das Steinerne Bild der Mut-
ter. Ein verwilderter Roman von Maria
(Eingestreute Gedichte: Die lustigen
Musikanten; Ein Fischer saß im Kahne;
Zu Bacharach am Rheine. 1801) – Ponce
de Leon (Kom. 1804) – Die Geschichte
vom braven Kasperl und schönen Annerl
(Nov. 1817) – Aus der Chronika eines
fahrenden Schülers (Fragment. 1818) –
Gockel, Hinkel und Gackeleia (Märchen.
1838) – Märchen (Darin: Rheinmärchen;
Myrtenfräulein. 1846)

Jakob Grimm (1785 Hanau – 1863 Berlin)
und Wilhelm Grimm (1786 Hanau – 1859
Berlin)
Kinder- und Hausmärchen (1812/15)

Joseph Görres (1776 Koblenz – 1848 München)
Die Teutschen Volksbücher (Nacherz.
von 42 Volksbüchern. 1807)

Hoch- und Spätromantik

Ludwig Uhland (1787 Tübingen – 1862
Tübingen)
Gedichte (Darin: Die Kapelle; Schäfers
Sonntagslied; Der gute Kamerad.
Balladen: Graf Eberhard der Rausche-
bart; Der blinde König; Jung Roland;
Bertran de Born. 1815)

Wilhelm Hauff (1802 Stuttgart – 1827 Stuttgart)
Märchen (Kalif Storch; Der kleine Muck;
Zwerg Nase; Das kalte Herz. In Rahmen-
erzählungen: Die Karawane; Das Wirts-
haus im Spessart. 1826) – Liechtenstein
(Historischer R. 1826)

Ernst Theodor Amadeus Hoffmann (1776
Königsberg – 1822 Berlin)
Phantasiestücke in Callots Manier (Er-
zählungen und Skizzen; darin Ritter

Gluck; Kreisleriana; Der goldene Topf. 1813/15) – Die Elixiere des Teufels (R. 1815/16) – Nachtstücke (Erzählungen. 1817) – Die Serapionsbrüder (Rahmen-Erz.; darin: Der Rat Krespel; Meister Martin der Küfer und seine Gesellen; Das Fräulein von Scuderi; Die Bergwerke zu Falun. 1819–1821) – Lebensansichten des Katers Murr nebst fragmentarischer Biographie des Kapellmeisters Johannes Kreisler in zufälligen Makulaturblättern (R. 1820–1822) – Meister Floh (Märchen. 1822)

Joseph Freiherr von Eichendorff (1788 Schloß Lubowitz/Oberschlesien – 1857 Neiße)

Ahnung und Gegenwart (R. 1815) – Das Marmorbild (Nov. 1819) – Aus dem Leben eines Taugenichts (Erz. 1826) – Gedichte (Viele vorher in die Prosawerke eingestreut. 1837) – Schloß Durande (Nov. 1841)

Friedrich de la Motte Fouqué (1777 Brandenburg – 1843 Berlin)
Undine (Märchen-Nov. 1811)

Adelbert von Chamisso (1781 Schloß Boncourt/Champagne – 1838 Berlin)
Peter Schlemihls wundersame Geschichte (Nov. 1814) – Gedichte (Darin auch Balladen. 1831)

Zwischen Romantik und Realismus (1820–1850)

Epigonen

Karl Immermann (1796 Magdeburg – 1840 Düsseldorf)
Merlin (Dr. 1832) – Die Epigonen (R. 1836) – Münchhausen (R., darin die Erz. Der Oberhof. 1838/39)

August Graf von Platen-Hallermünde (1796 Ansbach – 1835 Syrakus)
Sonette aus Venedig (1825) – Die verhängnisvolle Gabel (Literarisch-satirische Kom. 1826) – Der romantische Ödipus (Literarisch-satirische Kom. 1829)

Nikolaus Lenau = Nikolaus Niembsch, Edler von Strehlenau (1802 Csatád/Ungarn – 1850 Oberdöbling)
Gedichte (Darin: Schilflieder; Romanzen. 1832)

Christian Dietrich Grabbe (1801 Detmold – 1836 Detmold)
Dramen: Herzog Theodor von Gotland (Tr. 1827) – Scherz, Satire, Ironie und tiefere Bedeutung (Satirische Kom. 1827) – Marius und Sulla (Tr. 1827) – Don Juan und Faust (Tr. 1829) – Napoleon oder Die hundert Tage (Tr. 1831) – Hannibal (Tr. 1835) – Die Hermannsschlacht (Dr. 1838)

Das Junge Deutschland

Ludwig Boerne (1786 Frankfurt – 1837 Paris)
Briefe aus Paris (Berichte. 1832/34)

Heinrich Heine (1797 Düsseldorf – 1856 Paris)

Die Harzreise (Reiseschilderung. 1826) – Das Buch der Lieder (Gedichte. Darin: Die beiden Grenadiere; Belsazar; Du bist wie eine Blume; Ich weiß nicht, was soll es bedeuten; Das Meer erglänzte weit hinaus. 1827) – Atta Troll (Literarisch-satirisches Epos. 1843) – Neue Gedichte (Darin: Denk ich an Deutschland in der Nacht. 1844) – Deutschland. Ein Wintermärchen (Politisch-satirisches Epos. 1844) – Der Romanzero (Gedichte. 1851)

Heinrich Laube (1806 Sprottau – 1884 Wien)
Das junge Europa (R. 1833/37) – Die Karlsschüler (Sch. 1846)

Karl Gutzkow (1811 Berlin – 1878 Sachsenhausen)
Wally, die Zweiflerin (R. 1835) – Das Urbild des Tartuffe (Kom. 1844) – Uriel Acosta (Tr. 1846) – Die Ritter vom Geist (R. 1850/51) – Der Zauberer von Rom (R. 1858/61)

Ferdinand Freiligrath (1810 Detmold – 1876 Bad Cannstatt)
Ein Glaubensbekenntnis (Politische Lyrik. Balladen. 1844)

Biedermeier

Franz Grillparzer (1791 Wien – 1872 Wien)
Dramen: Die Ahnfrau (Tr. 1817) – Sappho (Tr. 1818) – Das goldene Vlies (Trilogie: Der Gastfreund; Die Argonauten; Medea. 1821) – König Ottokars Glück und Ende

(Tr. 1825) – Ein treuer Diener seines Herrn (Tr. 1828) – Des Meeres und der Liebe Wellen (Tr. 1831) – Der Traum, ein Leben (Dramatisches Märchen. 1834) – Weh dem, der lügt (Kom. 1838) – Ein Bruderzwist in Habsburg (Tr. 1872) – Die Jüdin von Toledo (Tr. 1872) – Libussa (Tr. 1872) Novellen: Das Kloster von Sendomir (1828) – Der arme Spielmann (1847)

Ferdinand Raimund (1790 Wien – 1836 Pottenstein)
Zauberspiele: Der Diamant des Geisterkönigs (1824) – Der Bauer als Millionär (1826) – Der Alpenkönig und der Menschenfeind (1828) – Der Verschwender (1834)

Johann Nestroy (1801 Wien – 1862 Graz)
Der böse Geist Lumpazivagabundus (Zauberposse. 1833) – Zu ebener Erde und im ersten Stock (Lokalposse. 1835) – Einen Jux will er sich machen (Posse. 1842)

Eduard Mörike (1804 Ludwigsburg – 1875 Stuttgart)
Maler Nolten (R.-Fragment. 1832) – Gedichte (Darin: Gesang zu zweien in der Nacht; Er ist's; Um Mitternacht; Septembermorgen; Der Gesang Weylas; Auf eine Lampe; Die Geister am Mummelsee; Schön Rotraut; Das verlassene Mägdlein. 1838) – Das Stuttgarter Hutzelmännlein (Märchen. Eingeschoben: Die Geschichte von der schönen Lau. 1852) – Mozart auf der Reise nach Prag (Nov. 1855)

Annette von Droste-Hülshoff (1797 auf Hülshoff b. Münster – 1848 Meersburg)
Die Judenbuche (Nov. 1842) – Gedichte (Naturlyrik; Balladen. 1844) – Das geistliche Jahr (Geistliche Gedichte. 1851)

Adalbert Stifter (1805 Oberplan/Böhmen – 1868 Linz)
Die Mappe meines Urgroßvaters (Erz. 1. Fassung. 1841/42) – Studien (Erz.-Slg. Darin: Das Heidedorf; Der Hochwald; Die Mappe meines Urgroßvaters, 2. Fassung; Die Narrenburg; Abdias; Das alte Siegel; Brigitta; Der Waldsteig; Der beschriebene Tännling. 1844/50) – Bunte Steine (Erz.-Slg. Darin: Granit; Bergkristall. 1853) – Nachsommer (R. 1857) Witiko (R. 1865/67) – Erzählungen (Darin: Prokopus; Der Waldgänger. 1869)

Realismus (1850–1890)

Georg Büchner (1813 Goddelau/Hessen – 1837 Zürich)
Dantons Tod (Dr. 1835) – Lenz (Erz.-Fragment 1839) – Leonce und Lena (Kom. 1842) – Woyzeck (Dr. 1879)

Friedrich Hebbel (1813 Wesselburen/Dithmarschen – 1863 Wien)
Judith (Tr. 1840) – Genoveva (Tr. 1843) – Maria Magdalene (Tr. 1849) – Agnes Bernauer (Tr. 1852) – Gyges und sein Ring (Tr. 1856) – Gedichte (Darin: Sommerbild; Nachtlied; Balladen: Der Heideknabe. 1857) – Die Nibelungen (Tr., Trilogie. 1861)

Otto Ludwig (1813 Eisfeld – 1865 Dresden)
Der Erbförster (Schicksals-Dr. 1850) – Zwischen Himmel und Erde (R. 1856)

Jeremias Gotthelf = Albert Bitzius (1797 Murten – 1854 Lützelflüh)
Wie Uli der Knecht glücklich wird (R. 1841) – Die schwarze Spinne (Erz. 1842) – Uli der Pächter (R. 1849)

Berthold Auerbach (1812 Nordstetten – 1882 Cannes)
Schwarzwälder Dorfgeschichten (Darin: Barfüßle. 1843)

Charles Sealsfield = Karl Postl (1793 Poppitz – 1864 Solothurn)
Das Kajütenbuch (Skizzen und Erzählungen aus Amerika; darin: Die Prärie am Jacinto. Erz. 1841)

Gottfried Keller (1819 Zürich – 1890 Zürich)
Gedichte (1846) – Neuere Gedichte (1851) – Der grüne Heinrich (R. 1. Fassung. 1854/55) – Die Leute von Seldwyla (Nov.-Slg., darin Bd. I: Pankraz der Schmoller; Romeo und Julia auf dem Dorfe; Frau Regel Amrain und ihr Jüngster; Die drei gerechten Kammacher. Bd. II: Kleider machen Leute; Der Schmied seines

Glückes; Die mißbrauchten Liebesbriefe; Dietegen; Das verlorene Lachen. 1856/74) – Sieben Legenden (1872) – Züricher Novellen (Darin: Hadlaub; Der Narr von Mannegg; Der Landvogt von Greifensee; Das Fähnlein der sieben Aufrechten. 1878) – Der grüne Heinrich (R. 2. Fassung. 1879/80) – Das Sinngedicht (Nov.-Zyklus. 1881) – Martin Salander (R. 1886)

Theodor Storm (1817 Husum – 1888 Hademarschen)
Novellen: Immensee (1850) – Viola Tricolor (1874) – Pole Poppenspäler (1874) – Aquis submersus (1876) – Carsten Curator (1878) – Eekenhof (1879) – Die Chronik von Grieshuus (1884) – Ein Fest auf Haderslevhuus (1885) – Der Schimmelreiter (1888)
Gedichte (Darin: Abseits; Meeresstrand. 1852)

Conrad Ferdinand Meyer (1825 Zürich – 1898 Kilchberg)
Huttens letzte Tage (Vers.-Erz. 1871) – Jürg Jenatsch (R. 1874) – Der Heilige (Nov. 1879) – Gedichte (Darin: Schwüle; Nachtgeräusche; Abendwolke; Der römische Brunnen; Balladen. 1883) – Kleine Novellen (Darin: Das Amulett; Der Schuß von der Kanzel; Plautus im Nonnenkloster; Gustav Adolfs Page. 1883) – Die Leiden eines Knaben (Nov. 1885) – Die Versuchung des Pescara (Nov. 1887) – Angela Borgia (Nov. 1891)

Paul Heyse (1830 Berlin – 1914 München)
L'Arrabiata (Nov. 1855) u. a.

Wilhelm Raabe (1831 Eschershausen bei Braunschweig – 1910 Braunschweig)
Die Chronik der Sperlingsgasse (R. 1857) – Der Hungerpastor (R. 1864) – Abu

Telfan (R. 1868) – Der Schüdderump (R. 1870) – Stopfkuchen (R. 1891) – Die Akten des Vogelsangs (R. 1895)

Theodor Fontane (1819 Neu-Ruppin – 1898 Berlin)
Vor dem Sturm (R. 1878) – L'Adultera (R. 1880) – Schach von Wuthenow (R. 1882) – Irrungen, Wirrungen (Nov. 1887). – Stine (Nov. 1890) – Unwiederbringlich (R. 1891) – Frau Jenny Treibel (R. 1892) – Effie Briest (R. 1894) – Der Stechlin (R. 1897)

Fritz Reuter (1810 Stavenhagen – 1874 Eisenach)
Läuschen un Rimels (Plattdeutsche Gedichte heiteren Inhalts in mecklenburg.-vorpommerscher Mundart. 1853) – Kein Hüsung (Niederdeutsche Verserzählung. 1857) – Olle Kamellen (Autobiograph. R.-Trilogie: Ut de Franzosentid; Ut mine Festungstid; Ut mine Stromtid. 1859/64)

Marie von Ebner-Eschenbach (1830 Zdislawitz/Mähren – 1916 Wien)
Das Gemeindekind (R. 1887) – Dorf- und Schloßgeschichten (1883/86)

Der historische Roman

Joseph Victor von Scheffel (1826 Karlsruhe – 1868 Karlsruhe)
Ekkehart (1855)

Wilhelm Heinrich Riehl (1823 Biebrich – 1897 München)
Kulturgeschichtliche Novellen (1856)

Gustav Freytag (1816 Kreuzburg – 1895 Wiesbaden)
Soll und Haben (1855) – Die verlorene Handschrift (1864) – Die Ahnen (1873–1881)

Naturalismus (1890–1900)

Arno Holz (1863 Rastenburg/Ostpreußen – 1929 Berlin)
Buch der Zeit (Gedichte. 1885) – Papa Hamlet (Novellen, zusammen mit Johannes Schlaf [1862–1941]. 1889) – Familie Selicke (Dr., zusammen mit Johannes Schlaf. 1890) – Phantasus (Lyrisches Epos. 1916)

Gerhart Hauptmann (1862 Obersalzbrunn/Schlesien – 1946 Agnetendorf/Schlesien)
Dramen: Vor Sonnenaufgang (Soziales Dr. 1889) – Das Friedensfest (Dr. 1890) – Einsame Menschen (Dr. 1891) – Die Weber. Schauspiel aus den vierziger Jahren (1892) – Der Biberpelz. Eine Diebeskomödie (1893) – Hanneles Him-

melfahrt (Märchen-Dr. 1893) – Florian Geyer. Die Tragödie des Bauernkrieges (1896) – Die versunkene Glocke. Ein deutsches Märchendrama (1896) – Fuhrmann Henschel (Sch. 1898) – Michael Kramer (Dr. 1900) – Rose Bernd (Sch. 1903) – Und Pippa tanzt. Ein Glashüttenmärchen (1906) – Die Ratten (Berliner Tragikomödie. 1911) – Dorothea Angermann (Sch. 1926) – Vor Sonnenuntergang (Sch. 1932) – Iphigenie in Delphi (Vierter Teil der Atriden-Tetralogie. Tr. 1941. 1. Teil: Iphigenie in Aulis. 1943. 2. Teil: Agamemnons Tod. 1946. 3. Teil: Elektra. 1947)
Epik: Bahnwärter Thiel. Novellistische Studie (1888) – Der Narr in Christo Emanuel Quint (R. 1914) – Der Ketzer von Soana (Erz. 1918) – Die Insel der großen Mutter (R. 1924) – Till Eulenspiegel (Versepos. 1927)

Hermann Sudermann (1857 Matziken/Ostpreußen – 1928 Berlin)
Frau Sorge (R. 1887) – Die Ehre (Sch. 1889) – Heimat (Sch. 1893) – Litauische Geschichten (Darin: Jons und Erdme; Die Reise nach Tilsit. 1917)

Ludwig Anzengruber (1839 Wien – 1889 Wien)
Der Pfarrer von Kirchfeld (Volksstück. 1870) – Der Meineidbauer (Volksstück. 1871)

Detlev Freiherr von Liliencron (1844 Kiel – 1909 Alt-Rahlstedt)
Adjutantenritte und andere Gedichte (Darin: Zwei Meilen Trab. 1883)

Abkehr vom Naturalismus (1890–1920)

Impressionismus als Kunstform

Thomas Mann (1875 Lübeck – 1955 Zürich)
Buddenbrooks (R. 1901) – Tristan (Nov.-Slg. Darin: Tonio Kröger. 1903) – Schwere Stunde (Nov. 1905) – Königliche Hoheit (R. 1909) – Der Tod in Venedig (Nov. 1913) – Der Zauberberg (R. 1924) – Joseph und seine Brüder (R.-Tetralogie: Die Geschichten Jaakobs. 1933; Der junge Joseph. 1934; Joseph in Ägypten. 1936; Joseph der Ernährer. 1943) – Lotte in Weimar (R. 1939) – Doktor Faustus (R. 1942) – Der Erwählte (R. 1951) – Die Bekenntnisse des Hochstaplers Felix Krull (R. 1954)

Jakob Wassermann (1873 Fürth – 1934 Altaussee/Steiermark)
Caspar Hauser oder Die Trägheit des Herzens (R. 1908) – Christian Wahnschaffe (R. 1919) – Der Fall Maurizius (R. 1928)

Arthur Schnitzler (1862 Wien – 1931 Wien)
Anatol (Szenenfolge in Prosa. 1893) – Liebelei (Sch. 1895) – Der grüne Kakadu (Dramatische Groteske. 1899) – Reigen (Dialoge. 1900) – Leutnant Gustl (Erz. 1901) – Der Weg ins Freie (R. 1908)

Max Dauthendey (1867 Würzburg – 1918 Malang/Java)
Ultra Violett (Gedichte, Dialoge, Skizzen. 1893) – Die acht Gesichter am Biwasee (Erz. 1911) – Ausgewählte Lieder (1914)

Stefan Zweig (1881 Wien – 1942 Petropolis/Brasilien)
Erstes Erlebnis (Nov.-Slg. 1911) – Amok (Nov. 1922) – Sternstunden der Menschheit (Historische Miniaturen. 1927) – Marie Antoinette (Historischer R. 1932) – Ungeduld des Herzens (R. 1938) – Schachnovelle (1943)

Symbolismus und Neuromantik

Stefan George (1868 Rüdesheim bei Bingen – 1933 Minusio bei Locarno)
Lyrik: Hymnen (1890) Algabal (1892) – Die Bücher der Hirten und Preisgedichte der Sagen und Sänge und der hängenden Gärten (1895) – Das Jahr der Seele (1897) – Der Teppich des Lebens und die Lieder von Traum und Tod, mit einem Vorspiel (1900) – Der siebente Ring (1907) – Der Stern des Bundes (1914) – Das neue Reich (1928)

Rainer Maria Rilke (1875 Prag – 1926 Val Mont/Wallis)
Das Buch der Bilder (Gedichte. 1902) – Das Stundenbuch (Gedichte. 1905) – Die Weise von Liebe und Tod des Cornets

Christoph Rilke (Nov. 1906) – Neue Gedichte und Der neuen Gedichte anderer Teil (1907/08) – Die Aufzeichnungen des Malte Laurids Brigge (R. 1910) – Duineser Elegien (1923) – Sonette an Orpheus (1923)

Hugo von Hofmannsthal (1874 Wien – 1929 Rodaun bei Wien)
Der Tod des Tizian (Dr.-Bruchstück.1892) – Der Tor und der Tod (Dr. 1893) – Ausgewählte Gedichte (1903) – Elektra (Tr. 1903) – Das Bergwerk zu Falun (Dr. 1906) – Der Rosenkavalier (Kom. für Musik. 1911) – Jedermann. Spiel vom Sterben des reichen Mannes (1911) – Die Frau ohne Schatten (Erz., später Opernlibretto. 1919) – Der Schwierige (Kom. 1921) – Das Salzburger große Welttheater (1922) – Der Turm (Tr. 1925) – Andreas oder die Vereinigten (R.-Fragmente. 1932)

Lulu von Strauß und Torney (1873 Bückeburg – 1956 Jena)
Balladen und Lieder (1902) – Reif steht die Saat (Gedichte. 1919)

Agnes Miegel (1879 Königsberg – 1964 Bad Salzuflen)
Balladen und Lieder (1907)

Börries Freiherr von Münchhausen (1874 Hildesheim – 1945 Schloß Windischleuba bei Altenburg)
Balladen (1901) – Ritterliches Liederbuch (1903) – Das Herz im Harnisch (Balladen und Lieder. 1911)

Ricarda Huch (1864 Braunschweig – 1947 Schönberg/Taunus)
Gedichte (1891) – Erinnerungen von Ludolf Ursleu dem Jüngeren (R. 1892) – Vita somnium breve (R.; späterer Titel: Michael Unger. 1903) – Erzählungen

(1920) – Gesammelte Gedichte (1930) – Herbstfeuer (Gedichte. 1944)

Isolde Kurz (1853 Stuttgart – 1944 Tübingen)
Florentiner Novellen (1890) – Vanadis (R. 1931)

Christian Morgenstern (1871 München – 1914 Meran)
Galgenlieder (1905) – Palmström (Groteske Gedichte. 1910) – Ich und Du (Gedichte. 1911)

Kritik am Bürgertum seit der Jahrhundertwende

Frank Wedekind (1864 Hannover – 1918 München)
Frühlings Erwachen (Tr. 1891) – Erdgeist (Tr. 1895) – Der Marquis von Keith (Sch. 1900) – Die Büchse der Pandora (Tr. 1902)

Ludwig Thoma (1867 Oberammergau – 1921 Rottach)
Moral (Kom. 1904)

Carl Sternheim (1878 Leipzig – 1942 Brüssel)
Die Hose. Bürgerliches Lustspiel (1911) – Die Kassette (Kom. 1911) – Bürger Schippel (Kom. 1913)

Kurt Tucholsky (1890 Berlin – 1935 Göteborg)
Die Weltbühne (Zeitschrift, hrsg. von Carl von Ossietzky und Kurt Tucholsky. Darin Tucholskys Satiren. 1925 ff.)

Erich Kästner (1899 Dresden – 1974 München)
Herz auf Taille (Satirische Gedichte. 1927) – Emil und die Detektive (Jugendbuch. 1928) – Lyrische Hausapotheke (1938) – Die kleine Freiheit (Satirische Gedichte. 1952)

Expressionismus (1910–1925)

Georg Heym (1887 Hirschberg – 1912 Berlin)
Der ewige Tag (Gedichte. 1911)

Ernst Stadler (1883 Colmar – 1914 Ypern)
Der Aufbruch (Gedichte. 1914)

Franz Werfel (1890 Prag – 1945 Beverley Hills/Kalifornien)
Der Weltfreund (Gedichte. 1911) – Wir sind (Gedichte. 1913) – Der Gerichtstag (Gedichte. 1919) – Der veruntreute Him-

mel (R. 1939) – Das Lied der Bernadette (R. 1941) – Stern der Ungeborenen. Reiseroman (1946)

August Stramm (1874 Münster – 1915 Rokitnosümpfe)
Gedichte (1913)

Georg Trakl (1887 Salzburg – 1914 Krakau)
Gedichte (1913) – Sebastian im Traum (Gedichte. 1914)

Else Lasker-Schüler (1869 Elberfeld – 1945 Jerusalem)
Die gesammelten Gedichte (1917) – Konzert (Essays und Gedichte. 1932)

Ernst Barlach (1870 Wesel – 1938 Rostock)
Der tote Tag (Dr. 1912) – Der arme Vetter (Dr. 1918) – Der blaue Boll (Dr. 1920) – Der gestohlene Mond (R.-Fragment.

Literatur nach dem Ersten Weltkrieg

Der Mensch in der Gesellschaft

Alfred Döblin (1878 Stettin – 1957 Emmendingen)
Die Ermordung einer Butterblume (Erz.-Slg. 1913) – Die drei Sprünge des Wanglun (R. 1915) – Berlin Alexanderplatz (R. 1929) – Hamlet oder Die lange Nacht nimmt ein Ende (R. 1956)

Hans Fallada = Rudolf Ditzen (1893 Greifswald – 1947 Berlin)
Kleiner Mann, was nun? (R. 1932) – Wer einmal aus dem Blechnapf frißt (R. 1934)

Heinrich Mann (1871 Lübeck – 1950 Kalifornien)
Professor Unrat oder Das Ende eines Tyrannen (R. Seit 1945 Der blaue Engel. 1905) – Die kleine Stadt (R. 1909) – Der Untertan (R. 1918) – Die Jugend des Königs Henry Quatre (R. 1935) – Die Vollendung des Königs Henry Quatre (R. 1938)

Leonhard Frank (1882 Würzburg – 1961 München)
Die Räuberbande (R. 1914) – Der Mensch ist gut (Erz.-Slg. 1919) – Karl und Anna (Erz., später auch Dr. 1927) – Das Ochsenfurter Männerquartett (R. 1927) – Deutsche Novelle (1944)

Bert(olt) Brecht (1898 Augsburg – 1956 Berlin)
Trommeln in der Nacht (Dr. 1922) – Die Hauspostille (Gedichte. 1927) – Dreigroschenoper. Ein Stück mit Musik (Komponist Kurt Weill. 1928) – Die heilige Johanna der Schlachthöfe (Lehrstück. 1932) – Mutter Courage und ihre Kinder. Eine Chronik aus dem Dreißigjährigen Krieg (Dr. 1941) – Der gute Mensch von Sezuan (R. 1942) – Galileo Galilei (Später: Leben des Galilei. Sch. 1943) – Herr Puntila und sein Knecht Matti (Volks-

1948) – Der Graf von Ratzeburg (Tr. 1951)

Georg Kaiser (1878 Magdeburg – 1945 Ascona)
Die Bürger von Calais. Bühnenspiel (1914) – Die Koralle (Sch. 1917) – Gas I (Sch. 1918) – Gas II (Sch. 1920) – Der Soldat Tanaka (Sch. 1946)

stück. 1948) – Der kaukasische Kreidekreis (Dr. 1949) – Das Verhör des Lukullus (Dr. 1951) – Die Geschichte der Simone Machard (Dr. 1957)

Erich Maria Remarque (1898 Osnabrück – 1970 Locarno)
Im Westen nichts Neues (R. 1929) – Arc de Triomphe (R. 1946)

Anna Seghers (1900 Mainz – 1983 Berlin)
Der Aufstand der Fischer von St. Barbara (Erz. 1928) – Das siebte Kreuz (R. 1942) – Transit (R. 1944) – Die Toten bleiben jung (R. 1949) – Die Entscheidung (R. 1959) – Das wirkliche Blau (Erz. 1967)

Der Mensch in der Vereinzelung

Franz Kafka (1883 Prag – 1924 Kierling bei Wien)
Das Urteil (Erz. 1913) – Der Prozeß (R. 1925) – Das Schloß (R. 1926) – Beim Bau der Chinesischen Mauer (Erz. 1931) – Tagebücher (1948/49)

Gottfried Benn (1886 Mansfeld/Westpriegnitz – 1956 Berlin)
Morgue (Gedichte. 1912) – Statische Gedichte (1948) – Der Ptolemäer (Erzählende Prosa. 1949) – Destillationen (Gedichte. 1953) – Apréslude (Gedichte. 1955)

Robert Musil (1880 Klagenfurt – 1942 Genf)
Die Verwirrungen des Zöglings Törleß (R. 1906) – Der Mann ohne Eigenschaften (R. 1. Bd. 1930; 2. Bd. 1933; 3. Bd., unvollendet, 1943)

Hermann Broch (1886 Wien – 1951 New Haven, USA)
Die Schlafwandler (R.-Trilogie. 1931/32) – Der Tod des Vergil (R. 1945) – Die Schuldlosen. Roman in elf Erzählungen (1949) – Der Versucher (R.-Fragment. 1954)

Joseph Roth (1894 Schwabendorf – 1939 Paris)
Hiob. Roman eines einfachen Mannes (1930) – Radetzky-Marsch (R. 1932) – Die Kapuzinergruft (R. 1938)

Hans Henny Jahnn (1894 Stellingen-Altona – 1959 Hamburg)
Das Holzschiff (R. 1937. 1. Teil der Trilogie: Fluß ohne Ufer. 2. Teil: Die Niederschrift des Gustav Anias Horn, nachdem er neunundvierzig Jahre alt geworden war. 1949)

Heimito von Doderer (1896 Weidlingau bei Wien – 1966 Wien)
Ein Mord, den jeder begeht (R. 1938) – Die Strudlhofstiege oder Melzer und die Tiefe der Jahre (R. 1950) – Die Dämonen (R. 1956) – Die Wasserfälle von Slunj (R. 1963)

Hermann Kasack (1896 Potsdam – 1966 Stuttgart)
Die Stadt hinter dem Strom (R. 1946)

Ernst Jünger (geb. 1895 Heidelberg)
Tagebücher: In Stahlgewittern (1920) – Das abenteuerliche Herz (1929) – Gärten und Straßen (1942) – Strahlungen (1949) Utopische Romane: Auf den Marmorklippen (1939) – Heliopolis (1949) – Gläserne Bienen (Erz. 1957) – Eine gefährliche Begegnung (R. 1985)

Elias Canetti (geb. 1905 Rustschuk/Bulgarien)
Die Blendung (R. 1935/36) – Autobiographische Trilogie: Die gerettete Zunge (1977) – Die Fackel im Ohr (1980) – Das Augenspiel (1985)

Der gläubige Mensch

Werner Bergengruen (1892 Riga – 1964 Baden-Baden)
Das große Alkahest (R. 1926; seit 1938: Der Starost) – Der Großtyrann und das Gericht (R. 1935) – Die drei Falken (Nov. 1937) – Am Himmel wie auf Erden (R. 1940) – Der letzte Rittmeister (R. 1952)

Gertrud von Le Fort (1876 Minden – 1971 Oberstdorf)
Hymnen an die Kirche (1924) – Der römische Brunnen (R. 1. Band von Das Schweißtuch der Veronika. 1928. 2. Bd. Der Kranz der Engel. 1946) – Die Letzte am Schafott (Nov. 1931) – Die Magde-

burgische Hochzeit (R. 1937) – Die Tochter Farinatas (Erz.-Slg. Darin: Das Gericht des Meeres; Die Consolata; Plus Ultra. 1950) – Am Tor des Himmels (Nov. 1954) – Das fremde Kind (Erz. 1961)

Reinhold Schneider (1903 Baden-Baden – 1958 Freiburg/Br.)
Las Casas vor Karl V. Szenen aus der Konquistadorenzeit (Erz. 1938) – Die neuen Türme (Ausgewählte Sonette. 1946) – Herrscher und Heilige (Dr. 1953)

Elisabeth Langgässer (1899 Alzey/Rheinhessen – 1950 Rheinzabern)
Das unauslöschliche Siegel (R. 1946) – Märkische Argonautenfahrt (R. 1950)

Stefan Andres (1906 Breitwies bei Trier – 1970 Rom)
El Greco malt den Großinquisitor (Nov. 1935) – Wir sind Utopia (Nov. 1942) – Das Tier aus der Tiefe (R. 1. Teil der Trilogie Die Sintflut. 1949. 2. Teil: Die Arche. 1951) – Der Granatapfel (Gedichte. 1950) – Der Knabe im Brunnen (Kindheitserinnerungen. 1953) – Die Reise nach Portiuncula (R. 1954) – Der Taubenturm (R. 1966)

Edzard Schaper (geb. 1908 Ostrovo/Posen)
Die sterbende Kirche (R. 1935. Fortsetzung: Der letzte Advent. 1950) – Der große offenbare Tag (Erz. 1949) – Die Freiheit des Gefangenen (R. 1950. Fortsetzung: Die Macht der Ohnmächtigen. 1952) – Hinter den Linien (Erz. 1952) – Die letzte Welt (R. 1956) – Das Tier oder Die Geschichte eines Bären, der Oskar hieß (R. 1956)

Rudolf Alexander Schröder (1878 Bremen – 1962 Bad Wiessee)
Gesammelte Gedichte (1912) – Mitte des Lebens (Geistliche Gedichte. 1930) – Die Ballade vom Wandersmann (Gedichtzyklus. 1937)

Albrecht Goes (geb. 1908 Langenbeutingen in Württemberg)
Gedichte (1950) – Unruhige Nacht (Nov. 1950) – Das Brandopfer (Nov. 1954)

Luise Rinser (geb. 1911 Pitzling/Obb.)
Mitte des Lebens (R. 1950) – Abenteuer der Tugend (R. 1957; beide Romane u. d. Titel Nina, 1961) – Der schwarze Esel (R. 1974) – Den Wolf umarmen (Autobiogr. 1981)

Der Mensch in der Tradition

Emil Strauß (1866 Pforzheim – 1960 Freiburg)
Freund Hein (R. 1902) – Der Schleier (Nov. 1920)

Hermann Hesse (1877 Calw – 1962 Montagnola)
Peter Camenzind (R. 1904) – Unterm Rad (R. 1906) – Demian. Die Geschichte von Emil Sinclairs Jugend (R. 1919) – Siddhartha (R. 1922) – Der Steppenwolf (R. 1927) – Narziß und Goldmund (R. 1930) – Die Gedichte (1942/47) – Das Glasperlenspiel (R. 1943) – Gerbersau (Erz.-Slg. 1949)

Hans Carossa (1878 Tölz – 1956 Rittsteig bei Passau)
Autobiographische Romane: Eine Kindheit (1922) – Verwandlungen einer Jugend (1928) – Der Arzt Gion (1931) – Führung und Geleit (1933) – Das Jahr der schönen Täuschungen (1941) – Ungleiche Welten (1951)
Rumänisches Tagebuch (1924) – Gesammelte Gedichte (1947)

Ina Seidel (1885 Halle – 1974 Ebenhausen)
Das Wunschkind (R. 1930) – Gesammelte Gedichte (1937) – Lennacker (R. 1938)

Ernst Wiechert (1887 Kleinort/Ostpreußen – 1950 Uerikon/Schweiz)

Die Magd des Jürgen Doskocil (R. 1931/32) – Die Majorin (Erz. 1933/34) – Hirtennovelle (1935) – Das einfache Leben (R. 1939) – Die Jerominkinder (R. 1945) – Missa sine nomine (R. 1950)

Wilhelm Lehmann (1882 Puerto Cabello/Venezuela – 1968 Eckernförde)
Antwort des Schweigens (Gedichte. 1935) – Der grüne Gott (Gedichte. 1942) – Entzückter Staub (Gedichte. 1946) – Meine Gedichtbücher (1957)

Georg Britting (1891 Regensburg – 1964 München)
Lebenslauf eines dicken Mannes, der Hamlet hieß (R. 1932) – Der irdische Tag (Gedichte. 1935) – Der bekränzte Weiher (Erz.-Slg. 1937) – Unter hohen Bäumen (Gedichte. 1951)

Josef Weinheber (1892 Wien – 1945 Kirchstetten)
Adel und Untergang (Gedichte. 1934) – Zwischen Göttern und Dämonen (Oden. 1938) – Kammermusik (Gedichte. 1939)

Carl Zuckmayer (1896 Nackenheim/Rhein – 1977 Visp, Kanton Wallis)
Der fröhliche Weinberg (Kom. 1925) – Der Hauptmann von Köpenick. Deutsches Märchen (Dr. 1931) – Des Teufels General (Dr. 1946) – Der Gesang im Feuerofen (Dr. 1950) – Das kalte Licht (Dr. 1955)

Literatur der Gegenwart (nach dem Zweiten Weltkrieg)

Auseinandersetzung mit Nationalsozialismus, Krieg und Nachkriegszeit

Nelly Sachs (1891 Berlin – 1970 Stockholm)
In den Wohnungen des Todes (Gedichte. 1946) – Flucht und Verwandlung (Gedichte. 1959)

Wolfgang Koeppen (geb. 1906 Greifswald)
Tauben im Gras (R. 1951) – Das Treibhaus (R. 1953) – Der Tod in Rom (R. 1954)

Hans Werner Richter (geb. 1908 Bansin)
Sie fielen aus Gottes Hand (R. 1951)

Gerd Gaiser (1908 Oberriexingen in Württemberg – 1976 Reutlingen)
Eine Stimme hebt an (R. 1950) – Die sterbende Jagd (R. 1953) – Das Schiff im Berg (Chronik. 1955) – Schlußball (R.

1958) – Gib acht in Domokosch (Erz.-Slg. 1959) – Am Paß Nascondo (Erz.-Slg. 1960)

Alfred Andersch (1914 München – 1980 Berzona/Tessin)
Die Kirschen der Freiheit. Ein Bericht (1952) – Sansibar oder Der letzte Grund (R. 1957) – Die Rote (R. 1960) – Efraim (R. 1967) – Mein Verschwinden in Providence (Erz.-Slg. 1972) – Winterspelt (R. 1974) – Der Vater eines Mörders (Erz. 1980)

Erwin Wickert (geb. 1915 Bralitz)
Der Klassenaufsatz (Hörsp. 1954) – Alkestis (Hörsp. 1960)

Johannes Bobrowski (1917 Tilsit – 1965 Berlin)
Sarmatische Zeit (Gedichte 1961) – Levins Mühle (Erz. 1964)

Heinrich Böll (1917 Köln – 1985 Langenbroich)
Der Zug war pünktlich (Erz.-Slg. 1949) – Wanderer, kommst du nach Spa . . . (Erz.-Slg. 1950) – Wo warst du, Adam? (R. 1951) – Und sagte kein einziges Wort (R. 1953) – Haus ohne Hüter (R. 1954) – Das Brot der frühen Jahre (Erz. 1955) – Im Tal der donnernden Hufe (Erz. 1957) – Doktor Murkes gesammeltes Schweigen (Satiren. 1958) – Billard um halb zehn (R. 1959) – Erzählungen, Hörspiele, Aufsätze (1961) – Ansichten eines Clowns (R. 1963) – Ende einer Dienstfahrt (Erz. 1966) – Gruppenbild mit Dame (R. 1971) – Die verlorene Ehre der Katharina Blum (Erz. 1974) – Fürsorgliche Belagerung (R. 1979) – Frauen vor Flußlandschaft (R. 1985)

Hans Bender (geb. 1919 bei Heidelberg)
Wölfe und Tauben (Erz.-Slg. 1957) – Wunschkost (R. 1960)

Wolfgang Borchert (1921 Hamburg – 1947 Basel)
Draußen vor der Tür (Dr. 1947) – Das Gesamtwerk (Darin Erz.: Die Hundeblume u. a. 1949) – Die traurigen Geranien (Erz.-Slg. 1962)

Siegfried Lenz (Geb. 1926 Lyck/Masuren)
So zärtlich war Suleyken. Masurische Geschichten (1955) – Zeit der Schuldlosen (Dr. 1961) – Deutschstunde (R. 1968) – Das Vorbild (R. 1973) – Heimatmuseum (R. 1978) – Exerzierplatz (R. 1985)

Günter Grass (geb. 1927 Danzig)
Die Vorzüge der Windhühner (Gedichte. 1956) – Danziger Trilogie: Die Blechtrommel (R. 1959) – Katz und Maus (Nov. 1961) – Hundejahre (R. 1963) – Die Plebejer proben den Aufstand (Dr. 1966) – Örtlich betäubt (R. 1969) – Aus dem Tagebuch einer Schnecke (Tagebuch 1972) – Der Butt (R. 1977) – Die Rättin (R. 1986)

Walter Kempowski (geb. 1929 Rostock)
Tadellöser & Wolff (R. 1971) – Ein Kapitel für sich (R. 1975) – Schöne Aussicht (R. 1981) u. a.

Magische Naturlyrik, Darstellung der Seinsproblematik, Existenzialismus

Marie Luise Kaschnitz (1901 Karlsruhe – 1974 Frankfurt am Main)
Gedichte (1947) – Lange Schatten (Erz.-Slg. 1960) – Dein Schweigen – meine Stimme (Gedichte. 1962)

Hans Erich Nossack (1901 Hamburg – 1977 Hamburg) Interview mit dem Tode (Erz. 1948) – Spätestens im November (R. 1955) – Nach dem letzten Aufstand. Ein Bericht (1961) – Das Mal (Erz.-Slg. 1965) – Der Fall d'Artez (R. 1968)

Peter Huchel (1903 Berlin – 1981 Freiburg/Br.)
Chausseen Chausseen (Gedichte 1963) – Gezählte Tage (Ged. 1972)

Ernst Kreuder (1903 Zeitz – 1972 Darmstadt)
Die Gesellschaft auf dem Dachboden (Erz. 1946) – Die Unauffindbaren (R. 1948) – Herein ohne anzuklopfen (R. 1954)

Günter Eich (1907 Lebus/Oder – 1972 Salzburg)
Abgelegene Gehöfte (Gedichte 1948) – Träume (Hörspiel. 1951) – Die Mädchen aus Viterbo (Hörspiel. 1953) – Botschaften des Regens (Gedichte. 1955) – Stimmen (Hörspiel. 1958) – Festianus, Märtyrer (Hörspiel. 1959) – Anlässe und Steingärten (Gedichte. 1966) – Maulwürfe (Kurzprosa 1968, 1970)

Fritz Hochwälder (geb. 1911 Wien)
Das heilige Experiment (Sch. 1943) – Der öffentliche Ankläger (Sch. 1948) – Donadieu (Sch. 1953) – Die Herberge. Dramatische Legende (1956)

Hilde Domin (geb. 1912 Köln)
Nur eine Rose als Stütze (Gedichte 1959) – Hier (Ged. 1964)

Karl Krolow (geb. 1915 Hannover)
Wind und Zeit (Gedichte. 1954) – Tage und Nächte (Gedichte. 1956) – Unsichtbare Hände (Gedichte. 1962)

Wolfgang Hildesheimer (geb. 1916 Hamburg)
Prinzessin Turandot. Märchenspiel für den Funk (1954) – Tynset (R. 1965) – Mozart (Biographie 1977)

Paul Celan (1920 Czernowitz/Rumänien – 1970 Paris)
Mohn und Gedächtnis (Gedichte. 1952) – Sprachgitter (Gedichte. 1959) – Atemwende (Gedichte. 1967)

Walter Jens (geb. 1923 Hamburg)
Nein – die Welt des Angeklagten (R. 1950)

– Der Mann, der nicht alt werden wollte (R. 1955) – Das Testament des Odysseus (Erz. 1957)

Ilse Aichinger (geb. 1921 Wien)
Die größere Hoffnung (R. 1948) – Der Gefesselte (Erz. 1952/53) – Die Knöpfe (Hörsp. 1953) – Spiegelgeschichte (Erz. 1954)

Heinz Piontek (geb. 1925 Kreuzberg)
Vor Augen. Proben und Versuche (Erz.-Slg. 1955) – Wassermarken (Gedichte. 1957) – Weißer Panther (Hörspiel. 1961) – Klartext (Gedichte. 1966)

Ingeborg Bachmann (1926 Klagenfurt – 1973 Rom)
Die gestundete Zeit (Gedichte. 1953) – Anrufung des großen Bären (Gedichte. 1956) – Der gute Gott von Manhattan (Hörspiel. 1958) – Das dreißigste Jahr (Erz.-Slg. 1961) – Malina (R. 1971) – Simultan (Erz.-Slg. 1972)

Sarah Kirsch (geb. 1935 Limlingerode/Harz)
Landaufenthalt (Gedichte. 1967) – Zaubersprüche (Gedichte. 1973) – Rückenwind (Gedichte 1976) – Katzenleben (Ged. 1984)

Auseinandersetzung mit der technologischen und wirtschaftlichen Entwicklung, Gesellschaftskritik

Max Frisch (geb. 1911 Zürich)
Nun singen sie wieder. Versuch eines Requiems (Dr. 1946) – Die chinesische Mauer. Eine Farce (Dr. 1946) – Don Juan oder die Liebe zur Geometrie (Kom. 1953) – Stiller (R. 1954) – Homo faber (R. 1957) – Biedermann und die Brandstifter. Ein Lehrstück ohne Lehre (Sch. 1958) – Andorra (Dr. 1961) – Mein Name sei Gantenbein (R. 1964) – Biografie: Ein Spiel (1967) – Wilhelm Tell für die Schule (Essay. 1971) – Montauk (Erz. 1975) – Triptychon (Dr. 1978)

Gertrud Fussenegger (geb. 1912 Pilsen)
Das verschüttete Antlitz (R. 1957) – Zeit des Raben – Zeit der Taube (R. 1960)

Arno Schmidt (1914 Hamburg – 1979 Celle)
Leviathan (Erz. 1949) – Das steinerne Herz (R. 1956) – Die Gelehrtenrepublik (R. 1957) – KAFF auch Mare Crisium (R. 1960) – Zettels Traum (R. 1970) – Abend mit Goldrand (Erz. 1975) – Essays und Funkessays

Wolfdietrich Schnurre (geb. 1920 Frankfurt)
Als Vaters Bart noch rot war (Erz.-Slg. 1958) – Eine Rechnung, die nicht aufgeht (R. 1958) – Das Los unserer Stadt. Eine Chronik (1959)

Friedrich Dürrenmatt (geb. 1921 Konolfingen, Kanton Bern)
Der Richter und sein Henker (Kriminalgeschichte. 1952) – Dramen: Romulus der Große (Kom. 1949) – Die Ehe des Herrn Mississippi (Kom. 1952) – Ein Engel kommt nach Babylon. Eine fragmentarische Komödie (1953) – Der Besuch der alten Dame. Eine tragische Komödie (1956) – Die Physiker (Kom. 1962) – Der Meteor (Dr. 1966) – Der Mitmacher (Dr. 1973) – Achterloo (Kom. 1983) – Justiz (R. 1985)

Tankred Dorst (geb. 1925 Sonneberg/Thür.)
Große Schmährede an der Stadtmauer (Dr. 1961) – Toller (Dr. 1968) – Rotmord (Dr. 1969) – Eiszeit (Dr. 1973) – Auf dem Chimborazo (Dr. 1975) – Dorothea Merz (R. 1976) – Merlin oder Das wüste Land (Dr. 1980)

Martin Walser (geb. 1927 Wasserburg/Bodensee)
Ehen in Philippsburg (R. 1957) – Halbzeit (R. 1960) – Eiche und Angora. Eine deutsche Chronik (Sch. 1962) – Der schwarze Schwan (Dr. 1964) – Die Gallistl'sche Krankheit (R. 1972) – Der Sturz (R. 1973) – Ein fliehendes Pferd (Erz. 1978) – Seelenarbeit (R. 1979) – In Goethes Hand (Sch. 1982) – Brandung (R. 1985)

Horst Bienek (geb. 1930 Gleiwitz)
Die Zelle (R. 1968) – Oberschlesien-Romane: Die erste Polka (1975) – Septemberlicht (1977) u. a.

Uwe Johnson (1934 in Pommern – 1984 Sheerness on Sea/Kent)
Mutmaßungen über Jakob (R. 1959) – Das dritte Buch über Achim (R. 1961) – Zwei Ansichten (Erz. 1965) – Jahrestage I-IV (R. 1970–1974)

Christoph Meckel (geb. 1935 Berlin)
Suchbild. Über meinen Vater (1980)

Peter Schneider (geb. 1940 Lübeck)
Lenz (Erz. 1973) – Der Mauerspringer
Erz. 1982)

Elisabeth Plessen (geb. 1944 Neuṣtadt Holstein)
Mitteilung an den Adel (R. 1976) – Kohlhaas (R. 1979)

Politische Lyrik

Hans Magnus Enzensberger (geb. 1929 Kaufbeuren)
verteidigung der wölfe (Gedichte. 1957) – landessprache (Gedichte. 1960) – Einzelheiten (Essays. 1962) – blindenschrift (Gedichte. 1964) – Der Untergang der Titanic (1978)

Franz Josef Degenhardt (geb. 1931 Schwelm)
Spiel nicht mit den Schmuddelkindern. Balladen, Chansons, Grotesken, Lieder (1967)

Yaak Karsunke (geb. 1934 Berlin)
Kilroy & andere (Gedichte. 1967)

Wolf Biermann (geb. 1936 Hamburg)
Die Drahtharfe (Gedichte. 1965) – Mit Marx- und Engelszungen (Gedichte. 1968) – Der große Dra Dra (Dr. 1970)

Reiner Kunze (geb. 1933 Oelsnitz/Erzgebirge)
Aber die Nachtigall jubelt (Gedichte. 1962) – Sensible Wege (Gedichte. 1969) – zimmerlautstärke (Gedichte. 1972) – Die wunderbaren Jahre (Prosa. 1976)

Jürgen Theobaldy (geb. 1944 Straßburg)
Blaue Flecken (Gedichte 1974) – Sonntags Kino (R. 1978) – Schwere Erde. Rauch (Ged. 1980)

Dokumentarisches Drama

Peter Weiss (1916 Nowawes bei Berlin – 1982 Stockholm) Abschied von den Eltern (Erz. 1961) – Fluchtpunkt (R. 1962) – Die Verfolgung und Ermordung Jean Paul Marats... (Dr. 1964) – Die Ermittlung (Dr. 1965) – Viet Nam Diskurs (Sch. 1968) – Hölderlin (Dr. 1971) – Die Ästhetik des Widerstands (R. 1974 – 1981)

Heinar Kipphardt (1922 Heidersdorf/Schlesien – 1982 Angelsbruck bei München)

In der Sache J. Robert Oppenheimer (Dr. 1964) – März. Ein Künstlerleben (Sch. 1981) – Bruder Eichmann (Sch. 1983)

Rolf Hochhuth (geb. 1931 Eschwege a. d. Werra)
Der Stellvertreter (Dr. 1963)

Das kritische Volksstück

Ödön von Horváth (1901 Fiume – 1938 Paris)
Geschichten aus dem Wiener Wald (Dr. 1931) – Italienische Nacht (Dr. 1931) – Glaube, Liebe, Hoffnung (Dr. 1932) – Kasimir und Karoline (Dr. 1932) – Jugend ohne Gott (R. 1938)

Wolfgang Bauer (geb. 1941 Graz)
Magic Afternoon (Dr. 1969) – Change (Dr. 1969) – Silvester oder Das Massaker im Hotel Sacher (Dr. 1971) – Gespenster (Dr. 1974)

Martin Sperr (geb. 1944 Steinberg/Ndby)
Jagdszenen aus Niederbayern (Dr. 1965) – Landshuter Erzählungen (Dr. 1967) – Mathias Kneißl (Drehbuch. 1971)

Franz Xaver Kroetz (geb. 1946 München)
Heimarbeit (Dr. 1970) – Männersache (Dr. 1970) – Stallerhof (Dr. 1971) – Oberösterreich (Dr. 1972) – Maria Magdalena (Dr. 1972) – Wunschkonzert (Dr. 1972) – Sterntaler (Dr. 1974) – Mensch Meier (Dr. 1978) – Nicht Fisch nicht Fleisch (Sch. 1981)

Literatur der Arbeitswelt

Max von der Grün (geb. 1926 Bayreuth)
Männer in zweifacher Nacht (R. 1962) – Irrlicht und Feuer (R. 1963) – Stellenweise Glatteis (R. 1973) – Flächenbrand (R. 1979)

Günter Wallraff (geb. 1942 bei Köln)
Industriereportagen (1966) – Neue Reportagen, Untersuchungen und Lehrbeispiele (1972) – Was wollt ihr denn, ihr lebt ja noch (Untersuchungen, zusammen mit Jens Hagen. 1973) – Der Aufmacher (Reportage 1977) – Ganz unten (Reportage 1985)

Heinrich Henkel (geb. 1937 Koblenz)
Eisenwichser (Dr. 1970)

August Kühn (geb. 1936 München)
Zeit zum Aufstehn (R. 1975)

Literatur der Deutschen Demokratischen Republik

Bruno Apitz (1900 Leipzig – 1979 Berlin)
Nackt unter Wölfen (R. 1958)

Erwin Strittmatter (geb. 1912 Spremberg/ Lausitz)
Katzgraben. Szenen aus dem Bauernleben (Dr. 1953) – Ole Bienkopp (R. 1963)

Stefan Heym (geb. 1913 Chemnitz)
Bitterer Lorbeer (R. 1950) – Der König David Bericht (R. 1972) – 5 Tage im Juni (R. 1974) – Collin (R. 1979) – Ahasver (R. 1981)

Franz Fühmann (1922 Rokytnice/CSSR – 1984 Berlin)
Das Judenauto (Erz. 1962) – König Ödipus. (Erz.-Slg. 1966) – Bagatelle, rundum positiv (Erz.-Slg. 1978)

Hermann Kant (geb. 1926 Hamburg)
Ein bißchen Südsee (Erz.-Slg. 1962) – Die Aula (R. 1965) – Das Impressum (R. 1972)

Günter de Bruyn (geb. 1926 Berlin)
Buridans Esel (R. 1968) – Neue Herrlichkeit (R. 1984)

Peter Hacks (geb. 1928 Breslau)
Eröffnung des indischen Zeitalters (Dr. 1954) – Die Schlacht bei Lobositz (Dr. 1956) – Der Müller von Sanssouci (Dr. 1958) – Der Schuhu und die fliegende Prinzessin (Dr. 1965) – Margarete in Aix (Dr. 1967)

Heiner Müller (geb. 1929 Eppendorf)
Lohndrücker (Lehrstück 1957) – Philoktet (Dr. 1966) – Der Horatier (Sch. 1972) – Germania Tod in Berlin (Sch. 1977)

Günter Kunert (geb. 1929 Berlin)
Wegschilder und Mauerinschriften (Gedichte. 1950) – Tagwerke. Gedichte, Lieder, Balladen (1961) – Tagträume (Kurzprosa 1964) – Im Namen der Hüte (R. 1967) – Die Beerdigung findet in aller Stille statt. (Erz.-Slg. 1968) – Unterwegs nach Utopia (Ged. 1977)

Christa Wolf (geb. 1929 Landsberg/Warthe)
Der geteilte Himmel (R. 1963) – Nachdenken über Christa T. (R. 1968) – Till Eulenspiegel (Film-Szenarium, zusammen mit Gerhard Wolf. 1974) – Kindheitsmuster (Aufzeichnungen. 1977) – Kein Ort. Nirgends (Erz. 1979) – Kassandra (Erz. 1983)

Ulrich Plenzdorf (geb. 1934 Berlin)
Die neuen Leiden des jungen W. (Erz. 1973)

Jurek Becker (geb. 1937 Łódz/Polen)
Jakob der Lügner (R. 1969) – Irreführung der Behörden (R. 1973) – Bronsteins Kinder (R. 1986)

Volker Braun (geb. 1939 Dresden)
Unvollendete Geschichte (Erz. 1975) – Hinze-Kunze-Roman (R. 1985)

Konkrete Poesie

Helmut Heißenbüttel (geb. 1921 Rüstringen)
textbuch 1–6 (Gedichte u. Prosa. 1960–1967)

Hans Carl Artmann (geb. 1921 Wien)
med ana schwoazzn dintn (Dialektgedichte 1958) – die anfangsbuchstaben der flagge (Prosa 1969) – Nachrichten aus Nord und Süd (autobiogr. Prosa 1978)

Eugen Gomringer (geb. 1925 Bolivien)
konstellationen (Gedichte. 1953, 1960, 1965) – worte sind schatten (Gedichte. 1969)

Ernst Jandl (geb. 1925 Wien)
Laut und Luise (Gedichte. 1966) – Sprechblasen (Gedichte. 1968) – Fünf Mann Menschen (Hörspiel, zusammen mit Friederike Mayröcker. 1971) – Aus der Fremde. Sprechoper (1980) – selbstporträt des schachspielers als trinkende uhr (Ged. 1983)

Gerhard Rühm (geb. 1930 Wien)
konstellationen (Gedichte. 1961) – ophelia und die wörter (Theaterstücke. 1954–1971) – Wahnsinn (Gedichte. 1974)

Experimentelle Literatur

Jürgen Becker (geb. 1932 Köln)
Felder (Prosatexte. 1964) – Ränder (Prosatexte. 1968) – Umgebungen (Prosatexte. 1970) – Das Ende der Landschaftsmalerei (Gedichte. 1974)

Hubert Fichte (1935 Perleberg – 1986 Hamburg)
Das Waisenhaus (R. 1965) – Die Palette (R. 1968) – Versuch über die Pubertät (R. 1974) – Wolli Indienfahrer (R. 1978)

Peter Bichsel (geb. 1935 Luzern)
Eigentlich möchte Frau Blum den Milchmann kennenlernen (Kurzprosa. 1964) − Die Jahreszeiten (R. 1967)

Wolf Wondratschek (geb. 1943 Rudolfstadt/Thüringen)
Früher begann der Tag mit einer Schußwunde (Text-Collagen. 1969) − Ein Bauer zeugt mit einer Bäuerin einen Bauernjungen, der unbedingt Knecht werden will (Text-Collagen. 1970) − Hörspiele − Die Einsamkeit der Männer (Gedichte 1983)

Neuer Realismus und Subjektivismus

Thomas Bernhard (geb. 1931 Heerlen/Holland; Österreicher)
Frost (R. 1963) − Ungenach (Erz. 1968) − Watten. Ein Nachlaß (Erz. 1969) − Das Kalkwerk (R. 1970) − Der Ignorant und die Wahnsinnige (Sch. 1972) − Die Macht der Gewohnheit (Kom. 1973) − Jugenderinnerungen: Die Ursache. Eine Andeutung (1975) − Der Keller. Eine Entziehung (1976) − Der Atem. Eine Entscheidung (1978) − Die Kälte. Eine Isolation (1980) − Ein Kind (1981) − Holzfällen (Prosa 1984) − Alte Meister (Erz. 1985) − Auslöschung (R. 1986)

Hans Joachim Schädlich (geb. 1935 Reichenbach/Vogtland)
Versuchte Nähe (Prosa. 1977) − Tallhover (R. 1986)

Nicolas Born (1973 Duisburg − 1979 Breese/Lüchow-Dannenberg)
Die erdabgewandte Seite der Geschichte (R. 1976) − Gedichte 1967−1978(1978) − Die Fälschung (R. 1979)

Peter Handke (geb. 1942 Griffen/Kärnten)
Publikumsbeschimpfung (Sch. 1966) − Kaspar (Sch. 1967) − Das Mündel will Vormund sein (Pantomime. 1968) − Die Angst des Tormanns beim Elfmeter (Erz. 1969) − Der kurze Brief zum langen Abschied (Erz. 1971) − Wunschloses Unglück (Erz. 1972) − Die Unvernünftigen sterben aus (Dr. 1973) − Die linkshändige Frau (Erz. 1976) − Langsame Heimkehr (Erz. 1980) − Kindergeschichte (1980) − Die Wiederholung (R. 1986)

Botho Strauß (geb. 1944 Naumburg/Saale)
Triologie des Wiedersehens. Theaterstück (1976) − Die Widmung (Erz. 1977) − Groß und klein. Szenen (1978) − Der Park (Sch. 1983)

Patrick Süskind (geb. 1949 Ambach/Obb.)
Der Kontrabaß (Sch. 1981/1984) − Das Parfum (R. 1985) − Die Taube (Erz. 1987)

Register

Titel und Begriffe sind kursiv gesetzt, Namen stehen in Normalschrift.
Seitenzahlen in Kursivdruck verweisen auf die Seiten im Abriß.